Cosmas Damian Asam
Maler

Ausstellung zum 300. Geburtstag
unter der Schirmherrschaft
des bayerischen Ministerpräsidenten
Dr. h.c. Franz Josef Strauß
veranstaltet von den
Museen der Stadt Regensburg
im Auftrag des
Fremdenverkehrsverbandes
Ostbayern e.V.

Kloster Aldersbach
Niederbayern
15. August bis 19. Oktober 1986

Cosmas Damian

ASAM

1686-1739

LEBEN
UND
WERK

Herausgegeben von
Bruno Bushart und Bernhard Rupprecht

Mit Beiträgen von
Bruno Bushart, Volker Liedke, Karl Möseneder, Gustav Mutter,
Pavel Preiss, Helmut F. Reichwald, Michael Renner, Bernhard Rupprecht,
Heinz Jürgen Sauermost, Helene Trottmann und Milada Vilímková

Werkverzeichnis
von Bärbel Hamacher, Ralph Paschke
und Helene Trottmann

Prestel-Verlag

Dieses Buch erschien anläßlich der Ausstellung
zum 300. Geburtstag Cosmas Damian Asams in Kloster Aldersbach,
Niederbayern, vom 15. August bis 19. Oktober 1986

Der Band enthält 61 Farbtafeln und 256 einfarbige Abbildungen
sowie 35 Grundrisse und Zeichnungen

Auf dem Umschlag:
Vorderseite: Weihnachtsengel aus dem Deckenfresko
Weihnachtsvision des Heiligen Bernhard [F VIII, 2]
im Langhaus der ehemaligen Zisterzienser-Klosterkirche Aldersbach
in Niederbayern, 1720 (vergleiche Tafeln 23 und 24)
Rücken: Ecclesia mit dem Grundriß der Klosterkirche und
Steinmetz beim Meißeln des bayerischen Wappens,
Ausschnitt aus dem Deckenfresko *Stiftung der Fürstenfelder Kirche* [F XII, 18]
im Chor der ehemaligen Zisterzienser-Klosterkirche Fürstenfeldbruck,
1722/23 (vergleiche Tafel 36)

Seite 1:
Unterschrift »*Cosmas Damian Asam Maller*«
aus der Quittung vom 30. September 1715 für die Ausführung
des Choraltarbildes der Klosterkirche Metten
(München, Bayerisches Hauptstaatsarchiv, KL Metten)

CIP-Kurztitelaufnahme der Deutschen Bibliothek
Cosmas Damian Asam: 1686–1739; Leben u. Werk;
[Ausstellung zum 300. Geburtstag, Kloster Aldersbach, Niederbayern,
15. August – 19. Oktober 1986] /
[veranst. von d. Museen d. Stadt Regensburg
im Auftr. d. Fremdenverkehrsverb. Ostbayern e.V.].
Hrsg. von Bruno Bushart u. Bernhard Rupprecht.
Mit Beitr. von Bruno Bushart ...
Werkverz. von Bärbel Hamacher ... –
München: Prestel, 1986.
NE: Asam, Cosmas Damian [Ill.]; Bushart, Bruno [Hrsg.];
Museen ⟨Regensburg⟩; Asam

Printed in Germany
Reproduktionen: Graphische Kunstanstalt Osiris, München (Farbtafeln),
Karl Dörfel Repro GmbH, München (Schwarzweiß)
Graphiken: Astrid Fischer, München
Satz, Druck und Bindung: Passavia Druckerei GmbH, Passau

ISBN 3-7913-0767-3

Inhaltsverzeichnis

Verdankung

Der weitaus überwiegende Teil der Abbildungen dieses Katalogs
und der Großdias der Ausstellung beruht auf Photographien, die das
›Corpus der barocken Deckenmalerei in Deutschland‹
zur Verfügung gestellt hat.
Dieses von Hermann Bauer und Bernhard Rupprecht
begründete und geleitete Forschungsunternehmen hat sich zum Ziel gesetzt,
die barocke Deckenmalerei in Deutschland wissenschaftlich zu erfassen,
nach Malern, Ikonographie und geschichtlichen Umständen zu erschließen
und die Ergebnisse zu publizieren.
Katalog und Ausstellung zum Jubiläum von Cosmas Damian Asam
wären ohne die großzügige Unterstützung des
›Corpus der barocken Deckenmalerei in Deutschland‹
nicht zustande gekommen.
Für diese sprechen Veranstalter, Herausgeber, Mitarbeiter
und der Verlag ihren Dank aus.

Diese Publikation konnte mit freundlicher Unterstützung der
Bayerischen Vereinsbank verwirklicht werden.

Die Ausstellung zum Asam-Jahr
wurde von folgenden Firmen und Institutionen unterstützt:

Brauerei Aldersbach
Bezirkstag von Niederbayern
Bezirkstag der Oberpfalz
Gärtnerei Bruckmeier, Birnbach
Glashütte Eisch, Frauenau
Landkreis Passau
OBAG Regensburg
Spedition Pusel, Regensburg
RMD AG München
Siemens AG München
Sparkasse Passau
Sparkasse Plattling-Osterhofen
Sparkasse Regensburg
Fotohaus Zacharias, Regensburg
Swissair
Klosterbrauerei Weltenburg
Schott-Zwiesel Glaswerke AG

Vorwort

Am 28. September jährt sich zum 300. Mal der Geburtstag Cosmas Damian Asams, der in Benediktbeuern (Laingruben) zur Welt kam und 1739 im Alter von 53 Jahren hoch angesehen in München starb. Mit ihm begann in Süddeutschland die große Zeit der Freskomalerei. Bei seinem Vater Georg Asam (1649-1711) und durch mehrjährige Studien in Italien erwarb er sich eine umfassende Kenntnis der Monumentalmalerei in Fresko und Altarbild. Rasch wurde der junge Künstler zu einem der gefragtesten und höchstdotierten Freskanten seiner Zeit. Der Radius seiner Tätigkeit mit dem Schwerpunkt in Altbayern reicht vom Rhein bis nach Böhmen, von Schlesien bis in die Schweiz und nach Tirol. Sein Werk, wie wir es heute kennen, umfaßt über fünfzig zum Teil umfangreiche Freskozyklen und Einzelfresken, etwa ebensoviele Altarbilder und zahlreiche Zeichnungen. Auch als Architekt und Entwerfer für Festdekorationen, Kunstgewerbe oder Druckgraphik hat er sich einen Namen gemacht. Seine größte malerische Begabung bewies Asam im illusionistischen Deckenbild. In brüderlicher Zusammenarbeit mit dem Stukkator, Altarbauer und Architekten Egid Quirin Asam (1692-1750) schuf er Gesamtkunstwerke von höchstem Rang.

Es ist das Verdienst des Fremdenverkehrsverbandes Ostbayern e. V., dieses Jubiläum zum Anlaß einer repräsentativen Ausstellung genommen zu haben, deren Vorbereitung und Durchführung den Unterzeichnenden übertragen wurde. Alle Beteiligten waren sich der Schwierigkeiten bewußt, barocke Monumentalmalerei in einer Ausstellung zeigen zu wollen. So bedeutete es einen Glücksfall, daß in dem ehemaligen Zisterzienserkloster Aldersbach ein Hauptwerk der Brüder Asam, die von ihnen 1720 freskierte und stukkierte Kirche, samt geeigneten Räumen für die Ausstellung zur Verfügung stand. Nachdem auch Asams namhaftester Schüler Matthäus Günther 1760 den Bibliothekssaal und 1767 die Portenkapelle ausgemalt sowie Johann Baptist Modler 1746 die Prälatenzimmer mit figürlichem Stuck ausgestattet haben, kann der Besucher in Aldersbach neben Originalarbeiten der Asambrüder sogar eine anschauliche Vorstellung von der nachfolgenden Entwicklung gewinnen.

Die Ausstellung hat sich zum Ziel gesetzt, das Lebenswerk Cosmas Damian Asams möglichst umfassend und übersichtlich zu vergegenwärtigen. Sie gliedert sich in sieben Komplexe: Den Beginn – oder Abschluß – bildet die Kirche selbst mit Cosmas Damians Fresken und Altarblättern nebst Egid Quirins Stukkaturen. Ihr ikonologisches Programm wird durch Schrifttafeln erläutert, deren Texte von Renate und Ulrike Staudinger in Verbindung mit Professor Dr. Karl Möseneder, Universität Regensburg, erarbeitet worden sind. Der zweite Abschnitt, zusammengestellt und kommentiert von Professor Dr. Egon Boshof von der Universität Passau und Hubert Kalhammer, Kreisheimatpfleger im Landkreis Passau, beschäftigt sich mit der Kloster- und Ordensgeschichte. Ihre Ergebnisse sind in einem eigenen Beiheft zur Ausstellung veröffentlicht. Der dritte Teil bringt Materialien zur Familiengeschichte, Übersichtskarten zur Verbreitung der Werke Asams, Porträts, Archivalien und eine nach Angaben von Gustav Mutter, München, gestaltete genealogische Übersicht. Die umfangreichste Abteilung bilden die farbigen Großdias der von Cosmas Damian ausgemalten Kirchenräume und der wichtigsten Fresken. In zwei ehemaligen Mönchszellen wird die Entstehung eines Asamfreskos von Hermenegild Peiker, Augsburg, und die Restaurierung der Asamfresken in der Dreifaltigkeitskirche in München vom Bayerischen Landesamt für Denkmalpflege, München, demonstriert. Eine Diaschau und Filmvorführungen geben zusätzliche Informationen. Der fünfte Komplex stellt erstmalig einen Großteil der bisher wenig beachteten Altarblätter zusammen. In ihnen dokumentiert sich das lange Weiterleben der römischen Schulung Asams. Einige konnten durch neuerliche Restaurierung dem originalen Zustand nahegebracht werden. In einer großen Gruppe werden nahezu alle als gesichert zu betrachtenden Zeichnungen des Künstlers vereint. Sie spiegeln die komplizierten Entstehungsprozesse der Monumentalmalereien wider und vermitteln zugleich einen Begriff von Asams hohen Fähigkeiten als Inventor und Zeichner. Auch die wenig bekannte Druckgraphik nach seinen Entwürfen wird in signifikanten Beispielen vorgestellt. In einem letzten Bereich werden Arbeiten aus Asams Umkreis präsentiert, insbesondere von seinem Vater Georg und Bruder Egid Quirin, ferner Werke seiner bedeutendsten Vorgänger, Mitarbeiter, Schüler und Nachfolger. Die Realisierung des Ausstellungskonzeptes oblag den Museen der Stadt Regensburg unter der Leitung von Wolfgang Pfeiffer.

Für das vorliegende, zur Ausstellung erscheinende wissenschaftliche Katalogbuch zeichnen Bruno Bushart und Bernhard Rupprecht verantwortlich. Neben Textkapiteln zu einzelnen Forschungsschwerpunkten wird hier zum ersten Mal ein systematisches, kritisches und ausführlich kommentiertes Werkverzeichnis des gesamten erhaltenen und gesicherten Œuvres von Cosmas Damian Asam vorgelegt. In einem eigenen Kapitel sind die übermalten, rekonstruierten und zerstörten Fresken dokumentiert. Dieser Band will damit ein auf dem derzeitigen Forschungsstand basierendes Nachschlagewerk darstellen und eine Grundlage für die weitere Asamforschung schaffen.

Unser gemeinsamer Dank gilt allen Personen und Institutionen, die das Zustandekommen der Ausstellung ermöglicht und gefördert haben. An erster Stelle zu nennen ist der Fremdenverkehrsverband Ostbayern e. V. mit seinen beiden Vorsitzenden, Regierungspräsidenten Dr. Gottfried Schmid und Karl Krampol, und seinem unermüdlichen Direktor Klemens Unger. Bereitwillige Unterstützung erhielten wir von dem Förderkreis Kloster Aldersbach und seinem Vorsitzenden, Bürgermeister Josef Kiermeier. Auch den mit der Restaurierung des Klostertraktes und der ausstellungsgerechten Ausstattung der Räume betrauten Firmen danken wir für die gute Zusammenarbeit. Daß unsere Bitten um die Überlassung von Leihgaben von Museen des In- und Auslandes sowie von den Pfarrgemeinden, Klöstern und Privatbesitzern fast ausnahmslos positiv entschieden wurden, zeugt von der Bedeutung, die der Ausstellung zugemessen wurde, und verdient besonderen Dank. Die Namen der Leihgeber sind in der anschließenden Liste gesondert aufgeführt. Dank gilt den unermüdlichen Mitarbeitern der Ausstellung und des Katalogs, die das schwierige Vorhaben in die Tat umzusetzen halfen. Nicht zuletzt ist dem Prestel-Verlag für die ebenso fachkundige wie verständnisvolle Herstellung des Katalogs zu danken. Möge dieses vereinte Engagement dazu beitragen, das Verständnis und die Hochschätzung Cosmas Damian Asams als des größten Malers seiner Zeit in Süddeutschland zu fördern.

Bruno Bushart

Wolfgang Pfeiffer

Bernhard Rupprecht

Gesamtkonzeption

Professor Dr. Dr. h. c. Bruno Bushart, Augsburg – München
Direktor Dr. Wolfgang Pfeiffer, Museen der Stadt Regensburg
Professor Dr. Bernhard Rupprecht, München – Erlangen
Verkehrsdirektor Klemens Unger,
Fremdenverkehrsverband Ostbayern e.V., Regensburg

Wissenschaftliches Sekretariat

Dr. Bärbel Hamacher, München

Beiträge und Werkverzeichnis

Prof. Dr. Dr. h. c. Bruno Bushart, Augsburg – München
Dr. Bärbel Hamacher, München
Dr. Volker Liedke, München
Professor Dr. Karl Möseneder, Regensburg
Gustav Mutter, München
Ralph Paschke, Berlin
Universitätsdozent PhDr. Pavel Preiss, DrSc., Prag
Helmut F. Reichwald, Landeskonservator, Stuttgart
Dr. Michael Renner, München
Professor Dr. Bernhard Rupprecht, München – Erlangen
Dr. Heinz Jürgen Sauermost, München
Dr. Helene Trottmann, Florenz
Dr. Milada Vilímková, Prag

Ausstellung

Dr. Martin Angerer, Regensburg
Professor Dr. Egon Boshof, Passau
Professor Dr. Dr. h. c. Bruno Bushart, Augsburg – München
Dr. Karl Ludwig Dasser,
Bayerisches Landesamt für Denkmalpflege, München
Peter Dorn, Graphiker, Regensburg
Dr. Bärbel Hamacher, München
Hubert Kalhammer, Aldersbach
Annette Kurella, Restauratorin, Regensburg
Hermenegild Peiker, Restaurator, Augsburg
Dr. Wolfgang Pfeiffer, Regensburg
Renate Staudinger, Regensburg
Ulrike Staudinger, Regensburg

Werbung, Public Relations und Besucherorganisation

Verkehrsdirektor Klemens Unger und die Mitarbeiter in der
Geschäftsstelle des Fremdenverkehrsverbandes Ostbayern e.V., Regensburg
Dr. Bärbel Hamacher, München

Leihgeber

Aidenbach, Dr. Herbert Müller
Aldersbach, Katholisches Pfarramt
(Geistlicher Rat Willibald Hauer)
Aldersbach, Förderkreis ›Kloster Aldersbach‹
Aldersbach, Erbengemeinschaft Köppl
Aldersbach, Ernst Gabler
Augsburg, Städtische Kunstsammlungen
(Direktor Dr. Tilman Falk)
Berlin, Staatliche Museen Preußischer Kulturbesitz, Kunstbibliothek
(Direktor Dr. Bernd Evers, Dr. Christina Thon)
Beutelsbach, Katholisches Pfarramt (Pfarrer Franz Lechner)
Bremen, Kunsthalle (Direktor Dr. Siegfried Salzmann)
Ellwangen, Schloßmuseum (Dr. Dieterich)
Frankfurt am Main, Historisches Museum
(Direktor Dr. Rainer Koch)
Freising, Diözesanmuseum (Direktor Dr. Peter Steiner)
Freising, Dombibliothek (Prälat Dr. Sigmund Benker)
Freising, Sammlung Benker
Fürstenfeldbruck, Katholisches Pfarramt (Dekan Th. Bachmair)
Göttweig, Stiftssammlungen
(Pater Dr. Gregor M. Lechner OSB)
Günching, Katholisches Pfarramt (Pfarrer H. Plank)
Haarbach, Katholisches Pfarramt (Pfarrer Hans Spielmann)
Hainert, Katholische Kirchenstiftung
(Pfarrer Gregor Balling)
Innsbruck, Tiroler Landesmuseum Ferdinandeum
(Direktor Dr. Gert Ammann)
Landau/Isar, Katholisches Pfarramt (Dekan Franz Gabriel)
London, British Museum (Direktor Sir David Wilson, Mr. Deirdre Le Faye, Mr. G. H. Tait)
Metten, Benediktinerkloster
(Abt Emmeram Geser, Pater Prior Benedikt Busch)
Michaelbeuern, Benediktinerkloster
(Abt Nikolaus Wagner)
München, Archiv des Erzbistums München und Freising
(Prälat Dr. Sigmund Benker)
München, Bauamt der Technischen Universität
(Baudirektor Thaller)
München, Bayerisches Hauptstaatsarchiv
(Direktor Dr. J. Wild)
München, Bayerisches Nationalmuseum
(Generaldirektor Dr. Johann Georg Prinz von Hohenzollern, Dr. Nina Gockerell, Dr. Peter Volk)
München, Bayerische Staatsbibliothek, Handschriftenabteilung (Direktor Dr. Karl Dachs)
München, Bayerische Staatsgemäldesammlungen
(Generaldirektor Dr. Erich Steingräber)
München, Franziskanerkloster Sankt Anna
(Pater Egbert Moll)
München, Priesterhausstiftung Sankt Johann Nepomuk
(Dr. Hermann Theising)
München, Servitinnenkloster
(Oberin Sr. Asumpta Lederhuber)
München, Staatliche Graphische Sammlung
(Direktor Dr. Dieter Kuhrmann, Dr. Wolfgang Holler)
München, Münchner Stadtmuseum
(Direktor Dr. Christoph Stölzl, Dr. Volker Duvigneau)
Nürnberg, Germanisches Nationalmuseum
(Generaldirektor Professor Dr. Gerhard Bott, Direktor Dr. Kurt Löcher, Dr. Rainer Schoch)
Osterhofen, Katholisches Pfarramt Altenmarkt
(Pfarrer Erwin Böhmisch)
Passau, Archiv des Bistums Passau
(Prälat Professor Dr. Leidl)
Passau, Landbauamt (Oberregierungsbaurat Gräbner)
Passau, Staatliche Bibliothek (Dr. Jörg Kastner)
Prag, Národni Galeri
(Direktor Professor Dr. Jiři Kotalik, Doc. PhDr. Pavel Preiss, DrSc.)
Rinchnach, Katholisches Pfarramt
(Pfarrer Wilhelm Probst)
Rohr, Benediktinerkloster (Abt Virgil Kinzel)
Rom, Accademia Nazionale di San Luca
(Präsident Professor Dr. Fausto Melotti)
Schliersee, Heimatmuseum (Herr Joachim Böhm)
Straubing, Katholisches Pfarramt Sankt Michael
(Dekan Siegfried Lintl)
Straubing, Ursulinenkloster (Oberin Sr. Gabriele Heigl)
Stuttgart, Hauptstaatsarchiv (Professor Dr. Maurer)
Stuttgart, Staatsgalerie, Graphische Sammlung
(Direktor Dr. Heinrich Geissler, Dr. Ulrike Gauss)
Tittmoning, Katholisches Pfarramt Sankt Laurentius
(Pfarrer Konrad Baumgartner)
Washington, National Gallery of Art
(Direktor J. Carter Bown, Dr. Andrew Robison)
Weilheim, Städtisches Museum
(Direktor Dr. Reinhardt Helm)
Wien, Graphische Sammlung Albertina
(Direktor Hofrat Professor Dr. Walter Koschatzky, Dr. Fritz Koreny)
Würzburg, Martin-von-Wagner-Museum
(Direktor Professor Dr. Erich Hubala, Brigitte Herrbach M. A.)

Bernhard Rupprecht

Der Deckenmaler Cosmas Damian Asam

Asams kunstgeschichtlicher Ort

Das Werk des Cosmas Damian Asam (Abb. 1) steht im Zentrum einer Epoche der deutschen Kunst, die nicht nur Monumente hohen Ranges, sondern auch von unverwechselbarer Eigenart hervorgebracht hat.

Nach dem reichen Kunstschaffen des Spätmittelalters mit seinem Höhepunkt der Dürerzeit war das deutsche Idiom in der europäischen Kunst über lange Zeit reduziert gewesen. Viele und verschiedenartige Gründe haben zu dieser Zurückhaltung beigetragen – sie reichen von substantiellen Momenten wie der Reformation mit ihrer Betonung des zu hörenden Wortes bis zu den Faktizitäten des jahrzehntelangen Krieges, der erst 1648 in einen Frieden der Erschöpfung mündete.

In den letzten Dezennien des 17. Jahrhunderts zeitigt eine Konstellation geschichtlicher Voraussetzungen den Beginn der neuen Kunstepoche: die Beendigung konfessioneller Zwiste in einem territorial geregelten Modus vivendi, im Südosten die Bannung der Türkengefahr, was zu einem auch in den Künsten manifestierten neuen Selbstbewußtsein der Donaumonarchie führte, und schließlich der Niedergang der französischen Hegemonie und damit das Verblassen eines klassisch-barocken Leitbildes, das zumindest dem höfisch-aristokratischen Kunstbetrieb Europas vorgeschwebt hatte. In diesem geschichtlichen Moment findet Süddeutschland zur Realisierung von Imaginationen, die im engeren Sinn mit dem österreichisch-alpenländischen Bereich verwandt sind, in größerem Radius die Herkunft und die Einflüsse des Südens und Westens nicht verleugnen, aber doch eine ganz und gar eigene und mit ihren Voraussetzungen nicht zu verwechselnde Gestaltungsart darstellen. Über den Beitrag zu einer von Architektur und architektonischen Prinzipien gestalteten Kulturlandschaft hinaus ist dieses Eigene und Spezifische eine Gestalt des Innenraumes – zumal des kultischen –, die reich differenzierte Anschaulichkeit mit einer komplizierten Ideenwelt verbindet. Auf diese Verbindung, in der Architektur, Skulptur, Malerei und Kunsthandwerk organisch zusammenwirken, hat man den Terminus des ›Gesamtkunstwerkes‹ angewandt, der angemessener ›Gesamtbildwerk‹ lauten sollte. Voraussetzung dieser Großbilder ist ein lange vor dem Spätbarock entschiedenes Ernstnehmen der sinnlich-geistigen Verfassung des Betrachters, ein Rechnen und wohl auch eine Berechnung seiner körperlichen Erfahrung und begrifflichen Orientierung. Im 18. Jahrhundert legen es diese Bildwerke zugleich auf den sinnlichen Raptus wie auch auf die Überzeugung, ja Überredung an – sie sind bildliche Rhetorik in extremem Maße.

In einem Zeitraum von etwa fünfzig Jahren – zwischen 1680 und 1730 – hat sich die Gestalt dieser Innenräume mit bemerkenswerter Konsequenz entwickelt, und an diesem Vorgang war in entscheidendem Ausmaß die Umorganisation der Decke beteiligt. Zunächst architektonischen Kriterien unterworfen, entsprachen Dekken und Wölbungen der Plananlage und dem Wandaufbau, die kompakte obere Raumschale überließ der Malerei eher Füllungen von Feldern; die Deckenmalerei war Zutat in einem auch ohne sie schlüssigen architektonischen System. Hauptbeispiel für diese Ausgangssituation sind Neubau und Ausstattung des Passauer Doms ab 1668 – fast vollständig in der Hand von Italienern. Danach werden von Jahrzehnt zu Jahrzehnt der Malerei an der Decke immer größere Flächen überlassen, die Dekorationssysteme geben je länger je mehr die Orientierung an den architektonischen Vorgaben auf, womit sich ästhetisch und inhaltlich gegenüber der Architektur bis dahin nicht gekannte Freiheiten eröffnen. Zielpunkt dieses Vorganges sind Bauten wie die 1728 begonnene Wallfahrtskirche der Brüder Zimmermann in Steinhausen: Die großen Wölbflächen werden nicht mehr architektonisch artikuliert, der Deckenmalerei ist von der Architektur die Vollendung des Innenraumes übergeben worden. Schon in einem noch allseitig tektonisierten Bau wie der 1715 begonnenen Klosterkirche von Weingarten ist das System so sehr auf Bemalung der Wölbungen angelegt, daß der Innenraum ohne Großmalerei Fragment wäre. Der extreme, aber gleichwohl typische Fall ist jener 1734 von Cosmas Damian Asam ausgemalte Kongregationssaal in Ingolstadt, wo das über 450 Quadratmeter zusammenhängende Deckenfresko nicht nur jede Orientierung an der Saalarchitektur vermissen läßt, vielmehr ist es jetzt das Bildwerk an der Decke, das dem Innenraum ästhetisches Klima und anschaulichen Sinn vorgibt.

Die Stuckdekorationen sind einer dieser Entwicklung des Verhältnisses von Architektur und Großmalerei analogen Transformation unterworfen. Die mit vegetabilischen und figürlichen Motiven arbeitenden, schwerplastischen Formen des späteren 17. Jahrhunderts, mehr der massiv aufgefaßten architektonischen Raumschale zugeordnet als den einschlußartigen Malereien, entschweren sich zusehends und gewinnen gegen den Grund eine Art von graphischer Selbständigkeit, die im grazilen ›Bandelwerk‹ des zweiten und dritten Jahrzehnts des 18. Jahrhunderts kulminiert. Der beweglich, ja mitunter agil gewordene Stuck kann dann zwischen Architektur und Fresko eine vermittelnde Rolle einnehmen, wenn er nicht – wie in Weingarten – auf eine untergeordnete Füllung von Randfeldern reduziert wird.

So wichtig die quantitative Ausweitung der Deckenmalerei in den süddeutschen Innenräumen ist – sein eigenes Profil erhält das künstlerische Phänomen erst durch die Art und Weise, wie dieser erweiterte Gestaltungsraum genützt wurde. In dem entscheidenden Zeitraum von 1714 bis in die 1730er Jahre entsteht eine Sonderform der Deckenmalerei, für die so gut wie allein Cosmas Damian Asam verantwortlich ist; seine süddeutschen Generationsgenossen waren nicht nur von geringerer künstlerischer Potenz, sie haben vor allem die mit neuartigen Aufgabenstellungen auftretende Problematik des großen Deckenbildes nicht in Angriff genommen. Diese Problematik ergab sich in aller Regel bei den großen illusionistischen Formaten – bei mehrschiffigen Kirchenräumen auf der mittleren Längsachse sowie bei den Hauptfresken über zentrierenden oder Saalarchitekturen. Die kleineren Formate in Kapellen, Emporen etc. bleiben für Asam traditionell ›tafelbildmäßig‹.

Abb. 1: COSMAS DAMIAN ASAM, *Selbstporträt,* neben ihm wahrscheinlich seine Brüder Egid Quirin (links) und Pater Engelbrecht (rechts), Öl auf Leinwand, um 1725–1730; Freising, Diözesanmuseum [G 15].

Der italienische Hoch- und Spätbarock hat Asam zwei Richtungen illusionistischer Deckenmalerei überliefert, und beide wurden schon von der Generation vor ihm auch nördlich der Alpen verfolgt. Die eine war eine Art von Himmelsdarstellung oder Raumöffnung in eine himmlische Sphäre; der bevorzugte wenn auch nicht ausschließliche Ort solcher illusionistischer Heiligen- und Engelsglorie war die Kuppel. Asam hatte diese Vorgabe aufzunehmen, doch waren solche Ausmalungen mit Figuren in Freiräumen nicht seine Stärke, er hat an dieser Deckenbildtradition im wesentlichen nichts verändert. Ganz anders ist Asams Eingreifen in den anderen Strang des Illusionismus, der seine Figuren und Szenen in Räume verlegt, die zumeist architektonisch determiniert sind und somit als bauliche Aufstockungen oder Erweiterungen des Realraumes auftreten können. Schon Vater Georg Asam hatte sich an derartigen Aufgaben versucht. Vor allem die nördlich und südlich der Alpen arbeitenden Tiroler Maler waren in solchen Perspektivkunststücken spezialisiert, der aus Trient stammende Andrea Pozzo galt zurecht als der Virtuose auf diesem Gebiet, und Asam hat seine römischen Werke gekannt und studiert. Aber nicht kopiert, denn Asam begnügt sich nicht mit einer gemalten, dem Realraum aufgesetzten Architektur, er sucht und findet vielfältige Weisen, den Illusionsraum so zu differenzieren und auch zu komplizieren, daß er dem Betrachter weniger eine Fortsetzung seiner räumlichen Umgebung als vielmehr den Einblick in ein ganz Anderes zu eröffnen scheint. Mit anderen Worten: Asam behält die Illusion bei, doch koppelt er sie durch mannigfache Kunstgriffe von dem gebauten Raum ab.

Das ist nicht das freie Spiel einer in Spätzeit sich ergehenden Künstlerphantasie. Asams illusionistische Kunst veranschaulicht komplizierte ikonologische Vorstellungen, die es zwar sicher schon vorher und auch in anderen Gebieten gegeben hat, die aber im frühen 18. Jahrhundert im süddeutschen Kulturkreis zur Veranschaulichung drängten. Dem von Asam geschaffenen Illusionismusstil gelingt es, an der Decke sowohl die Unterscheidung wie auch die Verknüpfung verschiedener Ebenen der Allegorese, von Geschichte und Ewigkeit, theologischer und ethischer Begriffe anschaulich zu machen. Eine programmatische Ideenmalerei hat es in Europa schon längst gegeben, im 17. Jahrhundert dringt sogar die Emblematik in die Raumdekoration ein. Es ist gar nicht selten, daß solche komplizierte Programmatik von den Künsten fordert, einen Innenraum in unterschiedliche illusionistische Bildzonen zu teilen. Asams Leistung als Maler besteht nicht zuletzt darin, daß er auch vielschichtige inhaltliche Vorgaben ganz in der schlüssigen Anschaulichkeit des illusionistischen Deckenbildes aufgehen lassen konnte.

Diesem ikonologischen Klima entspricht ein ästhetisches. Schon zu Beginn seiner Tätigkeit übernimmt Asam die von südlicher, vor allem venezianischer Freskokunst eingeführte Aufhellung des Deckenbildes, und es ist nicht zuletzt sein *lichthaltiges Kolorit,* auf dem die illusionistische Wirkung seiner Fresken beruht. Bezeichnenderweise hält Asam für seine Tafelgemälde an einem ganz anderen, älteren Malstil fest: hier verharrt er in der Dunkelfarbigkeit, dem Tenebroso des 17. Jahrhunderts.

Bei den Fresken an der Decke steht die Wirkung ins Große im Vordergrund, durch flächengreifende Komposition, komplizierte Perspektiven in allegorische, übergeschichtliche Räume und die Verklärung durch farbiges Licht. Asam hat sich mitunter dem Detail sehr aufmerksam zugewandt – besonders in Weingarten, Einsiedeln und Břevnov finden sich durchgearbeitete Partien –, seine Malkunst wendet sich jedoch weniger an den kennerhaften Ästheten, sondern an Personen, die bereit sind, sich dem Totaleindruck der Innenräume zu überlassen.

Damit ist ein wichtiger Bereich des Kunstbetriebes angesprochen, in dessen Zentrum Cosmas Damian Asam steht: der Bereich der Affekte. Die Neuzeit hat an die Objektivierbarkeit der Affekte geglaubt und diesen ein System von Tugenden und Lastern beigeordnet. Die Darstellung der Affekte durch den menschlichen Körper wurde zu einer Hauptaufgabe der Bildwerke, sie wurde im 17. Jahrhundert systematisiert. Asams erstes gesichertes Werk, die römische Preiszeichnung, beweist, daß er auch in diesem Fach geschult wurde. Es gehört zu den zentralen Momenten des ›Illusionismus‹, daß die dargestellten Affekte auf die Affizierbarkeit des Betrachters abgestellt sind, daß er mit dem Helden und Heiligen auf dem Pfad der Tugend zu Glorie und Verzückung gezogen, oder von Abscheu gegen Laster, Sünde und Ketzerei erfüllt wird. Asam setzt diese Mittel nach beiden Richtungen ein und schreckt – wie das Langhaus des Freisinger Doms zeigt – auch vor Drastik nicht zurück.

Die den Affekten im Kultur- und Kunstkreis Asams anvertraute aktive Rolle leistet auch eine historische Abgrenzung. Ein Blick auf das europäische Kunstgeschehen zu Zeiten Asams kann nicht übersehen, daß die südliche und auch österreichische Malerei dem süddeutschen Bereich verwandt ist, das Neue und Zukunftsträchtige jedoch im Westen entsteht: Watteau, 1684 geboren, ist Generationsgenosse Asams. Die Differenzen von Malkultur und Kunstbetrieb hier und dort sind evident, ihnen liegt jedoch eine unterschiedliche Bewertung des affektiven Bereiches zugrunde. Während das noch spätbarocke Süddeutschland in den Affekten ein Geflecht von mächtigen Kräften sieht, das zusammen mit dem Willen Weg und Ziel des Individuums regiert, werden in der neuen französischen Kunst die Bewegungen und Bewegtheiten nicht nur dezenter – sie verändern auch ihre Qualität. An die Stelle des Affektes tritt die Emotion. Nicht mehr die großen, zu Apotheose oder Abgrund führenden Leidenschaften erfassen den Menschen, jetzt durchzieht ihn Gefühl und Stimmung, wandelbar und subjektiv. Von Himmel und Hölle keine Rede mehr, in arkadisch getönter Amour stellt sich das neue Individuum dar. An die Stelle objektiv betrachteter Affekte mit den zugehörigen ethischen Begriffen beginnt nun ein Bereich unendlich fluktuierender Innerlichkeit zu treten, der weite Strecken der Moderne bestimmen wird.

Die Deckenmalerei jedoch sinkt in solcher Perspektive zur Bedeutungslosigkeit ab. Denn die Decke ist im Kult- und Festraum seit je Symbol, Bild transzendenter Bereiche – des Himmels zumeist. Der Deckenmaler Cosmas Damian Asam hat diese Bedeutungen noch einmal und auf seine Weise sichtbar gemacht.

Lebensdaten, Ausbildung und Persönlichkeit

Der Vater des am 28. September 1686 getauften Cosmas Damian Asam, *Georg Asam,* war Maler, die Mutter die Tochter eines Münchener Hofmalers, *Niklas Prugger.* Bei der geringen sozialen Mobilität des damals vom Handwerk kaum unterschiedenen Malerberufes war das eine Vorgabe für Söhne, wenn sie nur irgendeine Begabung für die väterliche Tätigkeit zeigten. Cosmas Damian zeigte sie und wuchs in Beruf und ›Betrieb‹ des Vaters hinein.

Die engeren süddeutschen Generationsgenossen des Cosmas Damian, die als Freskomaler seine potentiellen ›Konkurrenten‹ wurden, entstammten ausnahmslos Künstlerfamilien – manche schon in zweiter Generation. *Johann Baptist Zimmermann,* sechs Jahre älter als Cosmas Damian Asam, als Hauptmeister des Rokoko-Freskos aber ›stilistisch‹ jünger (geboren 1680), war Sohn eines Stukkators; *Nikolaus Gottfried Stuber* (geboren 1688), der Vetter Asams (die Mütter waren Prugger-Schwestern), stammte von einem Münchener Maler ab; sowohl Vater wie auch Großvater des

Franz Georg Hermann (geboren 1692) waren Hofmaler in Kempten, und auch die beiden Vorfahren des *Jakob Karl Stauder* (geboren 1694) übten den Malerberuf aus. Zweifelsohne liegt bei allen diesen Beispielen eine Weitergabe von Begabung durch die Generationenfolge vor, doch darf auch das ständisch-handwerkliche Brauchtum, das Beharrungsvermögen der im Familienverband erfolgenden Einübung in den Beruf des Vaters nicht unterschätzt werden. Schließlich ist diesen Weg auch der 1720 geborene Sohn des Cosmas Damian, *Franz Erasmus Asam,* gegangen – freilich ohne an den Vater heranzureichen.

Der von Vater Georg Asam[1] angeführte Familienbetrieb hat auch noch andere Nachkommen umfaßt: die eineinhalb Jahre vor Cosmas Damian geborene Tochter *Maria Salome Asam,* die jahrzehntelang als Faßmalerin tätig war, und dann noch den am 1. September 1692 getauften *Egid Quirin Asam,* der später zusammen mit dem älteren Bruder eine Reihe von Asam-Hauptwerken geschaffen hat. Schließlich war auch noch die Mutter *Maria Theresia Asam* als Faßmalerin tätig und erwies sich auch sonst als recht geschäftstüchtig.[2]

Da bei den Arbeiten des Georg Asam alle dazu fähigen Familienmitglieder mithalfen, war ein ständiger Wohnwechsel je nach Auftragsort nötig. So sind die Asam nach jahrelangen Aufenthalten in den oberbayerischen Klosterorten Benediktbeuern und Tegernsee zum Kloster Fürstenfeld weitergezogen, dann nach Niederbayern und endlich in die Oberpfalz.

Sechzehn Jahre lang hört man nichts vom Sohn Cosmas Damian, erst 1702 taucht er erstmalig mit 30 Kreuzer »Trinkhgelt« für Mithilfe bei Faßarbeiten des Vaters in den Akten auf.[3] Erwähnungen dieser Art finden sich in den folgenden Jahren noch öfter. Auf offensichtlich selbständig durchgeführte Arbeiten verweisen die Nachrichten für Malereien an einer Krippe in STRAUBING 1707 und eine Altarfassung in SCHNAITTACH.[4] Aufschlußreicher sind die Aussagen der Dokumente für die Ausmalung der Wallfahrtskirche Maria Hilf in FREYSTADT, für die Georg Asam am 26. Juli 1708 einen Akkord[5] schließt, in dem der Maler auch auf eine »Discretion für seine beede mitarbeitende Söhne« besteht, womit nur Cosmas Damian und der damals sechzehnjährige Egid Quirin gemeint sein können. Die Ausführung dieser Arbeiten kam offensichtlich nicht so schnell voran, wie man gehofft hatte; am 20. April 1709 findet man, es »were nötig, das wenigst H. Cosman aufs eheist sich einfinden thette, dan er die 4 Stuckh in der Kuppel vors erst gar ausmachen muß ...«[6]. Die Briefstelle belegt, daß man dem 23jährigen Cosmas Damian, der damals vielleicht schon nicht mehr bei den Eltern lebt, die vier Bilder in der Kuppel selbständig anvertraut hat.

Danach verstummen die Quellen wiederum; Vermutungen, daß Cosmas Damian Asam bis zum Tod des Vaters 1711 und der Abreise nach Rom weiterhin als selbständiger Maler gearbeitet habe, sind weder durch Dokumente noch stilkritisch belegt.

Der Tod des Vaters Georg Asam – begraben am 7. März 1711 in Sulzbach/Oberpfalz – hatte auch die Auflösung der familiären Arbeitsgemeinschaft zur Folge. Die Witwe Maria Theresia zog, wohl mit Sohn Egid Quirin und der Tochter Maria Salome, in das Münchner Haus ihres Vaters Niklas Prugger, das Georg Asam schon 1694 erworben hatte.[7] Maria Salome hat 1721 den »angehenden Handelsmann« Johann Philipp Bornschlegel[8] aus Würzburg geheiratet, doch hat sie ihre Tätigkeit als Faßmalerin weiterhin ausgeübt.

Die beiden Söhne Cosmas Damian und Egid Quirin standen jedoch vor schwerwiegenden Entscheidungen. Sie hatten keine formale Ausbildung erhalten, die jedoch für die weitere Tätigkeit unentbehrlich erschien. Der jüngere Egid Quirin entschied sich für den regulären zünftischen Weg, er trat bei dem Münchner Hofbildhauer Andreas Faistenberger am 25. Juli 1711 als Lehrjunge ein und wurde 1716 freigesprochen.[9] Diese Nachrichten entkräften die weit verbreitete Annahme, daß Egid Quirin zwischen 1711 und 1713 zusammen mit dem älteren Bruder in Italien gewesen sei.

Cosmas Damian Asam, beim Tod des Vaters im fünfundzwanzigsten Lebensjahr, stand vor der Frage, entweder den Weg des Vaters auf dessen handwerklich/künstlerischem Niveau und sozialem Status fortzusetzen oder eine höhere Qualifikation anzustreben. Die dem Kunstbetrieb in Bayern damals wenig günstige Rahmensituation – das im Spanischen Erbfolgekrieg unterlegene Land war von den Österreichern immer noch besetzt – mag zu dem Entschluß beigetragen haben, sich nach Rom zu begeben.

Der Italienaufenthalt, wohl zusammen mit den beim Vater erworbenen Kenntnissen die wichtigste Ausbildungsstation Cosmas Damians, ist nur durch zwei gesicherte Nachrichten belegt. Am 29. Januar 1713 hat Asam in Rom den zum Benediktbeuerner Konvent gehörenden Benediktiner Karl Meichelbeck besucht[10] – wohl um die alten Verbindungen der Asamfamilie zu dem Kloster aufrechtzuerhalten; Meichelbeck hat dann als Historiograph des Ordens und des Bistums Freising für die Asam noch eine Rolle gespielt. Die zweite, ungleich wichtigere Nachricht besagt, daß Cosmas Damian am 23. Mai 1713 in einem Wettbewerb der römischen Accademia di San Luca den ersten Preis der ersten Malereiklasse gewonnen hat.[11] Die feierliche Preisverleihung am 25. Mai 1713 auf dem Kapitol in Anwesenheit von Papst Clemens XI. wird einer der Höhepunkte in Asams Leben gewesen sein.

So wichtig die Tatsache des Akademiepreises für die Schlußfolgerungen zum Werdegang des jungen Malers ist, so wenig reichen doch die Quellen aus, diese entscheidenden Jahre im Süden, in denen Asam zum bedeutenden Künstler heranreifte, zu rekonstruieren. Unbekannt ist der Zeitpunkt der Abreise, das heißt die Zeitspanne, die er nach dem Tod des Vaters noch nördlich der Alpen verbracht hat. Unbekannt sind die Reisewege; es wäre von großer Wichtigkeit zu wissen, ob Asam Venedig, Bologna und Florenz berührt und was und wie intensiv er dort studiert hat. Auch ein aus motivgeschichtlichen Zusammenhängen erschlossener Abstecher nach Neapel muß als hypothetisch angesehen werden.[12]

Der Vetter *Nikolaus Gottfried Stuber* war ebenfalls 1712/13 in Rom, möglicherweise haben die beiden jungen Maler die Reise zusammen gemacht. Die Kolonie der zukünftigen süddeutschen Freskomaler in Rom vervollständigte der junge Kemptener Maler *Franz Georg Hermann,* der schon um 1707/08 im Alter von etwa fünfzehn Jahren dort seine Studien begonnen hatte und acht Jahre im Süden blieb.[13] Auch er hat sich an dem Wettbewerb der Akademie von 1713 beteiligt, er erhielt den ersten Preis der zweiten Malklasse.

Das nächste sichere Datum für die Biographie des Cosmas Damian Asam ist seine Signatur von 1714 im Kuppelfresko der Klosterkirche von ENSDORF in der Oberpfalz. Asam muß also spätestens zu Beginn dieses Jahres von Rom abgereist sein, wahrscheinlich aber schon einige Monate früher, weil die nun einsetzenden Großaufträge für Freskomalereien – im September 1714 erfolgt auch eine Zahlung für die Deckenbilder der Dreifaltigkeitskirche in MÜNCHEN – umfangreiche Vorarbeiten an Ort und Stelle sowie am Zeichentisch erfordern.

Sicher nimmt dieser Beginn die schon vom Vater angebahnten Beziehungen in der Oberpfalz wieder auf, aber der Name Asam allein und der plötzlich akut gewordene Bedarf an Deckenmalerei können nicht erklären, daß bis um 1718 ein Großauftrag nach dem anderen in der Oberpfalz und in Regensburg auf Cosmas Damian zukommt. Seine Imagination und die Bilderwartungen von Umgebung und Zeitlage müssen sich in einer besonders günstigen Konstellation begegnet sein.

In diese Phase des Aufstiegs in eine bedeutende Position des süddeutschen Kunstbetriebs fällt die erste Verehelichung Asams; am 8. Februar 1717 wird er in München mit der neunzehnjährigen Maria Anna Mörl getraut. Einer ihrer Brüder, Franz Joseph Mörl, hat als Kupferstecher zur Verbreitung der Werke Asams beigetragen. In den ersten Jahren der Ehe hat Maria Anna ihren Mann noch zu dessen Wirkstätten begleitet, noch 1725 transportiert sie zu Pferd mit einem Bruder und Diener Blattgold von München nach Einsiedeln.[14]

Im Jahr 1717 bewerben sich die Asam-Brüder um Stuckierung und Ausmalung des Neubaues der Benediktinerklosterkirche von WEINGARTEN. Während Egid Quirin ziemlich schnell aus der Konkurrenz ausscheidet, wird Cosmas Damian für die Fresken in Betracht gezogen; nach Verfertigung eines Probefreskos im Sommer 1718 schließt man am 3. Oktober 1718 den Kontrakt über die Ausmalung der Kirche. Dem Umfang nach war Weingarten mit sechs großen Fresken und der Tambourkuppel auf der Mittelachse samt »36 anderen Stuckhen« der größte Auftrag seines Lebens, nach malerischem Rang und kunstgeschichtlicher Bedeutung ist der Zyklus die Achse seines gesamten Schaffens. Schon 1720 gilt er als ein »berimbter maister«[15]; es sollte nur noch wenige Jahre währen, bis er weit über Bayern hinaus nach Tirol, in die Schweiz, an den Rhein und nach Böhmen und Schlesien gerufen wurde.

In das dritte Jahrzehnt des 18. Jahrhunderts fallen nicht nur die bedeutendsten Hauptwerke von WELTENBURG über FREISING, EINSIEDELN, MANNHEIM bis zu BŘEVNOV und ALTEGLOFSHEIM, diese Zeit brachte auch die Anerkennungen und Ehrungen. Schon im Zusammenhang mit der Errichtung der Weltenburger Klosterkirche schreibt Karl Meichelbeck in den Annalen der bayerischen Benediktinerkongregation, daß Asam in Rom »in pictoria etiam architectonica arte singulariter et summa laude exercitato«[16] sei. Fürstbischof Eckher von Freising überträgt die durchgreifende Umgestaltung des Freisinger Domes »... denen zwei gebrüederen Asamb, so allenthalben bestens experimentiret ...«[17] sind, nach Fertigstellung wurden sie zu ›hochfürstlichen Freisingischen Kammerdienern‹ ernannt (19. September 1724), dazu Cosmas Damian zum Hofmaler und Egid Quirin zum Hofstukkator. Danach muß auch der Münchener Hof gefolgt sein, denn am 20. März 1730 unterzeichnet Cosmas Damian einen Brief mit »Chur Bayr: Hofmahler und Hochfürstl. Drchl. Freysing: Cammerdiener«.[18] Auch die großen Herren am Rhein haben Asams Verdienste durch Titel gewürdigt, Kurfürst Karl Philipp von der Pfalz ernennt Asam am 28. August 1732 zum ›Kurpfälzischen Hofkammerrat‹, auch führte der Maler den Titel eines ›Kurmainzischen Hofkammerrates‹.[19]

Am 24. Juli 1731 ist in München Asams Frau Maria Anna gestorben. Von den aus der Ehe hervorgegangenen Kindern ist erwähnenswert der 1720 geborene Sohn *Franz Erasmus Asam,* der den Malerberuf des Vaters ergriff. Offensichtlich hat er im Alter von fünfzehn Jahren in PRAG dem Vater bei der Ausmalung von Sankt Niklas in der Altstadt geholfen.[20]

Die Tochter Maria Anna Theresia hat Asam zuerst bei den Benediktinerinnen in Hohenwart unterzubringen versucht, doch gelang ihm dies erst bei den Ursulinen in Straubing; anstelle der Mitgift und sonstiger Kosten verpflichtet sich Asam zur Ausmalung der neuen Kirche samt Lieferung dreier Altarblätter.[21]

Sieben Monate nach dem Tod der ersten Frau heiratet Cosmas Damian zum zweiten Mal (24. Februar 1732). Diese zweite Frau, Maria Ursula Ettenhofer, starb wenige Monate nach Cosmas Damian am 6. Oktober 1739.[22]

Auch das letzte Lebensjahrzehnt Asams brachte reichlich Großaufträge, die auch Zeugnisse des nun weit verbreiteten Ruhmes des Malers sind. Die enge Folge und die rasche Erledigung dieser Aufgaben deuten darauf, daß sowohl die Imagination wie auch die physische Schaffenskraft bis kurz vor dem Ende Asam nicht verlassen haben. Allein in das Jahr 1732 fallen die Vollendung von OSTERHOFEN, die Schloßkapelle in ETTLINGEN, der Beginn der Ausmalung von Sankt Emmeram in REGENSBURG. 1733 ist mit dem umfangreichen Zyklus im schlesischen WAHLSTATT ausgefüllt, das Jahr 1734 bringt zwei große Saaldecken in INNSBRUCK und INGOLSTADT. Erst bei den allerletzten Werken in STRAUBING und in FRIEDBERG scheinen die Kräfte nachgelassen zu haben – es darf auch vermutet werden, daß dort Asam selbst nicht mehr viel auf dem Gerüst stand.

Cosmas Damian Asam machte am 6. Mai 1739 in München sein Testament, am 10. Mai 1739 starb er; wie testamentarisch verfügt, wurde er an der Seite seiner ersten Frau auf dem Salvatorfriedhof in München begraben (12. Mai 1739). Der Münchner Hofbibliothekar Andreas Felix von Oefele hat notiert, daß Asam noch am Tag vor seinem Tod zeichnete und die Ursache für das plötzliche Sterben eine Geschwulst war.[23] Die Persönlichkeit Asams kann nur im Zusammenhang mit seiner Herkunft, seiner Ausbildung und Bildung sowie der regional-sozialen Position seiner Art von Künstlertum nachgezeichnet werden. Die Dokumente beschränken sich überwiegend auf sachlichen Schriftverkehr: Kontrakte, Quittungen, Gesuche. Persönliche Zeugnisse, die auf charakterliche Struktur schließen ließen – private Korrespondenz, Tagebücher, ausführliche Berichte von Zeitgenossen – sind sehr selten. Die Diktion seiner in Geschäften abgefaßten Briefe bewegt sich in den Konventionen der Zeit[24], sie zeigt vor allem, daß sich Asam seines sozialen Standes bewußt ist. Künstler, auch wenn sie geachtet und gesucht wie Asam waren, gehörten nicht zu den Personen von Stand. Sie empfingen Aufträge, hatten diese korrekt auszuführen, wurden bezahlt und damit war die Beziehung zwischen Auftraggeber und Künstler erledigt. Asam scheint keine Versuche unternommen zu haben, diese sozialen Grenzen zu überschreiten, er bleibt im Rahmen einer damaligen Münchner Bürgerexistenz. Daran ändert auch der fortschreitende Wohlstand nichts, wie er durch den Erwerb des Anwesens in Thalkirchen mit der damit verbundenen Edelmannsfreiheit bezeugt ist. Wie das Nachlaßinventar ausweist, ist das Gebäude in Thalkirchen auch als Maleratelier mit Gerätschaften und Sammlungen von Vorlagen benützt worden.[25] Der überaus reiche Bestand an gerahmten und ungerahmten Bildern kann dahin gedeutet werden, daß Asam in Thalkirchen eine Art von Depot oder Ausstellung zu Verkaufszwecken unterhielt. Auf einen gewissen Wohlstand läßt auch die Nachricht schließen, daß Cosmas Damian und Egid Quirin zu Beginn des Jahres 1728 in Karlsbad zur Kur weilten.

Vom ausführenden Kunstbetrieb her ist Asams Tätigkeit als Unternehmertum zu definieren. Auch damals wußte jedermann, daß der Unternehmer mit möglichst geringem Einsatz an Zeit, Material und Arbeitskraft möglichst großen Nutzen erzielen will; die Kontrakte legen deshalb Umfang und Termin der Leistung sowie die Aufteilung der Sach- und Personalmittel samt eventueller Unkosten eindeutig fest. Bei der Planung des Domumbaues in FREISING durch die Asam glaubt das Domkapitel immerhin hinsichtlich Nachforderungen und Qualität der Ausführung vorsichtig sein zu müssen.[26] Sehr bezeichnend ist die Versicherung der Brüder, an den Emporenstirnen gute Arbeit zu leisten, »als selbe gar nachet im Gesicht stehet«. Bei der Ausmalung der Schloßkapelle zu BRUCHSAL 1728/29 kam es wegen der Vertragserfüllung zu massiven Auseinandersetzungen. Der Auftraggeber, Kardinal und Fürstbischof von Speyer, Hugo Damian von Schönborn, bemängelt, daß Asam nicht kontinuierlich arbeitet und »nach belieben« weggeht, daß er an den Vergoldungen gespart habe und daß er eigenmächtig vom vertragsgemäßen Entwurf abgewichen sei. Offensichtlich war vereinbart worden, daß das große Fresko des Langhauses von einer Scheinarchitektur einzufassen gewesen wäre, Asam jedoch hatte um die Fenster und Zwickel lediglich eine Stuckdekoration imitiert. Über diese Eigenmächtigkeit war der Kardinal besonders erbost, zudem scheint Asam diese Arbeiten auch noch Bruchsaler Lehrjungen überlassen zu haben. Der Streit grenzte an Betrugsvorwürfe gegen Asam, auch wurde ihm bedeutet, daß er es gewesen sei, der um den Auftrag nachgesucht habe und daß man »maler aus welschland bekanter maaßen genuch [hätte] haben können.«[27] Asam mußte einlenken und alle ihm für die Fortführung der Arbeiten gemachten Auflagen annehmen.

In dieser Auseinandersetzung taucht auch die Frage der eigenhändigen Ausführung auf. Die Erstellung oft sehr ausgedehnter Freskoflächen in kurzer Zeit ist nicht ohne intensiven Einsatz von Gehilfen und Schülern denkbar. Die wohl um die tausend Quadratmeter Malerei in WEINGARTEN sind mit dem im Vertrag zugestandenen »einen Gesellen, so einer nöthig«, in den etwa zehn Monaten, die für die Ausführung verblieben sind, nicht zu erstellen gewesen. Auch im Vertrag für den Maria-Hilf-Berg in AMBERG vom 28. September 1716 kommt ein Bedienter oder Geselle vor, und es sieht so aus, als habe Asam diesem bei manchen Bildern viel freie Hand gelassen.

Auch im späteren Œuvre gibt es mitunter beträchtliche Qualitätsunterschiede in Figurenzeichnung und Kolorit innerhalb eines Zyklus, sie dürften vorwiegend durch Zuarbeit zu erklären sein. Daß da mit mehreren Personen zu rechnen ist, deutet ein Passus im Vertrag für das Schloß in MANNHEIM an, wo die Unterkunft für Asam »und seine Leuthe« geregelt wird. Um so strahlender heben sich dann die Partien heraus, wo die Hand des Meisters selbst erkennbar ist, wie über weite Strecken in WEINGARTEN, in EINSIEDELN und vor allem in BŘEVNOV. Für die Fresken in der Jakobskirche in INNSBRUCK ist die Mitarbeit des Vetters Nikolaus Gottfried Stuber gesichert.

Trotz aller dokumentierten und zu vermutenden Mitarbeit von Gesellen, Schülern und später auch des Sohnes Franz Erasmus hat Cosmas Damian Asam über eine so souveräne Technik des Freskomalens verfügt, daß er auch große und komplizierte Arbeiten in Zeitspannen ausführte, die in der Malergeneration vor ihm undenkbar schienen. Für die Ausmalung von Tegernsee 1638 bis 1694/95 benötigte der Vater sieben Jahre, Cosmas Damian für WEINGARTEN kaum zwei. Die erfahrenen Freskomaler Gumpp und Steidl arbeiten in der Stiftskirche von Sankt Florian in Oberösterreich von 1695 bis 1700, Asam erledigt die an Umfang etwas geringere, in der Anlage jedoch kompliziertere Ausmalung der Klosterkirche von WAHLSTATT in der unvorstellbar kurzen Zeit zwischen dem 5. Juli und dem 10. Oktober 1733. Melchior Steidl malt an der Decke des Kaisersaales in der Bamberger Residenz fast zwei Jahre (1707-1709), 1734 bewältigt Asam die beträchtlich größere Decke des Kongregationssaales in INGOLSTADT in 36 Tagwerken. An diesen Vergleichen zeigt sich, daß Cosmas Damian als Angehöriger der zweiten Generation der süddeutschen Großmaler weder Schwierigkeiten mit dem Entwerfen und Übertragen auf die Malfläche, noch mit den maltechnischen Problemen hatte, die den um 1650 geborenen Künstlern offensichtlich zu schaffen machten. Auch wird man bei Asam eine überaus effiziente Arbeitsorganisation annehmen dürfen.

Schwierig ist die Frage nach dem Bildungsstand Asams zu beurteilen. Von einem Schulbesuch ist nichts bekannt, an der römischen Akademie wird er über die Lehrfächer hinaus Italienisch, vermutlich auch etwas Französisch gelernt haben. Mit einiger Sicherheit darf man annehmen, daß er die gängigen Handbücher zur Ikonographie, zur Perspektive und wohl auch Architekturtraktate zur Hand hatte. Vom Besitz einer Bibliothek ist nichts bekannt, für Reflexionen über Kunst oder andere Gebiete fehlt jedes Zeugnis, auch scheint eine private Kunstsammlung nicht existiert zu haben.

Immerhin müssen manche Auftraggeber ein Zutrauen auch zu seiner ikonologischen Versiertheit gehabt haben. Ohne vorhergehende Visierung läßt man ihn in AMBERG in gewissen Bildfeldern »nach seiner Kunst Gutbefinden die Feste B. V. Mariae exprimiren«.[28] Bei der Konzeption des Zyklus vom Leben des Heiligen Korbinian im Dom zu FREISING scheint Asam der unmittelbare und erste Gesprächspartner des Fürstbischofs gewesen zu sein[29], was auf eine gewisse Kompetenz Asams – über die bildliche Umsetzung von Programmen hinaus – schließen läßt. Im übrigen kann nicht eindringlich genug betont werden, daß in Epoche und Kulturkreis Asams für Inhalte, Kenntnisse biblischer und mythologischer Historie und die verschiedenen Arten von Allegorese die Auftraggeber und ihre Programmspezialisten zuständig waren. Dabei scheinen zwischen Ideatoren und Künstlern gewisse Vorverständnisse existiert zu haben; darauf spielt die Briefstelle des Hugo Damian von Schönborn an, wenn er von der zu malenden Heiligenkuppel in Bruchsal anmerkt: »... wie es in eine glorie gehöret, daher dann die chöre der heyligen und engeln genugsamb exprimiret seyn muß.«

Die Charakteristik der Person Asams stützt sich seit langem auf eine kurze Bemerkung von Johann Caspar Füssli[30] und die Indizien für seine Frömmigkeit. Füsslis Text zu Asam: »ein Mann von untadelichen Sitten, höflich und gesellig«, beruht auf der persönlichen Bekanntschaft in Ettlingen 1732. »Wir waren Freunde«, schreibt Füssli weiter, »und ich erinnere mich mit Vergnügen der Stunden, die ich mit ihm zugebracht habe.« Asam war damals 46 Jahre alt, die beiden Männer sahen sich in Ettlingen zum ersten Mal und danach vermutlich nie wieder. Man wird aus dieser einzigen, knappen, noch dazu sich relativ konventioneller Ausdrücke bedienenden Charakteristik nicht ohne weiteres auf den ganzen Menschen Cosmas Damian Asam schließen dürfen. Wenn pekuniäre Interessen berührt waren, konnte er sehr bestimmt, ja massiv grob werden.[31]

Über die Frömmigkeit Asams existieren viele Nachrichten; deren Beurteilung und die Rückschlüsse auf die Person des Malers sollten jedoch differenzierter als bislang angestellt werden. So gut wie nichts zu tun mit persönlicher Frömmigkeit hat der Verzicht auf Bezahlung für Renovierung oder Ausmalung der Klosterkirchen von Hohenwart bzw. Straubing.[32] Hier handelt es sich um die Versorgung von Asams Tochter Maria Anna Theresia und die Anrechnung von Leistungen auf die fällige Mitgift an das Kloster. Gerade die schwierigen und letztlich gescheiterten Verhandlungen mit den Benediktinerinnen in Hohenwart zeigen die überwiegend geschäftlich-juristische Dimension solcher Vorgänge. Die Kapelle auf dem Landgut THALKIRCHEN wollte ursprünglich Egid Quirin auf seine Kosten errichten, Cosmas Damian hat dann fünf Jahre später (1730) dieses Vorhaben ausgeführt, immerhin in einer für Gottesdienste geeigneten Größe. Doch ist daran zu erinnern, daß in der Barockzeit in den Voralpenländern zum Standard selbst eines ansehnlichen bäuerlichen Anwesens eine Privatkapelle gehörte, Hunderte davon sind noch erhalten. Auch wenn er zu der Errichtung der Kapelle sicher nicht verpflichtet war, so trat er doch in einen allgemeinen Usus ein, und es dürfte schwierig sein, bei Asam eine über die Volksfrömmigkeit hinausgehende Haltung festzumachen. Auch die von Oefele tradierte Schenkung der Hälfte der Bezahlung für das Fresko in INGOLSTADT an die Kongregation verdient etwas näher betrachtet zu werden.[33] Das angeblich vereinbarte Honorar von 10000 Gulden erscheint auch angesichts der Berühmtheit Asams 1734 exorbitant hoch. Für WEINGARTEN, das ein Vielfaches an Arbeit erforderte, erhielt Asam 6000 Gulden; für die Schloßkapelle in BRUCHSAL, wo die Aufgabenstellung wesentlich komplexer als in Ingolstadt war, wurden 5000 Gulden bewilligt; die 1732 erfolgte Ausmalung der Schloßkapelle in ETTLINGEN wurde mit 4000 Gulden honoriert; und in WAHLSTATT, wo Asam in der Klosterkirche vier große Bilder auf der Hauptachse, vier weitere über den Kapellen und noch einige kleinere zu malen hatte, billigt ihm der Kontrakt vom 5. Juli 1733[34] nur 3000 Gulden zu, und in BŘEVNOV, wo der Saal allerdings nur knapp die Hälfte der Ingolstädter Maße aufweist, wurden nur noch 1000 Gulden bezahlt; für den 1734, im selben Jahr wie Ingolstadt, gemalten Landhaussaal in Innsbruck gar bloß 887 Gulden.[35] Vergleicht man diese Zahlen mit den in Ingolstadt schließlich ausbezahlten 5000 Gulden, so war damit das dortige Fresko gut, wenn nicht überdurchschnittlich honoriert. Von einer besonders frommen Opfergesinnung zugunsten kirchlicher Institutionen wird man kaum sprechen können, wenn Asam die gleiche Summe ›erläßt‹, um als Wohltäter der Kongregation zu figurieren; womöglich ist dieses Verfahren von vorneherein vereinbart gewesen.

Das *Selbstbildnis* in OSTERHOFEN als reumütiger Zöllner im Tempel nach Lukas 18,13 ist nicht notwendig als ein persönliches Bekenntnis zu werten. Es gehört zu den habituell gewordenen Grundhaltungen gegenreformatorisch barocker Frömmigkeit, sich in jedem Stand als ein der göttlichen Erbarmung bedürftiger, aber unwürdiger Sünder vielleicht zu fühlen, aber in jedem Fall sich so darzustellen. Auch die Gedenkverse auf dem Grabstein für die 1731 verstorbene Maria Anna Asam folgen einem eher schlichten, an Texte von Votivtafeln gemahnenden Ton. Bei all dem wird man sich auch vor Augen zu halten haben, daß die Asam-Familie bis um 1700 nahezu ausschließlich im Umkreis von Klöstern auf dem Lande lebte, und daß den jungen Cosmas Damian während seiner ersten fünfzehn Jahre wohl am meisten ein durch religiöses Brauchtum, Kult und Liturgie geregelter Lebensablauf geformt haben dürfte. Sicher gehörte eine praktizierte Laienfrömmigkeit, zu der im sozialen Milieu, aus dem Asam kam und in dem er vorwiegend arbeitete, auch eine gewisse Verpflichtung bestand, zur Persönlichkeit Asams. Man stößt damit aber kaum auf einen individuellen Charakterzug, sondern eher auf einen verbreiteten Habitus des bäuerlichen und kleinbürgerlichen Süddeutschland zur Barockzeit. Das Besondere bei Asam dürfte darin zu sehen sein, daß dieser Habitus aufgrund eines beträchtlichen Wohlstandes und des Berufes sich dokumentieren und monumentalisieren konnte. Jedenfalls ist es nicht unbedenklich, die Kunst Asams als einen Ausdruck übermäßiger persönlicher Religiosität verstehen zu wollen.

Das geschichtliche Umfeld

Die Entfaltung der süddeutschen, besonders aber der bayerischen kirchlichen Barockkunst hängt eng zusammen mit dem Rhythmus von Friedens- und Kriegszeiten im 17. und 18. Jahrhundert. Das für die Region so typische Ensemble von Architektur, ornamentalem und figürlichem Stuck, Deckenmalerei, Altarbaukunst, Tafelmalerei, Skulptur und sonstigen Ausstattungsstücken (Beichtstühle, Gestühl, Kunstschmiedewerk etc.) beginnt sich erst nach dem Dreißigjährigen Krieg langsam zu formen. Führend sind die großen Klöster mit ihrer gewaltigen, auf Grundbesitz beruhenden Wirtschaftskraft. Drei Momente sind für Entfaltung und Organisation vor allem des Benediktinerordens im 17. Jahrhundert wichtig geworden. 1622 wurde in Salzburg die Universität gegründet, aus der viele Äbte auch bayrischer Klöster hervorgegangen sind; ihre Verbindungen untereinander haben auch das Kunstleben beeinflußt. 1684 entstand gegen den Widerstand des Episkopats die bayerische Benediktinerkongregation; für sechs der neunzehn Klöster, die der Kongregation schließlich angehörten, hat Cosmas Damian Asam gearbeitet. Und endlich hat die Rekatholisierung der unter den Pfälzer Kurfürsten reformierten Oberpfalz für den kirchlichen Kunstbetrieb große Bedeutung erlangt; sowohl Georg Asam wie auch seine Söhne spielten dabei eine Rolle.

Der Aufstieg der Künstlerfamilie Asam ist mit der Neubau- und Ausstattungstätigkeit der Klöster in besonderer Weise verbunden: Georg Asam arbeitet bei den Benediktinern in Benediktbeuern und Tegernsee, bei den Zisterziensern in Fürstenfeld.

Auch der kurfürstliche Hof in München wird tätig. Neben Neuausstattungen in der Residenz werden die großen Schloßbauten nahe der Hauptstadt in Angriff genommen: Lustheim, Schleißheim, Nymphenburg. Hier sind vor allem Italiener bevorzugt; in Lustheim, dem wichtigsten Deckenmalereiunternehmen dieser ersten Phase, spielt von den Einheimischen nur der aus Innsbruck stammende Johann Anton Gumpp eine Rolle.

Mit dem Ausbruch des Spanischen Erbfolgekrieges (1701-1714), in dem Bayern seit 1704 auf der Verliererseite stand und von Österreich ein Jahrzehnt besetzt wurde, kamen so gut wie alle kirchlichen und fürstlichen Großunternehmen zum Erliegen. Die Familie Asam verzieht in die Oberpfalz und nach Niederbayern, Georg Asam arbeitet für den Landadel (Schlösser von Helfenberg, Schönach) und erledigt kleinere kirchliche Aufträge. Für Cosmas Damian jedoch erweist sich dieses kriegsbedingte Intervall als Glücksfall. Zunächst nützt er nach dem Tod des Vaters die letzten Jahre des Krieges zur Aus- und Fortbildung in Rom, um dann nach Kriegsende über die künstlerische Reife zu verfügen, an der Ausmalung der liegengebliebenen Klosterkirchen in ENSDORF, MICHELFELD, AMBERG und FÜRSTENFELD sowie bei den jetzt zahlreichen neuen Projekten teilzunehmen.

Das Vierteljahrhundert bis zu dem nächsten für Bayern unglücklichen Krieg um die österreichische Erbfolge (1740-1745) fällt genau mit der Entfaltung der Kunst des Cosmas Damian Asam im besonderen und des süddeutsch/bayerischen Spätbarocks im allgemeinen zusammen. Diese Friedenszeit ist durch einen mitunter fast hektischen Kunstbetrieb, vor allem der kirchlichen Institutionen, gekennzeichnet. In diesem Bereich werden die Italiener jetzt zurückgedrängt. Der Münchner Hof jedoch orientiert sich nach der Rückkehr des Kurfürsten Max Emanuel aus dem französischen Exil (1715) in künstlerischen Dingen an Frankreich; Repräsentanten des Kunstbetriebs sind Effner und dann vor allem Cuvilliés. An den großen Aufträgen des Hofes in München und den großen Schlössern wird Asam nur anfänglich und in bescheidenem Umfang in SCHLEISSHEIM beteiligt; erst Jahre später errang er mit der Ausmalung des kurpfälzischen Residenzschlosses in MANNHEIM seinen einzigen Großauftrag in der weltlich-hochfürstlichen Sphäre.

Cosmas Damian Asam wurde mitunter als Benediktinermaler bezeichnet. Sicher hat er für diesen Orden viele und auch umfangreiche Decken- und Wandmalereien auszuführen gehabt. Doch stehen den elf benediktinischen Aufträgen insgesamt zwölf von anderen Ordensgemeinschaften gegenüber, hinzu kommen noch vier Pfarrkirchen und der Sonderfall der Asamkirche. Abgesehen von ikonographischen Spezifika wird man nicht von besonderen Bildformen für die einzelnen Orden sprechen können. Vielmehr steht bei Asam ein kirchlicher Stil, der die Stilhöhe, die Inhalte, das Licht-Dunkel-Farb-Verhältnis bis hin zu den Dekorationssystemen umgreift, den profanen Deckenbildern insgesamt gegenüber. Auch die für Auftraggeber, die zugleich geistliche und weltliche Fürsten waren (Freising, Bruchsal, Regensburg), gemalten Fresken zeigen keine Modulation des ›Sozialstiles‹. Daß innerhalb des riesigen Œuvres Asams ihm überhaupt nur vier Aufgaben im weltlichen Bereich übertragen werden – in SCHLEISSHEIM, MANNHEIM, ALTEGLOFSHEIM, und im Landhaus zu INNSBRUCK – ist kein Zufall, dafür sind zentrale Momente der Kunst Asams verantwortlich. Er verfügte nicht über die Stilhöhe, die der höfisch-adlige Bereich in jener Zeit erforderte: Kultivierung und zunehmende Verfeinerung der Einzelfigur, Eleganz und Wert des Artifiziellen an sich. Es fehlt bei Asam das entschwerte, künstlich spielerische Bildklima in der inhaltlichen und auch optischen Dimension, das in jenen ersten Jahrzehnten des 18. Jahrhunderts nach und nach die profane Bildwelt beherrschte. Im Gegensatz zu den Venezianern (Ricci, Pellegrini, Amigoni), dem aus Neapel kommenden Altomonte, die eine Aufhellung des Deckenbildes zum Teil schon vor Cosmas Damian einführten, verharrte Asam zusammen mit seinen kirchlichen Auftraggebern in einer für den süddeutschen Bereich sehr spezifischen Stillage, die den Einzelgegenstand in große Zusammenhänge einbindet, Zusammenhänge, die sich inhaltlich als Programm und anschaulich als Großdisposition des Malfeldes darstellen. Eine Stillage also, die gerade soviel Diesseitiges eingeschmolzen hatte, um die Ausmalung eines Festsaales im Kloster wie in BŘEVNOV oder der Benediktinerbibliothek in Sankt Emmeram zu REGENSBURG glänzend zu bewältigen, jedoch bei der Verherrlichung einer regionalen politischen Institution – wie im Landhaus zu INNSBRUCK – an die Grenzen ihrer Möglichkeiten stieß.

Die Blüte der Klosterkultur und die damit verbundene Stilhaltung, für die Asam der Repräsentant schlechthin ist, hängt zusammen mit der bis zur Mitte des 18. Jahrhunderts anhaltenden Resistenz der entsprechenden katholischen Landstriche gegen die Profanierung der Kultur, wie sie von verschiedenen Ebenen her sowohl vom urbanen Bürgertum wie auch von der Aristokratie eingeleitet wurde. Die wirtschaftliche und auch politische Bedeutung der Klöster erlaubte in der besonderen geschichtlichen Situation nochmals die breiteste Bezugnahme auf die agrikulturelle Basis, auf der die Klosterkultur seit der Erschließung des Landes im Früh- und Hochmittelalter aufruhte. Die Kultur des Publikums der süddeutsch-barocken Bildwerke im Zeitalter Asams war daher geprägt von Askese, Glaubensbereitschaft, aktiver Frömmigkeit, die eng mit Brauchtum verbunden war, vom Rhythmus der jährlich wiederkehrenden kirchlichen Feste, von Heilshoffnung und einem Bedürfnis nach Anschauung, in dem die Grenzen von Bildern, Kult und Liturgie fließend waren. Auf dieser Grundlage konnte sich die öffentliche Selbstdarstellung der Klöster als gottgewollte Instrumente des Heilsplanes erheben, die allegorische Perspektive von Geschichte und Alltag auf einen jenseitigen Bereich, die Deutung der menschlichen Existenz als einer endlichen Probestrecke für die endgültige Entscheidung zwischen ewiger Glorie oder Finsternis. Asam, selbst zu dieser Kulturgrundschicht gehörig, war der kongeniale Maler, der diese für die Neuzeit so eigenartige und faszinierende Erscheinung in ihren verschiedenartigen Aspekten veranschaulichen konnte.

Ein so determinierter Kulturkreis bedingt auch Ausschließungen. Trotz gewisser formaler und motivischer Anleihen ignorieren Asam und seine Auftraggeber das Heraufkommen einer Kunst, die die Gegensätze von Jenseits und Diesseits, von Tugend und Laster, von Ewigkeit und Geschichte nicht mehr diskutiert. Dieser Tendenz entsprechend beginnen im 18. Jahrhundert die Bildwerke sich als ›Kunst‹ immanent zu sakralisieren – eine die epochalen Markierungen der europäischen Kunst übersteigende Großbewegung, die spätestens in der Frühromantik manifest wird. Ausgangszentren dieser Umwälzung waren Venedig, das Frankreich der Régence und England. In ihrem wesentlichen Kern gingen diese in die Zukunft führenden Bewegungen am Kulturkreis um Asam vorbei. So konnte sich die Großmalerei – Asams Kunst – ein letztes Mal in der Geschichte Europas mit einer Institution verbinden, die ihren Auftrag in der Orientierung im Diesseits und Jenseits, in Geschichte und Ewigkeit sah.

Die Fresken und der Illusionismus

Das Großmalereiwerk des Cosmas Damian Asam läßt sich zwanglos in Abschnitte einteilen, deren Grenzen erst in den letzten Schaffensperioden fließend werden. Der erste dieser Abschnitte umfaßt das Wirken im Familienverband bis zu dessen Auflösung 1711. Der römische Aufenthalt ist trotz seiner Kürze als eine selbständige Phase der Weiterbildung zu würdigen. Vom Herbst 1713 bis 1718 lassen sich die ersten Großaufträge zur Periode des Frühwerks zusammenfassen. Im Jahre 1718 hebt mit Weingarten die zentrale Schaffensperiode an, in der die Grundlagen für das zukünftige Œuvre erarbeitet werden, sie dauert bis 1721. Danach beginnt die Phase der Reife, der souveränen Meisterschaft und des weiten Ausgreifens nicht nur über Bayern, sondern auch über Süddeutschland hinaus. Dieser Abschnitt geht um 1730 über in eine letzte Strecke, in der nach wie vor Meisterwerke entstehen, aber auch ein Ermatten der Asamschen Freskokunst nicht zu übersehen ist.

Aus der ersten Phase des Schaffens von Cosmas Damian Asam sind keine Werke erhalten, die ihm mit Sicherheit zugeschrieben werden können. Dies ist um so erstaunlicher, als Asam am Ende dieses Lebensabschnittes immerhin fünfundzwanzig Jahre zählte. Da man annehmen darf, daß Cosmas Damian wohl ab einem Alter von fünfzehn Jahren beim Vater mitgearbeitet hat, bleibt festzustellen, daß der junge Maler während der zehn folgenden Jahre bis zum Tod des Vaters offensichtlich keinen persönlichen Stil ausprägen konnte.[36] Trotzdem muß dieser Zeitraum als grundlegend für den weiteren Werdegang Asams angesehen werden. Zunächst hat er sich wohl gründlich mit der Praxis der Freskomalerei vertraut gemacht. Diese umfaßt nicht nur das Maltechnische im engeren Sinn, dazu gehören auch Maßaufnahmen des zu freskierenden Raumes, Vergrößerung und Übertragung der Entwürfe auf die Malfläche. Man wird im späteren Werk Cosmas Damians Einzelfiguren und Motive finden, die auch das Œuvre des Vaters aufweist, jedoch muß dabei auch an gemeinsame Stichvorlagen gedacht werden, deren sich Vater und Sohn – einem selbstverständlichen Usus des damaligen Kunstbetriebs folgend – ausgiebig bedienten. Eine Reihe von Charakteristika der Kunst des Georg Asam finden sich bei den ersten selbständigen Werken des Sohnes ab 1714 so gut wie nicht mehr: die eher additive Figuralkomposition, die kräftige Buntfarbigkeit, die trotz aller perspektivischen Versuche der für eine Deckenillusion notwendigen Optik entgegenwirkt. Die mit den Bildarchitekturen in den Fresken des Vaters sich ergebenden auch theoretisch-perspektivischen Probleme für eine illusionistische Großmalerei dürften Cosmas Damian vermutlich schon damals beschäftigt haben. In den Fresken in Benediktbeuern und Tegernsee werden architektonische Strukturen einerseits als raumschaffende und -gliedernde Gegenstände eingesetzt,

Abb. 2: FRANCESCO ROSA, *Jupiter erhebt Diana zur Göttin der Jagd,* Deckenfresko im Mittelsaal von Schloß Lustheim im Park von Schleißheim, 1686/87.

andrerseits tragen sie eher gestisch-pathetischen Charakter als Bildrequisiten, womit Georg Asam sich vorwiegend an Veronese anschließt. Beides kommt auch später beim Sohn vor, dann aber perfekt in der Durchführung und in gesteigerten und gewandelten Bildfunktionen.

Wenn auch der Einfluß des Georg Asam auf den Sohn schon wegen der jahrelangen Zusammenarbeit nicht unterschätzt werden darf, so ist doch darauf hinzuweisen, daß gleichzeitig und im Umkreis des Asamschen Schaffens bedeutende Deckenmalereien entstanden, die das vergleichsweise bescheidene künstlerische Niveau des Georg Asam beträchtlich überstiegen. Vor allem ist an dessen Generationsgenossen Johann Anton Gumpp (geboren 1654) und Melchior Steidl (geboren 1657) zu denken, beide aus Innsbruck stammend und schon in jungen Jahren in München eingebürgert, womit die wesentlich weiter entwickelte tirolische Großmalerei, vor allem der mit architektonischen Motiven arbeitende Deckenillusionismus, im bayerischen Kunstbetrieb Eingang fand. Cosmas Damian Asam hat vermutlich das gemeinsame Hauptwerk dieser beiden Deckenmaler in Sankt Florian (1690–1695) gesehen, eine Reihe von Indizien spricht dafür, daß er bis 1720 die Deckenmalereien im ostbayerischen und oberösterreichischen Donauraum – Tencallas Fresken im Passauer Dom, die Deckenmalereien in Kirche und Kaiserzimmern von Sankt Florian, Rottmayrs Arbeiten in Melk – zur Kenntnis nahm.[37] Mit Sicherheit kannte er jedoch die wichtigste Unternehmung der Freskomalerei nahe München, die 1686/87 erfolgte, sehr umfangreiche Ausmalung des kurfürstlichen Jagdschlosses Lustheim.[38] Auch hier waren Gumpp, vermutlich auch Steidl, tätig, daneben aber eine Gruppe von Italienern – Giovanni Trubillio, Francesco Rosa, Antonio Maria Bernardi – mit denen sich ein erster direkter Schub von venezianisch-oberitalienischem Einfluß in der bayrischen Großmalerei geltend machte (Abb. 2). Drei Elemente der späteren Kunst des Cosmas Damian tauchen dort in hoher Artikulationsstufe auf: die imitierte Stuckdekoration, die Verschränkung von Deckenbild und Ornament (wie sie bei Asam besonders im östlichen Langhausjoch von Fürstenfeld wiederkehrt) und vor allem die stimmige, mit architektonischen Motiven arbeitende Deckenillusion großen Ausmaßes im Hauptsaal des Lustheimer Schlosses. Das System dieses Deckenbildes, in dem über vier im Geviert stehenden Arkaden sich eine ovale Pendentifkuppel erhebt, deren Kalotte für einen Himmelsausblick abgeschnitten ist, hat Cosmas Damian wenigstens dreimal, in WEINGARTEN (zweites Langhausjoch), in Sankt Jakob zu INNSBRUCK (westliches Joch) und im Festsaal von BŘEVNOV, aufgenommen und fortentwickelt. Die Konzeption des Figürlichen in den Lustheimer Fresken scheint dagegen weniger auf Cosmas Damian Asam gewirkt zu haben.

Wie es zu Cosmas Damians Entschluß kam, nach dem Tod des Vaters Rom aufzusuchen, ob er eigenen Überlegungen entsprang oder auf Anregungen hin erfolgte, ist bislang nicht feststellbar gewesen. Die alte Nachricht, der Abt von Tegernsee, Quirin Millon, habe die Brüder als Art Stipendiaten nach dem Süden geschickt und so das Patronat des Klosters über die Asamfamilie fortgesetzt, läßt sich nicht verifizieren. Man könnte jedoch als Ratgeber eher an den beim Münchener Hof beschäftigten Architekten Giovanni Antonio Viscardi denken, der die Asam seit der Zusammenarbeit in Fürstenfeld empfahl und protegierte.

Entscheidend bei Asams Romreise ist der Umstand, daß es sich dabei nicht nur um eine der unzähligen Künstlerreisen zur Besichtigung und Orientierung in Italien und Rom handelte –

Asam brauchte darüber hinaus Ausbildung. Deshalb besuchte er die hochgeachtete römische Accademia di San Luca, und wohl erst jetzt begann für den Fünfundzwanzigjährigen ein geordnetes Studium der Bereiche, die den Künstler über ein handwerkliches Niveau hinaus qualifizieren: Anatomie, Aktzeichnen, Geometrie, Perspektive, Kopieren musterhafter Werke von der Antike bis zu den Arbeiten der Akademielehrer.[39] Am 23. Mai 1713 gewann Asam bei einem Wettbewerb der Akademie einen ersten Preis. Die dieser Auszeichnung zugrundeliegende große Zeichnung ist vor einigen Jahren wieder aufgetaucht; sie ist das erste gesicherte und erhaltene Werk des Cosmas Damian Asam. Die um akkurate Figurenzeichnung, Gruppenkomposition, Perspektive, Licht und Schatten sowie Affektdarstellung bemühte Arbeit macht die eher konservativen Tendenzen der Akademie deutlich: eine Linie, die von dem langjährigen Akademiepräsidenten Maratti (gestorben 1713) über dessen Lehrer Sacchi bis zurück zu den Bolognesen reicht – und hinter diesem klassischen Strang letztlich der Ahnherr Raphael. Dieser Akademiestil mit seinem Vorrang der Einzelfigur hat zwar in Asams späterem Schaffen Spuren hinterlassen, bestimmend für seine Kunst wurde er indes nicht. Vielmehr wirkten hauptsächlich jene römischen Malereien bei ihm fort, die das Figurale in den Zusammenhang großer, dynamisch bewegter Kompositionen einbanden. Vor allem bei Pietro da Cortona und Gaulli (Abb. 3, 4) dürfte Asam jenen großzügigen Stil gesehen haben, mit dem auch große Freskoflächen rhythmisch organisiert und in ihrer illusionistischen Wirkung auf Innenräume bezogen wurden. Den Spezialfall barocker Deckengestaltung, bei dem Architekturmotive den illusionistischen Bildraum strukturieren, kannte er schon von den Arbeiten des Vaters; in Rom sah er an den Fresken des aus Trient stammenden Andrea Pozzo die Perfektionierung dieser Kunst (Abb. 2 auf Seite 31).

Über alle derartigen Differenzierungen der römischen Freskomalerei hinaus sind es vor allem die barocken Raumensembles gewesen, die den größten Eindruck auf den jungen Bayern gemacht haben werden, jene vom gemusterten oder ornamentierten Fußboden über vielfältig bewegte, instrumentierte Wandgestaltung bis zur Decke unter Einsatz von Farbe, Stuck, Skulptur und Malerei komponierten Innenräume, deren sonores Klima zusätzlich durch eine reiche kunsthandwerkliche Ausstattung angereichert wurde. Wo Cosmas Damian zusammen mit seinem Bruder später über die Innenraumgestalt frei disponieren konnte – wie in Weltenburg oder der Asamkirche – ist die Nachwirkung hoch- und spätbarocker römischer Raumkunst besonders deutlich. Schließlich hat die römische Zeit Asams einen weiteren positiven Ertrag gezeitigt, der in seiner Breite und Wichtigkeit erst durch neueste Forschungen von Helene Trottmann sichtbar gemacht wurde. Asam hat in Rom einen Fundus von Zeichnungen nach Malereien älterer und zeitgenössischer Meister angelegt, Zeichnungen von Einzelfiguren, Gruppen und ganzen Bildanlagen, die er in immer anderen Funktionen bis in die spätesten Phasen seines Schaffens genützt hat. Auch die in seinem Nachlaß aufgeführte Sammlung von Kupferstichen dürfte, soweit nicht vom Vater geerbt, in Rom zu gleichen Zwecken begonnen worden sein.

Mit dem 1714 signierten Kuppelfresko in der Benediktinerklosterkirche von Ensdorf beginnt das Frühwerk Asams, das eine Zeitspanne von fünf Jahren umfaßt. Bei der Würdigung dieses Schaffensabschnittes hat man sich bewußt zu halten, daß nur die Hälfte der in diesem Zeitraum entstandenen Ausmalungen erhalten ist – nämlich die Fresken in Ensdorf, München (Dreifaltigkeitskirche), Amberg (Maria Hilf) und Michelfeld. Verloren dagegen sind die frühen Regensburger Werke für die Kirchen der Jesuiten, Kapuziner und Augustiner, alle um 1715 entstanden.

Bei den drei Kirchen in der Oberpfalz, die Asam zwischen 1714 und 1718 auszumalen hatte, lagen insofern besondere Umstände vor, als sie alle schon vor oder um 1700 in Bau waren und die Ausstattungen wegen des Spanischen Erbfolgekrieges eingestellt worden waren. In gewisser Weise ›veraltet‹ waren diese Wandpfeilerbauten, weil die Wölbflächen der Langhäuser dem Wandaufbau entsprechend durch Gurte gegliedert waren und somit kein zusammenhängendes Feld für ausgedehnte Deckenmalerei zur Verfügung stand. Die Architektur bedingte damit an den Decken ein Dekorationssystem, das Cosmas Damian von den Großaufträgen des Vaters in Benediktbeuern und Tegernsee her vertraut war, und sie verhinderte die Entfaltung raumbeherrschender Großfresken nach römischem Vorbild. So ist es nicht verwunderlich, wenn in dieser Frühphase die Bildanlagen überwiegen, die nicht spezifisch auf Untersicht oder gar gewagte raumperspektivische Erweiterungen angelegt sind. Am meisten trifft dies für die Maria-Hilf-Kirche in Amberg zu, wo ein schon 1702 ausgeführter, schwerplastischer Stuck die Deckenbilder umschließt. Diese Bedingungen für die Entfaltung der Asamschen Deckenmalerei wird man aber nicht allein den besonderen historischen Umständen zuschreiben können. Auch in einem Neubau wie der Münchener Dreifaltigkeitskirche wurde – abgesehen von der traditionellen Kuppelmalerei – das große Deckenbild nicht angestrebt. An der Chordecke wäre dazu Gelegenheit gewesen, doch man zog es vor, das in seinen Ausmaßen eher bescheidene Fresko im Zentrum (Drei Engel bei

Abb. 3: Pietro da Cortona (eigentlich Pietro Berrettini): *Sankt Philippus vor der Madonna,* Fresko im Langhaus der Chiesa Nuova Rom, 1664/65.

Abraham) mit weiteren, auf die Dreifaltigkeitsikonologie bezogenen symbolischen Darstellungen zu umgeben. Ähnliche, eine räumliche Entfaltung der Deckenmalerei behindernde Bildsysteme finden sich im Langhaus von Ensdorf, im Chor von Amberg, im Psallierchor von Michelfeld. Nicht die vorwiegend illusionistisch-räumliche Entfaltung der Deckenmalerei war gefragt, sondern ein System von Bildern, das durch historisch-symbolisch-allegorische Bezüge verspannt ist.

Ein herausragendes frühes Beispiel für diese im süddeutschen Raum spezifische Form des ikonologisch bedingten Deckenbildes ist das Westfresko im Langhaus von ENSDORF. Darzustellen war die *Befreiung von Gefangenen durch den Heiligen Jakobus*. Die Bildarchitekturen sind nicht nur fragmentarisch gegeben, sie bringen auch ihre jeweilige Räumlichkeit mit ins Bild, das dadurch eine komplexe Struktur gewinnt. Es ist aber weniger ein Illusionsraum, der die Bildeinheit stiftet, als die inhaltliche Wertigkeit der Architekturteile, die als Gitter, Rundturm oder chthonische Felsmasse alle auf ›Gefängnis‹ deuten. Perspektivische Kunststücke, Raumöffnung oder -erweiterung treten als Effekte illusionistischer Deckenmalerei zurück; nicht ein an sich illusionistischer Bildraum wird szenisch besetzt, die Instrumente und Requisiten des Illusionismus sind – neben den optischen Elementen von Licht, Dunkel und Farbe – selbst inhaltlich bedeutend. Diese sich im Ensdorfer Jakobusbild andeutende Entwicklung zu einem *ikonologischen Illusionismus* ist nichts anderes als die Absage an den auf sozusagen neutrale architektonische Räumlichkeit basierenden Illusionismus, wie er in Andrea Pozzos Werk und Traktat zu einer doktrinären Vollendung geführt wurde.

Abb. 4: GIOVANNI BATTISTA GAULLI (genannt: Il Baciccia), *Triumph des Namens Jesu,* Deckenfresko im Langhaus der Kirche Il Gesù in Rom, 1672-1679.

Abb. 5: CIRO FERRI und SEBASTIANO CORBELLINI, *Maria präsentiert die Heilige Agnes in der himmlischen Glorie,* Fresko in der Kuppel von Sant'Agnese in Agone (Sant'Agnese in Piazza Navona) zu Rom, 1670ff.

Die Scheinkuppel über dem Altarraum der Klosterkirche von MICHELFELD zeigt noch deutlicher, welche Neuerungen Asam – und zwar nur er – in die Deckenmalerei einbringt. Die auf schräge Einsicht vom Langhaus her konstruierte Kuppel ist ohne weiteres auf Pozzo zurückzuführen – aber es bleibt nicht dabei. In der Schale der Kuppel sind als ›Finti bronzi‹ die musizierenden Engelchöre gemalt: Die Kuppel veranschaulicht so eine ihrer symbolischen Bedeutungen, sie ist nicht nur Bildraum, sondern auch Bildgegenstand. Aber doch auch Raum für das Hereinschweben der Geisttaube und die Personifikationen der Sieben Gaben des Geistes, die als ›lebendige‹ weibliche Gestalten gegeben sind. Und schließlich finden sich in den Pendentifzwickeln noch die als ›Finti marmi‹ dargestellten vier Evangelisten. Bildraum und Bildinhalte sind verschmolzen, die Illusion ist in allen Ebenen bedeutungtragend. Nicht die schiere Architekturimitation, sondern die szenische Scheinkuppel wird in Asams Œuvre wichtig werden.

Michelfeld ist auch noch bemerkenswert, weil ein originelles Dekorationssystem die Nebenfresken in die Kapellen und Emporen verweist und damit den Großbildern an der Decke bei größerer Ausdehnung mehr Raumwirkung sichert. Und dann erweist sich Asam sowohl bei der Scheinkuppel, vor allem aber beim Westbild der *Anbetung der Hirten,* als großer Freskokolorist. Dabei ist nicht die Verwirklichung der Farbe an sich der Zielpunkt, sondern – an der optischen Illusion mitwirkend – ihr Verhältnis vor allem zum Licht, aber auch zum Dunkel.

Schließlich taucht in den Aufträgen der Frühzeit auch noch zweimal eine traditionelle Aufgabe auf: die Ausmalung von Glorienkuppeln mit Engeln und Heiligen. In ENSDORF stand dafür eine Flachkuppel, in der Dreifaltigkeitskirche zu MÜNCHEN eine gebaute Pendentifkuppel ohne Tambour zur Verfügung. Im Gegensatz zu dem mit Architekturrequisiten arbeitenden Illusionismus, bei dem Asam die Vorbilder ziemlich bald hinter sich ließ, hält er sich beim Engel- und Heiligenhimmel eng an römische Modelle – Lanfranco, Pietro da Cortona, Ciro Ferri, Sebastiano Corbellini und ihre unmittelbaren Nachfolger (Abb. 5). Allerdings erreicht er diese Vorbilder in den entscheidenden Punkten nicht: rhythmische Gruppierung, Herausarbeitung von Protagonisten, gleitender Maßstab unter Mitwirkung optischer Illusion. Damit sind nicht nur mögliche Schwächen des Frühwerks angesprochen, auch später zeigt sich, daß die »Glori« (wie diese Aufgabe in den Quellen genannt wird) ihm nicht gelegen hat; seine Stärke und Originalität lag in der szenischen Scheinkuppel vom Typ Michelfeld.

Als Asam am 3. Oktober 1718 den Vertrag über die Ausmalung der Benediktinerklosterkirche von WEINGARTEN unterzeichnete, hatte er den größten Auftrag seines Lebens errungen. Dies trifft in jeder Hinsicht zu. Der ab 1715 errichtete Neubau ist der größte nachmittelalterliche Kirchenbau auf deutschem Boden, für den eine immense Anzahl von Fresken gefordert wurde: Sieben große Deckenbilder auf der Längsachse und »36 andere Stuckhen« in den Quertonnen der Abseiten und an anderen untergeordneten Bildorten – alles zusammen weit mehr als tausend Quadratmeter Fresko. Auch der Weingartener Bau artikulierte das Wandpfeilersystem an der Decke: Das Langhaus durch Gurte unterteilt, dazwischen flache Hängekuppeln, die Vierung mit hoher Tambourkuppel akzentuiert, im Chor wieder flache Wölbungen. Zwar war damit wiederum nicht das ›römische‹ zusammenhängende Malfeld zur Verfügung, die Dimensionen für die Malerei sind trotzdem imponierend: Die Malfläche des zweiten Langhausjoches nähert sich 150 Quadratmetern. Hinzu kommt, daß der Schmuzerstuck nicht nur sehr zart gehalten ist, er überläßt die großen Wölbflächen völlig dem Deckenmaler. Zum ersten Mal in der süddeutschen Kunst übersteigt Deckenmalerei die Dimension von ›Ausstattung‹, die Anlage des gewaltigen Innenraumes komplettiert sich erst mit den großen Fresken, Architektur und Deckenbild ergeben zusammen die neue Qualität des sinnhaltigen und Sinn veranschaulichenden Raumes.

Das Programm sah für jedes Bildfeld ein anderes Thema vor. Asams originelle Leistung besteht darin, daß er die Unterteilung der Decke annahm, ja unterstrich und nicht – wie es Gumpp und Steidl zuvor in Sankt Florian und Rottmayr gleichzeitig im Langhaus von Melk angestrebt hatten – eine illusionistische Vereinheitlichung in der Wölbzone suchte. Pro Thema und Fresko realisierte Asam auf der Längsachse einen je eigenen Illusionismus. Gleich beim ersten der großen Langhausbilder, auf dem die Erlösung durch Christi Blut auf die Weingartener Heilig-Blut-Reliquie zu beziehen war, stellt sich Asam mit einer von ihm gefundenen Bildstruktur vor. Dem analytischen Blick bieten sich zwei Illusionismen dar: Der erste setzt den Betrachterraum fort und stockt mit einer Treppenarchitektur den Bildrahmen auf. Der größere, zweite wächst hinter dem Bildrahmen mit zwei seitlichen Arkadenbauten empor, die hinten mit einem Bogen verbunden sind. Nicht nur, daß für diese Architekturgeste keine Basis ersichtlich ist, das System scheint insgesamt nach hinten zu stürzen – ein von Asam gewollter Kunstgriff, denn es gibt keinen Betrachterstandpunkt, von dem aus sich diese Scheinarchitektur ›richtig‹ senkrecht darbieten würde.[40] So gibt es im selben Malfeld sozusagen zwei Illusionen, die ›richtige‹ der Treppe mit ihren Figuren, und die ausgeklinkte, nicht zu den Kategorien der Betrachterwelt gehörende der Bogenarchitektur. Asam hat noch andere Systeme der Raumdifferenzierung im illusionistischen Deckenbild eingesetzt, das des Heilig-Blut-Bildes ist das originellste und ganz seine Erfindung. Freilich ist es keine perspektivische Spielerei, sondern hat inhaltliche Funktion. Dem direkten Illusionismus ist die diesseitige, geschichtliche Welt zugeordnet, auf der Treppe sind stellvertretend für die Kirchenbesucher die Wallfahrer mit ihren Nöten, Bitten, Hoffnungen dargestellt, im entrückten ›jenseitigen‹ Bildraum dagegen die Heilsgeschichte mit Erlöser, Blut und Kreuz in der ›Glori‹. Vermittelt wird das Heil aber nach unten, zur Treppe hin, über die Weingartener Reliquie; das Klosterwappen im Zentrum unterstreicht den Ortsbezug.

Cosmas Damian hat hinsichtlich der Architekturmotive dieses Freskos auf das fünfundzwanzig Jahre zuvor in Tegernsee vom Vater gemalte Deckenbild vom ›Zwölfjährigen Jesus im Tempel‹ zurückgegriffen: Treppe mit Figuren vorne, dahinter Pfeilerarchitektur mit Tonnenwölbung (Abb. 6). Während jedoch Georg Asams angestrebter Einheitsraum in Vorder- und Hintergrund zerfällt und die nach innen stürzende Architektur auf Unvermögen beruht, systematisiert Cosmas Damian diese Fehler zu einer brillanten und bedeutungsträchtigen Doppelstruktur.

Das folgende Langhausfresko von Weingarten ist in mehrfacher Hinsicht auf das erste bezogen; für den Betrachter ergibt sich eine Steigerung. Das im Heilig-Blut-Bild verwendete Architektursystem – Pfeilerarkaden tragen Bogen – ist jetzt komplettiert: Über vier Pfeilern vier Bögen, auf denen eine fragmentarische Pendentifkuppel aufsetzt. Steigerung auch insofern, als die Scheinarchitektur nun ›richtig‹ steht, die Unten-Oben-Erfahrung des Betrachters somit anerkannt ist. Das illusionistische System – soweit es mit Architekturmotiven arbeitet – ist eine Modifikation der Pfeiler-Arkaden-Quadratura im großen Saal von Schloß Lustheim. Asam hat nicht nur die zentralperspektivische Konstruktion übernommen, sondern insbesondere auch das Queroval der Pendentifkuppel, deren Wölbzentrum zugunsten einer Himmelsöffnung abgeschnitten ist.[41] Da Asam im Süden und Norden des Bildes zusätzliche, durch kräftige Farbigkeit sich absetzende Balkone einführt, entsteht eine Art dreistöckiger Illusion: Balkone, Raum innerhalb der Pfeilerarkaden, Himmel über der Kuppelöffnung. Auch hier ist die illusionistische Aufstockung nicht nur räumlich zu verstehen, sie ist auch Instrument ikonologischer Differenzierung. Die Balkone sind dem Hinweis auf die Regel des Heiligen Benedikt und auf monastische Tugenden vorbehalten. Darüber erhebt sich zwischen den vier Arkaden der historisch besetzte Raum, in dem auf Wolken geistliche und weltliche, mit der Geschichte des Klosters verbundene Potentaten erscheinen. In der jenseitigen ›Glori‹ schließlich ist der Ordensvater Benedikt die Zentralfigur eines verklärten benediktinischen Himmels. Durch alle drei Zonen führt aber eine direkte Linie abwärts, von Benedikt zu den zwei wichtigen Genien mit Benediktskreuz und Zachariassegen.[42] Darunter die Figur der Pax und, über den Bildrand stürzend, Satan und Laster. Auch im Fresko dieses zweiten Joches war ein Ortsbezug sichtbar zu machen. Er ist dadurch gegeben, daß für Weingarten bedeutsame geschichtliche Gestalten in den Illusionsraum versetzt werden – vor allem aber durch die Scheinarchitektur, die das gebaute Pfeiler-Arkaden-System wiederholt. Das ist weniger eine ›Aufstockung‹, vielmehr eine Sublimation der realen Weingartener Kirche in die Bereiche örtlicher Heilsgeschichte und jenseitiger Glorie. Weit über räumliche Erweiterung hinaus führt ›Illusion‹ hier in Geschichte, Ewigkeit und macht das ›Eigentliche‹ des benediktinischen Heilsortes Weingarten sichtbar.[43]

Asams Leistung ist eine durchgreifende Erweiterung der ›Sprachfähigkeit‹ des Deckenbildes: Er findet die anschaulichen Mittel, die Bedeutungsebenen eines komplizierten Programmes ebenso deutlich zu trennen wie die durchgehenden Bezugslinien herauszustellen. Ferner ist er perfekt in der Erzeugung der Illusion – ob sie nun auf exakter Perspektivkonstruktion, gleitendem Figurenmaßstab oder Einsatz von Farb-Licht-Effekten beruht. Und nicht zuletzt macht die überragende künstlerische Qualität dieses Freskos eine hohe Artikulation und Präzision von Einzelfiguren und Gruppen aus – sie kommt in dieser Reife bei Asam nicht oft vor.

So wie das Heilig-Blut-Fresko hinsichtlich der Illusionsarchitektur und des Ortsbezugs eine Vorbereitung auf das folgende Benedikts-Deckenbild ist, so bereitet das dritte Großfresko auf der Langhausachse auf die Kuppel über der Vierung vor. Über einer schmalen terrestrischen Zone mit dem Sarkophag, den Aposteln

Abb. 6: GEORG ASAM, *Predigt des zwölfjährigen Jesus im Tempel*, Deckenfresko im Langhaus der ehemaligen Klosterkirche Tegernsee, 1689-1694.

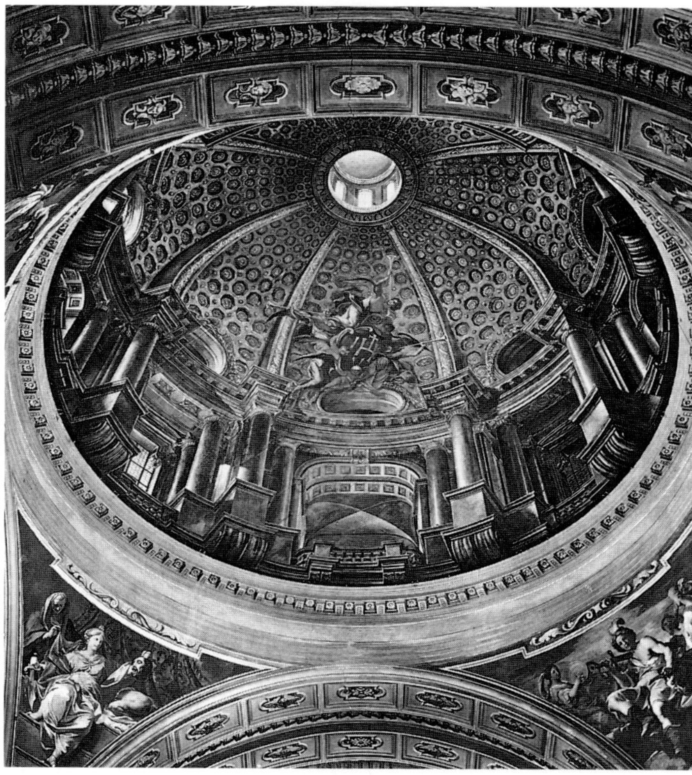

Abb. 7 und 8: Andrea Pozzos Konstruktion einer Scheinkuppel im Vergleich von Anweisung (links) und Ausführung (rechts). – Abb. 7: ANDREA POZZO, Konstruktion einer gemalten Scheinkuppel, Figur 53 aus seinem 1693/1700 erschienenen Traktat ›Perspectiva pictorum et architectorum‹, Kupferstich. – Abb. 8: ANDREA POZZO, Gemalte Scheinkuppel in Sant'Ignazio zu Rom, 1685.

und weiteren Figuren schwebt Maria in einem von Engeln bevölkerten Himmel empor. Es gehört zur Ikonographie dieser Himmelfahrt, daß ihr Ziel – die Aufnahme in die jenseitige Ewigkeit bei dem dreieinigen Gott – mit zur Darstellung kommt; der Hochaltar in Rohr, vom Bruder Egid Quirin drei bis vier Jahre später geschaffen, folgt dieser ikonographischen Tradition. Auch Cosmas Damian tut dies in Weingarten, das Ziel und die neue Existenz der Maria werden jedoch erst im folgenden Fresko der Vierungskuppel gezeigt: Maria im Heiligenhimmel an ausgezeichneter Stelle neben Gottvater und Christus. Diese Verteilung eines Themas auf zwei getrennte Fresken unterstreicht, wie sich in Asams Malerei einem räumlichen ein ikonologischer Illusionismus überlagert.

Der Standpunkt unter der Vierungskuppel führt dann die neue, konstitutive Bedeutung der Deckenmalerei für den gesamten Kirchenraum vor Augen: Die Kuppel ist das überhöhte Zentrum der von dieser Position aus einsehbaren Gewölbeverwandlung in Langhaus und Chor, wobei deutlich wird, daß die Bilderfolge der Längsachse den Vorrang hat.[44]

Ähnlich wie das östliche Langhausfresko der Himmelfahrt Mariens in der Kuppel ikonographisch komplettiert wird, so ist die Kuppel selbst wieder anschaulich und inhaltlich verspannt mit dem nächsten Fresko der Pfingstdarstellung im Chor. Am östlichen Kuppelrand thront groß unter Gottvater, genau in der Blickachse zur Chorkuppel, eine Figur mit Papstinsignien: Es ist die Personifikation der Ecclesia. Das Pfingstgeschehen jedoch ist nach altem Verständnis der Gründungsakt von Christi Kirche; die in der großen Kuppel als Hauptfigur erscheinende Allegorie erhält über dem Chor ihre biblisch-historische Legitimation. Konsequenterweise erscheinen in den Zwickeln der Pfingstkuppel die vier lateinischen Kirchenväter. Der Programmentwurf sah vor, daß das Geschehen »unden her in einen runden Saal, welcher sich oben her gegen denen wolken, als wie ein cuppel zu samen zihet«.[45] Ob diese nicht nur auf Inhalt, sondern auch auf Form zielende Anweisung schon auf einen Vorschlag Asams zurückgeht, ist nicht zu klären. Jedenfalls realisiert der Maler den überkuppelten Rundsaal im Prinzip nach Pozzos oft kopiertem Vorbild samt der einansichtigen Schrägkonstruktion (Abb. 7, 8). Pozzos Intention freilich geht ganz auf Imitation von Architektur. Dies konnte in Weingarten schon deswegen nicht gemeint sein, weil ja in der Vierung zuvor eine Kuppel mit Tambour architektonisch realisiert wurde: Nicht Imitation strebt Asams Scheinarchitektur an, sondern die durchaus funktionierende Illusion hebt auf die Bilddimension ab. Vor allem ist es die gegen die gebaute Architektur kontrastierende Farbe, die das Reale und eine Imitation übersteigt: rote Konsolen, rötliche Säulen und goldene Wölbschalen, dazu die kräftigen Bunttöne an den Figuren. Das optische Farb-Licht-Klima macht die Kuppel zu einer Apparitio, einer visionären Erscheinung, der räumliche und materielle ›Architekturersatz‹ tritt demgegenüber in den Hintergrund. Pozzos Kuppel will gebaute Architektur in Raum und Material fortsetzen, Asams Kuppel senkt sich als ein Anderes von oben auf das Gebäude, gewährt Einblick in eine qualitativ verschiedene Zone. Pozzos Konstruktion liegt zwar noch zugrunde, in der Bildtendenz ist solcher Illusionismus von Asam bereits überwunden, und er war es bald danach auch in der Konstruktion.

Den Weingartener Großfresken war besondere Aufmerksamkeit zu widmen, weil Asam in diesem Hauptwerk nahezu alle Momente artikuliert hat, die seine Position in der Geschichte der Deckenmalerei ausmachen. Diese sind folgende:

1. Die Ausmalung hat ihren Akzent längs der Mittelachse und erfolgt in einer Abfolge von Deckenbildern, die nach Bildanlage und Thema verschieden sein können. Die mittlere Raumachse wird damit von der Decke her zu einer Sequenz von qualitativ

und inhaltlich zu unterscheidenden Illusionsräumen. Das bedeutet, daß der Einheitsraum mit einem Großfresko über dem Langhaus, wie ihn vor allem Rom seit der Mitte des 17. Jahrhunderts verwirklicht hatte, nicht angestrebt wurde. Bei aller Abhängigkeit Asams von Motiven und Bildanlagen südlicher Kunst, stellt diese Neuorientierung illusionistischer Großmalerei eine Verselbständigung gegenüber den italienischen Vorbildern dar.

2. Der kirchliche Kunstbetrieb, für den Auftraggeber, Architekten und Großmaler gleichermaßen verantwortlich sind, ist nicht nur von ästhetischen, sondern ganz wesentlich auch von der Veranschaulichung inhaltlicher Dimensionen geleitet. Diese gegenüber früheren Epochen ungleich verstärkte ›ikonologische Illusionistik‹ ergreift sämtliche Dimensionen der Bilder; eine isolierte Betrachtung sogenannter ›künstlerischer‹ Bereiche verstellt das Verstehen.

3. Unter den zeitgenössischen süddeutschen Malern ist es Cosmas Damian Asam, der für diese spezifischen Anforderungen an die Erscheinung des Kirchenraumes die Formen der illusionistischen Großmalerei erarbeitet. Diese sind insbesondere: Einordnung der Einzelfigur in die großen ästhetischen und inhaltlichen Zusammenhänge der Deckenbilder; Einsatz optischer Dimensionen – Licht, Dunkel, Farbe – sowohl für Illusion wie auch Ausdeutung des Inhaltlichen; perspektivische Konstruktion der inklinierten Ebene, um Partien des Deckenbildes zwar räumlich illusionistisch zu gestalten, aber doch vom Betrachter zu distanzieren; inhaltliche Besetzung von bislang ›neutralen‹ Requisiten illusionistischer Deckenmalerei, besonders der Scheinarchitektur.

4. Der Illusionismus der Deckenmalerei bei Asam verändert die Tendenz, die Italien vom 15. Jahrhundert bis zum Spätbarock entwickelt hatte, eine Tendenz, die auf konstruktive Erweiterung oder Öffnung des Realraumes abzielte. Asams Illusionismus besteht oft in einer Art Überschichtung des gebauten Raumes mit Sphären anderer Qualität: Illusionistisch ist die Möglichkeit des Einblicks, die Schau – aber nicht mehr die Verbindung oder gar Verwischung des Betrachterraumes mit der Zone des Bildes.

5. Sowohl gegenüber der italienischen wie auch der vorausgehenden und gleichzeitigen Freskomalerei gewinnt das Deckenbild durch Asam eine Differenzierungsmöglichkeit, die imstande ist, vielschichtige und kompliziert verknüpfte Bildprogramme anschaulich zu machen.

Sowohl die Erarbeitung dieser Momente, vor allem aber ihre originelle strukturelle Fusion bildet als eine neue Form des Illusionismus die Voraussetzung für die Großmalerei des süddeutschen, hauptsächlich kirchlichen Rokokos, zu dem Asam direkt hinführt, ohne ihm selbst anzugehören.

Im Jahr der Fertigstellung von Weingarten, 1720, beginnt Asam das zweite Hauptwerk der zentralen Schaffensphase, die Ausmalung der Zisterzienserkirche in ALDERSBACH; die Stuckierung war dort dem Bruder Egid Quirin anvertraut. Die Weingartener Bilderfolge auf der Längsachse der Wandpfeilerkirche kehrt wieder – allerdings mit der gewichtigen Neuerung, daß im Langhaus die mittleren drei Joche zu einem großen Format zusammengefaßt sind. Dort hat Asam die im Heilig-Blut-Fresko in Weingarten erstmals angewandte, auf der inklinierten Ebene beruhende räumliche Doppelstruktur der Illusion in großem Maßstab eingesetzt. Auf dem Freskorahmen erhebt sich eine ›richtig‹ konstruierte Balustrade, die eine illusionistische Erweiterung des Betrachterraumes bedeutet. Darüber jedoch beginnt eine durch Farbe, phantastisch montierte Gegenständlichkeit, Raumqualität und eben ›unrichtige‹, gekippte Perspektive gekennzeichnete andersartige Welt, es ist der heilsgeschichtliche Raum der Erlösung, von der Menschwerdung Christi in Bethlehem bis zur Verbringung des Kreuzes vor Gottvater. Die Gestalt des jungen Heiligen Bernhard ist die Schlüsselfigur für das Verständnis des spezifisch Asamschen Raum- und Illusionssystems (Abb. 9). Lässig im Ostbalkon der noch illusionistisch dem Kirchenraum zugehörigen Balustrade sitzend wendet er sich zur Vision des Weihnachtsgeschehens zurück – einem Bereich, der sich auch ihm nur in der Schau erschließt, weil Asam ihn durch die ›unrichtige‹ Perspektive und eine außerhalb der Erfahrung existierende Gegenständlichkeit entrückt. Illusion ist damit nicht mehr Erweiterung des Betrachterraumes, sondern Schau, Erscheinung, Vision eines qualitativ Anderen.[46] Auch die Scheinkuppel hat Asam in Aldersbach zukunftsträchtig weiterentwickelt. Hinsichtlich der perspektivischen Konstruktion handelt es sich um eine Wiederholung der kurz zuvor ausgeführten Pfingstkuppel in Weingarten, doch sind zwei Neuerungen wichtig. Die Scheinarchitektur ist viel größer als das Freskoformat, das nun eine Art Guckloch in einen Bereich darstellt, der sich gegen die Kirchenarchitektur verselbständigt. Die Gestalten des Pfingstgeschehens befinden sich nicht in diesem Kuppelraum, sie sind – auf und vor einem eigenen Podest untergebracht – von der nur zum Teil sichtbaren Großarchitektur überfangen.[47]

Asam hat dieses schon im Altarraum der Friedhofskapelle von KISSLEGG andeutungsweise erprobte Verfahren später weiter ausgebaut: Die drei Kuppelräume der Bibliothek von Sankt Emmeram in REGENSBURG zeigen nur Ausschnitte einer Scheinarchitektur, die in Größe und Konstruktion keinen Bezug zur gebauten Architektur haben. 1721, mit dem Entwurf für das zweite Joch von Sankt Jakob in INNSBRUCK, hat Asam dann eine weitere Konsequenz hinsichtlich des konstruktiven, mit Architekturmotiven arbeitenden Illusionismus gezogen: In das querovale Wölbungsfeld der Kirche werden zwei Kuppeln über wuchtigen Säulen-Bogen-Stellungen fingiert. Dies ist vermutlich eine Paraphrase auf die Architektur von Sankt Jakob als Ort der Verehrung und der Gnadenvermittlung des Kirchenpatrons; mit raumerweiterndem Illusionismus pozzoesker Provenienz hat das jedoch nichts mehr zu tun.[48]

Auch die auf den großen Saal in Lustheim zurückgehende Scheinarchitektur der Queroval-Scheinkuppel mit offener Kalotte macht eine vergleichbare Wandlung durch. Asams erste Redaktion dieses Systems in WEINGARTEN wird im Westjoch von Sankt Jakob in INNSBRUCK insofern einer Wandlung unterzogen, als der ovale Stuckrahmen die der realen Kirchenarchitektur nachempfundenen Stützen abschneidet; das wie lichtdurchlässig gemalte Scheinarchitektursystem hängt nun in der Luft, es senkt sich eher von oben herunter, als daß es aufgestockt erscheint. Im Festsaal des Klosters von BŘEVNOV hat Asam dieses System 1728 nochmals aufgenommen und einer für ihn endgültigen Lösung zugeführt. Über dem vierseitigen Stuckrahmen wird in einer Art von Primärillusion das Gastmahl des Heiligen Günther samt dem Hofstaat des ungarischen Königs ausgebreitet, die Illusionsarchitektur mit goldener Kuppelschale und ›himmlischer‹ Öffnung ist von anderer Realität; lichtdurchflossen, als Bereich der Allegorie und Mythologie übergreift sie die Zonen der Geschichte und des Genre.[49] Auch hier geht Asam die Scheinarchitektur zur Differenzierung inhaltlicher Ebenen ein. Das Deckenbild von Břevnov über der von Egid Quirin reich stuckierten Hohlkehle zeigt nicht nur Asams reife Meisterschaft in der Artikulation und Kombination der Illusionsgrade, es ist offensichtlich auch weitgehend eigenhändig ausgeführt. Die lebendige Figurenzeichnung, die Verbindung von Gruppen und Szenen und vor allem das bei aller Leucht-

Abb. 9: COSMAS DAMIAN ASAM, Vision des Heiligen Bernhard vom Weihnachtsgeschehen, Ausschnitt aus dem Deckenfresko im Langhaus der ehemaligen Klosterkirche Aldersbach, 1720/21.

kraft mitunter auch satte Kolorit machen dieses ausgezeichnet erhaltene Fresko zu einem Hauptwerk nicht nur Asams, sondern der süddeutschen Großmalerei überhaupt.

Nach diesem Ausblick auf die Weiterentwicklung einiger in Weingarten und Aldersbach erscheinender illusionistischer Motive bleibt noch die dritte Station der entscheidenden Phase von 1718 bis 1721 zu betrachten: WELTENBURG.

Die originelle Anlage des Freskos über dem Ovalraum – die geöffnete Kuppelschale ist nun tatsächlich ein Guckloch auf das räumlich abgehobene und mit eigener, verdeckter Beleuchtung ausgestattete Deckenbild – ist vorwiegend im Zusammenhang der sich schon im Frühwerk anbahnenden Tendenz zu verselbständigten Illusionsräumen zu sehen. Nach den Versuchen mit der inklinierten Ebene in Weingarten und Aldersbach, mit dem noch imitierten Guckloch auf eine ›zu große‹ Kuppel, distanziert Asam in Weltenburg den Engel- und Heiligenhimmel des großen Deckenbildes mit Mitteln, die jeden Interpretationsspielraum ausschließen. Hier ist es angebracht, die für die Barockkunst oft unnötig bemühte Theatertechnik zu erwähnen, denn die Weltenburger Deckenlösung erinnert eindeutig an eine nach oben transponierte Bühnenlösung, wo hinter dem dunklen Portal eine Fondkulisse seitlich beleuchtet wird. Die Brüder Asam, gemeinsam für das Kircheninnere verantwortlich, legen größten Wert darauf, daß der räumliche Abstand (es sind etwa vier Meter) zwischen dem Guckloch und dem Deckenbild wahrgenommen wird: der über dem Rand der Kuppelschale schwebende Kronreif ist deutliches Indiz dafür. Ein übriges tut die äußerste Kontraste nicht scheuende Helldunkeldifferenzierung zwischen ›selbstleuchtendem‹ enseitigem Lichtbereich des Freskos und dem Dämmer der Kuppelschale, in dem die vergoldeten Reliefs nur matt glänzen. Und schließlich ist dem Oval von Langhaus und Kuppel im Heiligenhimmel ein kreisrunder, überkuppelter Tholos entgegengesetzt.

Im Verlauf weniger Jahre hat Asam mit dem Weltenburger Deckenbild seine persönliche Ausprägung von Illusionismus vollendet: Einblick, Schau in einen qualitativ anderen Bereich jenseits des Erfahrungs- und Aufenthaltsraumes des Betrachters. Weltenburg stellt die radikale Form der Asamschen Illusionistik dar, weil keine konstruktiven, räumlichen oder optischen Bezüge zum Betrachterraum gesucht werden. Dieser qualitative Unterschied hat auch eine inhaltliche Dimension: Die geschichtliche Welt reicht bis in die Kuppelschale mit den Historienreliefs, darüber beginnt der verklärte, übergeschichtliche Bereich. Auch an anderer, betonter Stelle des Weltenburger Innenraums haben die Brüder verdeutlicht, daß Illusion in einen Lichtraum nach ›draußen‹ verlegt ist: Der hinter der Dunkelzone des Hochaltars leuchtende, in seiner Erstreckung nicht einsehbare Bereich des Immakulata-Freskos.

Diese Entwicklung der Deckenillusionistik in kirchlichen Räumen bis 1721 macht auch eine Aussage zu den mythologischen Themen bei Asam möglich. Das erste hatte er 1720 über dem Treppenhaus in Schloß SCHLEISSHEIM auszuführen; 1728 folgte der Großauftrag im Schloß zu MANNHEIM, 1730 der Ovalsaal in ALTEGLOFSHEIM. Unabhängig von den im engeren Sinne ›malerischen‹ Qualitäten dieser Fresken, die vor allem in ALTEGLOFSHEIM hoch eingeschätzt werden, ist bei allen diesen Werken – und das betrifft auch die *Allegorie auf das Land Tirol* in INNSBRUCK, 1734 – festzustellen, daß profane Thematik Asam nicht dazu anregt, illusionistische Probleme anzupacken. Mythologie ist ihm ein homogener, episch auszubreitender Bereich, der einer Differenzierung in unterschiedliche Realitätsgrade, die ein zentrales Moment für Asams Deckenmalerei darstellt, weniger fähig scheint. Asams Kunst lebt von den Spannungen zwischen werthaft unterschiedenen Dimensionen, denen die Einzelgestalt und die Gruppe untergeordnet werden. Den in neuzeitlicher Kunst betonten Eigenwert der mythologischen Gestalt konnte eine solche Haltung nicht akzentuieren. Bei entsprechenden Aufgaben mußte Asam vor allem gegen mediterrane Künstler, denen die Einzelgestalt als Instrument und Ziel der anschaulichen Aussage viel selbstverständlicher war, zurückstehen. Es war daher nur konsequent, wenn die meisten der profanen Fresken in Schloß SCHLEISSHEIM Jacopo Amigoni zufielen.

Die Leistungen der Jahre 1718 bis 1721 haben Asam die großen auch außerbayerischen Aufträge eingebracht. Dabei ist bemerkenswert, daß sich kein Deckensystem als führendes durchsetzen konnte: in Innsbruck, Fürstenfeld und Einsiedeln die abschnittweise vorgenommene Freskierung pro Joch; in Freising, Osterhofen und der Kirche von Sankt Emmeram in Regensburg das in die Bilderfolge der Längsachse integrierte, nach Größe und Bedeutung jedoch betonte, mehrere Joche übergreifende Langhausfresko.

In INNSBRUCK hatte Asam eine Chorkuppel mit Tambour und Laterne auszumalen. Erstmals wird die ikonographische Tradition der Kuppelmalerei verlassen: Statt ›Himmel‹ erscheint eine Schlacht gegen die Mauren, der Kirchenpatron Sankt Jakob führt hoch zu Roß das spanische Heer an. Damit gerät (legendäre) Historie an den bislang für himmlische Glorie bestimmten Bildort, Heiligenlegende und Geschichte steigen zu Heilsgeschichte auf. Das erstreckt sich bis zu genrehaften Grenzbereichen der Thematik (Marketenderinnen). Asam wagt hier erstmals die Deckenillusion in das Dunkel; ein düsteres, auf ockergrau gestimmtes Klima verdichtet sich über den besiegten Mauren zur Nacht. Wenige Jahre später greift Asam nochmals in EINSIEDELN die Nachtillusion auf. Im zweiten Joch, dem sogenannten Predigtraum, nimmt er die Zeitangabe des Abendmahles wörtlich und verlegt die Szene in einen überkuppelten Raum, der nur von Kerzenlicht und dem Schein um Christus erleuchtet wird. In optischer Hinsicht bereitet dieses Fresko vor auf die Nachtszene der nach Osten folgenden Weihnachtskuppel, und es darf als singulär in der neuzeitlichen Großmalerei gelten, daß in einem Kirchenraum von bedeutenden Dimensionen zwei illusionistische Großfresken Nachtszenen nicht nur meinen, sondern auch veranschaulichen. Solche Umkehrung spätbarocker Illusionistik – statt vom Dunkel unten ins Lichte oben nunmehr vom helleren Betrachterbereich in das Dunkel zu Häupten – zeigt einmal, daß bei traditionellen Themen jetzt der

Literalsinn gewisser Dimensionen, hier ›Nacht‹, zur Veranschaulichung drängt, andrerseits Asams Freskokunst bereits in den 1720er Jahren die Deckenillusion schon so weit gegen den Betrachterraum verselbständigt hatte, daß ihr nach Raum, Gegenständlichkeit, anschaulichem Klima und Thematik das Außergewöhnliche auch im größten Format abverlangt werden konnte.

Neben Weltenburg und der Münchener Asamkirche ist die Umgestaltung des Domes zu FREISING, 1723/24, die bedeutendste Gemeinschaftsarbeit der Asambrüder. In diesem Innenraum ist die herausragende Rolle der großen Deckenbilder besonders deutlich. Weder die Fresken in den Seitenschiffen, noch die über den Emporen und auch nicht die Folge der Korbinianshistorie an den Emporenstirnen greifen in die Raumkonsistenz ein. Illusionistisch im eigentlichen Sinn ist nur die Freskenreihe über Mittelschiff und Chor; die zum Jubiläum 1724 von Franz Joseph Mörl angefertigte Radierung des neugestalteten Innenraums läßt an dieser Funktion der großen Deckenbilder keinen Zweifel. Für das Mittelschiff ist das Vorbild von Gaullis Decke im römischen Gesù evident: die Goldkassettierung der Wölbfläche, die Dekoration der Stichkappen, der Rahmen um das zentrale Fresko – weniger als Bildbegrenzung denn als Indikator, was sich vor oder hinter der von ihm bezeichneten Ebene abspielt. Der entscheidende Unterschied liegt in der architektonischen Festigkeit der römischen Wölbung mit ihrer klaren, durch Doppelgurte bezeichneten Jocheinteilung. Das römische Deckenbild ist Durchbrechung, Öffnung der kompakten Schale. Die Asam jedoch sehen die Wölbzone insgesamt als eine entrückte Sphäre, die Wandinstrumentierung wird in der Wölbzone nicht weitergeführt, die eher dekorativen Gurte haben fast alle den Fresken weichen müssen, die Goldkassettierung ist als teppichhafter Grund ausgebreitet, Stuck und Fresken gehen in den leuchtenden Stichkappen eine Symbiose ein. Die Deckenzone ist nicht wie in Rom eine Auseinandersetzung von architektonischer Raumschale mit illusionistischer Durchbrechung; vielmehr ist sie jetzt insgesamt in Licht, Farbe, historisch-allegorischer und himmlischer Gegenständlichkeit ein entrückter, ›jenseitiger‹ Bereich. Auch in der Verbildlichung ikonologisch zwar zusammenhängender, in der Gegenstandsebene aber wesenhaft differierender Themen – Tugendallegorien, Heiligenglorie, Bistumsgeschichte, Marienkuppel, Apokalyptisches Lamm – ist die Folge der Großbilder eine der überragenden Leistungen des spezifisch Asamschen Illusionismus.

Wie schon in früher ausgestatteten Langhäusern steht auch in Freising das westliche Fresko gegenüber den übrigen Kopf, muß von Osten her betrachtet werden. Auch dies ein Indiz für die in der Deckenzone errungene Freiheit; bei den römischen Kirchen folgt die Betrachtungsrichtung auf der Längsachse grundsätzlich der Linie Eingang – Chor.

Die Konsequenz aus der in Freising deutlich gewordenen potentiellen ›Bildhaftigkeit‹ der gesamten Deckenzone ziehen die Brüder bei der nächsten großen Umgestaltung einer mittelalterlichen Kirche in Sankt Emmeram in REGENSBURG – eine Umgestaltung, die bezeichnenderweise nur Mittelschiff und Chor umfaßte. Wie in Freising gibt es an der Langhausdecke ein erstes, nach Westen ausgerichtetes Bild *(Exemtion des Klosters)* und dann das nach Osten zu betrachtende der *Marter von Christen bei Regensburg*. Die auch in Freising im Gegensinn angelegten Bildwerke, durch eine gemalte Gurtspange eben noch getrennt, sind nun in einem zusammenhängenden Format vereinigt: Auf *einem* Malfeld erscheinen zwei Bilder. Der Rahmen faßt eher den inhaltlichen Bezug der Szenen zusammen; nach Ort, Zeit und Bildanlage handelt es sich aber um unterschiedliche Darstellungen. Während beim Martyrium Asam einen nahezu tafelbildähnlichen Aufbau bevorzugt, modifiziert die Exemtionsszene das in der Aldersbacher Pfingstkuppel angewandte Schema: Treppenaufbau für das Figürliche, hinter- und überfangen von einer fragmentarischen Tholosarchitektur, deren Überkuppelung hier weggelassen ist.

Mit dem 1734 ausgeführten Deckenfresko im Saal der Kongregation Mariä Verkündigung in INGOLSTADT erreicht die illusionistische Kunst Asams eine letzte Verdichtung. Dies gilt zunächst für das Technische. Die etwa 450 Quadratmeter große Malfläche ist in nur circa zehn Metern Höhe flach an einer Bretterkonstruktion aufgehängt; die von Asam gewagte Darstellung großformatiger Architektur an der Westseite erfordert bei so geringer Höhe besonders exakte perspektivische Konstruktionen. Die ikonographisch überaus komplizierte Aufgabe wird in Fortentwicklung des illusionistischen Ansatzes im Regensburger Langhaus einer Lösung zugeführt, die Asams persönlichen Illusionismusstil in letztmöglicher Entfaltung zeigt. Darzustellen war das Geheimnis der göttlichen Menschwerdung bei Betonung der zentralen Rolle Mariens, von der aus sich das Heil über die vier Erdteile verbreitet. Nebst einigen typologischen Gestalten – Adam, Moses, Israel in Ägypten – war auch noch der Engelsturz durch Michael zu veranschaulichen.

Asam findet die Lösung, indem er in das von vorneherein durch Lichtfarbigkeit illusionistisch überhöhte, unterteilte Malfeld sechs vom Inhalt her getrennte Bilder einlagert, die zwar ästhetische Übergänge aufweisen, für die Betrachtung jedoch einen je eigenen Standpunkt erfordern. Im Prinzip taucht damit wieder die übliche Folge von Fresken mit jeweiliger Betrachtereinstellung auf; die Differenzierung des Programms und die homogene Malfläche erforderten jedoch besondere Kunstgriffe: Die Bilderfolge läuft nicht mehr auf einer Linie ab, ihre Anlage ist verschränkt und je nach Wichtigkeit übergriffen, dem Betrachter wird ein sinnträchtiges Itinerar auferlegt.

Dem Eintretenden bieten sich Raum des Saals wie des Freskos gleichermaßen dar – wobei letzterer ein anschauliches Übergewicht hat. Auf einen Standpunkt nahe dem Eingang ist auch das Hauptbild berechnet – von Gottvater im Zentrum über Christus und den Verkündigungsengel zu Maria, die inmitten symbolischer Architekturen die Westseite beherrscht. Zu dieser ›Einstellung‹ gehören auch noch die typologischen Szenen entlang der vorderen Längsseiten. Die vier von Maria ausgehenden Strahlen treffen die Personifikationen der ·Erdteile, deren Bildensembles jedoch von diesem Standpunkt aus unlesbar verzerrt sind. Bei der Bewegung nach vorn, um links Europa und rechts Asia zu betrachten, ›zerfällt‹ das Hauptbild, vor allem die extrem konstruierten Architekturen dehnen sich ins Groteske. Auf dem Rückweg erschließen sich dann mit variierenden Blickrichtungen die Erdteile Afrika, Amerika und schließlich der Engelsturz in der mittleren östlichen Verlängerung des Malfeldes.

Bei aller Bewunderung für diese extreme Leistung Asamscher Deckenmalerei erhebt sich auch die Frage nach dem Schicksal des Bildhaften an der Decke. Der Bezug zwischen den einzelnen Szenen und Figuren auf der riesigen Malfläche ist vorwiegend inhaltlicher Art, die anschauliche Realisation erfordert für die Apperzeption sowohl ein kinetisches wie ein zeitliches Moment, das die Ignorierung oder gar den anschaulichen Zerfall der gerade nicht in ›Lesung‹ befindlichen Bildpartien zur Folge hat. Die ikonologischen Vorgaben dieser süddeutsch-spätbarocken Kunst der Dekkenmalerei dehnen die anschauliche Dimension des Bildbegriffes der Epoche bis an die Grenzen eben der Anschaulichkeit. Es war Cosmas Damian Asam gewesen, der diesem komplexen Bilddenken die Realisierung im illusionistischen Deckenbild verliehen hatte.

ANMERKUNGEN

1 Zur Biographie des Georg Asam vgl. Wagner-Langenstein 1983, 11 ff.
2 Zur Arbeitsorganisation der Familie des Georg Asam vgl. Wagner-Langenstein 1983, 73 ff.
3 Wagner-Langenstein 1983, 247 f. (Katalog der Faßarbeiten, Nr. 6).
4 Karl Tyroller, »Straubinger Krippen«, in: *Jahresbericht des Historischen Vereins für Straubing und Umgebung,* 1977/78, 177 ff.
5 Wagner-Langenstein 1983, 258, (Quellenanhang) Nr. 6.
6 Wagner-Langenstein 1983, 198.
7 Liedke, Marginalien 1980, 13.
8 Vgl. dazu die Ausführungen von Pavel Preiss (Seite 73) und Volker Liedke (Seite 99).
9 Vgl. den Beitrag von Volker Liedke, Seite 97.
10 Tagebucheintrag Meichelbecks vom 29. Januar 1713: »Post prandium venit ad me D. Asam pictor, natus ibidem B.buri, gaudeo.« Zitiert nach Mindera 1967, 202, Anm. 18.
11 Trottmann 1980; Hojer 1980.
12 Trottmann 1986, 47.
13 Böhm-Lemperle 1968, 3 ff.
14 Zu einer Reise Maria Anna Asams nach Prag 1727 vgl. den Beitrag von Milada Vilímková, Seite 77.
15 So bezeichnet in einer Korrespondenz Asams mit dem Kloster Donauwörth vom 29. März 1720; vgl. Onken 1972, 49.
16 Zitiert nach Wienert 1971, 74.
17 Brief an das Domkapitel vom 2. März 1723; zitiert nach Glaser–Brunhölzl–Benker 1983, 172 f.
18 Mois 1958, 192.
19 Lieb 1976, 148.
20 Vgl. Dokument III in Dischinger 1980, 31 f. Weiteres zu Franz Erasmus Asam bei Liedke, Marginalien 1980, 21, sowie in dessen Beitrag auf Seite 99 und im Aufsatz von Bruno Bushart auf Seite 88.
21 Tyroller 1978, 3 f. Vgl. auch Volker Liedke auf Seite 96.
22 Leitschuh 1964, 92 f.
23 Zitiert nach Dischinger 1980, 45 f. (Dokument XXIII).
24 Als Beispiele seien genannt der Brief Asams an Kardinal-Fürstbischof Hugo Damian von Schönborn vom 7. Oktober 1729 (Wiederabdruck bei Penzlin 1983, 283 f.) und die Eingaben wegen des Baues der Kapelle in Thalkirchen (Abdruck bei Mois 1958, 192).
25 Nachlaßinventar publiziert bei Tyroller 1978. Vgl. auch die Ausführungen von Helene Trottmann auf Seite 49.
26 »... weilen selbe dem Vernehmen nach sich anderwerts mit dem bedungenen Quanto nit sollen haben vergnüegen lassen ...«; bei den Emporenfresken will man gute Farbausführung, und nicht »schlechthin geduscht ... zumahlen dieses lestere öffters hin und wider zuvernemmen khomben ...«; zitiert nach Glaser–Brunhölzl–Benker 1983, 173 und 175.
27 Alle Briefe und Protokolle bei Rott 1914.
28 Vertrag vom 28. September 1716; vgl. Hanfstaengl 1939, 34.
29 Glaser–Brunhölzl–Benker 1983, 173.
30 Füssli 1770, 127.
31 Vgl. den Briefwechsel zum Sünchinger Altarblatt auf Seite 83/84.
32 Vgl. dazu die von Dischinger 1980 veröffentlichten Dokumente (Nr. VIII, IX, X).
33 Der Text Oefeles neuerdings publiziert bei Dischinger 1980, 45 (Dokument XXIII); vgl. dazu auch Kaute 1966, 9 f.
34 Publiziert bei Menzel 1964, 120.
35 Vgl. Menzel 1978, 211, sowie die Ausführungen von Milada Vilímková auf Seite 77.
36 Doch bleibt dabei zu bedenken, daß die quellenmäßig belegten vier kleinen Fresken in der Kuppel von Maria Hilf in Freystadt nicht erhalten sind; zur Frage des Asamschen Personalstiles vor 1711 vgl. Trottmann 1986, 23-25.
37 Siehe Anmerkungen 47 und 49.
38 Zur Ausmalung von Lustheim siehe Berg 1968, 86-102.
39 Zur römischen Akademie und Asams Ausbildung dort Trottmann 1986, 26-48.
40 Dieses von Geiger 1953, 53 ff., als »inklinierte Ebene« bezeichnete System kommt nicht – wie Geiger annimmt – zuerst in Aldersbach, sondern bereits in diesem Weingartener Fresko vor.
41 Abgesehen von dem Umstand, daß Asam die Lustheimer Fresken mit Sicherheit gekannt hat, scheint dieses Kuppelsystem Weingarten näher zu stehen als der Stich, den Tintelnot 1951, 57, heranzieht. Dieser ist übrigens nicht original von Carl Remshardt, sondern ein Nachstich aus Daniel Marot, *Œuvres,* ²1712. Bei Pozzo, der in diesem Zusammenhang öfter genannt wird, kommt das Asamsche System nicht vor.
42 Auf diese beiden für die ›Lesung‹ des Bildes wichtigen Heilszeichen hat Spahr 1974, 94, hingewiesen.
43 Die inhaltliche Rolle der Scheinarchitektur hat Penzlin 1983, 35 ff., herausgearbeitet.
44 Bemerkenswerterweise sind über den rund ausladenden Querhausflügeln keine Fresken vorgesehen worden. – Auf die mit den jeweiligen großen Deckenbildern des Langhauses ikonographisch in Bezug stehenden Ausmalungen der Quertonnen über den Emporen wird hier wegen der geringen Einwirkung auf den Gesamtraum nicht eingegangen.
45 Als Programmentwurf »Ohnmaßgebliche gedankhen ...«, Hauptstaatsarchiv Stuttgart, B 522 Bü 67, Bl. 110-109.
46 Die Ausführungen von Lindemann 1984 kommen zu abweichenden Ergebnissen, denen nicht gefolgt werden kann, weil sie teils auf unzutreffenden Beobachtungen, teils auf nicht nachzuvollziehenden Interpretationen beruhen. So befindet sich zum Beispiel Bernhard eben nicht »am Fuße der Stiege« (140), er sitzt in einem Sessel und stützt sich mit dem linken Ellenbogen auf die Balustrade, der er eindeutig auch durch die Sitzhaltung zugeordnet ist. Abgesehen davon, daß ein Treppenfuß nirgends sichtbar ist, hat Asam durch eine Wolke zwischen Balustrade und Treppe mit größter Deutlichkeit den Visionsraum als unzugänglich bezeichnet. In der Haltung des Heiligen deutet nichts darauf hin, daß er auf Aufforderung eines Engels die Treppe hinaufeilen wird; diese Haltung ist eindeutig sitzend-kontemplativ und nicht transitorisch.
Das Argument, Bernhards Kopfhaltung erlaube ihm nicht, das Weihnachtsgeschehen direkt zu sehen (Lindemann 1984, 132 und Anm. 18), verkennt die Auffassung von ›Vision‹, die bei Asam und seinen Auftraggebern bestimmend war. In Fürstenfeld war das gleiche Thema darzustellen (F XII, 1), dort wird der die Vision erlebende Bernhard mit geschlossenen Augen gezeigt: Vision ist kein Gegenstand für das körperliche Auge. In Aldersbach dürfte sowohl die ›irreale‹ Gegenständlichkeit der Weihnachtsvision wie auch deren aller Regel und Erfahrung widersprechende Montage mit der Überwirklichkeit von Vision zu tun haben.
Blick und Gestus des Engels sind nicht auf den Heiligen, sondern auf die beiden Hirten auf der Treppe bezogen. Die Erklärung der ungewöhnlichen Architekturen aus einem angeblichen Historismus Asams ist rein spekulativ: Einen Versuch, ihre unorthodoxe Montage zu erklären, bleibt Lindemann ebenso schuldig wie die Beachtung der stürzenden Perspektive. Die Feststellung, daß Asams Malerei »die Mittelbarkeit einer Vision in die Unmittelbarkeit des Wirklichen zu verwandeln« das »Vermögen« habe (143), trifft auf pozzoesken Illusionismus zu und ignoriert Asams historischen Ort in der Geschichte der illusionistischen Deckenmalerei.
47 Im ›Bildersaal‹ der Folge der Kaiserzimmer des Augustiner-Chorherrenstiftes Sankt Florian hat Michael Wenzel Halbax (1661-1711) 1708 eine Scheinkuppel in enger Anlehnung an Pozzos Vorbild ausgeführt. Davon abweichend und Asams Neuerungen in Kißlegg und Aldersbach bis zu einem gewissen Grad antizipierend, ist die figürliche Szene der Krönung der Malerei auf einer gesonderten, in den fingierten Kuppelraum ragenden Konsole dargestellt. Vgl. Ausst. Kat. Sankt Florian 1986, 141 (Texte Rupert Feuchtmüller). – Es ist zur Diskussion zu stellen, ob Asam 1720 oder früher eine Reise entlang der Donau unternommen hat, um die bis dahin wichtigsten Großmalereien im süddeutsch-oberösterreichischen Raum kennenzulernen: Passau (Tencalla), Sankt Florian (Gumpp, Steidl, Halbax, Degler), Melk (Rottmayr).
48 Nur wo es die Raumanlage erfordert (und vermutlich vom Auftraggeber gewünscht wird), greift Asam auf den ›Architekturersatz‹ der Scheinkuppel vom Typ Pozzos zurück, wie 1724 in Freising.
49 Auch für den Saal in Břevnov finden sich vergleichbare Vorformen in der Kaiserzimmerfolge von Stift Sankt Florian. Im ›Großen Tafelzimmer‹ haben 1710/11 Michael Wenzel Halbax und dann Johann Degler das Deckenfresko mit den vier Weltmonarchien gemalt. Mit Břevnov vergleichbar ist die ›primär-illusionistische‹ szenische Gestaltung der vier Seiten über den gemalten Gesimsen. Die Scheinarchitekturen weisen eher auf Pozzo und wohl auch Veronese. Vgl. Anmerkung 47 und Ausst. Kat. Sankt Florian 1986, 102 (Text Elisabeth Kovács).

Karl Möseneder

Zur Ikonologie und Topologie der Fresken

Die Ikonologie der Deckenmalerei einer Kirche oder eines Schlosses hängt im einzelnen von den Vorstellungen des Programmentwerfers ab. Seine Angaben jedoch müssen auf die Rahmenbedingungen bezogen sein, welche Architektur und Stuckdekoration vorgeben: Durch sie ist festgelegt, an welchem Ort und in welchem Ausmaß Malflächen zur Verfügung stehen. Tiefgreifende Änderungen des Dekorationssystems bzw. ihres Trägers gehen deshalb mit einschneidenden ikonologischen Wandlungen einher.

Eine Beschäftigung mit den von Asam ausgestatteten Kirchen in ikonologischer Hinsicht hat von den genannten Voraussetzungen auszugehen. Im ersten Teil, der dem Wandel der Rahmenbedingungen bzw. den ikonologischen Veränderungen gewidmet ist, gilt das Hauptinteresse den Gemälden im Langhaus bzw. dem Zentralraum der Kirche; dort lassen sich die einzelnen Entwicklungsschritte am deutlichsten ablesen. Der zweite Teil behandelt dann die mehr oder weniger traditionell vorgegebenen Orte für gewisse Themen im Kirchenraum, das heißt, die Topologie der Bilder in einem noch spezifischeren Sinn als es im vorangehenden Abschnitt der Fall ist.

I. Wandel des Dekorationssystems – Wandel der Ikonologie

1. Kirchen mit durchgehender Jocheinteilung

Die Deckenmalerei in der Maria-Hilf-Kirche Amberg (1716 bis 1718) ist zwar nicht Asams erstes selbständiges Werk, aber sein altertümlichstes. Und zwar nicht, weil das Gewölbe durch Gurtbögen jochweise streng gegliedert ist – das findet man auch in anderen Bauten der ersten Phase –, sondern weil die Hauptfresken mit Darstellungen aus der *Geschichte der Wallfahrt* von Bildern begleitet werden, die quer zur Längsachse stehen, also nur durch einen Standortwechsel um 90 Grad zu erkennen sind. Dieses System der inhaltlichen Differenzierung wurde im 17. Jahrhundert häufig gepflegt, vom Salzburger Dom (1628) bis hin zur Klosterkirche Speinshart (1696-1700, Abb. 1). Altertümlich ist weiters, daß die seitlichen Gemälde im Verhältnis zu den Hauptbildern relativ groß sind und jedes Fresko vom nächsten durch einen kräftigen Stuckrahmen getrennt wird.[1]

Zukunftsweisende Verhältnisse hatte Asam zuvor in der Klosterkirche Ensdorf (1714-1716) angetroffen. Auch hier sind die Fresken in der Achse des Tonnengewölbes – Darstellungen aus der Vita des Heiligen Jakobus – von kleineren Bildern begleitet, sogar von zwei auf jeder Seite. Doch da sie sich in flachen Kartuschen schräg dem Verlauf der Stichkappen einbinden, machen sie den Gemälden in der Mitte keine Konkurrenz; sie lassen sich vielmehr umgekehrt als Ausstrahlungen zu den Seiten hin verstehen. Der formalen Unterordnung entspricht eine ikonologische: Putten zeigen spielend Gegenstände, die im jeweiligen Hauptbild eine ungleich ernstere Rolle spielen, zum Beispiel Lanze, Helm, Fahne und Schild zu seiten der *Schlacht von Clavigo,* in welcher der Heilige den Spaniern zum Sieg gegen die Mauren verhalf.

Auf andere Weise beziehen sich die jeweils drei Embleme an den schmalen Quertonnen über den Seitenkapellen auf die Jakobusszenen. Nun werden Taten und Eigenschaften des Heiligen mit Gegenständen aus dem Bereich der Natur oder der menschlichen Welt verglichen; so zum Beispiel das machtvolle Eingreifen in den Kampf mit einem Blitz, der in einen Baum fährt. Um dem Betrachter das Sinnbild enträtseln zu helfen, ist dieser Darstellung (Pictura) eine Inschrift (Motto) beigefügt: »Micat exitiale superbis«.[2] Embleme waren im Bildprogramm von Kirchen seit gut einem Jahrzehnt nicht mehr ungewöhnlich. Entsprechend ihrer Aufgabe, die Hauptfresken zu kommentieren, plazierte man sie meist entweder an den Stichkappen oder – wie in Ensdorf – ganz am Rande, an den Quertonnen.[3] Ähnlich verfuhr Asam wenig später in Michelfeld, dort allerdings sind die Embleme einzeln an den Gewölben der Seitenkapellen angebracht. Die spielerischen Putten mit Attributen aber mußten an die Emporendecken ausweichen: Die Hauptfresken hatten nun eine Größe angenommen, welche begleitende Bilder im selben Gewölbefeld nicht mehr zuließ. Man findet sie – und mit ihnen Embleme – später nur mehr im altertümlichen Dekorationssystem von Fürstenfeld.

Hier mußte Asam sich erneut mit stuckgerahmten Malfeldern in strenger Jochfolge begnügen; besonders in der dem Langhaus geltenden zweiten Ausstattungsphase (1731) handelte es sich um ein für seine Verhältnisse überholtes Schema. Es war durch Viscardis Plan von 1701 bzw. die Gestaltung des Chorgewölbes (1723) vorgezeichnet. Der Isolierung der Hauptfresken versuchten der

Abb. 1: Carlo Domenico Lucchese (Stuck) und Bartolomeo Lucchese (Fresken), Dekorationssystem der Langhausdecke in der Klosterkirche Speinshart, 1696-1700.

Maler und sein Stukkateur, Josef Appiani, entgegenzuwirken, indem sie die Gewölbeflächen mit Ornament überzogen, die trennende Kraft des Rahmens schwächten und die Bilder farblich in ein Kontinuum einbanden.

Die Fresken entlang des Gewölbescheitels des Langhauses zeigen *Feste des Kirchenjahres bzw. Ereignisse des Lebens Christi* in Verbindung mit entsprechenden Begebenheiten aus der *Vita des Heiligen Bernhard von Clairvaux*. Sie sind von den bereits bekannten *exegetischen Emblemen*[4] flankiert. Begleitet werden die Hauptbilder außerdem durch Fresken an den Tonnen über den Seitenkapellen.[5] In ihnen sind *Themen spezifisch zisterziensischer Spiritualität* dargestellt: mystische Begegnungen von Ordensleuten mit Christus und Maria, deren wunderbare Hilfe bei der körperlichen Arbeit – sie hatte im Orden des Heiligen Bernhard einen besonderen Stellenwert – und das Motiv der Schutzmantelmadonna bzw. der Fürsprache Mariens beim Jüngsten Gericht: offenbar das Pendant zur benediktinischen Verheißung, daß keiner im Orden sterben werde als im Stand der Seligkeit.[6]

Bestimmt wird die Abfolge der Hauptfresken von West nach Ost durch das Kirchenjahr im Zeitraum von Mariä Verkündigung bis Pfingsten; die Ereignisse aus der Vita des Ordensgründers müssen sich diesem Plan unterordnen. So ist die dem *Osterfest* zugeordnete *Versöhnung des Herzogs von Aquitanien mit der Kirche* vor Bernhards Eintritt in das Kloster bzw. Christi Himmelfahrt dargestellt, obgleich die Bekehrung erst nach Ablegung des Gelübdes erfolgte. Ihren Höhepunkt erreicht die Gleichförmigkeit der Heiligenvita mit dem Kirchenjahr im letzten Fresko, wo die Umarmung durch den Gekreuzigten (*Amplexus*) bzw. die *Lactatio* durch Maria der *Herabkunft des Heiligen Geistes* parallelisiert ist. Um dieses Gemälde sind in Kartuschen goldfarbene Personifikationen der *Erdteile* geordnet. Sie müssen in Parallele zu den vier *Kirchenvätern* unter der Pfingstkuppel gesehen werden und sind ikonographisch wohl eine Abwandlung der Verherrlichung der weltumspannenden Wirkung des Heiligen Ignatius (Abb. 2) durch Pozzo in Rom.

Bernhard von Clairvaux hatte Jahrzehnte vor dem Heiligen Franziskus, dessen ›Christiformitas‹ durch sein Leben und zahlreiche Darstellungen ungleich geläufiger ist,[7] nachdrücklich zur ›Imitatio Christi‹ aufgerufen und besonders die Konformität mit dem Kirchenjahr gefordert, zum Beispiel in seinem größten Werk, den ›Sermones per annum‹, Kommentaren zum Kirchenjahr. »Ohne Mitfeier des Lebens Jesu im Kirchenjahr scheint es für Bernhard ein christliches Leben nicht zu geben ..., in ihm erfolgt die persönliche Aneignung der Erlösung und die Einformung in den Lebensrhythmus Christi und damit die conformatio, die Gleichgestaltung mit Christus.«[8] In Fürstenfeld wurde also Bernhard in Erfüllung seiner eigenen Forderung dargestellt bzw. man zeigte in Bildern, was früher nur mit Worten anklang, zum Beispiel: »so werden nach dem Exempel Christi drey Tode gezehlet, welche Bernardus wiederum zum Leben erwecket.«[9] In der Nachfolge des Fürstenfelder Programms steht wohl die Serie von siebzehn Kupferstichen, in denen die Brüder Klauber etwas später die Gegenüberstellung von Christus und Bernhard konsequent durchführten.[10]

In dieser ungewöhnlichen Zusammenschau zweier Bildreihen wird ein Prinzip barocken ikonologischen Denkens[11] und ihrer Konkretion in Gemäldeprogrammen offenbar: Bilder genügen sich nicht jeweils selbst, sondern stehen untereinander in einem Verweisungszusammenhang und zwar nicht nur entlang der Hauptachse, sondern auch hierarchisch strukturiert zu den Seiten hin. In jedem Joch nimmt das Leben Christi den höchsten Rang ein; ihm folgt jenes des Heiligen Bernhard. Vertieft wird der ikonologische Kerngedanke dann durch die benachbarten Embleme, deren abgebildete Objekte aus dem Bereich der Bibel oder Welt aufgrund ihrer Eigenschaften mit dem Hauptbild verglichen werden. Ihr geheimer Sinn muß zwar erst erschlossen werden, bleibt dann aber um so nachdrücklicher im Gedächtnis. Bilder einer dritten Kategorie sind schließlich an den Quertonnen über den Seitenkapellen zu finden. In Fürstenfeld zeigen sie mystische Erfahrungen von Ordensleuten und geben Hinweise auf die himmlische Protektion des Zisterzienserordens – nach historischem Traditionsgut also eine Versicherung für die Zukunft. Einen deutlich niedrigeren Rang in der Hierarchie nehmen jene farbigen Stuckbilder in Anspruch, die im Chor von den Hauptgemälden zu den Emblemen an den Stichkappen vermitteln. Sie haben alle ›hieroglyphischen‹ Charakter und verweisen mit einzelnen Gegenständen, etwa mit einem Herzen, auf das nebenstehende Bild Mariens oder mit einem Hostienkelch auf den Altar darunter.

Diese Ordnung von Bildern unterschiedlicher Wertigkeit gilt in vertikaler Richtung natürlich auch im Bereich von Kuppeln. In der Laterne der Weihnachtskuppel von EINSIEDELN (1724-1726) erscheinen zuoberst *Gottvater und Heiliger Geist,* göttlichen Ratschluß ausführend; folgerichtig wird darunter am Gewölbe mit vielen Details die *Heilige Nacht* geschildert. In den monochromockerfarbigen Medaillons an den Gewölbezwickeln bringen dann Personifikationen dieses Ereignis gewissermaßen auf den Begriff: *Justitia, Pax, Misericordia* und *Veritas,* die sich gemäß Psalm 84, 11 nun versöhnt haben[12], eröffnen in abstracto die heilsgeschichtlichen Dimensionen der Geburt des Erlösers. Dieselben Allegorien sind nochmals als gemalte Skulpturen am Rand des Kuppelbildes zu sehen.

Jocheinteilung fand Asam auch in der Benediktinerklosterkirche WEINGARTEN (1718-1720) vor, doch kamen die großen Flächen, besonders der drei Hängekuppeln des Langhauses, sicherlich seinem früh erkennbaren Wunsch nach größeren Malfeldern entgegen. Der Stuck Franz Schmuzers hatte sich in die Zwickel zurückzuziehen.

Das Programm trägt den verschiedenen Bestimmungen der Kirche als Ziel einer Wallfahrt, Grablege der Welfen und geistlicher Mittelpunkt des Klosters Rechnung.[13] Das hat zur Folge, daß sich nun erstmals keine thematisch einheitliche Bilderreihe von West nach Ost erstreckt. Doch trotz der für jedes Joch anderen inhaltlichen Ausrichtung wird in den ersten Langhausfresken durch die wiederkehrende Darstellung eines Kreuzes Zusammenhang sichtbar, kommt also der Gedanke der Reihung, der bislang Bildprogramme bestimmte, in einer zweiten Sinnschicht zum Tragen. Gewissermaßen angekündigt ist das Motiv durch die Wiedergabe der Heilig-Blut-Reliquie in Kreuzform an der Fassade und bestätigt durch das Kreuz über dem Hochaltar. So hält in der *Weihnachtsdarstellung* über der Orgelempore der Jesusknabe ein kleines Kreuz und weist damit auf seinen Tod voraus. Das anschließende Langhausfresko zeigt vor einer großen Gloriole den *Auferstandenen mit dem Sinnbild der Erlösung* und darunter das kreuzförmige Behältnis der Heilig-Blut-Reliquie. An den Quertonnen dieses Joches sind Porträts von *Mitgliedern des Welfenhauses* zu sehen. Wohl nicht nur deshalb, weil eine Adelige 1090 die Reliquie dem Kloster schenkte, sondern auch weil in der gleichfalls im Westen gelegenen Stifterkapelle des Vorgängerbaues und an der Wand eines Seitenschiffes einst zahlreiche Bildnisse der Welfen samt Inschriften angebracht waren.[14] Asams Gemälde haben deutlich historisierenden Zuschnitt und folgen wahrscheinlich einer älteren Vorlage.[15]

In der Mitte des Langhauses ist zuoberst die *Vision des Heiligen Benedikt* dargestellt. Darunter erblickt man erneut das heilbringende Zeichen, nun in Gestalt des Benediktuskreuzes. Löst man das Anagramm dieses Amuletts auf und sieht es mit dem vom selben Engel gehaltenen Zachariassegen zusammen[16] – der heilige Papst war ein besonderer Verehrer Benedikts –, so erschließt sich die Darstellung darunter: *Pax,* eine Verkörperung der benediktinischen Losung, erhebt sich über den in die Tiefe stürzenden Gestalten des *Teufels,* der *Luxuria,* der *Pest* und der *Hexerei.*

Die Darstellungen aus dem *Leben des Heiligen Benedikt* an den Quertonnen sind wiederum ohne jede Verkürzung gestaltet, gleichen also Tafelbildern. Sie wollen wie die Welfenfresken als Bilder mit historischer Zeugniskraft verstanden werden. Durch Inhalt und Darstellungsmodus setzen sich somit die Bilderreihen an den Seiten von den Fresken in Langhaus und Chor ab, welche gnadenhafte oder überirdische Geschehnisse in Unter- bzw. in Schrägansicht zeigen.

Ähnlich wie das Kreuz am Außenbau auf die drei ersten Deckengemälde vorausweist, so die Marienstatue auf die *Himmelfahrt Mariens* im letzten Joch des Langhauses. Mit dem Fresko wollte man offenbar die Schutzpatronin des Ordens, die ›Benedicta‹ an der Spitze der ›Benedicti‹, ehren.

In Sankt Jakob in Innsbruck (1722/23) fand Asam eine vergleichbare Folge von Flachkuppeln vor. Das westliche Fresko wurde wie jenes in der Langhausmitte von Weingarten in strenger Untersicht gestaltet und zeigt den Titelheiligen als *Fürbitter der Stadt, des Bistums Brixen, Tirols und Österreichs.* Die beiden anschließenden schildern in weiträumigen Scheinkuppeln Jakobus als *Intercessor zu Christus bzw. Maria,* deren Gnadenbild die Pilger anzog. In der hohen Tambourkuppel über dem Chor ist der Heilige auf dem *Schlachtfeld gegen die Mauren* zu sehen.

Ikonologie und Gestalt der Fresken von Weingarten und Innsbruck lassen zumindest zweierlei erkennen. Erstens: Die Kirchen werden nicht mehr nur nach einem einzigen Bildschema ausgestaltet. Eine Abfolge unterschiedlicher Lösungen ersetzt die Reihe von Fresken einheitlichen Formats und Darstellungsmodus (zum Beispiel Salzburg, Benediktbeuern, Sankt Florian usw.). Zweitens: Dieser neuen formalen Freiheit entspricht eine ikonologische. Es wird nicht mehr, wie in vielen anspruchsvollen Programmen des 17. Jahrhunderts und noch in Fürstenfeld, die Ausbildung eines geradlinigen und geschlossenen Zyklus angestrebt. Das heißt, man verzichtet nun auf die Möglichkeit, durch Sukzession von Bildern am Kirchengewölbe einen Zeitraum zu veranschaulichen, beginnend zum Beispiel im Westen mit der Geburt Christi und endend im Osten mit Pfingsten. Nun gewinnt die Ikonologie eines jeden Joches an Selbständigkeit und fordert nicht mehr zwingend Ergänzung durch das nächste Fresko.

Damit zeichnet sich die Auflösung des im 17. Jahrhundert dominierenden Systems der Reihung ab. Ab dem dritten Jahrzehnt des 18. Jahrhunderts wird es möglich sein, daß ein Fresko bzw. Thema dominierend hervortritt und andere Bilder des Langhauses in ähnlicher Weise unterordnet wie schon vorher jene an den Seiten. Die Voraussetzungen dafür sind bereits im Frühwerk Asams deutlich zu erkennen, also auch dort, wo noch die traditionelle Jocheinteilung herrscht.

2. *Die Zentrierung des Langhauses*

Im zweiten Gewölbejoch von Weingarten hatte Asam, abweichend von der bereits vom Vater Georg Asam gepflegten Schrägansicht, durch strenge Untersicht einen Blick in den Himmel gegeben. Das neue Bildschema – es ist bestimmt durch vier Pfeilerarkaden, die einen ovalen Kuppelring tragen – war durch Francesco Rosas Deckengemälde in Schloß Lustheim (1687) vorgebildet. Doch ist auch die Rezeption von Pozzos Langhausfresko (Abb. 2) in Sant'Ignazio (1691-1694) erkennbar, denn die gemalten Pfeiler wiederholen die gebauten des Kirchenraums, tragen also zur illusionistischen Erweiterung des Joches bei.[17] Zuvor hatten bereits Johann Anton Gumpp und Melchior Steidl in der Stiftskirche von Sankt Florian (1690-1695) Rosas Neuerung für die Ausgestaltung eines Sakralbaues genutzt.[18] Im Unterschied zu ihnen gestaltete Asam jedoch nicht alle Joche gleichmäßig nach diesem Muster, sondern behielt das Schema dem mittleren Joch vor, das im übrigen – bei Asam nun zum ersten Mal – die ganze Gewölbefläche einnimmt. Die Intention ist klar: Das Joch soll als zentrales hervorgehoben werden.

Ansätze zu einer Zentrierung des Langhauses sind bereits in Ensdorf (1716) erkennbar. Das mittlere Bild, die Darstellung der *Schlacht von Clavigo,* ist durch Größe und Vierpaßform gegenüber der *Gefangenenbefreiung* im Westen und dem *Martyrium des Heiligen Jakobus* im Osten ausgezeichnet. Diese beiden kleineren Fresken umschließen an den Seiten etwas gedrückte ovale Stuckrahmen. Die ungewöhnliche Form stellt sicher, daß die Bilder beim Blick durch den Raum nicht von den Gurtbögen überschnitten werden – ein beträchtlicher Schritt hin zur Überwindung der Jochtrennung bzw. zur Hinter- und Unterordnung von Fresken unter ein dominierendes Bild in der Mitte.

Noch offensichtlicher ist der Wille zur Zentrierung und Zusammenbindung in Michelfeld (1717/18). Die Malflächen haben sich geweitet und sind zueinander (wie auch in Ensdorf) durch Kartuschen in Beziehung gesetzt. Vor allem aber, und dies ist entscheidend, wird nun erstmals auf Gurtbögen, die über viele Jahrzehnte hinweg als das erste Ordnungsprinzip an der Decke wirkten, verzichtet. Zu seiten des mittleren Freskos sind an ihre Stelle jeweils zwei Kartuschen mit Gemälden der *Kirchenväter* getreten; Reliefs der *vier Kardinaltugenden* in den Zwickeln der Stichkappen zeichnen die Mitte zusätzlich aus. In der Abfolge der Themen: *Anbetung der Hirten, Christus am Ölberg, Auferstehung* und *Aussendung der Sieben Gaben des Heiligen Geistes* ist die Hervorhebung des mittleren Joches ikonologisch nicht zwingend. Daraus folgt, daß der gestalterische Wille zur Zentrierung offenbar früher da war als die ikonologische Notwendigkeit, als die Forderung des Programmentwerfers.

Was sich in Michelfeld vorbereitete, wurde in der Zisterzienserklosterkirche Aldersbach (1720) Wirklichkeit. Im Langhaus überspannt ein großes Deckengemälde drei der fünf Joche und ordnet sich so die beiden angrenzenden ovalen Fresken, die durch schmale Gurtbögen abgetrennt sind, unter. Statt der Kartuschen mit Kirchenvätern ersetzen nun solche mit den *Evangelisten* die Gurtbögen von einst.

Jochübergreifende Deckenbilder hatte Asam in Rom gesehen; die Langhausfresken von Pietro da Cortona in Santa Maria in Vallicella (1664/65) oder von Gaulli in Il Gesù (1673/74) kannte er genau.[19] Ob er auch von Rottmayrs erstem analogen Gemälde nördlich der Alpen, in Breslau (Sankt Matthias, 1706),[20] wußte, ist unklar, aber immerhin denkbar. Jedenfalls sollte man die Frage nach Vorbildern nicht überbewerten, zumal in Aldersbach Asam das große Bild aus eigenen Voraussetzungen entwickelt hat. Die untere Freskohälfte mit dem Stall von Bethlehem ist strukturell bereits im Befreiungsfresko von Ensdorf, im Weihnachtsbild von Michelfeld sowie dem Heilig-Blut-Fresko in Weingarten vorgebildet und geht über den Vater Georg Asam wohl letztlich auf venezianische Voraussetzungen zurück: Über zwei seitlich angeordneten, stark verkürzten und deshalb schräg aufsteigenden pfeilerartigen Architekturen – die konkrete Gestaltung variiert je nach

Abb. 2: Andrea Pozzo, *Apotheose des Heiligen Ignatius,* Deckenfresko im Langhaus von Sant'Ignazio zu Rom, 1691-94.

dem Thema – spannt sich ein Bogen, unter bzw. über dem die Handlung spielt.[21] In Aldersbach ist es die Geburt Christi als »Aufgang des wahren Lichtes«[22]; darüber erscheint in einer Gloriole Gottvater. So als wären zwei Bilder zusammengewachsen, bestimmen zwei Lichtzentren das Gemälde.

Auf dem großen, sich jenseits aller Ratio durch den Rahmen schlingenden Spruchband wird verkündet, Gott habe die Welt so sehr geliebt, daß er seinen eingeborenen Sohn hingegeben hat (Johannes 3, 16). Damit ist zunächst der Inhalt des Freskos umrissen: *die durch den Ratschluß Gottes erfolgte Geburt des Sohnes als Beginn der Erlösung am Kreuz*. Über die daraus resultierende Versöhnung von Gerechtigkeit und Frieden (Psalm 84, 11) – sie wird durch zwei Engel dargestellt – verfaßte Bernhard von Clairvaux eine Predigt.[23] Der Zisterzienser ist auch dargestellt, konsequenterweise unterhalb des Weihnachtsgeschehens, denn er hatte als Knabe in einer Vision die Geburtsstunde des Herrn geschaut.[24] Ausgerichtet auf das Wunder der Heiligen Nacht sind auch die Evangelisten mit den entsprechenden Textstellen und das *Verkündigungsfresko* im Westen. Ähnliches gilt für die in der Hauptachse folgenden Bilder der *Begegnung Christi mit seiner Mutter nach der Auferstehung*, der *Himmelfahrt* und schließlich des *Pfingstereignisses*. In ihnen vollendet sich der in der Langhausmitte dargestellte Ratschluß Gottes. Ganz besonders aber sind die zehn *Passionsszenen* an den Quertonnen über den Seitenkapellen auf das zentrale Gemälde hingeordnet. Sie schildern im einzelnen, was mit dem Kreuz, das Engel neben Gottvater halten, zeichenhaft angedeutet ist: das Leiden und der Kreuzestod Christi als Akt der Erlösung. Entsprechend dem jochübergreifenden Fresko sind also die erläuternden Bilder an den Seiten nicht mehr auf ein Joch, sondern auf das ganze Langhaus bezogen – eine Konsequenz der Zentrierung.

Die durch Einführung des großen Freskos eingeleiteten neuen ikonologischen Möglichkeiten zeigen sich in nachfolgenden Aufträgen. Zunächst bei der Neuausstattung des Doms zu FREISING (1723/24) anläßlich des Tausend-Jahr-Jubiläums der Ankunft des Heiligen Korbinian. Wie in Aldersbach wird das große Bild von ovalen Bildfeldern in den Schmaljochen begleitet. Die Gurtbögen – sie sind bloß gemalt – fallen vor dem Hintergrund des vereinheitlichenden Goldbrokatmusters, das den ockerfarbenen Stuck von Aldersbach ersetzt, als Architekturglieder optisch kaum noch ins Gewicht.

An den Stirnwänden der Emporen sind Gemälde mit Darstellungen aus der *Vita des Heiligen Korbinian* angebracht; sie werden von Putten und Spruchbändern begleitet.[25] Es war nicht ganz ungewöhnlich, an Mittelschiffswänden Bilder anzubringen. In der ehemaligen Zisterzienserklosterkirche Niederschönenfeld (Landkreis Neuburg an der Donau, geweiht 1662) sah man zwischen Arkaden und Emporenöffnungen einst auf der einen Seite Lobpreisungen, auf der anderen Szenen aus dem Marienleben; in der Chiesa Nuova in Rom wurden 1700 zum Heiligen Jahr die Coretti durch vergleichbare Gemälde verdeckt,[26] und Putten über Arkaden waren alles andere als eine Seltenheit. Doch über diesen phänotypischen Ähnlichkeiten sollte nicht vergessen werden, daß jene Fresken genotypisch mit den ›historischen‹ Darstellungen zu seiten der Hauptgemälde zusammenhängen (Weingarten, Innsbruck usw.). Entsprechend der anderen architektonischen Situation – dort Wandpfeilerkirchen, hier Emporenbasilika – erscheinen sie nun an den Wänden.

Gleichwohl bringt Freising Neues, denn nun werden deutlicher als je zuvor die Deckengemälde nach Ikonologie und Gestalt von den begleitenden Fresken an der Wand, den Historienbildern, unterschieden. In der Mitte des Langhauses ist die *Glorie des Heiligen Korbinian* im Himmel zu sehen, also gewissermaßen das Ergebnis seines Wirkens auf Erden, und im westlichen Oval eine mit Personifikationen gestaltete, überhistorisch-allegorische *Darstellung seines bischöflichen Wirkens*. Beide Male ist auf die Wiedergabe von Architektur und irdischer Szenerie konsequent verzichtet. Den geschichtlich-irdischen Nachweis für die rühmenden Gemälde an der Decke liefern ausführlich die wie Tafelbilder gerahmten Fresken an den Wänden.

Von der himmlischen bzw. überhistorischen Welt vermitteln *Allegorien* an den Stichkappen zu den Ereignissen des Heiligenlebens auf Erden.[27] Der Historiograph Meichelbeck schreibt über sie präzis: »Symbola, ad res gestas, et inferius penicillo expressas, commode alludentia.«[28] So sieht man etwa die Personifikation des *Zelo* (Glaubenseifer) mit Geißel und Öllampe über dem Bild der Züchtigung einer Zauberin. Auf diese Weise wird das Ereignis aus dem Leben des Heiligen zum ›Fatto storico‹, zum historischen Beispiel für die überindividuelle Allegorie.[29] Allegorische Inhalte als die ranghöheren an der Decke, historische Darstellungen bzw. Exempla hingegen an den Wänden anzubringen, war im übrigen in der Profanmalerei seit langem vorgebildet, zum Beispiel im Goldenen Saal (Abb. 3) des Augsburger Rathauses (1620/21).[30]

Ähnlich wie das westliche Fresko zur darunter ausgebreiteten Korbiniansvita verhält sich das östliche Pendant zu den zehn Inschriften auf den Kapitellschilden, mit denen an jeweils ein Jahrhundert der tausendjährigen Geschichte erinnert wird.[31] An der Decke zu sehen ist jedoch nicht die Bistumsgründung oder ein anderes markantes Ereignis, sondern die transhistorische Haltung des Bistums in Gestalt der *Drei göttlichen Tugenden*.

In gewissem Sinn kann die Decken- und Raumgestaltung der ehemaligen Prämonstratenserkirche von OSTERHOFEN als Synthese des bis etwa 1730 Erreichten sowie als Vorstufe für die nachfolgenden Lösungen gelten. Wie in Aldersbach überspannt ein großes Fresko im Langhaus drei Joche. Doch nun sind die Gemälde der angrenzenden Schmaljoche so eng mit dem Hauptfresko verbunden, daß man von einer »zur Einheit gefügten Dreigliederung«[32] sprechen konnte. Diese Einheit besteht auch inhaltlich, denn in jedem Bild wird aus der *Vita des Heiligen Norbert*

Abb. 3: JOHANN GEORG PINZ nach SALOMON KLEINER, *Der Goldene Saal im Rathaus zu Augsburg*, Kupferstich aus der 1732 in Augsburg erschienenen Folge ›Das Prächtige Rath Hauß der Stadt Augspurg ...‹.

erzählt; am ausführlichsten im mittleren vor einer hofartigen Architektur, die auf allen vier Seiten über dem Freskorand ansetzt.

Bislang stellte Asam figurales Geschehen meist in Schrägansicht so dar, daß es sich dem Betrachter erschloß, wenn er, vom Eingang fortschreitend, das Gewölbe überblickte. Dabei wurde jeweils die ihm näher liegende Zone als Himmel bzw. ›Oben‹ gedeutet, das heißt, die Längsachse des Bildes in Höhe verwandelt. Nun ist aber über allen Freskorändern gleichmäßig ein Bodenstreifen als Handlungsbühne ausgebildet; dazwischen tut sich der Blick in den Himmel auf. Dieses neue Schema ist für Asam seit den späten zwanziger Jahren von großer Bedeutung und wird schließlich dominierend.

Eine Vorstufe bildet das Deckengemälde im Festsaal des ehemaligen Benediktinerklosters Břevnov (1726-1728). Dort griff Asam, wie zuvor in Weingarten, Innsbruck und der Abendmahlskuppel von Einsiedeln[33], auf Rosas Ordnungsschema zurück, besetzte nun aber – wie in Lustheim durchaus vorgezeichnet – alle vier Seiten knapp über dem Gesims mit Balustraden, vor und hinter denen Menschen agieren. Doch noch immer war über dem Geschehen Architektur zu sehen. Dabei hatte zum Beispiel schon Byß 1717 im Treppenhaus von Pommersfelden über den Erdteilen an den Freskorändern einen freien Himmel gespannt[34] und verzichtete Amigoni 1721 im Weißen Saal von Schleißheim konsequent auf jede Architektur; er setzte die Handlungsbühne – großteils Landschaft – direkt auf dem Gesims an und ließ darüber den Himmel aufsteigen (Abb. 4). Einen durchgehenden Bodenstreifen malte der Venezianer dann 1725 in der Abteikapelle von Ottobeuren.[35] Zwar hatte Asam in den Kuppeln von Innsbruck (1722/23) und Einsiedeln (1724-1726) gleichfalls umlaufende ›terrestrische‹ Szenen gestaltet. Da aber die Figuren großformatig angelegt sind und entsprechend hoch aufragen, fehlt jene freie Weite des Himmels, die unter anderem für Amigoni kennzeichnend ist.

Daß Asam die geschilderte Gestaltungsweise nun auch außerhalb von Kuppeln anwandte, ist ein Indiz dafür, daß er sie im Anschluß an Beispiele der profanen Deckenmalerei ausgebildet hat. Die Vorteile sind offenkundig: Die friesartige Reihung über den Freskorändern gewährleistete, daß in einem großen Gemälde, dessen Vorhandensein inzwischen geläufig wurde, weiterhin umfangreiche Heiligenzyklen oder andere vielfigurige Themen darstellbar blieben und in der Himmelszone darüber ein formal wie ikonologisch bestimmendes Zentrum ausgebildet werden konnte. Außerdem ist es durch die nach allen Seiten gerichteten Figurenzonen möglich geworden, einen wesentlich engeren Zusammenhang zwischen Deckengemälde und Kirchenraum herzustellen. Daraus wird schließlich jene Einheit von Fresko und Architektur erwachsen, die für die bayerische Rokokokirche charakteristisch ist.

Vorerst aber nutzte Asam die neue Gestaltungsweise abweichend von den Decken der Profanräume in Schlössern noch für Fresken, die das Gewölbe als Bildträger zum Teil sichtbar lassen, es also nicht einfach ersetzen; zum ersten Mal 1728 am Spiegelgewölbe der saalartigen Hofkirche in Mannheim. Über vier geraden Seiten waren vier verschiedene Themen darzustellen, was nicht ohne gestalterische Härte abging. Um größere Geschlossenheit zu erreichen, hat Asam dann das Langhausfresko in der darauffolgenden Ausmalung der Hofkirche von Bruchsal (1728/29) an den Enden halbkreisförmig geschlossen. In mehreren, von Ost nach West und wieder zurück führenden Stationen werden in chronologischer Reihenfolge das *Wirken der Ärzte Cosmas und Damian* und schließlich, nach mehreren wunderbaren Errettungen, ihr Martyrium gezeigt. *Engel* tragen in der Mitte des Himmels das Spruchband »Invictus semper« und spielen damit auf die überstandenen Martern bzw. den überirdischen Sieg an. Der Titulus des Gemäldes erscheint nun nicht wie etwa in Ensdorf oder Michelfeld in einer Kartusche am Rande des Freskos, auch nicht am Rahmen wie in Aldersbach, sondern am höchsten Punkt des Gemäldes, gewissermaßen als Motto des Geschehens darunter.

Abb. 4: Neues Schloß Schleißheim, Blick in den Weißen oder Großen Saal mit dem Deckenfresko von Jacopo Amigoni, 1721.

In Osterhofen hat Asam markanter als zuvor mit den *Drei göttlichen Tugenden,* die das *Leben des Heiligen Norbert* bestimmten[36], ein himmlisches Zentrum ausgebildet und gleichzeitig hinter den Figuren auf allen Seiten Architektur wiedergegeben. Als es darum ging, das Fresko mit dem zentralisierenden Innenraum Johann Michael Fischers in gestaltmäßige Übereinstimmung zu bringen, erinnerte er sich offenbar an Pozzos Langhausfresko von Sant'Ignazio (Abb. 2).[37] Das beweisen trotz aller Dimensionsunterschiede nicht nur die vier portikusähnlichen Architekturen an jeder Seite, sondern auch die nach unten ausstrahlende Mitte. Freilich lag eine illusionistische Fortsetzung des Kirchenraumes, wie sie in Rom zu sehen ist, ganz fern. Die Figuren schweben nicht zwischen den Wänden eines himmlischen Bereichs, sondern agieren auf festem Boden. Was in Freising auf Wände und Decke verteilt war – die Stationen des Erdenlebens als Exempla und die allegorischen Leitbilder – sind nun in einem großen Fresko einander zugeordnet.

Um den besonderen Charakter dieser Lösung zu verdeutlichen, zwei Vergleiche. In der Klosterkirche Speinshart (Abb. 1) hatten die Brüder Bartolomeo und Carlo Domenico Lucchese ebenfalls Szenen aus der Vita des Heiligen Norbert wiederzugeben (1696-1700).[38] Sie taten es mit vielen einzelnen stuckgerahmten Bildern sowie Plastiken von Tugenden auf dem Hauptgesims. Keinen entwicklungsgeschichtlichen, sondern einen kunstgeographischen Unterschied läßt die Gegenüberstellung mit der von Johann Michael Rottmayr 1725-1730 ausgemalten Kuppel der Karlskirche in Wien erkennen (Abb. 5). Dort waren, wie in Osterhofen, die göttlichen Tugenden zu rühmen, nach denen ein Heiliger – hier Karl Borromäus – gelebt hatte.[39] Figürlicher und ikonographischer Reichtum ist aber nicht durch die Ausbreitung von Szenen des

Abb. 5: JOHANN MICHAEL ROTTMAYR, *Glorie des Heiligen Karl Borromäus*, Fresko in der Hauptkuppel der Karlskirche in Wien, 1725-1730.

Erdenlebens, sondern durch eine besonders breite Differenzierung der allegorischen Personifikationen in einem konsequent überirdischen Raum gewonnen. Nirgendwo in der Kirche erscheint eine Freising oder Osterhofen vergleichbare Darstellung der Vita. ›Irdisches‹, auch wenn es durch einen Heiligen gewissermaßen Weihe empfangen hat, an die Decke zu bringen, war in Österreich nicht üblich.

Osterhofen ist die letzte Kirche, deren Langhausgewölbe Asam mit dem in Aldersbach erprobten System gestaltet hat und zugleich die erste, in welcher man anstrebte, einer zum Einheitsraum tendierenden Architektur gestaltmäßig und ikonologisch Rechnung zu tragen, das heißt, das Langhaus zum Altarbereich hin zu vermitteln und umgekehrt.

In mehrerer Hinsicht kommt dabei dem Fresko des östlichen Schmaljochs mit der Darstellung des *Weihnachtsgeschehens* bzw. der *Profeß des Heiligen Norbert* am Weihnachtstag 1121[40] große Bedeutung zu. Es nimmt durch den Umriß des Rahmens und die perspektivisch zulaufende kassettierte Tonnenwölbung die Form des Triumphbogens und der Apsiskalotte auf. Ikonologisch verbindet das Gemälde gleichfalls. Das Christkind in der Krippe ist eine der Erscheinungsweisen des göttlichen Leibes – darüber hatte der Prämonstratenser Adam Scotus nachgedacht.[41] Es vermittelt somit zwischen der Hostienmonstranz der *Caritas* am höchsten Punkt des Hauptfreskos und dem *Osterlamm* über dem Altar bzw. dem Allerheiligsten. Überdeutlich wird die Beziehung aber durch die Darstellung derselben Tugenden an Decke und Altar: *Glaube* und *Hoffnung* flankieren den Tabernakel, der selbst für *Caritas* eintritt. Den Leib Christi in verschiedenen Gestalten entlang der Hauptachse der Kirche darzustellen, geschah wohl auch zu Ehren des Heiligen Norbert, denn er hatte die ›Haeresis sacramentaria‹ Tanchelins besiegt, galt als Apostel des Altarsakraments und trug die Hostienmonstranz als Attribut.

Das Gemälde des *Weihnachtsgeschehens* bzw. der ersten *Profeß Norberts* leistet aber noch mehr. Es weist zurück auf das Fresko der *Regelübergabe* im Mönchschor und vor ins Hauptfresko auf die unmittelbar benachbarte *Bestätigung der Ordensgründung durch Honorius II.* im Jahr 1126. Weiters integriert es den Rosenkranz- und den Sippenaltar, denen es unten an den Wänden zukommt, eine visuelle Zusammenbindung von Gemeinde- und Altarraum zu ermöglichen. Auch die Szenen aus dem *Leben der Ordenspatronin Maria* über sowie der *Passion Christi* unter den Emporen haben dort ein ikonologisches Zentrum.

3. Das Fresko ersetzt das Gewölbe

Nach 1730 hat Asam vorrangig Sakralbauten ausgestattet, deren Gemeinderaum mit einem einzigen großen Fresko überspannt werden konnte. Das war eine Folge der architektonischen Entwicklung zum Zentralraum hin, stellte jedoch auch – nach der Ausbildung des raumdominierenden Bildes mit einem Zentrum und am Rande umlaufender Figurendarstellung – im Entwicklungsgang der Deckenmalerei einen konsequenten Schritt dar.

In gewisser Hinsicht gab Asam bereits in WELTENBURG (ab 1716), das ihm auch die Architektur verdankt, ein Beispiel für eine solche Lösung. Doch ist dort der Anspruch des Gebauten über dem Hauptgesims in Gestalt der Kuppelschale im Verhältnis zum Deckengemälde noch dominierend. Anders in der Klosterkirche Sankt Anna am Lehel (1729) zu MÜNCHEN, einem Werk, an dem Asam wie in Osterhofen mit Johann Michael Fischer zusammenarbeitete. Nun befindet sich zwischen Fresko und Gesims als Abschluß der Wandzone einzig ein schmaler Rahmen. Damit hat Asam erstmals in einer Kirche das Gewölbe als architektonische Form, die von der Funktion als Bildträger zu unterscheiden ist, durch ein Gemälde ersetzt.[42] In der Profanmalerei war dies, wie oben ausgeführt, längst geschehen (Abb. 4).

Einen umlaufenden Bodenstreifen erlaubte das geforderte Thema *Aufnahme der Heiligen Anna in den Himmel* allerdings nicht. So zeigt Asam, dem älteren System folgend, auf der Hauptansichtsseite eine Ädikula, deren anschließende Mauern teilweise den Verlauf des Gesimses aufnehmen; gegenüber eine gleichfalls begrenzende Draperie. Um jedoch den gewandelten Verhältnissen über einem Zentralraum gerecht zu werden, sind nun – das unterscheidet das Fresko von der ansonsten ähnlichen *Glorie des Heiligen Korbinian* in Freising (1723/24) – Figuren auch parallel zum seitlichen Bildrand angeordnet; sie stehen also im rechten Winkel zur Achse der Hauptansicht. Nach demselben Prinzip gestaltete Asam ein Jahr später das gleichfalls gewölbeersetzende Fresko über dem Ovalsaal von Schloß ALTEGLOFSHEIM mit mythologisch-allegorischen Figuren.

Eine Sankt Anna am Lehel vergleichbare Ausgangsposition war 1733 in WAHLSTATT gegeben. Kilian Ignaz Dientzenhofer hatte hier über einem in der Längsachse gestreckten Sechseck einen Gemeinderaum errichtet, dessen Gesims den Arkaden und Zwikkeln entlangläuft und gleichzeitig der großen Flachkuppel als Rahmen dient. Nun bot sich Asam die Gelegenheit, einen umlaufenden Bodenstreifen zu gestalten. Doch anders als Johann Baptist Zimmermann, der mit der Ausmalung der Wallfahrtskirche in Steinhausen (1730/31) vorausgegangen war[43], zeichnet er eine Ansicht deutlich vor den anderen aus und läßt überdies die mit Architekturen, Bäumen etc. besetzten Bodenstreifen bis nahe an die Mitte heranreichen.

Die dominierende, im Osten liegende Ansicht wird vom *Geschehen um das wiederaufgerichtete Kreuz Christi* vor der Jerusalemer Grabeskirche eingenommen. Entsprechend untergeordnet erscheint die gegenüberliegende Seite mit den *Ankernden Schiffen*. An den Längsseiten ist die *Zerstörung einer Venusskulptur* des vorangegangenen Tempels bzw. als Gegenbild die *Verehrung einer Marienstatue* dargestellt. Umgeben wird das vierteilige Gemälde von sechs Grisaillen in den Arkadenzwickeln und vier Fresken an den Tonnen über den Seitenkapellen: der *Kreuzigung* als Voraussetzung für das Hauptthema sowie von *Darstellungen aus der Ordens- und Klostergeschichte* als Grundlagen des bestehenden Baus. Doch dank den architektonischen Verhältnissen sind nun auch die Gemälde über der Orgel *(Klostergründung)* und dem Mönchschor *(Verherrlichung Benedikts)* gestaltmäßig und ikonologisch auf das Hauptfresko beziehbar geworden. Das heißt, die annähernd um eine Mitte gruppierten Szenen über dem Zentralraum werden ihrerseits von radial angeordneten Bildern begleitet.

In abstrakterer Form hatte Asam das Prinzip, verschiedene Ereignisse in einem einzigen Gemälde um ein Zentrum zu legen, bereits 1732 an der Flachkuppel der Schloßkapelle von ETTLINGEN angewandt. Doch erfolgte – wie dann auch 1738 in der Wallfahrtskirche in FRIEDBERG, dem letzten Werk – keine Verklammerung der diversen Partien durch Motive, die aus der Erzählung zu gewinnen waren (Bäume, Gebäude etc.), sondern eine schematische Einteilung. Engelshermen ordnen acht Begebenheiten aus dem *Leben des Heiligen Nepomuk* radial um die *Glorie* in der Mitte. Auf dem als innerer Rahmen umlaufenden Gebälk erläutern Tituli die jeweilige Szene. Erneut wird also das, was in Freising auf zwei Bereiche verteilt war – die Glorie an der Decke, das Leben an den Wänden – nun in einen Komplex zusammengezogen.

In INGOLSTADT war für die Kongregation Mariä Verkündigung ein Saal als Versammlungsort auszugestalten (1733/34). Asam traf also jene Raumform an, die seit Jahren in Schlössern durch ein einziges Fresko mit am Rande umlaufendem Figurenstreifen überspannt wurde (Abb. 4). Und er folgt diesem Beispiel mit Modifikationen, die der religiösen Bestimmung des Ortes gerecht werden sollen.

Die Bildlogik setzt ein bei *Gottvater*, von dem ein Strahl durch die Personifikation der *Göttlichen Liebe (Caritas)* über den *Erzengel Gabriel* zu *Maria* geleitet wird.[44] Maria, die eben das *Geheimnis der Menschwerdung Christi* erfährt, sendet ihrerseits Strahlen auf die *vier Erdteile* aus. Trotz mancher Unterschiede erinnert das Programm an jenes des Langhausfreskos von Sant'Ignazio in Rom (Abb. 2). Dort treffen die Strahlen Christi zunächst den Ordensgründer der Jesuiten, dann die vier Erdteile. Von Pozzo herzuleiten ist auch das Motiv der Säulenarchitektur über dem Altar; es erinnert an den Bogen im Apsisgemälde derselben Kirche und wurde von Asam an vergleichbarer Stelle bereits in der Schloßkirche von Mannheim aufgegriffen.[45] Der Hinweis auf das römische Bogenmotiv macht auch verständlich, weshalb von den *Bildern der Lauretanischen Litanei*, die, in szenischen Zusammenhang gebracht, Maria umgeben (Bundeslade, Lebensbrunnen etc.), ausgerechnet die ›Himmelspforte‹ dominierend wurde, während etwa der ›Elfenbeinerne Turm‹ oder der ›Turm Davids‹ nur die Seiten besetzen. Um die Entwicklung Asams und der Deckenmalerei an diesem Punkt zu ermessen, sei an die Fresken in der Wallfahrtskirche Maria Hilf in AMBERG erinnert (1716-1718): Dort wies die Stuckdekoration als architektonische Haut des Gewölbes jedem der vielen Ehrentitel Mariens einzeln den Platz an, nun prägt und ordnet ein architektonisches Epitheton das raumüberspannende Bild an der Hauptansichtsseite.

Mit Pozzos Langhausgemälde teilt Ingolstadt das Motiv der vier Erdteile, jedoch nicht deren Erscheinungsweise. Zwar wurde auch in Rom die jeweilige Personifikation in einen Handlungszusammenhang gebracht – sie stürzt Laster in die Tiefe. An eine Einbettung der Allegorien in Landschaftsszenerien war in der überirdischen Sphäre allerdings genausowenig zu denken wie an die Allegation[46] historischer Gestalten. So sind zum Beispiel Pallas Athena, die ›Europa‹ vertritt, Kurfürst Karl Albrecht als Musenführer Apoll und Professoren der Universität Ingolstadt beigeordnet. Diese Ausweitung führte bezeichnenderweise zur irrigen Identifikation der ›Asia‹ als Königin von Saba. Dabei lassen sich einige Gegenstände – Kamel, Schmuck, Früchte, Rauchgefäß – als Attribute dieser Allegorie bei Ripa erkennen (Abb. 6).[47] Was auf die falsche Fährte lockte, war ihre Verteilung auf eine szenische Figurengruppe. Ein Grund für diese Erweiterung liegt sicher darin, daß in der Ikonographie der Erdteile niemals ein Typus allgemeine Verbindlichkeit beanspruchen konnte.[48] Man wird aber auch nicht übersehen, daß die Ausbildung langer Bodenstreifen über dem Gesims eine detailreiche Themagestaltung begünstigte und jene dichte Erzählweise förderte, die Asam bereits in der Weihnachtskuppel in Einsiedeln gepflegt hat (1724-1726).

In die Gestaltung und das Programm der Asamkirche in MÜNCHEN (ab 1733) sind viele Motive älterer Werke eingegangen. Mit Weltenburg teilt sie die zur Buße auffordernde Vorhalle und die Wandgliederung des Gemeinderaums mit dem an Triumphbögen gemahnenden Motiv der drei Arkaden, deren größere in der Mitte einem Gemälde Platz gibt. Auch die Stuckreliefs mit Heiligenszenen an der Hohlkehle des Abschlußgesimses bzw. der Kuppelschale, über der dann unvermittelt das Deckengemälde ansetzt, ist beiden gemein. Die optische Zusammenbindung von Gemeinderaum und Sanktuarium durch Altäre in abgerundeten Ecken erinnert an Osterhofen, ebenso die Betonung der Langhausmitte.[49] In Ingolstadt vorgebildet ist das die ganze Kirche überspannende Fresko mit der direkt über dem Gesims friesartig umlaufenden Figurenerzählung. Von dort und aus Mannheim kommt wohl auch die Anregung zur Bogenarchitektur an der über dem Altar gelegenen Schmalseite.

Unter dieser, Tonnengewölbe und Kuppel vereinenden Architektur thront *Ecclesia*, der *Spes* und *Fides* von beiden Seiten *Gläubige aller Stände* zuführen.[50] Ähnliches hatte Asam in Ettlingen zu gestalten. Zwar erscheinen ›Glaube‹ und ›Hoffnung‹ neben dem Altar, doch übergibt auch dort eine *Personifikation des Landes* (Baden) im Kreis des Grafenhauses *Herzen*, von denen Schwaden zum Heiligen in die Glorie aufsteigen. In München schwebt *Johannes Nepomuk* gleichfalls der *Gottesmutter und der Dreifaltigkeit* zu. Allerdings ist er nun dabei, das Meßopfer zu feiern, und wird außerdem von *Caritas* begleitet.[51] Die dritte der göttlichen Tugenden ist also nicht nur wie im Altarbereich von Ettlingen und Osterhofen in der

Abb. 6: Allegorie der *›Asia‹*, Holzschnitt aus der ›Iconologia‹ des Cesare Ripa, Rom 1603.

Eucharistie präsent, sondern auch als Personifikation sichtbar. Mit dieser Gestalt wird im übrigen ein Motiv der Fassade wiederaufgenommen: das von *Spes* und *Fides* flankierte brennende Herz, Zeichen der *Caritas* des Heiligen.

Als Gegenbild zur Thronarchitektur der Altarseite ist oberhalb der Musikempore eine Säulenarchitektur dargestellt, in der *Maria, ihr Gnadenbild von Altbunzlau* sowie *Fides* zu sehen sind. Die *Kardinaltugenden* haben Nepomuk hierher geführt. Dieser Abschnitt läßt sich also unschwer als Pendant zur Ecclesia-Seite verstehen. Damit ist offenbar, daß die Decke außer der Glorifizierung des Heiligen Nepomuk auch eine marianische Komponente enthält. Dreimal ist Maria wiedergegeben: über dem Eingang, in der Mitte des Himmels und im Bild der Ecclesia über dem Altar. An den beiden Schmalseiten geschieht es in Gehäusen, die direkten Bezug auf die gebaute Architektur darunter nehmen – Manifestation der oft zitierten Symbiose der Künste mit dem Ziel, den Betrachter durch den Augensinn zu überreden.

Wenn auch Gemeinsamkeiten zwischen der Asamkirche und Weltenburg festzustellen sind, in einem unterscheiden sie sich markant: Im früheren Werk blieb die Decke einer Himmelsdarstellung vorbehalten, im späteren werden Begebenheiten aus dem Heiligenleben, eingebettet in einer hoch in den Wolkenhimmel aufragenden irdischen Szenerie, auch in der Gewölbezone ausgebreitet, also in einer vorher überirdischen Sphäre angesiedelt – eine Konsequenz der Übernahme des Bodenstreifens aus der profanen Deckenmalerei.

Jenem Bodenstreifen konnte Asam in der Damenstiftskirche Sankt Anna in München (geweiht 1735) eine gleichermaßen aufschlußreiche wie adäquate ikonologische Bedeutung verleihen. Er stellte an der Flachkuppel über dem Zentralraum Gunetzrhainers die Titelheilige mit Maria an der Spitze einer *Prozession* dar, die in Spiralwindungen auf einen *Berggipfel* emporführt. Dort steht vor einer großen strahlenden Scheibe das *Apokalyptische Lamm*: statt einer himmlischen Glorie – wie etwa in Freising (1723/24 – nun eine himmlische Landschaft.

1738 arbeitete Asam in der Ursulinenkirche in Straubing, einem Zentralbau mit Flachkuppel, den Egid Quirin entworfen hatte. Der Rahmen des Deckengemäldes zieht sich kurvig und weich über die Arkadenbögen bzw. die Kartuschen in den Zwikkeln hin. Die somit im Umriß annähernd rechteckige Malfläche wird wie in der Damenstiftskirche durch eine Aureole zentriert. Daraus entsendet der Heilige Geist über Gottvater Strahlen, sowohl zum *Herz Christi* wie auch seiner *Braut Maria* gegenüber.[52] Mit ihrem durchbohrten Herz ist die Titelheilige, die über dem legendären *Papst Cyriacus*[53] in die *Glorie* schwebt, genauso der zentralen Thematik verbunden wie der *Heilige Augustinus* mit seinem flammenden Herz.

Umgeben wird die Mitte von den vier *Erdteilen*, deren weibliche Personifikationen wie in Ingolstadt vielfigurigen Szenen eingebunden sind. Noch nachdrücklicher als dort sind mit ihnen heils- und ordensgeschichtliche Aspekte verknüpft.

In der Szenerie, die ›Asien‹ repräsentiert[54], wird durch ein blutiges Tieropfer auf die Zeit des Alten Testamentes zurückverwiesen.[55] *Asia* selbst aber wendet ihren Blick bereits zum Kreuz empor, das als Zeichen des Neuen Bundes jedoch mit *Europa* verbunden ist. Unter dem Kreuz geleiten die Kardinaltugenden die Ordensgründerin Angela Merici zu einem Felsgipfel, auf dem Augustinus steht; seiner Regel folgen die Ursulinen. Um das Wasser, das zu Füßen des Heiligen entspringt, haben sich die von den Ordensschwestern in der Jugenderziehung gepflegten Künste versammelt. Zu ihnen tritt auch *Europa*, erkennbar am königlichen Gewand und am Pferd. Gleichfalls in Handlungszusammenhang gebracht, huldigt als nächste *Afrika* samt Gefolge durch Kniefall der Gottesmutter im Himmel. Der Personifikation *Amerikas* wurde als ordensgeschichtliches Ereignis die Landung der Ursulinen 1639 in Quebec verbunden. Durch diese ausführliche szenische Darstellung der Welt in einem knappen Kreis um die göttliche Aureole nähern sich irdischer und himmlischer Bereich mehr an als je zuvor. Daraus resultiert zwar ein dichterer figürlicher Zusammenhang, doch auch eine gewisse Spannungslosigkeit zwischen Zentrum und Peripherie, Himmel und Erde. Die Verflachung des Verhältnisses von Oben und Unten wird besonders deutlich, wenn man das Hauptfresko des Langhauses von Osterhofen dagegenhält.

Das Gemälde über dem Altar gibt gewissermaßen mit anderen Vokabeln ein abstraktes Resümee des großen Deckenbildes. Dort erstrahlen nämlich die *Herzen Jesu und Mariens*, begleitet von den drei göttlichen Tugenden und umgeben von den vier *Evangelisten*, den Kündern des Wort Gottes in der Welt. Zur ikonologischen Verklammerung der Bilder des Kirchenraums tragen auch die Darstellungen über der Orgelempore bei, denn hier findet man gewissermaßen die Voraussetzung für die Glorie in der Mitte: *Einschiffung* und *Martyrium der Heiligen Ursula*. Zentriert werden die beiden Gemälde aber durch das *Lamm Gottes* – nicht nur Hinweis auf die Märtyrerin als eine von jenen im Himmel, die »ihre Gewänder gewaschen und weiß gemacht im Blute des Lammes« (Offenbarung 7, 14), sondern auch auf den Altar mit der Eucharistie.

Diese Art, zwischen verschiedenen Bildern bzw. Raumteilen Zusammenhang zu stiften, setzte ein, als jochweise aufeinanderfolgende Fresken jeweils eigenständige ikonologische Ausrichtung erhielten und Gemeinsamkeiten in einer zweiten Sinnschicht herzustellen waren: in Weingarten durch das Kreuzmotiv in Abwandlungen. Ihren besonderen Sinn entfaltet die ikonologische Verklammerung aber erst in jenen nachfolgenden Kirchen, die ein dominierendes Fresko aufweisen und gleichzeitig als Einheitsraum konzipiert sind. Ikonologische Leitmotive stellen die Bezüge zwischen den Raumteilen her: in Osterhofen die Drei göttlichen Tugenden bzw. der Leib Christi, in der Asamkirche Maria bzw. Ecclesia und Tugenden, in Straubing das Herzmotiv und der Verweis auf die Eucharistie. Da im Programm für das letzte Beispiel beide Komponenten nicht gefordert wurden[56], ist zu vermuten, daß Asam die ikonologische Verklammerung zumindest anregte.

II. Themen und ihre Orte

Weitgehend unabhängig von den Wandlungen der Dekorationssysteme hatte offenbar die Tradition Gültigkeit behauptet, gewisse Themenkreise vorzugsweise an bestimmten, ihnen zukommenden Orten im Kirchengebäude darzustellen. Unterschiede zwischen Kloster-, Hof- und Pfarrkirche etc. sind partiell festzustellen.

1. Eingangsbereich und Musikempore im Westen

a) Buße und Reinigung:
Im Westen liegt in der Regel der Eingang zur Kirche. Vom Gläubigen wird hier Umkehr und Buße, also Reinigung erwartet. Zeichenhaft geschieht es durch Weihwasser aus Gefäßen in nächster Nähe der Kirchentür.[57]

Konsequent dedizierte man mancherorts im Eingangsbereich gelegene Altäre Heiligen, die mit dem Bußsakrament in Zusammenhang stehen: in der Michaelskirche in München und in Aldersbach der Heiligen Magdalena, in Freystadt außerdem ihrem männlichen Pendant, dem Heiligen Petrus; in WEINGARTEN dem Heiligen Nepomuk bzw. Heiligen Leonhard, dem früher sogar eine Beichtkapelle geweiht war.[58]

Wurde eine Vorhalle als Beichtraum genutzt, so gestaltete man sie mit einem entsprechenden Bildprogramm aus, zum Beispiel 1696/97 in der Klosterkirche Muri in der Schweiz.[59] In dieser Tradition stehen die Vorhallen in WELTENBURG und Sankt Johann Nepomuk in MÜNCHEN, wo über Beichtstühlen Bilder mahnen, die *Vier letzten Dinge* (Tod, Gericht, Himmel und Hölle) zu bedenken. Auch das Thema des reuevollen Gebets, wie es Asam mit dem Gleichnis vom *Pharisäer und Zöllner* (Lukas 18, 12) einschließlich Selbstporträt in OSTERHOFEN wiedergab, gehört in den Bilderkreis des Eingangsbereichs. Man findet die Darstellung zum Beispiel auch am Fußboden vor der Fassade des Sieneser Domes (1488), zusammen mit vergleichbaren Inhalten in der Vorhalle von Sankt Florian und unter der Empore der Pfarrkirche von Unterammergau.[60] Das Motiv der *Tempelreinigung,* wie es im Westen des Passauer Doms oder in OSTERHOFEN zu sehen ist, meint Reinigung in einem umfassenderen Sinn.[61] Diese ikonographische Ausrichtung steht in Zusammenhang mit der alten Vorstellung, daß sich im Westen das Reich der Finsternis und des Bösen befindet. Deshalb werden auch in entsprechenden Partien der Fresken von INNSBRUCK, FREISING, INGOLSTADT und Sankt Johann Nepomuk in MÜNCHEN *Laster* von den Mächten des Lichts in die Tiefe gestürzt.

b) Musik

Eine andere Bildtradition ist durch die Musikemporen motiviert. Von den oft anzutreffenden Themen *Heilige Cäcilie* und *David* hat Asam in einem über der Orgel gelegenen Fresko nur den königlichen Sänger wiedergegeben (MÜNCHEN, Heilig-Geist-Kirche). Doch in Kuppeln, in denen die ikonologische Orientierung nach den Himmelsrichtungen gleichfalls galt, erscheint in den nach Westen gelegenen Partien auch die Patronin der Musik, so in WEINGARTEN und WELTENBURG (dort zusammen mit *David* und der *Heiligen Magdalena*).

Häufiger sieht man *musizierende und singende Engel* mit Schriftbändern; so in der Hofkirche von BRUCHSAL und in Sankt Emmeram in REGENSBURG mit Abschnitten des Ambrosianischen Lobgesangs ›Te Deum‹, in der Schloßkirche von MANNHEIM (dort befindet sich die Musikempore über dem Altar) mit dem Beginn des ›Magnificat‹. Über der Orgel der Asamkirche in MÜNCHEN halten Engel Zeilen und Noten des ›Laudate dominum‹ (Psalm 150), in dem zum Lob Gottes durch Musik aufgefordert wird.

Den Engelsdarstellungen zugrunde liegt die Vorstellung von einem himmlischen Gottesdienst als Vorbild für den kirchlichen. Danach stimmen die Gläubigen ein in den Lobgesang der himmlischen Heerscharen.[62] Bezeichnend ist, daß Asam in den Darstellungen der *Geburt Christi,* mit denen in MICHELFELD und WEINGARTEN der Gemäldezyklus begonnen wird, die Engel hervorhob. Ihr Musizieren ist nicht nur auf das Gloria des Weihnachtsevangeliums (Lukas 2, 4) zu beziehen, sondern auch auf die Musikempore darunter.

2. *Altar und Chor im Osten*

Die Ikonologie der Deckenmalerei im Chorbereich läßt drei, sich mancherorts überschneidende Aspekte erkennen.

a) Himmlische Liturgie und Caritas

Von großer Bedeutung war die bereits erwähnte, seit altchristlicher Zeit überlieferte Vorstellung, daß die Liturgie der Gemeinde auf Erden ihr Vorbild und Analogon im Himmel besitzt, wo Engel und Heilige Christus als dem Hohenpriester dienen. In Sichtbarmachung dieser Vorstellungen wurden in WEINGARTEN und FREISING über dem Altar gemäß Apokalypse 5, 8-10 die *Vierundzwanzig Ältesten* dargestellt, welche vor dem Lamm das Lied der Erlösung singen.[63]

Nach Chrysostomus und anderen kommt es bei der liturgischen Feier zu einer ›Consociatio‹ (Vereinigung) von Himmel und Erde. Demnach nehmen die *Engel* am kirchlichen Gottesdienst unsichtbar teil.[64] Um diesen geheimnisvollen Zusammenhang zwischen beiden Liturgien anschaulich zu machen, werden Engel im Altarbereich und auch anderswo im Kirchenraum immer wieder dargestellt. So flankieren sie anbetend den Tabernakel in OSTERHOFEN, und in der Asamkirche zu MÜNCHEN umstehen Engelshermen als Repräsentanten der *Engelschöre* das Sanctuarium; zwischen ihnen ist jeweils ein eucharistisches Symbol und eine erläuternde Inschrift angebracht. »In den Darstellungen von Engeln als Vermittlern zwischen Himmel und Erde kulminiert die ›Verhimmlichung‹ der ecclesia mundana und der ›Verweltlichung‹ der ecclesia coelestis. Aus der real geglaubten Anwesenheit und Mitwirkung der Engel beim kirchlichen Gottesdienst wurde in dem Maße, wie die Kirche als Allegorie des himmlischen Jerusalem Realitätscharakter im Glauben gewann, dauernde Anwesenheit der Engel in der Kirche. Als bildwürdiges Thema der Gegenreformation löste diese Vorstellung die bildliche Wiedergabe ganzer Heerscharen von Engeln in jeder Gestalt in den Kirchen des Barock und Rokoko aus.«[65]

In OSTERHOFEN, ETTLINGEN und Sankt Johannes Nepomuk in MÜNCHEN ist das Allerheiligste im Tabernakel mit der ersten der Drei göttlichen Tugenden, der ›Caritas‹, gleichgesetzt (vgl. 1. Johannes 4, 8: »Deus caritas est«); ›Fides‹ und ›Spes‹ werden neben bzw. über dem Altar dargestellt. Besondere Deutlichkeit fand der Bezug zwischen *Caritas und Eucharistie* in der Asamkirche, weil dort die Personifikation der Liebe im Gefolge des Heiligen Nepomuk schwebt, der das Meßopfer feiert.

b) Pfingsten und Gaben des Heiligen Geistes

In ALDERSBACH schließt die christologisch-marianische Bilderreihe, die mit der Verkündigung im Westen einsetzt, mit dem Pfingstereignis. Durch dieses Thema wird deutlich gemacht, daß durch die Herabkunft des Heiligen Geistes und die Gründung der Kirche das Erlösungswerk Christi zur Vollendung gekommen ist. Ähnlicher Sinngehalt soll wohl auch in Tegernsee und MICHELFELD vermittelt werden, wo die christologischen Zyklen in den Darstellungen der Sieben Gaben des Heiligen Geistes kulminieren.[66]

Auch wenn das Bildprogramm eines Langhauses keine entsprechenden Vorstufen bot, hat man diese beiden Themen wiedergegeben: in WEINGARTEN im Hauptfresko über dem Chorgestühl Pfingsten, an den Quertonnen die Gaben des Heiligen Geistes; in MANNHEIM das Pfingstereignis an der Chorrückwand. Über dem Altar sind die »septem dona spiritus sancti« (Jesaja 11, 2) in ETTLINGEN und in der Heilig-Geist-Kirche in MÜNCHEN zu sehen.

c) Ordensspezifische Thematik

Während die beiden erstgenannten Themenkreise unabhängig von der Art der Kirche anzutreffen sind, findet man Beispiele der dritten Gruppe nur in Klosterkirchen: In ihnen kommt etwas vom Selbstverständnis einer Ordensgemeinschaft zur Darstellung.

In der Zisterzienserklosterkirche FÜRSTENFELD hatte Asam 1723 außer den Bildern, welche die *Ordenspatronin Maria* und die *Klostergründung* rühmen, durch die Wiedergabe eines *Engelskonzertes* und der Worte »Venite exultemus« (Psalm 95, 1) Hinweis auf das Chorgebet, das hier täglich gesungen wurde, zu geben. In

Abb. 7: LEONHARD HECKENAUER nach JOHANN KARL VON RESLFELD, *Glorie des Heiligen Benedikt,* Thesenblatt für eine Disputation an der Benediktineruniversität Salzburg, Kupferstich 1701, wiederverwendet 1741; Salzburg, Erzstift Sankt Peter.

den Emblemen am Rande des Gewölbes wurden den Mönchen *Voraussetzungen zum Ordenseintritt und Aufgaben in der Klostergemeinschaft sowie in der Öffentlichkeit* sinnbildlich vor Augen gestellt.[67]

In OSTERHOFEN sieht man in der Scheinkuppel über dem Chor Maria, die dem Heiligen Norbert, dem *Ordensgründer* der Prämonstratenser, den weißen Habit überreicht. Durch eine Lilie verweist ein Engel auf die Unbefleckte Empfängnis, deren besondere Verehrung die Norbertiner auch durch ihr weißes Gewand deutlich machen wollen; daneben der Heilige Augustinus mit seiner auch für die Prämonstratenser vorbildhaften Regel. An der Kuppel sind in Grisaillemalerei Szenen aus dem Leben des Heiligen Johannes des Täufers gemalt, des nach Maria und Augustinus dritten *Ordenspatrons.*[68] Die vierundzwanzig Stuckreliefs am Chorgestühl Egid Quirin Asams zeigen Ordensmitglieder, die im Laufe der Geschichte in Befolgung der Regel zu Heiligen oder Seligen geworden waren. Auf das Fresko der *Habit- und Regelreichung* sind wohl auch die Apostelmedaillons bzw. die zwölf Artikel des Credo an den Pilasterspiegeln des Langhauses zu beziehen: Jeder der Apostel hatte vor dem endgültigen Auseinandergehen einen Beitrag zum Glaubensbekenntnis geliefert.[69] Das Leben nach dem Vorbild der Apostel aber, grundgelegt in der Regel des Heiligen Augustinus, war das Hauptanliegen der Prämonstratenser.[70]

Im Mönchschor von Sankt Emmeram in REGENSBURG (1731-1733) wurde die *Glorie des Heiligen Benedikt* und das segensreiche *Wirken seines Ordens in den vier Erdteilen* dargestellt. Mit diesem Fresko ergänzte und erneuerte man die Verherrlichung der Benediktiner an der Kassettendecke im Westquerhaus (nach 1642). Grundzüge der Ikonologie – im Zentrum der Heilige mit dem Regelbuch, Vertreter der ›Ordines spirituales‹ und ›Ordines militares‹ unterhalb der Dreifaltigkeit sowie Beispiele der Verbreitung des Glaubens auf Erden – waren durch ein Salzburger Thesenblatt[71] von Johann Karl Reslfeld (1701) vorgeprägt (Abb. 7). Allerdings erscheint Benedikt nicht auf einem Triumphwagen, sondern ›Spes‹, ›Caritas‹ und ›Fides‹ geleiten ihn in den Himmel – Tugenden, die vielleicht vom thematisch ähnlichen Deckenfresko des Joseph Anton März (Abb. 8) in der Klosterkirche von Oberalteich (1727-1730) angeregt sind.[72] Im unteren Teil ist die unter den Augen der ›Ecclesia‹ sich vollziehende Missionierung bzw. Huldigung des Kreuzes durch die Welt zu sehen.

Auch in WAHLSTATT wird der *Heilige Benedikt* als das große Vorbild der zahlreichen Ordensstifter gefeiert. Auf einer Tafel ist außerdem zu lesen, wie viele Päpste, Kardinäle, Kaiser etc. zum Benediktinerorden gehörten bzw. ihm nahestanden. In Grisaillen veranschaulichen diverse Tätigkeiten eines Jünglings ›ora‹ (bete) und – im Westen gelegen – ›labora‹ (arbeite), den bekannten Leitspruch also.[73]

Als ein Ort, an dem Spiritualität und Anspruch thematisiert werden konnten, stellte sich im übrigen auch der Chor der Hofkirche in BRUCHSAL dar. Um sie als Protokathedrale zu kennzeichnen, war im Fresko die *Übertragung der bischöflichen Amtsgewalt* dargestellt.

3. Osten und Westen in Weltenburg

Eine bloße Zusammenstellung von Themenkreisen entsprechend ihrer Darstellungsorte im Osten und Westen kann freilich Asams spezifisch künstlerischem Anliegen nicht gerecht werden. Denn es kam ihm, wie besonders WELTENBURG deutlich macht, darauf an, die den Himmelsrichtungen inhärente Symbolik – Westen = Finsternis, Sünde und Tod, dagegen Osten = Licht und Heil[74] – durch Licht-, Farb- und Raumverhältnisse sinnlich erfahrbar zu machen.[75]

Dem dunklen Vorraum im Westen mit der Gerichts- und Bußthematik steht der lichtvolle Altarbereich gegenüber. In ihm hat, über alle individuelle Thematik hinaus, die Ausrichtung der Kirche nach Osten, zur »Sonne der Gerechtigkeit« (Malachias 4, 2) und dem »Paradies, das in Eden gepflanzt ist nach Sonnenaufgang zu« (Genesis 2, 8), Anschaulichkeit gewonnen. Dazu kommt die Absicht, ›Oben‹ und ›Unten‹, Erde und Himmel als zwei getrennte Bereiche vor Augen zu stellen. So ist der Gemeinderaum unten durch das dämmrige Licht und die Felsen an den Wänden betont irdisch gehalten. Über der Kuppelschale jedoch tut sich dann unvermittelt der Blick in einen buntfarbigen, strahlenden Himmel auf: Die ›Ecclesia triumphans‹, die ›Siegreiche Kirche‹ im Himmel, schwebt über der ›Ecclesia militans‹, der Kirche, die sich auf Erden im Streite mit den finsteren Mächten befindet.[76]

4. Der Aufstieg der ›Geschichte‹ an die Decke

Bilder, die an die Gründung einer Kirche erinnern, finden sich zunächst – wenn überhaupt – gleichfalls vorrangig im Westen oder im Osten. Bevor sie an den besonderen Ort am Gewölbe aufstiegen, diente offenbar die Wand als Anbringungsort. Im Vorgängerbau der Klosterkirche von Weingarten hingen 1688 im Westen neben der Stifterkapelle »zwei Tafeln, auf welchen die

Stiftung des Klosters samt dem guelphischen Geschlecht beschrieben«. An die Emporenbrüstung hatte Georg Asam in Benediktbeuern (1684) die Bildnisse der Klostergründer nach einem Gemälde Jan Pollaks zu malen; in Tegernsee tragen die beiden westlichen Abschlüsse der Seitenschiffe Gemälde der Gründer bzw. Wiederhersteller.[77]

Erst allmählich scheint es dann üblich geworden zu sein, die Bilder am Gewölbe anzubringen, zum Beispiel in der Vorhalle von Speinshart nach einer alten Vorlage (1696-1700).[78] In FREYSTADT (1709), wo Georg Asam mit seinen Söhnen zusammenarbeitete, ist der Ursprung der Wallfahrt gleichfalls an der Vorhallendecke wiedergegeben.[79] Auch wenn die Gründung bzw. Erneuerung durch Embleme zur Anschauung gebracht wurde – so in der Dreifaltigkeitskirche in MÜNCHEN (1715) und in MICHELFELD (1717) – erschien ein Ort im Westen als angemessen.[80]

In dieser Tradition steht Asams Gründungsbild in der Klosterkirche von WAHLSTATT (1733). Dargestellt ist die Heilige Hedwig, welche 1241 nach Auffindung der Leiche ihres Sohns, Herzog Heinrich II., Benediktinern den Plan zum Bau eines Klosters sowie eine Kreuzreliquie übergibt. Diese Handlung muß in direktem Zusammenhang mit dem anschließenden Hauptfresko gesehen werden: der *Auffindung des Kreuzes durch die Heilige Helena* vor der auffallend groß ins Bild gesetzten Grabeskirche. Es galt also die außerbiblische Typologie[81]: So wie einst in Jerusalem durch die Heilige Helena eine Kirche errichtet und dem Heiligen Kreuz gehuldigt wurde, so in Wahlstatt durch die fromme Stiftung und Reliquienschenkung der Heiligen Hedwig.

Abb. 8: JOSEPH ANTON MÄRZ, *Apotheose des Heiligen Benedikt,* Deckenfresko im Langhaus der Klosterkirche Oberalteich, 1727-1730.

Nahezu alle genannten Bilder sind wie Tafelgemälde angelegt, gleichgültig, ob sie sich an der Wand oder als ›Quadri riportati‹ an der Decke befinden. Dadurch kommt ihnen – ähnlich wie den begleitenden Fresken an den Quertonnen etc. – ein anderer, niedrigerer Stellenwert zu als jenen Darstellungen, die Heilsgeschehnisse in Schräg- oder Untersicht wiedergeben. Die tafelbildähnliche Disposition teilen sie auch mit den Gemälden historischen Inhalts, die an östlichen Gewölbepartien zu finden sind. In diesen Bildern pflegte man jedoch die Gründer in allegorischen Zusammenhang einzubinden, wohl deshalb, weil dem würdevollen Anbringungsort eine Wiedergabe ›bloßer‹ Geschichte nicht angemessen erschien. Eine Ausnahme von dieser Praxis bildet – auch was die Ausführlichkeit der Erzählung anbelangt – der fünfteilige Gemäldezyklus am Chorgewölbe der ehemaligen Zisterzienserklosterkirche Waldsassen (Abb. 9), den Jakob Steinfels 1695-1698 ausführte. Ohne allegorische Überhöhung ist hier auf tafelbildartigen Fresken die Gründungsgeschichte wiedergegeben.[82]

Oft erscheinen in Gemälden des Chorbereichs historische Gestalten mit den *Drei göttlichen Tugenden,* wohl in der Absicht, die Stiftung als einen Akt der Liebe, gegründet im Glauben und mit den besten Hoffnungen, verstehen zu lassen. In ENSDORF, wo sich das Fresko vor dem Hochaltar und neben der Stifterkapelle befindet, sieht man unterhalb des schützend über seiner Kirche schwebenden Heiligen Jakobus unter anderen Pfalzgraf Otto von Wittelsbach und Otto von Bamberg knien. Umrahmt aber wird das Bild mit Stuckreliefs von ›Glaube‹, ›Hoffnung‹ und ›Liebe‹ sowie ›Ecclesia‹. Ins Gemälde hineingenommen ist die Tugendtrias im Gründungsbild an der Decke des Chors von FÜRSTENFELD (1723): ›Spes‹ geleitet Herzog Ludwig den Strengen mit dem Bauplan vor ›Ecclesia‹, während – von Engeln unterstützt – ›Caritas‹ den Mörtel anrührt und ›Fides‹ Steine aufschichtet. In dieser Tradition mag auch das Tugendfresko unmittelbar vor der Scheinkuppel des Doms zu FREISING (1724) stehen, wenngleich dort nicht die Gründung, sondern, in der Abfolge der Wappen von Bischöfen und Domherren, die tausendjährige Geschichte gefeiert wird. Lose sind in der Ursulinenkirche von STRAUBING die Wappen von Kurfürst Karl Albrecht und des Fürstbischofs von Freising und Regensburg, Herzog Theodor von Wittelsbach, durch die Vier Evangelisten mit den Drei göttlichen Tugenden im Gemälde über dem Hochaltar verbunden.

Eine andere Lösung fanden die Brüder Asam in OSTERHOFEN (ab 1730): Sie plazierten die beiden Gründer, Herzog Odilo (gestorben 748) und Heinrich-Hezilo (gestorben 1026), sowie ihre Gemahlinnen in ewiger Anbetung paarweise vor den Fenstern. Dadurch stehen auch sie zur Tugendtrias in Beziehung. Doch spielte hier ebenso die privilegierte Nähe zum Allerheiligsten eine Rolle wie in Sankt Johann Nepomuk in MÜNCHEN, wo die Bildnisse der Brüder Asam über den Sakristeitüren zu seiten des Hauptaltares angebracht sind.

Eine andere, doch vergleichbare allegorische Überhöhung ersann man in WELTENBURG für das Fresko über dem ersten Chorjoch (1735). Dort erstrahlt ›Religio‹ zwischen dem Stifter Herzog Tassilo und dem Heiligen Benedikt, den Engel mit den Zeichen der Mönchsgelübde (Armut, Keuschheit und Gehorsam) begleiten.

Gründung und Historie nicht an den bis dahin standardisierten Orten im Osten bzw. Westen, sondern in Deckengemälden des Langhauses darzustellen, wurde zur Zeit Asams erst nach und nach möglich. Nicht zufällig ist eine Wallfahrtskirche ein frühes Beispiel: Asams Ausstattung der Maria-Hilf-Kirche in AMBERG (1716/17). An Pilgerorten war es offenbar seit längerer Zeit

Brauch, die Geschichte wiederzugeben, zum Beispiel seit 1660 an der Unterseite der Empore der Wallfahrtskirche in Dettelbach.[83] Ist ein Ort durch Wunder als heilig ausgezeichnet, so kann seine Geschichte zum Beleg für die stetig wirkende Gnade werden.

Gedankengänge dieser Art werden es wohl auch gewesen sein, die dazu führten, auch über dem Langhaus von Kirchen anderer Bestimmung historische Darstellungen großformatig anzubringen. Einen Anlaß bot offenbar die Feier des Millenariums, des tausendjährigen Bestehens; so etwa in FREISING (1724), aber auch in den beiden Benediktinerklöstern Nieder- und Oberalteich, denen – wie es scheint – bei der Nobilitierung des Themas eine besondere Rolle zukam. In Niederalteich hatte Heindl 1719-1722 in mehreren Jochen, anspielend auf den Ortsnamen, das Gedeihen einer Eiche vom Sieg des Heidentums bis in die Zeit des regierenden Propstes durch allegorische Gemälde vorgestellt.[84] In Oberalteich malte Joseph Anton März (1727-1730) im östlichen der drei jochübergreifenden Fresken die erste Gründung 731 durch Herzog Odilo und den Heiligen Pirmin bzw. die Überwindung des Heidentums durch das Christentum der Benediktiner. In der Mitte (Abb. 8) wird der Triumphwagen des Heiligen Benedikt von zwölf Greisen mit Sense und Stundenglas begleitet – Repräsentanten der zwölf Jahrhunderte seit der Ordensgründung. Das westliche Fresko (Abb. 10) erinnert mit allegorischem Apparat an die zweite Gründung 1102 durch den Grafen von Bogen als Erfüllung der Divina providentia.[85]

Abb. 9: JAKOB STEINFELS, *Gründungsgeschichte des Klosters,* Zyklus von Deckenfresken im Chor der Klosterkirche Waldsassen, 1695-1698.

1727 entstand auch Asams Deckenfresko in der Spitalkirche Heilig Geist in MÜNCHEN. Das Hauptgemälde des Mittelschiffs zeigt die *Gründung des Pilgerhauses bzw. des Spitals durch Ludwig I. 1208 bzw. Otto von Bayern 1253 unter dem Schutze Mariens als Eingebung des Heiligen Geistes.* Die seitlich stützenden Kartuschen – sie verraten deutlich ihre Abstammung aus Aldersbach – verweisen gemäß dem ersten Korintherbrief auf die vom Heiligen Geist ausgehenden unterschiedlichen Gnadengaben. Weniger als bildgewordener Gründungsbericht, denn als Manifestation des Heiligen Geistes hat demnach die Einrichtung für die Armen zu gelten. Als Exemplum wird das Stiftungsbild, das nun zum Hauptfresko aufgestiegen ist, auch in das theologische Programm integriert, genauer, der *Ausgießung des Heiligen Geistes* bzw. den *Engelschören* im Osten verbunden. Darstellungen von Heiligen (gemalt von Nikolaus Gottfried Stuber), die sich durch Nächstenliebe hervorgetan haben und somit gleichfalls Beispiele der Wirkung der dritten göttlichen Person sind, begleiten in den Seitenschiffen.

Wahrscheinlich hatte die Kenntnis der historischen Komponente des Programms von Freising sowie der Gemälde in Nieder- und Oberalteich neben dem zunehmenden historischen Bewußtsein[86] dazu beigetragen, bei der Neuausstattung von Sankt Emmeram in REGENSBURG aus Anlaß der Übertragung der Reichsfürstenwürde 1731 an zwei nach der Klostertradition anspruchsvolle Ereignisse zu erinnern: Im einzigen, fünf Joche überspannenden Gemälde des Langhauses wurde in der einen Hälfte der Hügel von Sankt Emmeram als *frühchristlicher Marterberg* dargestellt, über dem die drei Patrone *Emmeram, Dionysius und Wolfgang* schweben; in der anderen Hälfte die nicht wenig umstrittene *Exemtion des Klosters durch Papst Leo III.* Zwei Ereignisse, die nichts miteinander gemein haben, als daß sie das hohe Alter und die besondere kirchenpolitische Bedeutung postulieren, sind also in ein gemeinsames Fresko zusammengezogen, wobei – wie schon im Treppenhaus von Mannheim – jeweils eine Darstellung in die Gegenrichtung weist.

Nach dem Muster Freisings ist die *Vita des Titelheiligen* in einer Folge von ›Tafelbildern‹ über den Mittelschiffsarkaden angeordnet. Doch während auf den Korbinianszyklus mit zwei Gewölbefresken in ikonologisch konsequenter Weise Bezug genommen wird, erscheint der Heilige Emmeram im Himmel gewissermaßen nur als Zuschauer bei einem historischen Geschehen. Der Heiligenzyklus hat sich von der Deckenmalerei weitgehend gelöst. Statt dessen werden die Bilderreihen nun in der Horizontalen durch das Hochaltargemälde Joachim von Sandrarts (1666), das die Marter des Heiligen Emmeram zeigt, zusammengehalten.

Die Stuckplastiken von heiligen und seligen Mönchen des Klosters, die mit den Ereignissen der Vita über den Arkaden alternieren, können zwar auf die über dem Chor dargestellte *Glorie des Heiligen Benedikt* und die Tatkraft seines Ordens bezogen werden. Doch in erster Linie sind auch sie Zeugen der großen Vergangenheit Sankt Emmerams, zumal sie in einer Reihe mit den Beschützern und Förderern – Karl dem Großen und Heinrich II. – stehen. Darstellungen von *Ordensheiligen* im Langhaus einer Kirche waren keine Seltenheit mehr. In Speinshart hatte man Ende des 17. Jahrhunderts vor den Pfeilern Plastiken berühmter Prämonstratenser aufgestellt, und in Waldsassen ziehen sich Bildnisse von Zisterziensern unter dem Hauptgesims (Abb. 9) durch die ganze Kirche.[87] Doch kommt ihnen ein anderer Stellenwert im Programm zu. Mit fünfzehn Gemälden werden im Langhaus von Waldsassen Heilsereignisse aus dem Leben von Jesus und Maria nach der Folge der drei Rosenkränze dargestellt, also ein vollständiger Abriß der Erlösung gegeben. In Sankt Emmeram hingegen bestimmen zwei von der Klostertradition postulierte Ereignisse in einem einzigen Gemälde das Langhaus.

Abb. 10: JOSEPH ANTON MÄRZ, *Zweite Gründung des Klosters durch den Grafen von Bogen 1102,* Deckenfresko im Langhaus der Klosterkirche Oberalteich, 1727-1730.

Der ikonologische Wandel kann durchaus in Relation zur Ausbildung des großen, raumdominierenden Freskos gesehen werden. Im 17. Jahrhundert standen den Programmentwerfern anspruchsvoller Kirchen viele einzelne Gewölbefelder vor Augen – im Salzburger Dom oder in der Klosterkirche Kremsmünster jeweils über hundert[88], und entsprechend gestaltete man die Programme heilsgeschichtlich umfassend. Im fortgeschrittenen 18. Jahrhundert ist es möglich geworden, ›Geschichte‹ eines Klosters zum alleinigen Thema des einzigen Deckengemäldes des Langhauses zu wählen. Nun konnte also ein ungleich punktueller konzipiertes Programm auf dem einen großen Fresko dargestellt werden, und das nicht etwa in einer anspruchslosen Kapelle, sondern auch in einer bedeutenden Klosterkirche.

ANMERKUNGEN

1 Ernst Guldan, »Italienische Stukkatoren in Bayern«, in: *Arte e artisti dei laghi lombardi,* Como 1964, Band 2, 17ff.

2 Kemp 1981, 331.

3 Ebenda, 192ff., 221, 235, 252.

4 William S. Heckscher und Karl-August Wirth, Artikel »Emblem, Emblematik«, in: *Reallexikon zur deutschen Kunstgeschichte,* Band 5, Stuttgart 1967, 199f.

5 Kraft 1981. – Die Fresken über den Emporen zeigen Exempla der Zehn Gebote. Sie folgen weitgehend den Beispielen von Petrus Canisius, *Catechismus imaginibus ornatus ex officina Christophori Plantini,* Antwerpen 1589, abgedruckt in: Friedrich Streicher SJ (Hg.), *S. Petri Canisii doctoris ecclesiae Catechismi latini et germanici,* Band 1, Rom und München 1933, 275ff.

6 Ambrosius Schneider O. Cist., »Die Geistigkeit der Cistercienser«, in: *Die Cistercienser. Geschichte, Geist, Kunst,* Köln 1974, 121f. – Norbert Mussbacher O. Cist. »Die Marienverehrung der Cistercienser«, in: *ebenda,* 165ff. – Jean Leclerc, »Die Spiritualität der Zisterzienser«, in: *Die Zisterzienser. Ordensleben zwischen Ideal und Wirklichkeit,* Bonn 1980, 149ff. – Dietrich Kurze, »Die Bedeutung der Arbeit im zisterziensischen Denken«, in: *ebenda,* 179ff. – Gregor Martin Lechner OSB, »Der heilige Benedikt in der Ikonographie«, in: *1500 Jahre St. Benedikt Patron Europas,* Salzburg 1980, 47.

7 August Rave, *Christiformitas. Studien zur franziskanischen Ikonologie des florentiner Trecento am Beispiel des ehemaligen Sakristeischrankzyklus von Taddeo Gaddi in Santa Croce,* Worms 1984.

8 Erich Kleineidam, »Die Nachfolge Christi nach Bernhard von Clairvaux«, in: *Amt und Sendung,* Freiburg im Breisgau 1950, 432ff., besonders 447. – Vgl. Allerich Altermatt O. Cist., »Christus pro nobis. Die Christologie Bernhards von Clairvaux in den ›Sermones per annum‹«, in: *Analecta Cisterciensia* 33, 1/1977, 4ff., besonders 149.

9 Augustinus Sartorius, *Verteutschtes Cistercium-bis-Tertium, Oder Cistercienser Ordens-Historie,* Prag 1708, 67.

10 Abb. in: Arno Paffrath, *Bernhard von Clairvaux. Leben und Wirken dargestellt in den Bilderzyklen von Altenberg bis Zwettl,* Köln 1984, Abb. 223ff.

11 Wilhelm Mrazek, »Metaphorische Denkform und ikonologische Stilform. Grammatik und Syntax bildlicher Formelemente der Barockkunst«, in: *Alte und moderne Kunst,* 9/1964, 15ff. – Karl Möseneder, »Barocke Bildphilosophie und Emblem«, Einführung zum Reprint von Claude-François Menestrier, *L'Art des Emblêmes* (Paris 1684), Mittenwald 1981.

12 Vgl. Samuel Claggett Chew, The Virtues Reconciled. An Iconographic Study, Toronto 1947.

13 Zum Programm: Spahr 1974, 85ff.

14 Josef Giefel, »Johann Ulrich Pregizers Reise nach Oberschwaben im Jahre 1688«, in: *Württembergische Vierteljahrshefte für Landesgeschichte,* 11/1888, 44. – Standbilder der Welfen enthielt die Heilig-Blut-Kapelle: Richard Schmidt und Hans Buchheit, *Die Kunst- und Altertums-Denkmale im ehem. Donaukreis, Oberamt Ravensburg,* Stuttgart und Berlin 1931, 166f.

15 Spahr 1974, 90.

16 Hanns Otto Münsterer, »Die süddeutschen Segens- und Heiligenkreuze«, in: *Bayerisches Jahrbuch für Volkskunde,* 1954, 90ff. – Hans Niedermeier, »Die Benediktusmedaille«, in: *Bayerisches Jahrbuch für Volkskunde,* 1960, 78f.

17 Berg 1968, 86ff. – Kerber 1971, 70ff.

18 Thomas Korth, *Stift St. Florian,* Nürnberg 1975, 52f., 85ff.

19 Trottmann 1986.

20 Hubala 1981, 147ff.

21 Vgl. Georg Asams Fresken in Tegernsee: in: Bauer-Rupprecht 1981, Abb. Seite 569, 581. – Zum Vergleich: Paolo Veroneses *Verkündigung* in Santi Giovanni e Paolo sowie die *Apotheose Venedigs* in der Sala del Maggior Consiglio des Dogenpalasts: Juergen Schulz, *Venetian Painted Ceilings of the Renaissance,* Berkeley 1968, Tafel 69, 105.

22 Vgl. die Texte der Weihnachtsmessen: Anselm Schott OSB, *Das vollständige Römische Meßbuch,* Freiburg im Breisgau 1958, 40, 43.

23 KDM Ndb. 1926, 30. – Bernhard von Clairvaux, »In annuntiatione B. Mariae sermo I«, in: Jacques-Paul Migne, *Patrologiae cursus completus 183, Paris 1857 (Neudruck Paris 1965), 383.* Für den Hinweis dankt der Verfasser cand. phil. R. Staudinger.

24 Zuletzt Lindemann 1984, 140.

25 Glaser-Brunhölzl-Benker 1983, 183 ff.
26 Bernhard Schütz, *Niederschönenfeld* (Kunstführer Nr. 966), München und Zürich 1971, 14. – Marilyn Dunn, »Father Sebastiano Resta and the Final Phase of the Decorations of S. Maria in Vallicella«, in: *Art Bulletin* 64/1982, 601 ff.
27 Allegorien am Rande einer Decke anzubringen, war in Rom geläufig; vgl. Gaullis Ausmalung von Santa Marta al Collegio Romano, um 1672 (Robert Enggass, *The Painting of Baciccio,* University Park 1964, Abb. 23 f.) oder Pozzos Langhausfresko von Sant'Ignazio 1691-1694: Kerber 1971, 72 f., Abb. 55.
28 Meichelbeck 1729, 482.
29 Cesare Ripa, *Iconologia,* Rom 1603, 522.
30 Ausst. Kat. *Elias Holl und das Augsburger Rathaus,* Regensburg 1985, 243 ff.
31 Liebold 1981, 138 ff. – Vgl. Maß-Benker 1976, 57 ff.
32 Hanfstaengl 1939, 107.
33 Penzlin 1983, 138 f.
34 Heinrich Kreisel, *Das Schloss zu Pommersfelden,* München 1953, Abb. 22 f.
35 Wolfgang Holler, *Jacopo Amigoni. Studien zu seinem Frühwerk: Die Jahre in Deutschland,* phil. Diss. (masch.), München 1983, 44 ff., 128 ff. – Vgl. die Fresken von Sebastiano Ricci im Palazzo Colonna in Rom (1692) oder im Palazzo Marucelli-Fenzi in Florenz (1706/07): Jeffery Daniels, *L'opera completa di Sebastiano Ricci* (= Classici dell'Arte 89), Mailand 1976, 91, 97, 106 f. – Frank Büttner, *Die Galleria Riccardiana in Florenz* (Kieler kunsthistorische Studien, 2), Bern und Frankfurt am Main, 1972.
36 Martin Merz, *Norbertus triumphans ...,* Ravensburg 1621, 358, zitiert bei: Inge Habig-Bappert, *Eucharistie im Spätbarock,* Münster 1983, 84.
37 Penzlin 1983, 166.
38 Michael Hartig und Gustav Motyka, *Kloster Speinshart* (= Kunstführer Nr. 557), München und Zürich 1985.
39 Hubala 1981, 83 ff., 171 ff., Abb. 311 ff. – Habig-Bappert (wie Anm. 36), 83.
40 *Bibliotheca Sanctorum,* Band IX, Rom 1967, 1056.
41 Adam Scotus, in: Jacques-Paul Migne, PL 198, 474 ff. – Renate Stahlheber, »Die Ikonographie Norberts von Xanten. Themen und Bildwerke«, in: Kaspar Elm (Hg.), *Norbert von Xanten. Adeliger, Ordensstifter, Kirchenfürst,* Köln 1984, 220.
42 Rupprecht 1959, 16 f.
43 Hermann und Anna Bauer, *Johann Baptist und Dominikus Zimmermann. Entstehung und Vollendung des bayerischen Rokoko,* Regensburg 1985, 184 ff.
44 Kaute 1966. – Hoffmann 1973.
45 Zu Mannheim: Hanfstaengl 1939, 89.
46 Zum Begriff ›Allegation‹: Wilhelm Mrazek, *Ikonologie der barocken Deckenmalerei,* Wien 1953, 82 ff.
47 Ripa (wie Anm. 29), 334 – Kaute 1966, 88 ff.
48 Erich Köllmann und Karl-August Wirth, Artikel »Erdteile«, in: *Reallexikon zur deutschen Kunstgeschichte,* Band 5, Stuttgart 1967, 1182 ff.
49 Ursula Spindler-Niros, *Farbigkeit in bayerischen Kirchenräumen des 18. Jahrhunderts* (Europäische Hochschulschriften 12), Frankfurt am Main 1981, 100.
50 Dazu im einzelnen: Lieb 1983, 42 f.
51 Die Bestimmung der Gestalt als ›Caritas‹ verdankt der Verfasser cand. phil. B. Paust.
52 Zur Herz-Jesu-Verehrung bei den Ursulinen: Karl Richstätter SJ, *Die Herz-Jesu-Verehrung des deutschen Mittelalters,* Regensburg 1924, 43 f., 377.
53 Iganz von Döllinger, *Papstfabeln des Mittelalters,* München 1863, 45 ff.
54 Korrekte Bestimmung der Erdteile erstmals bei: Dramm 1978, 108 f.
55 Vgl. Köllmann-Wirth (wie Anm. 48), 1187.
56 Im Programm des Jesuiten Franz Xaver Gumpp war nur vorgeschlagen, »das Herz jesu wie es von der gottseligen Closterfrau gesehen worden« darzustellen (Kirnberger 1968, 202). Gemeint ist damit die Heilige Maria Margarete Alacoque bzw. deren Federzeichnung mit der Aufschrift »Caritas«; Abb. in: Richstätter (wie Anm. 52), nach 344.
57 Vgl. Valentin Thalhofer, *Handbuch der katholischen Liturgik,* Freiburg im Breisgau 1883, Band 1, 618.
58 Wilhelm Messerer, »Altäre in der Ikonologie des süddeutschen Barock«, in: *Zeitschrift für Bayerische Landesgeschichte,* 35/1, 1972 (= *Festschrift für Norbert Lieb*), 136. – Wagner-Langenstein 1983, 195. – Schnell 1982, 34, Abb. Seite 7.
59 Georg Germann, *Die Kunstdenkmäler des Kanton Aargau, V: Der Bezirk Muri,* Basel 1967, 263.
60 Robert H. Hobart Cust, *The Pavement Masters of Siena (1369-1562),* London 1901, 17. – Korth (wie Anm. 18), 85. – Bauer-Rupprecht 1981, 433, Abb. Seite 440.
61 Gottfried Schäffer, »Das Bildprogramm des barocken Sankt Stephans-Domes«, in: *Der Passauer Dom. Festschrift zur Vollendung der ersten Gesamtrenovierung seit dem barocken Wiederaufbau,* Passau 1980, 100.
62 Hans Düllmann, »Engel und Menschen bei der Meßfeier«, in: *Divus Thomas,* 27/1949, 281 ff., 381 ff.
63 In diesem Sinn argumentiert auch Meichelbeck, 1724, 354.
64 Thalhofer (wie Anm. 57), 196 ff., besonders 199. – Karl-August Wirth, Artikel »Engel«, in: *Reallexikon zur deutschen Kunstgeschichte,* Band 5, Stuttgart 1967, 379 ff. – Derselbe, Artikel »Engelschöre«, in: *ebenda,* 588 ff.
65 Wirth, »Engel«, 480.
66 Wagner-Langenstein 1983, 169 ff.
67 Kemp 1981, 99 ff.
68 Stahlheber (wie Anm. 41), 222, 230.
69 Heinrich Denzinger, *Enchiridion symbolorum ...,* Freiburg im Breisgau, 33, 1965, 10 ff.
70 François Petit O. Praem., *La spiritualité des prémontés au XIIe et XIIIe siècles,* Paris 1947, 209 ff. – Pierre Mandonnet, *Saint Dominique,* Paris 1937, Band 2, 167 ff.: »La règle de Saint-Augustin, maitresse de vie apostolique.« – Bereits im Vorgängerbau befanden sich seit 1570 Tafeln mit dem Apostolischen Glaubensbekenntnis: Hartig 1939, 245.
71 Lechner (wie Anm. 6), 40 f., 167 f., Tafel IX.
72 Angelus Sturm OSB, »Die Fresken des Oberaltaicher Münsters«, in: *Jahresbericht des Historischen Vereins Straubing,* 29/1926, 28 ff., 36.
73 Münch 1956, 185.
74 Franz Joseph Dölger, *Sol Salutis,* Münster 1925, besonders 237 ff. – Derselbe, *Die Sonne der Gerechtigkeit und der Schwarze,* Münster ²1970. – Barbara Maurmann, *Die Himmelsrichtungen im Weltbild des Mittelalters,* (Münstersche Mittelalter-Schriften 33), München 1976, 128 ff.
75 Rupprecht 1985, 48 f. – Spindler-Niros (wie Anm. 49), 30 ff. u. ö.
76 Sauermost 1969. – Altmann – Thürmer 1981, 32.
77 Giefel (wie Anm. 14). – Bauer-Rupprecht 1981, Abb. Seite 58, 590 f. – Hermann Bauer, »Über einige Gründungs- und Stiftungsbilder des 18. Jahrhunderts in Bayrischen Klöstern«, in: *Land und Reich, Stamm und Nation. Festgabe für Max Spindler zum 90. Geburtstag,* München 1984, Band 2, 259 ff.
78 Hartig – Motyka (wie Anm. 38), 10.
79 Wagner-Langenstein 1983, 199.
80 Kemp 1981, 114. – Popp 1907, 12 f.
81 Vgl. Friedrich Ohly, »Halbbiblische und außerbiblische Typologie«, in: *Schriften zur mittelalterlichen Bedeutungsforschung,* Darmstadt 1977, 361 ff.
82 Achim Hubel, *Stiftsbasilika Waldsassen* (Kunstführer Nr. 2), München und Zürich 1983, 14 f.
83 Stephan Beissel, *Wallfahrten Unserer Lieben Frau in Legende und Geschichte,* Freiburg im Breisgau 1913, 281.
84 Guldan 1970, 31 ff., 17 ff.
85 Sturm (wie Anm. 72), 28 ff.
86 Liebold 1981.
87 Hartig – Motyka (wie Anm. 38). – Leonia Lorenz O. Cist., *Die Stiftskirche von Waldsassen: Beata Maria,* Waldsassen 1928, 94 ff.
88 Alois Hahnl, »Die Bildprogramme des barocken Domes – Versuch einer thematischen Interpretation«, in: *Festschrift zum 1200jährigen Jubiläum des Domes zu Salzburg,* Salzburg 1974, 141 ff. – *Die Kunstdenkmäler des Benediktinerstiftes Kremsmünster,* 1. Teil (= Österreichische Kunsttopographie XLIII), Wien 1977, 239.

Helene Trottmann

Der Ölmaler Cosmas Damian Asam

Der Ruhm Cosmas Damian Asams als »großer Freskenmaller«[1] war schon zu seinen Lebzeiten weit verbreitet. Er war einer der meistgefragten Künstler in Süddeutschland und als Monumentalmaler so vielbeschäftigt, daß er mitunter sogar größere Aufträge ablehnen mußte. Macht auch sein immenses Œuvre an Freskenmalereien den Hauptanteil seines künstlerischen Schaffens aus, so war er nicht nur »Freskenmaller«: Er war zugleich Architekt, Planer und Baumeister, entwarf als Hofkünstler Festdekorationen, Triumphbögen, Ehrenpforten und Springbrunnen, schuf Heilige Gräber, inszenierte Feuerwerke, fertigte Kupferstiche, Radierungen, Zeichnungen und hinterließ zudem – wie alle Freskanten des süddeutschen Barocks – ein beträchtliches Œuvre an Ölgemälden.

Diesen Ölgemälden wurde lange Zeit kaum Beachtung geschenkt mit dem Argument: »Asams eigentliches Feld ist das große Fresko, seine Skizzen und Tafelbilder sind nebensächlich.«[2] Dabei haben sie allein der Quantität nach einen erheblichen Anteil an seinem Gesamtwerk. Immerhin sind uns bis heute rund vierzig Gemälde bekanntgeworden, die mit Sicherheit von seiner Hand stammen, und zweifelsohne wird noch so manches andere Werk, das heute unerkannt in Privatsammlungen oder Museumsdepots aufbewahrt wird, die Kenntnis seines Schaffens als Ölmaler bereichern können.

Zahlreiche Gemälde wurden im Laufe der Zeit durch Brand oder Krieg zerstört, während der Säkularisation oder im 19. Jahrhundert aus den Kirchen entfernt, später verkauft oder an andere Orte verbracht, so daß sich ihre Spur verloren hat. Über diese verlorenen Ölgemälde sind wir nur durch ältere Kirchenbeschreibungen, gelegentlich auch durch Säkularisationsakten, Inventare, Versteigerungsprotokolle oder verstreute Notizen einzelner Kunstliebhaber und Sammler aus dem späten 18. Jahrhundert unterrichtet.

Unter diesen Aufzeichnungen sind die ›Historischen Beschreibungen‹ des Franz Sebastian Meidinger aus dem Jahre 1787 und 1790 besonders interessant und aufschlußreich.[3] Ihnen verdanken wir wertvolle (mitunter sogar die ersten) Hinweise auf Asamgemälde in verschiedenen Kloster- und Pfarrkirchen im östlichen und südlichen Bayern, jener Region also, in der besonders viele seiner Bilder zu finden sind. Meidingers Berichte sind eine Art Inventar, das in systematischen Rundgängen alle Gemälde in den von ihm besuchten Kirchen aufzählt, Künstlernamen nennt, bisweilen Maße und Signaturen angibt und mitunter sogar neben Hinweisen auf den Erhaltungszustand knappe Urteile über die Qualität der Werke enthält, aus denen eine glühende Verehrung der süddeutschen Barockmalerei spricht.[4] Sind seine Angaben auch nicht immer zuverlässig, so bringen sie doch zumindest eine Fülle von Material, während andere Schriften aus jener Zeit – wie etwa der wissenschaftliche Nachlaß des Münchner Hofbibliothekars Andreas Felix von Oefele (1706-1780) oder die handschriftlichen Materialien von Felix Halm[5] – nur vereinzelt Ölgemälde überhaupt erwähnen.

Es überrascht wohl nicht, vor allem in jenen Kirchen, in denen die Freskomalerei von der Hand Asams stammt, auch Altarbilder von ihm vorzufinden, doch decken sich die Auftraggeber nur in wenigen Fällen. Für viele Kirchen lieferte er zwei (zum Beispiel für Metten, die Straubinger Veitskirche und Aldersbach) oder mehr Gemälde: für die Straubinger Jakobskirche fünf und die Klosterkirche Sankt Anna am Lehel in München sogar sechs Bilder.

Es scheint, daß Asam für gewöhnlich seine Bilder auch mit einer Signatur versah. Zumeist signierte er mit »C. D. Asam inv.« oder »C. D. A.«. Dies gilt zumindest für alle Gemälde, die in jüngster Zeit eine Reinigung erfahren haben oder aus naher Entfernung zu betrachten sind, so daß der Namenszug lesbar wird. Bei anderen jedoch, vor allem den Altarbildern monumentalen Formats, die in ebenso monumentale Altararchitekturen eingebunden sind, wird man die (in vielen Fällen äußerst notwendige) Reinigung abwarten müssen, um eine Signatur entdecken zu können. Nur auf einigen Bildern hat Asam aber zusammen mit seinem Namen auch eine Jahreszahl vermerkt, und so ist es schwierig, die Entstehungsfolge seiner Ölgemälde im einzelnen genau zu bestimmen. Da sich bedauerlicherweise nur ganz wenige von ihnen auch durch erhaltene Archivalien[6] dokumentieren lassen, ist man zumeist auf stilistische Parallelen und Analogien zu anderen Werken, auf das Entstehungsdatum der zugehörigen Altäre, auf entsprechende Weihedaten oder Festschriften und Chroniken des 18. Jahrhunderts angewiesen, um Anhaltspunkte für eine chronologische Einordnung zu finden.

Den nicht datierten Bilderbestand nach Zeitfolge zu ordnen wird auch dadurch erschwert, daß im Prinzip eine kontinuierliche stilistische Entwicklung, die sich etwa an einer stetig zunehmenden Perfektionierung der Malweise, einer Verfeinerung der Figurenzeichnung oder einer ständig wachsenden Bravour im Umgang mit der Farbe zeigen würde, gar nicht ablesbar ist. Zwar sind die künstlerischen Mittel in den Frühwerken verhaltener eingesetzt als in den Werken aus der Hauptschaffenszeit, doch von einem durchgreifenden Wandel von einem ›Frühstil‹ bis hin zu einem charakteristischen ›Alterswerk‹ sprechen zu können ist nicht möglich. Vielmehr gilt, daß es nicht so sehr der Malstil ist, der sich im Verlauf des Schaffens ändert, als die inhaltliche Eindringlichkeit, mit der Asam die Themen schildert.

Die Schwierigkeit, eine stilistische Entwicklung festzustellen, ergibt sich darüber hinaus dadurch, daß wir das eigentliche Frühwerk Cosmas Damian Asams gar nicht kennen – jene Werke nämlich, die er noch *vor* seinem Aufenthalt in Italien schuf. Er hat ja die Anfänge des Ölmalens in der Familienwerkstatt des Vaters erlernt und war, als der Vater 1711 starb und er kurz darauf nach Italien ging, bereits 25 Jahre alt: Er wird also sicher eigene Aufträge ausgeführt haben. Die Nachrichten, die wir bisher über diese erste künstlerische Tätigkeit haben, sind jedoch mehr als gering: bei einigen Tafelbildern des Vaters soll Cosmas Damian den Hintergrund gemalt haben, andere soll er vollendet haben.[7] Sie reichen nicht aus, um tatsächlich ein eigenhändiges Gemälde nachzuweisen, das es erlaubte, seine Malweise, so wie sie sich von der römischen Schulung noch unbeeinflußt zeigte, kennenzulernen. Alle uns bisher bekannten Gemälde Asams sind *nach* seinem Italienaufenthalt entstanden und sowohl im Stil als auch im Motivschatz in ganz entscheidendem Maße durch das Erlebnis Italien geprägt.

Das erste gesicherte Ölbild, ein Altarbild in der Franziskanerkirche von STRAUBING (G 1), 1713 entstanden, läßt deutlicher als jedes andere Werk den Eindruck der römisch-akademischen Schulung spürbar werden (Abb. 1). Die Figurenerfindungen sind hier wörtlich nach dem Vorbild großer italienischer Meister gestaltet: die Heilige Theresa nach Gian Lorenzo Berninis berühmter Marmorskulptur, die Christusgestalt nach einer Vorlage von Guercino und der Heilige Petrus von Alcantara nach einem Motiv seines großen Lehrers Carlo Maratti.[8] Asam soll das Bild noch in Rom gemalt haben, also unter der Obhut der Akademie, an der das ›copiare‹, das heißt das Nachzeichnen nach Werken der berühmten Meister, im Lehrprogramm ein besonders wichtiger Punkt war. Haltung und Gebärden der vorbildlichen Figurenmotive sind unverändert und – wie auf einem Studienblatt – getreu abgebildet. Dieser abbildhafte Charakter ist hier das vorherrschende Moment, der szenische und kompositionell übergreifende Zusammenhang ist sekundär, und so bleibt, obwohl die Figuren paarweise einander zugeordnet sind, der Eindruck eines unvermittelten Nebeneinander. Das Bild hat dadurch einen ›zuständlichen‹ Charakter, mit dem Asam aber gleichzeitig der Bildaufgabe gerecht wird: Das Gemälde, anläßlich einer Pestepidemie gestiftet, ist ein Votiv- und Devotionsbild zugleich, das den Betrachter vor allem zu dankbarer Andacht anleiten will; das erzählerische Moment braucht somit nicht im Vordergrund zu stehen.

Abb. 1: COSMAS DAMIAN ASAM, *Die Heiligen Therese von Avila und Petrus von Alcantara als Fürsprecher vor Christus,* Öl auf Leinwand, 1713; Straubing, Schutzengelkirche (ehemalige Franziskanerkirche), Altar der zweiten südlichen Seitenkapelle [G 1].

Von dieser Auffassung unterscheidet sich auch das gleichzeitige Gemälde mit der *Heiligen Katharina* (G 2) in der Simon-Höller-Kapelle zu STRAUBING kaum. Auch hier ist das eigentliche Bildthema nicht eine Erzählung – obwohl im Bildhintergrund miniaturhaft das Martyrium der Heiligen geschildert ist –, sondern vor allem die Präsentation der heiligen Gestalt mit ihren Attributen als Ziel der Andacht. Das Bild und das Bittgebet auf der hölzernen Predella des Altares, in dem die Heilige als Patronin der Wissenschaften gepriesen und als himmlische Fürsprecherin angerufen wird, gehören hier zusammen.

Auch später noch, zum Beispiel in OSTERHOFEN (G 23, G 24) hat Asam solche ›Heiligenbilder‹ mit einzelnen Figuren gemalt; doch zählen sie sicherlich nicht zu den Werken, die sich als gleichrangig neben seine gleichzeitigen Leistungen als Freskant stellen lassen. Dies liegt vor allem daran, daß ihre Bildthemen an den Maler nicht *die* Anforderungen stellten, die es ihm ermöglicht hätten, seine Fähigkeiten voll entfalten zu können. Dafür scheinen für den Ölmaler Asam – wie bei der Freskomalerei – zum einen die großen Dimensionen der Malfläche und zum anderen die große Historie die Voraussetzungen gewesen zu sein.

Diese Voraussetzungen waren zum ersten Mal mit dem Auftrag für das monumentale Hochaltarbild der Klosterkirche von METTEN (1715) gegeben (G 3).

Das Bildthema – der Höllensturz des Luzifer und der gefallenen Engel durch den Erzengel Michael und die himmlischen Heerscharen – forderte hier die Wiedergabe einer dramatisch bewegten Massenszene (Abb. 2). Starkes Pathos und heftige Richtungskontraste in den raumgreifenden Gebärden, Bewegung und Gegenbewegung in der Fülle der Gestalten sind ganz auf die menschliche Figur, auf die Schilderung des Kampfes zwischen Siegern und Besiegten ausgerichtet. Beruhigter ist die Komposition im oberen Bildteil, wo dem eigentlichen Bildthema ein Unterthema hinzugefügt ist: Mit Maria, die vor Gottvater kniet, ist hier der Hinweis auf den kommenden Erlöser gegeben.

Schon dieses erste monumentale Ölbild Asams zeigt eine Tendenz, die Bildfläche ähnlich wie bei großen Deckenbildern in ein Gefüge von verschiedenen, gegeneinandergesetzten Figurengruppen aufzulösen, die sich immer wieder verdichten, lockern und miteinander korrespondieren. Dieses Verfahren bedeutet eine Dezentrierung des Inhalts, und so gibt es neben der Hauptfigur in der bewegten Masse weitere figürliche Leitmotive, die den Blick auf sich ziehen und durch ihre Gebärden die Haupt- und Nebenszenen mannigfach miteinander verknüpfen. Ein solches Prinzip der Flächenaufteilung, das sich in einer Auseinanderziehung der Bildordnung äußert, sollte Asam bei allen Ölbildern großen Formats beibehalten. Es ist eines der Gestaltungsmittel, die ihn in der Ölmalerei unzweifelhaft als Großmaler ausweisen.

Eine weitere Parallele zur Freskomalerei ist im Pinselauftrag zu sehen: Er ist flüssig, großzügig und breit, nie kleinteilig kläubelnd und detailliert beschreibend, und wie bei den Fresken nicht auf eine Betrachtung aus der Nähe, sondern auf die Wirkung aus der Ferne eingestellt. Demgemäß verzichtet Asam auf jegliche Sorgfalt in der Beschreibung von Details und schmückendem Beiwerk. Muster auf Gewandstoffen, Verbrämungen mit Borten, Verzierungen durch Schmuck oder ähnliches sind eine Seltenheit. Der Stoff an sich jedoch, als Requisit, spielt eine ganz große Rolle. Als breite, ausladende Draperie umhüllt er die Körper, oder wird – dekorativ ausgebreitet und seidig glänzend – zum Träger malerischer Effekte.

Der Raum zwischen den Figuren ist bei den frühen Bildern – auch die *Rosenkranzspende* in METTEN (G 20) ist hier zu nennen –

Abb. 2: COSMAS DAMIAN ASAM; *Engelssturz*, Öl auf Leinwand, 1715; Metten, Benediktiner-Klosterkirche Sankt Michael, Hochaltar [G 3].

Abb. 3: COSMAS DAMIAN ASAM: *Das Letzte Abendmahl*, Öl auf Leinwand, 1720/21; Michelfeld, ehemalige Benediktiner-Klosterkirche Sankt Johannes Evangelist, Hochaltar [G 8].

oft ganz mit Wolken ausgefüllt, die sich in schweren, dunklen Ballen wie rauchiger Qualm ausbreiten. Sie sind vollplastisch aufgefaßt und erinnern an die Freskomalerei, auch wenn sie nichts von der Leichtigkeit der Himmelswolken in den Deckengemälden haben: Sie sind wie dort die wichtigsten Träger der Licht-Schatten-Modulation, die mit starken Kontrasten über die Oberfläche hinweggeht. Mit dieser Art der Flächenfüllung verzichtet Asam bei seinen frühen Bildern auf eine wirklich räumliche Ausgestaltung der Hintergründe, überhaupt auf die Angabe eines Raumes: Noch bei der *Verkündigung* in GÜNCHING (G 4), bei der mit einem Hocker und mit Fußbodenpflaster ein realer Innenraum zumindest angedeutet ist, bestimmen graubraune, in den Raum quellende Himmelswolken die Bildwirkung. Erst in seinen späteren Gemälden wird es echte räumliche Tiefe und Raumbeschreibungen geben.

Das reifste Werk aus Asams früher Schaffenszeit, setzt man diese bis um 1725 an, ist *Das Letzte Abendmahl* (G 8) in der Klosterkirche von MICHELFELD (Abb. 3).

Es ist in allem eine ›große Komposition‹. Was hier die Kraft der Bildwirkung ausmacht, ist vornehmlich die ausdrucksstarke Charakterisierung der menschlichen Figur in ihrer inneren Bewegtheit. Mit einer Eindringlichkeit, die von höchster Sicherheit und Meisterschaft in der Figurenzeichnung zeugt, beschreibt Asam die Betroffenheit der versammelten Apostel über den Verrat des Judas. Über keinem seiner Fresken liegt eine ähnlich spannungsgeladene Atmosphäre. Eine solche Dichte und Intensität der psychologischen Schilderung war nur in einem Altarbild möglich, in welchem die Darstellung bewußt durch den Rahmen ausgegrenzt wird, ohne daß, wie bei den Fresken, Bezüge zu außerbildlichen Motiven und zur Dekoration im Kirchenraum den Betrachter von der liturgischen Bedeutsamkeit des Bildes ablenken würden. Es ergibt sich eine Dramatisierung, die durch die Konzentration auf das rein figürliche Geschehen erreicht wird und durch das Bestreben, jede einzelne Figur gleichmäßig in ihrer Bedeutung zu heben, nicht nur die, die der tieferen religiösen Betrachtung dient. Die Repoussoirfiguren im Vordergrund, die hier durch den szenischen Zusammenhang der Fußwaschung motiviert sind, haben bei Asam stets die Funktion, optisch vom Bildrand her die Hauptszene zu umklammern und somit auf sie hinzuführen, sind gleichzeitig aber auch inhaltlich bedeutsame Elemente der Bilderzählung. Immer neu ansetzende Richtungsimpulse durch Gebärden und Blicke der Gestalten ergeben ein dichtes Geflecht von Bezügen, das den Betrachter dazu bringt, das Geschehen schrittweise und erst in allmählichem Erfassen abzulesen.

Die kraftvollen, bärtigen Apostelgestalten in ihren klassischen Gewändern verkörpern ein Figurenideal, dessen betont pathetischer Prägung Asam in seiner Ölmalerei stets treu bleiben sollte – im Unterschied zu seiner Freskenmalerei, wo sich zumindest in den späteren Werken eine – wenn auch nur zögernde – Abkehr von diesem Figurentypus beobachten läßt. Was die Gewandung betrifft, ist Asam niemals ein Porträtist von Zeitgenössischem, wagt sich niemals an Leichtigkeit oder modische Grazilität heran. Seine Figuren bleiben durchgehend wuchtige, echt barocke Gewandfiguren: in weite Gewänder gehüllt, deren ausladende Stoffmassen von eigener Bewegung erfaßt sind und wie selbständige Drapierungen wirken. Seine Gewandbehandlung will nicht in erster Linie das körperliche Volumen der einzelnen Gestalten, sondern das plastische Volumen der Gewänder zur Anschauung bringen. Der Faltenwurf ist breit und kantig, die Oberfläche von höhlenden Schattenfurchen durchzogen und in einer Art, die der Durchformung plastischen Materials gleicht, kräftig durchstrukturiert.

In den Tiefen verdichtet sich die modellierende Farbe, die stets eine diffuse Dunkelkomponente an sich hat und nur dort, wo höchste Lichtwirkung angegeben ist, zu ihrem vollen Eigenwert gelangt. Für Asams Ölgemälde sind schwere gedämpfte Farben, die sich von den kräftigen Farbwerten in den Fresken erheblich unterscheiden, charakteristisch. Sie lassen sich beim *Abendmahl* in MICHELFELD exemplarisch beschreiben. Die von den Grundfarben Blau, Rot und gelblichem Ocker abgeleiteten Töne dominieren, und kommen fast ausschließlich an den Hauptfiguren zum Tragen. Das auffallend häufig verwendete, stets dunkle Blau tritt zumeist in einem blaugrün abgetönten Wert (wie hier am Gewand des Petrus) und in einem kühleren Stahlblau (wie am Überwurf Christi) in Erscheinung, während Rot in satten, kräftigen und bisweilen sehr hellen Nuancen vorkommt (man vergleiche den Mantel des Dieners im Vordergrund und das Gewand des Johannes). Zu den verschiedenen von Gelb bzw. Ocker abgeleiteten Tönen (wie am Gewand des Judas und bei der Engelserscheinung) kommen Mischtöne von Braun, dunklem Grün oder Blaugrau, die sich in den Bereichen des Hintergrundes konzentrieren.

Herzuleiten ist diese Farbgebung, für die es in der einheimischen, süddeutschen Malerei keine Entsprechung gibt, ohne Zweifel aus Asams Begegnung mit der Malerei des römischen Spätbarocks. Der gleiche Zusammenklang harmonisch abgestimmter, gedeckter Farbtöne und der entsprechenden Zwischenwerte bestimmt die koloristische Wirkung in Gemälden eines Benedetto Luti, Luigi Garzi und vor allem Carlo Maratti, deren Schüler Asam an der Akademie in Rom war. Er hat die farbige Gestaltung seiner Ölbilder in der Folgezeit kaum variiert; so, wie sie sich bereits in den frühen Werken durch die römischen Vorbilder geprägt zeigt, sollte er sie in den Grundzügen durchgehend beibehalten.

Abb. 4: BENEDETTO LUTI, *Die Einkleidung des Heiligen Rainer,* Öl auf Leinwand, 1712; Pisa, Dom.

Dabei ist es nicht nur der Einsatz der farblichen Mittel, der ihn durchgängig an Römischem orientiert zeigt: Auch Asams Formensprache ist im Grunde römisch. In seinen Gemälden gibt es unzählige Figurenmotive, die er aus Werken seiner Lehrer entlehnt oder nach dem Vorbild der ›Grandi Maestri‹ gestaltet hat. Das bereits erwähnte Gemälde mit der *Heiligen Theresa* in STRAUBING ist dabei nur *ein* Beispiel, das zeigt, wie freizügig er den Umgang mit den gewählten Vorlagen handhabte. Manchmal sind es, wie im *Abendmahl* in MICHELFELD, die eher untergeordneten Nebenfiguren – der Engel, die Häscher und einige Apostel im Hintergrund sind Motive Benedetto Lutis[9] –, die sich als übernommene Motive erkennen lassen. Andere Gemälde zeigen jedoch, daß die eigene Bilderfindung oft auch mit fremden Figurenmotiven bestückt wird, die den Bildeindruck ganz wesentlich (mit)bestimmen. Gestalten wie der Heilige Tiburtius (ein Motiv Carlo Marattis) aus dem Gemälde in STRAUBING (G 6), die Zuschauer aus der *Johannespredigt* in ALDERSBACH (G 10, nach Benedetto Luti) oder der liegende Kranke auf dem Korbiniansbild aus WEIHENSTEPHAN (G 11, nach Pietro da Cortona) mögen hierfür als Beispiele dienen.[10] Besonders häufig sind in Asams Ölbildern (aber auch in seinen Fresken) Figuren zu finden, die aus dem Gemälde *Die Einkleidung des Heiligen Rainer* von Benedetto Luti stammen (Abb. 4). Luti hat dieses Bild in den Jahren 1712-1713 in Rom gemalt – gerade zu jener Zeit also, zu der Asam an der römischen Akademie sein Schüler war. Er wird die Entstehung dieses Gemäldes in allen Einzelheiten verfolgt haben, und die Genauigkeit, mit der er Lutis Figurenmotive wörtlich nachbildet, zeigt, daß er alle Vorstudien und Details kannte; möglicherweise hatte er sogar selbst eine Kopie davon angefertigt.

Über einzelne Motive hinaus wird die Vorbildlichkeit der römischen Barockmalerei noch in anderem spürbar: Immer dann, wenn Asam Themen zu gestalten hatte, für die es berühmte, ›klassische‹ Bildprägungen von der Hand der großen ›Maestri‹ gab, hat er sich an deren Erfindungen orientiert und sich ihrer Themenauffassung angeschlossen. Römischen Bildtraditionen folgen vor allem seine Gemälde, die das Martyrium eines Heiligen schildern. Sie sind ohne die großen Martyriumsbilder in römischen Kirchen, ohne die Bilderfindungen eines Domenichino, der Gebrüder Carracci oder Pietros da Cortona nicht denkbar. Auf eine bekannte Komposition Domenichinos greift er noch in seinem sehr späten Gemälde, der *Letzten Kommunion des Heiligen Hieronymus* (G 32) zurück, während das Werk seiner Akademielehrer Maratti und Luti für Darstellungen wie den *Apostelabschied* (G 14, G 25), die *Rosenkranzspende* (G 20, G 28), die *Predigt Johannes des Täufers* (G 10) – um nur einige zu nennen – genügend themengleiche Kompositionen bereithielt, die ihm als Vorlage und Anregung für seine Bildschöpfungen dienen konnten.

Trotz aller Orientierung an italienischen Vorbildern zeigen Asams Ölgemälde durchweg eine sehr typische, sehr charakteristische Handschrift. Zu den bevorzugten Gestaltungsmitteln, die ihre Eigenart ausmachen, gehört ein bewegter, doch klarer Bildaufbau, der mit einer breiten Raumbühne im Vordergrund die jeweils exponierte Stellung der Hauptfigur in der Bildmitte vorbereitet. Ihr werden kleinere oder größere Gruppen von Figuren zugeordnet, die er zumeist kulissenartig von der Seite her einschiebt und räumlich hintereinanderstaffelt. Dieser ›bühnenmäßige‹ Aufbau zeichnet vor allem jene zahlreichen Ölgemälde aus, die zwischen

Abb. 5: COSMAS DAMIAN ASAM: *Krankenheilung des Heiligen Maurus,* Öl auf Leinwand, um 1726; Kladrau (Kladruby), südlicher Querhausaltar [G 17].

1720 und 1730-1735 für die Seitenaltäre verschiedener Kirchen entstanden und allein des kleineren Formates wegen die Vorliebe für großangelegte Komposition und auseinandergezogene Bildordnung, die die monumentalen Hochaltarblätter bestimmt, beschränken mußten. Die Bilder der Veitskirche in STRAUBING (G 6, G 7) und die Seitenaltarbilder in KLADRAU (G 16, G 17) sind besonders typische Beispiele dafür (Abb. 5). Der Anteil, den die im Vordergrund wiedergegebenen Nebenfiguren, die Repoussoirfiguren, an der Gesamtwirkung des Bildes haben, wird in dem genannten Schaffenszeitraum zunehmend größer. Oft sind *sie* die eigentlich künstlerisch interessanten Motive, bringen treibende oder beharrende Elemente in die Bilderzählung oder können sogar Träger gewisser genrehafter Effekte sein. Auch die nicht figürlichen Staffagen, die jetzt mehr und mehr in die Bilder eingefügt werden, dienen hauptsächlich einer klaren, übersichtlichen Ordnung: Es sind zumeist architektonische Kulissen – monumentale Säulen und Pfeiler, von Vorhangdraperien zum Teil verhängt –, die im Bildhintergrund als große Requisiten und Würdemotive zitathaft aufragen, Treppen und Stufenpodeste, die als raumschaffende Formeln den Vordergrund erschließen, ohne daß dadurch jedoch gleichzeitig ein ganz bestimmter Raum charakterisiert wäre. Der Schauplatz für die dargestellte Szene wird in Asams Gemälden niemals genau beschrieben – mit Ausnahme ganz konkreter Ortsangaben, wie Städtekulissen in einigen wenigen Bildern.[11]

Das wichtigste Mittel, um räumliche Verhältnisse zu klären, Formgrenzen und Abstand zwischen den Gegenständen und Figuren zu kennzeichnen, ist bei Asam stets das Licht in den Bildern. Seine kräftige Hell-Dunkel-Modulation ist auf eine möglichst plastische Erscheinung der Bildwelt ausgerichtet und dient vor allem dazu, diese ausdrucksvoll zu machen. Das Licht wird im Grunde auf den Gegenständen als seitlich einfallendes Streiflicht kenntlich gemacht, doch gibt es daneben auch ganz unvermittelt auftretende Beleuchtungseffekte, die nur bestimmte Bildteile – und seien sie auch noch so bruchstückhaft sichtbar – hervorheben und somit als inhaltlich bedeutsam definieren. Diese Dramaturgie der Lichtführung bewirkt, daß Form- und Farbwelt aus einem alles hinterlegenden Dunkelgrund, dem sie verhaftet scheinen, nach vorne zu sichtbar gemacht werden und als ›hervorgerufen‹ in Erscheinung treten. Darin liegt ein ganz wesentlicher Unterschied zu Asams Malerei ›al fresco‹, wo die von vorneherein helle und bunte Farbenwelt ganz andere Mittel der Licht-Schatten-Gestaltung verlangte.

Viele seiner Bilder sind nicht als einzelne, isolierte Gemälde zu betrachten, sondern durch vielfältige Wechselbezüge eingebunden in das Ensemble des sie umschließenden Altaraufbaus. Dies gilt vor allem für die Altäre in jenen Kirchen, wo Asam auch in irgendeiner anderen Form auf die künstlerische Gestaltung im Kirchenraum Einfluß nehmen konnte: in Aldersbach, Kladrau, Weltenburg, Osterhofen, in Sankt Anna am Lehel zu München oder in der Ursulinenkirche von Straubing. Einmal sind es farbliche Phänomene, die eine solche – in erster Linie dekorative – Einbindung deutlich werden lassen: Übereinstimmungen zwischen dem Farbmuster des Gemäldes und dem der flankierenden, bunt marmorierten Stucksäulen. Dort, wo auch die figürliche Skulptur des Altares durch ihre Gebärdensprache dem gemalten Bild zugeordnet ist – wie zum Beispiel bei der *Johannespredigt* in ALDERSBACH (G 10), wo sich die seitlichen, vergoldeten Holzfiguren der Heiligen Georg und Florian direkt dem predigenden Täufer im Bild zuzuwenden scheinen – wird der ganze Altar zu einer anschaulichen Einheit. Bei den Querhausaltären in KLADRAU, wo zu Vision und Wunder der Heiligen Benedikt und Maurus in den Gemälden (G 16, G 17) durch die Reliefs der Predella jeweils die Szene ihres Todes hinzugefügt ist, ist diese Einheit auch inhaltlich gegeben.

Im gleichen Maße, wie solche Bezüge immer deutlicher werden, zeigen sich auch die Grenzen der einzelnen Kunstgattungen der Malerei, Architektur und Plastik am Altar zunehmend verwischt. So ist in OSTERHOFEN, wo Cosmas Damian zusammen mit seinem Bruder die Ausgestaltung des gesamten Altarraumes bestimmen konnte, das Hochaltargemälde (G 22) *so* in die Einheit aller Bildwerke in diesem Altarraum eingefügt, daß es sowohl von der religiösen Aussage her als auch im künstlerischen Sinne *der* Mittelpunkt ist, in dem sich alles sammelt: Während die vergoldeten Reliefs des Egid Quirin an den Sockeln der Hochaltarsäulen in fortlaufender Erzählung und drastischer Realistik die vielfältigen und grausamen Martern der Heiligen Margarethe beschreiben, ist die letzte Station dieses Martyriums, die Enthauptung, im Hochaltarbild dargestellt; doch wird sie nicht als Marter und Pein geschildert, sondern als glorreicher Höhepunkt: In strahlend weißem Gewand, herausgehoben über das gemeine Gedränge der Häscher und Verfolger, kniet die Heilige vor Christus und Maria, um mit dem Enthauptungsschlag gleichzeitig die himmlische Belohnung ihrer Standhaftigkeit in Empfang zu nehmen. Diese Bildaussage scheinen die großen Skulpturengruppen zu seiten des Altares, die den Sieg des Glaubens und der Hoffnung darstellen, gleichsam noch einmal zu bekräftigen.

Asams Altargemälde illustrieren zumeist mit großem Figuren-

Abb. 6: COSMAS DAMIAN ASAM: *Heiliger Schutzengel,* Öl auf Leinwand, um 1720; ursprünglich in der Korbinianskapelle in Weihenstephan bei Freising, heute in der ehemaligen Stifts- und Pfarrkirche Sankt Laurentius zu Tittmoning [G 12]

aufwand wunderbare Begebenheiten aus dem Leben der Heiligen oder schildern dramatische Momente ihres Martyriums. Es sind religiöse Historien- bzw. Ereignisbilder, deren Aussage den gläubigen Betrachter ergreifen, überzeugen und erschüttern will. Ihr gemeinsames Wesensmerkmal ist, daß das eigentliche Bildthema zumeist noch mit einer zusätzlichen Aussage hinterlegt wird. Die ohnehin prägnant geschilderte Historie wird durch kleine Nebenszenen erweitert, in denen auf allegorische Weise das Bildthema oder ein weiterer Aspekt erläutert wird, der dann wiederum auf einen übergreifenden Zusammenhang verweisen kann. Ein solches Konzept war bereits beim *Engelssturz* von METTEN ablesbar (Abb. 2) und wird bei den Gemälden, die Asam für die Korbinianskapelle von WEIHENSTEPHAN gemalt hat (G 11, G 12, G 13), besonders deutlich. Hier hat jedes der einzelnen Bilder über seine eigene, vielschichtige Aussage hinaus Teil an einem geschlossenen, gelehrt erdachten Bilderprogramm, das die Gesamtdekoration der (heute zerstörten) Kapelle umfaßte und die Gemälde sinngemäß miteinander verknüpfte. Eines der Bilder stellt das Wunder dar, welches der eigentliche Anlaß für den Bau der Kapelle war: die Erweckung einer Wasserquelle durch den Heiligen Korbinian. Gleichzeitig führt es in einer Nebenszene dem Betrachter die heilbringende, wundertätige Kraft dieser Quelle (und somit die Aktualität des Wunders) vor Augen. Durch die Aussage der anderen Bilder, die den *Schutzengel* (Abb. 6) und *Die Immakulata als Beschützerin des Korbiniansheiligtums* darstellen, wird dann der Gläubige aufgefordert, auf diese lebensspendende, wundertätige Kraft zu vertrauen und sie in Beziehung zur himmlischen Heilsquelle, der Erlösung des Menschen, zu sehen. Die Kapelle selbst wird als unter himmlischem Schutz stehend vorgeführt, die Quelle als Gnadenquelle interpretiert und somit der konkrete Ort, die Kapelle selbst, als Gnadenort ausgewiesen.

Die ausgeprägte rhetorische Struktur macht solche Gemälde zu ganzen Bilderpredigten, die allein deswegen Andachtsbilder sind, als nur in der eingehenden Kontemplation ihr ganzer Sinn, ihre heilsgeschichtliche Aussage sich entschlüsselt. Dabei ist meist zusätzlich ein gewisser lehrhafter Aspekt, die Ermahnung und Erbauung des gläubigen Betrachters mit angegeben: Die Heiligen treten als Empfänger und Vermittler der göttlichen Gnade auf, als Fürsprecher und Helfer der Menschheit.

Angesichts dieser Erwägungen stellt sich die Frage, ob Asam selbst ein Entwerfer solch komplexer Bilderprogramme war. Da sich zu den Altarbildaufträgen bisher keine Archivalien finden ließen, die darüber Auskunft geben könnten, läßt sie sich eindeutig nicht beantworten. Möglicherweise wurden von seiten der Klöster, für deren Kirchen die Bilder bestimmt waren, Konzepte von vornherein vorgegeben – möglicherweise entstanden sie erst im Zuge der Werkvorbereitung, nachdem der Maler wie bei manchen Fresken einen Entwurf zur ›Anvisierung‹ vorgelegt hatte.

Was die Ölgemälde betrifft, wissen wir nur wenig über Asams Vorgehen beim Erarbeiten einer Komposition, bei der Entwicklung eines Bildgedankens. Nur für vereinzelte Altarbilder ließen sich bisher Vorzeichnungen auffinden, und meistenteils handelt es sich dabei um Entwürfe, die zwar das Thema des Gemäldes behandeln, jedoch mit der tatsächlichen Ausführung wenig Übereinstimmung zeigen, etwa die Studie *Der Heilige Michael in der Glorie* für das Hochaltarbild in METTEN, *Der Heilige Hieronymus empfängt die letzte Kommunion* für das Altarbild in Sankt Anna am Lehel in MÜNCHEN oder *Der Schutzengel* für WEIHENSTEPHAN (Z 5, 58, 32). Sie sind nichts weiter als Vorstudien, mit denen der Künstler eine bestimmte Version des Bildthemas festhielt. Sorgfältig ausgearbeitete, alle Einzelheiten festlegende Entwürfe für Ölgemälde kennen wir von Asam nicht. Selbst ein Blatt, wie die Studie für die *Rosenkranzspende* in FREISING (Z 57), das zum ausgeführten Werk die größtmögliche Übereinstimmung zeigt, hat eigentlich eher nur skizzenhaften Charakter. Daß er, wie seine römischen Akademielehrer es getan haben, bei der Vorbereitung so sorgfältig vorging, daß auf die Ideenskizzen der Entwurf folgte, dann die Einzelstudien für die geplanten Figuren und schließlich das gezeichnete Bild, das ›Modello‹, scheint nicht zuzutreffen. Wenn aber in seinem Thalkirchener Nachlaß von »vier Scüzi von altar blättern vom H. Erblasser selbst gemahlen« und mehrmals von »unausgemachten Sküza«[12] die Rede ist, so ist es sehr gut möglich, daß hier tatsächlich Skizzen in Öl im Sinne von Ölskizzen gemeint sind, da ausdrücklich »gemahlen« und nicht »gezeichnet« vermerkt wird. Damit wäre der Nachweis erbracht, daß auch Asam, von dem bislang keine einzige Ölskizze bekanntgeworden ist, wie alle seine süddeutschen Zeitgenossen seine Gemälde mit Ölskizzen vorbereitete.[13]

Die meisten der uns bekannten Tafelbilder Asams fallen in die Zeitspanne zwischen 1720 und 1735, jene Epoche also, in der sich auch die großen Aufträge für Freskomalereien häuften. Sie sind nicht alle von derselben Qualität, und angesichts der Fülle von Aufträgen, die in jener Zeit von der Asamschen Bilderwerkstatt erledigt werden mußten, nimmt es auch nicht wunder, daß nicht alle von ihnen eigenhändig ausgeführt sind bzw. einige sehr deutlich die Mitarbeit einer anderen Hand sichtbar werden lassen. Bei manchen Bildern, zum Beispiel beim *Tod der Heiligen Ursula* in ALDERSBACH (G 9), dem *Marientod* in STRAUBING (G 37) oder den beiden Gemälden in RINCHNACH (G 26, G 27) legen die merkwürdig unräumliche, flache Hintergrundsgestaltung bzw. die flüchtige, manchmal sogar plumpe Zeichnung der Nebenfiguren die Vermutung nahe, daß Asam selbst nur die Hauptfiguren ausgeführt, das Malen der Staffagen aber seinen Gehilfen aufgetragen hat. Daneben gibt es Bilder, wie etwa die Gemälde an den Choraltären von KLADRAU (G 18, G 19) oder die Seitenaltarblätter in OSTERHOFEN (G 23, G 24, G 25), bei denen zwar die Figurenzeichnung äußerst sicher, die erzählerische Struktur jedoch sehr zurückgenommen ist und sich in höchst einfach gehaltener, unausgeschmückter Beschreibung auf einzelne Gestalten beschränkt. Für Cosmas Damian sind solche kargen Bildformen, nach allem was seine gesicherten Werke beweisen, untypisch, und so mag es angehen, bei diesen Gemälden zu vermuten, daß sie zwar unter seiner Anleitung und in seiner Werkstatt, auch nach seinen detaillierten Angaben oder sogar nach seinen Zeichnungsvorlagen entstanden, jedoch nicht von ihm selbst ausgeführt worden sind. Dieser stilistische Befund wird mitunter von Franz Sebastian Meidinger bestätigt, wenn er in einigen Fällen von »Asams zweyter Manier« spricht.

Geht man von den erhaltenen Ölgemälden aus, so scheint es, als habe Asam fast ausschließlich Aufträge für den kirchlichen Bereich ausgeführt und sich nur mit religiösen Themen befaßt. Profane Bildthemen, Darstellungen aus der antiken Mythologie, die in seinem Freskenwerk mehrfach und mit großen Aufträgen vertreten sind, vermißt man unter den Ölgemälden vollkommen. Von anderen Bildgattungen, etwa der des Porträts, haben wir nur wenige erhaltene Beispiele. Es entsteht der Eindruck, der ›Ölmaler Asam‹ sei ausschließlich als Kirchenmaler gefragt gewesen.

Dieses Bild ändert sich durch die Nachrichten über seine künstlerische Tätigkeit, die uns mit dem Nachlaßinventar seines Thalkirchener Besitzes überliefert sind. Dieses bereits erwähnte Inventar, das wahrscheinlich 1742 angelegt wurde, verzeichnet die gesamte, bewegliche Ausstattung des Asam-Hauses und in einer gesonderten Rubrik den eigentlichen künstlerischen Nachlaß, das heißt alles, was sich an Kunstwerken und »Mahlerey-Stücken« in den einzelnen Räumen dieses Hauses befand. Unter den weit über 150 hier aufgezählten Ölgemälden sind nun tatsächlich alle Bildgattungen vertreten: unter anderem auffallend viele »Landschäftl«, einige Jagd- und »Bluembstuckh«, »zwey gemahlene Früchten Stückhl« und sogar Bilder mit »ovidische historj«. Erstaunlich groß ist die Anzahl der Porträts: Allein zehn »Contrafaits« des Kurfürsten bzw. der kurfürstlichen Familie werden genannt – Bilder, die Asam wohl in seiner Eigenschaft als Hofmaler angefertigt hatte.[14]

Bedauerlicherweise vermerkt der Verfasser nur bei wenigen Bildern mit dem Zusatz »von Herrn Erblasser Selbst gemahlen« ausdrücklich die Autorschaft Asams, so daß wir nicht wissen, welche der genannten Gemälde Auftragsarbeiten oder allgemein vorrätige Werke, und welche ausgesprochene Sammlerobjekte waren. Worauf ein mögliches Sammlerinteresse Asams gerichtet war, ist dem Inventar nicht zu entnehmen, da neben drei Porträts von der Hand Amlings lediglich von einem alten niederländischen Gemälde, einem Gnadenbild, Klosterarbeiten und ähnlichem die Rede ist.[15] Es findet sich aber all das verzeichnet, was als ›Studienmaterial‹ zu jeder barocken Künstlerwerkstätte gehörte: ganze Schubladen voller Kupferstiche, »verschiedene Zeichnussen«, »accademische Zaichnussen«, Skizzen, Gipsmodelle, »unterschidlich Zerbrochene Statuen von gips«, »gipsene Blättl«, »Kupferne Blatten« und ähnliches.[16] Wenn darüber hinaus mehrmals »Rote gegründete leinwath zu altar Blätter« erwähnt ist und von »undermahlenen« und »unausgemachten« Bildern, von »drey schlechte[n] Tafeln« sowie von »Zwey und Sechzig Stückhl Mahlerey, Warunder durchaus nichts besonders«[17] die Rede ist, so besagt dies sehr deutlich, daß in der Asamwerkstatt die Gemälde auch auf Vorrat gemalt wurden.

Asam war ein ungemein vielbeschäftigter Künstler, der die zahlreichen Aufträge gar nicht allein bewältigen konnte, sondern eine große Werkstatt führen *mußte*. Es ist anzunehmen, daß vor allem in den Wintermonaten und in der Zeit, wo er selbst auswärts mit großen Freskoaufträgen beschäftigt war, ein ganzer Stab von Helfern und Lehrlingen damit befaßt war, die Vorbereitung und Grundierung der Leinwände vorzunehmen, Vorzeichnungen zu fertigen und Staffagen auszuführen.[18]

Das Landhaus ›Maria Einsiedl‹ in Thalkirchen bei München[19] hat Asam 1724 erworben. Es ist ein stattlicher Bau und besitzt im Obergeschoß unter dem Giebel einen hochdurchfensterten Raum, der als Maleratelier bestens geeignet gewesen sein dürfte. Tatsächlich erfahren wir auch aus dem Inventar, daß das »Mahlzimmer undern Tach« gelegen war. Dieses Haus war nicht nur Sitz der Asamwerkstatt, es beherbergte, wie man sieht, gleichzeitig die enorme Bilder- und Requisitensammlung des Malers. Die Wohnräume mit den unzähligen darin befindlichen Gemälden dienten zweifelsohne zugleich als ›Schauräume‹, in denen sich Auftraggebern und Käufern eine beachtliche Bildauswahl präsentierte und die in Arbeit befindlichen Gemälde vorgeführt werden konnten.

Was nach 1745, als der Besitz verkauft wurde, mit diesen zahlreichen Gemälden geschah, ist unbekannt. Einige gelangten mit dem Erbe von Asams Tochter nach Straubing,[20] manche, wie das Freisinger *Selbstporträt,* befinden sich heute in Museen – der Rest wurde wohl verkauft. Von den unvollendeten *Altar*gemälden, die das Inventar aufführt, gelangten zwei nach STRAUBING in die Ursulinenkirche: die heute nicht mehr erhaltene *Vertreibung aus dem Paradies* für den Hochaltar, und die *Heilige Familie* für den linken Seitenaltar (G 40). Zwei andere kamen später nach Sankt Jakob in STRAUBING – der *Tod Mariens* und *Der fürbittende Heilige Josef* (G 37, G 39), ein weiteres (nicht näher bezeichnetes) Gemälde wurde nach Osterhofen gebracht.[21] Für welche Kirchen die übrigen, bereits vollendeten Altarblätter – zum Beispiel »ein altar Blättl St. Caietan«, »Die Mutter gottes mit dem Jesus Kindt in einer goldenen Ramb. Von H. asamb seel: selbst gemahlen« oder »ain gemahlene Maria Himmelfahrt Bildnuß ohne Ramb«[22] – bestimmt waren, wissen wir nicht, und so wird man sie in die große Zahl der verschollenen Ölgemälde Asams einreihen müssen.[23]

Es könnte möglich sein, daß sich mit Hilfe des Thalkirchener Nachlaßverzeichnisses ›neue‹, das heißt bisher unerkannte Asamgemälde identifizieren lassen. Ein solches Unterfangen wird aber sicherlich dadurch erschwert, daß sowohl die Angaben bezüglich der Eigenhändigkeit als auch die Bezeichnung der Bildthemen in vielen Fällen äußerst vage sind. Der Wert dieses Dokuments für die Asam-Forschung liegt somit vor allem darin, daß es durch den Einblick in seine Werkstatt auf ein ungemein fruchtbares und reiches Schaffen als Ölmaler schließen läßt.

Doch wird man ohnehin angesichts der hohen Qualität der erhaltenen Ölbilder diese Sparte seines Schaffens mehr hochschätzen müssen als bisher – die Künstlerpersönlichkeit Cosmas Damian Asams wird dadurch zweifelsohne in ein neues Licht gesetzt.

ANMERKUNGEN

1 Füssli 1770, III, 127.
2 Feulner 1929, 157.
3 Vgl. Literaturverzeichnis.
4 Vgl. zum Beispiel Meidinger 1787, 221: »Ich halte die Malerey für die größte Kunst, die existiret, sie ist schmeichelhaft, und wichtig, und erhaben für die Talente, reizend für das Aug, und anempfehlend im gesellschaftlichen Leben: – die Malerey verschaft Verdienste, Ehre und unsterblichen Ruhm, und öffnet den Weg zu den größten Regenten der Welt, sie besitzt ganz allein die Macht, der unendlichen Schöpfung Nachahmerin zu seyn, und vermag selbst Tyrannen in ihren gräßlichen Leidenschaften zu beschämen, und zu bändigen. Würden unsere jungen Leute in ihren Nebenstunden die Geschichten der Künstler, ja nur den Schwung und mit diesen das große Genie unserer baierischen Künstler betrachten, statt sich in die unglücklichen Scenen des *Werthers,* oder wohl gar in die schändlichen Auftritte der *Räuber* zu setzen suchen, würden sie die mächtigen Schritte eines *Asams, Albrecht, Bergmüller, Holzer, Kager,* beeder *Loths, Permoser, Prucker, Rottenhammer, Schilling, Schinagl, Schwarz, Wolf, Zimmermann* etc. mit nachdenkenden Geiste beschauen, möchte vielleicht diese Kunst in ihren mussirenden Kopf gedeihlichere Ausführungen zu ihrer eigenen Ehre und zum Ruhm des Vaterlandes entstehen heißen, die als die Folgen dieser tollen Krankheit noch alles mal nach sich zog.«
5 Beide Manuskripte befinden sich in der Bayerischen Staatsbibliothek zu München.
Die Schriften aus dem 19. Jahrhundert gehen noch weniger auf Asams Ölgemälde ein; in *Naglers Künstler-Lexicon* von 1835 zum Beispiel heißt es auf Seite 171 nur: »Dieser [= Asam] arbeitete in Oel und noch besser in Fresco.«
6 Nur für die Altarbilder in Metten (G 3), Günching (G 4) und Meßkirch (G 36) sind der Vertrag bzw. die von Asam unterzeichnete Quittung erhalten.
7 Vgl. dazu im einzelnen Trottmann 1986, 25.
8 Ebenda, Abb. 107, 106, 62.
9 Ebenda, 37.
10 Ebenda, 35, 37, 55.
11 Beispiele dafür sind die Kulisse der Stadt Bamberg bei der *Feuerprobe der Heiligen Kunigunde* (G 7), das Korbiniansheiligtum, der Freisinger Dom und die Klosterkirche von Weihenstephan auf den Bildern aus WEIHENSTEPHAN (G 11, G 12, G 13), die römische Porta San Paolo und die Cestiuspyramide auf dem *Apostelabschied* in ROHR (G 14) und der Stadtturm auf dem *Josefsbild* in Sankt Jakob (G 39) zu STRAUBING.
12 Tyroller 1976/77 bzw. 1978^2, 25, Nr. 73.
Dieser Nachlaß wurde von Karl Tyroller aufgefunden und 1976/77 erstmals publiziert; eine 2. Auflage folgte 1978. Die von ihm (nachträglich) vorgenommene Numerierung der einzelnen Positionen soll im folgenden übernommen werden.
13 Dabei bleibt zu bedenken, daß der Begriff ›Skizze‹ dem damaligen Sprachgebrauch gemäß im Sinne von ›Esquisse‹ zu verstehen ist – also nicht primär Stil und Durchführungsgrad der Malerei bezeichnet, sondern vielmehr die Funktion des Bildes als Schaustück, das dem Auftraggeber vorgewiesen wurde. Es kann sich also auch um von Technik und Stil her völlig durchgeführte Bilder handeln, oder es können lediglich erste Fassungen von Bildern gemeint sein.
14 Tyroller 1978, 23 ff.: »Zwey Contrafait Ihre Churfürstl. Drtl.p: Unseres gnädigsten Herrn: Und dessen Frau gemahlin Churfürstl.: Drtl.p:« (Nr. 11) – »Herr Churfürstl.: Drtl. Höchstselber: Maximilian: als Todten« (Nr. 12) – »Ein Contrafait Von Ihro Churfürstl. Drtl. Seel. in Pastel ohne Ramb: doch ein glaß davor« (Nr. 16) – »ain Scüzo Worauf Ihro Drtl. Churprinz: Und mehr Figuren vom H. Erblasser gemahlen« (Nr. 22) – »Zwey Contrafait ohne Ramb den Churfürst. Ferdinand: und dero Frau Gemahlin« (Nr. 25) – »ain Portrait Sr.Drtl.: Churfürst: und Churfürstin in octav in Jagdt Klaidern in metalisierten Ramben« (Nr. 136) – »Zwey Schüzo ohne Ramb, repräsentierend das Portrait Sr. Drtl.: Churfürsten, Höchstperl: gedächtnuss« (Nr. 140).
Neben diesen höfischen Porträts werden noch weitere Bildnisse erwähnt, zum Beispiel ein Pastellporträt des Pfarrers von Aufhausen (Nr. 7), die Porträtzeichnung eines alten Mannes (Nr. 18), eines »Cardinaln Contrefait« (Nr. 28), das »Contrefait eines Jesuiten von Pastel« (Nr. 51). Mehrere Porträts, darunter eines in Lebensgröße (Nr. 135), sind vom Verfasser nicht näher bezeichnet, doch erfahren wir, daß sich »im Mahlzimmer undern Tach« »Des Herrn Erblasser Seel: sein Contrafait sambt Zweyen andern Köpfen ohne Ramb« (Nr. 77) befand – jenes Selbstbildnis also, das später ins Priesterhaus von Sankt Johann Nepomuk in München kam und sich heute im Diözesanmuseum von Freising befindet (G 15).
15 Als Sammlerstücke kommen in erster Linie in Frage (ebenda): »Drey kleine Contrafait von Ameling getuscht in schwarzen Rämblen« (Nr. 15) – »ain Niederländisch Stuckh, Worauf ein Schulmaister, und Schuelmaisterin in einer goldenen Ramb« (Nr. 61) – »ain Miraculoses Muttergottesbild von Passau« (Nr. 91) – »ain alte Schlacht« (Nr. 143) – »Zwey alte Tafln Rudera anzaigend« (Nr. 158) – »ain alt auf holz gemahlenes Krucifix« (Nr. 101) – »drey Wax poußierte Kindl von Closter arbeith« (Nr. 94) – »ain Elfenbainerner Crucifix« (Nr. 96) – »ain schwarz paistes Käpsl mit einem glaß, warin ein Salzburger Kindl« (Nr. 99) – »ain anders desgleichen gehauss, worin unser lieber Herr in gaißlung« (Nr. 99a) – »ain schwarz klein gefastes Cästl, worin die Mutter gottes mit dem Kündl« (Nr. 121).
16 Unter dem Repertoire an Vorlagen sind »sieben kleine Köpfl auf Holz gemahlen«, »zwey Täferln worauf mit federn gezeichnete Figuren in praunen Rämblen« und ein Blatt mit »fünf gemahlene füeß« als figürliche Einzelstudien näher bezeichnet; ebenda, Nr. 150-168, Nr. 35, Nr. 39, Nr. 81 u. a.
17 Ebenda, Nr. 127, Nr. 168, Nr. 79.
18 »Bei annachendter Windterzeit« soll Asam zum Beispiel 1736 als Gehilfen den jungen Johann Michael Ertl aufnehmen, den ihm der Subprior von Weihenstephan, P. Anselmus, anempfiehlt, vgl. Dischinger 1980, Dokument VI.
19 Eine Ansicht dieses Landhauses findet sich in *Ars Bavarica* 19-20/1980, Titelblatt.
20 Bei Tyroller 1978, 23 ff., sind all diese Positionen *kursiv* gesetzt.
21 Ebenda, Nr. 100, Nr. 122, Nr. 125, Nr. 126, Nr. 128.
Bei Nr. 100 muß es sich m. E. um das *Josefsbild* handeln, da dort in einigen Partien deutlich eine andere Hand sichtbar wird. Aus dem gleichen Grund muß mit der *Heiligen Familie* in Nr. 122 das Bild in der Kirche, nicht das im Kloster gemeint sein.
22 Ebenda, Nr. 56, 60, 103.
23 Trottmann 1986, Anhang III, 154f.

Bruno Bushart

Asam als Zeichner

Überschaut man das Lebenswerk des Freskanten Asam und zählt man seine Tätigkeit für andere Gebiete der Kunst hinzu, so mutet der Anteil der Zeichnungen seiner Hand überraschend bescheiden und ungleichmäßig an. Dieser Bestand ist freilich kein geschlossener oder gar abgeschlossener Komplex, sondern noch immer in der Veränderung begriffen. Als erster hatte Engelbert Baumeister 1953 die Zeichnungen des Malers zusammengestellt und ihren hohen künstlerischen Rang betont. Dabei mußte er sich in seinem Urteil fast ausschließlich noch auf die Bestände der Staatlichen Graphischen Sammlung in München stützen, die heute noch das Hauptkontingent an Asams Zeichnungen besitzt. Von den 55 Blättern, die er Asam zuwies, sind die meisten unbestritten geblieben. Im großen ganzen hat sich Baumeisters Werkverzeichnis als solide Grundlage für die Forschung bewährt.

Susanne Schoener schied 1966 in ihrer Münchner Magisterarbeit drei der von Baumeister aufgeführten Zeichnungen aus, um zehn weitere aufzunehmen, so daß ihr Werkkatalog bereits 62 als eigenhändig oder mindestens diskutabel betrachtete Zeichnungen Asams enthält. Die meisten von ihnen waren inzwischen an anderen Stellen veröffentlicht, andere von Baumeister nicht anerkannt worden. Im Anhang stellte sie die von ihr bezweifelten Zuschreibungen von Blättern in öffentlichem und privatem Besitz zusammen. Ein Hauptanliegen ihrer Arbeit bildete ein chronologisches »Gerüst, in das sich auf Grund von stilistischen Vergleichen die übrigen Zeichnungen einordnen lassen«.

Welche Unsicherheit trotzdem noch immer auf dem Gebiet der Asamzeichnungen herrscht, beweist der Katalog der Asamausstellung im Schloß Ettlingen von 1982. Von den 32 dort für Cosmas Damian beanspruchten oder ihm zugeschriebenen Zeichnungen kann allenfalls die Hälfte als eigenhändig betrachtet werden Auch in Schoeners Liste halten mindestens sieben Blätter der Nachprüfung nicht stand. Um so erfreulicher ist es, daß in den letzten zehn Jahren nicht weniger als zehn bedeutende Zeichnungen an verschiedenen Orten zum Vorschein gekommen sind, deren Eigenhändigkeit in den meisten Fällen entweder durch Signatur und zeitgenössische Berichte oder durch die Ausführung im Fresko gesichert ist. Zuletzt hat sich Helene Trottmann mit seinen Entwürfen beschäftigt, um sie in ihre stilkritische Untersuchung seines Gesamtwerkes einzubeziehen. Bei fast allen diesen Neufunden handelt es sich um Arbeiten, die unsere Vorstellung von Cosmas Damian Asams Kunst nicht nur zu erweitern und klären helfen, sondern auch Engelbert Baumeisters Urteil aufs schönste bestätigen. Ihre Entdeckung berechtigt zu der Hoffnung, daß noch weitere Zeichnungen bekannt werden und sich manche der Fragen, die der gegenwärtige Bestand aufwirft, eines Tages doch noch beantworten lassen.

Die Zeichnung hatte im Werkprozeß eines Freskanten sehr viele und verschiedenartige Aufgaben zu erfüllen. Vergessen wir es nicht: Ein Fresko oder gar die Ausmalung einer ganzen Kirche von der Größe von Weingarten oder Einsiedeln war ein – auch im wörtlichen Sinne – waghalsiges Unternehmen. Man konnte sich dabei nicht nur Hals und Bein brechen, wenn man auf den oft ungesicherten und meist lichtarmen Gerüsten einen Fehltritt machte. Auftraggeber wie auch Freskant mußten vielmehr den Abbau der Gerüste abwarten, ehe sie sich vom Gelingen oder Mißlingen des Werkes überzeugen konnten. Für größere Korrekturen war es dann zu spät, das vereinbarte Honorar mußte trotzdem ausbezahlt werden. Das bedeutet, daß beide Partner daran interessiert waren, das Risiko einer Fehlinvestition so niedrig zu halten wie möglich. Hinzu kommen die besonderen Arbeitsbedingungen eines Freskanten, der geringe Abstand vom Gerüst zu der zu bemalenden, oft gewölbten oder gebrochenen Fläche, die spärliche Helligkeit, das rasche Austrocknen der täglich neu aufzutragenden Feinputzschicht. Wohl gab es dafür Hilfsmittel, die Hauptarbeit jedoch war vorher zu leisten. Sie war in erster Linie der Zeichnung, oft auch der Ölskizze übertragen. Die kunstgeschichtliche und kunsttheoretische Literatur bietet zahlreiche Anweisungen für den Ablauf dieser vorangehenden Entwurfs- und Vorbereitungsarbeit an. Da ist die Rede von ersten Ideenskizzen, von nachfolgenden Detailstudien, von ausführungsreifen Vorzeichnungen mit oder ohne Quadrierungsnetz zur Übertragung in das Monumentalformat des Freskos, von originalgroßen Kartons, die auf die Malfläche durchzupausen seien und von anderen Hilfsmitteln der Zeichnung mehr. Wie weit und in welcher Reihenfolge diese von den Freskanten und von Asam im besonderen befolgt wurden, ist freilich eine andere Frage. Sicher ist nur, daß selbst der erfahrenste Künstler üblicherweise auf die Hilfe von gezeichneten oder gemalten Vorlagen nicht verzichten konnte und solches wohl auch kaum gedurft hätte.

Daran hinderte ihn nicht zuletzt sein Auftrag- und Geldgeber. Auch dieser wollte, mit gutem Recht, möglichst frühzeitig und genau informiert sein über das von ihm bestellte und zu bezahlende Werk. Ein großer Teil der erhaltenen Zeichnungen diente daher der Unterrichtung der Auftraggeber, sei es als Bewerbungs- oder Vertragsgrundlage, sei es als erste Vorschläge, als Alternativ-Entwürfe, als Antwort auf Korrekturwünsche oder als verbindliche Vorzeichnung für die Ausführung. Solche der besseren Veranschaulichung nützenden Blätter oder auch Ölskizzen, die oft in den Besitz der Auftraggeber übergingen, zeichnen sich meist durch einen höheren Grad an Bildhaftigkeit und Genauigkeit aus, doch läßt der erhaltene Bestand eine genaue Rekonstruktion des jeweiligen Werkprozesses nur in den seltensten Fällen zu. Ähnliches gilt für das oft großformatige Altarblatt. Auch hierfür wurden Entwürfe benötigt, Gesamtskizzen, Detailstudien, Ausführungsvorlagen. Wurde der Freskant, wie im Falle Asam, darüber hinaus zu Dekorationsaufträgen, Goldschmiedearbeiten oder druckgraphischen Blättern herangezogen, so waren Besteller wie Ausführende in besonderem Maße auf möglichst genaue Entwürfe angewiesen.

Unter diesen Gesichtspunkten erweist sich der erhaltene Bestand an Asamzeichnungen als unerwartet kompliziert und heterogen. Überraschend ist zunächst ihre verhältnismäßig geringe Zahl, die durch das mangelnde Interesse früherer Zeiten am Sammeln deutscher Barockzeichnungen, durch den gegenwärtigen Stand der noch lange nicht abgeschlossenen Forschung oder aber durch die geringe Beachtung, die der Zeichnung offenbar schon in Asams Werkstattbetrieb geschenkt worden war, erklärt werden könnte. Es bleibt jedenfalls Tatsache, daß die Zahl der uns bekannten Zeichnungen Asams mit derzeit 65 Nummern nicht höher liegt als die anderer Kollegen seiner Generation. Von dem Münchner Freskanten Melchior Steidl (1657-1727), von Asams Augsburger Konkurrenten Johann Georg Bergmüller (1688-1762), von Asams Schülern und zeitweiligen Mitarbeitern Christoph Thomas Scheffler (1699-1756) und Matthäus Günther (1705-1788) kennen wir jeweils etwa 70 gesicherte Zeichnungen bzw. Ölskizzen für Fresken und Altarblätter. Selbst für das ungleich schmälere Œuvre von Asams Vater Georg (1649-1711) konnten nahezu 40 Zeichnungen nachgewiesen werden.

Nicht minder überraschend ist die Auflistung der Zeichnungen nach ihrer Stellung und Funktion im Werkprozeß. Um es vorwegzunehmen: Zweckfreie Zeichnungen, die um ihrer selbst oder für Liebhaber und Sammler geschaffen wurden, kennen wir von Asam so wenig wie von den meisten seiner Kollegen in Deutschland und Österreich. Wenngleich wir die jeweilige Aufgabe einer Zeichnung selten exakt bestimmen können, so sind sie doch alle im mittelbaren oder unmittelbaren Dienst der Werkvorbereitung, freilich nicht immer des Freskos oder des Altarbildes, entstanden. Einer bedeutenden Gruppe für größere Deckenfresken entsprechen etwa ebenso viele Skizzen für kleinere Fresken, in Kapellen oder Seitenfeldern der Gewölbe. Einen eigenen Komplex bilden die Zeichnungen für die gerahmten Wandfresken, einen anderen die Entwürfe für Altarblätter. Daneben gab und gibt es Vorzeichnungen für graphische Blätter, Goldschmiedearbeiten, Festdekorationen, selbst Architektur- und Altarentwürfe stehen zur Diskussion. Eine Sonderstellung nehmen allein die in Rom geschaffenen Akademiezeichnungen ein.

Überraschend ist schließlich die Vielfalt der von Asam angewandten Techniken. Die Skala reicht von der reinen Bleistift-, Feder- oder einfarbigen Pinselzeichnung bis zum bunten Aquarell. Lavierung, Weißhöhung, Rötel erlauben zahlreiche Mischformen. Selbst Ölfarben scheinen für seine Entwürfe benützt worden zu sein. Die Formate wechseln von Handtellergröße bis zum üblichen Skizzenbuchblatt oder gar zum Großfolio. Das Papier ist zumeist naturgetönt, manchmal auch hellgrau, bräunlich oder braun, in seltenen Fällen gefärbt.

Ausgesprochen bildhaft angelegte und sorgsam ausgearbeitete Vorzeichnungen, wie sie zur Unterrichtung der Auftraggeber oder zur Übertragung in das Fresko oder Altarbild durch fremde Mitarbeiter erwartet werden könnten, fehlen bis auf eine Ausnahme. Gerade sie beweist jedoch, daß Asam auch diese Werkgattung vertraut gewesen sein muß, denn das große, genau konstruierte und buntfarbige Aquarell mit dem *Heiligen Jakobus dem Älteren von Compostela* [Z 13] gibt sich durch Signatur und Datum als Bewerbungs- oder Informationsskizze vor der Erteilung des Auftrags zu erkennen. Asam war im Herbst 1721 auf Empfehlung seines Schwiegervaters nach INNSBRUCK gereist, um die neue Sankt-Jakobs-Kirche zu besichtigen und im darauffolgenden Frühjahr »Scizen und Riß« für die Ausmalung anzufertigen. Da das Aquarell das Datum 1721 zeigt, der Vertrag mit dem Innsbrucker Magistrat aber erst am 8. August 1722 geschlossen wurde, darf das ungewöhnlich aufwendige Blatt als Vorlage für den Auftraggeber verstanden werden, der zu gegebener Zeit weitere Skizzen und Risse zu folgen hatten.

Einen ähnlichen Vorgang können wir wenige Jahre früher für WEINGARTEN annehmen, wohin Asam ein »Modell« geliefert hatte, das der Fuhrmann Frumer aus Wurzach im April 1718 überbrachte. Man braucht daraus nicht den Schluß zu ziehen, daß es sich um ein großes, dreidimensionales Modell einer Kuppelmalerei gehandelt haben muß, wie wir es um 1735 von Asams Schüler Matthäus Günther kennen, ebensowenig aber werden wir uns darunter ein flüchtiges Konzept vorzustellen haben. Auch in anderen Fällen, bei der Bewerbung um AMBERG 1716, DONAUWÖRTH 1720, FREISING 1724, BRUCHSAL 1728 oder der Schloßkapelle in ETTLINGEN 1732 müssen dem Auftraggeber vor Abschluß des Vertrages genaue und verbindliche Gesamtskizzen vorgelegen haben, von denen indessen keine bisher wieder aufgetaucht ist.

Einen ganz anderen Zweck verfolgte die große römische Zeichnung von 1713 mit dem *Wunder Papst Pius V.* (Abb. 8). Auch sie ist bildhaft ausgeführt, gleich einer sorgfältigen Vorzeichnung für ein Gemälde, aber mit ihren feinen Abstufungen von Braun, Weiß und Grau auf braunem Papier ungleich weniger bunt als das Innsbrucker Blatt. Wie aus der ausführlichen Unterschrift und den Akten hervorgeht, diente die Zeichnung der Teilnahme an dem von der Accademia di San Luca in Rom veranstalteten ›Concorso Clementino‹, bei dem Asam den ersten Preis in der ersten Klasse gewann. Es leuchtet ein, daß Asam mit dieser Zeichnung in erster Linie weniger seine künstlerische Erfindungsgabe unter Beweis stellen wollte, als seine Fähigkeiten, ein vorgegebenes Thema entsprechend dem akademischen Ideal der römischen Anstalt zu einer klaren, ausgewogenen und regelrechten Komposition zu gestalten.

Die übrigen Gesamtentwürfe, die sich den großen Deckenfresken Asams zuordnen lassen, sind weniger anspruchsvoll in der Ausarbeitung und allgemeiner gehalten in den Angaben zu Figuren und Raum. Welche Stelle sie jeweils innerhalb des Werkprozesses einnehmen, kann nur vermutet werden. Die große, mit Rot und Braun lavierte Bleistift- und Rötelzeichnung für das Kuppelfresko in ENSDORF von 1713/14 [Z 4] bemüht sich zweifellos, über die grundsätzliche Anlage und Anordnung des Allerheiligenhimmels hinaus die Helldunkelverteilung und die bestimmenden Akzente der Komposition zu verdeutlichen. Einzelne Figuren und Gegenstände oder die Inschrift eines Buches sind besonders herausgearbeitet, so daß Bernhard Rupprecht vermutet, die Zeichnung könne den Benediktinern zur Begutachtung vorgelegen haben. Dafür sprechen auch die Unterschiede gegenüber der Ausführung, bei der wohl die Änderungswünsche der Auftraggeber zu berücksichtigen waren. Daß die zur Übertragung in das Fresko üblichen Quadrierungslinien fehlen, besagt wenig. Einerseits hat Asam – in den erhaltenen Entwürfen jedenfalls – von dieser Methode nie Gebrauch gemacht, andererseits wurde sie für eine Informationsskizze auch nicht benötigt. Ob die im Zentrum der Kreiskomposition sichtbaren acht Radiallinien als Ersatz für ein Quadrierungsnetz gedeutet werden können, ist fraglich. Sie lassen sich einfacher erklären als Hilfsmittel zur Übertragung von einer vorangehenden, vielleicht kleineren oder flüchtiger gezeichneten Ideenskizze.

Andererseits müssen wir mit der Möglichkeit rechnen, daß es sich Asam, sobald sein Ansehen als Freskant gefestigt war, leisten konnte, auf detailgetreue oder gar farbige Gesamtskizzen zu verzichten. Der einzige für EINSIEDELN gesicherte Entwurf, die *Engelweihe der Kirche in Einsiedeln und Tempelweihe Salomons* (Abb. 1), befindet sich noch im Besitz der Auftraggeber. Wir wissen, daß dem Fürstabt ein »gemachter Riß« vor dem Abschluß der ersten Verträge mit den Brüdern Asam im Februar 1724 vorgelegen hatte. Die allein erhaltene Zeichnung für das Westwandfresko dürfte also gleichzeitig oder etwas später im Zusammenhang mit dem

Fortschreiten der Entwurfsarbeit entstanden sein. Mit Feder über Bleistift gezeichnet, laviert und weiß gehöht, vermittelt sie wohl eine allgemeine Vorstellung über den Aufbau der beiden Szenen, die Stellung und Haltung der Figuren sowie über die Verteilung von Hell und Dunkel, ohne aber jene Schärfe zu besitzen, die etwa einer Umsetzung des ausgeführten Freskos in die Schwarzweißfotografie entsprechen würde. Es bedurfte zweifellos eines ebenso großen Vertrauens des Auftraggebers zu den Fähigkeiten seines Malers wie eines sicheren Gestaltungsvermögens des Künstlers, um von einer solchen Vorlage aus ein monumentales Fresko entstehen zu lassen.

Einen Hinweis auf Asams Schaffensweise gibt vielleicht der Entwurf für das Fresko im ersten Mittelschiffjoch der Zisterzienserkirche FÜRSTENFELD mit der *Vision des Heiligen Bernhard von der Geburt Christi* [um 1731, Z 35]. Die mit Bleistift, Lineal und stellenweise Zirkel konstruierte Kuppelarchitektur weist an Kapitellen und Kämpfern des rechten Säulenpfeilers zahlreiche Einstiche in das Papier auf. Die gegenüberliegende Seite dagegen, die zudem an dieser Stelle leicht verändert ist, begnügt sich mit einigen wenigen Einstichen. Das Phänomen läßt mehrere Erklärungen zu. Die Einstiche können zur Übertragung der Architekturdetails von einer Vorlage gedient haben oder zur Übertragung in das Fresko. Wenn wir in den Restaurierungsberichten von Nägeln und Schnüren lesen, mit denen Asam die Grundlinien seines Freskos in INGOLSTADT festlegte, so könnten die Einstiche in der Zeichnung auch von der maßstäblichen Vergrößerung dieses komplizierten Details an der Decke herrühren, zumal auf dem Blatt unten links ein – bei Asam selten anzutreffender – Maßstab aufgezeichnet ist.

Sollte sich dieser Erklärungsversuch bewahrheiten, so wäre damit zugleich erwiesen, wie frei Asam mit seinen eigenen Vorlagen umging. Ganze Partien der Skizze wurden in der Ausführung – vielleicht auf Wunsch des Auftraggebers, vielleicht der vereinfachenden Fernwirkung zuliebe – geändert, leider nicht zum Vorteil des Freskos. Dasselbe gilt übrigens für die drei anderen Entwürfe für das zweite, dritte und vierte Mittelschiffjoch in FÜRSTENFELD [Z 36-38]. Hier scheinen die Gefahr der Monotonie in der Aufeinanderfolge der Fresken und ihre Einbindung in die übergreifende Deckenornamentik, vielleicht auch Einwände der Auftraggeber und Änderungen des Programms die Ursache für den Verzicht auf die bessere Lösung des Entwurfs gewesen zu sein.

Abb. 1: *Engelweihe der Kirche in Einsiedeln und Tempelweihe Salomons,* Entwurf für das Fresko an der Eingangswand von Maria Einsiedeln, 1724 [Z 24].

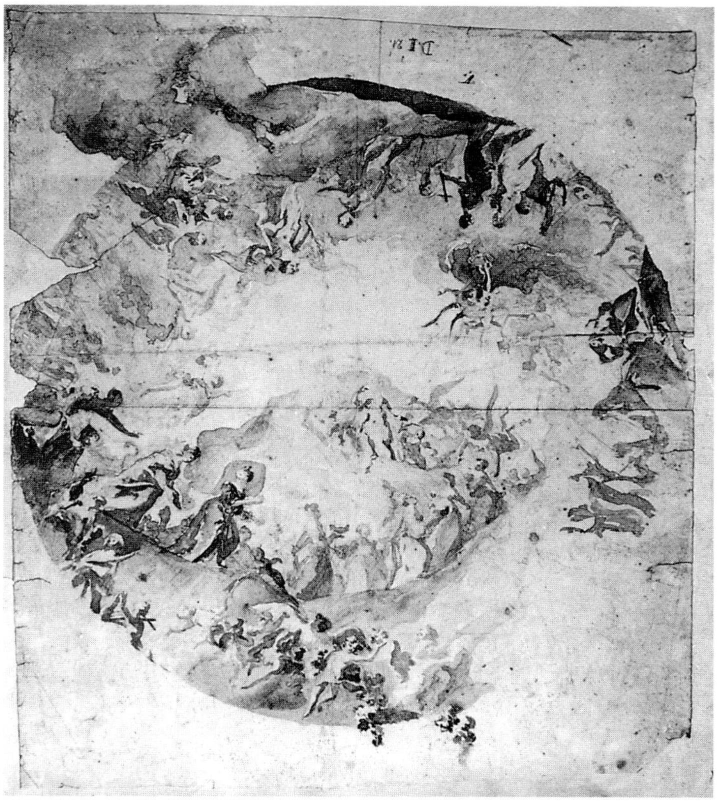

Abb. 2: *Glorifikation von Maria und Anna,* Entwurf für das Kuppelfresko in der Damenstiftskirche Sankt Anna in München, um 1735 [Z 59].

Vergleicht man den um 1727 zu datierenden Gesamtentwurf für das (zerstörte) Hauptfresko in der Heilig-Geist-Kirche [Z 31] zu MÜNCHEN mit späteren Arbeiten wie den Gesamtentwürfen für das Langhausfresko in Sankt Emmeram zu REGENSBURG von 1732 [Z 50] und das (zerstörte) Hauptfresko in der Damenstiftskirche MÜNCHEN von 1735 (Abb. 2), so ist ein zunehmend großzügiger Umgang mit den Angaben zur Ausführung unverkennbar. Die Zeichnung für Regensburg ist zwar schlecht erhalten, aber auch sie begnügt sich – wie die neuentdeckte Skizze für die Damenstiftskirche – mit einer flächigen Nebeneinanderreihung summarisch angedeuteter Figuren und Gegenstände, die nur einen allgemeinen Eindruck von dem beabsichtigten Werk zulassen. Gewiß entspricht dieser Wandel dem Stil in den späten Fresken Asams. Es zeugt aber auch von der zunehmenden Virtuosität des Malers und von seinem unangefochtenen Ruhm, daß die Entwurfsarbeit eine immer freiere Stellung im künstlerischen Schaffen Asams einnehmen konnte.

Neben den Übersichtsskizzen spielten zweifellos die Teilentwürfe und Einzelstudien eine bedeutsame Rolle. Ihre Aufgabe bestand darin, wichtige Gruppen innerhalb einer Gesamtkomposition, herausragende Figuren oder komplizierte Körperhaltungen zeichnerisch vorzubereiten oder im Detail zu klären. Einmal gefundene Lösungen ließen sich in anderen Fresken wiederverwenden, wie etwa die kraftvolle Gestalt des sitzenden *Apostels Thomas* [Z 10], die Asam mindestens dreimal, in den Pfingstkuppeln von WEINGARTEN und ALDERSBACH sowie in einem Medaillonfresko des Doms zu FREISING eingesetzt hat. Der *Schreitende König Luitpold* (Abb. 3) diente als Vorlage für zwei zeitlich weit auseinanderliegende Arbeiten wie die Figur des Königs Luitprand im Freisinger Dom von 1723/24 und des Herzogs Boleslaus in einem der Nebenfresken in WAHLSTATT von 1733. Wo die Zeichnung die Ränder zu sprengen drohte, bei dem sitzenden Apostel oder der Halbfigur des jugendlichen Isaak für den Landhaussaal in INNSBRUCK [Z 52], taucht das fehlende Detail – hier beidemal die rechte Hand – im gleichen Maßstab an anderer Stelle des Blattes auf.

Dem Zweck solcher Studien entsprechend, konnten sie unterschiedlich groß, plastisch und modellhaft ausgebildet sein. Der sitzende *Gottvater mit Opferlamm* in Stuttgart [Z 43] deutet mit unbestimmt tastenden Bleistiftstrichen mehrere Lösungen für die Geste der rechten Hand an und probt darüber nochmals eine bessere aus, ehe durch stärkere Linien und graue Lavierung die endgültige Lösung fixiert wird. Eine Ausführung im Fresko kann für diesen Detailentwurf bisher so wenig nachgewiesen werden wie für manche andere gerade der eindrucksvollsten Blätter, zum Beispiel die *Krönung Mariä* [Z 29]. Späte Detailzeichnungen dagegen, wie die Blätter mit der *Knienden Frau* [Z 63], dem *Evangelisten Johannes* [Z 62] oder den *Drei Männern, ein Tau festhaltend* [Z 64], begnügen sich mit resoluten Rötelkonturen und grober Lavierung, um nur die Grundzüge der Figurendarstellung anzugeben. Möglicherweise erklärt sich ihre ungewöhnliche Eindeutigkeit dadurch, daß sie als Vorlagen zur Ausführung durch andere Hand bestimmt waren.

Abb. 3: *Schreitender König Luitpold,* Entwurf für das achte Emporenfresko an der nördlichen Langhausseite des Domes zu Freising, um 1724 [Z 20].

Gerade bei diesen Blättern, aber auch bei Teilskizzen wie dem Mittelfeld des Deckenfreskos in der Schloßkapelle ETTLINGEN [Z 45] ist die Frage der Eigenhändigkeit schwer zu klären. Stiftvorzeichnung und Konturierung mit Feder treten qualitativ, nicht nur in der Formbeschreibung, so weit auseinander, daß mit der Möglichkeit der Überarbeitung, wenn nicht gar Werkstattbeteiligung gerechnet werden muß. Freilich empfiehlt es sich, die Beurteilungsmaßstäbe nicht schematisch anzulegen. Asams Detailzeichnungen und Einzelstudien müssen mehr noch als die Gesamtentwürfe zum internen Werkstattmaterial gezählt werden, das geringeren Anspruch auf gleichmäßige Perfektion zu erheben brauchte. Das schließt nicht aus, daß auch solche Blätter den Auftraggebern vorgelegen hatten. Die effektvolle Blaulavierung des Hintergrundes auf dem Ettlinger Blatt, das gleichwohl keine Auskunft gibt über die Farbigkeit des auszuführenden Freskos, und die auffällige Hervorhebung des Heiligen in der Mitte sind wohl weniger als freie künstlerische Entscheidungen zu verstehen, sondern als ein Eingehen auf das Vorstellungsvermögen des Auftraggebers.

Ein eigenes Kapitel bilden die Skizzen für die gerahmten Wandfresken. Es ist eine offene Frage, inwieweit der bevorzugte Platz, den sie in Asams Schaffen einnehmen, auf die Initiative des Malers zurückgeht, zumal sie meist dort anzutreffen sind, wo die Brüder gemeinsam für die Ausstattung des Kirchenraumes zuständig waren. Schon 1723/24 hatte Asam in FREISING das Leben des Heiligen Korbinian in einer Sequenz querformatiger Fresken dargestellt. Vergoldete, an den Ecken und in der Mitte geschweifte Stuckrahmen verleihen ihnen die Wirkung von Galeriebildern, die oberhalb der Seitenschiffarkaden an der Brüstungswand der Emporen angebracht sind. In KLADRAU umziehen die gerahmten Freskenbilder 1725-1727 das gesamte Kircheninnere, friesartig aneinandergereiht im Langhaus und Chor, als monumentale Wandgemälde in den Querschiffen. In Sankt Emmeram in REGENSBURG füllen sie 1732/33, alternierend mit plastischen Heiligenfiguren und prunkvollen Leinwandbildern gleich, von vergoldeten Stuckrahmen eingefaßt, die hohen Flächen zwischen den Arkadenbögen und dem Gesims. Auch im Landhaussaal in INNSBRUCK übernehmen sie 1734, zusammen mit den Porträts der Erbauer und Förderer, die Rolle von selbständigen Gemälden in den Feldern zwischen den Pilastern der Seitenwände.

Es mag mehr als ein Zufall sein, daß sich Asams am meisten bildhaft geschlossene Zeichnungen auf Wandfresken dieses Typus beziehen und daß sie zu seinen qualitätvollsten Arbeiten zählen. Die Vermutung drängt sich auf, Asam habe in solchen Werken eine willkommene Möglichkeit erblickt, seine Kunst als Bildermaler, die er mit seiner römischen Preis-Zeichnung so glanzvoll bewiesen hatte, in ihrer ganzen Vielfalt vorzuführen. Hier, wo keine gebrochenen oder gewölbten Flächen, keine illusionistischen Verkürzungen, keine rivalisierenden Stuckornamente oder übergreifenden Dekorationssysteme zu berücksichtigen waren, konnte er, aus dem vollen schöpfend, historische oder legendäre Begebenheiten in epischer Breite schildern, Allegorien arrangieren gleich lebenden Bildern, Beobachtungen aus dem Alltagsleben oder der Natur einbringen und trotzdem seine Vertrautheit mit den Regeln einer idealen Komposition im Sinne seiner römischen Schulung demonstrieren. So nimmt es nicht wunder, wenn von den Zeich-

Abb. 4: *Geburt Mariens,* Entwurf für das dritte nördliche Hochwandfresko im Langhaus der ehemaligen Klosterkirche von Kladrau, um 1725 [Z 26].

nungen für diese Bildgattung besonders viele und bedeutende Beispiele erhalten blieben, sechs für Freising, vier für Kladrau, drei für Regensburg und ebenso viele für Innsbruck. Ihre bildhafte Anlage und die aufwendige Durcharbeitung der meisten von ihnen scheint ihnen das Interesse der Sammler gesichert zu haben, während von den ursprünglich sicher zahlreicheren Deckenentwürfen proportional weniger überlebten. Trotzdem ist auch ihr Bestand keineswegs homogen, selbst wenn wir von den stilistischen Unterschieden absehen. Am gleichmäßigsten präsentiert sich die Gruppe für FREISING mit ihren übersichtlichen Bildräumen, der ausgewogenen Verteilung der Figuren und der plastischen Durchbildung aller Formen. Pathetischer, bewegungsreicher, eindringlicher und differenzierter zugleich sind die drei großen Skizzen für KLADRAU in München [Z 27], Stuttgart (Abb. 5) und Augsburg (Abb. 4), die ein Höchstmaß an Sicherheit und Prägnanz mit kühner Skizzenhaftigkeit, hinreißender Spontaneität und Mut zum Weglassen verbinden. Um so schwungloser und oberflächlicher mutet die zweite Münchner Zeichnung [Z 25] an, obgleich an ihrer Eigenhändigkeit kaum gezweifelt werden kann. Die Frage nach den Ursachen solcher Ungleichwertigkeit stellt sich noch dringlicher bei den späteren Entwürfen. Die Berliner Vorzeichnung für

Abb. 5: *Verehrung der Kirche durch die vier Erdteile,* Entwurf für das dritte südliche Hochwandfresko im Chor der ehemaligen Klosterkirche von Kladrau, um 1726 [Z 28].

das Wandbild in Regensburg mit der *Öffnung des Sarges des Heiligen Emmeram* [Z 48] erzielt mit bescheidenen Mitteln – Bleistift, Schraffierung und ein wenig Weißhöhung auf grauweißem Papier – die Suggestion des Fertigen und Endgültigen, obwohl sich die Form gerade erst vor unseren Augen aus dem Gewirr der zuckenden und vibrierenden Linien herauszulösen scheint. Das zweite Blatt mit der Szene *Der Heilige Emmeram wird seiner Kleider beraubt* [Z 49] entbehrt solcher Eindeutigkeit, um den Nachdruck auf die Verteilung von gleißendem Licht und schwerer Dunkelheit zu legen. Die auf der Rückseite des Berliner Blatts skizzierte Darstellung *Der Heilige Emmeram bestraft einen Spötter* vollends bezieht sich nur auf den linken unteren Teil des entsprechenden Wandfreskos, womit die Bleistiftzeichnung der Kategorie der Detailstudien einzuordnen wäre. Die wörtliche Übernahme in das Fresko läßt aber auch die Vermutung zu, daß Asam für diese Bilderfolge überhaupt nur von Fall zu Fall Vorzeichnungen angefertigt hatte, um den größeren Teil des Freskos unmittelbar aus seiner schier unerschöpflichen Vorstellungsfähigkeit heraus zu malen.

Daß diese drei Zeichnungen nicht als drei verschieden fortgeschrittene Stadien der Werkvorbereitung, sondern als jeweils ausreichende Konkretisierung künstlerischer Ideen zu betrachten sind, legen gerade auch die drei Entwürfe für die Wandbilder in Innsbruck nahe. Auf den ersten Blick erscheint der *Der jugendliche Isaak* [Z 52] wie eine besonders einprägsame und lebensechte Einzelstudie – als solche wurde sie oben auch angeführt –, der eine mehr oder minder flüchtige Gesamtskizze vorausgegangen sein könnte. Ihr stehen die höchst impulsiven und sensiblen Linienvibrationen der Entwürfe für *Rahel und Jakob am Brunnen* [Z 54] und für *Judith mit dem Haupt des Holofernes* (Abb. 9) fast wie exemplarische Extreme gegenüber. Die Judith, quasi in statu nascendi aus dem leeren Papiergrund, scheinbar willkürlichen Schatten und dem Gewirr feiner und feinster Linien heraus sich konkretisierend, doch ohne eindeutig Gestalt anzunehmen, die Rahel-Jakob-Gruppe dagegen durch Lavierung und Weißhöhung bereits zu faßbaren Formen verdichtet, doch ohne Anspruch auf Vollständigkeit, die bei dieser ernsthaften Liebesprüfung auch störend wäre; sie vertreten beide in ihrer Weise unterschiedliche Grade der Realisierung wie auch der Isaak. Ob es die Rücksicht auf den Auftraggeber oder auf die Ausführung im Fresko waren, die diese Unterschiedlichkeit bewirkt hatten, zählt im nachhinein weniger als der souveräne Umgang Asams mit den Mitteln der zeichnerischen Aussage, deren Kraft und Unmittelbarkeit im Fresko meist und immer mehr verlorenging.

Das allmähliche Zurücktreten der Skizze in Asams Spätzeit braucht nicht nur eine Folge der ungleichmäßigen Erhaltung des einstigen Vorbereitungsmaterials zu sein. Es hat auch wenig zu tun mit einer Ermattung der künstlerischen Phantasie des Freskanten in seinen späten Jahren, denn seine Erfindungskraft hat er in Ingolstadt, in der Regensburger Bibliothek oder selbst noch an der Orgelwand der Straubinger Ursulinenkirche im Jahre vor seinem Tode zur Genüge unter Beweis gestellt. Es ist vielmehr durchaus denkbar, daß dem berühmten Meister auf weite Strecken hin – von den Bildthemen abgesehen – und insbesondere bei Nebenfresken wie in Sankt Emmeram oder Innsbruck freie Hand gelassen wurde, so daß sich seine Entwurfstätigkeit auf jene Partien beschränken konnte, die er einer zeichnerischen Klärung für nötig befand.

So mag es denn auch kein Zufall sein, wenn wir in den böhmischen Korrespondenzen und Verträgen Asams nichts von vorzulegenden Rissen, Visierungen oder Skizzen lesen, wohl aber von Programmen und Gedanken, die dem Maler mitzuteilen waren. Es wäre sicherlich interessant zu untersuchen, ob dieser Freiheit im Entwurf auch eine Freiheit in der Ausführung des Freskos, ohne Hilfslinien, Ritzungen oder Pausspuren, entsprochen hat.

Obgleich wir von Asam gegen sechzig Altarblätter kennen – die nicht mehr nachweisbaren, aber in den Archivalien oder glaubwürdigen späteren Berichten genannten eingeschlossen –, lassen sich von den erhaltenen Zeichnungen nur wenige mit dieser Gattung seines Werkes verbinden. Einer der Gründe mag in der noch immer nicht abgeschlossenen Erforschung der Tätigkeit Asams für Malereien aller Art in Öl liegen, ein anderer in der irrigen Zuschreibung der Zeichnungen an fremde Künstler, wie es Helene Trottmanns jüngster Fund [Z 57] gezeigt hat. Aber selbst bei den bestimmbaren Vorzeichnungen ergeben sich Probleme, deren Lösung an dieser Stelle offenbleiben muß.

Wenn Susanne Schoeners Vermutung zutrifft, so wäre das Münchner Blatt mit dem *Heiligen Michael in der Glorie* [Z 5] die früheste der Zeichnungen für ein Altarblatt Asams. Hier bereits stellt sich die Frage nach dem Verhältnis zu den Altarblättern. Handelt es sich um Entwürfe, die bis zur Ausführung mehr oder minder stark verändert und umgearbeitet wurden, waren sie in jedem Fall für Altarblätter und nicht etwa für Fresken vorgesehen oder gehörten sie zu einem Vorrat von Musterzeichnungen, die sich Asam zur jeweiligen Verwendung allmählich zugelegt hatte? So dürfte die Ellwanger Zeichnung mit *Maria als Apokalyptischem Weib* nach dem damaligen Hochaltarbild von Rubens im Freisinger Dom [Z 25] als ein Musterblatt anzusehen sein, das bei Bedarf verwertet werden konnte, ohne daß wir bisher den Nachweis dafür erbringen könnten.

Mit größerer Wahrscheinlichkeit sind die beiden Augsburger Blätter mit dem *Schutzengel* (Abb. 6) und dem *Tod des Heiligen Franz Xaver* [Z 33] als Vorzeichnungen für Altarbilder anzusprechen. Das erste kann – mindestens von der Ikonographie und den Hauptmotiven her – mit dem wiedergefundenen Seitenaltarbild der zerstörten Korbinianskapelle in Weihenstephan von 1720 in Verbindung gebracht werden – ob als freie Vorzeichnung oder als darauf basierende Weiterbildung, bleibe dahingestellt –, für das stilistisch verwandte zweite Blatt fehlt der Hinweis auf eine Ausführung. Ähnliches gilt für die beiden auf das Hochaltarblatt in Osterhofen von 1732 [Z 44] und das Seitenaltarblatt *Der Heilige Hieronymus empfängt die letzte Kommunion* von 1735 [Z 58] in Sankt Anna am Lehel in München bezogenen Zeichnungen. Wenn sie als Vorstudien gedient haben sollten, so wäre in Osterhofen die Komposition beträchtlich verändert und erweitert, in Sankt Anna seitenverkehrt ausgeführt worden.

Eindeutig ist allein das Verhältnis zwischen dem um 1735 zu datierenden Altarbild der *Rosenkranzspende* im Freisinger Diözesanmuseum und der Zeichnung in Bremen [Z 57], die bisher Francesco Solimena zugeschrieben war. Eine derartige enge Übereinstimmung zwischen Entwurf und Ausführung läßt sich in keinem anderen Falle bei Altarbildern Asams feststellen. Die Zeichnung, die mit dem Gemälde zusammen zu Asams geglücktesten Schöpfungen zählt, besticht ebenso durch den sparsamen, bewußten Einsatz der künstlerischen Mittel wie auch durch die Kraft des Ausdrucks. Vielleicht verdankt sie diese Sonderstellung der Aufgabe, dem – unbekannten – Auftraggeber vorgelegt zu werden, wie dies für das gleichermaßen exzeptionelle Aquarell für das Innsbrucker Jakobusfresko anzunehmen ist.

Meidingers Beschreibung des von Asam unvollendet hinterlassenen und testamentarisch seiner Tochter bzw. dem Kloster vermachten Hochaltargemäldes für die Ursulinenkirche in Straubing gestattet es, die trotz Verblassung noch immer faszinierende Pinselzeichnung mit der *Erscheinung der Immakulata* und der *Vertrei-*

Abb. 6: *Schutzengel,* Entwurf von bisher ungeklärter Bestimmung, um 1725-1727 [Z 32].

bung aus dem Paradies [Z 65] auf dieses Bild zu beziehen und in Asams letzte Lebensjahre zu datieren. Über das Verhältnis zum Altarblatt, das um die Jahrhundertwende aus der Kirche entfernt und in den Jahren 1980-1982 aufgrund der Zeichnung neu gemalt wurde, läßt sich keine Angabe machen. Wenn die Bestimmung zutrifft, wofür auch der für Asams Spätzeit typische flüssige Lavierungsstil unter Verzicht auf die Mitwirkung von Federzeichnung spricht, so wäre bestätigt, daß Asams Erfindungs- und Gestaltungsgabe bis zu seinem Tode, jedenfalls auf dem Gebiet der Zeichnung, ungebrochen und ungeschwächt geblieben ist. Nicht eindeutig zu erklären sind die scharfkantigen Einritzungen oder Durchgriffelungen anstelle des zeichnerischen Konturs der Figuren. Am plausibelsten ist die Annahme, daß die Komposition mit ihrer Hilfe auf ein neues, vielleicht präziser auszuarbeitendes Blatt, eine Art von Reinskizze also, übertragen werden sollte. Darüber Spekulationen anzustellen, ist nutzlos. Immerhin könnte eine weiter durchgeführte oder aber eine nur die Umrißzeichnung wiedergebende, eigenhändige Zweitfassung unsere noch immer unbestimmte Vorstellung von Asams spätem Zeichenstil revidieren helfen.

An dieser Stelle ist auf die Frage einzugehen, ob Asam von der Ölskizze als Mittel der Werkvorbereitung Gebrauch gemacht hat. Mag auch die Bedeutung des Terminus ›Modell‹, das der Fuhrmann 1718 nach Weingarten gebracht hatte, dunkel sein, hellhöriger werden wir bereits bei der Nachricht des Dekans Unertl an das Generalvikariat in Freising von 1730, wonach Kurfürst Karl Albrecht an Stubers Riß für den Chor von Sankt Peter in München »ain gresseres Gefallen, dan des Asambs aufgestellten Modell erwiesen« habe, das offenbar von den Brüdern Asam angefertigt worden war. Ölskizzen lassen sich auch in Süddeutschland vereinzelt schon im ersten Viertel des 18. Jahrhunderts nachweisen, so bei Melchior Steidl (um 1715; Würzburg, Martin-von-Wagner-Museum), der zum Münchner Kollegenkreis Georg Asams gehörte. Vor allem die einstigen Schüler und Mitarbeiter Asams, Matthäus Günther, Thomas Christian Scheffler oder Otto Gebhard verwendeten die Ölskizze bereits zu Lebzeiten ihres Lehrmeisters, als dreidimensionales Kuppelmodell, als Altarblattskizze oder als Vorlage für Thesenblätter. Der merkwürdigste Fall sind die Ölskizzen zweier Hochwandfresken Asams in Sankt Emmeram [Umkreis 20 und 21] zu Regensburg, die früher Asam selbst zugeschrieben waren, dem Stil zufolge aber von Otto Gebhard gemalt wurden, wobei unentschieden ist, ob sie als skizzenhafte Kleinkopien nach den Fresken oder als Umsetzung von Vorzeichnungen Asams in das Medium der Ölskizze zu betrachten sind.

Daß Asam tatsächlich Ölskizzen gemalt hat, ergibt sich aus dem nach seinem Tode aufgestellten Nachlaßinventar. Dort werden unter den Malereien, die sich im Saal befinden, »vier Scüzi von altar blättern vom H. Erblasser selbst gemahlen« aufgeführt. Wir erfahren zwar nichts über Entstehungszeit und Verwendungszweck, der Wortlaut indessen läßt keinen Zweifel zu, daß auch Asam Ölskizzen, mindestens für Altäre, gemalt hat, wenngleich sich bisher keine davon wiedergefunden hat. Diese Gewißheit wird gestützt durch eine zweite Nachricht desselben Inventars, die »ain Sküzo Worauf Ihro Drtl. Churprinz: Und mehr Figuren vom H. Erblasser gemahlen« verzeichnet. Auch diese Skizze blieb nicht erhalten, wohl aber das danach ausgeführte und von Josef H. Biller bekanntgemachte Schabkunstblatt [D 16] von 1727. Das figurenreiche Bildfeld des großformatigen Thesenblatts stellt den neugeborenen Thronfolger Max Josef mit seiner Mutter im Kreis von allegorischen Gestalten dar und trägt im Sockel der dreiteiligen Thesenfelderleiste links die Signaturen »Cosmas Damian Asam inv: et ping.«, darunter »Ægidius Quirinus Asam del.« Die gemalte Vorlage werden wir uns als Grisaille in Art der Thesenblätterskizzen Schefflers [Umkreis 18 und 19] denken dürfen. Auch in diesem Bereich ist die Asamforschung also in Fluß gekommen, ohne daß bisher neue Funde von Originalarbeiten präsentiert werden könnten. Immerhin besteht die Hoffnung, daß die gesuchten Ölskizzen eines Tages wieder zum Vorschein kommen und der Erkenntniszuwachs sich nicht nur auf den trockenen Nachweis zu beschränken braucht, daß Asam solche gemalt hat.

Einer Nachricht von 1741 zufolge hatte der »verstorbene Herr Asam« 1728 den Riß für den Hochaltar der Wallfahrtskirche Maria Dorfen geliefert. Dieses ›Visier‹ scheint in einer meisterhaft klaren und zugleich suggestiv wirkungsvollen Zeichnung [Umkreis 6] erhalten zu sein. Damit geraten wir mitten in die Auseinandersetzung um Cosmas Damians Tätigkeit als Entwerfer für Bauten und Altäre. Seinen Lebensdaten nach kann nur er mit dem »verstorbenen Herrn Asam« gemeint sein, dem Zeichenstil des Münchner Risses nach scheidet er dafür aus. Keine der gesicherten Zeichnungen Cosmas Damians weist ähnlich gleichmäßige Strichführung, gefällige Figurentypen, liebliche Gesichter auf, bei keiner wird die aktive Phantasie des Betrachters so wenig gefordert. Wie dieser Widerspruch aufzulösen sei, muß dahingestellt bleiben.

Andererseits hat Cosmas Damian mit Sicherheit auch Pläne und Risse für Bauwerke gezeichnet, nachdem er als Architekt bezeugt ist. Wie Abt Benedikt Werner von Weltenburg berichtet, hat »den Riß zur Kirche ... Cosmas Damian Asam pictor et architector ... von München gezeichnet, welchen nachhin Franz J. Mörl in München auf einem großen Blatt ... in Kupfer gestochen hat«. Eine Zeichnung von ihm liegt auch Mörls Kupferstich mit dem Innern des Freisinger Domes nach der Neugestaltung durch die Brüder Asam [D 13] zugrunde, dessen Platte erhalten blieb, während von den gezeichneten Architekturprospekten Asams bisher keiner wieder aufgetaucht ist. Immerhin bezeugt der imposante Freisinger Kupferstich Asams Kunst perspektivischer Raumdarstellung und zugleich die Weise, wie er seine eigenen Fresken gesehen haben wollte.

Als Entwurf für ein als Schabkunstblatt oder Kupferstich auszuführendes Thesenblatt darf wohl auch die grau lavierte und weiß gehöhte Pinselzeichnung mit der *Himmelfahrt des Heiligen Benedikt* (Abb. 7) angesehen werden, deren »rauschenden Schwung« nach Baumeister kein Werk unter Asams zeichnerischen Arbeiten erreicht. Ein ähnliches Thema hat Johann Carl von Reslfeld (gestorben 1735) für ein Thesenblatt in Sankt Peter in Salzburg gezeichnet, das 1741 von Leonhard Heckenauer in Augsburg gestochen wurde. Archivalisch bezeugt ist schließlich der Entwurf Asams für einen großen Wappenkalender des Münchner Liebfrauenstifts von 1735/36, von dem sich bisher kein Exemplar ermitteln ließ.

Die Zahl der auf Vorlagen von Asam zurückgehenden graphischen Blätter oder Folgen wird sich durch weitere Funde sicher noch erhöhen. Einige davon hat er sogar selbst gestochen. Die allein erhaltenen Vorzeichnungen für *Otto von Wittelsbach* [Z 6] und *Theodo I.* [Z 7] der gleichzeitigen Stiche von Franz Joseph Mörl in der Festschrift der Jesuiten anläßlich der Rückkehr Kurfürst Max Emanuels von 1715 sind trockene und steife Frühwerke, die von den vielseitigen Ausdrucksmöglichkeiten des reifen Künstlers noch wenig verraten. Auch der Entwurf für die Ehrenpforte zur Hochzeit Kurfürst Karl Albrechts 1722 [Z 14], den Mörl in Kupfer stach, verbleibt – trotz seiner malerischen Reize – im Bereich der dekorativen Gelegenheitsarbeiten. Die kaum sichtbaren Hilfslinien dürften weniger zur Übertragung in das Großformat als für die zeichnerische Konstruktion der Architekturglieder gedient haben, die denn auch den figürlichen Partien gegenüber zu unbeholfen ausgefallen sind.

Abb. 7: *Himmelfahrt des Heiligen Benedikt,* Entwurf (Ausschnitt) von bisher ungeklärter Bestimmung, zwischen 1731 und 1735 [Z 56].

100 Gulden hatte »H. Asam Mahler, welcher die Zeichnung, wie die Statua solle gemacht werdten, Verfertigt hat«, von den Kanonikern des Münchner Liebfrauenstiftes erhalten. Diese 1731 bestellte Silberplastik der Immakulata ist verloren, ebenso Asams Entwurf, ihr Aussehen dagegen durch eine späte Nachzeichnung und einen Stich [D 21] bezeugt. Das ungewöhnliche Format, die betonte Konturierung und der Verzicht auf kleinteilige Details erlauben es, auch in dem Blatt mit dem *Moldausturz des Heiligen Johann Nepomuk* [Z 61] die Vorlage für ein Relief zu vermuten. Asam hatte das Motiv wohl 1736 in Prag nach einem Relief am Grabmal des Heiligen im Veitsdom frei kopiert, um es in eine werkgetreue Vorzeichnung zu übersetzen. Für eine reine Nachzeichnung wäre sie zu groß und zu plakativ, während sie sich ohne weiteres im Maßstab 1 : 1 als Silber-, Stuck- oder Holzrelief ausführen ließ. Vielleicht sollte sie bei der damals begonnenen Innenausstattung der Münchner Asamkirche Verwendung finden.

Asams Zeichenstil ist so ausgeprägt, daß es in den meisten Fällen keine Meinungsverschiedenheit in Zuschreibungsfragen gibt. Das heißt nicht, daß er sich über die ganze Zeit hinweg nicht verändert hätte. Die frühen Zeichnungen unterscheiden sich deutlich von den späten, wenngleich von einer stilistischen Entwicklung, im Sinne eines grundlegenden Wandels vom Barock zum Rokoko etwa, nur mit Vorbehalt gesprochen werden kann. Sein zeichnerischer Stil spiegelt vielmehr den konsequenten Anstieg zur Meisterschaft und den souveränen Umgang mit den dadurch erworbenen Fertigkeiten wieder, ohne ähnliche Spuren von Stagnation aufzuweisen, wie sie in Asams malerischem Spätwerk unverkennbar sind.

Sicher hatte Asam schon gezeichnet, ehe er 1713 mit der akademischen Preisarbeit (Abb. 8) sein in Rom erworbenes Können unter Beweis stellte. Trotzdem zeigen die gleichzeitig oder in den ersten Jahren nach der Rückkehr entstandenen Zeichnungen Asams Stil noch immer im Reifen begriffen. Den frühen Kompositionen fehlt die straffe Ordnung, die sichere Struktur, die Prägnanz im Wechsel mit Lockerheit, die seine Zeichnungen ab Weingarten charakterisieren. Es ist wohl mehr als ein Zufall, daß sich für die großen Aufträge nach 1718 besonders viele qualitätvolle Zeichnungen erhalten haben. Ideenskizzen, Gesamtentwürfe von manchmal beträchtlichem Format, Einzelstudien klären die Bildanlage, geben Auskunft über die Licht- und Schattenverteilung, über die Hell-Dunkel-Werte der farbigen Ausführung, bestimmen den Kontur und die Massigkeit, arbeiten den Fall der Gewänder und Stoffe heraus, legen die Gestik und Physiognomik der Figuren

Abb. 8: *Wunder des heiligen Papstes Pius V.,* Ausschnitt aus der mit dem ersten Preis ausgezeichneten Wettbewerbsarbeit Cosmas Damian Asams beim ›Concorso Clementino‹ 1713 [Z 2].

Abb. 9: *Judith mit dem Haupt des Holofernes,* Entwurf für ein Wandmedaillon im Saal des Landhauses zu Innsbruck, um 1734 [Z 53].

fest. Nicht alle Partien brauchen gleichmäßig durchgebildet zu sein, aber die Vorstellbarkeit des Ganzen ist gewährleistet. Asam scheint seine Großmalereien nie wieder so eingehend und bedachtsam vorbereitet zu haben, wie in den Jahren zwischen 1718 und 1725. Jetzt legte er sich jenen Vorrat an Zeichnungen zu, vermehrt durch eigene Kopien und fremde Nachstiche vorbildhafter Werke, auf die er später immer wieder zurückgreifen konnte.

Mit den prächtigen Entwürfen für Kladrau beginnt eine neue Phase seiner Zeichnungskunst. Die Linien erhalten ein Eigenleben, das sich über die Formenfindung und Formenbeschreibung hinaus erhält. In ähnlich freiem Spiel werden Lichter und Schatten, Lavierung und Weißhöhung eingesetzt. Schwungvolle Bewegungsabläufe schließen die Figuren zusammen, erschließen die Bildtiefe und setzen dominierende Akzente. Die Skala der Ausdrucksmöglichkeiten wird differenziert und verstärkt, die Draperien gewinnen an Mächtigkeit und Lebendigkeit. »Dabei sind« – wie Helene Trottmann feststellt – »die Angaben zur Form durchwegs sehr präzise und die Gestalten so konzipiert, daß sie auch als einzelne, autonome Figurenstudien herausgegriffen werden könnten.«

Die Zeichnungen für Fürstenfeld (um 1731) unterscheiden sich nicht nur durch ihre Feinheit und Zartheit, sondern auch durch die Ökonomie der zeichnerischen Mittel. Das Pathos hat sich beruhigt, der Aufwand verringert. Lavierung und Weißhöhung vermitteln einen wie aus der Ferne gesehenen Eindruck der Komposition, schwerelos und überirdisch schimmernd. Die gezeichnete Linie kehrt in den Dienst der Form zurück, aber konkurriert nicht mehr mit dem flüssigen Pinsel. Für Gesten und Gebärden genügen sparsame, unmißverständliche Andeutungen. Auch wenn die Fürstenfelder Entwürfe vielleicht eine frühe Stellung im Werkprozeß einnehmen sollten und großenteils weit von der Ausführung entfernt sind, so sprechen sie doch von einer neuen Freiheit des Skizzierens und einer schwebenden Leichtigkeit des Gestaltens, die im Fresko zunehmend verlorengeht.

Nicht nur zweckbedingte Eindeutigkeit der Studien und Vorlageblätter bestimmt den späten Zeichenstil Asams, sondern auch der huschende Einsatz von Stift und Pinsel. In dem nun immer dünner werdenden Bestand der letzten Entwürfe erweist er sich als ein ebenso geschmeidiges wie arbeitssparendes Ausdrucksmittel. Schon die zeitlich vorangehenden Zeichnungen hatten – mit wenigen Ausnahmen – einen für Sammler und Liebhaber faszinierenden Einblick in den Entstehungsprozeß eines Kunstwerks geboten, jetzt eröffnen sie neue Dimensionen der Mitteilung wie der Gestaltung, die ihr allein zu eigen sind. Menschliche Empfindungen, Fröhlichkeit, Trauer, Hingabe, Liebe, zeichnen sich ab, wo die Ausführung in Innsbruck oder Regensburg Drastik und lauttönende Überredung verlangt. Die Entwürfe für die Damenstiftskirche in München oder das unvollendete Hochaltarblatt für Straubing sind mit Blei und Pinsel auf das Papier fast nur hingehaucht. Das Hier und Jetzt spielt keine Rolle, die Schauplätze siedeln sich im Irgendwo der Phantasie an, ätherische Gestalten treten ins Licht oder lösen sich im Schatten auf. Es gibt in diesen späten Zeichnungen so viel Eleganz, Anmut und »irdisches Vergnügen in Gott« wie nie zuvor bei Asam. Im Mittelpunkt von *Benedikts Himmelfahrt* träumt ein Engel, dessen durchaus leibhaftige Schönheit im gleichen Pinselzug in Verklärung übergeht und alle Unruhe des Triumphes stillt.

Asams spätes malerisches Œuvre mag Ermüdungserscheinungen aufweisen, in Routine zu verebben drohen oder anderen Händen zur Ausführung anvertraut worden sein. In seinem zeichnerischen Werk läßt sich bis zuletzt kein Nachlassen der schöpferischen Kraft feststellen. Seine Entwicklung als Zeichner verläuft gewiß nicht geradlinig oder eingleisig von zaghaften und unselbständigen Anfängen bis zu nicht mehr zu steigernder Virtuosität. Seine Zeichnungen bleiben stets – und das gereicht ihnen zum Vorteil wie zum Nachteil – ausführungsbezogenes Entwurfsmaterial, das keinen Anspruch auf Vollkommenheit erhebt. Dennoch enthalten und entfalten sie hohe künstlerische Qualitäten, wie die zunehmend sichere Handhabung der graphischen Mittel, die Erprobung neuer Möglichkeiten, die überlegte Füllung der Papierflächen, die Umsetzung von Farbe in Schwarz-weiß-Werte und nicht zuletzt die – sit venia verbo – Vergeistigung der Materie in seinen letzten Schöpfungen. Auch wenn mit Baumeister zu hoffen ist, »daß mit der Zeit das zeichnerische Werk unseres Meisters sich weiterhin vermehren und klären lassen wird«, so steht jetzt schon fest, daß Asam als Zeichner dem Maler Asam ebenbürtig und »den Besten seiner Zeit beizuzählen ist«.

LITERATUR

Baumeister 1953 – Biller 1984 – Bushart 1961 – Bushart 1964 – Bärbel Hamacher, Medien der Werkvorbereitung in der süddeutschen Freskomalerei des 18. Jahrhunderts, Diss. München 1986 (noch unveröffentlicht) – Hoyer 1980 – Karnehm 1985 – Reichwald 1986 – Schoener 1966 – Trottmann 1980, 1984, 1986 – Tyroller 1978 – Ausst. Kat. München 1985.

Heinz Jürgen Sauermost

Cosmas Damian Asam als Architekt

Cosmas Damian Asam signierte 1721 das Deckenbild in der Kirche des Benediktinerklosters Weltenburg als »Pictor et Architectus«, als »Maler und Baumeister«. Nur in Weltenburg können wir den Künstler ohne beunruhigende Fragezeichen als Architekten erleben. Wenn wir über den frühen Kulminationspunkt seines architektonischen Schaffens ausgreifen, geraten wir sofort auf unsicheres Gelände mit fließenden Grenzen. Die Grenze zu den Bauten seines Bruders Egid Quirin weist Einbuchtungen und Exklaven auf; von einigen Projekten erfahren wir nur durch Schriftquellen, ohne sie anschaulich beurteilen zu können; einige Bauten sind abgebrochen worden und durch alte Darstellungen nur unzulänglich dokumentiert; die Feststellung von Eingriffen des Freskanten in historische Bauten und solche fremder zeitgenössischer Baumeister hängt ebenso von der Sicht des Kunsthistorikers ab wie die Einschätzung der Klosterkirche von Frauenzell, des letzten in Frage kommenden Bauwerks. Die Weltenburger Kirche selbst erfordert ein Einfühlungs- und Verständnisvermögen, das sich nicht durch einen hergebrachten Standard begrenzen läßt. Das Thema läßt sich nur behandeln, wenn man das Ausufern ins Spekulative nicht von vornherein mit einem negativen Vorzeichen versieht.

Am 7. März 1711 wurde Georg Asam, der Vater des berühmten Bruderpaars, im oberpfälzischen Sulzbach bestattet, wo er 61jährig gestorben war. In der Art eines Wanderkünstlers war er den Aufträgen gefolgt, begleitet von seiner Familie.[1] Seine Söhne Cosmas Damian und der sechs Jahre jüngere Egid Quirin hatten bei dem Freskanten, Öl- und Faßmaler eine Malerausbildung erhalten und waren von ihm zur Mitarbeit herangezogen worden. Gewiß hätte der 24jährige Cosmas mit seinem 18jährigen Bruder, unterstützt durch Mutter und Schwester, die väterliche Malerwerkstatt in der eingespielten Weise weiterführen können. Er tat dies nicht. Das Brüderpaar nutzte die durch den Tod des Vaters gegebene Zäsur zu einer Neuorientierung. Die Situation war für eine Umstellung des Familienbetriebs insofern günstig, als einerseits der bereits zehn Jahre dauernde Spanische Erbfolgekrieg mit der Besetzung Bayerns durch die Österreicher die Kunsttätigkeit behinderte, andererseits nach seinem Ende eine um so stärkere Aktivität zu erwarten war. Dann sollte es eine ›Firma Asam‹ geben, die jeder Anforderung gewachsen sein, die mit ihren Vorschlägen die Vorstellungen der Bauherrn weit übertreffen könnte.[2] Dann sollte ein einheitlicher Schwung das gesamte Werk ergreifen. Die überlieferten Fakten lassen sich zum Bild eines ganz bewußten Neuansatzes bündeln.

Man intensivierte die gegebene Bindung an die Hauptstadt des Kurfürstentums und suchte den Kontakt zu Rom, der Hauptstadt des Katholizismus und der kirchlichen Kunst. Eine Ausweitung und Aufspaltung der Arbeitsbereiche war erforderlich. Der Jüngere wechselte das Fach und trat am 25. Juli 1711 bei dem Münchner Hofbildhauer Andreas Faistenberger eine sechsjährige Lehre an.[3] Cosmas ging nach Rom.[4] Die Brüder nahmen Trennung und erneute Lehrzeit auf sich im Hinblick auf zukünftige gemeinsame Tätigkeit ganz neuer Qualität. Sie handelten geblendet durch eine Vision.

Die Vision einer neuen Kunst von bisher unbekannter Strahlkraft verdankten die Brüder dem Traktat Andrea Pozzos, dem erfolgreichsten Kunstlehrbuch der Barockzeit.[5] Das zweibändige, 1693 und 1700 in Rom in lateinisch-italienischer Fassung herausgekommene Werk hatte der Augsburger Kunsthändler Jeremias Wolff 1706 und 1711 erstmals mit lateinisch-deutschem Text in handlicherem Format ediert. Hier vermittelte ein Meister, der sich in Rom bestens bewährt hatte, seine Kunstfertigkeit erschöpfend und ließ es als vorzüglicher Lehrer nicht an aufmunternden Worten fehlen. An den Titel von Pozzos Traktat ›Der Mahler und Baumeister Perspectiv‹ knüpft Cosmas Damians Weltenburger Signatur an.

Der 1642 in Trient geborene Jesuitenbruder hatte in der Papststadt mit der Ausmalung der zweiten Ordenskirche Sant'Ignazio die Quadraturmalerei, die illusionistische perspektivische Deckenmalerei, ihrer Vollendung zugeführt. In der Kaiserstadt Wien, der er mit der Umgestaltung und Ausmalung der Kirche der Jesuitenuniversität seine Kunst vor Augen geführt hatte, war er 1709 gestorben.

Ebenso wichtig wie die Anleitungen zur Beherrschung der Quadraturmalerei waren für die Brüder Asam Pozzos Altarentwürfe, für ihre Architekturen anregender als dessen Kirchenbauprojekte. Insbesondere sein Altarprojekt für die römische Jesuitenkirche Il Gesù, das er in Ansicht und Schnitt mit den Figuren 73 und 74 des zweiten Bandes vorstellt, bildet den Ausgangspunkt für die Hochaltäre der Kirchen von Weltenburg und Rohr, die integrale Bestandteile der beiden Räume sind. Pozzo offeriert im Begleittext verschiedene Möglichkeiten der Durchführung – mit und ohne Öffnung der Apsis zu einem rückwärtigen Lichtraum. Die beiläufige Bemerkung: »... falls der Wille des Bau-Herrn / und die Kunst deß Bau-Meisters hierinnen einerley Zweck und Absehen hätten« war geeignet, den beiden jungen bayerischen Künstlern die Unumgänglichkeit eigener architektonischer Entwurfstätigkeit klarzumachen, sollten nicht ihre bildnerischen Konzepte unter baumeisterlichen Vorgaben leiden. Schließlich hatte die Deckenmalerei ihres Vaters sich unter vorgegebenen Bedingungen nicht so entwickeln können, wie es den von Pozzo belehrten Söhnen wünschenswert erschien. Pozzo, der die ›Gründung‹ der ›Firma Asam‹ – gemeint ist damit zunächst der Entschluß zu Arbeitsteilung und weiterer Ausbildung – auslöste, gab demnach auch die Anregung zum Ausgriff in den Bereich der Baukunst. Dies erschien als ein kleiner Schritt, da der Deckenmaler wie der Altarbauer ohnehin über architektonische Kenntnisse verfügen mußte.

Am 23. März 1713 gewann Cosmas Damian Asam als Student der Accademia di San Luca in Rom den ersten Preis der ersten Malklasse. Im Lauf jenes Jahres wird er zurückgekehrt sein, denn 1714 signierte er bereits das Kuppelfresko der Benediktinerkirche im oberpfälzischen Ensdorf. Pater Karl Meichelbeck vermerkt in seinem römischen Tagebuch unter dem 29. Januar 1713 ein Treffen mit Cosmas, ohne Egid zu erwähnen. Dieser wurde 1716, ein Jahr vor dem vereinbarten Termin, lediggesprochen. In der Verkürzung der Lehre könnte der Schlüssel zur Lösung der archivalisch vorerst nicht zu beantwortenden Frage von Egids Rombesuch liegen. Hat er – gleichsam als Wanderschaft im Anschluß an die Lehre – 1716 eine Reise in die Papststadt unternommen, kurz, aber von Cosmas intensiv vorbereitet? Sicher zu Recht nimmt man allgemein an, daß er die Wunder Roms, vor allem die Werke Giovanni Lorenzo Berninis, erlebt hat.

Diese Überlegungen führen uns an die Baukunst der Brüder Asam heran. Wie kam der nahezu siebzigjährige Propst des Augustinerstifts Rohr, Patritius von Heydon, dazu, den erst 24jährigen Bildhauer Egid Quirin mit dem Entwurf der neuen Kirche zu beauftragen? Sein Verantwortungsgefühl hätte ihn an den älteren Bruder, den er wohl im nahen Weltenburg kennengelernt hatte, verweisen müssen. Man darf vermuten, daß Cosmas selbst Egid empfohlen hat, als dieser nach Gleichstellung drängte und überdies mit einem großartigen Altarentwurf, der die Kirchenarchitektur voll dominiert, aufwarten konnte. Der Grundstein der Rohrer Kirche wurde 1717, ein Jahr nach Weltenburg, gelegt.

Der Benediktbeuerner Pater Karl Meichelbeck berichtet in den Annalen der bayerischen Benediktinerkongregation unter dem Jahr 1718 mit Bezug auf die Korbinianskapelle in WEIHENSTEPHAN vor Freising, Cosmas Damian Asam sei in Rom mit höchstem Erfolg in der Malerei und Baukunst ausgebildet worden – »in pictoria etiam architectonica arte singulariter et summa laude exercitato«.[6] Obwohl der Chronist den Künstler recht gut kannte, müssen wir die Stelle nicht wörtlich nehmen. Gewiß hat Cosmas die römische Barockarchitektur studiert, sicher hat er im Zusammenhang mit der Quadraturmalerei das Zeichnen architektonischer Entwürfe geübt, aber ein Baumeister, der auch die praktische Seite beherrschte, war er gewiß nicht. Inwieweit er auch als Entwerfer von Architektur eine Sonderstellung einnimmt, soll die Betrachtung der Weltenburger Kirche erweisen.[7]

Kloster WELTENBURG war aus einer nahezu tausendjährigen Geschichte als stärkster Aktivposten der Ruhm verblieben, das älteste Kloster Bayerns zu sein, als man 1709 den Franziskanerbruder Philipp Plank mit der Neuplanung der ruinösen Konventbauten beauftragte.[8] Ein konkretes Stadium erreichten die Bauabsichten 1713 mit der Wahl von Maurus Bächl zum neuen Abt. Bächl hatte sich als Prior von Frauenzell und dann als kurzzeitiger Prior des bauenden Klosters Ensdorf den Ruf eines vorzüglichen Verwalters erworben. Er nahm – im letzten Jahr des Spanischen Erbfolgekriegs – die Weltenburger Wahl erst nach Zusicherung finanzieller Hilfe von höchster Stelle an, wußte sich dann die Unterstützung des aus dem Exil zurückgekehrten bayerischen Kurfürsten Max Emanuel zu sichern und resignierte 1743, sechs Jahre vor seinem Tod, als der Österreichische Erbfolgekrieg ein gutes Wirtschaften unmöglich machte.

1713 ließ Abt Maurus die Marienkapelle auf dem Frauenberg erneuern, im folgenden Jahr den Klosterneubau beginnen, als Cosmas Damian Asam die Ensdorfer Kirche freskierte. Daß er dem Freskanten die Möglichkeit gab, erstmals einen Bau zu entwerfen und eine Gesamtkonzeption im Sinne Pozzos zu realisieren, erweist ihn als mutigen Bauherrn. Am 29. Juni 1716 wurde der Grundstein zur neuen Kirche gelegt, am 9. Oktober 1718 der Rohbau geweiht. 1721 malte Cosmas Damian das Hauptdeckenbild und richtete Egid Quirin den Hochaltar auf. Mit den letzten Komplettierungen zog sich die Ausstattung des Raumes bis 1751 hin.

Die mittelalterliche, wohl 1191 geweihte Kirche war ein langgestreckter Saal, dessen östliches Drittel als Mönchschor von einem Lettner abgeschieden war. Während ihre West-, Ost- und Nordgrenze für den Neubau bestimmend blieben, wurde dessen Südmauer gegen den Frauenberg verschoben und der Grundriß wegen des Abhangs leicht entgegen dem Uhrzeigersinn geschwenkt.[9] Die Steigerung der Kirchenbreite um etwa ein Drittel war notwendig, um bei der neuen Grundrißdisposition mit ihren räumlichen Kontraktionen die alte Nutzfläche einigermaßen zu halten.

An ein ovales Schiff fügen sich im Westen und Osten symmetrisch eine Vorhalle, über der der Mönchschor plaziert ist, und das Altarhaus. Die Kuppel des Ovalraums ist weit gegen einen flachgedeckten Tambour geöffnet, der von zwölf Fenstern durchlichtet wird. Hinter dem Hochaltar bildet die Apsis ein ähnliches Lichtgehäuse. Längs- und Querschnitt suggerieren eine gleichförmige Aussetzung des Ovals mit vier breiten und hohen Arkaden in den Achsen, zwischen denen kleinere Arkaden Kapellen von nahezu halbkreisförmigem Grundriß erschließen. Insbesondere vermittelt der Ring des Gewölbes derart den Eindruck von rundlicher Gleichförmigkeit, daß die meisten Beschreiber viel zu stark dabei verharren. Tatsächlich bildet die Gleichförmigkeit die Basis für eine subtile, aber prägnante Differenzierung (Abb. 1 und 2).

Beim Betreten des Kirchenraums erscheinen die Zielpunkte des Hochaltars und des Deckenfreskos zunächst grell, bis sich das Auge an die Lichtverhältnisse gewöhnt hat. Der Zusammenhang des Ganzen ist wichtig, da die Architektur ohne ornamentale und bildliche Ausstattung in den Details unverständlich bliebe. Der ockerfarbene Weltenburger Marmor gibt dem Kircheninneren eine Ernsthaftigkeit, die ebenso römisch-gravitätisch wie lokal-naturhaft wirkt. In die Geborgenheit des Ovalraums bricht das Licht der Überwelt – in einer unmittelbar erlebbaren, oft beschriebenen Mystik. Lediglich die verglasten Bogenfelder der Querachse spenden unverhülltes Tageslicht. Die andere Lichtart macht auf eine

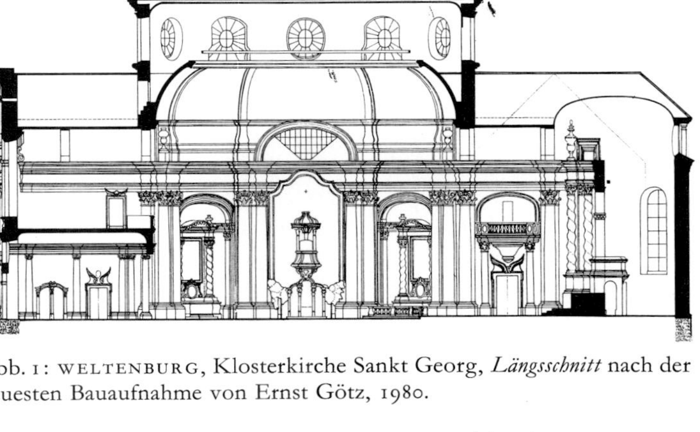

Abb. 1: WELTENBURG, Klosterkirche Sankt Georg, *Längsschnitt* nach der neuesten Bauaufnahme von Ernst Götz, 1980.

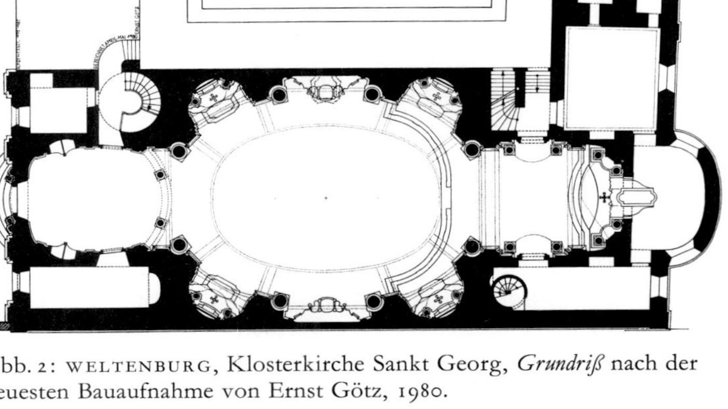

Abb. 2: WELTENBURG, Klosterkirche Sankt Georg, *Grundriß* nach der neuesten Bauaufnahme von Ernst Götz, 1980.

Sonderstellung der Querachse aufmerksam, die durch jedes Detail ihrer Ausgestaltung bestätigt wird, insbesondere durch das Vorziehen der Säulen, so daß die Linie des Ovals unterbrochen wird.

Chorbogen und östliche Kapellen schließen sich zu einer Dreiergruppe zusammen, gefüllt durch die Trias der Altäre. Die Marmorbalustrade bestätigt die Zusammengehörigkeit am Fußpunkt. Die pyramidale Figurenkomposition des Deckenbildes berücksichtigt die Einheit, die nicht nur die Altarräume, sondern auch die zugehörigen Wand- und Wölbfelder umfaßt. Diese stehende Figur, eingeblendet in die übereinander geschichteten Ringe des Ovalraums, wurde von dem gebildeten Betrachter der Zeit sofort als dreitoriger Triumphbogen erkannt. Ein Vergleich mit dem Konstantinsbogen in Rom (312-315) läßt Nähe und Wandlung eines solchen Urbilds deutlich werden. Im Kirchenraum ist die niedrig gesokkelte Säulenordnung gegenüber den Toren abgesenkt, so daß der mittlere Bogen den Sockel der Attika, die hier dem Gewölbering eingeschmiegt ist, ausschneidet. Die Perspektive läßt antwortend den oberen Rand der Attika einsinken und teilt deren Seitenfeldern etwas vom Charakter eines Sprenggiebels mit, wie wir ihn an der kleineren Ehrenpforte des Hochaltars sehen. Die Lockerung der Horizontalen in der Mitteltravée wird akzentuiert durch zwei auf dem Grundoval in die Bogenöffnung eingestellte Säulen, die mit Vasen die Vertikale über das Gebälk hinaus fortsetzen. Die Vasen verdecken die Fußpunkte des Chorbogens und lassen ihn so federnd gespannt erscheinen. Vor seinem Scheitel schwebt eine leichte Evangelistenfigur. Ein vergoldetes Relief widmet den Triumphbogen – einer feierlichen Inschrift gleich – dem Ordensgründer Sankt Benedikt: Sein Tod wird als Aufstieg seiner Seele zum Himmel präzisiert. Die als Goldstatuen im Relief gegebenen Erzengel entsprechen den Siegesgenien der Antike.

Das in den Kapellen anklingende Tormotiv ist im Altarhaus voll durchgearbeitet. Hinter seiner Tonnenwölbung verliert die Deckenzone ihre Greifbarkeit. Der analoge Triumphbogen im Westteil des Ovalraums ist Benedikts Schwester Scholastika gewidmet. Die Empore – unten Eingangshalle, oben Mönchschor – wiederholt die Grundform des Ovals und dringt wie ein Fremdkörper in das Mitteltor ein. Ein Gurt, der im Mönchschor ganz unmotiviert erscheint, steckt für den Schrägblick aus dem Schiff die Tiefe des Torbogens ab. Der Orgelprospekt ist mit vier gewundenen Säulen dem Hochaltar angeglichen. Die Konsequenz, mit der im Westen unter erschwerten Bedingungen der Triumphbogen ausgeformt ist, belegt dessen Wichtigkeit.

Die flachen Querachsen sind so weit abgehoben, wie es ohne ein Zerreißen des umgebenden Kontinuums möglich war. Hier geht die Bewegung von oben nach unten, die Figuren sind lastend. Unter den geöffneten Lünetten senken sich vor der geschlossenen Wand gerahmte Bilder auf Felsen herab. Die Bildwerke behandeln das Wirken Benedikts und der Benediktiner auf Erden.

Der Hochaltar ist ebenfalls als Ehrenpforte angelegt, eintorig und mit seinem Aufwand barocker Formen der Antike ferner. Im Tor erscheint Sankt Georg zu Pferd im Kampf mit dem Drachen, daneben die erschrockene Prinzessin. Logen an den Wänden des Altarraums deuten diesen als Proszenium für die Theaterszene vor strahlendem Lichtgrund. Die Szene entwickelt sich nicht voll. Ritter Georg wird durch einen Denkmalsockel emporgehoben, der unmißverständlich auf eine weitere Dimension aufmerksam macht.

Der auf Weltenburg abgestimmte Allerheiligenhimmel des Deckenbildes wird von einem runden Säulentempel überfangen. Das Fresko ist auf den westlichen ›Brennpunkt‹ des Ovalraums berechnet, doch verschiebt sich bei dessen Kürze die Bildarchitektur nur wenig aus der Mitte. So kann der Kreis des farbig herausgehobenen Gebälkrings allseitig mit dem ovalen Unterbau in Beziehung treten. Nähert er sich an den Seiten verschließend der Gewölbeöffnung, so läßt er in der Hauptachse Platz für eine große Figurenpyramide gegen Osten und eine kleinere für den Rückblick. So ergibt sich ein primärer Bezug der gemalten Architektur auf den östlichen Triumpbogen; der Rundtempel schwebt über ihm.

Der Einschub der Lichtzone – der Tambour wird als solcher innen nicht greifbar – ist für die Klärung des Bildinhalts wichtig, nachdem der Ovalraum schon maximal mit Triumphmotiven aufgeladen ist. Das Fresko stellt die *Triumphierende Kirche* dar. Für den Unterbau ergibt sich die Bedeutung *Kämpfende Kirche*. Wir müssen jedoch eine Differenzierung vornehmen: Der Kampf ist in der Querachse dargestellt, die großen Triumphbögen symbolisieren den Sieg, den Übergang von der Kämpfenden zur Triumphierenden Kirche, sie sind Pforten des Himmels.

In Weltenburg ist die Architektur keine isolierbare Größe, nicht Ordnungsmacht für die anderen Künste, wie Hans Sedlmayr formuliert hat, sondern selbst einer ordnenden Macht unterworfen. Diese alles beherrschende Macht könnte man als Concetto bezeichnen, einen Concetto, der nicht nur das verbal formulierbare Programm der bildlichen Inhalte umfaßt – ein solches Programm gab es gewiß auch –, sondern einen, der vorgeprägte sinnhafte Figurationen zu einer völlig neuen Gesamtheit verdichtet. Dieses Konzept kann nur von Cosmas Damian Asam stammen; er mußte es der Bauherrschaft vermitteln.[10] Der gemeinsame Nenner für beide Parteien war die ganz spezifische historische Konstellation.

1713/14 wurde der Spanische Erbfolgekrieg beendet, im April 1715 kehrte Kurfürst Max Emanuel aus langem französischen Exil in sein von den Österreichern geräumtes Land zurück, und am 11. Juli, seinem Geburtstag, bereitete ihm die Residenzstadt einen festlichen Empfang. Cosmas Damian Asam war an der Fürstenhuldigung beteiligt und lieferte Vorzeichnungen für die von den Jesuiten überreichte Festschrift ›Fortitudo Leonina‹.[11] Deren bekanntester Stich zeigt ein riesiges Reiterstandbild Max Emanuels vor der Fassade der Münchner Residenz, unterhalb der ›Patrona Boiariae‹. Die Idee des Malers war es nun offenbar, das von den Jesuiten zu Papier gebrachte Reiterstandbild den Benediktinern zur großformatigen, dreidimensionalen Realisierung vorzuschlagen. Maurus Bächel, der Sohn eines Schmieds, ging darauf ein. Die Münchner Festlichkeiten gingen der Weltenburger Kirchenplanung unmittelbar voraus.

Als der Kurfürst 1721 die Kirche besichtigte, huldigte ihm der Abt mit der Bitte, am Hochaltar das kurfürstliche Wappen anbringen zu dürfen. Diese diplomatische Geste ist in der Assistenzfigur des Heiligen Maurus verewigt, die die Züge Bächels trägt. Der Reiter zeigt dagegen die allgemeine Physiognomie eines jugendlichen Heiligen, er stellt den Landesherrn nicht dar, sondern spielt auf ihn an, der als Türkensieger den Titel eines Vorkämpfers der Christenheit beanspruchen darf. Die Allusion wird durch den Sockel und durch die Lorbeerkränze um Georgs Helm wie über dem Kurhut des Wappens verdeutlicht. Dieses ist mit der Ordenskette des Goldenen Vlieses geschmückt, nicht aber mit jener des 1729 von Karl Albrecht installierten Ritterordens vom Heiligen Georg, dessen Planung auf Max Emanuel zurückgeht und wohl in die Zeit der Türkenkriege zurückreicht. Bei dem Insistieren auf der Max-Emanuel-Allusion geht es nicht um die theologische, sondern um die historische Deutung des Altarprogramms und damit um die Deutung der gesamten Architektur des Kircheninneren.

Die Analyse – schwebender Rundtempel über Triumphbogen – zieht ein Meisterwerk Johann Bernhard Fischers in Erlach in den

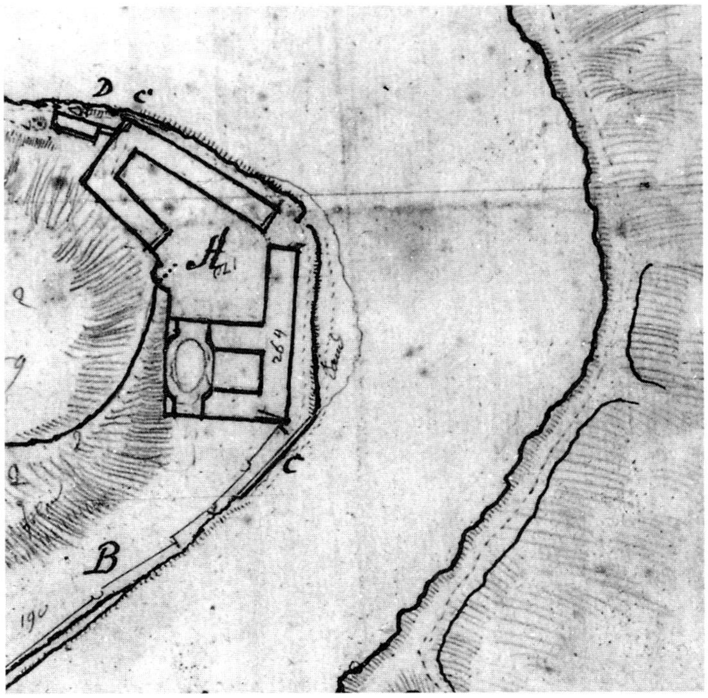

Abb. 3: WELTENBURG, Lageplan des Klosters, Federzeichnung (Ausschnitt), 1750; (München, Bayerisches Hauptstaatsarchiv, Abteilung Allgemeines Staatsarchiv, Plansammlung Nr. 617).

Kreis der entscheidenden Vorbilder, die 1699 in Wien anläßlich der Heirat König Josephs I. (Kaiser 1705-11) aufgerichtete Ehrenpforte der Fremden Niederleger. Asam wird ein gewiß aktuell gestochenes Augsburger Blatt der Ehrenpforte[12] vorgelegen haben, die Fischer 1721 als einzige in die ›Historische Architektur‹ aufnahm. Neben Art und Zuordnung der beiden Architekturen ist das Reiterbildnis Josephs I. ein weiteres verbindendes Element.

Für den in Rom seit dem 16. Jahrhundert gepflegten Ovalbau hat sich Cosmas Damian offenbar in Berninis Spätwerk Sant' Andrea al Quirinale erwärmt. Auf Vorprägungen des Ovalraums, auf Einblendungen von Triumphbogenformationen in die Wandgliederung von Kirchen seit dem späten 15. Jahrhundert wie auch auf das seit etwa 1635 auftauchende Motiv der aufgeschnittenen Kuppel soll hier nicht eingegangen werden.[13] Das letztgenannte Motiv dürfte Cosmas früh in der 1705-1707 errichteten und von seinem Vater ausgemalten Wallfahrtskirche Frauenbründl vor Straubing kennengelernt und für eine effektvollere Auswertung im Gedächtnis notiert haben.[14]

Noch während des Rohbaus sah sich Cosmas Damian Asam veranlaßt, die Wölbung des Altarbereichs zu korrigieren. Zunächst sollte sich von der Tonne des Presbyteriums eine Halbkuppel auf die gemuldete Rückwand des Hochaltars absenken. Das begonnene, vielleicht auch schon ganz ausgeführte Gewölbe wurde dann fallengelassen, über den gesamten östlichen Bereich eine hohe hölzerne Kalotte gespannt und in die erhöhte Apsismauer ein Glorienfenster eingefügt.[15] Die ursprüngliche Planung bleibt geradezu unverständlich, bis man bemerkt, daß der Entwerfer dem bereits genannten Hochaltarprojekt Pozzos für Il Gesù gefolgt war und sich dann erst von dem Vorbild löste. Gerade die Diskussion von baulichen Unstimmigkeiten hat die Einheitlichkeit der ursprünglichen Konzeption erwiesen, wenn auch stellenweise die Ausformulierung des Gedankens erst bei der Ausführung erfolgte, zugezogene Handwerker einzelne Stilvarianten einbrachten und insbesondere bei der Auszierung der Vorhalle der Stilentwicklung nachgegeben wurde.

Der Rohbau der nördlich der Kirche den Kreuzgang umschließenden Konventgebäude war noch nicht beendet, als Asam die Kirchenplanung in Angriff nahm, so daß die leichte Schwenkung des neuen Gotteshauses im Klostergrundriß berücksichtigt werden konnte. Die westlichen, Wirtschafts- und Kirchenvorhof umfassenden Bauten wurden 1718-1725 errichtet. Ihre Anordnung zielt auf die Ausbildung einer breiten Klosterfassade gegen die Donau, den einstigen Hauptzufahrtsweg, und einer einzigartigen Kirchenschauseite im Inneren des Hofes. Letztere läßt in ihrer Verschränkung mit der Gesamtanlage nur den Schluß zu, daß Cosmas Damian Asam die Anordnung der westlichen Trakte bestimmte (Abb. 3). Obwohl im wesentlichen Ökonomiegebäude, wurden sie in der Außengestaltung den Konventgebäuden Philipp Planks angeglichen.

Die dreigeschossigen Donautrakte zu je 21 Fensterachsen sind von äußerster Kargheit und entsprechend der Uferlinie abgewinkelt. Das Gittertor in der knappen Lücke zwischen ihnen markiert den Punkt, auf den die Kirchenschauseite berechnet ist. Der Blick trifft auf eine weit genischte Mauer, gleitet zur Front der Kirche (Abb. 4), steigt in deren Mittelachse auf und kommt beim Tambour zur Ruhe, ehe der Turm das asymmetrische Arrangement abschließt. Figuren bestätigen die Zusammengehörigkeit der Teile. Auf dem Mittelpfosten der Nischenbalustrade führt ein Schutzengel ein Kind zur Kirchenfront, auf deren Giebelspitze von Wolken getragen Sankt Benedikt erscheint und mit ausladender Geste auf den Tambour zeigt. So wird die Kirchenfassade als Himmelspforte erwiesen, woraus für die Nische unten und den Tambour oben Erd- und Himmelsbedeutung folgt. Das ikonologische Konzept des Inneren schlägt auf die Schauseite durch.

Das Oval stellt sich im Tambour als Körper, in der Nische als konkaves Fragment dar. Diese beiden Elemente ordnen sich der durch grauen Haustein herausgehobenen Kirchenfassade zu. In die dreiachsige Giebelfront tragen die Rundbogenfenster den Anklang an einen Triumphbogen, während das Portal und die seitlichen Rechteckfenster auf die Trias der Altäre verweisen. Der Besucher wird auf das Innere eindringlich vorbereitet, sofern er beim Donautor innehält; beim Heranschreiten zerfällt die Komposition.

Mehr als der aussageschwache Kupferstich in Michael Wenings Landesbeschreibung verrät eine unvollendete Federzeichnung in den Museen der Stadt Regensburg von der ursprünglichen Absicht.[16] Sie zeigt einen festlich gestalteten Zugang mit geschwungenem Gitter, gerundeter Treppe und Figurengruppen auf deren Wangen. Die Donautrakte sind weiter auseinander gerückt, was durchaus ernstgemeinter Planung entsprechen könnte. Dann wäre die Zeichnung vor 1721 anzusetzen, als der Bau des westlichen Quertrakts die endgültige Position des Donautrakts präjudizierte. Vielleicht verhinderte Ungunst des Baugeländes ein weiteres Ausgreifen nach Westen. Das schlichte Eingangsgitter könnte ebenso für Resignation sprechen wie Nachlässigkeiten bei der Fertigstellung der Kirchenfassade. Endgültig verdarb ein zu Beginn unseres Jahrhunderts angelegter Verbindungsgang das Ensemble.

Die Kirchenschauseite steht in der Tradition jener römischen Fassaden, die plane Elemente mit konvexen und konkaven verbinden. Nächstes Vorbild ist Berninis Sant'Andrea al Quirinale, anregend insbesondere im malerischen Stich (Abb. 5). Cosmas Damian schafft keine Architektur im traditionellen Sinn, sondern entwirft gleichsam einen Prospekt mit architektonischen Versatzstücken, der auch die Bäume des Frauenberges einbezieht: Er geht als Maler vor. Hierin besteht die Einzigartigkeit dieser Schauseite.

Waren in Weltenburg die Bedingungen für eine auch im Habitus insgesamt erfreuliche Außengestaltung nicht gegeben, so bleibt die Konzeption aufregend.

Auch im Inneren der Kirche geht Asam die Architektur als Maler an, als Quadraturmaler. Das Motiv des Halbgewölbes übernimmt er verschiedentlich in seine Deckenfresken. Die Architektur wird nicht nur in höchstem Maß figurativ, sondern von vornherein auf eine Stufe mit den Bildkünsten gestellt. Freie Architektur, formalistisch-unverbindliche, das Atmen erleichternde Raumschöpfung gibt es hier nicht. Der Concetto dominiert, die Kunstgattung ist nebensächlich. Höchst erstaunlich, mit welcher Intensität Cosmas Damian sich auf die Architektur einließ, ohne sie als eigenständige Gattung zu bewerten.[17] Einen Gordischen Knoten wie in Weltenburg zu knüpfen, versuchte er allerdings nie mehr.

Nach der Rückkehr Cosmas Damians aus Rom bewarben sich die Asam um den Ausbau der Zisterzienserkirche FÜRSTENFELD und veranschlagten Bau und Ausstattung auf 100000 Gulden.[18] Den Zuschlag erhielt 1716 jedoch der Münchner Stadtmaurermeister Johann Georg Ettenhofer, der Nachfolger des Klosterbaumeisters Giovanni Antonio Viscardi. Nach der Fundamentierung des Chors und der Grundsteinlegung war der Bau 1700 eingestellt worden. Vorgegeben waren aber seine riesigen Dimensionen, welche die Asamsche Bewerbung kurios erscheinen lassen. Wie soll man sich einen Entwurf Cosmas Damians – nur dieser kommt dafür in Frage – vorstellen? Man kann mit großflächigen Gewölben für den Freskanten rechnen, der sich später in der skurrilen Neuauflage der Münchner Jesuitenkirche auf unmöglichen Malfeldern abplagen mußte. Ohne weiteres einsichtig an diesem Bauprojekt ist nur die persönliche Verbindung zu Fürstenfeld, denn der Bruder Philipp Emanuel Asam war als Pater Engelbert Mitglied des Konvents. Ehrgeiz und Selbstvertrauen des ›Römers‹ Cosmas Damian waren maßlos.

1718-1720 errichteten die Asam im Garten des Freisinger Benediktinerklosters WEIHENSTEPHAN über der Korbiniansquelle eine Kapelle. Meichelbeck erwähnt im Zusammenhang mit diesem Bauwerk zwar nur Cosmas, doch scheint er Egid nicht so recht zur Kenntnis genommen zu haben. Die Frage nach dem Entwerfer muß vorerst offenbleiben, da Beschreibungen und Darstellungen der Kapelle zu vage sind. Die Säkularisation veranlaßte 1803 den Abbruch der Rundkapelle mit ihren beiden bereits schadhaften Anbauten und schlug damit wahrscheinlich die empfindlichste Lücke in die Reihe der Asamschen Bauschöpfungen. Der sehr kostspielige Zentralbau wäre zwischen Weltenburg und dem Entwurf Egids für eine Rundkapelle in Thalkirchen, 1725, von höchstem Interesse. Noch weniger läßt sich über einen Grundriß zum Neubau der Weihenstephaner Klosterkirche sagen, den einer der Asam 1730 in Konkurrenz mit Johann Michael Fischer einreichte.[19]

Zur Barockisierung des Doms in FREISING zur Jahrtausendfeier 1724 blieb den Asam nur etwa ein Jahr Zeit.[20] Die romanische Kirche bot sich mit spätgotischer Wölbung und frühbarocker Umgestaltung als dreischiffige, querhauslose Emporenbasilika dar, deren frühmittelalterlicher Grundriß den gleichmütigen Zug der Schiffe bestimmte. Raumgliederung war durch die Absenkung des Laienhauses zwischen Vorhalle und Chor gegeben. Beim Versuch, den Raum durch Fresken von oben zu greifen und neu zu strukturieren, überzieht Cosmas seine Mittel. Vor dem Altarbild des Peter Paul Rubens, dessen Rang Cosmas klar war, wie man aus seinem korrespondierenden Fresko im Westen ersieht, bedurfte es einer Aufhellung, die durch eine vorgeschaltete Abdunkelung zu erzielen war. Ohne durch anstoßende Bauten dazu gezwungen zu sein, malte er eine Tambourkuppel in den dunkelsten Abschnitt des Gewölbes, meisterhaft in der Ausführung, aber verfehlt in der Konzeption. In Erkenntnis dieses Mißgriffs ließ Cosmas von sei-

Abb. 4: WELTENBURG, *Schauseite der Klosterkirche Sankt Georg vom Donautor aus.*

Abb. 5: ROM, *Schauseite der Kirche Sant'Andrea al Quirinale* von Gianlorenzo Bernini, 1658–nach 1680; Ausschnitt aus einer Radierung von Giovanni Battista Falda von 1667-1669.

nem Schwager Franz Josef Mörl ein großformatiges Innenraumbild mit aufgerichteten Deckenszenen stechen, wie man sie von den jeweiligen Standpunkten durchaus erleben kann – eine Sehanleitung.

Unmittelbar nach Freising erhielten die Asam den Auftrag zur Ausstattung der gewaltigen Benediktinerstifts- und Wallfahrtskirche MARIA EINSIEDELN in der Schweiz. Dort hatte der Konvent 1723 den Bau einer Tambourkuppel über dem östlichen Langhausjoch gestrichen; der Architekt, Bruder Andreas Moosbrugger, war zwei Wochen später gestorben. Im Ostjoch wurde dann eine unter dem Dach geborgene zitronenförmige Kuppel ausgeführt, deren Ansatz die Gebälkzone stört. Einen Maurermeister hätte dies gewiß verunsichert. Dagegen war die Störung einem Künstler erträglich, der wußte, wie sie überspielt werden konnte, der vor allem wußte, welchen Vorteil die neue Kuppel der Präsentation des Freskos bieten würde. Deshalb vermuten wir, daß Cosmas Damian Asam – unter dem Eindruck des Freisinger Mißgriffs – die freskengerechten Wölbungen der beiden östlichen Einsiedler Laienschiffsjoche entworfen hat.[21]

1730 errichtete Cosmas auf seinem Landgut ›Maria-Einsiedl-Thal‹ in THALKIRCHEN vor München statt der fünf Jahre zuvor von seinem Bruder geplanten Heilig-Geist-Kapelle eine Marienkapelle, die 1807/08 abgebrochen wurde. Nach alten Abbildungen handelte es sich nicht um ein Schaustück Asamscher Kunstfertigkeit, sondern um einen schlichten dreiachsigen Bau mit halbrunder Apsis, der in einem Dachreiter aufgipfelt und sich lediglich durch einen überdachten polygonalen Säulenvorbau vom allzu Landläufigen unterscheidet. Offenbar konzentrierte sich das Interesse des Künstlers auf die brauchtumsgemäße Reproduktion des Schweizer Wallfahrtsortes.[22]

Ehe wir uns dem letzten für Cosmas Damian in Frage kommenden Kirchenbau zuwenden, ist ein Wort zur Baukunst Egid Quirins geboten. Dieser stimmt in ROHR, 1717 begonnen, eine von der Münchner Theatinerkirche abgeleitete barocke Kreuzbasilika auf den pozzesken Hochaltar von berninesker Intensität ab. In seinem Entwurf von 1725 für eine Kapelle in Thalkirchen vollzieht er die Synthese von Rohr und Weltenburg und gewinnt so die Basis für die 1733 begonnene Asamkirche Sankt Johann Nepomuk in MÜNCHEN. Egid geht die Architektur als Altarbauer an, um sie schließlich aus dem Altarbau zu entwickeln. Um so mehr überrascht die 1736 begonnene Ursulinenkirche in STRAUBING mit ausgesprochen baumeisterlicher Architektur.[23] Dies könnte durch den Auftrag bedingt sein, denn Sankt Ursula entpuppt sich als eine Umsetzung der unmittelbar zuvor von den Asam ausgestatteten Münchner Damenstiftskirche Johann Baptist Gunetzrhainers ins Rundliche. Die Abkehr von der Verschmelzung der Gattungen, wie wir sie in der Asamkirche erleben, könnte allerdings auch durch eine energische Mitsprache Cosmas Damians ausgelöst worden sein.

Stark umstritten ist dagegen die Benediktinerklosterkirche von FRAUENZELL. 1736 konsultierte der Abt verschiedene Baumeister, deren Namen in der Klosterchronik verschwiegen werden. Nur der Name Asam fällt, was darauf schließen lassen könnte, daß einer der Brüder die Konkurrenz gewonnen hat. Im folgenden Jahr wurden die südliche Hälfte des Fundaments und der Grundstein gelegt, dann ruhte der Bau infolge Abtwechsels und Österreichischen Erbfolgekriegs bis 1747. Die entscheidende Frage ist nun, ob es möglich war, vor dem Abbruch der mittelalterlichen Kirche das halbe Fundament des bestehenden Baues zu legen oder nicht und ob dieser dann als Asam-Architektur einzuschätzen wäre. Vor einer Ergrabung des Vorgängerbaus erlauben die spärlichen Schrift- und Bilddokumente nur Spekulationen.

Abb. 6: FRAUENZELL, *Inneres der ehemaligen Klosterkirche Mariä Himmelfahrt,* 1747-1752.

Der These, 1747 habe eine völlig neue Planung[24] eingesetzt, die im Zusammenhang mit einer zweiten Welle des Böhmisierens zu sehen sei, lassen sich mehrere Argumente entgegenstellen. Der Weltenburger Bauherr Maurus Bächel hatte in Frauenzell 1690 Profeß abgelegt und war hier zum Prior aufgestiegen. Sollte man tatsächlich zuerst ein Fundament für einen Asam-Bau gelegt haben, der mit der Weltenburger Kirche nichts zu tun hatte,um ein Jahrzehnt später eine Neuplanung aus dem Umkreis Johann Michael Fischers auszuführen, die im Grundriß eben jener Kirche ähnelt? Der Qualitätsabfall der Fassade gegenüber dem Innenraum spricht entschieden gegen eine Neuplanung, denn nach dem Abbruch der alten Kirche wurde zügig gearbeitet, während 1736 der Fassadenriß noch zurückgestellt werden konnte. Vor allem gruppieren sich sämtliche Kirchenbauten, die für Frauenzell insgesamt oder partiell anregend gewesen sein dürften, um Cosmas Damian Asam. Neben Weltenburg sind dies Johann Michael Fischers Kirchen Sankt Anna am Lehel in München und in Osterhofen, Christoph Dientzenhofers Klosterkirche in Břevnov vor Prag sowie Kilian Ignaz Dientzenhofers Propsteikirche im schlesischen Wahlstatt. Überall hatte Cosmas freskiert, zuletzt 1733 in Wahlstatt, dessen Kirche für Raumwirkung und Gewölbebildung von Frauenzell von starkem Einfluß war. Reichen auch die Argumente nicht ganz aus, um die Gegenthese völlig zu widerlegen, so sollen sie doch verhindern, den schönen, entspannten Raum (Abb. 6) vorschnell aus der Diskussion zu nehmen, denn er könnte auf eine interessante Facette im Schaffen Cosmas Damians hinweisen.

Egid Quirin hatte sich mit seiner Hauskirche in MÜNCHEN nachdrücklich der Zweigesichtigkeit des anbrechenden Rokokos verweigert. Obwohl diese in ihrer Struktur nahe an das Rokoko heranführt, geben ihr Farbigkeit, Lichtregie und Art der Bildwerke geradezu den Charakter eines ›Anti-Rokoko-Werks‹. Sollte Cosmas Damian – ganz anders als später Dominikus Zimmermann mit der Wieskirche – einen Ausweg aus der Sackgasse gesucht haben, indem er sich, böhmische Anregungen aufgreifend, der Architektur Johann Michael Fischers annäherte? Wollte er so die ›Firma Asam‹ für die seichten Gewässer des Rokokos wieder flott machen? Die Straubinger Ursulinenkirche, bei der eine Mitsprache des Freskanten angenommen werden darf, könnte dafür sprechen.

Der Asamschen Architektur haftet etwas Jeweiliges an. In ihren Hauptwerken ist sie keine isolierbare Größe im Sinne freier Raumschöpfung. So läßt Egid Quirin keine konsequente Entwicklung erkennen unter diesem Gesichtspunkt, wohl aber unter dem des Altarbaus. Die Kirche von WELTENBURG in ihrer enormen Verdichtung und ihrem concettistischen Charakter ist im Grunde ein unwiederholbares Einzelwerk. Es ist verständlich, daß Cosmas danach die Bauplanung seinem Bruder überließ, um möglicherweise erst zwei Jahrzehnte später mit einer ganz anderen Art von Architektur wieder auf den Plan zu treten. Fortgesetzte Entwurfstätigkeit hätte ihn wohl auch bei der Auseinandersetzung mit fremden Bauten behindert, die er als Freskant leisten mußte.

Ihres figurativen Gehalts entkleidet, hatte die Weltenburger Kirche eine erhebliche Auswirkung auf die formalistische Architekturgeschichte. Ein hübsches Beispiel der Nachfolge ist die um 1730 von einem örtlichen Maurermeister errichtete Kirche in Untersaal, wenige Kilometer östlich des Donauklosters. Bedeutend ist dagegen Johann Michael Fischers ausgeklügelte Verarbeitung des Weltenburger Grundrisses in der 1727 begonnenen Klosterkirche Sankt Anna am Lehel. Ganz anders greift Dominikus Zimmermann 1736 im Langhaus der Günzburger Frauenkirche auf Weltenburg zurück, wie auch fünf Jahre später nochmals mit der Johanneskirche in Landsberg am Lech.[25] Den Kreis dieser Wirkung könnte man auch weiter ziehen.

ANMERKUNGEN

1 Wagner-Langenstein 1983.
2 Die Bezeichnung ›Firma Asam‹ ist keiner zeitgenössischen Quelle entnommen, sondern dient der Betonung des planvollen Vorgehens der Brüder nach dem Tod des Vaters.
3 Liedke 1980, 17.
4 Die traditionelle Annahme, der Tegernseer Abt Quirin Millon habe die Romreise finanziert, wird – wie Bernhard Rupprecht mitteilte – durch die Quellen nicht bestätigt.
5 Die Herausstellung Pozzos bezieht sich auf die Neuorientierung der Brüder 1711. Damals war sein Traktat ganz offensichtlich der Auslöser, wenn auch danach in Rom andere Grundlagen dazukamen und zum Teil sogar wichtiger wurden.
6 Wienert 1969, 74.
7 Zur Architektur der Asam: Endres 1934, Lamb 1936, Brunner 1951, Lieb 1955/1984, Riedl 1974, Rupprecht 1980/1985, Sauermost 1986.
8 Umfassendes Literaturverzeichnis zu Weltenburg bei Altmann–Thürmer 1981.
9 Altmann 1982, 65 ff.
10 Der Schluß auf die dominierende Rolle Asams bei der Konzipierung der Weltenburger Kirche ergibt sich zwangsläufig aus der hier vorgetragenen Interpretation, die im wesentlichen meinem Aufsatz von 1969 folgt. Der Concetto im hier angesprochenen Sinn umfaßt neben dem ikonographischen Programm, das vorgegeben sein dürfte, das Gefüge bedeutungsträchtiger Figuren, welches so nur bei der ganz spezifischen Zuordnung der Kunstgattungen möglich ist. Dafür kommt in Weltenburg aber nur Cosmas Damian Asam in Frage. Naturgemäß, wenn auch quellenmäßig nicht belegbar, müssen wir mit einem Dialog zwischen Bauherrschaft und Künstler rechnen.
11 Zur Rückkehr Max Emanuels und den damit zusammenhängenden Feierlichkeiten: Ausst. Kat. München 1976, II, 208 ff.
12 Abb. bei Moritz Dreger, »Zeichnungen des älteren Fischer von Erlach«, in: *Kunstgeschichtliches Jahrbuch der K. K. Zentral-Kommission für Erforschung und Erhaltung der Kunst- und historischen Denkmale,* 2/1908, 147 ff.
13 Kerber 1972 verfolgt das Motiv. Den von Kerber publizierten Pozzo-Entwurf halte ich nicht für relevant in Bezug auf die Weltenburger Kirche.
14 KDM Ndb. 1925, 37 ff.; Wagner-Langenstein 1983, 191 ff.
15 Knorre 1972 und 1974; Riedl 1976; Götz 1980.
16 Abb. bei Sauermost 1986.
17 Aufschlußreich in diesem Zusammenhang die Proportionsstudien von Götz 1980, 103.
18 Lampl 1985, 39.
19 Trottmann 1984.
20 Riedl 1974; Benker 1975; Rupprecht 1980/1985.
21 Sauermost 1972. – Anders als in dem damaligen Aufsatz schreibe ich nunmehr diesen hypothetischen Eingriff nicht mehr den Brüdern gemeinsam, sondern dem Freskanten Cosmas Damian zu.
22 Mois 1958, Sauermost 1986.
23 Rekonstruktion des während des Rohbaus abgeänderten Ausführungsentwurfs bei Sauermost 1986.
24 Susanne Dinkelacker, *Die ehemalige Benediktiner-Abteikirche Frauenzell,* Magisterarbeit München 1982.
25 Ausführlicher zu diesen Punkten Sauermost 1986.

Pavel Preiss

Zu den Werken der Asam in Böhmen und Schlesien

Fast elf Jahre umfaßt die allerdings mehrmals unterbrochene Tätigkeit der Brüder Asam in Böhmen und dem mit ihm eng verbundenen Schlesien. Es waren die Jahre ihrer Reife, und so gehören diese Werke zu ihren Spitzenleistungen, die jedoch lange Zeit ziemlich unbekannt geblieben und bis vor kurzem wenig gewürdigt worden sind. Erst unlängst kamen Dokumente zur Entstehungsgeschichte zum Vorschein. Auf sie berufen sich die folgenden Zeilen, die allerdings nur als Randbemerkungen gelten können und nicht als kunsthistorische Würdigung der Fresken und Altargemälde Cosmas Damians wie auch der Stukkaturen Egid Quirins gedacht sind. Dies wäre eine Aufgabe einer breiter angelegten und tiefer begründeten Studie.

Die Umstände, die zur Berufung der Brüder Asam nach Böhmen führten, bleiben aus Mangel an archivalischen Quellen im unklaren. Die Künstler waren in Böhmen ausschließlich im Dienste der Benediktiner tätig.

Zur obersten Schicht der großen, vom Bauwurm besessenen Prälaten gehörte der Abt des alten Benediktinerklosters Kladruby (Kladrau) in Westböhmen, Maurus Fintzgut. Der Baumeister der ältesten Benediktinerabtei in Böhmen, Břevnov, unweit von Prag, war unter der Regierung des Abtes Othmar Zinke bis zu seinem Lebensende Christoph Dientzenhofer; er leistete seine Dienste auch dem durch Personalunion mit Břevnov verbundenen Zwillingskloster Broumov (Braunau in Nordostböhmen[1]). Es stand also zu erwarten, daß auch der Abt Fintzgut von Kladrau den bewährten Baumeister berufen würde, als er sich zu einer tiefgreifenden Umgestaltung seiner Klosterkirche entschloß, einer romanischen dreischiffigen Basilika (geweiht 1233), die sich in einem erbärmlichen Zustand befand. Er hat es tatsächlich auch getan, unterließ es jedoch nicht, noch einen Konkurrenzentwurf ausarbeiten zu lassen. Er forderte dazu den Prager Architekten Johann Blasius Santini-Aichel auf, der sich bereits seit dem Jahre 1700, als er seine Bautätigkeit mit einem unglaublichen Schaffensdrang begann, verschiedentlich mit großzügigen Projekten von Kirchen und Palästen hervortat. Santinis ›Delineatio‹ hat dem Abt denn auch besser gefallen, und so entschloß er sich zu deren Ausführung.[2] Es geschah in Santinis typischen barockgotischen Formen.

Santini, der seinem Wesen nach ein ausgesprochener Antipode Christoph Dientzenhofers war, angefangen von persönlichen Eigenschaften bis hin zur architektonischen Auffassung[3], neigte eher zu einer symbolischen Ausdrucksweise und entsprach damit der Mentalität einiger seiner ähnlich eingestellten Auftraggeber, allen voran der Zisterzienserabt von Žďár (Saar), Václav Vejmluva.[4] Von der gleichen Gesinnung schien auch Abt Fintzgut beseelt gewesen zu sein. Unter seiner Aufsicht leitete Santini die Umgestaltung der Kirche in KLADRAU bis zu seinem Tode 1723 persönlich und stellte durch ausgearbeitete Pläne auch sicher, daß die Kirche ganz nach seinen Intentionen vollendet werden konnte (Weihe 1727), angefangen von der gesamten architektonischen Konzeption über die damit ideenhaft und stilgemäß übereinstimmende Ausstattung mit dem imposanten Hauptaltar an der Spitze bis zu den kleinsten Einzelheiten wie etwa emblematischen Motiven.[5]

Die guarineske Architektur Christoph Dientzenhofers wie auch die borromineske Baukunst des ursprünglichen Malers Santini waren beide so autark, daß sie der Beteiligung eines Malers überhaupt nicht oder nur in ganz beschränktem Maße bedurften. Besonders bei Santinis barockgotischen Formen mußte sich der Maler in einigen Fällen in die Struktur fast unorganisch einfügen. In Kladrau wurde jedoch offenbar Santini von vornherein vorgeschrieben, Wandmalereien in Erwägung zu ziehen und ihnen wohl nach einem bereits vorliegenden oder wenigstens in Umrissen vorschwebenden Programm entsprechende Flächen einzuräumen.

Aus den publizierten Quellen geht hervor, daß Asam die Fresken in Kladrau bereits im Jahre 1725 in Angriff genommen hat, ohne daß allerdings die Reihenfolge ihrer Ausführung ersichtlich würde. Aus der Baugeschichte läßt sich jedoch folgern, daß der Marianische Zyklus im Hauptschiff zur ersten Phase der Wandmalereien gehört. Es handelt sich um eine streng dogmatisch aufgefaßte Bildfolge, in der die Gottesmutter – vom Ratschluß Gottes über die Wahl Mariä zur Mutter des Herrn – an den Anfang und das Ende der Heilsgeschichte gestellt wird. Der Zyklus beginnt im Westen des Schiffes an der nördlichen Wandseite, springt vor der Vierung auf die Gegenseite über und endet wieder im Westen. Er zeigt die Verkündigung der Geburt Mariä an ihre Eltern, die Immakulata als sonnenbekleidetes Apokalyptisches Weib, Geburt Mariä[6], Tempelgang, Vermählung, Verkündigung, Heimsuchung, Geburt Christi und Darstellung im Tempel. Diesen ›Freuden‹ der Muttergottes folgt die ungleiche Zahl ihrer ›Leiden‹: Flucht nach Ägypten, Vesperdarstellung, Tod Mariens.

In der Himmelfahrtsdarstellung der Kuppel wird Maria zur Königin des Himmels. Mit einem Kreuz empfängt sie ihr Sohn und bietet ihr als Zeichen des Königtums das Zepter dar – wohl eine typologische Allusion an König Ahasver, der seinen goldenen Krummstab erhob und Esther die Hälfte seines Königreiches zusagte.[7]

Dieses Kuppelfresko dürfte wahrscheinlich gleichzeitig mit den Chorwandbildern entstanden sein, die wohl vor dem 5. Juli 1726 vollendet waren. An diesem Tag erklärte nämlich Abt Fintzgut die Malereien für fertig und äußerte, daß sie viel prächtiger ausgefallen seien als jene des Vorjahres.

Den Auftakt zu den Chorfresken bestimmt die Inschrift TE DEUM LAUDAMUS am Triumphbogen. Die Himmelfahrt Mariae wird dadurch zum Bindeglied beider Zyklen, des mariologischen im Langhaus und des hymnischen im Chor: Gott hat die Menschwerdung aus dem Schoß der Jungfrau zum Heil der Menschheit nicht gescheut (Tu ad liberandum suscepturus hominem, non horruisti Virginis uterum).

Der Lobgesang erklingt im hinreißenden Rhythmus der gegenseitigen Begleitszenen zu den Hymnusversen. Er beginnt mit der Adoration Gottvaters durch Vertreter des Alten und Neuen Bundes. Letzteren repräsentiert der Papst beim eucharistischen Meßopfer; zu diesem Feld erhielt sich eine malerisch frei aufgefaßte Zeichnung.[8] Der Adoration Gottvaters schließen sich die Darstellungen der Anbetung Gottes durch die Engel und der Offenbarung der Herrlichkeit Gottes an. In weiteren Feldern folgen der Chor

KLADRAU,
ehemalige Benediktiner-Klosterkirche Mariä Himmelfahrt

Abb. 1: Blick in die Vierungskuppel mit dem Hauptfresko *Mariä Himmelfahrt* [F xv, 13], den *Vier Evangelisten* in den Nischen des Tambours [F xv, 13 a-d] sowie den vier Putten in den Pendentifs [F xv, 13 e-h] von Cosmas Damian Asam, 1726.

Abb. 2: Blick von Südosten auf die nördliche Hochwand des Chors mit vier Freskenfeldern [F xv, 14-17] von Cosmas Damian Asam, 1726.

der Apostel, Propheten und Märtyrer, dazu der ›Miles christianus‹ mit Kreuzfahne[9], schließlich die gesamte Menschheit, die allesamt den Heiland loben und ehren. Im letzten Fresko übergibt Gottvater, als Erfüllung der Heilsgeschichte, dem Sohn das Zepter des Gerichts.

Durch ihren üppigen Formenreichtum in vollkommener Einheit von inhaltlicher Aussage und künstlerischer Umsetzung fesseln in Kladrau besonders die großen Seitenaltäre im Querschiff mit Cosmas Damian Asams Altarblättern. Das eine stellt die Adoration der Heiligsten Dreifaltigkeit durch den Heiligen Benedikt dar, das andere den Heiligen Maurus als jungen Exorzisten, den Abt Fintzgut als Namenspatron besonders hervorheben ließ, so wie er in die Szene auch sein elegantes, energievolles Antlitz im Profil einfügen ließ; auch das zwischen ihm und dem Heiligen erscheinende Haupt eines jüngeren schwarzhaarigen Klerikers im Pluviale weist ausgeprägt porträthafte Züge auf. Durch ihre auffallend starke Überhöhung fügen sich diese Bilder (an denen Cosmas Damian von Ende 1727 bis zum Anfang des folgenden Jahres arbeitete) in die schlanken Proportionen der Altäre mit feinen, figurenreichen, stark plastisch entwickelten und vergoldeten Stuckreliefs über der Mensa und einer ungemein motiv- und formenreichen Bekrönung mit christologischen und marianischen Symbolen rund um die großen Heiligenschreine, die die zentralen

Erscheinungen des Lammes und des Christuskindes umgeben. An ihnen arbeitete nach seiner Rückkehr aus Deutschland Egid Quirin Asam, der dadurch frei an Santinis Barockformen anknüpfte und sie weiter schöpferisch entfaltete.

Diese zwei ebenso plastisch wie malerisch verdichteten Altäre werden jeweils an den äußeren Seitenwänden des Querschiffes von zwei breitformatigen Fresken begleitet, die zwar zweifelsohne auf Asams Erfindung fußen, jedoch eine Werkstattarbeit darstellen. Links erscheint Sankt Benedikt, einmal als Asket und einmal als Bekämpfer der teuflischen Verführungen. Gegenüber sieht man in einer ebenfalls breit angelegten Szenerie, wie der Heilige Maurus auf Befehl von Sankt Benedikt den Heiligen Placidus vor dem Ertrinken rettet. Auf diese Fresken bezieht sich wohl Asams Versicherung, im Jahre 1727 nochmals nach Kladrau zurückzukehren und das Restliche zu malen, wobei der Abt in seinem Schreiben ausdrücklich die Gemälde »supra sacristiam et minorem portam« erwähnt, was der Situierung der Malereien entspricht. Deren Qualität liegt allerdings tief unter jener der Hauptschiff- und Chorwandfelder.[10]

Die Kirche Sankt Margaretha in Břevnov ist damals bereits vollständig ausgestattet gewesen. Die Gewölbemalereien konnten sich freilich nur so weit entfalten, als es ihnen das komplizierte Wölbungs- und Wandsystem der berühmten Wandpfeilerhalle Christoph Dientzenhofers gestattete. Die durch schwungvolle Gurte eingeengten Felder hat der Prager Freskant Johann Jakob Stevens von Steinfels mit figurenreichen Apotheosen von Heiligen und einer Begleitreihe historischer Persönlichkeiten aus der Klostergeschichte recht schwerfällig ausgemalt (1718-1720).

Der Tradition des Klosters folgend war es nur natürlich, daß in einem der Gewölbefelder mit den im Kloster besonders verehrten Heiligen auch der Eremit Günther nicht fehlen durfte, obwohl er trotz vieler Bemühungen nicht einmal seliggesprochen worden war. Als aber Abt Othmar Zinke nichtsdestoweniger wagte, seinen seligen Tod in Anwesenheit des Prager Bischofs Severus (Šebíř) und des böhmischen Fürsten Břetislav I. suggestiv von Peter Brandl vorstellen und diese Szene als Altarbild in einen der sechs Seitenaltäre einfügen zu lassen, mußte er ihn dem offiziell heiliggesprochenen Prokop, Abt des Benediktinerklosters Sázava, unterstellen, dessen Bild, ebenfalls von Brandl, im Altarauszug prangt.

Günther (tschechisch: Vintíř) war die nach dem Klostergründer, dem heiligen Bischof Adalbert (Vojtěch) von Prag, am meisten verehrte geistliche Persönlichkeit in Břevnov, obwohl er mit diesem ältesten Benediktinermännerkloster in Böhmen (gegründet 993) bloß dadurch zusammenhing, daß er der Überlieferung nach in einem Vorgängerbau der heutigen barocken Klosterkirche begraben worden ist (1045). Seine Grabstätte wurde dann im Barock eifrig, jedoch vergeblich gesucht, und so wurden im Jahre 1716 seine angeblichen Reliquien aus der Kirche von Police, einem Filialkloster von Břevnov-Broumov, in die Margarethenkirche übertragen. An der Außenseite der Kirche wurde dann als Kenotaph eine romanische Grabplatte aus dem Ende des 13. Jahrhunderts eingemauert, die als jene Günthers betrachtet und auch ausdrücklich dafür erklärt wurde.

Ähnlich wie in mehreren, ja fast allen analogen Fällen war auch in Břevnov die Betonung der Gunst, die die böhmischen Herrscher dem Kloster entgegenbrachten, eine Mahnung und Aufforderung an den Monarchen, nach dem Vorbild ihrer Vorgänger auf dem böhmischen Throne zu handeln und die Ehren und Privilegien des sogenannten ›Archisteriums‹, des ›Erzklosters‹, zu achten. Der Klostergründer, Fürst Boleslav II., genannt der Fromme, galt in Břevnov – gleich wie in seiner allerersten Klostergründung, dem Benediktinerinnenkloster Sankt Georg auf der Prager Burg (973) – fast als Heiliger. Boleslav II. tritt gemeinsam mit dem Heiligen Adalbert an der legendären Quelle mit dem Balken (tschechisch: břevno), der dem Kloster seinen Namen gab, auf einem Seitenaltarbild in der Klosterkirche auf, das ebenfalls von Peter Brandl (1718) stammt. Und einen anderen Förderer des Klosters, den Fürsten Břetislav II., ließ die Legende zweimal in der Geschichte des Eremiten Günther auftreten: Der Fürst begegnete dem alten Mönch aus Niederalteich (in Bayern) kurz vor seinem Ableben bei einer Jagd in den Wäldern an der böhmischen Westgrenze. Der Greis teilte ihm mit, daß er ihn zur Taufe gehoben habe, und bat ihn, ihn im Kloster Břevnov begraben zu lassen, das er unter seinen besonderen Schutz stellte. Am nächsten Tage begab sich der Fürst mit dem Bischof Severus zu Günthers Einsiedelei im Böhmerwald, wo ihm die letzte Kommunion gereicht wurde.

Die Günther-Legende entstand erst im 13. Jahrhundert als Kompilation verschiedener Motive aus Heiligenviten. Eine Quelle, nämlich die alte Legende des Niederalteicher Abtes Sankt Gothard steuerte dazu die Erzählung von Günthers Empfang am Hofe des ungarischen Königs Stephan bei, der ihm am Fasttage einen gebratenen Pfau vorsetzen ließ. Günther verhinderte die Verletzung der Fastenpflicht, indem er den Pfau zum Leben erweckte und davonfliegen ließ.

Diese Szene wurde zum Thema für das Deckenfresko im Saal der Prälatur von Břevnov gewählt. Die Verhandlungen wurden bereits am 19. Juni 1726 eingeleitet. Sie begannen mit Überlegungen zur Stuckierung, wobei die Meinung des Abtes anfangs offenbar schwankend war. Letztlich hat er sich aber doch dazu entschlossen. Egid Quirin Asam hat den Rahmen vorbereitet, in dessen Feld der Bruder das Fresko malte, das zu seinen Spitzenleistungen gehört. Leider ist das in den Quellen erwähnte Programm nicht mehr erhalten: Es hätte sicherlich einige inhaltlich unklare Stellen und Motive erklären können, zum Beispiel die anscheinend unorganische Einfügung der Perseus- und Andromeda-Sage in Form von gemalten Grisaillereliefs. Die Stukkaturen waren wahrscheinlich bereits im Februar oder Anfang März 1728 fertig.[11]

Abb. 3: Břevnov, Prälatensaal des Benediktinerklosters, *Ausschnitt mit dem Heiligen Günther und dem auffliegenden Pfau aus dem Deckenfresko von Cosmas Damian Asam,* 1728 [F XVI].

Das Fresko ist bestens erhalten. Noch immer klingt in ihm das helle, saftige, zu Valeurübergängen und farbigem Changieren neigende Kolorit in jener Authentizität und Frische, die vor mehreren Jahrzehnten Adolf Feulner bezaubert und ihm die Worte höchster Anerkennung entlockt hat: »Hier, wo die Farbe in ursprünglicher Intaktheit erhalten ist, sieht man den raffinierten Ausgleich von Licht und Schatten, die sinnliche Erregtheit der Farbe und die dekorative Leichtigkeit.«[12] Die farbige Intensität einerseits und die Entwertung einzelner Farbqualitäten andererseits in der Lichtauflösung – Günthers Kopf zerschmilzt in seinem Nimbus, ohne daß das Antlitz der Hauptfigur seine Wirksamkeit verliert – schafft aus der Komposition ein homogenes Ganzes, als ob das Figurale und das Architektonische aus gleicher Materie geformt und an mehreren Stellen auch sehr prägnant modelliert wäre. Die lebhafte Reihe der Begleitpersonen in den frei angelegten Szenen von der Vorbereitung der Speisen bis zur Musikantengruppe drückt eine spontane Lust zum Fabulieren aus.

Ikonographisch bleiben wegen des Fehlens eines überlieferten Programms, wie schon gesagt, einige Stellen und Personen unklar. So wurde die über der Tafel schwebende Personifikation im honiggoldenen Gewand als Abundantia gedeutet.[13] Sie scheint jedoch eher – was der Grundidee und dem Geist des Fastens besser entsprechen würde – eine Verkörperung der Mäßigkeit zu sein; dazu würde auch die Gebärde passen, die eine Platte mit gebratenem Geflügel ablehnt und einen Obstkorb bevorzugt.[14]

Asams Aufenthalt in Prag hat offenbar auch außerhalb des Benediktinerordens Aufmerksamkeit erregt. Graf Gallas, der schon seit 1725 einen Künstler für die Ausmalung seines großen, von Johann Bernhard Fischer von Erlach in der Prager Altstadt gebauten Palastes suchte, hat wahrscheinlich, wie aus einer flüchtigen und unklaren Erwähnung erhellt, die Möglichkeit erwogen, Asam zu diesem Werk heranzuziehen. Schließlich wandte er sich aber an den berühmten Virtuosen Carlo Innocenzo Carlone, der diesen Auftrag laut Kontrakt vom 15. März 1727 in den drei folgenden Jahren ausführte.

Die miniaturhafte Votivkirche MARIA VICTORIA AM WEISSEN BERG bei Prag wuchs seit der Gründung des kleinen Wallfahrtsortes nach der Schlacht am Weißen Berge 1620 allmählich bis zu seiner endgültigen heutigen Erscheinung, die unter Einschluß des Umgangs mit vier prächtigen, schräggestellten Eckkapellen im Jahre 1712 wohl nach Santinis Entwurf erreicht war.[15] Zu den Förderern des Baues gehörte der Prager Miniaturmaler Christian Luna.[16] Vielleicht ist es sein Verdienst, die drei für die Freskierung des Kirchleins gewonnenen namhaften Meister dazu bewogen zu haben, ihre Arbeit als Votivgaben zu stiften. Der Hauptkuppel, an beiden Seiten von zwei kleineren begleitet, hat sich Cosmas Damian Asam angenommen. Er forderte für seine Leistung bloß einen Abguß jenes romanischen Ringes von der Tür der Sankt-Wenzels-Kapelle im Prager Veitsdom, an dem sich der Legende nach der Heilige Wenzel in Stará Boleslav (Altbunzlau) an der geschlossenen Kirchentür festhielt, wo ihm sein Bruder Boleslav die tödlichen Dolchhiebe versetzte.[17]

Die urkundlich belegte Angabe 1728 als Entstehungsjahr des Freskos wurde bereits von der ältesten Literatur angeführt; in dasselbe Jahr wurde auch das seitliche Kuppelgemälde von Johann Adam Schöpf datiert, wogegen jenes in der zweiten Seitenkuppel von Wenzel Lorenz Reiner zehn Jahre früher, 1718, angesetzt wird.[18]

Wohl mit Recht wurde bei Asam und Schöpf (der im Jahre 1743 wegen seiner Parteinahme während der französisch-bayerischen Okkupation Prags für König Karl Albrecht ausgewiesen wurde) bemerkt, daß es sich bei ihren Arbeiten um eine Äußerung ihres Patriotismus handelte, da sich Herzog Maximilian von Bayern große Verdienste um den Sieg der katholischen Sache am Weißen Berg erworben hatte.[19] Ähnlich motiviert dürfte auch Reiner gewesen sein, der sich des bayerischen Ursprunges seiner Familie gewiß bewußt war.

In Asams Fresko erscheint ein Triumphwagen, dessen hintere, größere Räder den Reichsadler und die vorderen das babenbergische Wappen enthalten. Auf dem Wagen thront die Personifikation der Ecclesia mit dem Kreuze in der Hand. Das weiße Zugpferd wird von einem Engel mit gezogenem Schwert und flatternder Fahne geführt, auf der eine Mariengestalt zart angedeutet ist. Der leuchtenden Figur der Ecclesia wendet sich die Personifizierung der Hoffnung zu mit ihrem Hauptattribut, einem Anker, der unter dem wehenden grünen Gewand halbverborgen ist. Die attributlose Frauengestalt, die mit einer Fackel häretische Bücher anzündet, dürfte wohl die Allegorie des Glaubens sein. Als höchste der drei geistlichen Tugenden erscheint Caritas als stillende Mutter in der kleinen Kuppellaterne, koloristisch fein und in silbrigem Licht zerschmelzend.

Die ganze gegenüberliegende Kuppelseite wird von der Erscheinung des Heiligen Norbert beherrscht, allerdings nur wegen der Monstranz mit der Eucharistie, die sein Attribut darstellt und hier als die mächtigste Waffe im Kampf gegen die Ketzerei vorgestellt wird. Unter den drei besiegten Feinden wird ein Mann in schwarzem Gewand mit Halskrause besonders hervorgehoben, wohl ein Repräsentant des Kalvinismus, der unter der kurzen Regierung des Winterkönigs Friedrich die Orthodoxie am schwersten gefährdete. Die weiteren Patrone Böhmens auf Wolkenbänken, von den allerältesten wie Wenzel, Ludmilla, Adalbert, Ivan, Prokop und Sigismund bis zu den neuesten, nämlich Josef und Johann von Nepomuk, sind bloß passive Statisten. Es könnte dabei überraschen, daß Asam versäumt hat, seine Taufpatrone einzufügen, die zugleich auch zu den Schutzpatronen Böhmens gehörten.[20]

Im Jahre 1703 gelang es dem Abt Othmar Zinke von Břevnov, die Herrschaft Wahlstatt (Legnickie Pole), die ehemals dem von den Hussiten zerstörten Benediktinerkloster Opatovice gehörte, käuflich zu erwerben, um an dieser Stelle, wo eine berühmte Tatarenschlacht stattgefunden hatte, eine Propstei zu gründen, die ein neues Rekatholisierungszentrum für Schlesien werden sollte. Nach weiteren Verhandlungen erfolgte im Juni 1723 die Grundsteinlegung, und gleich darauf begann der Bau der Kirche mit einem Schiff auf längsovalem Grundriß sowie Vorhalle und Chor auf querovaler Basis nach den Plänen von Kilian Ignaz Dientzenhofer. Erst nach zehn Jahren war es soweit, daß man an die Freskierung gehen konnte, und so wurde am 5. Juni 1733 in Břevnov ein Vertrag mit Cosmas Damian Asam geschlossen. Der Maler legte ein solches Arbeitstempo vor, daß ihm bereits am 10. Oktober bei der Rückreise die vereinbarte Summe von 3000 Talern ausbezahlt werden konnte.[21] Zu einer Beteiligung Asams bei den vier Seitenaltären, um die er sich offenbar anfangs eifrig beworben haben muß, kam es allerdings nicht, wahrscheinlich wegen der zu hohen Forderung: Reiner erwies sich billiger, und so wurden die Bilder ihm anvertraut (1728-1729).[22]

Durch die Quellen wurde die Entstehungszeit der Fresken in dem durch ein Chronogramm über der Orgelempore – AVE CRVX DOMINI TV SPES VNICA – im angegebenen Jahr 1733 auf wenige Monate eingeengt.[23] In der historisierenden Grundhaltung, die in der Architektur selber wahrgenommen wurde[24], treten zwei Gründungsszenen auf, von Břevnov und von Wahlstatt, neben der

Beweinung des in der Tatarenschlacht gefallenen Fürsten Heinrich. Es scheint tatsächlich wohl möglich, in der Hauptszene am Gewölbe, der Auffindung des heiligen Kreuzes, eine Apotheose des herrschenden Geschlechtes zu ahnen. In der Grenzland-Atmosphäre des konfessionell gemischten Schlesien war die Glorifikation des Herrscherhauses besonders in den Klöstern sehr verbreitet. Nirgendwo auch wurde sie so großzügig entfaltet.[25] In diesem Sinne wurden der Kreuzauffindung die knienden Kaiser Leopold I. und Karl VI. beigefügt, und in der Erscheinung der Kaiserin Helena dürfte man eine Anspielung auf Maria Theresia als ideologische Vorbereitung der Erfüllung der von den schlesischen Ständen im Jahre 1721 angenommenen Pragmatischen Sanktion sehen.[26] Außer dem Hauptschiffgewölbe gewährte die Einteilung der Gewölbefelder nur spärlichen Raum für weitere Fresken und führte zu motivreichen Szenen, in denen sich der Maler als phantasievoller Erzähler und hervorragender Kolorist mit warmen und kühlen Farbkombinationen vorstellte.

In Wahlstatt konnte es bereits zu einer gegenseitigen Abstimmung von Architekt und Maler kommen, wenngleich der Auftrag zum Bau früher als jener zur Ausmalung lag. In der Benediktinerkirche *Sankt Niklas in der Altstadt* von PRAG konnte Cosmas Damian Asam in die räumlichen Bedingungen seiner Fresken wenn nicht direkt eingreifen, so doch sie wenigstens beeinflussen. Die Kirche, ein imposanter Zentralbau, entstand 1732 bis 1735 ebenfalls als Werk des jüngeren Dientzenhofer anstelle eines älteren Baus. Bereits im Jahre 1735 hat wohl Asam die Fresken nicht nur begonnen, sondern allem Anschein nach sogar den größten Teil von ihnen ausgeführt. Er hat sie in besonders großer Eile geschaffen, da, wie seine Schwester Maria Salome schrieb, »... ihm diese Arbeit schwitzend gemacht haben [muß] weillen er schon fertig ist«, und so forderte sie ihn auf, »fein ietz Vacanz, mit dem Franzl« (das heißt mit seinem Sohn Franz Erasmus, der offenbar als sein Gehilfe in Prag auftrat) zu machen. Der endgültige Abschluß der Arbeit an den Fresken ist ganz genau festgehalten worden: Asam beendete seine Arbeit, wie der Klosterannalist schrieb, am 12. September 1736 und ist gleich am nächsten Tage abgereist.[27]

Die Fresken sind heute nur mehr ein trauriger Torso, da das Schicksal der Kirche sehr bewegt war. Sie wurde unter Josef II. aufgehoben, dann seit 1865 als Konzertsaal benützt und ist 1870 der orthodoxen Gemeinde überlassen worden. Bei der danach eingeleiteten Restaurierung wurden die als störend empfundenen Fresken übertüncht. Im Ersten Weltkrieg wurde das Gotteshaus als Garnisonskirche verwendet. Bei dieser Gelegenheit wurden die Fresken zwar wieder freigelegt, wobei jedoch unfachmännische Eingriffe und Übermalungen vorgenommen wurden: An mehreren Stellen wurde die ursprüngliche Malerei völlig entfernt (nämlich in den Pendentifs, wo die Figuren der Evangelisten neu gemalt worden sind), so daß auch die neuesten Restaurierungsversuche an diesen bedauernswerten Gegebenheiten scheitern und sich bloß mit einer Konservierung und gewissen Vereinheitlichung der Bruchstücke begnügen mußten.

Noch als die Fresken unter der Kalkschicht des 19. Jahrhunderts verborgen waren, fand man im Turmknopf der Kirche eine Urkunde, in der der Maler als »Peter« Asam bezeichnet wurde, was in der Literatur eine Kette von Vermutungen auslöste, die sich erst neuerdings als sinnlos erwiesen: Der Schreiber hat sich einfach im Vornamen geirrt, was nicht selten vorkam.[28] Die dadurch angeregte Hypothese, daß an den Fresken ein Gehilfe beteiligt gewesen sei, diente als Erklärung für die Schwächen mancher Teile, die jedoch fast alle durch die neuen Eingriffe verursacht worden sind.[29]

Die Fresken wurden unlängst einer sehr gründlichen ikonographischen Analyse unterzogen.[30] Aus ihren Überresten ist aber trotz allem noch die künstlerische Absicht Asams lesbar, nämlich die Tendenz zur Aufteilung der Flächen – hauptsächlich in der Kuppel – in Einzelfelder, was dem allgemeinen Stilwandel entsprach. An einigen Stellen im Chor sind noch Spuren Asamscher Kompositionen, Farbgebung und Handschrift erhalten geblieben.

Im Sommer 1736 weilte gleichzeitig mit ihren Brüdern Cosmas Damian und Egid Quirin auch die Faßmalerin Maria Salome Bornschlegel, geborene Asam (1685-1740), in Böhmen, wie aus einem Schreiben hervorgeht, das sie aus Stražiště (Stradisch), einem Dorfe in der Herrschaft der Grafen Lažanský von Buková, an Cosmas Damian geschickt hat. Egid Quirin war ihr damals bei der nicht näher bestimmten Arbeit bereits zu Hilfe gekommen. Cosmas Damian wurde, wie sie schrieb, von der Gräfin Maria Gabriela, geborenen Černín von Chudenice und verwitweten Gräfin Lažanský, in der Residenz der Familie, dem Städtchen Manětín in Westböhmen, erwartet, wo nach dem Brande der Stadt und des Schlosses unter ihrer Leitung eine schöne und eindrucksvolle, einheitliche Barockenklave entstanden war. Die zwei dortigen Kirchen waren damals bereits malerisch ausgestattet, vorwiegend mit Werken Peter Brandls.

Die Ausstattung des Schlosses folgte erst später. Der Hauptsaal enthält eine Familiengalerie, die Philipp Christian Bentum um das Jahr 1730 ausführte. Als die Gräfin Maria Gabriela Lažanská in einem Brief vom 20. Dezember 1730 über weitere Bildnisvorhaben schrieb, betonte sie, daß »diese Saalordination, welche auf die Familia alludiret gemahlter [?] ist und noch von allen Approbation gefunden« habe.[31] Das ›Anspielen‹ würde wohl eher zu einer Allegorie als zu einer Folge von Bildnissen passen. Und tatsächlich entstand im Jahre 1730 laut Datum auf einem Zettel, den die Personifikation der über den zwei Tempeln des Familienrufes schwebenden Geschichtsschreibung in der Hand hält, ein motivreiches schwunghaftes Fresko, das mit Benützung zahlreicher heraldischer und mythologischer Motive nach einem ziemlich komplizierten Programm der Gemahl der Maria Salome, der »Handelsmann und Maler« Johann Philipp Bornschlegel (1699-1734)[32], schuf. Es ist sein bisher einziges belegtes Werk, das diesen sonst völlig unbekannten Maler in ein ziemlich günstiges Licht stellt und durch seinen ausgeprägten Stil einen Anhaltspunkt zur etwaigen Feststellung weiterer Arbeiten bietet. Bornschlegel war übrigens noch im Jahre 1732 in Manětín tätig, diesmal allerdings bloß als Staffierer von Schnitzfiguren.[33]

In den Jahren von Asams Tätigkeit in Böhmen war diese bereits seit mehreren Jahrzehnten sich ziemlich autonom entwickelnde Kunstlandschaft auf dem Gebiet der Freskomalerei von der starken Persönlichkeit Wenzel Lorenz Reiners (1689-1743) beherrscht, dessen kraftvolle Ausdrucksweise höchst originell und mit einem ungemeinen Mut zu Experiment und Improvisation an die einheimische Tradition anknüpfte, die seit ihren Anfängen unter Karel Škréta eine sehr geradlinige aber zugleich auch anderen Einflüssen aufgeschlossene Entwicklung genommen hatte.[34]

Es ist fast undenkbar, daß die beiden großen Künstler und gewissermaßen auch Rivalen nicht aufeinander reagiert hätten. Ohne in eine unhistorische, anachronistische Psychologisierung zu verfallen, kann man vielleicht doch nur die Vermutung äußern, daß die fast übertriebene Steigerung robuster Männlichkeit in Reiners Fresken im Jahre 1728, vor allem in der Szene der Himmelfahrt Mariä in der Spitalkirche zu Duchcov (Dux), eine Reaktion auf Asams verfeinerten, femininen Stil war. Und andererseits wieder dürfte man in Asams ebenfalls 1728 entstandenem Fresko in der Schloßkapelle zu Mannheim mit einer nach Pozzos Anweisung gestalteten, allerdings durch Asams Dekorativismus aufgelockerten illusionistischen Kuppel eine Art von Auseinandersetzung mit der Aufgabe sehen, eine freischwebende Figur in architektonischer Begrenzung wiederzugeben, wie sie etwa Reiner bei der Ausmalung der Sankt-Johann-von-Nepomuk-Kirche am Hradschiner Ursulinenkloster 1727 gelungen ist, die zu seinen besten Werken zählt.[35]

Von den Asam am nächsten stehenden Malern bayerischer Herkunft, die in Böhmen tätig waren, hat sich keiner als große künstlerische Persönlichkeit erwiesen. Johann Adam Schöpf (1702-1772), der in den Jahren von 1724 bis 1743 in Prag ansässig war, malte überfüllte, unsicher komponierte Fresken, und Felix Anton Scheffler (1701-1760), der erst seit dem Jahre 1747 bis zu seinem Tode in Prag wohnte, hat größere Malflächen nur mit Mühe und mit plumpen, untersetzten Figuren komponiert; freier fühlte er sich in kleineren Formaten, und ziemlich qualitätvoll war er auch als Zeichner.

Bei dem Fresko am Weißen Berg wird Asams Gehilfe Schmidt genannt. Ohne Vorname ist ein so oft vorkommender Name gewiß kein sicherer Anhaltspunkt, es scheint jedoch wahrscheinlich, daß es sich um ein Mitglied der verzweigten westböhmischen Malerfamilie aus Planá (Plan) bei Mariental, nämlich um Wenzel Samuel Theodor Schmidt (1694-1756), handelt, der angeblich in Freising »bei dem churfürstlichen Maler von München« einige Jahre zugebracht hat. Seine hauptsächlich in den Fresken derbe, naiv volkstümliche Erzählweise spiegelt jedoch keinen Einfluß Asams wider.[36]

Daß in Westböhmen Asams Kunst am tiefsten Wurzel faßte, bezeugt viel klarer das Werk des Pilsner Malers Franz Julius Lux (1702-1764), einer zwar kaum schöpferisch hervorragenden, aber für die komplizierte Situation Böhmens im zweiten Viertel des 18. Jahrhunderts ziemlich bezeichnenden Erscheinung. In seinen Werken fließen verschiedene, allerdings versickernde Ströme zusammen und verschmelzen in einer ziemlich originellen Synthese: Die Expressivität der Linie Willmann – Liška – Neunhertz, zu der auch Jakob Anton Pink, wahrscheinlich Lux' Lehrer, gehörte, weiter Reiners Kernigkeit, die Lux ins rokokohaft Anmutige umstimmte, und sogar – in Ölbildern – Brandls Wucht. Aber auch die asamsche Komponente ist in manchen seiner Fresken stark spürbar und weist darauf hin, daß Lux Asam ziemlich nahe gestanden sein muß; vielleicht gehörte er sogar zu seinen Gehilfen in Kladrau.[37]

ANMERKUNGEN

1 Zur Tätigkeit von Christoph und Kilian Ignaz Dientzenhofer im Dienst der Äbte Othmar Zinke und Benno Löbl vgl. Milada Vilímková, »Nové archívní doklady ke stavbě kláštera a kostela sv. Markéty v Břevnově«, in: *Umění,* 22/1974, 146-152. – Dieselbe, »Marginalia k architektonické tvorbě 1. poloviny 18. století. Kryštof Dienzenhofer – Jan Blažej Santini – Kilián Ignác Dienzenhofer« (deutsches Resümee: »Marginalia zum architektonischen Schaffen der ersten Hälfte des 18. Jahrhunderts. Christoph Dienzenhofer – Giovanni B. Santini – K. I. Dienzenhofer«), in: *Umění,* 25/1978, 414-436. – Dieselbe, *Stavitelé paláců a chrámů* (im Druck).

2 Vilímková 1978, 418: »Caret haec [d. h. der Kirche] jam aliquot saeculis omni fornice, modo tabularum incipit ita absolvi, ut sine periculo vix audeat quis sub eo celebrari. Dominus Christophorus [d. h. Dientzenhofer] fecit unam delineationem, Dominus Santin alteram, quae praeplacet quidem, ...«

3 Vilímková 1978, 428f.

4 Jaromír Neumann, »Das ikonographische Programm der Wallfahrtskirche St. Johannes Nepomuk auf dem Grünen Berg«, in: *Festschrift Kurt Rossacher. Imagination und Imago. Zum 65. Geburtstag von Kurt Rossacher und zum zehnjährigen Bestandsjubiläum des Salzburger Barockmuseums,* Salzburg 1983, 241-263.

5 Jaromír Neumann, »Ikonologie Santiniho chrámu v Kladrubech« (deutsches Resümee: »Ikonologie der Santinischen Kirche in Kladrau«), in: *Umění,* 33/1985, 97-136.

6 Dazu liegt eine neu aufgefundene Entwurfzeichnung vor; vgl. Z 26.

7 Neumann 1985 (Anm. 5), 107f., deutsches Resümee 132.

8 München, Staatliche Graphische Sammlung; vgl. Z 27.

9 Neumann 1985 (Anm. 5), 117, erklärt die Fahne als jene der Auferstehung Christi, in die sich der von Golgotha niederfließende Blutstrom des Gottessohnes verwandelt.

10 Neumann 1985, 121.

11 Beda Franz Menzel, *Abt Othmar Daniel Zinke, 1700-1738. Ein Prälat des barocken Böhmens,* Ottobeuren 1978, 212f.

12 Feulner 1929, 159, Tafel XII.

13 Ebenda, 159.

14 Das Fresko in Břevnov wird in der herkömmlichen Asam-Literatur zwar regelmäßig erwähnt, doch sei hier noch auf zwei weniger bekannte tschechische Besprechungen hingewiesen: Rudolf Kuchynka und Zdeněk Wirth, »K. D. Asam, Fresko na stropě opatského sálu benediktinského kláštera v Břevnově«, in: *Umělecké poklady Čech,* I/1913, 61f.; sowie Blažíček 1944, 33; hier wird die Verwandtschaft des Gesamtentwurfs mit Asams Fresko in der Sankt-Jakobs-Kirche zu Innsbruck und der Auffassung der gemalten Architektur mit Weltenburg betont.

15 Mojmír Horyna, »Neznámé pražské dílo Jana Blažeje Santiniho«, (deutsches Resümee: »Unbekanntes Prager Werk G. Santinis«), in: *Umění,* 31/1983, 247ff.

16 Jan Čeřovský und Helena Smetáčková, »Lapidea columna. Z historie hradčanského domu«, in: *Staletá Praha,* 5/1971, 152-176; Marie Mžyková, »Neznámý Kristián Luna v moravské sbírce«, in: *Umění,* 31/1983, 173-176.

17 Podlaha 1915, 96: »Nachdem nun der Herr Asamb vor seine Mühe nichts verlanget, dahingegen ein Modell von dem Ring der Heiligen Wenzeslai Capellen im Schloß begehret, als ist solches ihm verehret, und bezahlt worden mit 4 fl. Des Herrn Schmidt seinen Gesellen und Jungen Trinkgeld gegeben ... 3 fl 15 kr. Dem Gesellen des Herrn Asambs desgleichen 2 fl. Fährlohn vor die H. H. Maler, so von Prag hinaus und herain zu fahren ...«

18 Wirth 1921 (Sonderdruck aus der 2. Ausgabe der Publikation von Josef Teige, Hanuš Kuffner, Antonín Hajn, Miloslav Hýsek und Zdeněk Wirth, *Na Bílé hoře,* Praha 1921), 18, 20, Anm. 31, 38.

19 Karel Vladimír Herain, *České malířství od doby rudolfinské do smrti Reinerovy,* Praha 1915, 135.

20 Die Malerei, die Wirth 1921, 42 als »gottseidank unrestauriert« bezeichnet hat, erklärte Hanfstaengl 1939 (wo sie auf Seite 34 das Thema als »Triumph des Kreuzes, Verherrlichung des Sieges, den Maximilian von Bayern ... errang« charakterisierte) auf Seite 85 als von »dürftigem Eindruck«, da »die Farben ... stark verblaßt [sind] und das Ganze wohl schon überarbeitet« ist. Das Fresko restaurierte im Jahre 1960 der akademische Maler und Restaurator Raimund Ondráček; vgl. Pechová 1962, 77-80. Die Verfasserin führt an, daß der Maler das Werk mit Hilfe seiner Frau (!) und eines Gehilfen fertigstellte, und zwar, was tatsächlich der Fall war, in vierzehn Tagen. Ihre Interpretation enthält viele Mißverständnisse; in dem Mann mit den Attributen des Papsttums, der Tiara und den Schlüsseln, glaubt sie porträthafte Züge zu erkennen. – Zur Deutung des Ringes im Löwenrachen an der Tür der Kirche Sankt Cosmas und Damian in Stará Boleslav (Altbunzlau) als Symbol des Kirchenasyls und seines Sinnes in der Sankt-Wenzel-Ikonographie, vor allem in der maßgebenden Auffassung Karel Škrétas und dann mit ganz besonderer Betonung in den Bildern des Todes des Heiligen Wenzel von Peter Brandl in Břevnov (1718) oder Francesco

Trevisani in Žamberk (1741) vgl. Neumann 1981, 148, 150, deutsch: 161 f.

21 Münch 1931, 77 (laut Mitteilung von Beda Franz Menzel).

22 Gotthard Münch, *Kloster und Kirche Wahlstatt,* Nr. 18 der Führer zu schlesischen Kirchen, Breslau 1936, 11 f., 19 ff. (wahrscheinlich Mitarbeit von Felix Anton Scheffler); vgl. auch Münch 1937, 128; Johann Drobek und Günther Grundmann, »Schlesische Barockfresken und ihre Zustandesetzung«, in: *Kunst- und Denkmalpflege in Schlesien,* 2. Veröffentlichung, Niederschlesien, Breslau-Lissa 1939, 145 f., Abb. 80 und 81.

23 Pavel Preiss, *Václav Vavřinec Reiner,* Prag 1970, 55, 98, Kat. 93-96; hier auch eine Übersicht älterer Literatur, in der die Bilder bis zur Publikation der Quellen über die Zahlungen an Reiner (Münch 1931 [Anm. 21], 76) stets Peter Brandl zugeschrieben wurden.

24 Erich Bachmann, »Architektur«, in: Karl Maria Swoboda (Hrsg.), *Barock in Böhmen,* München 1964, 58: »Die Klosterkirche in Wahlstatt ist gotischer im Wesen als alle barockgotischen Kirchen Santin-Aichels, da sie die gotische Vorstellung nicht nur äußerlich und formal, sondern im Wesen und in der Konstruktion erneuerte und dazu nicht nur allgemein gotische, sondern spezifisch mitteleuropäische der deutschen Sondergotik.«

25 Konstanty Kalinowski, *Gloryfikacja panującego i dynastii w sztuce Śląska XVII i XVIII wieku* (deutsches Resümee: »Die Glorifizierung des Herrschers und des Herrscherhauses in der Kunst Schlesiens im 17. und 18. Jahrhundert«), Warschau und Posen, 1973, 121-181.

26 Jan Wrabec, »Kościół pobenektyński w Legnickim Polu. Uwagi o architekturze i programie ideowym« (französisches Resümee: »L'église postbénédictine de Legnickie Pole. Son histoire et son programme idéologique«), in: *Biuletyn Historii Sztuki,* 33/1971, 350-358.

27 Vilímková 1978 (Anm. 1), 432, Anm. 62. – Cosmas Damian Asams Aufenthalt in Prag ist für den August 1735 belegt, da er am 17. August in der Thomaskirche Cosmas Damian Schönmetzler, Sohn des Maurers Johann Georg Schönmetzler, aus der Taufe hob, ebenso für 1736, da er am gleichen 17. August in der Pfarrkirche der Mutter Gottes auf der Wiege (›ad Cunas Marianas‹) in der Prager Altstadt bei der Taufe von Rochus Damian, Sohn des Schlossers Matthias Frantz, Pate war; vgl. Antonín Podlaha, »Materialie k slovníku umělců a uměleckých řemeslníků v Čechách«, in: *Památky archaeologické a místopisné,* 20/1913, 96; 29/1917, 59. – Dischinger 1980, 23 ff., Brief der Marie Salome, geb. Asam, vom 25. August 1736 an ihren Bruder Cosmas Damian nach Prag.

28 »Peter« Asam wurde für einen in der Literatur unbekannten Mitarbeiter Cosmas Damians gehalten, dem sogar die Fresken in Kladrau zugeschrieben wurden; vgl. Kuchynka-Wirth 1913 (Anm. 14), 62.

29 Hanfstaengl 1939, 129, teilte die Fresken in der Kirche Vater und Sohn Asam zu, wobei sie – allerdings nur vermutungsweise, wie sie betonte – den angeblichen »Peter« mit Franz Erasmus Asam zu identifizieren können meinte. Sie glaubte Cosmas Damians Hand im Chor sowie unter und über der Orgelempore erkennen zu können und hielt ihn deshalb für »ausschlaggebend an einzelnen Stücken beteiligt«, sah jedoch trotzdem in diesen Kompositionen »keine neuen Gedanken« und meinte, es sei für Cosmas Damian »eine wenig lohnende Aufgabe« gewesen, die er »mehr aus Gefälligkeit« ausgeführt habe. Die Tatsache, daß Franz Erasmus wirklich in Prag als Gehilfe seines Vaters tätig war, hat sich erst jüngst bestätigt, ohne daß man freilich bei dem jetzigen Zustand der Fresken seinen Anteil irgendwie näher bestimmen könnte.

30 Jitka Klingenberg-Helfertová 1980, 77-90. Zu der ausgezeichneten ikonographischen Interpretation ließe sich als Randbemerkung anfügen, daß zu den vermutlich antijüdisch zugespitzten Themen – das Kloster lag nämlich unmittelbar an der Grenze zum Ghetto – die ›Legenda Aurea‹ massivere Motive hätte liefern können.

31 Vladimír Novotný, »Filip Christian Bentum a jeho činnost na zámku v Manětíně«, in: *Umění,* 12/1938, 328.

32 Josef H. Biller, »Zur Familiengeschichte der Brüder Asam«, in: Ars Bavarica, Heft 43/44 (im Druck), hat die Lebensdaten Bornschlegels in den Würzburger Kirchenbüchern gefunden und sie mich liebenswürdigerweise noch vor ihrer Publikation wissen lassen. Bei seiner Heirat mit Maria Salome Asam in der Münchner Frauenkirche am 10. August 1721 wurde Bornschlegel als »angehender Handelsmann« bezeichnet, aber bereits in der Abrechnung in Weltenburg vom 16. Juni 1724 wurde Maria Salome »uxor ... pictoris« genannt; vgl. Dischinger 1980, 24f. Bei seiner Bestattung wurde Bornschlegel im Kirchenbuch des Würzburger Doms als »mercador und pictor« eingetragen.

33 Státní oblastní archív v Plzni (Staatliches Regionalarchiv in Pilsen), Zweigstelle Klatovy, Fond Vs Manětín, Inv. Nr. 761, Buch Nr. K 545, Hauptkassabuch 1730-1732, Seite 52 (neue Paginierung), Beilage Nr. 53°: »Lauth quittirte Consignation Sub dato den 31. Decembr. 1730 ist dem Hr. Philipp Bornschlägl Staffierern aus München vor die im herrschaftl. Schloss zu Manetin verfertigte Staffier Arbeith, Fresco Mahlerei und was Selbster vermög Consignation noch mehr gemacht, in ... bezahlt worden ... 1164 Fl. 45 Kr.« – Beilage 54°: »Item Ihme Hr. Staffier vor dem Tapecier Msr. Chavagie und seine Gesellen, so Er Hr. Bornschlägl wehrender Arbeith Zeit zu Manetin durch 12 Wochen verköstet und ausgehalten hat, ersetzt und bezahlt lauth Bescheinigung ... 84 Fl. 4 Kr.« – Im Jahre 1732 erhielt Bornschlegel 100 Gulden für das Staffieren zweier Statuen von Josef Herrscher am Altar der Heiligen Kümmernis in der Friedhofskirche Sankt Barbara zu Manětín; vgl. František Wonka, *Kniha o faře manětínské* (Buch über die Pfarre Manětín), Handschrift im Muzeum okresu Plzeňsever (Museum des Bezirkes Pilsen-Nord) in Mariánský Týnec, Nr. 70/72, L 1281, Seite 27. Für die Mitteilung der Eintragung im Hauptkassabuch von Manětín danke ich dem Archivleiter Dr. Gustav Hofmann. – Daß Bornschlegel schon früher auch in Kladruby tätig war, bestätigt eine Nachricht der Beamten der Herrschaft Patrohrad dem Grafen Franz Josef Černín von Chudenice vom 29. Januar 1730, als Bornschlegel bereits in Manětín arbeitete. Darin wurde vorgeschlagen, Bornschlegel mit der Ausführung des Hauptaltars und der Orgel samt aller Tischler-, Schnitzer- und Malarbeit im Neubau der Kirche zu Žihle zu beauftragen (Státní oblastní archív Třeboň, Zweigstelle Jindřichův Hradec, Fond Ra Černínové, Großgrundbesitz Petrohrad, Karton 22). Aus den Exzerpten des Archivars Dr. Karel Tříska schöpfte diese Mitteilung Dr. Vratislav Ryšavý für seinen in Vorbereitung befindlichen Artikel »Další případ spolupráce F. M. Kaňky a F. J. Luxe« (Ein weiteres Beispiel der Zusammenarbeit von F. M. Kaňka und F. J. Lux).

34 Preiss 1970; derselbe, *Wenzel Lorenz Reiner, ... Ölskizzen, Zeichnungen und Druckgraphik.* Ausstellung der Nationalgalerie Prag. Nr. 11 der ›Schriften des Salzburger Barockmuseums‹, Salzburg 1984 (hier Nachweis weiterer Literatur seit 1970). Silvia Petrin, »Zur Ausstattung der Stiftsbibliothek von Gaming«, in: *Unsere Heimat,* Heft 1/1985, 48-57.

35 Klingenberg-Helfertová 1980, 84, glaubt in einer Partie von Asams Fresken in der Prager Sankt-Niklas-Kirche zu verspüren: die »eng zusammengeballten Gestalten sitzen schwer und fest auf dem Boden und erinnern mit ihren irdisch festgebundenen Figuren an einige Prager Fresken von Wenzel Lorenz Reiner« (mit Hinweis auf Preiss 1970, 50).

36 Pavel Preiss, »Freskařské dílo Václava S. T. Schmidta« (Die Fresken von Wenzel S. T. Schmidt), in: *Minulostí Plzně a Plzeňska,* 2/1959, 89-97, Tafeln IV-VIII.

37 Pavel Preiss, »Západočeský rokokový freskař František Julius Lux« (deutsches Resümee: »Der westböhmische Freskant des Rokokos Franz Julius Lux«), in: *Umění,* 12/1974, 151-176; derselbe: »Obrazy západočeského malíře Františka Julia Luxe« (deutsches Resümee: »Die Ölbilder des westböhmischen Malers Franz Julius Lux«), in: *Minulostí západočeského kraje,* 19/1983, 75-88.

Milada Vilímková

Archivalien zur Tätigkeit der Brüder Asam in Böhmen und Schlesien

Die Voraussetzungen für die relativ reiche und bedeutende künstlerische Tätigkeit, die die Brüder Asam in den Jahren zwischen 1725 und 1736 im Dienste der böhmischen Benediktiner entfaltet haben, wurden bereits zu Beginn des 18. Jahrhunderts geschaffen.

Im Jahre 1700 ist Thomas Sartorius, in Personalunion Abt der Zwillingsklöster Břevnov bei Prag und Broumov[1] in Nordostböhmen sowie Visitator der böhmischen Benediktinerprovinz, gestorben. Dieser in seinen Verdiensten noch nicht gewürdigte Abt hatte die beiden Klöster aus einer mehr als zweihundertjährigen Misere und aus dem ökonomischen Verfall herausgezogen. Er legte den Grund zu jener Epoche von Prosperität und Aufschwung, die dann unter seinem Nachfolger trotz manchen Mißgeschicks – drei Brände: zweimal in Braunau, einmal in Břevnov – erreicht wurde. Sein Nachfolger, Abt Othmar Zinke, dessen Wahl Sartorius vor seinem Tode wahrscheinlich dem Konvent empfohlen hatte, war ökonomisch ungemein fähig, sehr klug, aber auch ehrgeizig und höchst autoritär. Die etwas derbe, aber herzliche und manchmal auch recht humorvolle Väterlichkeit seines Vorgängers war ihm – so scheint es wenigstens – vollständig fremd. Im nächsten Jahre, 1701, wurde auch in Kladrau, dem zweitgrößten böhmischen Benediktinerstift, ein neuer Abt gewählt. Es war Maurus Fintzgut, dessen umstrittene Wahl einen langjährigen Rechtsstreit auslöste, den der Břevnover und Braunauer Abt und Visitator der böhmischen Provinz, Othmar Zinke, mit dem Prager Erzbistum führte. Damals waren die Brüder Asam noch Knaben. Der neue Kladrauer Abt war wahrscheinlich nicht minder ehrgeizig als sein Břevnover und Braunauer Amtsbruder. Nur wissen wir über seine Persönlichkeit viel weniger. Das Benediktinerstift Kladrau wurde nämlich im Josephinischen Zeitalter aufgehoben. Von seinem zweifelsohne sehr reichen Archiv sind nach der Aussonderung in der Universitätsbibliothek Prag unter dem damaligen Bibliothekar, dem Prämonstratenser Karl Raphael Ungar, nur kümmerliche Fragmente geblieben.

Zum Glück sind das Břevnover und Braunauer Klosterarchiv fast vollständig erhalten, und so können wir manches, was in dem spärlichen Kladrauer Archivmaterial fehlt, aus der Korrespondenz zwischen Břevnov und Kladrau im dritten Dezennium des 18. Jahrhunderts ergänzen.[2] Einige wichtige Nachrichten befinden sich auch in dem fragmentarisch erhaltenen Archivmaterial der aufgehobenen Klöster Sankt Johann am Felsen und Sankt Niklas in der Prager Altstadt.

Es scheint, als habe Abt Othmar Zinke gleich nach der Amtsübernahme den Entschluß gefaßt, das Břevnover ›Archisterium‹ – das ›Erzkloster‹, wie es die böhmischen Benediktiner gerne nannten –, das seit den Hussitenkriegen kümmerlich dahinvegetierte, dem ursprünglichen Ruhm entsprechend zu neuer Blüte zu führen. Den ersten Schritt dazu hatte schon sein Vorgänger, Abt Thomas, durch den Bau eines kleinen Klostergebäudes an der Südseite der Kirche getan. Aber das war Abt Othmar zu wenig. Bereits im Jahre 1702 forderte er den Baumeister Paul Ignaz Bayer, der auch für seinen Vorgänger manches gebaut hatte, dazu auf, Pläne zu einem vollständigen Neubau von Kloster und Kirche Břevnov zu verfertigen. Die Vorbereitungen dauerten aber ziemlich lange. Der Abt wollte zuerst die wirtschaftliche Grundlage von Břevnov verbessern. Zu diesem Zwecke kaufte er im Jahre 1705 die Herrschaft Kladno. Auch mit den Entwürfen von Paul Ignaz Bayer scheint er nicht ganz zufrieden gewesen zu sein: Beweis dafür sind mehrere erhaltene Varianten des Projekts. Erst am 30. Mai 1708 fand die Grundsteinlegung statt. Nach einem Jahr kündigte Abt Othmar seinem Baumeister, weil er mit seiner Bauführung nicht einverstanden war.[3] Den Auftrag übernahm Christoph Dientzenhofer, der zweifelsohne auch die Pläne umarbeitete. Mit ihm war der Abt dann vollständig zufrieden. Christoph Dientzenhofer hat in Břevnov eine der bedeutendsten und schönsten Klosteranlagen des böhmischen reinen Hochbarocks geschaffen, deren Ausführung er bis zu seinem Tode im Jahre 1722 – zuletzt mit Hilfe seines Sohnes Kilian Ignaz – leitete.[4]

Maurus Fintzgut, der Abt von Kladrau, entschloß sich 1711 zum Umbau der mittelalterlichen Klosterkirche. Die Gründe dazu lagen nicht nur in dem schlechten Bauzustand, sondern – daran läßt sich kaum zweifeln – auch in dem Ehrgeiz des Abtes, mit seinem Břevnover und Braunauer Amtsbruder Schritt zu halten. Das zeigt sich auch in dem Umstand, daß er die beiden damals berühmtesten Architekten in Böhmen, Christoph Dientzenhofer und Johann Blasius Santini-Aichel, zur Anfertigung von Plänen aufforderte. In seinem Schreiben an den Abt Aemilianus Kotterowský in Sankt Johann am Felsen vom 10. Februar 1711 entschied er sich für den Entwurf von Johann Santini, der nach seinem eigenen Zeugnis aus dem Jahre 1716 die Bauführung in eben diesem Jahre 1711 übernahm und bis zu seinem Tode 1723 behielt.[5]

Über diesen Bau sind wir leider nur spärlich informiert. Wie gesagt, sind nach der Aufhebung des Klosters nur geringe Reste des Archivs übrig geblieben. Aber selbst wenn dem nicht so wäre, stünde es wohl nicht besser: Abt Maurus war nämlich ein Sonderling, der Berichten nach gerne behauptete, Rechnungen nur dem Allmächtigen vorlegen zu müssen und nicht aufbewahren zu brauchen. Tatsächlich soll er alle Baurechnungen verbrannt haben.[6] So wissen wir auch nicht, wer ihm den damals schon berühmten bayerischen Maler Cosmas Damian Asam empfohlen hat: möglicherweise ein Abt aus einem bayerischen Benediktinerkloster. Dagegen sind wir ziemlich zuverlässig informiert, daß Asam die Arbeit an den Freskomalereien in der erneuerten Kladrauer Kirche im Jahre 1725 begonnen hat. Dies bestätigt der letzte Absatz des Briefes, den Abt Maurus dem damaligen Superior bei Sankt Margarethen in Břevnov, P. Raphael Berger, am 5. Juli 1726 geschrieben hat. Dort heißt es auf lateinisch: »Herr Asam verrichtet seine Arbeit bei mir auf das gefälligste, weit hervorragender als die Arbeit des vergangenen Jahres« (Q 1).[7]

In dieser Zeit entschloß sich Abt Othmar Zinke, die Ausführung der Deckenfreskos im Hauptsaal der Prälatur in Břevnov ebenfalls Cosmas Damian Asam anzuvertrauen. Er hatte zwar damals den ebenfalls bereits berühmten böhmischen Maler Wenzel Lorenz Reiner gut gekannt und ihm sogar die Altarbilder für die Braunauer Klosterkirche vergeben. Reiners monumentale Fresken in der Kuppel der Prager Kreuzherrenkirche Sankt Franziskus bei der Karlsbrücke hatte er zweifelsohne mehr als einmal gesehen. Doch sein Ehrgeiz war groß, er wollte unbedingt in seinem neuen Kloster Břevnov ein Werk des berühmten bayerischen Freskanten haben. In dieser Hinsicht konnte er nicht hinter Abt Maurus zurückbleiben.

Die Verhandlungen begannen neu, wenn uns die Korrespondenz zwischen dem Břevnover Superior P. Raphael Berger und dem Kloster Kladrau richtig informiert, im Juni 1726. Der erste Brief P. Bergers, der direkt an Cosmas Damian Asam adressiert ist, datiert vom 19. Juni 1726 und ist im Konzept erhalten geblieben (Q 2).[8] Danach hatte Cosmas Damian Asam Břevnov schon besucht und die Decke des Saals gesehen, ehe er seine Preisforderung von 1000 Gulden stellte. Dieser erste Besuch fand am 2. Juni 1726 in Gesellschaft des Kladrauer Bruders P. Coelestin statt. Der Autor des lateinischen Eintrags im Břevnover Diarium schreibt: »Heute war R. P. Coelestinus aus Kladrau hier, zusammen mit einem Herrn Asam, einem Maler seinem Beruf nach. Diese hat der Hochwürdigste Herr an seinen Tisch eingeladen« (Q 3).[9]

Das zweite Konzept des Břevnover Superiors P. Raphael Berger vom 3. Juli 1726 ist für den Kladrauer Abt Maurus Fintzgut bestimmt und – natürlich – diesmal lateinisch geschrieben. Inhaltlich hat der Brief mit Cosmas Damian Asam eigentlich nichts zu tun. P. Berger vermittelt dem Abt Maurus den Wunsch seines Abtes und Visitators Othmar Zinke, das nächste Ordenskapitel nach Kladrau bei Gelegenheit »der Einführung der dasigen Brüder ins Chor der erneuten Kirche« zu berufen. Erst im Postscriptum merkt P. Berger an, er habe neulich Herrn Asam wegen der Ausmalung des Saales geschrieben, sei aber nicht sicher, ob dieser den Brief erhalten habe und noch in Kladrau sei. Er bitte den Abt, ihn durch eine kurze Nachricht zu informieren (Q 4).[10]

Was das nächste Ordenskapitel betraf, war die Antwort von Abt Maurus vom 5. Juli ablehnend. Er entschuldigte sich mit dem Mangel an geeigneten Gastzimmern in seinem Kloster und mit der großen Zahl an geistlichen und weltlichen Gästen, die zur Festlichkeit der ›Introductio ad chorum‹ kommen würden. Er müßte die beiden Hauptleute der benachbarten Kreise einladen, und auch der Abt des Klosters Sankt Emmeram in Regensburg, der ihm eine Reliquie des Heiligen Wolfgang versprochen hatte, wolle diese persönlich nach Kladrau bringen. So sei es ihm unmöglich, in diesen Tagen, also um den 15. September – die ›Introductio ad chorum‹ sollte am Feste Mariä Namen stattfinden –, auch noch die zahlreichen Teilnehmer des Ordenskapitels zu beherbergen.

Am Ende des Briefes teilt er die gewünschte Auskunft über Cosmas Damian Asam mit. Dieser sei noch in Kladrau und wolle am 8., spätestens 9. Juli in die Schweiz abreisen. Der Brief sei ihm übergeben worden, Asam werde – ob im Herbst oder nächsten Frühjahr, könne er sich wegen der Arbeit in der Schweiz und in Abwesenheit seines Bruders nicht festlegen – nach Břevnov kommen. Er habe dem Abt hoch und heilig versprochen, sofort im Frühjahr zu kommen, um seine Arbeit fertigzumachen. Danach bleibe nur noch etwas oberhalb der Sakristei und der kleinen Türe zu malen (Q 5).[11]

Darauf folgt eine kurze lateinische Mitteilung vom 20. Juli 1726, die P. Coelestin von Kladrau dem Břevnover Superior P. Raphael Berger schickte: Der Vertrag bzw. die Abmachung mit Asam über die Ausmalung des Saales werde zweifellos eingehalten. Asam sehe sich außerstande, diese für 1000 fl. auszuführen, wenn ihm nicht weitere Räume, wie es ihm Abt Othmar seiner Versicherung zufolge versprochen habe, zur Ausmalung angeboten würden, weil die 1000 fl. kaum für die Reise nach Prag und zurück ausreichten. Wenn der Superior Asam deshalb schreiben wolle, möge er den Brief an ihn zur Weiterleitung schicken. Inzwischen warte er auf die Antwort, die er Asam mitteilen werde (Q 6).[12]

Am 25. Juli schickte Abt Maurus an Abt Othmar die offizielle Einladung zur ›Introductio ad chorum‹ der neuen Klosterkirche. Auf der Rückseite der Einladung steht das Konzept der Antwort, in der Abt Othmar die Einladung akzeptiert und seine Teilnahme verspricht.[13]

Erst nach einem Jahr, am 28. Juli 1727, schrieb P. Coelestin wieder an den Superior P. Raphael Berger wegen des Freskos im Saal der Břevnover Prälatur. Er entnehme einem am 19. Juli von Asam empfangenen Brief, daß dieser im August hier eintreffen werde, um nach Abschluß einer kleinen Arbeit in Kladrau nach Břevnov zu reisen. Um Verzögerungen zu vermeiden, bitte Asam, daß alle Vorkehrungen getroffen würden und er die Gerüste vollständig und fertig vorfinde (Q 7).[14]

Die Antwort P. Raphaels vom 10. August 1727 ist im Konzept erhalten. Darin bittet er P. Coelestin, Asam sofort bei der Ankunft zu fragen, ob dieser erstens mit dem ursprünglich genannten Preis von maximal 1000 fl. für die Malerei im Saal zufrieden sei, da der Prälat keine Stukkaturen machen lassen wolle, und zweitens, ob er sich zutraue, die Arbeit noch in diesem Jahr zu vollenden, da es schon ziemlich spät sei und die Malerei im Winter durch Feuchtigkeit Schaden leiden könnte (Q 8).[15]

Diesen Brief beantwortete nicht mehr P. Coelestin, sondern P. Joseph Sieber, damals Sekretär und später Nachfolger von Abt Maurus. Asam sei am 6. September in Kladrau eingetroffen und könne in einer oder zwei Wochen bestimmt nach Břevnov kommen. Er bitte, daß inzwischen die Gerüste aufgestellt würden, damit er sofort mit der Arbeit beginnen könne (Q 9).[16]

Am 28. Oktober war Cosmas Damian Asam in Prag und zum Mittagessen in Kloster Břevnov zu Gast, was im Diarium kurz und bündig eingetragen ist: »Am 28. 10., am Fest Sankt Simon und Juda, waren als Gäste bei Tisch Herr Steubel und Sohn aus Prag, Herr Asam, der Maler aus Bayern, Herr Stellensis.« Über den Zweck dieses Besuches ist kein Wort beigefügt (Q 10).[17]

Im November 1727 war Asam wiederum in Prag und Břevnov, diesmal mit seiner Frau. Am 17. November schrieb nämlich P. Joseph Sieber dem Břevnover Superior P. Raphael, sie seien mit Asam und seiner Frau, die sich empfehlen ließen, gut von Prag nach Kladrau zurückgekommen. Frau Asam glaube, sie habe im Bett oder im Schlafzimmer in Břevnov einen wertvollen Ohrring verloren und bitte, danach suchen zu lassen. Herr Cosmas male jetzt in Kladrau die Bilder für die kleinen Altäre und werde sicher rechtzeitig nach Břevnov zurückkehren, um die dort und auf dem Weißen Berge begonnene Arbeit fertigzustellen (Q 11).[18]

Wegen des verlorenen Ohrringes schrieb P. Joseph noch in einem zweiten, diesmal undatierten Brief an den Superior, er habe von ihm noch keine Antwort auf seine Anfrage per Post erhalten, hoffe aber auf Auskunft durch den Boten, der ihm auch die von ihm neulich bei P. Berger deponierte Schachtel bringen möge (Q 12).[19]

Im ersten Brief von P. Joseph ist zum erstenmal Asams Fresko in der Wallfahrtskirche Sancta Maria de Victoria am Weißen Berge erwähnt; er scheint sogar mit der Arbeit dort schon angefangen zu haben. Möglicherweise ging es erst um die Vorbereitungen. Interessant ist, daß dieser Besuch Cosmas Damian Asams mit seiner Frau – wobei die beiden sogar im Kloster übernachteten und es zum Verlust des kostbaren Ohrrings kam –, im Klosterdiarium überhaupt nicht erwähnt ist. Mit gewohnter klösterlicher Eintönigkeit ist alles Alltägliche, was sich ständig wiederholt, notiert – die Messen, Predigten und Feste–, aber für das Außergewöhnliche hatte der damalige Břevnover Klosterchronist, der mit der Führung des Diariums im Jahre 1722 betraut war, kein Verständnis. Auch sein Nachfolger ab 1724 war nicht besser, und so fließen die

Nachrichten über die Besucher, Handwerker und Künstler bis zum Jahre 1738 recht spärlich.

Am 5. Dezember des Jahres 1727 schrieb Cosmas Damian Asam persönlich an den P. Superior in Břevnov, daß die Arbeit in Kladrau zu Ende gehe und er nur noch zwei Monate für die beiden Altargemälde benötige. Er sorge sich aber um die gute und vollständige Austrocknung des Deckenputzes im Saal der Prälatur, um nicht mit seiner Arbeit aufgehalten zu sein. Und Asam ließ auch keinen Zweifel daran, daß er die Freskierung in Břevnov lieber verschieben wolle, wenn ihm der Abt den Auftrag zu einem Altarblatt für Wahlstatt erteilen sollte (Q 13).[20]

Die Antwort von P. Raphael Berger ist diesmal nicht im Konzept erhalten, sondern in einem nicht abgesandten Brief mit dem Datum 29. Dezember 1727, den P. Raphael verbessert hatte und noch einmal abschreiben ließ (Q 14).[21]

Diese beiden Briefe enthalten einige interessante Stellen. Vor allem ist es die Sorge Asams um den adäquaten ›Estrich‹ (Putz) für die Freskomalerei im Saale der Břevnover Prälatur. Sie mag einen etwas übertriebenen Eindruck machen, aber vom Standpunkt des Freskanten aus war sie voll berechtigt. Der Putz unter der Freskomalerei ist nämlich für das Gelingen von größter Wichtigkeit. Wenn ihm die entsprechende Qualität fehlt, kann er die ganze mühevolle Malerarbeit verderben. Asams Befürchtungen waren aber überflüssig – für die Güte des Putzes war der damalige Baumeister der Břevnover und Braunauer Benediktiner, Kilian Ignaz Dientzenhofer, verantwortlich, der schon reiche Erfahrungen in diesem Fach hatte. Nach den mehr als 250 Jahren ihres Entstehens ist die Decke des Saales noch immer in gutem Zustand.

Nicht minder interessant ist das Angebot, das Abt Othmar in seinem Brief Asam machte, nämlich die vier Altarbilder für die Kirche in Wahlstatt, die damals kaum im Rohbau fertig war. Der Abt war aber sehr, sehr vorsichtig. Jedenfalls wollte er nicht zu viel für die Bilder ausgeben, so fragte er nach dem niedrigsten Preis. Es scheint, daß man ihm schon damals einen anderen oder sogar einige andere Maler empfohlen hatte.

Abt Othmar hatte inzwischen auch seine ursprüngliche Meinung über die Dekoration im Saale der Prälatur geändert. Der Rahmen für das Fresko sollte nun doch in Stukkatur ausgeführt und von des Malers Bruder Egid Quirin verfertigt werden, was auch geschehen ist. Die frühere Forschung hatte diese Stukkaturen irrtümlich Bernardo Spinetti zugeschrieben.[22]

Der zweite Brief Asams und auch der letzte im Faszikel der ›Cladrubiensia‹ stammt vom 1. Januar 1727 (Abb. 1). Darin gibt der Maler seiner Freude über den in Aussicht gestellten Auftrag für die Altarbilder nach Wahlstatt Ausdruck. Er erkundigt sich, wann und wo sie ausgeführt werden sollen, und erbietet sich, sie »umb ein billiges« zu malen. Gleichzeitig kündigt er den Besuch seines Bruders in etwa vier Wochen an, da dieser noch drei Wochen in Kladrau zu tun habe. Inzwischen solle aber ein Ofen im Saal aufgestellt werden, ähnlich wie in der Kapelle von Lagawitz, dazu auch Kalk und Gips beigeschafft werden (Q 15).[23]

Es scheint, daß Asam eigentlich mehr an den Altarbildern für Wahlstatt interessiert war als am Fresko im Saal der Břevnover Prälatur. Aber diese Arbeit wurde ihm nicht gegönnt. Dem Abt Othmar war auch der »billigste Preiß« wahrscheinlich noch zu hoch, und so hat er mit dieser Arbeit den schon in Braunau erprobten heimischen Maler Wenzel Lorenz Reiner betraut, der für ein Altarbild nur 400 Gulden verlangte. Eine der Zahlungen ist am 28. Juli 1728 in der Břevnover Provisoratsrechnung eingetragen, mit der unrichtigen Bestimmung »für Braunau«.[24]

Aus der zitierten Korrespondenz können wir schließen, daß Egid Quirin Asam seine Arbeit im Saal der Prälatur mit größter Wahrscheinlichkeit im Februar 1728 begonnen hat und Cosmas Damian eventuell noch Ende Februar oder Anfang März nach Břevnov gekommen ist. Im Diarium finden wir wieder keinen Anhaltspunkt. Die Rechnungen der Wallfahrtskirche am Weißen Berge, die Antonín Podlaha publizierte, stammen vom Jahre 1728.[25] Es fehlt aber die nähere Datierung. Trotzdem ist daraus ersichtlich, daß Cosmas Damian am Fresko in der Hauptkuppel der Kirche zwei Wochen gearbeitet hat und das Kostgeld für ihn, seine Frau und seinen Gesellen 11 Gulden und 54 Kreuzer betragen

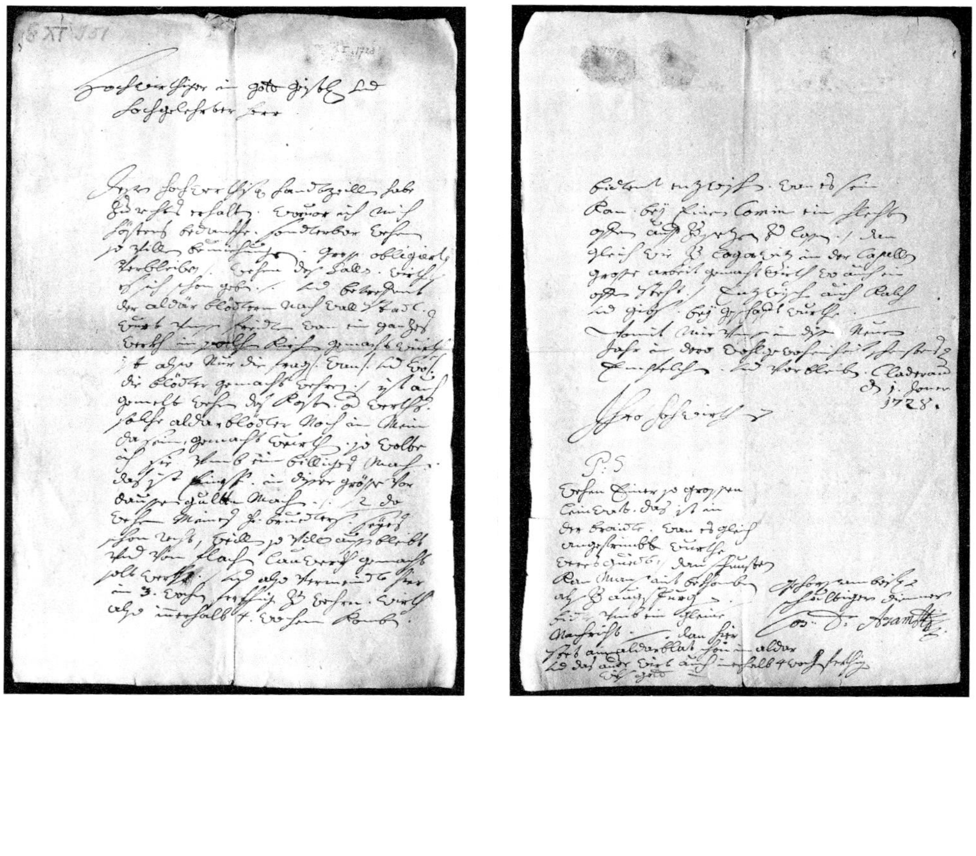

Abb. 1: *Brief Cosmas Damian Asams vom 1. Januar 1727 an den Superior von Kloster Břevnov, Pater Raphael Berger.* Asam fordert darin für das Malen der in Aussicht gestellten Altarblätter für Wahlstatt je 1000 Gulden und bittet zugleich, die Vorbereitungen für die Freskierung des Prälatensaales in Kloster Břevnov zu treffen (Q 15).[23]

hat. Daß er als Honorar »ein Modell von dem Ring an der Tür der St. Wenzels Kapellen« im Veitsdom verlangt hat, ist auch längst bekannt.

Abt Othmar hatte zwar Cosmas Damian Asam den Auftrag zu den Altarbildern für Wahlstatt nicht erteilt, aber mit dessen Fresko an der Decke des Saales seiner Břevnover Prälatur war er augenscheinlich so zufrieden, daß er fünf Jahre später den berühmten Freskanten mit der Ausmalung der Kirche in WAHLSTATT betraute. Der Kontrakt wurde am 5. Juli 1733 in Kloster Břevnov mit dem damaligen Prior P. Friedrich Grundtmann als Bevollmächtigten des Abtes abgeschlossen. Danach verobligierte sich der Künstler, für 3000 Gulden die Klosterkirche in Wahlstatt »lauth der Ihmo behandigten Historischen Beschreib- oder Angebung« die mittlere große Kuppel, die Kuppel vor dem Presbyterium und jene über der Orgelempore sowie die bereits stuckumrahmten Felder im Chor und über den vier Seitenaltären »seiner besten Erfahrnus und Kunst gemäß, aufs beste und schönste zu verfertigen« (Q 16).[26]

Die Freskomalerei ist – vom handwerklichen Gesichtspunkt aus muß sie es auch sein – eine rasche Arbeit. Im Oktober des Jahres 1733 war Asam in Wahlstatt schon fertig, im Břevnover Kloster wurden ihm die vereinbarten 3000 rheinischen Gulden ausgezahlt. Seine eigenhändige Bestätigung ist vom 10. Oktober (Abb. 2), aber in den Provisoratsrechnungen steht das Datum 8. Oktober. Am selben Tage, dem 8. Oktober, wurden Asam auch 3 Gulden und 1 Kreuzer bezahlt und zwar »für zwei Feuerspritzen von München«. Es handelt sich sicher nicht um den Preis dieser Feuerspritzen, sondern offensichtlich um die Erstattung seiner mit dieser Bestellung verbundenen Ausgaben (Q 17).[27]

Die Fresken in der Wahlstatter Klosterkirche waren nicht das letzte Werk, das Asam für die böhmischen Benediktiner geschaffen hat. Im Jahre 1732 entschied sich Anselm Vlach, Abt des Benediktinerklosters in der Prager Altstadt – zweifelsohne schweren Herzens, weil die wirtschaftliche Lage seines Klosters damals äußerst schlecht war – zum Neubau seiner Klosterkirche. Zu diesem Entschluß trug vor allem der bedenkliche Bauzustand der mittelalterlichen Niklaskirche bei, besonders ihres Turmes, der seit langem einzustürzen drohte. Mit Bewilligung des Břevnover und Braunauer Abts und Visitators Othmar Zinke und des Prager Erzbischöflichen Konsistoriums wurde im selben Jahre die alte Kirche niedergerissen und mit dem Neubau nach Plänen Kilian Ignaz Dientzenhofers begonnen. Um mit dem Bau von SANKT NIKLAS rascher voranzukommen, mußte der Abt zwei kleinere Klostergüter verkaufen. Schon im Jahre 1735 war die Kirche im Rohbau fertig. Die Bau-Urkunde, die 1871 in einem der Türme gefunden wurde, trägt das Datum 4. Juni 1735. Nach den Worten des Autors, des damaligen Sakristans P. Vojtěch Glatz, hatte der Bau bis zu jenem Tage schon 32 000 Gulden rheinisch gekostet »und das ohne der Deckenmalerei, für die der Maler, Herr Asam 6000 Gulden Rh. fordert«. Im Verzeichnis der Künstler und Handwerker, die damals in der Kirche gearbeitet haben, steht an letzter Stelle der Name: Herr Petr. Asam, der Hauptmaler. Asam arbeitete also an den Freskogemälden schon im Jahre 1735. Der P. Sakristan nennt ihn zwar irrtümlicherweise Peter, aber sein Mitbruder, der die Klosterchronik des Seniors und ›Prior emeritus‹ P. Benedikt Poschival weiterführte, hat in der Biographie des Abtes Anton Merkkel, der nach dem Tode Anselm Vlachs im Jahre 1736 gewählt wurde, seinen Fehler verbessert. Er schreibt darin, der Bayer Cosmas Damian Asam, ein berühmter Maler, aber angenehm im Umgang, habe am 12. September 1736 die Malereien in der Kirche vollendet und sei am 13. abgereist.[28]

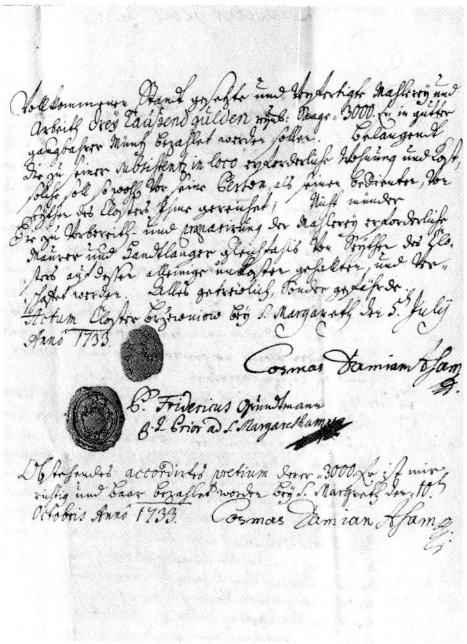

Abb. 2: *Rückseite des Vertrages vom 5. Juli 1733 zwischen Cosmas Damian Asam und dem P. Prior Friedrich Grundtmann von Břevnov über die Freskierung der Kirche von Wahlstatt.* Drei Monate später quittierte Asam darunter die Auszahlung des Honorars von 3000 Gulden (Q 16).[26]

Dieses umfangreichste Asam-Werk in Böhmen erlitt leider ein sehr unglückliches Schicksal. Nach der Klosteraufhebung diente die Kirche zuerst als Speicher, dann als Depot für die Registratur des Prager Magistrats. Später wurde für kurze Zeit ein Konzertsaal eingerichtet, schließlich wurde sie in den siebziger Jahren des 19. Jahrhunderts an die Orthodoxe Kirche vermietet. Damals wurden die Fresken übertüncht. Erst in der Zeit des Ersten Weltkrieges wurden sie wieder entdeckt, aber leider sehr schlecht restauriert.[29]

In der Zeit zwischen 1725 und 1736 war Cosmas Damian Asam sechsmal in Böhmen und einmal in Schlesien. Die Werke, die er hier – ausschließlich für den Benediktinerorden – geschaffen hat, zeichnen sich nicht nur durch ihren hohen künstlerischen Wert aus, sondern auch durch ihre ausführliche Dokumentation in zeitgenössischen Quellen, die hier zum erstenmal vollständig publiziert sind. Diese Briefe sind dazu angetan, neue Erkenntnisse zur Persönlichkeit des berühmten Malers wie seiner Auftraggeber zu gewinnen.

QUELLENTEXTE

Q 1 Brief des Abtes Maurus Fintzgut in Kladrau vom 5. Juli 1726 an den Superior bei Sankt Margarethen in Břevnov, P. Raphael Berger:

»Apud me Dominus Asam, gratiosissime Suum laborem perficit, multo excellentius labore praecedentis Anni.«[7]

Q 2 Konzept des Briefes von P. Raphael Berger, Superior in Břevnov, vom 19. Juni 1726 an Cosmas Damian Asam (die ausgestrichenen Stellen des Konzepts sind hier fortgelassen):

»Wohl Edl gestrenger undt Kunsterfahrener Hochgeehrtister Herr undt Freundt

(habe) nebst freundlicher Begrüssung von Ihro Hochwürden meinem Herrn Abbten hiemit nicht verhalten sollen, wie daß gedachte Ihro Hochwürden sich entschlossen die neulich allhier vor außmahlung des Abbteylichen Sct. Margarether Saals begehrte 1000 gulden rein. zu zahlen. Deroselben thuet annoch beywohnen was gestalten Selbte neulich allhier in loco nach betrachtung des Abbteylichen Saals vor dessen Außmahlung 1000 Gulden rein. verlangt haben. Undt weilen nun Ihro Hochwürden mein Herr Abbt so dazumahlen umb zeitlich vor den Heyligen Pfingstfeyertägen zu Hause zu sein nacher Braunau geeihlet undt Ehe bevor mit den alldorthigen Geistlichen davon nach ordens Gebrauch hiervon sprechen wollen, sich entschlossen, besagte tausendt gulden rein. zu zahlen Als habe Euer gestrenge solches ich, nebst freundtlicher begrüssung von obgedacht Ihro Hochwürden hiemit nicht verhalten sollen. Undt habe solchem nach der gäntzlichen zuversicht, daß Selbte auf zu kommenden Herbst allhier werden bedinen können. Wo alsdann Ihro Hochwürden mein H. Abbt sich auch wegen den Vorigen reiß einfinden wird. Inzwischen bitte mich mit einigen Zeihlen der Verlässligkeith zu benachritigen, wie auch wegen der Stucatur wie Viehl der Herr Bruder für selbte verlangen thue? wonach also gleich die beschreibung der gemelten Histori übersenden werde. der nebst höfligster empfehlung verbleibe

Meines hochgeehrtisten Herrn

Sct. Margareth den 19. Juni 1726.«[8]

Q 3 Eintrag vom 2. Juni 1726 im ›Diarium Břevnoviense‹: »Ea die fuerat hic R. P. Coelestinus Cladrubiensis cum aliquo D. Azem [sic!] suae artis pictore. Quos Reverendissimus Dominus ad refectorium ad Suam mensam accepit.«[9]

Q 4 Briefkonzept des Superiors von Břevnov, P. Raphael Berger, vom 3. Juli 1726 an Abt Maurus Fintzgut in Kladrau:

»Scripsi nuper Domino Asam ratione salam pingendi, sed nescio an non forte literas non acceperit, adeoque eas repetere dabam; cum responsum non acceperim et an adhuc Cladrubii existet. Si gratiam petere audeo, rogo Illustrissimum [nämlich den Abt] vel una lineola simul gratiose informari.«[10]

Q 5 Brief des Abtes Maurus Fintzgut in Kladrau vom 5. Juli 1726 an P. Raphael Berger, Superior in Břevnov:

»Dominus Asam hucusque Cladrubii existit, 8va vel ad Summum 9na inde ad Helvetiam discessurus.

Literas ad ipsum datas Scio ipsi extraditas, et esse resolutum ad S. Margaretham venire, an vero in autumno, an futuri anni verre, ipsemet ob labores in Helvetia, et Sui Domini Fratris Germani absentiam, nequit se determinare. Mihi Sacro Sancte promittit, quod statim in vere sit venturus, ut enim opus sit perfectum; restat adhuc aliquid Supra Sacristiam et minorem portam pingendum.«[11]

Q 6 Brief von P. Coelestinus Maurus Hogermayster in Kladrau vom 20. Juli 1726 an P. Raphael Berger, Superior in Břevnov:

»Admodum Reverende Venerabilis ac Doctissime Domine.

Insperata profecto litterarum mearum videbitur praesentia, quam abitus Domini Asam ad obsequia sistit, Venerabili Dominationi Vestrae. Constabit haud dubie contractus vel potius Collocutio praetacta cum Domino Asam ratione pingendam Salam, quam 1000 fl: perficere nequit, nisi ipsi alia Cubicula |: prout Reverendissimum D:D: Visitatorem ipsi promisisse, asserit :| una offerantur pingenda ea de Causa; quod illi 1000 R.vix ipsi Sufficerent pro metiendo Pragam et remetiendo itinere. Hinc Si Suae Venerabili Paternitati placet, eidem aliqua Scribere, a quo requisitibus praesentibus ipsius Loco inservio tantum ad me Litteras ipsi pertinentes dirigere dignetur, quas Sine Mora, Secure, fideliterque eidem extradentur.

Interim vero placitum prestolor responsum, quo Dominus Asam informare valeam. Qui Maneo Admodum Reverendae Venerabili ac Doctissimae Dominationis Vestrae, humillimus Servus P. Coelestinus Maurus Hogermayster, Ord. S. Benedicti.«[12]

Q 7 Brief von P. Coelestinus Maurus Hogermayster in Kladrau vom 28. Juli 1727 an P. Raphael Berger, Superior in Břevnov:

»Admodum Reverende, Venerabilis ac Doctissime Pater Superior.

Acceptis 19. currentis litteris a Domino Asam, famoso Pictore Monacensi, intellegeram: certius eum in augusto nostros invisurum limites, exiguoque labore Cladrubii Consumato, ad Sanctam discessurum Margaretham. Ideoque ne Suo in proposito remoram pati Cogatur, perhumaniter Supplicat: quatenus dignarentur omnem facere dispositionem, ut necessaria Theatra Completa et perfecta inveniat, Quae dum Venerabili Paternitati vestrae intimo, me fraternis annutibus Commendans maneo

Admodum Reverendae Venerabilis Paternitatis Vestrae Indignus Servus et confrater P. Coelestinus.«[14]

Q 8 Brief des Superiors von Břevnov, P. Raphael Berger, vom 10. August 1727 an P. Coelestinus Maurus Hogermayster in Kladrau:

»Admodum Reverende Religiose ac Doctissime Frater Coelestine, Domine Frater honorandissime.

Ex litteris de 28. elapsi Dominum Pictorem Azam Cladrubium venturum ab inde ad S. Margaretham venire velle gratanter percepi et pro data informatione humanissimas rependo gratias.

Praesentibus vero hoc adhuc favoris et Charitatis mihi erogo quatenus dicto Domino Asam cum mei plurima Recommandatione statim in adventu exponere et mihi responsum desuper scribere dignetur.

1° An dictus Dominus Sala Contentus sit nominato primitius pretio mille florenorum pro pictura Salam Nostram maxime, da der Herr Praelath nicht gemeint ist einige stockatur arbeith in Saal machen zu lassen.

2do An hoc Anno adhuc fidat dictam picturam Sala perficere, in deme es schon zimlich speth sein wirdt, undt die Mahlereÿ viehleicht im wienther von der feichtigkeit schaden leiden dörffte.

Ego interim Scripsi meo Reverendissimo Domino Abbati Et ab Eoque resolutionem expetii, quam etiam mox perscribam ubi ab Admodum Reverenda Paternitate super praemissis ad quas Reverendissimus Abbas meo videri se remittet, informationem accepero.

In reliquo me cum humilissimis obsequentiis Reverendissimo D.D. Abbati Suo deponendis, commendo, fraternis affectibus ac maneo

Admodum Reverendae Religiosae ac doctissimae Paternitatis obligatissimus Servus et Confrater Fr. Raphael

Ad S. Margaretham die 10. Aug. Ao 1727.«[15]

Q 9 Brief von P. Josephus Sieber in Kladrau vom 8. September 1727 an P. Raphael Berger, Superior in Břevnov:

»Admodum Reverende Religiose, Venerabilis ac Eximie Domine P. Superior, Domine Confrater Honorandissime.

Qui quondam vicinus fueram, nunc elongatus sum et remotior factus, non quidem affectu sed corpore, die enim 2da hujus Praga abivi et 4ta ejusdem feliciter Cladrubium perveni.

Praesentibus autem insinuo Dominum Pictorem Asam 6ta hujus huc advenisse, qui se commendat, et intimari curat, quod Si eundem Reverendissimus |: Pleno Titulo:| D. D. Visitator ad S. Margaretham habere affectet, post unam, alteramque hebdomadam eo certo venturus sit; simul autem rogat, quatenus interim in Sala erigerentur theatra ad picturam in fornice deducendam apta, ut veniens illico opus suum inchoare possit. Reverendi Fratres Studentes, Speramus, quod Simus visuri Cladrubii his vacantiis. Caeterum me commendo pristino favori et affectui atque maneo Admodum Reverendi, Venerabilis ac Eximii Domini Superioris Servus et Confrater indignus

P. Josephus Sieber OSB Professus Cladr.

Cladrubii $8.7^{tembris}$Ao 1727.

Caeteris Venerabilibus P. D. D. Confratribus demisse commendari cupio.«[16]

Q 10 Eintrag vom 28. Oktober 1727 im ›Diarium Břevnoviense‹:

»Die 28. X. in festo S. Simonis et Judae in mensam fuerunt hospites D. Steübel cum filio Pragae, D. Asima [sic!] pictor Bavaricus, D. Stellensis.«[17]

Q 11 Brief von P. Josephus Sieber in Kladrau vom 17. November 1727 an P. Raphael Berger, Superior in Břevnov:

»Admodum Reverende, Venerabilis ac Eximie Domine Pater Superior, Domine Patrone ac Confrater Honorandissime.

Secundis Avibus iter nostrum nuper Praga reduces confecimus, et feliciter Cladrubium pervenimus, in hoc solum infelices, quod Domina Asamiana / quae se cum conjuge suo commendat / inaurem pretiosam amiserit, cujus amissionem primum post Beraunam advertit; putat illa, quod praedictam inaurem vel in lecto, vel in cubiculo ad S. Margaretham perdiderit, unde rogat, quatenus Sua Venerabilis Paternitas in praefatis locis curaret inquiri.

Dominus Cosmas nunc apud nos imaginem pro altaribus minoribus pingit, Suo tempore certo ad S. Margaretham rediturus, laboremque ibidem uti et in albo monte inchoatum, perfecturus.

Apud nos hactenus languente Capite tristantur omnia, necdum enim ex integro reconvaluit Reverendissimus Dominus Dominus Abbas noster, His me gratiae et favori commendo atque permaneo.

Admodum Reverendi, Religiosi Venerabilis et Eximii Domini Patris Superioris Obsequissimus Servus

P. Josephus Sieber OSB professus Cladrubiensis

Cladrubii die 17.9^{bris} Ao 1727.«[18]

Q 12 Brief von P. Josephus Sieber in Kladrau, ohne Datum (1727), an P. Raphael Berger, Superior in Břevnov:

»Admodum Reverende Religiose Venerabilis Domine Pater Superior, Domine Confrater ac Patrone Honorandissime.

Scripseram nuper Venerabili Paternitati Suae per postam ratione inauris amissae a Domina Asamiana, utrum illam non amiserit et perdiderit apud S.tam Margaretham, sed hactenus desuper responsum non obtinui; Spero proinde, quod nunc ratione hujus informabor.

Praeterea rogo, quatenus Sua Venerabilis Paternitas dignaret praesentium latori Scatulam nuper a me apud Venerabilem Paternitatem depositam extradere, qui illam Cladrubium deferet.

His me commendo Gratiae et favori atque permaneo

Admodum Reverendae Religiosae ac Venerabilis Dominationis Suae servus et confrater indignus

P. Josephus Sieber«[19]

Q 13 Brief Cosmas Damian Asams vom 5. Dezember 1727 an P. Raphael Berger, Superior in Břevnov:

»Hochwirthiger in Gott Geistlicher und Hochgelehrter Herr Herr.

Zu denen instehenden hochheiligen Weinachts Ferien und darauf folgenden Neuen Jahrs Wechsel winsche ich aus schuldigster verpflichter devotion, das Ihro hochwirthen nicht allein die bevorstehende, sondern noch unzählig viell nachruckhende hochsteigente Zeiden in vollständiger gesundtheith erleben Möchten und Mich iederzeit vor einen Diener zu erhalten, Wie auch solches von meinem Herrn Bruedter. Nebst seiner schensten Empfehlung. Und weillen die Arbeit hier zu einem Endte geht, so bidtent die beunruhigung nit in ibel zu nemben, An zu fragen wehen der Arbeit des Salls, Wie auch wehen Meiner, Weilen mich besorge. Wie ich hör das der Neu Gelehgte Nesterich [Estrich] lange Zeit brauchte bis solcher drukhen solte sein, weilen er von Layme und Erten ist, so bidte ich das ich nit aufgehalten war, den Nesterig gar ab zu daun und zu schern, dan ich mich nit kundte so lang aufhalten, weillen ich weiss Gott an denen 2 blödtern zu Claderau bis 2 Monat zu dunn habe. Solte es aber sein das von Ihro Hochwirthen und Gnaden eine resolution ergangen sein wehen das Aldar blatt auff Wallstadt, wurte es mir umb so vill lieber sein Mich dero Gehenwart zu bedienen, Und hedte auch der Sall Zeit. Das der Nesterig ist hinwekh gedan derffte warthen wie auch ob ein ander arbeit, noch Ihro Hochwirthen und Gnaden wie gemelt ist worthn in dero geinedigen dasein.

Verbitte mich dan Ihro Hochwirthen gross obligiern uns derc Gnedtige andworth zu Consoliern, mich in desen gehorsamblich nebst Gottlichen Schutz Empfelichen

Claderau den 5. Dezembris 1727

Ihro Hochwirthen, Gehorsambister Diener

Cosmas Damian Asam«[20]

Q 14 Nicht abgesandter Brief von P. Raphael Berger vom 29. Dezember 1727 an Cosmas Damian Asam:

»Wohl Edler und Kunsterfahrener.

Hoch geehrtister Herr, dessen unterm 5. Currentis an mich abgelassenes Schreiben habe zu recht erhalten, Undt thue hierauf nebst schuldigster Danck abstattung vor dero geneigte Gratulation, in gegenwüntschung aller prosperität zu diesem angehenden Neuen Jahr, andtwortlich nicht verhalten.

Wie daß 1° der Esterich ob dem Saal dieser Tagen, vom H. Kilian Baumeister besichtiget, undt schon zimlich trucken befunden worden; also das er keine Nässe veruhrsachen werde, wann nicht die Gluth unterhalb solche verursachen möchte.

2do wegen fernerer Arbeith undt zwahr für Wallstadt habe endlichen von Ihro Hochwürden meinem Herrn Abbten diese Resolution erhalten, dass er durch meinen Hochgeehrtisten Herr Asam einige Altarblätter für die Wallstädter Kirche mahlen lassen möchte; deren jedes 4 Ehlen breith 9 Ehlen hoch undt oben Oval kommet. Er Verlanget aber vorhero von Selbtem mit einem wort den NB leichtesten Preiß umb welchen Selbter ein solches blath verfertigen könne undt wolle? zu wissen. welchen mir auch unbeschwert in balden zu notificieren biette, damit nicht ein anderer per Patronos recommendantes Vordringe.

3^{tio} Was Ihro Hochwürden resolution wegen der Stokator im Saal belanget, diese habe unlengst dem H. Patri Josepho zugeschrieben, mit Ersuchung, Er wolle die dem Herrn Ägidio wissendt machen, bin also dessentwegen auch Einiger andtworth gewärthig.

4to Der Herr Graff Gallas ist zu dato noch nicht herauskommen, weilen die Arbeith noch nicht in seinem standt, undt ist zu dato noch nicht resolvirt wegen des grossen Saahls. Übrigens thue nebst schönster Empfehlung verbleiben

meines Hochgeehrtisten Herrens dienstschuldigster Diener

Ad S. Margarethen den 29. Dezember Ao 1727

P. Raphael Berger«[21]

Q 15 Brief Cosmas Damian Asams vom 1. Januar 1727 an P. Raphael Berger, Superior in Břevnov:

»Hochwirthiger in Gott Geistlicher und Hochgelehrter Herr.

Dessen Hochwerthiste Handtzeillen habe zurechts erhalten, worvor ich mich höstens bedankhe. Sondterbar wehen so villen Bemiehungen gross obligiert verbleibe/. Wehen des Salls wirth es sich schon geben./. und betreffent der aldär blödtern nach Wallstadt, Wurt Unss freidten Wan ein ganzes Werkh in solcher Kirchen gemacht wurth, ist also Nur die Frag/. Wan/. und Wo/. die blödter gemacht wehren./ ist auch gemelt wehen des Kosten. oder Werths. solche aldarblödter Noch in Mein Dasein, gemacht wurthen. so Wolte ich sie Umb ein billiges machen. das ist Einess in disser grösse Vor daussen Gullten machen./. 2do Wehn Meines H. Bruedters sey es schon recht, weillen so Vill aussbleibt Und Von flachen Lau[b]werkh gemacht solt werthen./ und also Vermeindt hier in 3. Wochen ferthig zu wehrn. Wirth also iñerhalb 4. Wochen Komben. Bidtent enzwischen wan es sein Kan bey Einem Comin ein schlechten offen auffzusetzen zu lassen./ dan Gleich wie zu Lagawitz in der Capellen Grosse arbeit gemacht wirth wo auch ein offen steht./ Enzwischen auch Kalch und gibs bey geschafft wurthe./

Womit mir Unss in dissen Neuen Jahr in dero Wohlgewohenheit schenstens Empfelchen und Vorbleiben. Claderau den 1. Jenner 1728.

Ihro Hochwirthen Gehorsambister und schultiger Diener

Cos: D: Asam M.p.

P: S

Wehen Einer so grossen Leinwant. das ist in der Braidte. Wan es gleich angefrimbt wurthe weres guedt./ dan schunsten Kan Mans nit bekhomben als zu augspurg./ Bidte Umb ein Gleine Nachricht./. Dan hier stet ain aldarblat schon im aldar

und das andre wirt auch inerhalb 4 Wochen ferthig wils Gott«[23]

Q 16 Vertrag zwischen P. Friedrich Grundtmann als Bevollmächtigtem des Abtes von Břevnov mit Cosmas Damian Asam vom 5. Juli 1733 über die Ausmalung der Klosterkirche Wahlstatt:

»Laudetur Jesus Christus.

Heüth unter Gesetzter dato und Jahr ist zwischen dem /Titl/ Herrn Cosmas Damian Asam Ihro Churfürstl. Durchleücht und Herzogen zu Beyern berühmten Hoff- und Cammer Mallern am Eineren, dann dem Wohlehrwürdigen P. Fridericus Grundtmann Ord. S. Benedicti des frey- und befreyten Closter-Stifts Brzewniow in Braunau Professen derzeith des Closters S. Margarethae nechst Prag bestellten Prior als in disem fahl Ihro Hochwürden und Gnaden Herrn Praelaten zu Brzewniow in Braunau / titulo plenissimo / bevollmächtigten in dessen und gleichgedachter Brzewniower Closters Nahmen am anderen Theile folgender Accord und contract, beredet und beschlossen worden: Nemblichen:

Es verobligiret sich obgedachter Herr Cosmas Damian Asam die zu Wahlstadt in Schlesien neü erbaute Kloster-Kirchen vermög des Ihme behändigten Abrisses und angewißenen Feldern oder Spatien, als benandtlichen: die Mittlere Große Kuppel oder Schaalen des Haubttgewölbes. Secundo, die über dem ausgang der Sacristey oder anfang des Presbyteriums und über dem Orgel-Chor, mithin Tertio das gerad über dem Presbyterio mit der Stockator-Arbeith bereiths umbgefaste kleine spatium; nicht münder: quarto, die über denen Vier Seytten Altären gleichfahls mit Stockator Arbeith eingefaßte länglichte Spatien oder felder; lauth der Ihmo behändigten Historischen beschreib- oder Angebung, seiner besten Erfahrnus und Kunst Gemäß, aufs beste und schönste zu verfertigen, und in Vollkommenen Standt zu setzen. Auch die darzu benöthigte farben und was zu derer preparierung nötig seyn möchte, auf seine Alleinige unkosten zu verschaffen. Wo hingegen von Seytten obgedachten Closters ihme Herrn Asam vor diese in Vollkommenen Standt gesetzte und Verfertigte Mahlerey und Arbeith drey Tausend gulden reyn: Saage 3000 fl: in gutter gangbahrer Müntz bezahlet werden sollen. Belangendt die zu seiner subsistentz in loco erforderliche Wohnung und Kost, solche soll so wohl vor seine Person, als seinen bedienten, Von seythen des Closters ihme gereichet; Nicht münder die zu Vorbereith- und praeparirung der Mahlerey erforderliche Maurer und Handtlanger gleichfahls von Seythen des Closters auf dessen alleinige unkosten gehallten, und Verschaffet werden. Alles getrewlich, Sonder gefährde. Actum Closter Brzewniow bey S. Margareth den 5. Julii Anno 1733.

Cosmas Damian Asam

P. Fridericus Grundtmann, p. t. Prior ad.S. Margaretham

Obstehendes accordirtes pretium derer 3000 flr. ist mir richtig und Baar bezahlet worden Bey S. Margareth den: 10ten Octobris Anno 1733.

Cosmas Damian Asam.«[26]

Q 17 Eintrag in der Biographie des Abtes Anton Merkel von Sankt Niklas in der Altstadt in Prag:

»Die 12ma septembris 1736 perfecit picturam in nostra Ecclesia Dominus Cosmas Asam natione Bavarus, Pictor famosus, sed delicate tractabilis, qui desuper 13ma discessit. Commitante cum Patre Priore, qui tempore Vacantiarum ad visendam Bavariam porexit.«[27]

ANMERKUNGEN

1 Der frühere deutsche Name war Braunau.

2 Státní ústřední archiv Praha (Staatliches Zentralarchiv Prag), im folgenden zitiert SÚA, Bestand: Řádový archiv benediktinů Břevnov (Ordensarchiv der Benediktiner von Břevnov), im folgenden zitiert ŘABB. – Archivalien aus diesem Bestand in Auszügen auch zitiert von Menzel 1978 und 1986.

3 Milada Vilímková, »Nové archivní doklady ke stavbě kláštera a kostela sv. Markéty v Břevnově«, in: *Umění* 22/1974, 147, 150; dieselbe, »Marginalia k architektonické tvorbě 1. poloviny 18. století«, in: *Umění* 26/1978, 417.

4 Milada Vilímková, »Nové archivní doklady ...« 151; dieselbe, »Marginalia ...« 425.

5 Milada Vilímková, »Marginalia ...« 418, 422.

6 E. Holanová, *Geschichte des Klosters Kladrau*, Manuskript vom Jahre 1971 im Archiv des Staatlichen Instituts für Rekonstruktion historischer Städte und Objekte, 49.

7 SÚA, ŘAAB Cladrubiensia, Kart. Nr. 139, Sign. G XI/J 41. Die Originaltexte der Quellen sind am Ende des Beitrags ab Seite 79 gesammelt.

8 Ebenda, Sign. G XI/J 39.

9 Ebenda, Cladrubiensia, Diarium Břevnoviense I, Handschrift Nr. 51, S. 144 (Asams Frau – vgl. Menzel 1978, 211 – ist bei dieser Gelegenheit nicht erwähnt).

10 Ebenda, Cladrubiensia, Kart. Nr. 139, Sign. G XI/J 40.

11 Ebenda, Sign. G XI/J 40.

12 Ebenda, Sign. G XI/J 42.

13 Ebenda, Sign. G XI/J 43.

14 Ebenda, Sign. G XI/J 44.

15 Ebenda, Sign. G XI/J 45.

16 Ebenda, Sign. G XI/J 46.

17 Ebenda, Cladrubiensia, Diarium Břevnoviense I, Handschrift Nr. 51, S. 169.

18 Ebenda, Cladrubiensia, Kart. Nr. 139, Sign. G XI/J 47.

19 Ebenda, Sign. G XI/J 48 (bei Menzel 1978, 211 zitiert, aber nicht ganz korrekt interpretiert).

20 Ebenda, Sign. G XI/J 49.

21 Ebenda, Sign. G XI/J 50. (bei Menzel 1978, 212 ist die Höhe mit elf Ellen angegeben; möglicherweise hat er zwei Ellen für das obere Halboval zugerechnet).

22 Blažíček – Čeřovský – Poche 1944, 33.

23 SÚA ŘABB, Cladrubiensia, Kart. Nr. 139, Sign. G XI/J 51. Welche Ortschaft unter dem Namen ›Lagawitz‹ (Menzel 1978, 212 fehlerhaft ›Gorgowitz‹) gemeint ist, konnte bisher noch nicht geklärt werden.

24 Ebenda, Provisoratsrechnungen, Kart. Nr. 356.

25 Antonín Podlaha, »Z účtů kostela na Bílé Hoře«, in: *Památky archeologické*, 25/1913, 96.

26 SÚA ŘABB, Provisoratsrechnungen, Kart. Nr. 357. Bei Menzel 1978, 245 irrtümlich unter der Signatur ›Cladrubiensia‹ angeführt. Daß Cosmas Damian Asam gleich nach Wahlstatt abreiste, ist zwar höchst wahrscheinlich, aber in den genannten Archivalien nicht erwähnt; möglicherweise hat Menzel diese Angabe in dem längst verschollenen ›Diarium Braumoviense‹ gefunden.

27 Ebenda, Provisoratsrechnungen, Kart. Nr. 357. Solche freundschaftlichen Dienste waren damals durchaus gebräuchlich. Kilian Ignaz Dientzenhofer zum Beispiel besorgte mit Hilfe seiner Frau für die Äbte Zinke und Löbel alles Mögliche, gelegentlich auch Delikatessen.

28 SÚA, Bestand: Archivy zrušených klášterů (Archive der aufgehobenen Klöster), Kart. Nr. 30, Fasc. 4, Korrespondenz über den geplanten Neubau der Sankt-Niklas-Kirche in der Prager Altstadt von 1732; ebenda, Řádový archiv benediktinů Emauzy (Ordensarchiv der Benediktiner von Emaus), Handschrift Nr. 10, Manuscripta Admodum Reverendi Religiosi Venerabilis ac Doctissimi P. Benedicti Poschival OSB, Monasterii Scti Nicolai Vetero Pragae primo primi Professi, ibidem Prioris emeritissimi et Professi Jubilati; Die Gedenkschrift in: Archiv hlavního města Prahy (Archiv der Hauptstadt Prag), Urkundensammlung I, Nr. 1050/1-3. (Die Dokumentation zum Kirchen- und Klosterbau ist ziemlich karg, weil Sankt Niklas auch zu den »im Josephinischen Zeitalter aufgehobenen« Klöstern gehört. Doch hat sich mehr erhalten als zum Beispiel im Falle Kladrau.)

29 Vgl. Seite 73 im Beitrag von Pavel Preiss, wo die Restaurierung der Fresken ausführlich behandelt ist.

Michael Renner

Archivalien zur Tätigkeit Cosmas Damian Asams für Sünching

»Sinching, Hofmark und Schloß ist ... dem Graf Seinsheimischen Geschlechte angehörig; lieget an der großen Laber im Thingau; bestehet meistens im Getraide und Viehzügl nebst etwas Gewildes, und weniger Fischerey«, schrieb 1767 Johann Martin Max Einzinger von Einzing in seinem ›Abriß des heutigen Churfürstentums Bajern‹. Für die Pfarrkirche dieses stillen Ortes hatte vierzig Jahre früher Max Franz von Seinsheim (1681-1737) aus dem seit 1573 hier ansässigen fränkischen Geschlecht die Errichtung eines neuen Hochaltars in Auftrag gegeben. 1705 war der Auftraggeber in den Reichsgrafenstand erhoben worden. Seine Heirat mit Anna Philippina von Schönborn (1685-1721) machte den Hofratspräsidenten, Vizedom von Straubing und Diplomaten des Kurfürsten Karl Albrecht von Bayern zum Schwager mehrerer künftiger bedeutender Kirchenfürsten. Oft von Sünching abwesend, ließ er sich über die Vorgänge der Gutswirtschaft, des Feldbaus, der Brauerei und auch des Fortganges der Arbeit am Hochaltar von Pfarrer Joseph Hauer berichten, der um 1727 auch die Funktion des Gutsverwalters ausübte und dessen Berichte noch heute im Schloßarchiv Sünching liegen. In Nr. 2672 ist der hier zitierte Briefwechsel über die Errichtung eines neuen Hochaltars – vielleicht durch Andreas Faistenberger, der im Zusammenhang mit einem vorgeschlagenen Tabernakelkruzifix erwähnt wird – und die Lieferung eines Altargemäldes durch Cosmas Damian Asam verwahrt. Gemessen an dem vergleichsweise geringen Honorar von ursprünglich 200 Gulden, dann reduziert auf 160 Gulden, darf angenommen werden, daß es sich bei dem Asamschen Gemälde nicht um ein großes Altarblatt, sondern eher um ein kleines Auszugsbild – vielleicht mit der Darstellung des Heiligen Vitus – gehandelt haben dürfte.

Die Aufrichtung des neuen Hochaltars muß 1728 abgeschlossen gewesen sein, da die Kirchenrechnung für dieses Jahr, ebenfalls im Schloßarchiv Sünching, als Gesamtausgabe die Summe von 1472 Gulden verbucht.

Vom 6. August bis 5. Dezember 1863 wurde »der alte höchst unansehnliche und rußige Hochaltar der Pfarrkirche ganz neu gefaßt und restaurirt ... durch Maler Kreußel in Regensburg ...«, wie Pfarrer J. E. Schiller von Sünching in einem 1848 angelegten Verzeichnis über Anschaffungen und Reparaturen seiner Pfarrkirche vermerkt (Pfarrarchiv Sünching, Nr. XXVI/2). Allerdings stieß das eigenmächtige Vorgehen des Pfarrers, der einen gewöhnlichen Anstreicher mit der diffizilen Aufgabe der Reinigung und Neufassung beauftragt hatte, auf entschiedene Kritik des Königlichen Bezirksamtes Regensburg. In einem geharnischten Schreiben vom 9. November 1865 wird der Pfarrer unter Hinweis auf die völlig mißglückte Restaurierung entsprechend gemaßregelt und in einem weiteren Schreiben vom 11. November 1865 mit einer Strafe von 25 Gulden zuzüglich 5 Gulden Besichtigungsgebühr für den Gutachter belegt, da er die bestehenden Kuratelvorschriften für die Kirchenverwaltung in schuldhafter Weise mißachtet habe (Pfarrarchiv Sünching, Nr. XXV/5). Auch die 1863 »restaurierte« Ausstattung ist jedoch nicht mehr erhalten, weil das Barock-Ensemble Ende des 19. Jahrhunderts entfernt und durch ein solches in Neurenaissance ersetzt worden ist. Damit muß Asams Gemälde wenn nicht als verloren, so doch zumindest als verschollen gelten.

Auszüge aus den Archivalien
(Halbfette Hervorhebungen durch den Herausgeber)

Schreiben des Sünchinger Pfarrers Joseph Hauer vom 24. Mai 1727 an Maximilian Franz Graf von Seinsheim, kurbayerischen Hofratspräsidenten (1681-1737):

»... Von alhiesigem Hochaltar hab ich schon lang nichts mehr gehöret, und wais nit, ob eine Hoffnung noch seye, daß solcher anheuer vor dem Herbst khöne aufgerichtet werden. ich bitte Euer Excellenz ganz underthenig hierauf hochgnädige sorgfalt zu tragen und das werckh zu dirigieren. ...«

Schreiben des Pfarrers Hauer vom 7. Juli 1727 an Graf Seinsheim:

»... Anbey folgen 2 monath extract pro maio et Junio, und nebst disen remittire die gesambte riss zu dem Hochaltar neben gehorsamber danckhabstattung, daß Euer Excellenz hierinfahls mein weniges gutachten verlangen wollen. ich übergibe anbey das ganze werckh Euer Excellenz hochvernünftigen disposition, mit ganz gehorsamber bitt, Dieselbe mechten sich hierumben annemmen, und die Direction fihren, wol wissend, daß Euer Excellenz ein gueten gust, hochen Vernunft und darbey gar guete Schuzengl haben, welche mit Rhatt und Thatt an die Handen gehen. solten aber Euer Excellenz iedanoch mein wenigstes Sentiment verlangen, fuege ich, iedoch unmassgebigst, bey, daß der Haubtriss mir sehr wol gefalle, man möge die recht oder linckhe seithen nemmen, neben deme daß ich die darbey gerissene antipendien vor all anderen nemete: massen ich noch gar keines fast gesehen, alwo nit in der mitte eine öffnung gewesen, worinnen man pro diversitate festorum eine von Zeug gemachte antependiola khönen gestellet werden. so gefallet mir auch sehr wol wan ober dem grossen Ramb anstatt des auszugs des H[eyligen] Vitus also angezeiget würde wie der kleinere ris andeutet.

pro 3tio hab ich gar khein bedenckhen so der marmor ausgelassen und darvor sauberes holz genomen wirdet. 4to da ich mit den schreiner zu Straubing noch nit angebunden, findete ich vor sehr guet, so der ganze Altar in Minchen gemachet würde, als wordurch alle besorgliche unformlich und ungleicheit verhiettet würde: massen die ganze uncösten auf eine fuhr nacher Minchen ankhomete. worbey 1mo die Höche und breitte des Chors wol zu beobachten. 2do sorge ich, es derfte durch die postamenta alzuviel blaz weggenommen werden, und so hierzu mehrer dan 1 1/2 schuech höchstens genomen werden, derffte das opfer gehen sehr unbequem sein. 3tio mues bey dem tabernacul die Höche der hiesigen Monstranz beobachtet werden, welche in der Höche 2 schuech 2 1/2 Zoll Regenspurg[isches] mass haltet, und in der breitte fast die Helffte. 4to die uniformitet zu erhalten, were guet so Herr Faistenberger in solchen tabernacul ein sauberes crucifix machete. ich bitte nochmahlen ganz gehors[amst] Euer Excellenz mechten dem Gotts zu sonderer Gnad nach Dero hochen Vernunfft verfahren, daß es endlichen ad effectum gebracht werde. lezlichen solle ganz gehors[amst] anfiegen, daß ich es vor guet hielte, wan in den grossen Ramb undenher in der mitte ein schild herabgezogen würde, in welchen der guetthätter cum omnibus circumstantiis pro memoria khunte geschriben werden. ...«

Schreiben des Pfarrers Hauer vom 3. August 1727 an Graf Seinsheim:

»... Wegen des Hochaltars werde ich negstens einen aufris und grundris nach hochgnädigem anbefelchen machen lassen und gehorsamblich überschickhen, dise täg hat es unmoglich sein khönen: anerwogen erst den 1. huius Euer Excellenz hochgnädige Handzeilen empfangen habe, ich hab zwar schon gestert den schreiner zu Geiselhöring als einen kinstler zur machung diser riss uf heint citieret, weis aber nit, ob er khome ...

bey dem Hochaltar hab ich ganz gehors[amst] anfiegen und erinneren wollen, daß der fundator 1500 f. hierzu legieret habe, wan also nur etwas sauberes und doch dauerhafftes gemacht wird, derffte man hiervon so gar vil nit ersparen, es ist zwar dermahlen nit sovil in der cassa, verhoffe iedoch uf khünfftigen Herbst nit gar vil weniger dan 1000 f. zusamen zubringen. ...«

Schreiben des Pfarrers Hauer vom 11. August 1727 an Graf Seinsheim:

»... Anbey schliesse ich wieder zurückh den entwurff des grossen Ramb und des h[eyligen] Veiths, dan auch den riss des tabernackhels den ich einzig noch in meinen Handen habe sonsten nichts: und thue darbey ganz gehors[amst] anfiegen, daß beede entwürff des h[eyligen] Veiths wol scheinen, was aber aus beeden der schönere seye, und genomen werden möge, lasse ich Euer Excellenz lediglich zur hochgnädigen resolution über, und bitte ganz gehors[amst], Euer Excellenz mechten mit der sach dahin den antrag machen, daß anheuer diser Hochaltar noch aufgesezet werde, der uncosten à 600 f. thette mich nit abschreckhen, wan nur der werth darvor da ist. ob Herr **Asam** Maller uns nit saume, oder wie hoch er sein gemähl anschlage, hab ich noch nit gehöret, will verhoffen Herr Ris werde auf mein ansprechen disen kinstler in dem vorigen winter dahin gebracht haben, daß er sein stuckh verfertiget, ehe er nacher Einsidlen abgangen seye. anbey überschickhe auch nach gnädigem Verlangen den Grund und aufris meines Chors nach den verjüngten darbey entworffenen schuech. ich habe zugleich auch den Straubinger schuech, als nach welchem d[ie, der?] ris gemachet, darzu machen lassen, darmit nach solchem das mass möge genomen, und die arbeit verfertiget werden. disen ris hat der schloss gartner gemachet in beysein des Pröllens, weilen sogleich den schreiner zu Geiselhöring oder sonst iemand besseren nit haben khonte, hoffe iedoch, diser solle zur nothwendigen information dienlich sein. ...«

Schreiben des Pfarrers Hauer vom 28. August 1727 an Graf Seinsheim:

»... So überschickhe auch aus der Kürchen cassa, was sich bis auf ein geringes in selber befunden nemb[lich] 350 f. mit gehorsamber bitt, Euer Excellenz mechten von denen werckleithen darvor die interims schein begehren, und remittieren, der altar khomet freylich hoch: allein wan er nur sauber und darbey dauerhafft, so ist es ad intentionem fundatoris, und geschieht alles recht. ...

P. S. solten die Herren Künstler über kurzen noch mehr auf ihre arbeit verlangen, wolte ich den antrag machen ad initium octobris etwan 150 f. zu übermachen. ...«

Schreiben des Pfarrers Hauer vom 11. Januar 1729 an Graf Seinsheim:

»... Der Mahler **Asam** praetendieret noch wegen des gemahls zu dem Hochaltar 50 f. mit Vermelden, es seye mit ihme auf 150 f. accordieret worden, wan aber Euer Excellenz lezthin in Dero alda sein gemeldet, es seyen die übermachte 100 f. schon genug, wird ich mich auf ein mehrers nit einlassen, bis gleichwol entweder von Euer Excellenz oder Herrn Ris die sichere nachricht des accords bekhomme. ...«

Schreiben des Pfarrers Hauer vom 20. Februar 1729 an Graf Seinsheim:

»... P. S. Der Maller **Asam** wirdet imer hieziger, wie Euer Excellenz aus der beylag hochgnädig ersehen khönen, unangesehen ich ihme höfflich zugeschriben, wan nun Euer Excellenz mit ihme accordieret, wie er anmerckhet, bitte ganz gehors[amst], mir unschwer etwan nur durch den H[errn] Hoffmaister vernachrichten zu lassen, ob und wieviel ermeldten H[errn] **Asamb** über die überschickhte 100 f. annoch schickhen solte.«

Schreiben Cosmas Damian **Asams** vom 8. Februar 1729 an Pfarrer Hauer:

»Hochwürdtiger, wolledler, Hochgelehrter Herr.

Aus Euer Hochverehrl. [?] under 11° passato habe mit sond[erem] befrembden ersehen, daß man iezt erst wegen meiner übersandten Mallerei umb den accord und preys willen critisieren will. so mir aber uf keine weis gemaint ist, und will lieber gegen refundierung der empfangenen 100 f. mein stückh wieder zurückh nemmen, als mir x weniger als die restierende 60 f. nemmen, ich habe mit Iro Hochgräf[lichen] Ex[cellenz] selbsten pro 200 f. den accord gemacht, daß ich aber aniezto nur 60 f. fordere ist es dem Gottshaus zu gueten geschechen. und lasse meine arbeith von ainem anderen [?] schnarcher wie mir geschriben wordten, nit schätzen, sondern halte mich an S[eine] Exce[llenz] und verhoffe den rest der 60 f. mit dem versprochenen hat es sodann sein richtiges, nebst geliebiger antworts erwarthung mit schönster [?] empfehle [?]

Munich [?] den 8. Febr[uarii] 1729

Euer Hochw[ürden] gehorsamer Diener
Cos[mas] Dam[ian] Asam
ch[urfürstlicher] Hoffmaller.«

Bruno Bushart

Asams Umkreis

Asams Umkreis nachzuzeichnen, kann an dieser Stelle nicht geleistet werden. Er ist ohnehin eher einer Kugel vergleichbar als einem zweidimensionalen Kreis. Zu ihm gehören nicht nur die Familie, Freunde und Kollegen, sondern auch die Vorgänger, Vorbilder, Lehrer und Mitschüler, die Mitarbeiter, Schüler, Nachfolger und Nachahmer, das politische, wirtschaftliche, soziale, geistige und geistliche Milieu, die Auftraggeber, Berater, Korrespondenten und Chronisten, selbst die Menschen, die seine Werke betrachteten. Manches davon wird in den anderen Kapiteln abgehandelt oder angesprochen, manches ist zu wenig erforscht. Am eingehendsten hat sich Helene Trottmann mit solchen Fragen beschäftigt, sie hätte eigentlich diesen Beitrag schreiben sollen.[1]

Es war, wie die Forschung immer deutlicher zu Tage bringt, keine rückständige Kulturprovinz, in die Asam hineingeboren wurde, aus der er hervorwuchs, in der er später lebte und einen großen Teil seiner Werke schuf. Von den Höfen in München und Passau gerufen, vermittelten oberitalienische Freskanten wie Francesco Rosa, Giovanni Trubillio, Carpoforo Tencalla – meist aus zweiter Hand, über Nachzeichnungen und Nachstiche – im letzten Viertel des 17. Jahrhunderts die Kenntnis der Großmalerei von Veronese bis Cortona. Von Venedig herauf übte der aus München ausgewanderte *Johann Carl Loth* (1632-1698) durch seine Schüler, aber auch unmittelbar durch die Lieferung von Gemälden und durch seinen Rat, weiten Einfluß in Süddeutschland und Österreich aus. Auf dem Gebiet des großfigurigen Altar-, oft auch des Deckenbildes arbeiteten nebeneinander in München *Kaspar Georg Stuber* (um 1650/51-1724), der zum Schwager Georg Asams werden sollte, *Johann Caspar Sing* (1651-1719), *Johann Andreas Wolff* (1652 bis 1716), während vom benachbarten Augsburg aus die Schönfeldschüler *Melchior Schmidtner* (1625-1705) und *Johann Georg Knappich* (1637-1704) sowie dessen Vetter und erster katholischer Direktor der dortigen reichsstädtischen Kunstakademie *Johann Rieger* (1655 bis 1730), der sich um 1692 ebenfalls an Cortona in Rom orientiert hatte, ihre Tätigkeit entfalteten.

In München ließen sich auch die tonangebenden deutschen Freskanten dieser Generation nieder, *Johann Anton Gumpp* (1654 bis 1719), *Melchior Steidl* (1657-1727), *Eustachius Kendelbacher* (1660 bis 1725). Gumpp und Steidl [Umkreis 10; 11] stammen aus Tirol, das sich über Künstler der Familie Schor schon früher der italienischen Großmalerei geöffnet hatte, und arbeiteten anfänglich meist gemeinsam. Steidls Aufträge kamen von weither, von Oberösterreich, vom Rhein, aus Franken, Schwaben, während er in Bayern selbst selten zum Zuge kam. Die Fresken dieser Münchener Großmaler pflegen einen monumentalen Stil, mit schweren, illusionistischen Architekturen und täuschend imitiertem Stuckdekor. Ihre Figuren ballen sich, plastisch gerundet und konturiert, meist in der Vordergrundsebene zusammen, ihre Farbskala ist licht und formenbetonend, die Gesichter sind idealisierend typisiert.

Wenngleich *Georg Asam* (1649-1711) nie in München selbst als Künstler Fuß faßte, so gehört doch sein Werk ebenfalls in den dortigen Kulturkreis.[2] Nicht zufällig wurde sein Name früher für Arbeiten von Steidl, Gumpp oder Kendelbacher beansprucht. Sein Broterwerb führte ihn mit seiner Familie weit herum in Bayern und in der Oberpfalz, wo er 1711 starb. Mit der Ausmalung der Klosterkirchen in Benediktbeuern (1683-1687) und Tegernsee (1689-1693) sicherte er sich die bedeutendsten Freskenaufträge, die damals außerhalb der Hauptstadt in Bayern zur Disposition standen. In den Fresken von Schloß Schönach (1704) schuf er sein drittes Hauptwerk, diesmal bereits unter Mithilfe seines Sohnes Cosmas Damian.

Georg Asam liebte in seinen Fresken kräftige, anfangs sogar ausgesprochen bunte Farben, eine starke, manchmal ins Extrem gesteigerte Verkürzung der Architekturen und Figuren, feste Umrißlinien und fast statisch verharrende, ausgewogene Kompositionen. Dennoch mangelt es seinen Gestalten oft an überzeugender Lebendigkeit und Leibhaftigkeit. Auch seine kleinteiligen Federzeichnungen [Umkreis 1-3] gewinnen trotz zusammenfassender Schraffuren und akzentuierender Weißhöhung nicht die Prä-

Abb. 1: NICOLO DORIGNY nach CIRO FERRI, Detail aus dem Kuppelfresko von Sant'Agnese in Rom, begonnen 1670; Kupferstich.

Abb. 2: GEORG ASAM, *Heiligengruppe,* Ausschnitt aus dem Kuppelfresko in der Wallfahrtskirche Frauenbründl bei Straubing, 1707.

Abb. 3: COSMAS DAMIAN ASAM, *Heiligengruppe,* Ausschnitt aus dem Kuppelfresko in der Klosterkirche Ensdorf, 1714.

gnanz, die etwa Steidls Entwürfen eigen ist, noch weniger aber den malerischen Reichtum der Blätter seines Sohnes. Es scheint, als hätte Cosmas Damian, der immerhin bis zu seinem 25. Lebensjahr mit dem Vater zusammenarbeitete, wenig von diesem übernommen, aber die entscheidenden Gemeinsamkeiten liegen auf anderem Gebiet. Der Sohn erlernte bei seinem Vater nicht nur das schwierige Handwerk des Freskanten von Grund auf – der in der Ölmalerei ausgebildete Georg hatte sich diese Kenntnisse selbst erwerben müssen –, von ihm übernahm er auch den Umgang mit fremden Vorlagen als Hilfsmittel für das eigene Schaffen und wahrscheinlich das vom Vater schon benützte Werkstattmaterial (Abb. 1-3). Auch die Hochschätzung Loths scheint die beiden verbunden zu haben, findet sich doch im Nachlaß des Sohnes eine diesem Maler oder seiner Werkstatt zuzuschreibende ›Grablegung Christi‹ [Umkreis 1][3], die möglicherweise schon dem Vater gehört hatte und bisher diesem zugewiesen wurde. Vielleicht hat das Vorbild Loth, durch die Capella del Crocifisso im Dom zu Trient zum Beispiel, sogar unmittelbare Bedeutung gehabt für Cosmas Damian. Für den Vater dagegen scheint Loth, besonders bei der Kuppelmalerei in Tegernsee, sogar die Funktion eines Schutzengels gehabt zu haben (tatsächlich hat er Loths berühmtes Schutzengelbild – wohl nicht nur einmal – kopiert), denn dieser sollte ihm Skizzen dafür aus Venedig besorgen.

Was der Sohn vom Vater vor allem lernte und übernahm, war die Organisation der Werkstatt. Anders als die zünftigen oder im Hofdienst stehenden Maler hatte er seine ganze Familie zur Mitarbeit herangezogen, mehr noch selbst als die Familienbetriebe der ›welschen‹ Bautrupps oder der Vorarlberger und Wessobrunner Bauleute und Stukkatoren. Nicht nur seine Frau *Maria Theresia Asam* (1657-1719), sondern auch seine Kinder mußten ihm in dem Maße zur Hand gehen, als es ihr Alter erlaubte. Philipp Emanuel, Maria Salome, Cosmas Damian, schließlich Egid Quirin, außer der zuletzt geborenen Maria Anna Theresia also sämtliche Überlebenden seiner zwölf Söhne und Töchter, werden in den Korrespondenzen als Helfer genannt, wobei Mutter und Tochter vor allem für die Faßmalerei zuständig waren. Auch die guten Verbindungen zum Benediktinerorden und zum bayerischen Landadel sollten dem Sohn von Nutzen sein, nicht weniger der gute Name, den sich die Asamfamilie dort gemacht hatte.

Als sich Asam nach dem Tode des Vaters entschloß, diese Arbeitsgemeinschaft vorübergehend aufzugeben und sich in Italien weiterzubilden, gleichgültig wer für die Kosten aufkam, folgte er zunächst nur einem eingebürgertem Brauch. Auf ein gesteigertes Sendungsbewußtsein daraus zu schließen, wäre ebenso unbegründet wie die Annahme besonderer geschäftlicher Vorteile nach der Rückkehr. Tagebücher zu solchen Gewissensfragen schrieben allenfalls hundert Jahre später die Romantiker.

Bemerkenswert dagegen ist der Fall *Johann Michael Rottmayr* (1654-1730), eines Generationsgenossen des Vaters, der dreizehn Jahre bei Loth in Venedig und an anderen Orten Italiens gearbeitet hatte, ehe er sich 1687/88 in Salzburg und ab 1695 in Wien niederließ. Rottmayr verwendet in seinen Fresken ähnliche Figurentypen und Gruppen, ähnliche Motivzusammenstellungen und Illusionsarchitekturen wie Cosmas Damian nach der Rückkehr aus Rom. Da nicht anzunehmen ist, daß Asam vor oder nach seinem Italienaufenthalt mit Rottmayr zusammengetroffen ist oder seine Werke im fernen Frain, Breslau und in Österreich kennengelernt hat, bleibt als einzige Erklärung die ähnliche Reaktion zweier voneinander unabhängiger Künstler auf die überwältigenden Eindrücke der italienischen Barockmalerei. Entscheidend ist jedoch nicht die zeitliche Priorität Rottmayrs, sondern der selbständige und durchaus verschiedenartige Einsatz der Vorbilder im Werk des Älteren und des Jüngeren.

Asams römischen Umkreis nachzuzeichnen, ist hier nicht der Ort. Von der erfolgreichen Teilnahme am Concorso Clementino der Accademia di San Luca im Jahre 1713 und von dem bleibenden Widerschein der in Rom studierten Werke in seiner Kunst abgesehen, wissen wir nichts über diesen wohl zweijährigen Aufenthalt, nicht einmal über einen regelmäßigen Besuch der renommierten Anstalt. Was er dort gesehen und gelernt hat, geht allein aus seinen Zeichnungen und Malereien hervor. Der Vergleich des Altarbildes mit der ›Geburt Christi‹ in San Giuseppe dei Falegnami von 1650 (Abb. 4) mit den Fresken in Michelfeld und Aldersbach (vgl.

Abb. 4: CARLO MARATTI, *Geburt Christi,* Altarbild von 1650 in San Giuseppe dei Falegnami, Rom.

Abb. 5: BENEDETTO LUTI, *Wunder des Papstes Pius V.,* Vorzeichnung 1712 für das Gemälde in der Accademia di San Luca Rom (New York, Metropolitan Museum of Art).

Tafeln 9, 10; 23-26) muß genügen, um den unmittelbaren Einfluß von *Carlo Maratti* (1625-1713) auf Asam zu veranschaulichen. Für *Benedetto Luti* (1666-1724), der als Vertreter der jüngeren Generation nach Maratti die bedeutendste Künstlerpersönlichkeit an der Akademie war, sei auf dessen Vorzeichnung von 1712 für das Gemälde ›Das Wunder des Papstes Pius v.‹ (Abb. 5) verwiesen, das nicht nur durch die Konstellation der Hauptgruppe und einzelner Figurenmotive an Asams Wettbewerbszeichnung erinnert (Z 2; Ausschnitt: Abb. 8, Seite 59), sondern dieser auch in der räumlichen Ordnung des Schauplatzes und in der Lichtführung nahesteht. Noch 1731 profitierte Asam offenbar von Lutis – auf Raphael zurückgehender – Gruppe der Sänftenträger für sein Langhausfresko in Sankt Emmeram in Regensburg. Über diese und andere Lehrbeauftragte der Akademie hinaus gehörten natürlich vor allem die Deckenfresken und Altarbilder in den Kirchen, die Kuppelausmalungen und die gemalten Kuppeln von Pietro da Cortona und seinen Nachfolgern bis Gaulli oder Andrea Pozzo zu den stilprägenden Eindrücken des jungen Asam in Rom.

Cosmas Damian war keineswegs der einzige Süddeutsche, der sich damals zur Weiterbildung in die Ewige Stadt aufgemacht hatte. *Franz Georg Hermann* (1692-1768)[4] aus Kempten war schon um 1708 nach Rom gegangen, wo er acht Jahre blieb. 1713, zusammen mit Asam, wurde auch er mit dem Preis der Accademia di San Luca ausgezeichnet. Seit 1718 in Kempten ansässig, wurde er 1728 zum Fürstäbtlichen Hofmaler und Baudirektor ernannt. Eine Reise mit Giovanni Antonio Pellegrini nach Venedig 1722 und die Zusammenarbeit mit Johann Evangelist Holzer in Münsterschwarzach 1737 veränderten seinen vornehmlich an Sebastiano Conca gebildeten römischen Stil zu mehr rokokohafter Leichtigkeit.

Auch *Nikolaus Gottfried Stuber* (1688-1749), Asams leiblicher Vetter mütterlicherseits, zog nach der Lehrzeit bei seinem Vater Caspar Gottfried Stuber nach Rom, wo er vielleicht mit Cosmas Damian Asam und Franz Georg Hermann zusammentraf. 1716 wurde er Meister in München, 1723 erhielt er den Hofschutz, der ihn von den zünftischen Bindungen befreite. Mit den Brüdern Asam verbinden ihn nicht nur verwandtschaftliche oder durch die Ausbildung bedingte Beziehungen. Bei der Barockisierung der Peterskirche in München erhielt er gegen seine Vettern den Zuschlag für den Entwurf zum Hochaltar, führte die Fresken aus und zeichnete ein Visier für die Orgelbekrönung. Schon in Innsbruck hatte er 1722 Cosmas Damian bei der Ausmalung der Jakobskirche geholfen, in der Münchner Heilig-Geist-Kirche teilte er sich 1727 mit ihm in den Auftrag [Umkreis 12], in Schleißheim folgte er auf ihn 1723 und 1725, ohne daß einer der beiden freilich Jacopo Amigoni den Löwenanteil hätte abjagen können. Mit Asam und Bergmüller zusammen lieferte er die Seitenaltarblätter für Aldersbach. Nikolaus Gottfried und seine Brüder *Joseph Anton Stuber* (1684-1741) und *Franz Lorenz Stuber* (1691-1728), die in Gemeinschaft mit Asam 1724 Türme und Fassade des Freisinger Doms mit Außenfresken schmückten, waren hauptsächlich »Oppera-Mahler«. Ihr bevorzugtes Betätigungsfeld bildeten Festdekorationen, Feuerwerke, Trauergerüste, Heilige Gräber, Entwürfe für Innenausstattungen oder Opernaufführungen.

Ob *Egid Quirin Asam* (1692-1750) seinen Bruder nach Rom begleitet hatte, ist nicht sicher, seine Kenntnis der dortigen Kunst dagegen außer Zweifel. Wohl kann er das meiste davon auch der Vermittlung Cosmas Damians verdankt haben, dessen Typen- und Formenschatz er weitgehend übernahm. Trotzdem fällt es schwer zu glauben, daß dieser in ihm auch das Gefühl für die architektonischen, plastischen und farbigen Effekte des römischen Hochbarocks, vor allem Berninis, hätte erwecken können. Andererseits

Abb. 6: EGID QUIRIN ASAM, *Szenen aus dem Leben des Heiligen Ignatius von Loyola,* 1748/49; Entwurf für das im Zweiten Weltkrieg zerstörte Kuppelfresko in der Jesuitenkirche zu Mannheim [Umkreis 8]; Washington, National Gallery of Art.

läßt die fünfjährige Lehre, die er – als Neunzehnjähriger – am 25. Juli 1711 bei dem Münchner Bildhauer Andreas Faistenberger antrat und 1716 beendete, wenig Spielraum für eine Reise nach Rom. Für die neue Werkgemeinschaft, die nach der Rückkehr und der Heirat (1717) Cosmas Damians entstand, war seine zusätzliche Bildhauerausbildung von großem Vorteil, konnte die Asamfamilie fortan doch de facto ganze Großaufträge mit eigenen Kräften ausführen. Egid Quirin beschränkte sich dabei nicht nur auf Stuckplastik, Stukkatur, Altarbau und Goldschmiede-Entwürfe [Umkreis 7], sondern betätigte sich auch als Architekt [Umkreis 5] und nach wie vor als Maler, freilich stets in enger Anlehnung an den erfahreneren Bruder. So nimmt es denn nicht wunder, wenn zum Beispiel das malerische Werk von *Franz Anton Rauscher* (1731-1777), der ausdrücklich als sein Schüler bezeichnet wird, hauptsächlich das Vorbild Cosmas Damians widerspiegelt. Von Egid Quirins Fresken blieb wenig erhalten. Sein Hauptwerk, die Jesuitenkirche in Mannheim von 1748/49, wurde im Zweiten Weltkrieg zerstört. Der Entwurf für das Kuppelfresko (Abb. 6) beweist die Abhängigkeit von den Bildprägungen des Bruders, besonders von dessen Kuppelschema in Friedberg 1738. Auch in seinen Altarblättern steht Egid Quirin hinter Cosmas Damian zurück, wie der Vergleich ihrer Bilder in der Straubinger Ursulinenkirche (Abb. 7 und 8) lehrt. Das Totenporträt der heiligmäßigen Nonne Maria Carolina im Münchner Servitinnenkloster [Umkreis 9] dokumentiert zwar seine Vielseitigkeit, besitzt aber keine überdurchschnittlichen künstlerischen Qualitäten. Das früher Cosmas Da-

Abb. 7: COSMAS DAMIAN ASAM, *Heilige Familie,* Gemälde 1739 vom linken Seitenaltar der Ursulinenkirche in Straubing.

Abb. 8: EGID QUIRIN ASAM (zugeschrieben), *Glorie des Herzens Jesu,* Gemälde 1739 vom rechten Seitenaltar der Ursulinenkirche in Straubing (Ausschnitt).

mian zugeschriebene Bildnis Egid Quirins dagegen ist, wie zu zeigen sein wird, aus dem Œuvre beider Brüder zu streichen. Unerreichbar bleibt Egid Quirin allein in seinen Skulpturen und Reliefs aus Stuck und Holz [Umkreis 4], in den prunkvollen Altarbauten von Weltenburg, Rohr, Freising, Osterhofen, Maria Dorfen [Umkreis 6], Sankt Peter in München, Sandizell, Straubing oder in der Münchner Asamkirche, sowie in den phantasiereichen Stukkaturen an Wänden und Decken der meist mit dem Bruder zusammen ausgestatteten Kirchen und Säle.

So war es ein leistungsfähiges Team, das die Asam aus familieneigenen Mitgliedern vorstellen konnten: Cosmas Damian als ›Pictor et Architectus‹, wie er sich in Weltenburg nennt, auch als Entwerfer für die unterschiedlichsten Gebiete der Kunst; Egid Quirin als Sculptor und Stukkator, als Maler und wohl ebenfalls Architekt; die Schwester *Maria Salome Asam* (1685-1740) und ihre Ehemänner *Johann Philipp Bornschlegel* (1699-1734) und *Adam Thomas Schmidt,* vielleicht sogar die Ehefrauen Cosmas Damians als Faßmalerinnen; ihr Sohn *Franz Erasmus Quirin Asam* (1720-1795) – der ›Franzl‹ der Familienbriefe – als Maler; in ähnlicher Funktion bei Gelegenheit die Vettern Stuber; der Schwager *Franz Joseph Mörl* (1697 bis 1737) als Kupferstecher. Nach seinem Tode übernahm *Franz Xaver Jungwierth* (1720-1790), der Mörls Witwe heiratete,[5] die meisten druckgraphischen Vervielfältigungen nach Entwürfen der Asambrüder. So vermittelte man sich Aufträge, arbeitete gemeinsam oder selbständig, korrespondierte miteinander und sorgte, jeder auf seine Weise, für das Ansehen der Sippe.

Inwieweit der Münchner Umkreis familienfremde Künstler einschloß, ist noch nicht untersucht. Mit Sicherheit gehörte dazu der aus Schweden stammende Bildnismaler *Georg Desmarées* (1697 bis 1776), der seit 1730 in München ansässig war und 1731 als Hofmaler bezeichnet wird. Über Franz Joseph Mörl, seinen ersten Quartiergeber und bald auch Trauzeugen, wurde er mit Cosmas Damian befreundet, bei dessen zweiter Ehe er mit Mörl als Zeuge fungierte.[6] Ein Beweis seiner engen Beziehungen ist das erwähnte Halbfigurenporträt Egid Quirins in Freising (Abb. 9), das in der physiognomischen Schärfe, dem geschmeidigen Pinselduktus, der flockigen Leichtigkeit des Stofflichen und vor allem in der hochkultivierten Farbigkeit eindeutig Desmarées' Hand verrät. Der Bildnistypus geht auf französische Künstlerporträts zurück, wie das des Bildhauers François Barrois im Schloßmuseum zu Versailles, das Charles Geuslain gemalt hatte und Desmarées vielleicht im Stich oder über eine Nachzeichnung bekannt geworden war.[7] Egid Quirin hat sein Porträt um 1739 als Vorlage benutzt für sein nur leicht verändertes Selbstbildnis en grisaille seitlich des Choraltars in der Münchner Asamkirche (Abb. 10).

Auch der Hofmaler *Balthasar Augustin Albrecht* (1687-1765) scheint zum Münchner Asamkreis gehört zu haben. Schon sein Onkel und vermutlicher erster Lehrer Benedikt Albrecht (gestorben 1730) tritt als Bürge 1711 bei Egid Quirins Zulassung zur Bildhauerlehre in unseren Gesichtskreis. Der Neffe bildete sich vermutlich bis 1719 in Italien weiter und erhielt 1723, gleich Nikolaus Gottfried Stuber, der 1726 sein Trauzeuge wurde, den Hofschutz. Aus einem Schreiben des Franz Erasmus Asam geht hervor, daß Albrecht nach dem Tode Egid Quirins 1750 dessen Gemäldenachlaß geschätzt hat, 1732 übernahm er die Vormundschaft für die Kinder Stubers. In seinen Gemälden tauchen immer wieder Figuren auf, die an Vorbilder Cosmas Damian Asams erinnern. Wenngleich es wenig glaubhaft erscheint, daß Albrecht mit seinem Hochaltarblatt von 1738 in Dießen »die Plastiken in Asams Bühnenaltar [in Rohr] in die Malerei umgesetzt hat«[8], so ist die Möglichkeit partieller Beeinflussung durch Egid Quirins Rohrer Altargruppe nicht von der Hand zu weisen.

Selbstverständlich gehört auch die Frage nach Asams Verhältnis zu den anderen damals führenden Freskanten in Süddeutschland zu unserem Thema, doch sind hier die Voraussetzungen für die Antwort noch ungünstiger. *Jakob Karl Stauder* aus Konstanz (1694 bis 1756), sein selbstbewußter Konkurrent in Donauwörth 1720[9],

Abb. 9:
GEORG DESMARÉES (zugeschrieben), *Porträt Egid Quirin Asam,* Öl auf Leinwand, um 1730/35; Freising, Diözesanmuseum.

Abb. 10:
EGID QUIRIN ASAM, *Selbstporträt* (nach Georg Desmarées), Öl auf Leinwand 1739; ehemals München, Sankt Johann Nepomuk (1944 verbrannt, heute durch eine Rekonstruktion ersetzt).

hatte vor Asams Pfingstkuppel in Weingarten schon ähnliche Kuppelarchitekturen in Münsterlingen und im benachbarten Weißenau 1719 gemalt, um damit auch noch bei späteren Aufträgen zu paradieren. Wenngleich es unwahrscheinlich ist, daß Asam dieses Prunkstück nicht gesehen hat, so dürfte eine Abhängigkeit auszuschließen sein. Beide Fresken gehen auf Andrea Pozzos – inzwischen bereits in einer deutschen Buchausgabe von 1706 und 1708 veröffentlichten – Anweisungen bzw. deren Vorlagen zurück. Aber während Stauder zu diesem Vorbild immer wieder zurückfand, entwickelte Asam bereits von Weingarten an neue, kühnere Lösungen für die Illusionsarchitektur.

1713 hatte sich *Johann Georg Bergmüller* (1688-1762)[10] aus Türkheim in Augsburg das Meister- und Bürgerrecht erworben, 1730 wurde er als Riegers Nachfolger katholischer Direktor der reichsstädtischen Kunstakademie. Zwei Jahre jünger als Asam, hatte er nach dem Zeugnis seines Biographen Georg Christoph Kilian »auch seines berühmten Meisters« – das ist Andreas Wolff in München – »Arth gar schön imitiert, doch studierte er auch stark nach Carl Maratta«. Andreas Felix von Oefele zufolge wurde Bergmüller sogar von Herzog Maximilian Philipp, dem Bruder des Kurfürsten Max Emanuel, »in Italiam missus«, nach Italien geschickt. In der Figurenbildung seiner frühen Werke ist der – vielleicht nur über seinen Lehrer, über Nachstiche und Kopien vermittelte – Einfluß Marattis gut zu erkennen, während er später zu einem zeichnerisch festen, klassizistisch glatten und gefälligen Stil fand. Schon in Aldersbach war er 1728/29 mit den Blättern der beiden größten Seitenaltäre in Asams Domäne eingedrungen. Nach Asams Tod fallen ihm auch Freskenaufträge im Münchner Raum – 1750 in Schloß Haimhausen, 1753 in der Klosterkirche Grafrath – zu. Sein System der Zerlegung großer Deckenfresken in einzelne, beziehungsreich angeordnete Bildfelder zwischen pseudoarchitektonischen Füllungen könnte Asam zu seinem – freilich anders strukturierten – Aufteilungsschema in Ettlingen und Friedberg, das Egid Quirin in der Mannheimer Kuppel [Umkreis 8] übernahm, angeregt haben. Umgekehrt scheint Bergmüller für das größte seiner Fresken, die Langhausdecke in Dießen von 1736, bei Asams Langhausfresko von 1731/33 in Sankt Emmeram zu Regensburg Anleihen gemacht zu haben, für die zweigeteilte Anlage sowohl mit der Hauptfigur in der Mitte, für die – leicht variierte – Umrißform, als auch für die Szene der päpstlichen Bestätigung samt Stufenanlage und Baldachin.

Interessant wäre es auch zu wissen, welchen Einfluß das mehrjährige Gastspiel des Venezianers *Jacopo Amigoni* (1675-1752) auf Asams Schaffen hatte. Amigoni, der 1718 in der Badenburg und seit 1720 in Schleißheim als bevorzugter Freskant tätig war, in Benediktbeuern und – mehrere Male sogar – in Ottobeuren Aufträge erhielt, vertrat in Deutschland die auf Loths dramatisches Tenebroso folgende Stufe der jüngsten venezianischen Malerei, die auch für die Entwicklung von Zimmermanns reifem Stil von Bedeutung werden sollte. *Johann Baptist Zimmermann* (1680 bis 1758) darf, obgleich sechs Jahre älter als Asam, als dessen eigentlicher Konkurrent und schließlich Nachfolger betrachtet werden.[11] Nachdem er aus kümmerlichen Anfängen in Miesbach und Freising sich emporgearbeitet hatte und 1720 an den Münchner Hof, zunächst als Stukkator, berufen worden war, blühte seine Freskomalerei unter dem Einfluß von Amigoni und Cuvilliés in hellen, leuchtenden Farben und schwerelos sich entfaltenden Formen auf. In der südlichen Antecamera und im Treppenhaus des Schleißheimer Schlosses hatte er 1722 mit Cosmas Damian zusammengearbeitet. 1737 übernahm er an Stelle der Brüder Asam, deren Vorschläge den Nonnen zu teuer erschienen waren, die Barockisierung der Klosterkirche der Klarissen am Anger in München. Ähnlich Asam bildete er mit seinem Bruder Dominikus und seinem Sohn Franz Michael eine lockere Werkstattgemeinschaft, aus der ihre besten Leistungen, die Wallfahrtskirche in Steinhausen (1730/31) und in der Wies (1753/54) samt der Raumausstattung hervorgingen. Daß dabei Bauten wie Weltenburg, als Herausforderung mindestens, eine Rolle spielten, wird wohl kaum bezweifelt werden können.

Andererseits stellt sich die Frage, ob die zunehmende Durchlichtung der Farbigkeit, das Überwiegen der Helligkeits- über die Buntwerte, die reichen Changeants und die großzügigere Flächenbehandlung in Asams Fresken seit 1730 spätestens nicht als eine Reaktion auf die Vorzüge der Malerei Amigonis und Zimmermanns zu betrachten seien.

Helene Trottmann weist auf Anregungen hin, die Asam während seines Aufenthaltes in Böhmen von der dortigen Malerei erhalten haben kann, auf die Verwandtschaft der Bildarchitektur von *Johann Hiebel* (1681-1755) im Prager Clementinum von 1726/27 und Asams im Festsaal von Břevnov von 1726/28 oder auf den erhöhten Anteil der Wände an Asams Fresken nach seiner Rückkehr, wie es der böhmischen Tradition entspricht. Pavel Preiss stellte in den Fresken der Jahre 1727 und 1728 von *Wenzel Lorenz Reiner* (1689-1743) einen Stilwandel fest, den er auf den Einfluß Asams zurückführt.[12] Ebensowenig dürfen die zahlreichen freien Zitate gotisch-barocker Bauten, wie sie Asam in Böhmen kennengelernt hatte, in seinen späten Fresken, von Ingolstadt über Wahlstatt bis zur Münchner Asamkirche, übersehen werden. Während sie auf den Nepomukszenen die Funktion des historischen Ortes ausüben, nehmen sie in Ingolstadt und Wahlstatt die Stelle klassischer Architekturkulissen ein.

Ein weites Feld besetzen schließlich die Schüler und Nachfolger. Daß ein Lebenswerk wie das Cosmas Damian Asams tiefe Spuren hinterlassen hat, steht außer Diskussion. Ebensowenig darf aber bei dem rasanten Tempo der künstlerischen Entwicklung in Süddeutschland bereits zu Asams Lebzeiten die frühe Abkehr gerade der eigenwilligeren Maler überraschen. An dieser Stelle seien nur diejenigen Angehörigen der jüngeren Generation genannt, die sich in der Kunstgeschichte Süddeutschlands, unter Asams Einfluß zunächst, dann aus eigener Kraft oder durch frische Impulse von außen her, einen Namen gemacht haben.

Abb. 11: CHRISTOPH THOMAS SCHEFFLER, *Der Heilige Bernhard von Clairvaux,* Entwurf zu einem Thesenblatt, Öl auf Leinwand, um 1745 [Umkreis 19]; Augsburg, Städtische Kunstsammlungen.

Ein früher Schüler war *Christoph Thomas Scheffler* (1699 bis 1756) aus Mainburg. Bei seinem Vater Johann Wolfgang, der seit 1688 in München tätig war, hatte er die »freye Kunst des öhlmahlens rechtmäßig erlehrnt«.[13] Von 1719 bis 1722 erwarb er sich bei Cosmas Damian Asam die Kenntnis der Freskomalerei, um danach bis zu seiner Niederlassung in Augsburg 1728 als Laienbruder bei den Jesuiten von Landsberg aus zu arbeiten. In seinem Gesuch um den Beisitz in Augsburg 1728 zählt er unter den Orten, wo er mit Asam war, Aldersbach und Schleißheim auf, dazu eigentümlicherweise Ellwangen und Mergenthal (Mergentheim). Von einer Tätigkeit Asams in den beiden letzteren Städten ist nichts bekannt, dafür fehlen in Schefflers Aufzählung Weingarten, Weihenstephan und Weltenburg, die in den genannten Zeitraum fallen. Dennoch dürfte er mit dem »gelernten Gesellen« identisch sein, der Asam neben einem Lehrbuben in Weingarten vertraglich zustand. Das wird auch durch die immer wieder zwischen Asam und Scheffler herumgeschobene lavierte Rötelzeichnung der ›Constantia und Sapientia‹ [Umkreis 13] für das nördliche Chorseitenfresko in Weingarten bestätigt, die sich in der flüssigen Konturierung, der Feingliedrigkeit der Körper und den lieblichen Gesichtern deutlich unterscheidet von Asams damaligem Figurenstil und in Schefflers frühen Zeichnungen die nächste Entsprechung findet. Gleicherweise verrät das ausgeführte Fresko, wie überhaupt die Fresken der Seitenkapellen, die Mitarbeit einer anderen Hand.

Schefflers frühe Fresken in Ellwangen und die zugehörigen Entwürfe [Umkreis 14] stehen noch völlig im Bann seines Lehrmeisters, ohne die Homogenität von dessen zeitgleichen Werken zu erreichen. In Augsburg, wo er auch für die Kupferstecher arbeitete (Abb. 11), schließt er sich enger an Bergmüller und dessen Schüler an, bleibt aber durch seine gehäufte Bildfüllung und die immer grellere Farbigkeit ein Einzelgänger.

Schwieriger ist es, das Mitarbeiterverhältnis der anderen jüngeren Maler zu bestimmen. *Felix Anton Scheffler* (1701-1760) war wie sein Bruder Christoph Thomas um 1720 Asams Schüler. Seit 1730 arbeitete er in Böhmen und Schlesien, vor allem für dieselben Benediktinerklöster Braunau (Broumov) und Břevnov (Breunau), für die auch Asam tätig war. Seine Werke, so die Fresken in der Wenzelskirche zu Braunau (1748) oder im Kreuzgang der Wallfahrtsstätte Maria Loreto in Prag (1753; Prag, Nationalgalerie, Graphische Sammlung), lassen den nachhaltigen Einfluß seines einstigen Meisters verspüren. Noch als selbständiger Maler ging er ihm bei seinen Aufträgen in Böhmen zur Hand.

Aus Stadtamhof vor Regensburg stammt *Johann Adam Schöpf* (1702-1772), der seit 1728 Asams Gehilfe in Böhmen war und sich an der Ausmalung der Wallfahrtskirche auf dem Weißen Berg bei Prag beteiligte. Im Umgang der Kirche stellte er 1730-1740 die marianischen Wallfahrtsstätten dar, 1734 schuf er die Fresken in der Prager Loretokirche. Seine Anlehnung an Asam geht so weit, daß Erich Hubala vermutet, Schöpf habe das dortige Fresko mit der Anbetung der Könige nach einem Entwurf Asams gemalt.[14]

Es würde zu weit führen, sämtliche als Schüler oder Nachfolger Asams in Süddeutschland und Böhmen genannten Maler vorzustellen und zu prüfen.[15] Der bedeutendste war zweifellos *Matthäus Günther* (1705-1788). Er kam nach der Lehre bei einem Murnauer Lokalmaler um 1723 als Geselle zu Asam, bei dem er bis etwa 1727 blieb, dürfte also in Innsbruck, Fürstenfeld, Freising, Einsiedeln und Heilig-Geist in München mitgearbeitet haben. Oefele berichtet 1740 von einem vierjährigen Aufenthalt bei Asam und einer anschließenden Tätigkeit bei dem Landshuter Maler Simon Wolfgang Grätz.[16] Günthers Mithilfe in Freising 1722 ist auch durch den Stiftsdekan Joachim Hoffmair in Rottenbuch bezeugt.[17] 1731 läßt er sich in Augsburg nieder, 1762 folgt er Bergmüller im Amt des katholischen Direktors der Akademie. Asams Einfluß auf Günther läßt sich schwer einschätzen. Gewiß können die illusionistischen Architekturen seiner frühen Kuppelfresken von 1732 in Druisheim, Welden, Aichkirch (1734) und dem etwa gleichzeitigen Gipsmodell in Ellwangen mit ihren geschwellten Säulen und den verkröpften Gesimsen auf Asam zurückweisen, sie müssen es aber nicht, da sie sich – anders als Asams und Schefflers Scheinkuppeln – gleichsam nur auf den Tambour, der sich dem freien Himmel öffnet, beschränken. Die Kuppelräume in den Fresken von Neustift bei Brixen (1736), Rattenberg (1737), Tölz (1737), Oberammergau (1741) oder der Nürnberger Ölskizze [Umkreis 28] erinnern zwar an Perspektivkonstruktionen, wie sie Asam in Innsbruck verwendet hatte, aber auch hier fällt es schwer, von einer Abhängigkeit zu sprechen. Hingegen dürfte sein früher Zeichenstil mit den nervös die Form umtastenden Bleistiftstrichen und der zusammenfassenden Lavierung [Umkreis 3-25] auf das Vorbild Asams zurückgehen, dem Günther sicherlich auch zahlreiche Figurentypen und Motivanregungen verdankt. Daß aber Günther den Einfluß Asams an die Augsburger Malerschule weitervermittelt hätte, entbehrt des Beweises. Wenn Günther ab 1749 die Nachfolge Asams im Langhaus der Friedberger Wallfahrtskirche antritt oder 1760 den Aldersbacher Bibliotheksaal und 1767 die dortige Portenkapelle ausmalt, so hat das mit seiner Ausbildung bei Asam wenig zu tun. Mehr noch als von dieser profitierte er von dem Erbe Johann Evangelist Holzers, dessen Nachlaß er 1740 erworben hatte. Das hindert nicht, daß auch Günther mit Cosmas Damian oder Franz Erasmus Asam verwechselt werden konnte, denn das bisher ersterem, von Helene Trottmann letzterem nahegelegte Altarblatt der ›Heiligen Elisabeth als Patronin der Armen und Kranken‹[18], derzeit von den Bayerischen Staatsgemäldesammlungen an das Luitpold-Krankenhaus in Würzburg ausgeliehen (Abb. 12), ist in Wirklichkeit ein typisches Werk Matthäus Günthers. Im Grunde ist es das alte Lied: Was die römische Zeit für Asam, bedeuten für Günther die Jahre bei Asam, ihrer beider Kunst aber ist mehr als die Summe der Vorbilder.

Bisher unbeachtet blieb die Nachricht Johann Caspar Füsslis, daß auch der Schweizer Maler *Johann Heinrich Keller der Jüngere* (1692-1765) zu Asams Mitarbeitern gehört hat.[19] Der in Zürich geborene Sohn des Bildhauers Johann Jakob Keller war nach der Lehre bei dem Basler Landschaftsmaler Andreas Holzmüller 1716 über Stuttgart und Kempten nach München gekommen, wo er unter anderem bei Nikolaus Gottfried Stuber in Schleißheim beschäftigt war. 1722/23 war er Cosmas Damian Asam bei der Ausmalung der Innsbrucker Jakobskirche behilflich. Der Stil seiner späteren Werke ist allerdings nicht durch diesen geprägt, sondern durch das anschließende Studium in Paris und durch seine überwiegend dekorativen Malereien ab 1726 in Den Haag. Die immer wieder postulierte Schülerschaft von *Joseph Gregor Winck* aus Deggendorf (1710-1781) bei Asam[20] läßt sich hingegen weder beweisen noch wahrscheinlich machen. Wohl erinnern einige seiner Frauengestalten auf dem – nur im Foto überlieferten – Deckengemälde im Rittersaal des Domes zu Hildesheim an Asams Typenschatz von Alteglofsheim und vom Innsbrucker Landhaussaal, aber die Verbindung dazu dürfte eher mittelbar über Augsburg, speziell über einen Einfluß durch Matthäus Günther, zustande gekommen sein.

Anders, aber auch nicht durchsichtiger, ist der Fall *Otto Gebhard*

Abb. 12: MATTHÄUS GÜNTHER (Neuzuschreibung), *Die Heilige Elisabeth als Patronin der Armen und Kranken,* Öl auf Leinwand, um 1740; Würzburg, Luitpold-Krankenhaus (Leihgabe der Bayerischen Staatsgemäldesammlungen).

(1703-1773).[21] Schon sein Vater, der Prüfeninger Klostermaler Johann Gebhard, war mit Asam spätestens bei der Barockisierung von Sankt Emmeram in Regensburg, wo er 1732/33 an den Seitenschiff-Fresken beteiligt wurde, in Verbindung getreten. Der Sohn dürfte an der Ausführung der Wandfresken des Mittelschiffs mitgearbeitet haben, wahrscheinlich aufgrund von Vorzeichnungen Asams in Art der Blätter in Berlin [Z 48] und Privatbesitz [Z 49]. Gebhards Regensburger Ölskizzen [Umkreis 20 und 21] wären somit entweder als Umsetzungen der Zeichnungen Asams in Farbe vor der Ausführung zu erklären oder als ›Ricordi‹ für den eigenen Werkstattgebrauch. Auch seine späteren Fresken und Ölskizzen [Umkreis 22] verraten noch lange den nachhaltigen Einfluß Asams.

Als eigentlichen Erben der Kunst Asams *Johann Evangelist Holzer* (1709-1740)[22] vorschlagen zu wollen, muß nach so vielen Vorbehalten befremden, läßt sich aber begründen, sobald wir uns darüber klar sind, daß es bei einem Künstler von seinem Range sinnlos wäre, schematische Motivübernahmen zu erwarten. Holzer war 1728-1730 Geselle bei *Joseph Anton Merz* (1681-1750)[23] in Straubing, einem der ersten Schüler Bergmüllers. Über das Verhältnis des Straubinger Malers zu Asam ist wenig bekannt, doch hatte ersterer öfters Faßarbeiten in Kirchen ausgeführt, für die Asam um dieselbe Zeit Altarbilder oder Fresken schuf. Als Gutachter für die Bezahlung eines Altarbildes von Merz in Straubing angerufen, urteilte Asam 1739 zu dessen Gunsten. Holzer kann Asam über seinen Meister oder persönlich in Straubing oder Oberalteich kennengelernt haben, wo er Merz bei der Ausmalung der Klosterkirche behilflich war, während Asam drei – nicht erhaltene – Altarblätter dorthin lieferte.

Ob Holzer 1736 in Partenkirchen Asams Schema der Kuppelhalle mit umlaufenden Schauplätzen für einzelne Szenen von Weltenburg oder mehr noch Ettlingen übernommen hat, ist kaum zu beweisen, aber nicht ausgeschlossen. Erinnert der junge Mann auf der Leiter, der in Partenkirchen seine Votivgabe an dem Obelisken befestigt, an den Vorhangschieber hinter der Säule auf dem Pfingstfresko in Weingarten, so scheint der Michael des um 1738/39 gemalten Hochaltarblattes der Eichstätter Schutzengelkirche auf das Deckenbild im Westjoch von Einsiedeln zurückzugehen. Das Motiv des aus der Tiefe heraufschwebenden dunklen Wolkensokkels für die beherrschende Gestalt des Heiligen Bonifatius in Münsterschwarzach bzw. den allein erhaltenen Ölskizzen dafür in Augsburg und Nürnberg von 1737 könnte von Asams Benediktusfresko in Weingarten angeregt sein. Daß Holzer diese Fresken – mit Ausnahme der niederbayerischen Werke Asams – im Original gesehen hat, ist unwahrscheinlich, aber vielleicht konnte er bei Merz oder Asam selbst Zeichnungen und Studien dafür kennenlernen. Gewichtiger ist jedoch die Wesensverwandtschaft ihrer Kunst. Auch bei Holzer sind die Bildräume von bewegten Wolken und farbigem Dunst erfüllt. Von geheimnisvollem Licht belebt, täuschen sie gewaltige Dimensionen vor. Auch seine Figuren greifen mit mächtiger Gebärde nach den verschiedenen Richtungen weit in den Raum aus, besitzen Majestät, Würde und Kraft. Im Umgang mit dem farbigen Licht verfährt Holzer ähnlich souverän wie Asam, wenn er die Figuren hervortreten lassen oder auflösen will. Nicht auf Bergmüller, der gewiß großen Einfluß auf Holzer ausübte, sondern auf Asam weisen die faltenreich und rauschend drapierten Gewänder, die schweren Stoffe, die festen Formen. Gemeinsam ist ihnen vor allem der Umgang mit der Farbe, wie ihn Asams Fresken von Weltenburg bis Alteglofsheim aufweisen, der Zusammenklang von gedämpftem Rot, Blau und Grün mit Ocker und Goldgelb, der weiche Auftrag und die modellierende Pinselführung, die Höhungen und Vertiefungen durch Aufhellung oder Dunkeltöne, die rauchfarbigen Gründe und die daraus hervortretenden Buntakzente in reichsten Varianten.

Mit Holzers Tod erlosch Asams Kunst, und es ist bezeichnend für die Umbruchsituation um 1740, daß beide zwar Erben, aber keine Nachfolge finden sollten.

ANMERKUNGEN

1 Vgl. Trottmann 1986. Die folgenden Angaben gehen größtenteils auf das bei der Abfassung dieses Beitrags noch nicht erschienene Buch zurück, für dessen vorherige Einsichtnahme ich Frau Dr. Trottmann danke.

2 Wagner-Langenstein 1983.

3 Tyroller 1978, 24, 30-32. Die Angaben in Klammern verweisen auf das Verzeichnis der Werke aus dem Umkreis auf Seite 332.

4 Böhm-Lemperle 1968.

5 Biller 1984, Anm. 7. Die Angabe, Franz Xaver Jungwierth sei Franz Joseph Mörls Schwiegersohn gewesen (ebenda, Anm. 6), ist demnach zu korrigieren. Vgl. Richard Paulus, *Der Bildnismaler George de Marées,* München 1913, 18, Anm. 2.

6 Paulus 1913, 18, 19. – Carl Hernmarck, *Georg Desmarées,* Uppsala 1933, 16.

7 Ausst. Kat. München 1985, Nr. 7, S. 37, mit weiterer Literatur, danach vielleicht von Cosmas Damian, »doch kommen als Künstler auch der Dargestellte selbst und Georg Desmarées in Frage.« Von Trottmann 1986 Cosmas Damian Asam abgeschrieben: »möglicherweise stammt das Bild von Egid Quirin Asam selbst ...«. – Zum Bildnis Barrois von Charles Geuslain vgl. Ausst. Kat. Washington-Paris-Berlin 1985, 33 mit Abb.

8 Bachter 1981, 45, 108.

9 Onken 1972, 50f.

10 Bruno Bushart, »Johann Georg Bergmüller«, in: *Lebensbilder aus dem Bayerischen Schwaben,* 13, Weißenhorn 1986.

11 Hermann und Anna Bauer, *Johann Baptist und Dominikus Zimmermann,* Regensburg 1985, besonders 23, 61, 67, 140, 166, 234, 236.

12 Preiss 1968, 21.

13 Braun 1939, 97, Anm. 1.

14 Hubala 1964, 217, Abb. 51.

15 Zu den bei Trottmann 1986 genannten Schülern ist Joseph Zitter aus Mannheim hinzuzufügen, der, wie Johann Georg Winter, später bei Zimmermann arbeitete, vgl. Hermann und Anna Bauer (Anm. 11), S. 25.

16 Bayerische Staatsbibliothek München, Oefeleana 5, Band 5, S. 133: »Pictor augustanus; matrimonio junctus, didicit Monachij apud Asamum (Cosmas Damian) ... fuit quadriennio apud Cosma asam: item Landishuti apud Gretzium ...« Oefele hat diese Angaben 1740 niedergeschrieben: »scribo hoc 1740«.

17 Hoffmairs Bemerkung über Günther, »welcher ante paucos annos in Ausmalung Ecclesiae Chathedralis Frisingensis desudavit«, das heißt: ins Schwitzen gekommen war, läßt – falls sie ernst gemeint war – Rückschlüsse auf Asams energischen Arbeitsbetrieb zu. Vgl. Jakob Mois, *Die Stiftskirche zu Rottenbuch,* München 1953, 35.

18 Das Altarblatt (Inv. Nr. 3538) stammt vielleicht aus dem ehemaligen Elisabethinnenkloster in München, wo Günther 1765 die Deckenbilder gemalt hatte. Vgl. Gundersheimer 1930, 58, und Lieb-Sauermost 1973, 29, Abb. 33. Frau Dr. Gisela Goldberg, Bayerische Staatsgemäldesammlungen München, danke ich für die Mitteilung in ihrem Brief vom 30. April 1986, daß Asams Name bereits in den Inventaren von 1822, 1856 und 1905 genannt wird. Im Inventar von 1822 ist das Bild unter Nr. 6781 mit dem Zusatz »234. VersteigerungsNr.« versehen. Derselbe bisher unerklärliche Vermerk befindet sich interessanterweise bei der folgenden Nr. 6782, die mit Asams ehemaligem Hochaltarblatt aus der Korbinianskapelle in Weihenstephan [G 11] identisch ist.

19 Johann Caspar Füssli, *Geschichte der besten Künstler in der Schweiz, II,* Zürich 1770, 124-130 – Thieme-Becker, 20, 1927, 108.

20 So bei R. Herzig, *Der Dom in Hildesheim und seine Kunstschätze,* Hildesheim 1911, 69; bei H. Dreyer, *Josef Gregor Winck,* Hildesheim und Leipzig 1925, 31, und bei Erika Hanfstaengl 1939, 148. Vgl. H. Braun, *Joseph Gregor Winck,* Forschungen der Denkmalpflege in Niedersachsen 2, Hameln 1983, 9, 11ff.

21 Alois Johannes Weichslgartner, »Die Malerfamilie Gebhard von Prüfening«, in: *Szenerien des Rokoko,* herausgegeben von Herbert Schindler, München 1969, 158ff.

22 Ernst Wilhelm Mick, *Johann Evangelist Holzer,* München-Zürich (Schnell & Steiner) 1984, 9.

23 Karl Tyroller, »Joseph Anton Merz«, in: Markmiller 1982, 11ff.

Volker Liedke

Zur Genealogie der Künstlerfamilie Asam

Am 27./28. September 1986 jährt sich der 300. Geburtstag von Cosmas Damian Asam; er gibt Anlaß zu einer Reflexion seines Lebensweges und seines Werkes.[1] In allen einschlägigen Handbüchern sowie in der Spezialliteratur zu Cosmas Damian Asam wird stets Benediktbeuern im bayerischen Oberland als der Geburtsort des begnadeten Künstlers angegeben. Streng genommen ist dies aber unrichtig. Nicht in Benediktbeuern, sondern in Laingruben[2] erblickte Cosmas Damian Asam das Licht der Welt. Sein Vater war der Maler Georg Asam[3] (Abb. 1). Auch dieser ist nicht in Rott am Inn geboren, wie es allgemein zu lesen steht, sondern in Unterwöhrn.[4] Einem Historiker dürfte diese Nachricht über die unrichtigen oder besser gesagt mangelhaften genealogischen Angaben vermutlich einen kleinen Schock versetzen, doch für den Kunsthistoriker, für den ja stets das Werk der drei großen Meister im Mittelpunkt steht, wird diese Eröffnung vermutlich nur von beiläufigem Interesse sein. Wie auch immer man die Wichtigkeit der genauen Geburtsorte von Georg und Cosmas Damian Asam bewerten mag, in die kunstgeschichtliche Literatur zur Künstlerfamilie Asam haben sich zu ihrer Genealogie jedenfalls bereits so viele Fehler und Lücken eingeschlichen, daß es wohl als ein Desiderat bezeichnet werden darf, wenn nun anhand der historischen Originalquellen[5] hier in aller gebotenen Kürze wenigstens die wichtigsten Fakten zusammengestellt werden.

Zur Herkunft des Namens Asam

Der Name Asam kommt in Altbaiern seit dem Mittelalter an verschiedenen Orten vereinzelt vor, ohne daß ein familiärer Zusammenhang nachweisbar ist oder gegeben wäre. Dies beruht darauf, daß sich der Name Asam von dem Vornamen ›Erasmus‹ ableitet, der in der Kurzform ›Asm‹ lautet. Aus einem Vornamen bildete sich im Laufe der Zeit der Familienname und dieser schliff sich durch mundartlichen Gebrauch von ›Asm‹ zu ›Asam‹ ab.

Interessanterweise gab es in München im 18. Jahrhundert zwei Malerfamilien Asam[6], die jedoch genealogisch miteinander nicht das Geringste zu tun haben. Die Wurzeln der einen lassen sich über Freising nach Hofhegnenberg[7] und die der anderen in die Pfarrei Rott am Inn zurückverfolgen. Der letzteren Spur soll hier nun näher nachgegangen werden.

Die Asam in der Pfarrei Rott am Inn

Als Georg Asam am 8. November 1680 in München um das Bürgerrecht nachsuchte, legte er Bürgermeister und Rat der Stadt einen beglaubigten Geburtsbrief[8] vor, in dem als Geburtsort »Roth Landts Bayrn« angegeben wird. Ein Blick in das Taufregister der Pfarrei Rott am Inn ergibt jedoch, daß Georg Asam nicht dort, sondern in dem nahegelegenen Dorf Unterwöhrn geboren und am 12. Oktober 1649 in der zugehörigen Pfarrkirche der Benediktinerklosterkirche Rott getauft worden ist. Die Eltern des Knaben waren der Klosterbräumeister Christoph Asam und seine Gemahlin Katharina.

Die Familie Asam läßt sich in der Pfarrei Rott am Inn bis 1570 zurückverfolgen. In jenem Jahr wird erstmals ein *Ruprecht Asam,* Bauer in Unterlohen bei Rott, urkundlich erwähnt.[9] Sein Sohn war *Georg Asam,* der als Bauer zu Unterlohen im Jahr 1585 genannt wird.[10] Die gesicherte Genealogie der Künstlerfamilie Asam beginnt mit den Gebrüdern *Sebastian und Christoph Asam.* Letzterer ist der eigentliche Stammvater. Er war anfangs auf dem Pröllergut zu Rott am Inn und dann seit dem 10. Juli 1651 auf dem Körergut in Unterwöhrn ansässig. Christoph Asam wird 1639 noch als ›Baumeister‹ und dann ab 1640 als Klosterbräumeister bezeichnet. Aus seiner mit einer Katharina vor 1637 geschlossenen Ehe gingen acht Kinder hervor.

Der Maler Georg Asam

Im Alter von etwa vierzehn Jahren muß Georg Asam dem Brauch der Zeit gemäß zu einem Maler in die Lehre gegeben worden sein. Da in der kleinen Klosterhofmark Rott selbst kein Meister dieses Handwerkszweiges ansässig war, könnte man vermuten, daß Ge-

Abb. 1: *Siegel des Malers Georg Asam* (München, Bayerisches Hauptstaatsarchiv, HR, Faszikel 379, Nr. 720).

Abb. 2: *Siegel des Hofmalers Cosmas Damian Asam* (Ebenda, VA, Faszikel 1, Nr. 11).

Abb. 3: *Siegel des Hofstukkators Egid Quirin Asam* (Ebenda, VA, Faszikel 1, Nr. 12).

org Asam zu einem Maler in der nahegelegenen Stadt Wasserburg am Inn oder im damaligen Markt Rosenheim gegeben wurde. Andererseits wäre aber zu bedenken, daß die Beziehungen von Rott zur Haupt- und Residenzstadt München sehr eng waren und das Kloster dort ein eigenes Stadthaus unterhielt. Die Wahrscheinlichkeit spricht dafür, daß der im Dienst des Benediktinerklosters Rott stehende Vater Christoph Asam die weitreichenden Beziehungen des Abtes nutzte und um eine gute Ausbildung seines Sohnes besorgt war. Der Lehrmeister des Georg Asam könnte somit im Kreis der qualifizierten Münchner Hofmaler zu suchen sein. In Frage käme darüber hinaus auch eine Ausbildung bei dem Maler Georg Baumgartner, der in Diensten des mit Rott befreundeten Benediktinerklosters Tegernsee stand und der später zusammen mit seiner Frau Katharina die Patenschaft für die in Tegernsee getauften Kinder Georg Asams übernahm.

Eine besondere Beziehung von Georg Asam läßt sich auch zu dem Hofmaler Niklas Prugger[11] belegen, mit dessen Tochter Maria Theresia sich Georg Asam[12] am 16. November 1680 in München vermählte. Über ersteren weiß Johann Caspar von Lippert folgende rührende Geschichte zu berichten:

»Niclas Brugger liegt in Coemet. ad S. Salvatorem ohne Grabmal begraben. Soll ein Bauernsohn geweßen seyn. Seine Mutter soll i[h]n bey einer Charfreytagsprocession mit der Hand geführt und ihn die Churfürstin Maria Anna gesehen, sofort angenommen haben. Die Churfürstin soll anfänglich der Mutter gesagt haben, sie möchte ihr diesen schönen Knaben schänken. Hierauf soll sie zu weinen angefangen und erwiedert haben, daß könne sie nicht thun, weil er ihr Himmel auf Erden sey. Sodann sol die Chur[fürs]tin den Knaben ihr zu leyhen verlangt und auf dieße Art erhalten haben. Der Knab kam zur Kammer und nahm die Miniaturbilder der Churfürstin heimlich aus dem Bethbuch und copirte sie fleißig. Dieß erfuhr die Churfürstin, zeigte sie dem Churfürsten und dießer gab ihn hinnach in die Lehr und schickte ihn in Italien. Wurde nach der Hand nach Neuburg geschickt, wo er dem Herzog daselbst viele Arbeit gemacht hat. Zuletzt gab er die Arbeit auf, machte Henensteigen und verkaufte sie in einem ledernen Goller auf öfentlichem Markt.«[13]

Georg Asam hatte nicht die Tochter eines biederen, an die Zunft gebundenen bürgerlichen Malers, sondern die eines freien kurfürstlich bayerischen Hofmalers geehelicht. Diese besondere rechtliche Stellung seines Schwiegervaters wurde auch für den weiteren Lebensweg des jungen Georg Asam richtungweisend. Auch dieser strebte nach Höherem und fühlte sich sicher nicht als schlichter Handwerksmeister, sondern bereits als Künstler.

Benediktbeuern, der Sitz des traditionsreichen Benediktinerklosters gleichen Namens, war die erste wichtige Station in Georg Asams künstlerischer Laufbahn als selbständiger Meister. Hier gebar ihm seine Frau Maria Theresia fünf Kinder, worunter sich auch die Söhne Philipp Emanuel und Cosmas Damian befanden. Pate war jeweils der befreundete Klostergerichtsschreiber Georg Emanuel Prezner. Im Jahr 1689 übersiedelte die Familie Asam nach Tegernsee, wo auf Georg Asam im dortigen Benediktinerkloster ein neuer großer Auftrag wartete. Hier in Tegernsee wohnte die Familie dann in den Jahren bis 1695, wurde auch Egid Quirin Asam geboren und am 1. September 1692 in der zugehörigen Pfarrkirche getauft.

Georg Asam ließ sich erst nach dem Tod seines Schwiegervaters Niklas Prugger in München nieder. Am 12. Mai 1694 übernahm er hier dessen Wohnhaus an der Schwabinger Gasse 39, das die Witwe Maria Rosina Prugger mit deren beiden Töchtern, und zwar Maria Clara Stuber und der Hofkammerratsdienerin Maria Anna Jungwirth, geerbt hatte. Asam bezahlte dafür 3000 Gulden.

Der große Auftrag von seiten des Zisterzienserklosters Fürstenfeld bewog Georg Asam zur Übersiedlung in den Klostermarkt Bruck. Hier hielt sich die Familie bis 1702 auf und wurden auch noch zwei Töchter in den Jahren 1698 und 1701 geboren. In Bruck kam es zwischen Georg Asam und dem Bildhauer Melchior Seidl [sic!] zu einer besonderen Freundschaft. Als dieser sich als Witwer am 24. November 1698 zum zweiten Mal vermählte, fungierte Georg Asam, »pictor pro tempore in Prugg«, als Trauzeuge.

Georg Asam war auch in den Jahren nach 1702 häufig auswärts tätig, so vor allem in Landshut, Helfenberg, Freystadt und Freising. Der Maler starb schließlich am 7. März 1711 in Sulzbach in der Oberpfalz. Johann Caspar von Lippert vermerkt dazu in seinen kunstgeschichtlichen Aufzeichnungen:

»Georg Asam hat zu Tegernsee viel in Fresco gemalt und ist unter der Arbeit zu Sulzbach gestorben. Es soll ihn der Fürst daselbst in das fürstliche Begräbniß beylegen und ein Kreuz sezen lassen, welches die Lutheraner daselbst bey der Nacht sollen abgenommen und auf den Pranger gestellt haben.«[14]

Im Sterbebuch der katholischen Pfarrei Sulzbach findet sich zu diesem denkwürdigen Ereignis ein längerer Eintrag in lateinischer Sprache, der zu deutsch etwa wie folgt lautet:

»Am 7. März hat der hochwürdigste, edle und erlauchte Herr Dekan Johannes Georg Silberbauer den Georg Asam, Maler, beerdigt, der unseren größeren Altar gemalt hat, seines Alters 62 Jahre, für dessen Seele auch gebetet wurde, die Seelenmesse am 7. und am 30. Tag.«

Georg Asams Witwe Maria Theresia überlebte ihren Gatten noch um acht Jahre; Johann Caspar von Lippert schreibt über sie:

»In Coemet. Francisc. alhier [in München] ruhet in Christo die Ehr und tugendsame, auch kunstreiche Frau Maria Theresia Asamin, Mahlerin, ist gestorben den 14. Merz a[nn]o 1719. Deren und allen christglaubigen Seelen Gott eine fröhliche Auferstehung und das ewige Leben verleihen wolle. Amen.«[15]

Pater Engelbert Asam

Das geistige Oberhaupt der Geschwister Asam war zweifelsohne der älteste Sohn Georg Asams, der im Mai 1683 in Laingruben geborene und am 26. desselben Monats dort getaufte Sohn *Philipp Emanuel*. Dieser besaß eine große musikalische Begabung. Der Vater war daher von dem Wunsch beseelt, dem Knaben eine Laufbahn als Musiker zu ermöglichen. Aus diesem Grund bemühte er sich am 11. Januar 1698, für Philipp Emanuel eine Anstellung bei der kurfürstlichen Hofkapelle in Brüssel zu erlangen.[16] Das Gesuch scheint jedoch abschlägig beschieden worden zu sein.

Philipp Emanual Asam weilte zu jener Zeit bereits bei den Jesuiten in München, wo er deren Schule besuchte. Im Jahr 1706 absolvierte er dann das von diesem Orden geleitete Gymnasium.[17] Sein Entschluß stand nun fest: Er wollte nicht mehr Musiker, sondern Geistlicher in einem strengen Orden, wie etwa dem der Zisterzienser, werden, und zwar am liebsten in Fürstenfeld, wo die Familie wohl die glücklichsten Jahre ihres Lebens zugebracht hatte. Im Jahr 1707 legte dann Philipp Emanuel Asam in Fürstenfeld wirklich die Profeß ab und ließ sich dort fünf Jahre später zum Priester weihen (vgl. Abb. 1 auf Seite 10).

Cosmas Damian Asam hat seinen älteren Bruder auf seinem Selbstbildnis sicher nicht ohne Grund mit dargestellt. Etwas in den Hintergrund gerückt, blickt Pater Engelbert – diesen Namen hatte Philipp Emanuel Asam im Kloster Fürstenfeld erhalten – auf den Beschauer.

Pater Engelbert hat dank seines ausgeglichenen Lebens hinter Klostermauern – dem die Hektik und ständige Überforderung bei der Arbeit, die Cosmas Damian und Egid Quirin immer wieder

Abb. 4: COSMAS DAMIAN ASAM, *Selbstporträt als Jäger,* Ausschnitt aus dem Deckenfresko im Ovalsaal von Schloß Alteglofsheim, 1730.

Abb. 5: COSMAS DAMIAN ASAM, *Selbstporträt als reuiger Zöllner,* Ausschnitt aus dem Deckenfresko im Turmuntergeschoß der ehemaligen Prämonstratenser-Klosterkirche Osterhofen-Altenmarkt, um 1731.

erfahren mußten – seine Brüder denn auch um Jahre überlebt. Erst am 9. Dezember 1752 starb er in der zum Kloster Fürstenfeld gehörigen Propstei Sankt Leonhard zu Inchenhofen. In der Totenrotel von Fürstenfeld findet sich der Lebensweg des Paters Engelbert nochmals nachgezeichnet; hier heißt es in deutscher Übersetzung: »Er ist der hochwürdige P[ater] Engelbert Asam, der im Jahr 1683 zu Benediktbeuren von angesehenen und in der Malkunst berühmten Eltern geboren wurde, dann in den schönen Wissenschaften zu München gebildet und wohl erzogen wurde und 1707 als Mönch Profeß ablegte. Wir sagen über ihn jedes Lob, da wir ihn als hervorragenden Organisten, wie er es eben war, preisen. Er suchte immer die vollkommene Harmonie (nämlich die der Liebe) mit Gott, mit sich und den Mitbrüdern, er richtete seine Präludien allein an Gott und dessen jungfräuliche Mutter, indem er meist nach der Matutin und den anderen Horen allein im Chor bleibend innige Frömmigkeit wie neue Noten der Liebe darbrachte. Er komponierte sich herrliche Fugen, indem er zugleich die Muße, das Kissen des Teufels, verjagte, indem er mühevoll Musikalien schrieb und einteilte, verschiedene andere Fugen, indem er sorgfältig alle Abweichungen von der hl. Regel und den Ordensstatuten vermied. Er war ein wahrer Liebhaber seines Kontrapunktes, nämlich des gekreuzigten Jesus, in der Abtötung seines Leibes. Er ließ den süßen Gesang von Arien seinen Mitbrüdern ertönen, wenn er Streitende (Dissonanzen) oft kunstvoll besserte, er war allen, besonders seinen Oberen gehorsam und bis zum Pedal hinab demütig. Schließlich brach durch verschiedene Krankheiten und Schmerzen Pedal und Orgel seines Leibes, als er die letzten Tage in unserer Außenstation beim Wundertäter Sankt Leonhard [= Inchenhofen] verbrachte, hin zu den himmlischen Chören der Engel verlangte und noch bei voller Geistesgegenwart mit allen Sterbesakramenten versehen wurde, und wie wir hoffen, dort Mitbürger und Musiker geworden ist, als er hier sanft verschied. Er lebte volle 69 Jahre, 45 als Mönch und 40 als Priester.«[18] Einen schöneren Nachruf als diesen kann man sich wohl kaum denken. Mit Gott, der Welt und den Mitmenschen versöhnt, so zufrieden vom Diesseits in das Jenseits überzuwechseln!

Der Hofmaler Cosmas Damian Asam

Cosmas Damian Asam (Abb. 2, 4, 5; vgl. Abb. 1 auf Seite 10) wurde, wie schon erwähnt, in Laingruben geboren und am 27. September 1686 in der Pfarrkirche von Benediktbeuern getauft. Sein Vater Georg Asam malte damals gerade an den Deckenfresken in den Seitenkapellen der dortigen Benediktinerklosterkirche. Die Lehrzeit im Malerhandwerk soll Cosmas Damian Asam bei seinem Vater absolviert haben. Im Jahr 1712 wurde dem jungen Malergesellen ein zweijähriger Aufenthalt in Rom ermöglicht. Zeitweise war dort der Maler Benedetto Luti sein Lehrmeister. Cosmas Damian Asam besuchte darüber hinaus in Rom die Accademia di San Luca, die ihm am 23. Mai 1713 sogar den Ersten Preis in der Ersten Malklasse verlieh. Johann Caspar von Lippert bringt über Cosmas Damian Asams künstlerischen Werdegang folgende Notiz:

»Asam erhielt den ersten Preiß zu Rom ex delineatione extemporali. Hat gemalen die Klosterkirche zu Weingarten, den Congregationssall zu Ingolstadt, das Corbiniani Kürchl nächst Weyhenstephan, Maria Einsidel, im Ruckweg zu Kießleck die Schloßkapellen um 100 Thaler. Und weil dem Grafen dießer Preiß zu hoch schien, hat Asam denselben den Armen geschänkt. Bey den Franciscanern zu Straubing den heil. Petrus von Alcantara; dießes Blatt hat er noch in Rom gemalt.«[19]

Cosmas Damian Asam vermählte sich am 8. Februar 1717 in München mit Maria Anna, der Tochter des kurfürstlichen Hofratskanzlisten Franz Anton Mörl und seiner Ehefrau Maria Anna, geborenen Mader. Asam wurde durch seine Heirat der Schwager des Kupferstechers Franz Josef Mörl. Aus der Ehe gingen zehn Kinder hervor. Nachdem Maria Anna Asam schon 1731 gestorben war, schloß Cosmas Damian noch eine zweite Ehe. Er nahm diesmal die Kaufmannstochter Maria Ursula Ettenhofer zur Frau. In dieser Ehe wurden dann noch drei weitere Kinder geboren.

Cosmas Damian Asam wohnte nach seiner ersten Heirat zunächst nur als Untermieter im Haus an der Schwabinger Gasse (heute Theatinerstraße) 39, das damals noch seiner verwitweten Mutter gehörte. Erst mit Vertrag vom 3. April 1720 wurde er Alleineigentümer dieses Hauses. Im Münchner Häuserbuch wird

Abb. 6: MÜNCHEN-THALKIRCHEN, *Asam-Schlößl* (Maria-Einsiedel-Straße 45), der ehemalige, 1724 erworbene Landsitz Cosmas Damian Asams im heutigen Zustand mit der rekonstruierten Fassadenmalerei.

der Meister dabei als »hochfürstlich Freisingischer Kammerdiener und Hofmaler« bezeichnet.

Cosmas Damian Asam erwarb im Jahr 1724 außerdem noch einen kleinen Landsitz vor den damaligen Toren der Stadt München. Dieser Landsitz in Thalkirchen, im Süden der Residenzstadt und herrlich am Rand der Isarauen gelegen, wurde später als ›Asamisch-Maria-Einsiedl-Thal‹ bezeichnet. Die Namensgebung erfolgte dabei in Erinnerung an das Kloster Einsiedeln in der Schweiz, wo Asam zu jener Zeit tätig war. Der Maler schmückte seinen Landsitz außen mit einer – heute erneuerten – Scheinarchitektur, religiösen Darstellungen und den Allegorien von »Architectura, Scenographia und Decus«. Sein Bruder Egid Quirin plante 1725 auf dem Grundstück seines Bruders den Bau einer Kapelle, die 1730 fertiggestellt und geweiht wurde. Das kleine Gotteshaus ist leider im 19. Jahrhundert abgebrochen worden. Der Asamsche Landsitz steht jedoch heute noch in Thalkirchen (Abb. 6).

Cosmas Damian Asam besaß aus seinen beiden Ehen insgesamt dreizehn Kinder, von denen jedoch nur der kleinere Teil die ersten Jahre nach der Geburt überlebte. Da der Maler offenbar recht fromm war, bemühte er sich darum, seine Tochter Maria Anna Theresia, die ihm am 6. Juli 1721 geboren wurde, ins Kloster zu bringen. Über seine Bemühungen in dieser Hinsicht weiß Johann Caspar von Lippert zu berichten:

»C[osmas] D[amian] Asam war Willens eine seiner Töchter nach Hohenwart ins Kloster zu geben und dagegen die Kürch auszumalen und andere Bedingnissen einzugehen. Es wurde die Sach abgemacht. Und da nachhin den Asam eine Reu mag angekommen seyn, er schrieb daher den 7. Jäner 1737 der Abbtissin und suchte die Erläuterung einiger Puncten des Contracts [...].«[20]

Die Abmachung hat sich zerschlagen. In späteren Jahren trat dann Maria Anna Theresia Asam in das Ursulinenkloster in Straubing ein, wo sie unter dem Klosternamen Maria Johanna Nepomucena am 1. Oktober 1742 die Profeß als Chorfrau ablegte.

Im Frühjahr 1739 erkrankte Cosmas Damian Asam so ernsthaft, daß er sich am 8. Mai desselben Jahres entschloß, seinen Letzten Willen zu Papier zu bringen. In Vorahnung seines nahen Todes verfügte er in seinem Testament:

»ERSTLICHEN sole mein von der Erden genohmmene todte Leichnamb widerumb zur Erden und zwar auf Unser Lieben Frau Gotts-Ackher alhier in die dorth selbsthabente aigne Begräbnus nechst meiner verstorbenen ersten lieben Eheconsortin seelig bestättet werden [...].«[21]

In seiner letztwilligen Verfügung bedachte Asam seine Angehörigen, die Bruderschaften, deren Mitglied er war, und das Priesterhaus zu Sankt Johann von Nepomuk in der Sendlinger Gasse zu München reichlich. Seinem Sohn Franz Erasmus vermachte er

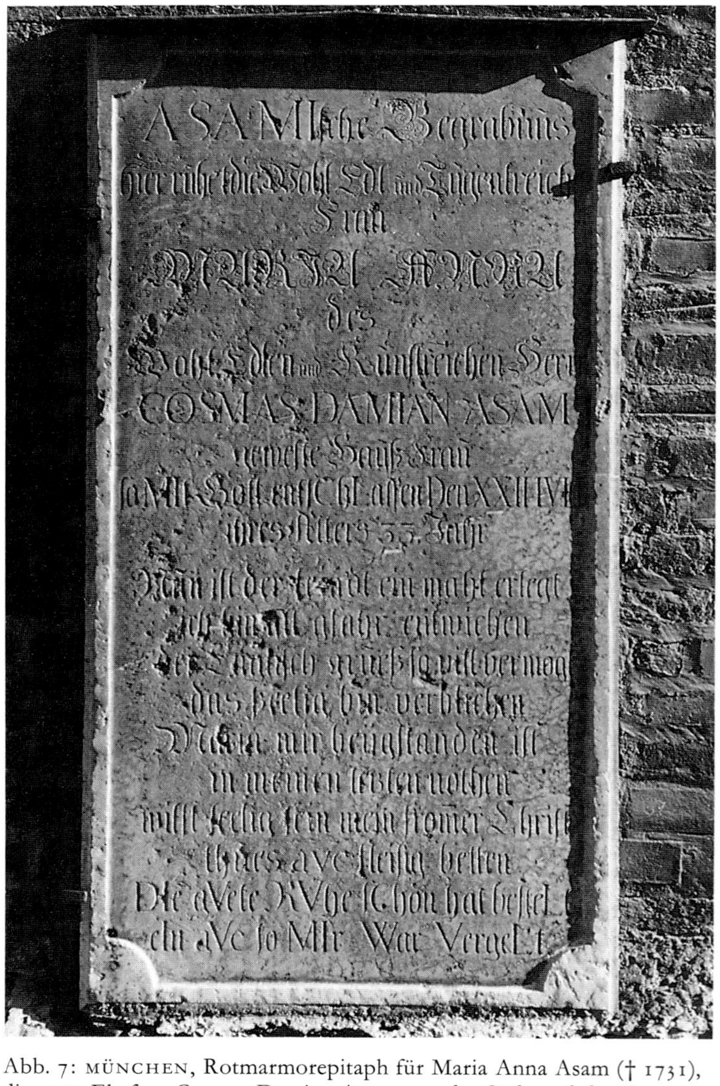

Abb. 7: MÜNCHEN, Rotmarmorepitaph für Maria Anna Asam († 1731), die erste Ehefrau Cosmas Damian Asams, an der Südwand der Frauenkirche, 1733.

»aus seinen erheblichen Ursachen« jedoch nur eintausend Gulden aus seiner Hinterlassenschaft. Besondere Sorgen bereitete Cosmas Damian Asam aber seine Tochter Katharina, der er in »Ansehung ihres noch gar jungen Alters« zu ihrer standesgemäßen Erziehung und späteren Heirat 700 Gulden überschrieb. Als Vormünder setzte Cosmas Damian Asam seinen Bruder Egid Quirin sowie seinen Schwager, den Bürger und Bortenmacher Georg Mader, ein.

Zwei Tage später, am 10. Mai 1739, starb Cosmas Damian Asam in seinem Haus an der Schwabinger Gasse in München. Mit einer kleinen Prozession trug man den »wohledlen und gestrengen churfürstlichen Hofmahler und Camerdiener zu Freising« am 12. dieses Monats auf dem Friedhof bei der Frauenkirche zu Grabe. Von der Asamschen Grabstätte hat sich nur mehr das kleine Rotmarmorepitaph seiner ersten Ehefrau Maria Anna Asam an der Frauenkirche erhalten (Abb. 7). Die Inschrift lautet:

ASAMIſche Begräbnus
hier ruhet die Wohl Edl und Tugentreiche
Frau
MARIA ANNA
des
Wohl Edlen und Kunſtreichen Herrn
COSMAS DAMIAN ASAM
geweſte Hauß-Frau
ſo MIt Gott entſChLaffen Den XXII IVLII
ihres Alters 33. Jahr.
Nun iſt der feindt ein mahl erlegt
ich bin all gfahr entwichen
der Engliſch grueß ſo vill vermögt
das ßeelig bin verblichen
Maria mir beygſtanden iſt
in meinen letzten nöthen
wilſt ſeelig ſein mein from̄er Chriſt
thues ave fleiſig betten
DIe gVete RVhe ſChon hat beſteLt
eIn aVe ſo MIr War VergeLt.

Das Chronogramm der Inschrift ergibt als Sterbejahr 1731 und als Jahr der Ausführung des Epitaphs 1733.

Der Hofstukkator Egid Quirin Asam

Egid Quirin Asam (Abb. 1 auf Seite 10, Abb. 10 auf Seite 89) war das achte Kind von Georg und Theresia Asam. In Tegernsee, vermutlich nahe dem Kloster, kam er zu Welt. Das Kind wurde am 1. September 1692 von dem dort beschäftigten Maler Georg Baumgartner in der »Ecclesia Parochialis nomine Purckthor, in pomerio infra duas portas exteriores Monasterii,«[22] aus der Taufe gehoben. Die Jugendjahre verbrachte der Knabe in Tegernsee, Bruck bei Fürstenfeld, München und an verschiedenen Orten der Oberpfalz. Der Tod des Vaters im März 1711 bedeutete dann einen tiefen Einschnitt im Leben Egid Quirin Asams. Nach der Ausbildung beim Vater, der ihm schon die Malerei beigebracht hatte, kam er nun noch zu dem kurkölnischen Hofbildhauer Andreas Faistenberger in die Lehre. Das Aufdingbuch der Münchner Malerzunft, der auch die Bildhauer, Glaser und Seidensticker angeschlossen waren, vermerkt dazu:

»Anno 1711, den 25. Julii, dingt Herr Andreas Faistenberger, Burger und seiner churfrtl. Drtl. zu Cölln Hofbilthauer alhier, einen Jung die Khunst der Bilthauerey zu lehrnen nach alten Gebrauch auf 6 J[ahre]. Der Jung heisst mit Nahmen Egidi Quirin, des edl und kunstreichen Herrn Georg Aßhamb, gewest churfrtl. Hofmaler seligen, bey seiner ehelichen Haußfrauen Maria Theresia Pruggerin, noch im Leben, ehelich erzeigten [= erzeugten] Sohn. Die Gezeugen dießer Aufdingung sein endtsbenambste dermalige Herren Fiehrer [= Zechmeister der Zunft], dan auch Herr Dominicus Faistenberger, B[ürger] u[nd] M[aler] alhier. Des Lehrjungs aber sein Birgin, so auch das veraccordirte Lehrgelt zu bezahlen versprochen, ist er nechst seiner Frau Mutter. Actum München ut supra. Beydte Führer aber derzeit waren Herr Andreas Faßbindter [= Verschreibung des Namens Faistenberger], Bilthauer, und Herr Benedict Albrecht, Maler. Der Jung gibt sein Gebühr in die Ladt 1 fl 15 x.«

Nachsatz:

»Endtsbenanter Lehrjung Egidy Quirin Aßhamb ist von seinen Lehrherrn und dermaligen beeden Fiehrern freygesprochen worden. Hat sich auch in seiner Lehrzeit, wie recht ist, ehrlich und wohl verhalten a[nn]o 1716. Beede Fiehrer waren Lorenz Hueber, M[aler], und sein Lehrherr Andreas Faistenberger, Hofbilthauer alda.«[23]

Nach Abschluß seiner fünfjährigen Lehrzeit kam für Egid Quirin Asam ab 1716 die Gesellenzeit und Wanderschaft. Cosmas Damian Asam holte schon bald seinen jüngeren Bruder nach Weltenburg, wo er gerade in der Benediktinerklosterkirche tätig war. Es folgten Aldersbach, Weihenstephan und Innsbruck als erste Stationen seiner künstlerischen Laufbahn. Egid Quirin Asam fand bei diesem unruhigen Leben mit sich häufig wechselnden Arbeitsstätten überhaupt nicht Zeit, sich um die Gründung eines eigenen Hausstands zu sorgen.

Ein wichtiger Auftrag für Egid Quirin Asam war seine Mitarbeit an der Ausgestaltung des Freisinger Doms. Nun kam der »ledige Stukkatorgesell« zu Rang und Namen. Wegen der in der »Thumbkürchen angewandten Arbeith« ernannte ihn jetzt der Freisinger Fürstbischof Carl Theodor zu seinem ›Cammerdiener und Hofstukhadorrer‹.[24]

Ein halbes Jahrzehnt später stellt Egid Quirin Asam wiederum ein Bittgesuch. Diesmal bewirbt er sich um die in München am kurfürstlichen Hof freigewordene Hofbildhauerstelle; Johann Caspar von Lippert, der uns so viele wichtige Notizen zum Leben und Werk der Brüder Asam hinterlassen hat, berichtet uns auch über dieses Bittgesuch des Meisters:

»1729 bitte[t] Aegidi Asam, hochfrtl. Freysingischer Kammerdiener, Stuckador und Bildhauer, daß weilen nicht allein sein Anherr seel., der sogenannt und wohlbekante Niclas Prugger, Maler, sondern auch sein Vater seliglich, nicht weniger sein Bruder bey ihro churfrtl. Drtl. Max Emanuel höchst seligen Gedächtniß zu Schleißheim und anderwerts all gnädigstes contento geleistet, er auch zu Freysing bey Sr. Drtl. Herzog Theodor durch seine erlernt und alda angelegte Bildhauer- und Stuckadorarbeit den Kammerdiener erhalten, man also seiner bey bevorstehender Stuckador-, Staingieß und anderer Bildhauerarbeit in churfrtl. höchsten Gnaden umsomehr nunmehro gedenken möchte, als jezo der Volpini, geweßner Hofbildhauer, das Zeitliche gesegnet hat und er solche Kunstarbeit sich auch zu verfertigen getraue.«[25]

Egid Quirin Asams Bemühungen scheinen jedoch nicht von Erfolg gekrönt gewesen zu sein, denn den Titel eines kurfürstlich bayerischen Hofbildhauers hat er später nie geführt.

Nach dem Tod seines Bruders Cosmas Damian im Jahr 1739 folgten für Egid Quirin Asam noch Aufträge in Neustadt an der Donau, Vilshofen und Mannheim. Sein frischer Lebensmut war jedoch gebrochen. Auch Egid Quirin dachte nun über seinen Tod nach, und am 8. November 1745, wenige Tage nach Allerseelen, setzte er sich hin und verfaßte sein Testament. Er schreibt darin:

»Nachdem ich Aegidi Quirin Asam, Bildhauer und Mahler alhier in München, durch die unendliche Vorsicht und Zuelassung Gottes schon einsmahls mit einem Schlagfluß berüehret worden, mithin zu beförchten, es mechte dises ybel gehling widerumben recurrieren, und mir, da bevorab mich schon albereits auf einem etlich und 50jährigen Alter, auch bey sehr ausgearbeitheten Chräften befünde, ein schnelles Lebensend verursachen, so habe disem unvorsechenen Fahl annoch zu rechter Zeit und bey best besizender Vernunfft bevorzukommen und damit nach meinem Tod meines ligend und vahrenden Vermögens halber die mündeste Strittigkeiten nit entspringen können, behörige Vorsorge zu thuen, mich billich resolvieret, und zwar ohne Antrib würckhlicher Bethligerigkeit oder einer schweren Leibsinfirmität, sondern ganz ungezwungen und mit freyesten Gemüethe nachvolgend letztwillige Disposition, seu Testamentum ad acta zu machen [...].«[26]

Egid Quirin Asam schrieb ein langes Testament mit vierzehn verschiedenen Punkten nieder. Besonders wichtig war ihm dabei auch, was mit seinem Leichnam geschehen solle. So verfügte er:

»ERSTLICHEN so befilche ich sonderbahr zur Zeit meines lezten abtruckhs meine arme Seel in die gnadenreiche Händ meines lieben Erlöser und Seeligmachers Jesu Christi, dem in die Vorbitt und Verdienste der ybergebenedeytisten Jungfrauen Muetter Gottes und Himmelskönigin Mariae, auch aller Heilig auserwehlten, meinen toden Leichnamb, aber firs

ANDERTE verlange ich in die Kruft des von mir zu Ehren des H. Joannis v. Nepomuckh, meines specialen Hilfs- und Schuzpatrons, an der Sendlingergassen alhier erbauten Kirchels bis zu seiner endlich verhoffents glickhseligen Auferstehung zu hinterlegen [...].«[27]

In dem Testament bedachte Egid Quirin Asam unter anderen auch seinen Bruder, Pater Engelbert in Fürstenfeld, seine Schwester Michaelina im Ridlerkloster in München sowie seinen Neffen Franz Erasmus Asam, dem er all seine Kunstsachen und sein Handwerkszeug vermachte. Seinem Schwager, dem Vergolder und Faßmaler Adam Thomas Schmid, räumte er lebenslänglich freie Wohnung im Asamschen Haus an der Sendlinger Gasse in München ein.

Und wirklich, Egid Quirin Asam hatte mit seinem vorgezogenen Testament in weiser Voraussicht gehandelt. Mitten unter den Arbeiten an der Ausgestaltung der Jesuitenkirche zu Mannheim ereilte ihn fern seiner geliebten bayerischen Heimat am 29. April 1750 der Tod. Am 17. Juli 1750 schreibt dann der Jesuitenpater Petrus Schaeffer »à son excellence monsieur le comte de Preysing« nach München:

»Kein Testament hat er hier gemacht, sondern sprach zu mir kurz von seinen Todtesnöthen, mein Testament liegt zu München, und mein Erb ist der heilige Joannes Nepomucenus [...].«[28]

Egid Quirin Asam wurde wahrscheinlich in Mannheim bestattet. Sein letzter Wunsch, in die Gruft seiner Johann-Nepomuk-Kirche in München überführt zu werden, blieb unerfüllt. Seine Grabstätte ist verschollen.

Der Asamsche Besitz in der Sendlinger Straße zu München

Die Gebrüder Asam erwarben seit 1729 in der Sendlinger Gasse zu München mehrere Häuser nebeneinander.[29] Hier entstand auch nach einer Idee von Egid Quirin Asam in den Jahren seit 1733 die berühmte Johann-Nepomuk-Kirche (Abb. 8). Anhand der Münchner Steuer- und Grundbücher läßt sich die Reihenfolge dieser einzelnen Hauskäufe recht gut rekonstruieren.

Zunächst hatte Egid Quirin Asam am 7. Februar 1729 mit den Brüdern Kray, und zwar Joseph Anton Kray, kurfürstlichem Hofrat, und Johann Rudolf Kray, kurfürstlichem Truchseß, für den Kauf des Hauses Sendlinger Straße 61 (Haus B) einen Kontrakt geschlossen gehabt. Den Kaufpreis scheint dann jedoch nicht Egid Quirin Asam, sondern sein älterer Bruder Cosmas Damian Asam erlegt zu haben, der seit dem 21. März 1729 als Eigentümer des Hauses erscheint. Der Kaufpreis betrug 8000 Gulden.

Abb. 8: MÜNCHEN, ›*Asamkirche*‹ *Sankt Johann Nepomuk* (Sendlinger Straße 62) mit dem *Wohnhaus Egid Quirin Asams* (links, sogenanntes ›Asamhaus‹, Sendlinger Straße 61) und dem zugehörigen *Priesterhaus* (rechts, Sendlinger Straße 63) im Zustand von etwa 1920.

Das Nachbarhaus (Sendlinger Straße 62) konnte hingegen Egid Quirin Asam, damals bischöflich Freisingischer und Regensburgischer Kammerdiener und Stukkator, am 13. März 1733 zum Preis von 5310 Gulden von dem Leutnant Karl Anton de Viller erwerben. Bereits wenige Wochen nach diesem Kauf war es Cosmas Damian Asam, der zu jener Zeit als »hochfürstlich Freisingischer und Regensburgischer Hofmaler« bezeichnet wird, möglich, noch ein weiteres Haus an der Sendlinger Gasse zu erwerben. Für das Haus (Sendlinger Straße 63) bezahlte er der verwitweten Lustjägerin Maria Anna Soyer, die den Besitz an Asam veräußerte, den Kaufpreis von 5300 Gulden. Doch diese Neuerwerbung überließ Cosmas Damian schon wenige Wochen später zum Selbstkostenpreis dem Franz Philipp Lindtmayr, Doktor der Heiligen Schrift.

Mit dem Bau der ›Privatkirche‹, die später dem erst im Jahr 1729 heiliggesprochenen Johann Nepomuk geweiht wurde, konnte 1733 – Grundsteinlegung am 16. Mai dieses Jahres – begonnen werden. Der Rohbau stand bereits im Jahr darauf. Obwohl sich die Innenausgestaltung noch eineinhalb Jahrzehnte hinzog, konnte man bereits am 24. Dezember 1734 den ersten Gottesdienst in dem neuerbauten Gotteshaus feiern.

Als sich im Jahr 1734 die günstige Lage ergab, noch das Nachbarhaus Sendlinger Straße 61 (Haus A) zu erwerben, griff Egid Quirin Asam sofort zu. So kaufte er am 22. Oktober 1734 der Erzbruderschaft Aller-Christgläubigen-Seelen zum Alten Hof diesen Besitz um 2400 Gulden ab.

Nach dem Tode Cosmas Damian Asams im Jahr 1739 wurden die Häuser an der Sendlinger Straße anscheinend zunächst nicht an dessen hinterlassene Kinder, sondern an seinen Bruder Egid Quirin Asam vererbt. Erst nach dessen Tod im Jahr 1750 kam der gesamte Asamsche Besitzkomplex an die Nachkommen Cosmas Damian Asams. Die Kirchen- und Priesterhausstiftung zu Sankt Johann Nepomuk übernahm dann nach 1759 von den Asamschen Erben die im Jahr 1746 fertiggestellte und geweihte Kirche (Sendlinger Straße 62). Das zugehörige Priesterhaus (Sendlinger Straße 63) war hingegen wohl eine Stiftung von Doktor Franz Philipp Lindtmayr, freisingischem wirklichen Geistlichen Rat, Visitator Generalis, Chorherrn zu Sankt Andreas in Freising und Direktor der Freisinger Priesterhäuser, der das Haus dem Cosmas Damian Asam bereits am 28. August 1734 zum Preis von 5530 Gulden wieder abgekauft hatte. Im Jahr 1772 erfolgte an dieser Stelle der Neubau des Priesterhauses.

Die Asamschen Häuser an der Sendlinger Straße, und zwar Nr. 61 (Haus A und Haus B), erwarb andererseits im Jahr 1762 Philipp Reinhart Schütter, Freiherr von Klingenberg, kurfürstlicher Kammerdiener, Obrist des Leibregiments, Direktor und Kommandant des Kadettenkorps. Doch bereits am 17. Mai 1762 veräußerte er seinen Besitz wieder an das Priesterhaus Sankt Johann Nepomuk um den hohen Preis von 14000 Gulden.

Maria Salome und Maria Anna Theresia Asam

Im Leben von Cosmas Damian und Egid Quirin Asam spielten auch die Schwestern eine wichtige Rolle. Das Verhältnis zu ihnen war stets herzlich und innig. In der Familie Asam, wo Tag für Tag nur über Malerei gesprochen wurde, konnte es natürlich nicht ausbleiben, daß auch bei den Schwestern der Wunsch erwachte, einmal den Pinsel in die Hand zu nehmen.

Maria Salome, die am 7. Februar 1685 geborene ältere Schwester von Cosmas Damian Asam, scheint in späteren Jahren, das heißt nach dem Tod des Vaters 1711, mehr oder weniger dem Asamschen Haushalt in der Schwabinger Gasse vorgestanden zu haben. Ihre vielen Pflichten ließen den Gedanken an eine Heirat zunächst gar nicht aufkommen. Maria Salome Asam scheint auch später die Pflege der Mutter übernommen zu haben, die dann am 25. März 1719 im Alter von 62 Jahren starb. Erst jetzt konnte sie Ausschau nach einem geeigneten Hochzeiter halten, den ihr wahrscheinlich dann einer ihrer Brüder vermittelte. Am 10. August 1721 heiratete Maria Salome Asam den angehenden Handelsmann Johann Philipp Bornschlegel (1699-1734), der sich ebenfalls als Maler versuchte.[30]

Maria Salome Asam, oder besser gesagt Bornschlegel, hatte mit den Jahren von ihrem Bruder die Faßmalerei so perfekt erlernt, daß sie in diesem nicht ganz leichten Beruf auch als Frau ganz ihren Meister stand. Aber nicht nur in München ging sie fleißig dieser Tätigkeit nach, manchmal holten sie ihre Brüder auch zu wichtigen Terminarbeiten nach auswärts. So finden wir Maria Salome Bornschlegel, damals bereits Witwe, beispielsweise 1736 in Manětín in Böhmen, wo ihr Mann einige Jahre zuvor als Faßmaler und sogar Freskant tätig gewesen ist.[31] Maria Salome heiratete dann den jungen, aus Mies in Böhmen stammenden Faßmaler Adam Thomas Schmidt, den sie sicher schon bei ihrem Aufenthalt in Manětín kennengelernt hatte, nach ihrer Rückkehr nach München am 3. Februar 1739 in Sankt Peter. Doch schon im Jahr darauf starb Maria Salome und wurde am 24. Juni 1740 mit Erlaubnis ihres Bruders Egid Quirin in der Gruft unter der Asamschen Johann-Nepomuk-Kirche bestattet.

Die Schwester *Maria Anna Theresia Asam* nahm hingegen den Schleier und trat in das Franziskanerinnen-Frauenkloster der Ridler auf der Stiegen in München ein und erhielt hier den Klosternamen ›Schwester Michaelina‹. Sie muß nach 1769 gestorben sein.

Der hofbefreite Maler Franz Erasmus Asam

Der Bruder Egid Quirin Asam und der Schwiegervater Franz Anton Mörl übernahmen die Patenschaft für den am 2. Juni 1720 geborenen und in der Münchner Frauenkirche getauften Sohn Cosmas Damian Asams, der den Namen Franz Erasmus Quirin erhielt. Welche Hoffnung setzte der Vater auf den Knaben und wie bitter sollte er später enttäuscht werden! Diesem fehlte es zwar nicht am nötigen künstlerischen Talent, doch dafür an Ausdauer und Fleiß. Von 1730 bis 1732 hatte er auf Geheiß des Vaters eine Vorbereitungsklasse für das Münchner Jesuitengymnasium[32] besucht, aber weiter schaffte er es nicht. Franz Erasmus Asam war recht lebenslustig, und, wie man sagt, in späteren Jahren dem Müßiggang und Trunk ergeben.

Am 7. November 1740 vermählte sich Franz Erasmus Asam mit der Bierbrauerstochter Maria Clara Singlspiller. Die Ehe war jedoch unglücklich; der größte Teil der sieben Kinder starb bereits im frühen Alter. 1747 erlangte Asam den Titel eines kurfürstlich bayerischen Kammerdieners und war jetzt hofbefreiter Maler. Statt der Einkünfte wuchsen jedoch die Schulden immer mehr. Bis zum Jahr 1760 hatte sich seine finanzielle Lage so verschlechtert, daß schließlich das Haus Theatinerstraße 39, der alte Asamsche Familienbesitz, zwangsversteigert wurde.

Schon seit 1754 hatte Franz Erasmus Asam meist außerhalb von München geweilt und seiner in München zurückgebliebenen, von Kummer und Gram gebeugten Frau keinen Gulden mehr an Unterhaltsgeld zukommen lassen. Um Almosen mußte sie jetzt beim Stadtmagistrat nachsuchen. Im Jahr 1783 malte Franz Erasmus Asam noch ein Altarblatt für das Zisterzienserkloster Schöntal an der Jagst, doch die schöpferische Kraft des Meisters ließ nun schon ganz erheblich nach. Am 18. September 1795 starb Franz Erasmus Asam schließlich hochbetagt in Schöntal und wurde auf dem Berg des Heiligen Kreuzes begraben. Seine Witwe Maria Clara folgte ihm Anfang Juli 1798 in München im Tode nach und fand ihre letzte Ruhestätte auf dem äußeren Friedhof, dem heutigen Südfriedhof.

Egid Quirin Asam war das universelle künstlerische Genie; ein Baumeister, Bildhauer, Stukkator und Maler par excellence, in seinen Ideen immer ein wenig über den Wolken schwebend, dabei stets mit vollem persönlichen Einsatz, bis hin zu dem in Kauf genommenen finanziellen Ruin. Welch ein Anspruch: Ein Bürger und Handwerker, ein Künstler, der sich einfach auf eigene Kosten mitten in die Altstadt von München, an der Sendlinger Gasse, eine Kirche baute. So etwas hat es in Altbaiern nie zuvor und auch nie mehr danach gegeben! Im Gegensatz dazu der Bruder Cosmas Damian Asam, der virtuose Meister seines Fachs, voll Tatkraft, doch stets mit beiden Füßen auf dem Boden bleibend, und immer um das Wohl seiner Familie besorgt, wie seine herzlichen, wiewohl in höchst eigenwilliger Diktion und Orthographie gehaltenen Briefe bezeugen.[33]

ANMERKUNGEN

1 Der Taufeintrag ist unter dem 28. September im Kirchenbuch aufgeführt und nennt den Geburtstag nicht. Nach dem damaligen Brauch wurden in der Nacht und am Morgen geborene Kinder noch am selben Tag getauft, nach Mittag zur Welt gekommene am folgenden Tag. Demnach kommt als Tag der Geburt für Cosmas Damian Asam der 27. oder 28. September in Frage. Der rubrizierte Taufeintrag findet sich in der Taufmatrikel der Pfarrei Benediktbeuern, Band 2, Seite 95, und lautet im Original: (Täufling:) »Cosmas Damianus«, (Geburtsort:) »Laingrub«, (Eltern:) »Dns. Georgius Asam, M. Theresia«, (Taufpate:) »Dns. Georgius Emanuel Pretzner«, (Taufpriester:) »P. Magnus Bendl von Weilheim«.

2 Der Ort Laingruben ist jetzt im Pfarrdorf Benediktbeuern (Landkreis Bad Tölz–Wolfratshausen) aufgegangen. Ursprünglich führte nur das dortige Benediktinerkloster diese Bezeichnung.

3 Die frühere Lesart der Vornamen mit ›Hans Georg‹ wurde in der neueren Literatur aufgegeben (vgl. Wagner-Langenstein 1983), da mit Ausnahme von einer Erwähnung 1681 in Benediktbeuern und drei Erwähnungen 1689, 1691 und 1692 in Tegernsee in den Quellen immer nur der Vorname Georg aufscheint.

4 Das Dorf Unterwöhrn gehört zur Gemeinde Rott am Inn (Landkreis Rosenheim).

5 Für den vorliegenden Beitrag stellten die Herren Willi Birkmaier (Rott am Inn) und Gustav Mutter (München) dem Verfasser freundlicherweise ihr bislang noch unveröffentlichtes Forschungsmaterial zur Verfügung. Ihre Beiträge zur Genealogie der Familie Asam werden demnächst gesondert in der Zeitschrift *Ars Bavarica* erscheinen. Vgl. auch die »Genealogischen Übersichten« von Gustav Mutter auf den Seiten 101 bis 104. – Die bis 1980 erschienene Literatur zur Familie Asam findet sich zusammengefaßt bei Hotz 1980, 1 ff.

6 In München lebte damals auch der Maler Ignaz Sigismund Asam (1740 - † 1766). Er war der Sohn des Matthias Asam, hochfürstlich freisingischen Lakais und Kapellendieners zu Freising, und seiner Ehefrau Katharina, geborenen Mayr, und wurde am 7. August 1715 in Freising bei Sankt Georg getauft. Seine Schwester Maria Katharina Asam (getauft am 25. November 1705 in Sankt Georg zu Freising) heiratete am 21. November 1729 in Sankt Peter zu München den Hofmaler Nikolaus Gottfried Stuber.

7 Matthias Asam erlangte im Alter von 45 Jahren das Freisinger Bürgerrecht. Er gab dabei an, daß er von Hofhegnenberg gebürtig sei (Stadtarchiv Freising, Bürgerbuch).

8 Stadtarchiv München, Gewerbeamt 3241 a, Trautmann-Nachlaß, 13.

9 Mitterwieser 1935.

10 BHSTAM (= Bayerisches Hauptstaatsarchiv München): KL Rott, Nr. 9.

11 Niklas Prugger war nicht der Lehrmeister Georg Asams, wie das manchmal behauptet wird, sondern letzterer war bei dem Hofmaler nur vom Frühsommer 1679 bis zum November 1680 als »Malergesöll« tätig.

12 Vgl. dazu auch Wagner-Langenstein 1983.

13 Stadtarchiv München, Gewerbeamt 1792, Fasz. 5.

14 Ebenda. – Vgl. auch Dischinger 1980, 44 f., Dokument XXIII.

15 Wie Anm. 13.

16 BHSTAM: Personenselekt Asam. – Während der Generalstatthalterschaft Kurfürst Max Emanuels in den Niederlanden 1692-1701 befand sich der größte Teil der Münchner Hofkapelle in Brüssel.

17 Vgl. Leitschuh 1964, 91.

18 BHSTAM: KL Fürstenfeld, Nr. 353.

19 Wie Anm. 13.

20 Wie Anm. 13.

21 BHSTAM: VA Fasz. 1/11.

22 Vgl. BHSTAM: KL Tegernsee, Landshuter Abgabe, Rep. Nr. 46/2, Nr. 834.

23 Das Original des Münchner Malerzunftbuches ist leider verlorengegangen. Hier kann jedoch eine von Johann Caspar von Lippert daraus gefertigte Abschrift (vgl. Anm. 13) zitiert werden.

24 BHSTAM: HR I, Fasz. 281, Nr. 52.

25 Wie Anm. 13. – Vgl. Dischinger 1980, 34, Dokument VIII.

26 BHSTAM: VA Fasz. 1/12.

27 Wie Anm. 26.

28 BHSTAM: VA Fasz. 1/12.

29 Vgl. Liedke 1980, 18 ff.

30 Johann Philipp Borschlegel wurde als Sohn des Gastwirts zum Schwanen Johann Adam Bornschlegel in Würzburg geboren und am 13. Januar 1699 in der Dompfarrei getauft. Er starb ebenda am 5. Dezember 1734. Vgl. zu den weiteren genealogischen Zusammenhängen Biller 1986.

31 Nach einer von Pavel Preiss (vgl. auch Seite 75) aufgefundenen Chronik *Kniha o faře manětínské* (Buch über die Pfarre Manětín) von P. František Wonka hat Johann Philipp Bornschlegel 1730 für ein Fresko in Schloß Manětín und nicht näher bezeichnete Staffierungen 1164 fl 53 x erhalten, 1732 für die Fassung zweier Statuen in der Friedhofskirche daselbst 100 fl.

32 Vgl. Leitschuh 1964, 92, Anm. 11.

33 Vgl. Dischinger 1980. Zu den dort abgedruckten Briefen kann hier ein weiterer glücklicher Fund aus dem Bayerischen Hauptstaatsarchiv München (Bestand VA, Faszikel 1/11) mitgeteilt werden, der Gustav Mutter verdankt und hier erstmals veröffentlicht wird:
»A: Madam – Madam Maria Ursula Asamin
le present In der Schwabinger Gassen p. Minchen
Gelobst seÿ Jesus Cristus.
Bedankhe mich vor den feirdag wunsch und winsche von herzen auch alle siben Gaben des heilligen Geistes das er unß in seiner gottlichen Gnadt wolle erhalten: und mir nach seinen willen leben und sterben ./ Winsche auch vill Glikh zu einen gesundten Vorgang. Und mundter sie sich vein auff: und fier sie sich zu Maria Einsiedl als ein Frau und ihr dienerin /. so ist vergniegt p. Das glarel wirt gewiß besser ./ was das wasser anlangt hat es nit nedtig mer ./ wollen sie ihren trib und fuer nit behaubten so sehen sie zue .p. Wass sagt dan Herr geuegtschreiber und Herr Bauer. was sie mir raden das will ich daun p. Wan ir solle ein augenscheine gehalten werthen so seiges p. Und wehere guedt wan es balt wehere, ist mir nur leid das sie sich bemiehen solle ./ Ich gibe ihr keine schult in keiner sach, lass nur ein mall ihre spissfündtige rödten aussen und seyes fein woll auff ./ Dugadten graden schon / wan ich nur einnimb. der Hei. Johanes wirt schon schikhen wann er sein Kirchen vergolt will haben, ich bin in meiner armuedt garwoll vergniegt. Und ist mir nur laidt das die Feirdeg ich kein gelehenheit nit habe, meinen schaz zu tresten. Godt befolchen und Maria Einsidl alles in allen.
Fridtberg den 29. May 1738
An Herren Vadter und Frauen Muedter pp ales schens. Womit verbleibe mein Schaz ihr getreuer
Cos Da: Asam
Von Franzl seine gehorsambste schenste Empfelchung nebst seiner complament allerseits.«
(25. Mai 1738 = Pfingsten / 5. Juni 1738 = Fronleichnam).

Gustav Mutter

Genealogische Übersichten[1]

Eigennamen und/oder Vornamen in KAPITÄLCHEN:
Künstlerisch tätige Personen

Die verwandten Familien mütterlicherseits der Brüder Asam

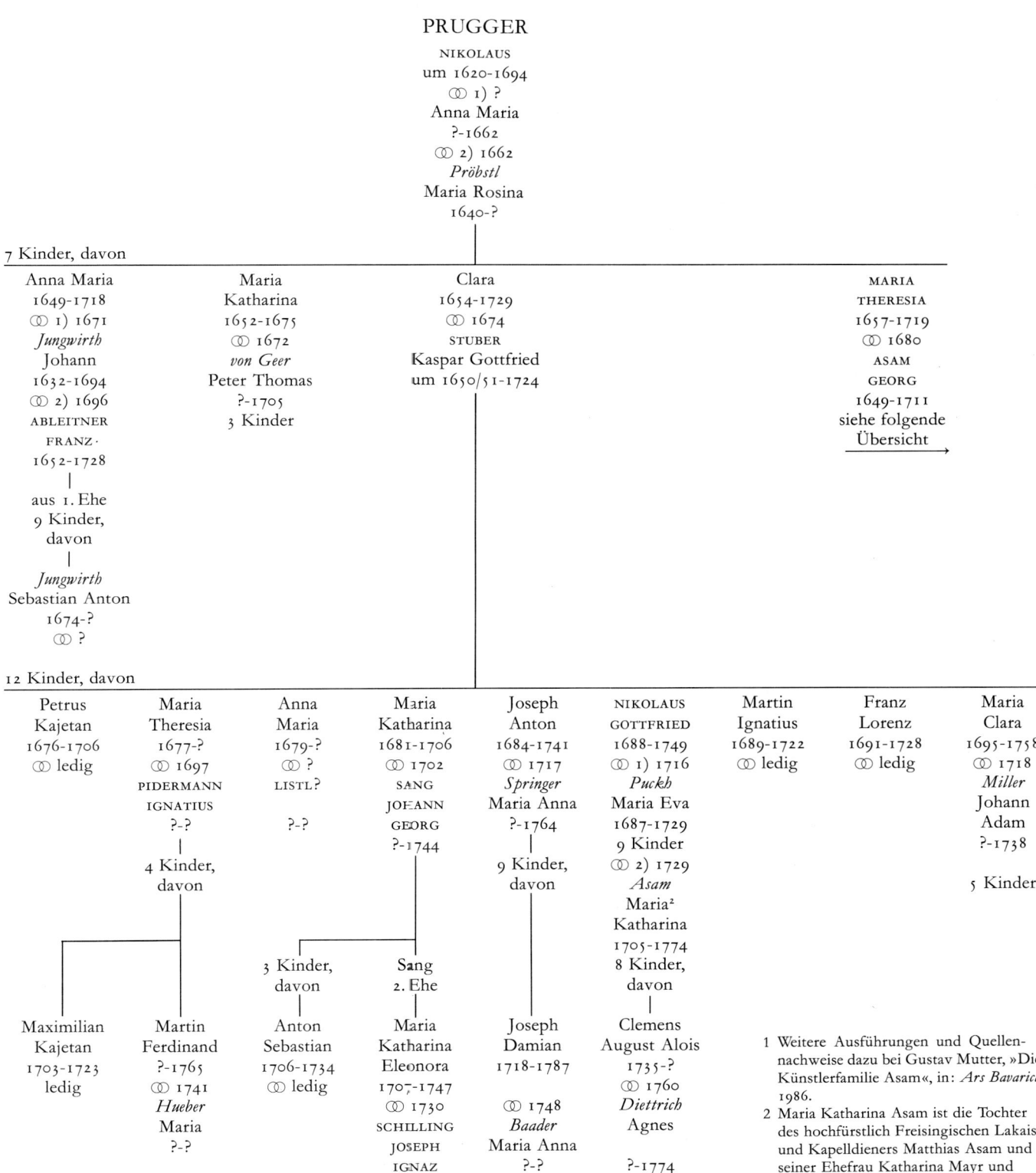

PRUGGER

NIKOLAUS
um 1620-1694
⚭ 1) ?
Anna Maria
?-1662
⚭ 2) 1662
Pröbstl
Maria Rosina
1640-?

7 Kinder, davon

- Anna Maria
  1649-1718
  ⚭ 1) 1671
  Jungwirth
  Johann
  1632-1694
  ⚭ 2) 1696
  ABLEITNER
  FRANZ·
  1652-1728
  aus 1. Ehe
  9 Kinder,
  davon
  - *Jungwirth*
    Sebastian Anton
    1674-?
    ⚭ ?
- Maria
  Katharina
  1652-1675
  ⚭ 1672
  von Geer
  Peter Thomas
  ?-1705
  3 Kinder
- Clara
  1654-1729
  ⚭ 1674
  STUBER
  Kaspar Gottfried
  um 1650/51-1724
- MARIA
  THERESIA
  1657-1719
  ⚭ 1680
  ASAM
  GEORG
  1649-1711
  siehe folgende
  Übersicht →

12 Kinder (von Clara und Kaspar Gottfried Stuber), davon

- Petrus
  Kajetan
  1676-1706
  ⚭ ledig
- Maria
  Theresia
  1677-?
  ⚭ 1697
  PIDERMANN
  IGNATIUS
  ?-?
  4 Kinder,
  davon
  - Maximilian
    Kajetan
    1703-1723
    ledig
  - Martin
    Ferdinand
    ?-1765
    ⚭ 1741
    Hueber
    Maria
    ?-?
- Anna
  Maria
  1679-?
  ⚭ ?
  LISTL?
  ?-?
- Maria
  Katharina
  1681-1706
  ⚭ 1702
  SANG
  JOHANN
  GEORG
  ?-1744
  - 3 Kinder,
    davon
    - Anton
      Sebastian
      1706-1734
      ⚭ ledig
  - Sang
    2. Ehe
    - Maria
      Katharina
      Eleonora
      1707-1747
      ⚭ 1730
      SCHILLING
      JOSEPH
      IGNAZ
      ?-?
- Joseph
  Anton
  1684-1741
  ⚭ 1717
  Springer
  Maria Anna
  ?-1764
  9 Kinder,
  davon
  - Joseph
    Damian
    1718-1787
    ⚭ 1748
    Baader
    Maria Anna
    ?-?
- NIKOLAUS
  GOTTFRIED
  1688-1749
  ⚭ 1) 1716
  Puckh
  Maria Eva
  1687-1729
  9 Kinder
  ⚭ 2) 1729
  Asam
  Maria[2]
  Katharina
  1705-1774
  8 Kinder,
  davon
  - Clemens
    August Alois
    1735-?
    ⚭ 1760
    Diettrich
    Agnes
    ?-1774
- Martin
  Ignatius
  1689-1722
  ⚭ ledig
- Franz
  Lorenz
  1691-1728
  ⚭ ledig
- Maria
  Clara
  1695-1758
  ⚭ 1718
  Miller
  Johann
  Adam
  ?-1738
  5 Kinder

1 Weitere Ausführungen und Quellennachweise dazu bei Gustav Mutter, »Die Künstlerfamilie Asam«, in: *Ars Bavarica* 1986.

2 Maria Katharina Asam ist die Tochter des hochfürstlich Freisingischen Lakais und Kapelldieners Matthias Asam und seiner Ehefrau Katharina Mayr und Schwester des Malers Ignatius Asam.

ASAM
Christoph ?-?
⚭ ?
Katharina ?-?

8 Kinder

Michael vor 1636-?	Susanna 1638-?	Christoph 1640-?	Maria 1643-?	Johannes 1645-?	Paulus 1647-?	GEORG 1649-1711 ⚭ 1680 PRUGGER MARIA THERESIA 1657-1719	Vitus 1653-?

12 Kinder

Simon Emanuel 1681-?	Philipp Emanuel 1683-1752 Pater Engelbert	MARIA SALOME 1685-1740 ⚭ 1) 1721 BORNSCHLEGEL JOHANN PHILIPP 1699-1734[1] ⚭ 2) 1739 SCHMIDT ADAM THOMAS ?-1746	COSMAS DAMIAN 1686-1739 ⚭ 1) 1717 *Mörl* Maria Anna 1699-1731 ⚭ 2) 1732 *Ettenhofer* Maria Ursula 1710-1739	Joseph 1688-1695	Georg Michael 1689-1692	Joseph Nikolaus 1691-1692	EGID QUIRIN 1692-1750 ledig

1. Ehe: 10 Kinder

Franz Cosmas 1718-1718	M. Anna Elisabeth 1719-?	FRANZ ERASMUS Quirin 1720-1795 ⚭ 1740 *Singlspiller* Maria Clara 1721-1798	M. Anna Theresia 1721-1771 Chorfrau Nepomucena	Jakob Christoph Egid 1722-1722	Joseph Egid 1723-?	Rochus Johann von Nepomuk Egid 1725-?

7 Kinder

Maria Johanna Nepomucena 1741-1743	Quirin Korbinian 1742-1742	Egid Albert 1743-1744	Johanna Philippina 1745-1746	Joseph Joh. Nep. 1746-1747	Georg Kajetan 1747-?	Franz de Paula Georg 1749-1750

13 Kinder

Johann Joseph Kaspar 1746-1746	Maria Magdalena 1747-?	Johann Baptist 1749-1749	Maria Walburga 1750-1788 ledig, dreifach gebrechlich	Johann Jakob Anton 1751-1751

1 Nach Josef H. Biller, »Zur Familiengeschichte der Brüder Asam«, in: *Ars Bavarica* 1986.

Anna Theresia 1694-?	Melchior Viktor 1696-1696	Maria Anna 1698-1701	Maria Anna Theresia 1701- nach 1769 Schwester Michaelina

2. Ehe: 3 Kinder

Johann Peter Paul Procopius 1727-1727	Maria Eva Elisabeth Katharina um 1729-1761 ⚭ 1745 KNECHTL KASPAR um 1719-1782	Maria Margareta Apollonia 1731-1731	Joh. Nep. Cosmas Damian 1733-1733	M. Anna Magdalena 1734-1734	Maria Clara 1735-1738

Maria Anna 1752-1753	Johann Kajetan Ferdinand 1754-1831 ⚭ 1) 1785 *Fendt* Maria Anna 1766-1807 ⚭ 2) 1807 *Franz* Clara um 1766-1829	Anna Maria 1755-1755	namenlos 1755-1755	Johann Seraphin Joseph Nikolaus 1757-1758	Anna Maria Clara Eva Rosalia 1758-?	Maria Anna Eva 1759-?	Maria Katharina Emerentiana 1761-1769
		Zwillinge					

1. Ehe: 6 Kinder

Maria Anna 1786-1830 ⚭ ? *Pacher* Johann Nepomuk Anton 1774-1845	M. Anna Josepha Johanna Nepomucena Genovefa 1788-?	Franciscus Xaverius 1789-?	Markus Antonius 1791-1791	Maria Carolina Anna 1792-?	Antonia um 1804-1846

6 Kinder

Die verwandten Familien der beiden Ehefrauen von Cosmas Damian Asam

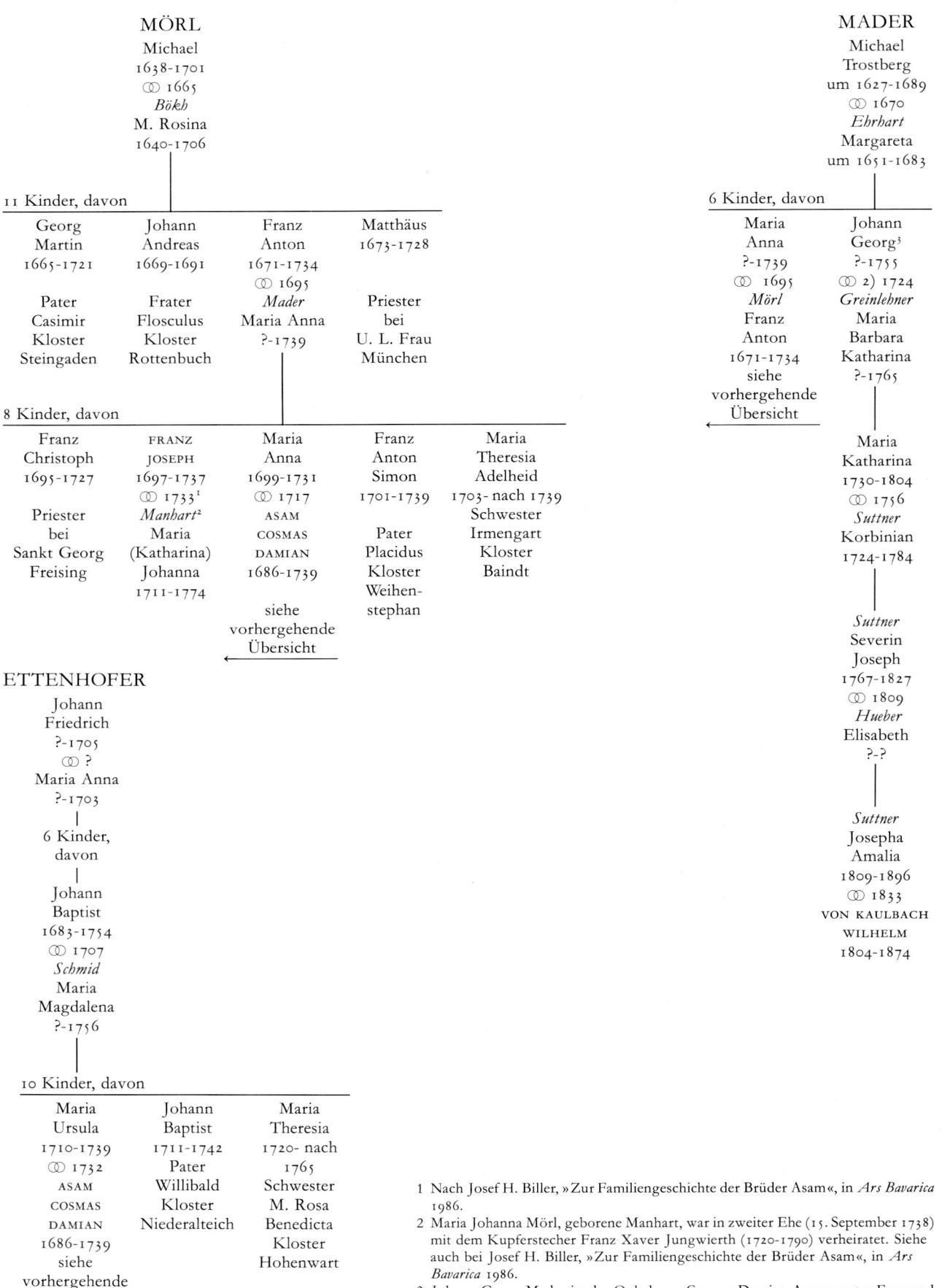

MÖRL

Michael
1638-1701
⚭ 1665
Bökh
M. Rosina
1640-1706

11 Kinder, davon

- Georg Martin 1665-1721 – Pater Casimir Kloster Steingaden
- Johann Andreas 1669-1691 – Frater Flosculus Kloster Rottenbuch
- Franz Anton 1671-1734 ⚭ 1695 *Mader* Maria Anna ?-1739
- Matthäus 1673-1728 – Priester bei U. L. Frau München

8 Kinder, davon

- Franz Christoph 1695-1727 – Priester bei Sankt Georg Freising
- FRANZ JOSEPH 1697-1737 ⚭ 1733[1] *Manhart*[2] Maria (Katharina) Johanna 1711-1774
- Maria Anna 1699-1731 ⚭ 1717 ASAM COSMAS DAMIAN 1686-1739 siehe vorhergehende Übersicht ←
- Franz Anton Simon 1701-1739 – Pater Placidus Kloster Weihenstephan
- Maria Theresia Adelheid 1703- nach 1739 – Schwester Irmengart Kloster Baindt

ETTENHOFER

Johann Friedrich
?-1705
⚭ ?
Maria Anna
?-1703

6 Kinder, davon

Johann Baptist
1683-1754
⚭ 1707
Schmid
Maria Magdalena
?-1756

10 Kinder, davon

- Maria Ursula 1710-1739 ⚭ 1732 ASAM COSMAS DAMIAN 1686-1739 siehe vorhergehende Übersicht ←
- Johann Baptist 1711-1742 – Pater Willibald Kloster Niederalteich
- Maria Theresia 1720- nach 1765 – Schwester M. Rosa Benedicta Kloster Hohenwart

MADER

Michael
Trostberg
um 1627-1689
⚭ 1670
Ehrhart
Margareta
um 1651-1683

6 Kinder, davon

- Maria Anna ?-1739 ⚭ 1695 *Mörl* Franz Anton 1671-1734 siehe vorhergehende Übersicht ←
- Johann Georg[3] ?-1755 ⚭ 2) 1724 *Greinlehner* Maria Barbara Katharina ?-1765

Maria Katharina
1730-1804
⚭ 1756
Suttner
Korbinian
1724-1784

Suttner
Severin Joseph
1767-1827
⚭ 1809
Hueber
Elisabeth
?-?

Suttner
Josepha Amalia
1809-1896
⚭ 1833
VON KAULBACH
WILHELM
1804-1874

1 Nach Josef H. Biller, »Zur Familiengeschichte der Brüder Asam«, in *Ars Bavarica* 1986.

2 Maria Johanna Mörl, geborene Manhart, war in zweiter Ehe (15. September 1738) mit dem Kupferstecher Franz Xaver Jungwierth (1720-1790) verheiratet. Siehe auch bei Josef H. Biller, »Zur Familiengeschichte der Brüder Asam«, in *Ars Bavarica* 1986.

3 Johann Georg Mader ist der Onkel von Cosmas Damian Asams erster Frau und Vormund seiner Kinder Franz Erasmus und Maria Katharina.

Helmut F. Reichwald

Zur Technologie der barocken Wandmalerei

Untersuchungen und Beobachtungen an einigen Fresken Cosmas Damian Asams und anderer Maler

Vorbemerkung

Der Werkprozeß monumentaler Malereien des 17. und 18. Jahrhunderts in seinen Werkstoffen, Herstellungs- und Gestaltungstechniken ist bisher noch wenig erforscht. Dieses mag daran liegen, daß Objekte dieser Gattung nicht zu jeder Zeit zugänglich sind. Durch ihre Ortsbindung besteht nur bei Renovierungen die Möglichkeit, diese Bildwerke vom Gerüst aus näher zu betrachten. Stehen Restaurierungen an, geht es vorrangig um die Beseitigung von Schäden; eine Dokumentation oder eine eingehende technologische Untersuchung ist bisher nur an einzelnen Objekten durchgeführt worden. Lange Zeit war es üblich, daß Künstler oder Handwerker die Restaurierung dieser Bilder übernahmen. Speziell für Wandmalerei ausgebildete Restauratoren gibt es erst seit wenigen Jahren. Wegen der im Vordergrund stehenden Wiederherstellung des Erscheinungsbildes sind oft Eingriffe vorgenommen worden, die entweder die ehemalige Aussage eines Bildwerks erheblich veränderten, oder wichtige Werkspuren beseitigten.

Obwohl erst durch eine exakte Untersuchung und Dokumentation der materielle Bestand sowie seine materielle Wandlung erfaßt werden können, und somit die Grundlage für Konservierungs- und Restaurierungsmaßnahmen bilden, können technologische Untersuchungen auch wichtige Aussagen zur Feststellung der Urheberschaft oder zeittypisch-materialästhetischer Phänomene erbringen. Sie sind auch ein geeignetes Mittel, den malerischen und technischen Werkbefund eines Kunstwerkes zu erfassen. Die Schwierigkeit, das Gesamtwerk eines Künstlers zu erforschen, liegt im Bereich der Monumentalmalerei darin, daß in kurzen Zeiträumen wohl kaum alle seine Arbeiten zugänglich sind. Deshalb wird es in absehbarer Zeit nicht möglich sein, Fragen zur maltechnologischen Entwicklung hinreichend zu beantworten.

Unser bisheriges Wissen über die Arbeitsweise vergangener Epochen erhalten wir aus schriftlichen Quellen, eine Überprüfung an ausgeführten Objekten war bisher nur in Einzelfällen möglich. Es gibt zwar eine Reihe von Anweisungen über das Freskomalen, die auch den Künstlern im 17. und 18. Jahrhundert zugänglich waren, inwieweit diese aber umgesetzt worden sind, läßt sich erst nach der Analyse der in jener Zeit entstandenen Bildwerke beantworten. Berichte über Restaurierungen in der Vergangenheit, soweit diese überhaupt angefertigt wurden, geben nur unzulänglich Auskunft über den angetroffenen Zustand. In den meisten Fällen finden wir Angaben über Schäden oder eine meist subjektive Darstellung der künstlerischen Ausführung. Nur vereinzelt sind Beobachtungen festgehalten worden, die uns über den Werkbestand eines Gemäldes Auskunft geben. Erst in jüngster Zeit werden Untersuchungen methodisch durchgeführt.

Ohne Kenntnis des technischen Aufbaus eines Bildwerks ist es nicht möglich, geeignete Maßnahmen einzuleiten. Nicht alle bisher angewendeten Methoden zur Untersuchung beweglicher Kunstwerke[1] sind auch am ortsgebundenen Kunstwerk anwendbar. Der Einsatz technischer Hilfsmittel ist bei gerüstabhängigen Untersuchungen beschränkt. So sind erst noch spezielle Methoden für den Wandmalereisektor zu entwickeln, die es ermöglichen, ohne substanzzerstörende Eingriffe verdeckte Schichten sichtbar zu machen. Ähnlich wie beim Staffeleibild gibt es für das Wandbild immer wiederkehrende Kriterien: es sind Träger, Grundschichten, Unterzeichnungen und Malschichten. Der Unterschied besteht in der Verwendung anderer Materialien, wesentlich dickerer Schichten sowie in der Ausführungsart. Mit den bekannten Methoden: die Untersuchung mit ultravioletten Strahlen, die verschiedene Substanzen der Oberfläche zur Fluoreszenz anregen, oder mit unsichtbaren infraroten Strahlen, die unter bestimmten Umständen feste Körper einer dünnen Schicht durchdringen können, ist der technische Aufbau einer Wandmalerei nur an der Oberfläche zu erfassen. Untersuchungen mit Röntgenstrahlen, die feste Körper in verschiedenen Schichten durchdringen können, sind wegen der dafür notwendigen technischen Einrichtung nur bedingt möglich. Alle Versuche, mit den genannten Methoden zu vergleichbaren Ergebnissen wie bei der Staffeleimalerei zu gelangen, blieben bisher unbefriedigend.

Möglichkeiten der Untersuchung

Zur Untersuchung der sichtbaren Malereioberflächen werden optische Hilfsmittel wie Lupen und Mikroskop in Verbindung von Leuchtkörpern im Auf- und Streiflicht verwendet. Mittels Streiflicht lassen sich Oberflächenstrukturen des Mörtels, Werkspuren, Einritzungen, Unterzeichnungen, Pauspunkte, Konstruktionspunkte, Pinselduktus und Farbschichten erkennen. Aufnahmen in verschiedenen Fototechniken insgesamt, ausschnittsweise oder nach einem Aufnahmeraster angelegt, bis hin zu Makroaufnahmen, ergeben einen Teil der Dokumentation. Das Vermessen auf der Bildfläche vorhandener Gitterzeichnungen und das Dokumentieren vorhandener Konstruktionspunkte mit der Einmessung angetroffener Hilfslinien ermöglichen eine Auswertung zur perspektivischen Konstruktion des angelegten Bildprogramms. Um die Arbeitsweise des Künstlers nachvollziehen zu können, werden die angetroffenen Mörtelgrenzen der bemalten Flächen jeweils an den überlappenden oder geschnittenen Randzonen auf einem Foto oder auf einer Zeichnung festgehalten. Durch eine genaue Angabe, in welcher Richtung diese Überlappungen verlaufen, kann bei gut sichtbarem Bestand der Beginn mit dem Arbeitsverlauf eingeengt werden. Eine Beschreibung der Oberflächenstrukturen mit Werkspuren bis hin zum Pinselduktus, ergeben wichtige Aufschlüsse über die Machart und verwendeten Werkzeuge. Hinzu kommen noch Unterzeichnungen möglichst mit allen erkennbaren Merkmalen: ob diese schwarz, rot oder gelb angelegt sind, ob mit dem Pinsel aufgetragen oder gezeichnet, Schnurschläge oder wiederholte Einritzungen bestimmter Formen, Pauspunkte sowie eine genaue Beschreibung zum maltechnischen Aufbau. Über die Farbpalette sollten nur soweit Festlegungen getroffen werden, wie sich diese durch eine optische Farbnennung wie helles Gelb, Braun, Blau, Blaugrün etc. beschreiben lassen. Für Materialbestimmungen und deren Zusammensetzung ist auf jeden Fall eine naturwissenschaftliche Analyse erforderlich. Ein Fragenkatalog mit einer präzisen Fragestellung ist Voraussetzung für eine naturwissenschaftliche Auswertung. Die hierzu erforderlichen Probemengen sind gering, wenn mit dem Naturwissenschaftler vor Ort die Probeentnahme bestimmt wird. Mit einer mikroskopischen Untersuchung lassen sich einige Pigmente wegen ihrer spezifischen Strukturen am Objekt bestimmen, ohne daß Eingriffe vorgenommen werden müssen. Das gleiche gilt für die Untersuchung der Malschichten. An vorhandenen Fehlstellen oder den Randzonen ist es möglich, den maltechnischen Bildaufbau zu erfassen. Auf keinen Fall sollten Öffnungen gemacht werden, nur um weitere Einblicke in die Substanz zu erhalten. Alle diese Arbeiten sind einem Technologen (Restaurator) vorbehalten, ein geschultes Auge kann mehr erfassen als jeder Eingriff in den Bildbestand. Werden alle Daten in einer methodisch angelegten Dokumentation erfaßt, besteht die Möglichkeit, die an einem bestimmten Objekt gewonnenen Erkenntnisse mit jenen an anderen Objekten zu vergleichen.[2]

Planung und Ausführung von Wandmalereien

Das Programm Das Bildprogramm wurde von verschiedenen Seiten beeinflußt. Neben dem Auftraggeber und Künstler waren im 18. Jahrhundert auch Literaten und Theologen beteiligt, die eine eigene Spezialistengattung darstellten. Solche Programmisten gaben ihre literarischen Entwürfe dem Auftraggeber für ein bestimmtes Objekt mit teilweise sehr genauen Beschreibungen des gesamten Bildprogrammes bis hin zu Einzelbeschreibungen der darzustellenden Figuren.[3]

Der Entwurf Nach Festlegung des Bildprogramms fertigte der Maler seine ersten Skizzen. Wir kennen aus dem 18. Jahrhundert verschiedene Entwurfsformen: von Ideenskizzen und Entwürfen in verschiedenen Zeichentechniken, in Aquarell auf Papier, Ölskizzen auf Leinwand (Modelli), bis hin zu Architekturmodellen. Sie galten in erster Linie als Vorstellungshilfe für den Auftraggeber und Grundlage für den Vertragsabschluß. Eine große Anzahl dieser Entwürfe sind uns erhalten geblieben. Vergleiche mit tatsächlich ausgeführten Objekten geben uns einen ersten Einblick in die Arbeitsweise des Künstlers.

Der Kontrakt Der Vertrag enthielt in der Regel Angaben über die Anzahl und Größe der zu malenden Bilder, den Zeitraum, in dem diese Arbeiten auszuführen sind, und den Preis, den ein Künstler dafür erhalten sollte. Manchmal finden wir auch Angaben über die Malart, wer die Materialien zu stellen hat und Abmachungen über Nebenleistungen. Diese beziehen sich auf die Hilfskräfte, Unterkünfte und gestellten Naturalien. Anhand von Quellen, die mit dem Vertragsdatum versehen sind, besteht die Möglichkeit, den Zeitraum der Arbeiten oder die Anzahl der Werke eines Künstlers einzuengen.

Die Arbeitsweise des Malers Umfangreiche Vorbereitungen waren noch bis zur eigentlichen Realisierung in situ notwendig. Je nach Ausarbeitung des vorliegenden Entwurfs, der verkleinert angelegt und nicht der endgültigen Ausführungsart entsprach, sind uns nur wenige Beschreibungen über das weitere Vorgehen bekannt.[4] Zwar gibt es aus dem 17. und 18. Jahrhundert eine Reihe von ausführlichen Anweisungen[5] über die Arbeiten auf der Wand mit Rezepturen über Mörtelzusammensetzungen und Mörtelaufbau, Vorlagen mit perspektivischen Darstellungen einschließlich genauer Berechnungen[6] sowie Farbbücher mit Angaben über die verschiedensten Maltechniken. Welche dieser Anwendungsmöglichkeiten den Künstlern vorlag, was sie während ihrer Ausbildung vermittelt bekamen oder sich selbst erarbeitet haben, bedarf jedoch noch weiterer Forschung.

Der technische Bildaufbau an Beispielen des 17. und 18. Jahrhunderts

Als Träger architekturgebundener Malereien kommen gemauerte Flächen aus Steinen verschiedenster Art – Bruchstein, Haustein, Tuff, Ziegel, Holzkonstruktionen mit Latten und Brettern – in Frage.[7] Latten und Bretter waren entweder rauh oder aufgebeilt, mit Rohrgeflecht (Schilf), mit gespaltenen Weiden- oder Nußholzruten sowie Drahtgeflechten als Haftbrücke[8] zusätzlich belegt (Abb. 1). Auf diesen Konstruktionen erfolgte der erste Mörtelauftrag (italienisch: arriccio). Bei einem gelatteten Untergrund sind auch die Zwischenräume teilweise bis hinter die Lattung ausgefüllt. Waren noch andere Haftbrücken aufgebracht, so ging der Grundmörtel nicht so tief.

Auf diesen Lattungen zum Dachraum hin, erfolgte ein Verstrich entweder aus Lehm mit Stroh oder Kalk und Sand.[9] Als Grundmörtel wurden entweder Lehm mit Stroh, Kalk-Sand-Gemische, Kalk-Gips-Sand-Gemische oder reine Gipsmörtel verwendet. Vereinzelt enthielten diese Mörtel noch Zuschläge von Tierhaaren oder Hanf. Die Schichtdicke ist unterschiedlich, sie kann je nach Untergrund bis zu 6 cm betragen.

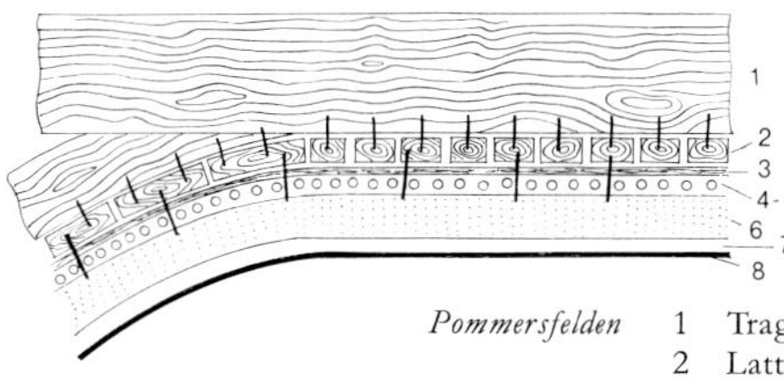

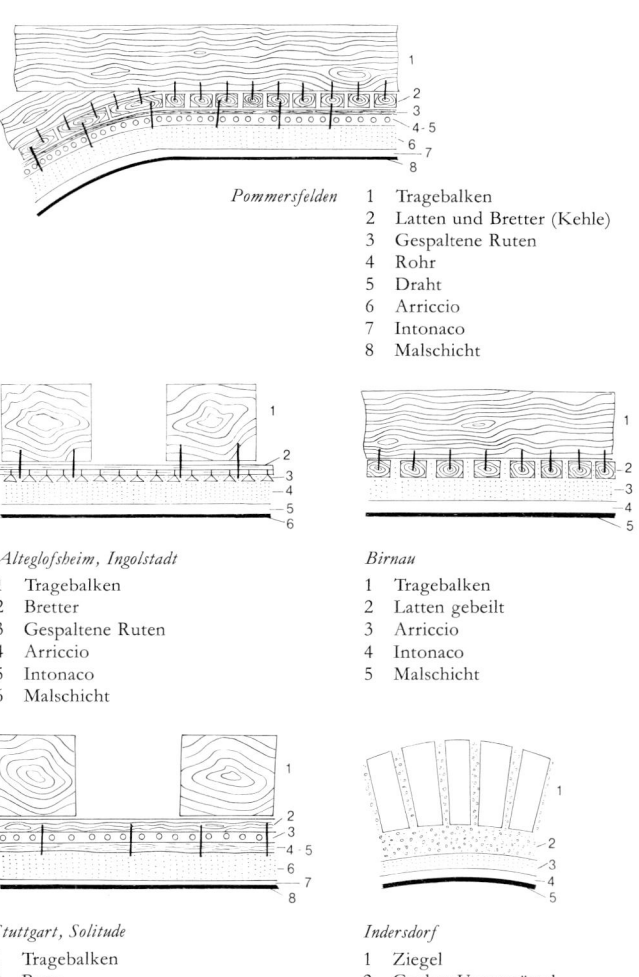

Pommersfelden
1 Tragebalken
2 Latten und Bretter (Kehle)
3 Gespaltene Ruten
4 Rohr
5 Draht
6 Arriccio
7 Intonaco
8 Malschicht

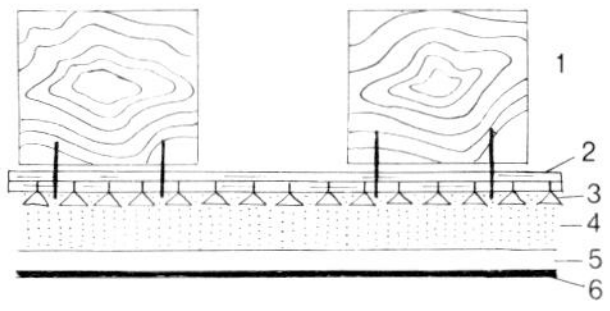

Alteglofsheim, Ingolstadt
1 Tragebalken
2 Bretter
3 Gespaltene Ruten
4 Arriccio
5 Intonaco
6 Malschicht

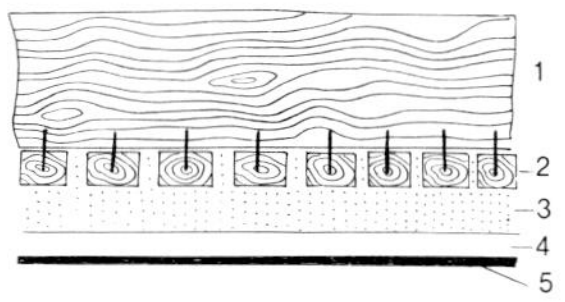

Birnau
1 Tragebalken
2 Latten gebeilt
3 Arriccio
4 Intonaco
5 Malschicht

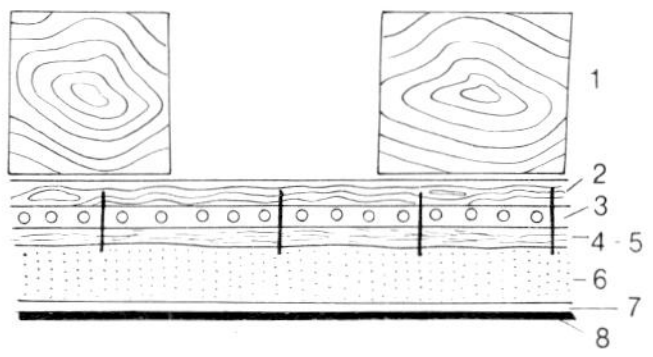

Stuttgart, Solitude
1 Tragebalken
2 Brett
3 Rohr
4 Rohr quer
5 Draht
6 Arriccio (Gipsmörtel)
7 Intonaco (Gips)
8 Malschicht

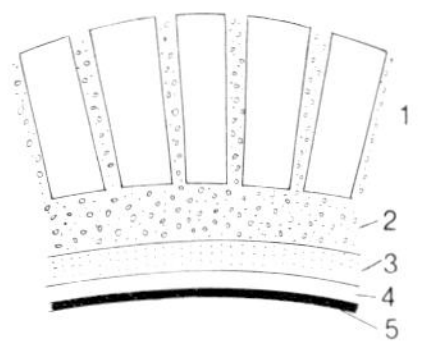

Indersdorf
1 Ziegel
2 Grober Untermörtel
3 Arriccio
4 Intonaco
5 Malschicht

Abb. 1: *Der technische Aufbau der Bildträgerschicht eines Freskos* in Beispielen aus den Schlössern Pommersfelden und Alteglofsheim, der Kongregationssaalkirche Ingolstadt, Wallfahrtskirche Birnau, dem Schloß Solitude bei Stuttgart und der Klosterkirche Indersdorf.

Diese Grundschicht wurde an der Oberfläche nach dem Auftragen abgezogen oder mit dem Beil aufgespitzt.[10] Je nach der vorgesehenen Maltechnik ließ man diesen Untergrund ganz trocknen oder arbeitete nach einer Trockenphase, die von der Feuchtigkeit des Mörtels in Verbindung mit der Baufeuchte abhängig war, weiter.[11] Auf jeden Fall war eine längere Trockenzeit zur Verhinderung der Rißbildung notwendig. Stark gerissene Bildflächen deuten auf ein zu schnelles Weiterarbeiten oder auf zu fette Mörtel hin.

Auf diesem Zwischengrund erfolgte die erste Anlage der Bildkomposition. Dieses geschah auf verschiedene Art: Entweder der Maler legte ein Gitter zur Übertragung seines ebenfalls gegitterten Entwurfs an, bestimmte die Fixpunkte zur Bildkomposition oder versah diese Schicht mit einer groben Skizze seiner figürlichen und architektonischen Kompositionen.[12] Dieser so vorbereitete Untergrund war der unmittelbare Träger für die nächste Mörtelschicht (italienisch: intonaco). Wurde eine Malerei in Freskotechnik[13] ausgeführt, erfolgte der weitere Auftrag in einzelnen Etappen mit einem Kalk-Sand-Gemisch. Die Stärke dieser Schicht variiert zwischen 3 und 10 mm[14], seltener sind stärkere Mörtelaufträge anzutreffen. War eine andere Maltechnik[15] vorgesehen, sind die zu behandelnden Flächen vollflächig angelegt worden.

Eine völlige Austrocknung war für Öl- oder Temperamalereien notwendig. Für diese Technik kommen Mörtelmischungen sowohl aus Kalk-Sand, Kalk-Gips-Sand, wie auch reine, dann sehr feinstrukturierte Gipse, in Frage. Auch hier beträgt die Schichtdicke nur wenige Millimeter.[16]

Zum schöpferischen Arbeitsprozeß von Cosmas Damian Asam und einiger anderer Maler des 17. und 18. Jahrhunderts

Beobachtungen an Deckenmalereien[17] im süddeutschen Raum

Mit der *Vorzeichnung,* die noch in die Entwurfsphase gehört, hat der Künstler sein Rohkonzept für ein auszuführendes Werk umrissen. Dieser Vorgang findet nicht am Objekt selbst, sondern außerhalb statt. Erst mit der *Unterzeichnung* in voller Größe auf dem Rauhbewurf oder in der Detailausführung auf dem unmittelbaren Träger der Malschicht beginnt der eigentliche Arbeitsprozeß, die Vorformung der Malerei.[18] Im Bereich des Wandgemäldes ist es bisher nicht gelungen, die typische Schaffensweise bestimmter Künstlerpersönlichkeiten nachzuweisen. Anders als beim Staffeleibild führen Tiefenuntersuchungen mit Röntgen- oder Infrarotstrahlen nicht zu den gewünschten Ergebnissen. Nur an bisher abgenommenen Wandmalereien oder in Fehlstellen der oberen Malschicht war es möglich, Einblick in die unteren Schichten zu erhalten.

Bei Untersuchungen und Beobachtungen an verschiedenen Deckenmalereien konnte festgestellt werden, daß es zu Anfang eines künstlerischen Schaffens vergleichbare oder bewährte Methoden am Bildaufbau gibt. Mit zunehmender Sicherheit vernachlässigten einzelne Künstler wie Cosmas Damian Asam oder Franz Josef Spiegler traditionelle Arbeitsweisen schon bei der Unterzeichnung. Ihr spontaner Malvorgang folgte nur noch einer skizzenartigen Komposition.

In *Amberg* hat Asam 1717 noch ein Gitter benutzt. Zusätzlich finden wir dort eingedrückte Linien an figürlichen wie auch architektonischen Darstellungen. Die Malerei folgt ganz dieser vorgegebenen Zeichnung, sie ist in großen Flächen sehr dünn angelegt, nur vereinzelt sind pastose Farbaufträge an den Inkarnaten oder aufgesetzten Lichtern vorhanden. Sein erstes Abweichen von dieser streng schematischen Übertragung bzw. Bildkonstruktion ist in *Weingarten* festzustellen. Dort treffen wir in der großen Kuppel der Vierung auch noch diese Arbeitsweise an, weitere Bilder im Langhaus werden jedoch schon vereinfacht aufgerissen. In *Kißlegg*[19] fehlt diese Übertragungsart ganz, hier sind die Szenen mit Kohle aufskizziert. In *Ingolstadt* erfolgte die Skizzierung nur mit wenigen Hilfslinien direkt auf dem Intonaco. Verwendet wurden hier Schnüre, die von Fluchtpunkten aus die Hauptszene mit der Architektur erfassen, teilweise sind Schnurschläge oder mit einem spitzen Gegenstand eingeritzte Linien zu finden. Nur vereinzelt lassen sich eingedrückte Linien feststellen, zum Beispiel an den Kapitellen, die auf eine direkte Übertragung von einem Karton hinweisen.[20] Soweit es sich um Linien der Architekturmalerei handelt, sind diese direkt am Objekt teilweise mit Zirkelschlägen konstruiert. Mehrere Konstruktionspunkte mit Fluchtlinien, geschnürt oder eingeritzt, sind gut sichtbar. Auch die Zeichnung der einzelnen Figuren ist frei am Objekt vorgenommen; Vorzeichnungen mit Kohlestiften, grob skizziert, scheinen an dünnen Malschichten durch. Nur selten decken sich Vorzeichnungen mit der ausgeführten Malerei. Gerade in Ingolstadt ist die Bildanlage bei der geringen Raumhöhe im Vergleich zur bemalten Fläche genial. Nach den vorgefundenen Einstichpunkten und den Vorritzungen ist anzunehmen, daß die gesamte Bildkomposition in situ angeord-

Abb. 2: Ausschnitt aus dem *Untersuchungsbefund des Deckenfreskos* von Cosmas Damian Asam von 1734 in der Kongregationssaalkirche zu Ingolstadt. Es bedeuten:
KP: Konstruktionspunkt in situ — VZ: Vorzeichnung in Kohle in situ
KZ: Konstruktionszeichnung in situ — VR: Vorritzung im Mörtel in situ
O mit Zahl: Befundstelle

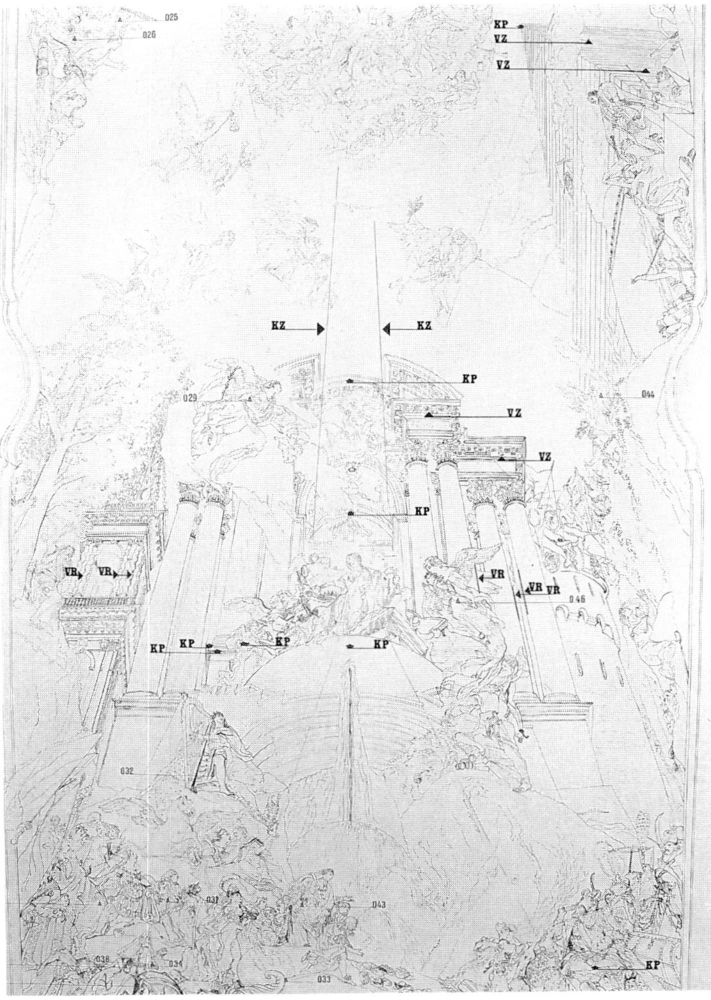

net und konstruiert worden ist. Der Konstruktions- oder Fluchtpunkt liegt im Bereich der Engelsgloriole, darunter befindet sich der Standort, von dem aus sich die gemalte Szenerie vor dem Beobachter ›aufrichtet‹. Es ist anzunehmen, daß der Bildkonstruktion eine genaue Berechnung[21] zugrunde liegt (Abb. 2). In *Alteglofsheim* ist die Zeichnung sehr sicher angelegt. Vereinzelt ist sie im Figurenbereich zu erkennen, die malerische Ausführung erfolgte deckungsgleich mit der Vorzeichnung. Nur vereinzelt lassen sich in den Putz gedrückte Linien erkennen, die mit der ausgeführten Malerei nicht übereinstimmen. Eine Besonderheit konnte in der Kirche Sankt Johann Nepomuk in *München* festgestellt werden. Hier erfolgte die Vorzeichnung in graubrauner Farbe mit dem Pinsel.[22]

Vergleicht man Arbeiten von anderen Künstlern, so kann man beobachten, daß sich diese bis ins hohe Alter an strenge Übertragungssysteme gehalten haben. Tencalla hat im Dom zu *Passau* seine Unterzeichnung auf dem Arriccio mit roter Farbe angelegt, die Vorlage auf dem Intonaco erfolgte nur vereinzelt mit durchgedrückten Linien im Mörtel, die der Malereiführung entsprechen. Wir finden bei Göz in den Bildern von *Birnau* und *Weingarten* ein sehr kleinteiliges Gitter, Zimmermann in *Weyarn,* Bergmüller in *Ochsenhausen,* Anwander in *Schwäbisch Gmünd* und *Unterkochen,* Günther in *Indersdorf* und *Tölz* arbeiteten mit unterschiedlichen Gittergrößen.[23] Von den gefundenen Konstruktionspunkten läßt sich auch an diesen Objekten die perspektivische Architekturgliederung nachvollziehen. Festgestellt wurden bei allen Bildern eingedrückte Linien im figuralen Bereich, an denen sich die ausgeführte Malerei mehr oder weniger orientierte.

Zwei Besonderheiten sind in diesem Zusammenhang noch zu erwähnen: Die Malereien im Langhaus der Klosterkirche *Zwiefalten* von Spiegler sind mit roten Linien vorgezeichnet, ein Gitter läßt sich hier nicht feststellen. Ebenso fehlt der Hinweis auf eine Kartonvorlage. Die gesamte Bildkomposition scheint in situ durchgeführt. In *Neresheim* entspricht die malerische Ausführung exakt der vorgegebenen Unterzeichnung. Hier dürfte es für jede figürliche Darstellung eine zuvor ausgearbeitete zeichnerische Vorlage gegeben haben, an der sich der Malprozeß exakt orientierte.[24]

Für den Malprozeß beim Fresko steht nur ein beschränkter Zeitraum zur Verfügung. Wir lesen bei Pozzo, daß nur soviel Mörtel aufgetragen werden soll, wie an einem Tag bemalt werden kann. Auch über das Auftragen der Farben, die zuvor in ausreichender Menge zubereitet sein müssen, weil sich sonst beim Nachmischen andere Tonwerte ergeben, gibt es alte Beschreibungen.

Ob der Malvorgang in reiner Freskotechnik oder mit Zugabe von Bindemitteln erfolgte, läßt sich durch naturwissenschaftliche Analysen nachweisen. Diese beziehen sich aber nur auf bestimmte Gruppen – etwa ob diese proteinhaltig sind –, nicht auf das Bindemittel[25] selbst. »Den Begriff nicht puristisch zu spalten, sondern die Freskomalerei als Grundlage der monumentalen Malweise anzusehen«, forderte Tintelnot.[26] Tencalla hat in *Passau* seine Gemälde in Fresko begonnen. Nach dem Brand im Dom mußten die schon fertiggestellten Bilder überarbeitet werden.[27] Eine freskale Bindung konnten die aufgebrachten Malschichten nicht mehr eingehen. Die nachfolgend ausgeführten Bilder im Langhaus sind dann in einer Mischtechnik ausgeführt. In *Pommersfelden* sind die gemalten Architekturen in einem Arbeitsgang angelegt. Das Figurale, besonders im Gelb-Braun- und Blaubereich ist mehrschichtig aufgebaut.

Asam hat in *Ingolstadt* und *Alteglofsheim* blau und grün gemalte Flächen teilweise mit einer dünnen Kalkschicht unterlegt. An Gewändern konnte eine graue Untermalung festgestellt werden, auf der Smalte und Azurit ohne Bindemittelzusatz aufgemalt

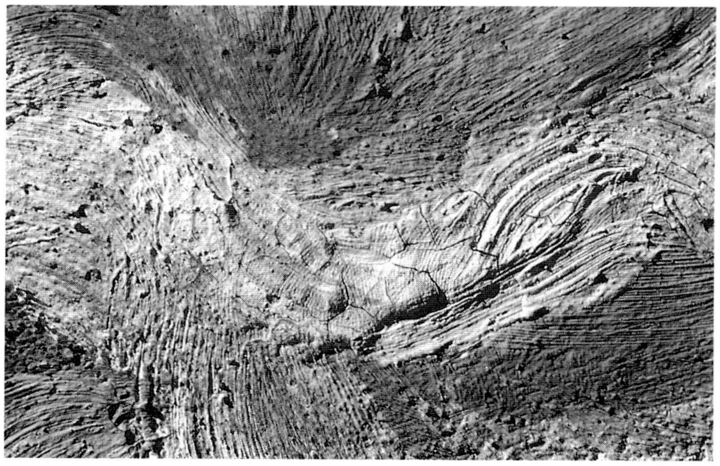

Abb. 3: *Ausschnitt aus dem Deckenfresko Cosmas Damian Asams* von 1730 im Ovalsaal des Schlosses Alteglofsheim, Detail in der Originalgröße von etwa 5 x 8 cm vom Zaumzeug des ersten Gespannpferdes mit pastosem Farbauftrag bis zu 3 mm Stärke und mit Fingerabdruck.

sind.[28] Dunkle bis schwarze Partien haben dagegen Bindemittelzugaben. Eine Besonderheit, die bisher bei keinem anderen Künstler in so ausgeprägter Form anzutreffen ist, sind die sehr pastosen Farbaufträge. Schon in *Amberg* sind Höhungen in weiß bis zu 3 mm Dicke aufgetragen. In *Ingolstadt* und *Alteglofsheim* wurden Weißpartien, teilweise gemalt oder gestupft, bis zu einer Schichtdicke von 7 mm (Abb. 3) gemessen. Fingerabdrücke, die eine zu dick aufgetragene Weißpartie gedünnt haben, sind in Alteglofsheim zu finden. Ein weiteres Indiz über die Arbeitsweise kann an den Pinselspuren abgelesen werden. Asam verwendete in Ingolstadt Pinsel bis zu einer Breite von 12 cm. Auch Spiegler hat im Langhaus in *Zwiefalten* vergleichbare Spuren hinterlassen. Zum

Abb. 4: Ausschnitt aus dem *Untersuchungsbefund des Deckenfreskos* von Cosmas Damian Asam von 1734 in der Kongregationssaalkirche zu Ingolstadt mit Eintragung einiger Tagwerke. Die Arbeitsgrenzen folgen dabei nicht überall der gemalten Form, teilweise sind auch Hintergründe mit einbezogen. Es bedeuten:

————	gesicherte Arbeitsgrenze
— — — —	schwach sichtbare Arbeitsgrenze
....	zur Dokumentation ergänzte Grenzlinie

Anlegen der Karnate bei bestimmten Figurengruppen hat Asam schon in seinem Frühwerk neben den Farben Weiß, Gelb, Rot noch Grün verwendet. Eine Maltechnik, die schon bei mittelalterlichen Wandmalereien zu finden ist.[29] Ein weiteres Gestaltungsmittel neben der Farbe waren Applikationen in Gold. Diese konnten erst nach Abtrocknen der Malerei aufgebracht werden. Das Anlegen erfolgte entweder mit Leimen oder mit einem Wachs-Harz-Gemisch.[30]

Über den möglichen Arbeitsumfang nach den ablesbaren Arbeitsgrenzen gibt es nach wie vor unterschiedliche Interpretationen. Diese als Tagewerke, als an einem Tag fertiggestellte Fläche, zu bestimmen, kann nicht generell angenommen werden. Nach den in *Ingolstadt* gefundenen Grenzen ist dieses Bild in 105 Felder geteilt (Abb. 4). Vereinzelt sind davon jedoch Bereiche betroffen, die nur Hintergrund mit wenig Detail zeigen, andere wiederum sind so reich mit Figuren gefüllt, daß eine Bewältigung in kurzer Zeit unvorstellbar erscheint. In *Pommersfelden* sind es 254 gesicherte Felder. Hier erfolgte die Abgrenzung teilweise durch eine scharfe Beschneidung der Putzkante entlang der gemalten Form. Die Größe der einzelnen Felder ist jedoch so unterschiedlich, daß es durchaus vorstellbar wäre, daß an einem Tag mehrere dieser Felder bemalt wurden.

Anhand der Arbeitsgrenzen läßt sich der Umfang des Schaffens einzelner Künstler vergleichsweise ermitteln. Die ersten Arbeiten von Asam waren wie in *Amberg* noch in einer strengen Gesetzmäßigkeit angelegt. Dieses zeigt sich auch an den jeweiligen Arbeitsgrenzen: sie überlappen in seiner Frühphase nur geringfügig die angrenzende Fläche. Bei seinen späteren Werken finden wir am Beispiel *Alteglofsheim* entweder streng abgegrenzte Flächen oder wie in Ingolstadt weit überlappende Kanten zur angrenzenden Malfläche. Dort sind diese breit vertrieben und nochmals mit Farbe übergangen.

Als einziger Künstler, der eine ähnlich spontane Arbeitsweise erkennen läßt, kann Spiegler genannt werden. Am großen Deckenbild im Langhaus in Zwiefalten hat er ähnlich wie Asam seine Flächen großzügig angelegt. Vergleichbar ist auch sein Malduktus. Mit wenigen übereinander geschichteten Farben erreichte er die Formgebung seiner figuralen Darstellung. Die Trennung von Hintergrund und Szene in der Malanlage ist bisher nur in *Pommersfelden* festzustellen. Erkannt wurde bisher immer ein kontinuierliches Weiterarbeiten nach den erfaßten Arbeitsgrenzen vom jeweiligen Zentralpunkt in den Außenbereich.[31]

Eine andere Maltechnik, die Ölmalerei, soll hier noch kurz angesprochen werden. Diese auf einem trockenen Untergrund aufgebrachte Malerei mußte nicht wie beim Fresko in einem bestimmten Zeitraum fertiggestellt werden. Diese Maltechnik gab dem Künstler, ähnlich wie in der Staffeleimalerei, die Möglichkeit, Farbschichten in verschiedenen Konsistenzen mehrfach übereinander zu legen. Der schichtweise Aufbau für diese Maltechnik ist schon in frühen Quellen[32] beschrieben. Hier werden das Grundieren mit Leimen, aber auch das Tränken mit Ölen genannt. Letztere Grundierungsart konnte an einigen Objekten aus dem 18. Jahrhundert nachgewiesen werden.[33] Auf den grundierten Untergrund wurde entweder eine weitere Sperrschicht mit beigegebenen Füllstoffen gelegt, oder es erfolgte unmittelbar eine farbige Imprimitur, die teilweise nur dünn überlasiert in die Malerei mit einbezogen wurde.[34] Stauder verwendete im Kaisersaal *Ottobeuren* eine graue Imprimitur, Guibal für sein Deckenbild im Schloß *Solitude* bei Stuttgart Gelb und Rot. Als Unterzeichnung konnten in Ottobeuren rote, in Stuttgart graue bis schwarze, mit dem Pinsel gezogene Linien nachgewiesen werden. Die Farbpalette in der Ölmalerei ist umfangreicher, besonders grüne und rote Pigmente können hier verwendet werden, die in der kalkgebundenen Technik unbrauchbar sind. Trotz der breiteren Farbpalette läßt sich über die Farbintensität dieser Malereien im ursprünglichen Zustand wenig aussagen. Die verwendeten Bindemittel, Öle und Harze, teilweise emulgiert mit Proteinen, unterliegen einem anderen Alterungsprozeß als mineralisch gebundene. Deshalb erscheinen diese Malereien in einer frisch renovierten Umgebung dunkler und schwerer als Fresken. Anfänglich hatten diese Malereien wohl eine leicht glänzende Oberfläche, die jedoch schon nach kurzer Zeit ein mattes Aussehen bekam. Überzüge mit Firnissen konnten bisher noch nicht analysiert werden. Technisch sind diese nicht denkbar, weil ein Auftragen nur nach einem längeren Trockenprozeß möglich ist.[35]

Zusammenfassung

Mit den vorliegenden Ergebnissen kann über die Arbeitsweise einzelner Künstler noch keine zusammenfassende und endgültige Aussage getroffen werden. Wir stehen erst am Anfang in der technologischen Auseinandersetzung mit den Wandmalereien des Barocks. Asam wird auch hier eine Sonderstellung einnehmen. Seine künstlerische Spontaneität hat ihn maltechnologisch zu Mitteln greifen lassen, die wohl kaum mit Lehrbuchmeinungen in Einklang zu bringen sind. Es bedarf insgesamt noch weiterer Untersuchungen, bis wir überhaupt differenzierte Aussagen über den Werkprozeß machen können.

ANMERKUNGEN

1 Vgl. Christian Wolters, *Die Bedeutung der Genialdurchleuchtung mit Röntgenstrahlen für die Kunstwissenschaft,* Frankfurt 1938; Johannes Taubert, *Zur kunstwissenschaftlichen Auswertung von naturwissenschaftlichen Gemäldeuntersuchungen,* Diss. 1956 Marburg; Franz Mairinger, *Untersuchungen von Kunstwerken mit sichtbaren und unsichtbaren Strahlen* (Bildhefte der Akademie der bildenden Künste) Wien 1977; Knut Nicolaus, *Gemälde im Licht der Naturwissenschaft.* Ausstellung im Herzog Anton Ulrich-Museum Braunschweig 1978.

2 Oskar Emmenegger, »Techniken der Wandmalerei, ihre Schäden und die typischen Schadenursachen«, in: *Historische Technologie und Konservierung von Wandmalerei,* Bern, 1985; Christian Heydrich, »Technologische Beobachtungen an den Ölmalereien Hans Bocks d. Ä. und seiner Söhne am Basler Rathaus (1606-1611), nach seinen eigenen Aussagen, den analytischen Untersuchungsergebnissen und dem Vergleich mit der zeitgenössischen kunsttechnischen Literatur«, ebenda; Helmut F. Reichwald, »Möglichkeiten der zerstörungsfreien Voruntersuchung am Beispiel der ottonischen Wandmalereien in Sankt Georg Reichenau-Oberzell«, ebenda.

3 Vgl. Adolf Rieth, »Planung und Ausführung barocker Deckenbilder«, in: *Denkmalpflege in Baden-Württemberg,* Heft 1/1967, 6.

4 Hierzu: *Die Gedanken eines Erfahrenen auf dem Weg der Wissenschaft á la Fresque zu malen, von einem ehemaligen Mitglied der Gesellschaft Arkadien M. K.* [Martin Knoller] *1768:* »Man malt nach sogenannten Kartonen große Zeichnungen perfekt mit Kohle auf Papier gezeichnet und mit einem Pinsel umrissen.«

5 Ebenda, mit detaillierten Angaben über das Zubereiten und Vermalen der Farben.

6 Vgl. Andrea Pozzo, *Perspectiva pictorum atque architectorum,* 1692 erschienen, im 18. Jahrhundert mehrfach, auch in deutscher Sprache, verlegt; G. H. Werner, *Anweisung alle Arten von Prospekten nach den Regeln der*

Kunst und Perspektiv von selbst zeichnen zu lernen nebst Anleitung zum Plafond und Freskomalen, Erfurt 1781; derselbe, *Die Erlernung der Zeichenkunst durch die Geometrie und Perspektiv,* Erfurt 1763.

7 Im 17. und 18. Jahrhundert sind alle traditionellen Bauarten weiter vertreten. Beispiele für Ziegelgewölbe: Passau, Dom (Tencalla); Ochsenhausen, ehemalige Klosterkirche (Bergmüller); Indersdorf, ehemalige Klosterkirche (Günther). – Die Mehrzahl der Deckenmalereien im 18. Jahrhundert hat Holzkonstruktionen. Beispiele: Ingolstadt, Maria de Victoria; Alteglofsheim, Schloß (Asam); Wallfahrtskirche Birnau und Weingarten, Audienzsaal (Göz); Pommersfelden, Treppenhaus (Byß, Marchini); Schwäbisch Gmünd, Augustinerkirche, und Unterkochen, Sankt Maria (Anwander); Schloß Seehof bei Bamberg (Appiani).

8 Über die Verwendung von Rohr als Haftbrücke gibt es in einem Protokoll zu den Arbeiten im ›Weißen Saal‹ von Schloß Seehof bei Bamberg folgenden Hinweis: »... dann die Latten zu schneiden und zu hauen, so dann hienauff zu naglen, oberwehnte Deck auch mit rohren gut zu versichern und mit neüen Verwurff zu machen ...«. Weiter unten wird auf eine Anweisung von Hauptmann Küchel verwiesen: »... nur mit Latten verfertiget, und keine rohr darzu verwendet werden ...« Darauffolgend der Hinweis auf eine mündliche Äußerung des Bauherrn: »... daß solche Deck mit Latten und Rohr besserer Haltung halber – und damit die Mahlerey keinen schaden bekomme, hergestellet werden solle ...«. (Auszug aus: ›Protocollum sub acto veneris in Camera den 26. Februarij 1751‹, Staatsarchiv Bamberg, B 53, Nr 455, 52.) – Die jüngste Restaurierung des Saales hat ergeben, daß im Kehlbereich, wo durch einen Wasserschaden der Untergrund einsehbar war, nur aufgebeilte Latten ohne Rohr zu finden waren.

9 Lehmuntergrund als Trägerschicht für einen Kalkmörtel mit Malerei festzustellen im sogenannten Engelsturm von Schloß Seehof bei Bamberg.

10 Beim Deckengemälde im Treppenhaus von Schloß Pommersfelden wurde festgestellt, daß die aufgerauhte Oberfläche zusätzlich aufgepickt ist.

11 Vgl. hierzu den Auszug aus einem Brief zu den Arbeiten auf Schloß Werneck: »Würtzburg, d. 4 8br. 1733: ... Daß gewöhlm ist schön wie sein solle vndt also der luft umb außzudrucknen durchstreichet vndt mit Herrn byßen abgeredet vndt ohne vnter thänigste Maßgebung davor gehalten, daß mir den rauen bewurf nicht anjetzo ahn der gewöhlmen machen wolten, weilen es sehr hart frühe vndt abents kalt vndt durch eine frost den bewurf nicht schrecket, welches in 10 tagen in frühling hernach gemacht ist, vndt ob es schon Eüsserlich trucken scheinet, so ist es doch in denen Widerlagern vndt Dicke noch nicht außgetrucknet ...« (zitiert nach Karl Lohmeyer, *Die Briefe Balthasar Neumanns an Friedrich Karl von Schönborn, Fürstbischof von Bamberg und Würzburg, und Dokumente aus den ersten Baujahren der Würzburger Residenz,* Saarbrücken 1921, 44.

12 Hierzu Pozzo (Anm. 6), 5. und 6. Absatz. – Einige Beispiele für Unterzeichnungen auf dem Arriccio, wie sie der Verfasser feststellen konnte: *Passau,* Dom (Tencalla): rote Farbe, mit dem Pinsel aufgetragen (2 cm breit). – *Schwäbisch Gmünd,* Augustinerkirche (Anwander): grauschwarz, mit dem Pinsel aufgetragen (1,5 cm breit). – *Weingarten,* Audienzsaal (Göz): mit schwarzer Kohle unterlegt, darüber rote Farbe mit dem Pinsel aufgetragen (1,2 cm breit), vereinzelt grobe Vorritzung. – *Schloß Seehof,* Weißer Saal: Unterzeichnung schwarz (etwa 1 cm breit). – *Vierzehnheiligen,* Klosterkirche (Appiani): In einer Kartusche am südlichen Vierungspfeiler ist auf dem Arriccio ein Gitter angelegt, eine grau-rote Pinselvorzeichnung ohne erkennbare Formgebung ist vorhanden. – *Ludwigsburg,* Schloß Favorite: Im östlichen Eckzimmer wurden nach Abnahme eines Leinwandbildes auf dem Arriccio eine komplette Unterzeichnung mit einer Linienteilung von der Mitte ausgehend sowie figürliche Darstellungen gefunden. Zu einer freskalen Ausführung ist es nicht gekommen. Das Bild wurde in Öl auf Leinwand ausgeführt. – Diese Beobachtungen sind an Fehlstellen gemacht worden. Wie die Unterzeichnung insgesamt angelegt war, läßt sich anhand dieser Funde allerdings nicht belegen.

13 Bei der Freskomalerei werden Pigmente ohne Bindemittel auf den noch feuchten Mörtel (Kalk-Sand-Gemisch) aufgetragen. Während des Malens vermischen sich die an der Mörteloberfläche vorhandenen Kalkpartikel mit den Pigmenten. Bei der Austrocknung wandert weiteres, in Wasser gelöstes Calciumhydroxid (Gelöschter Kalk) an die Oberfläche und bindet die Pigmentteilchen. In der Luft vorhandenes Kohlendioxid wandelt den gelöschten in kohlensauren Kalk um.

14 Nachfolgend einige Beispiele. Gemessen wurde, soweit zugänglich, an mehreren Ausbruchstellen.

	Farbe des Mörtels	Stärke in mm
Passau: Tencalla	helles Grau	6-9
Amberg: Asam	helles Grau	4-7
Alteglofsheim: Asam	Weißgelblich	5-6
Ingolstadt: Asam	Weißgrau	4-5
München: Asam	Grau	4-7
Kißlegg: Asam	Weißgelb	5-6
Weingarten: Göz	Weißgrau	4-5
Birnau: Göz	Weißgrau	4-6
Ochsenhausen: Bergmüller	Weißgelblich	4-5
Seehof: Appiani	Weißgrau	4-6
Schwäbisch-Gmünd: Anwander	Weißgelblichgrau	5-6
Unterkochen: Anwander	Weißgrau	5-6
Indersdorf: Günther	Weißgrau	5-7
Tölz: Günther	Gelbgrau hell	5-6
Weyarn: Zimmermann	Weißgelb	5-6
Pommersfelden: Byß	helles Grau	3-8

Alle Mörtel sind dabei fein strukturiert, in Passau besitzen sie einen hohen Anteil an Glimmer.

15 Neben der Freskotechnik gibt es eine Reihe von Mischtechniken. Sie lassen sich grob in zwei Gruppen einteilen:

Secco-Malerei mit organischen Bindemitteln. Hierzu gehören: Leim, Ei, Kasein, Pflanzengummi, trocknende Öle. Diese können auch als Emulsionen Verwendung finden. Mit diesen Bindemitteln lassen sich alle Pigmente vermalen. Der Auftrag erfolgt auf trockenem Mörtel, als Grundierung werden Leime oder Öle verwendet.

Malereien mit anorganischen Bindemitteln. Hierzu gehören: Kalk, mit oder ohne Zuschläge (Sand), in verschiedenen Schichtdicken aufgetragen. Dieser Auftrag kann auch auf älteren Untergründen erfolgen. Durch Bindemittelzugabe, zum Beispiel von Kasein, wird eine bessere Haftung der Pigmente erreicht. Man spricht in diesen Fällen von: *Kalkmalerei, Kalksecco-Malerei.*

Vgl. hierzu Hermann Kühn, *Erhaltung und Pflege von Kunstwerken und Antiquitäten,* Band 2, München 1981; Paul Philippot, *Die Wandmalerei. Entwicklung, Technik, Eigenart,* Wien und München 1972; Paolo und Laura Mora und Paul Philippot. *La Conservation des Peintures Murales,* Bologna 1977.

16 Beispiele von Ölmalereien auf Mörteluntergründen des 18. Jahrhunderts: Ottobeuren, Kaisersaal (Stauder): Kalk-Gips-Gemisch mit Quarzsandzuschlägen, Farbe weißgelblich, Schichtdicke 3-4 mm. – Stuttgart, Schloß Solitude (Guibal): Gemisch aus abgebundenem und ungebranntem Naturgips (Calciumsulfatdihydrat) mit geringer Menge Quarzsand, Farbe weiß, Schichtdicke 2 mm. – An beiden Objekten ist diese Schicht mit Ölen grundiert.

17 Die hier erwähnten Objekte sind alle vom Verfasser selbst untersucht worden. In diesem Zusammenhang konnte eine Auswahl der vorliegenden Ergebnisse verwendet werden. Ein Teil der Analysen wird zur Zeit noch ausgewertet. Hierzu gehören Pigmente, Bindemittel, Schichtuntersuchungen sowie Mörtelzusammensetzungen. Eine Zusammenfassung ist an anderer Stelle vorgesehen.

1 *Passau* Dom: Gewölbemalerei im Langhaus, zwischen 1682 und 1684; signiert: Carpofhorus Tencalla F' 1684 (1. Joch).

2 *Pommersfelden,* Schloß: Treppenhaus, Deckenmalerei, 1717; Künstler: Johann Rudolph Byss und Giovanni Francesco Marchini.

3 *Amberg,* Maria-Hilf-Kirche: Deckenmalerei im Langhaus, 1716/17; Künstler: Cosmas Damian Asam.

4 *Kißlegg,* Sankt-Anna-Kapelle: Deckenmalerei, um 1719; Künstler: Cosmas Damian Asam.

5 *Ottobeuren,* Kloster, Kaisersaal: Deckenmalerei, 1724/25; Künstler: Jacob Carl Stauder, signiert: C. S. (am Hundehalsband).

6 *Ochsenhausen,* ehemalige Klosterkirche: Deckenmalerei im Langhaus, 1725-1727; Künstler: Johann Georg Bergmüller.

7 *Weyarn,* ehemalige Klosterkirche: Deckenmalerei, 1729; Künstler: Johann Baptist Zimmermann.

8 *Alteglofsheim,* Ovalsaal: Deckenmalerei, 1730; Künstler: Cosmas Damian Asam.

9 *Ingolstadt,* Maria de Victoria: Deckenmalerei, 1734; Künstler: Cosmas Damian Asam.
10 *München,* Asamkirche: Deckenmalerei, 1735 ff.; Künstler: Cosmas Damian Asam.
11 *Weingarten,* Audienzsaal: Deckenmalerei; Künstler: Gottfried Bernhard Göz, signiert: Göz 1747.
12 *Birnau,* Wallfahrtskirche: Deckenmalerei, 1749/50; Künstler: Gottfried Bernhard Göz.
13 *Zwiefalten,* ehemalige Klosterkirche: Deckenmalerei im Langhaus, 1751; Künstler: Franz Josef Spiegler.
14 *Indersdorf,* ehemalige Klosterkirche: Deckenmalerei im Langhaus; signiert: Matthae Günther pinxit 1755.

18 Hierzu Johannes Taubert, »Beobachtungen zum schöpferischen Arbeitsprozeß bei einigen altniederländischen Malern«, in: *Nederlands kunsthistorisch Jaarboek,* 1976.

19 Diese Fresken wurden von Bushart 1982 als Werke Asams bestimmt. Bei der Restaurierung 1984 konnte auch der technologische Aufbau dieser Malereien überprüft werden. Es gibt Parallelen zu anderen Arbeiten; danach bestehen keine Zweifel, daß diese Bilder von Asam gemalt wurden.

20 Für die Umrißzeichnung der Kapitelle dürfte die Vorlage mehrfach verwendet worden sein. Form und Maße sind fast deckungsgleich.

21 Die bemalte Fläche ohne Orgelempore mißt einschließlich gemaltem Stuck 30,20 m in der Länge und 13,65 m in der Breite (Mittelmaß). In der Längsachse mittig sind 4 Konstruktionspunkte angelegt. Abstand Fluchtpunkt im Bereich der Engelsgloriole Richtung Orgelempore etwa 5 m. Auf die Gesamtlänge ergeben sich sechs gleichgroße Felder. Drei der vier gefundenen Konstruktionspunkte werden von dem Teilmaß tangiert. Zieht man vom Fluchtpunkt ein Dreieck und verbindet die unteren zwei Punkte, bleiben oben wie unten zwei gleichgroße Felder, das spitzwinklige Dreieck liegt in den mittleren vier Feldern. Innerhalb dieses Dreiecks ist die Tempelszenerie konstruiert. Bemalte Gesamtfläche einschließlich Kehle 438,85 m², davon 401,50 m² großes Bild, 37,35 m² über der Orgel. Vgl. hierzu Kaute 1966 (die hier angegebenen Maße sind allerdings nach einem Grundrißplan errechnet, der die Abwicklung der Kehlen nicht berücksichtigt).

22 In Bereichen, die durch Wassereinbruch beschädigt waren, konnte diese Vorzeichnung beobachtet werden. Die obere Malschicht war abgeplatzt, der Mörtel hatte an diesen Stellen eine sehr glatte Oberfläche. Die Unterzeichnung war sehr zügig ausgeführt. Nach dem vorliegenden Schadensbild war die obere Malschicht an diesen Stellen nicht freskal abgebunden.

23 Die Gitter haben folgende Abmessung:

Weingarten	15 × 15 cm
Birnau	20 × 24,5 cm (häufig wechselnd)
Weyarn	30 × 30 cm (in Teilbereichen vorhanden)
Ochsenhausen	29 × 29,5 bis 29 × 30 cm
Schwäbisch Gmünd	30 × 30 cm
Unterkochen	28,5 × 28,5 cm
Tölz, Mühlfeldkirche (Chor)	52,5 × 52,5 cm
Indersdorf	118 × 120 cm

Tölz und Indersdorf (Günther) bilden eine Ausnahme. In Indersdorf verläuft die Arbeitsgrenze in mehreren Bereichen mit der vorgegebenen Felderteilung.

An allen genannten Objekten erfolgte die Gitterteilung von der Mitte nach den Seiten.

24 Hierzu Knoller (Anm. 4).

25 Bisher ist es noch nicht gelungen, proteinhaltige Bindemittel in ihrer spezifischen Form genau zu bestimmen.

26 Tintelnot, 1951, 13.

27 Bei dem Stadtbrand vom 29. Juli 1680 ist auch das Dominnere beschädigt worden. Tencalla hatte einen Teil der Gewölbemalereien bereits fertiggestellt, die er nach dem Brand reinigte und teilweise überarbeitete. Hierzu Michael Kühlenthal und Martin Zunhamer, *Der Passauer Dom und die Deckengemälde Carpoforo Tencallas,* Arbeitshefte des Bayerischen Landesamtes für Denkmalpflege, (Anhang: Dokument 1 vom 17. Juni 1682, wo das Datum des Brandes mit 29. Juli 1681 angegeben ist).

28 Hierzu als Vergleich die Analyse zweier Proben aus dem Deckengemälde der Asamkirche München (Auswertung durch Preußer, Doerner-Institut München)

Entnahmestelle	Querschnitt	Ergebnis
Wolke	1. Putzschicht 2. hellgraue Schicht 3. dicke gelblichrosa Schicht	zu 3: Calciumcarbonat Smalte gelbbrauner und roter Ocker Pflanzenschwarz
oberhalb Treppe	1. Putzschicht 2. unregelmäßig hellgraue Schicht 3. dicke graublaue Schicht	zu 2: Calciumcarbonat Pflanzenschwarz roter Ocker in geringer Menge zu 3: grüne Erde Smalte brauner, roter und gelber Ocker Pflanzenschwarz Calciumcarbonat Ultramarin nat. in geringer Menge

29 Die Gesichter wurden mit grüner Farbe entweder unterlegt oder man trug das Grün zum Schluß auf, etwa in Augenhöhlen, Wangen oder Halspartien. Nördlich der Alpen gibt es diese Funde ab dem 10. Jahrhundert. Cennini beschreibt in Kapitel 67 dieses Herausarbeiten als ›Verdaccio‹; vgl. Cennino Cennini, *Das Buch von der Kunst oder Tractat der Malerei,* Quellenschriften für Kunstgeschichte und Kunsttechnik des Mittelalters und der Renaissance, herausgegeben von R. Eitelberger von Edelberg, übersetzt und erläutert von Albert Ilg; Neudruck der Ausgabe 1871, Osnabrück 1970.

30 Zu finden in den Malereien Anwanders in Schwäbisch Gmünd und Unterkochen sowie Appianis in Schloß Seehof bei Bamberg.

31 *Ingolstadt:* Das erste Arbeitsfeld umfaßt den Bereich der Engelsgloriole, hier liegt auch der Konstruktionspunkt. Umliegende Felder überlappen diesen Bereich. – *Pommersfelden:* Etwas außerhalb der Mitte (etwa 1,5 m) im Bereich der rechten Pferdegruppe, Überlappungen von den umliegenden Feldern. – *Weingarten,* Audienzsaal: Mittleres Feld vom gegitterten Schnittpunkt ausgehend. – *Zwiefalten,* Vierungskuppel: Von der Mitte ausgehend ringsum in den Außenbereich, insgesamt 49 Felder. – Vgl. dazu Hans-Dieter Ingenhoff, »Das Spiel mit dem schönen Schein«, in: *Reutlinger General-Anzeiger,* 25. April 1984, auch als Sonderdruck erschienen.

32 Cennini (Anm. 29), Kapitel 90-93.

33 Vgl. Anmerkung 16.

34 *Stuttgart,* Schloß Solitude (Guibal):

Grundierung mit Öl	Zwischenschicht (Imprimitur)	Bleiweiß dolomitischer Kalk grobkristalliner Zinnober rotes Eisenoxidpigment wenig Neapelgelb Pflanzenschwarz Ölbindemittel

Die Zwischenschicht variiert in der Zusammensetzung. (Analyse durch Kühn, München, 5. Juli 1983.)

Ottobeuren, Kaisersaal (Stauder):

Grundierung mit Öl	Zwischenschicht	Bleiweiß Pflanzenschwarz Smalte (gering)

35 Der Trockenprozeß einer mit Öl oder Öl-Harz gebundenen Farbe dauert je nach Bindemittelanteil Jahrzehnte. Ein Firnis, der mit dem Pinsel aufgetragen wird, kann erst nach Abtrocknung der Oberfläche aufgebracht werden. In der Regel dauert dieses einige Monate.

Bildtafeln

Tafel 1: ENSDORF, ehemalige Benediktiner-Klosterkirche Sankt Jakob, Kuppelfresko: *Dreifaltigkeit, Engel und Heilige in der Glorie,* 1714-1716 [F I, 4]

Tafel 2: ENSDORF, ehemalige Benediktiner-Klosterkirche Sankt Jakob,
Langhausfresko: *Der Heilige Jakobus als Heerführer gegen die Sarazenen,* 1714-1716 [F I, 2]

Tafel 3: ENSDORF, ehemalige Benediktiner-Klosterkirche Sankt Jakob,
Langhausfresko: *Der Heilige Jakobus als Befreier der Gefangenen,* 1714-1716 [F I, 1]

Tafel 7: MÜNCHEN, Dreifaltigkeitskirche, Kuppelfresko:
Verherrlichung der Heiligsten Dreifaltigkeit, 1714-1715 [F II, 1]

Tafel 8: MÜNCHEN, Dreifaltigkeitskirche,
Ausschnitt aus dem Kuppelfresko:
Verherrlichung der Heiligsten Dreifaltigkeit, 1714-1715 [F II, 1]

Folgende Seiten:

Tafel 9: MICHELFELD, ehemalige Benediktiner-Klosterkirche
Sankt Johann Evangelist,
Ausschnitt aus dem Chorfresko: *Herabkunft des Heiligen Geistes mit zwei der Sieben Gaben des Heiligen Geistes (Sapientia und Consilium),* 1716-1718 [F IV, 4]

Tafel 10: MICHELFELD, ehemalige Benediktiner-Klosterkirche
Sankt Johann Evangelist,
Ausschnitt aus dem Langhausfresko: *Anbetung der Hirten,* 1717 [F IV, 1]

TRINO VIDET OMNIA
IN ODOREM
TRINUM TENET UNA THESAURUM

Tafeln 11-14: WEINGARTEN, Benediktinerabtei- und Wallfahrtskirche zum Heiligen Blut, Zwickelfresken der Chorkuppel mit den vier Kirchenvätern, 1718-1720:

11: *Heiliger Hieronymus* [F VII, 6 a]. 12: *Heiliger Ambrosius* [F VII, 6 d]
13: *Heiliger Gregor der Große* [F VII, 6 b]. 14: *Heiliger Augustinus* [F VII, 6 c]

Tafel 15: WEINGARTEN, Benediktinerabtei- und Wallfahrtskirche zum Heiligen Blut, Chorkuppel und Apsisfresko: *Aussendung des Heiligen Geistes* und *Anbetung des Apokalyptischen Lammes,* 1718-1720 [F VII, 6 und 7]

LIBER
VITAE AGNI

Tafel 16: WEINGARTEN, Benediktinerabtei- und Wallfahrtskirche zum Heiligen Blut, Ausschnitt aus der Vierungskuppel: *Ecclesia Triumphans,* 1718-1720 [F VII, 5]

Tafel 17: WEINGARTEN, Benediktinerabtei- und Wallfahrtskirche zum Heiligen Blut, Langhausfresko: *Himmelfahrt Mariä,* 1718-1720 [F VII, 4]

Tafeln 18-19:
WEINGARTEN,
Benediktinerabtei- und Wallfahrtskirche zum Heiligen Blut,
Ausschnitte aus Langhausfresken;
1718-1720:

18: *Verehrung der Heilig-Blut-Reliquie* [F VII, 20]

19: *Personifikationen der benediktinischen Tugenden,* Ausschnitt aus der *Glorie des Heiligen Benedikt* (vgl. Tafel 20); [F VII, 3]

18

19

Tafel 20: WEINGARTEN, Benediktinerabtei- und Wallfahrtskirche zum Heiligen Blut, Langhausfresko: *Glorie des Heiligen Benedikt,* 1718-1720 [F VII, 3]

Tafel 21: WEINGARTEN, Benediktinerabtei- und Wallfahrtskirche zum Heiligen Blut, Emporenfresko: *Einkleidung des Heiligen Benedikt,* 1780-1720 [F VII, 10a]

Tafel 22: WEINGARTEN, Benediktinerabtei- und Wallfahrtskirche zum Heiligen Blut, Emporenfresko: *Der Heilige Benedikt bekehrt Heiden,* 1718-1720 [F VII, 10b]

Tafel 23: ALDERSBACH, ehemalige Zisterzienser-Klosterkirche Mariä Himmelfahrt, Ausschnitt aus dem Langhausfresko: *Weihnachtsvision des Heiligen Bernhard,* 1720-1721 [F VIII, 2]

Tafel 24: ALDERSBACH, ehemalige Zisterzienser-Klosterkirche Mariä Himmelfahrt, Langhausfresko: *Weihnachtsvision des Heiligen Bernhard,* 1720-1721 [F VIII, 2]

DILEXIT
DEUS
MUNDUM
ENIM
UT
SIC
FILIUM
SUUM
UNIGENITUM
DARET
GLORIA
IN EXCELS
DEO ET IN TER
RA PAX HOMINI
BONÆ VOLUN

Tafel 25: ALDERSBACH, ehemalige Zisterzienser-Klosterkirche Mariä Himmelfahrt, Langhausfresko: *Der Auferstandene erscheint seiner Mutter,* 1720-1721 [F VIII, 3]

Tafel 26: ALDERSBACH, ehemalige Zisterzienser-Klosterkirche Mariä Himmelfahrt, Chorfresko: *Ausgießung des Heiligen Geistes,* 1720-1721 [F VIII, 5]

Tafel 27:
SCHLEISSHEIM,
Neues Schloß,
Maximilianskapelle,
Martyrium und Glorie des Heiligen Maximilian,
1721 [F IX, 2]

Tafel 28: SCHLEISSHEIM, Neues Schloß, Fresko in der Laternenkuppel des Treppenhauses:
Venus läßt bei Vulkan die Waffen des Aeneas schmieden, 1720 [F IX, 1]

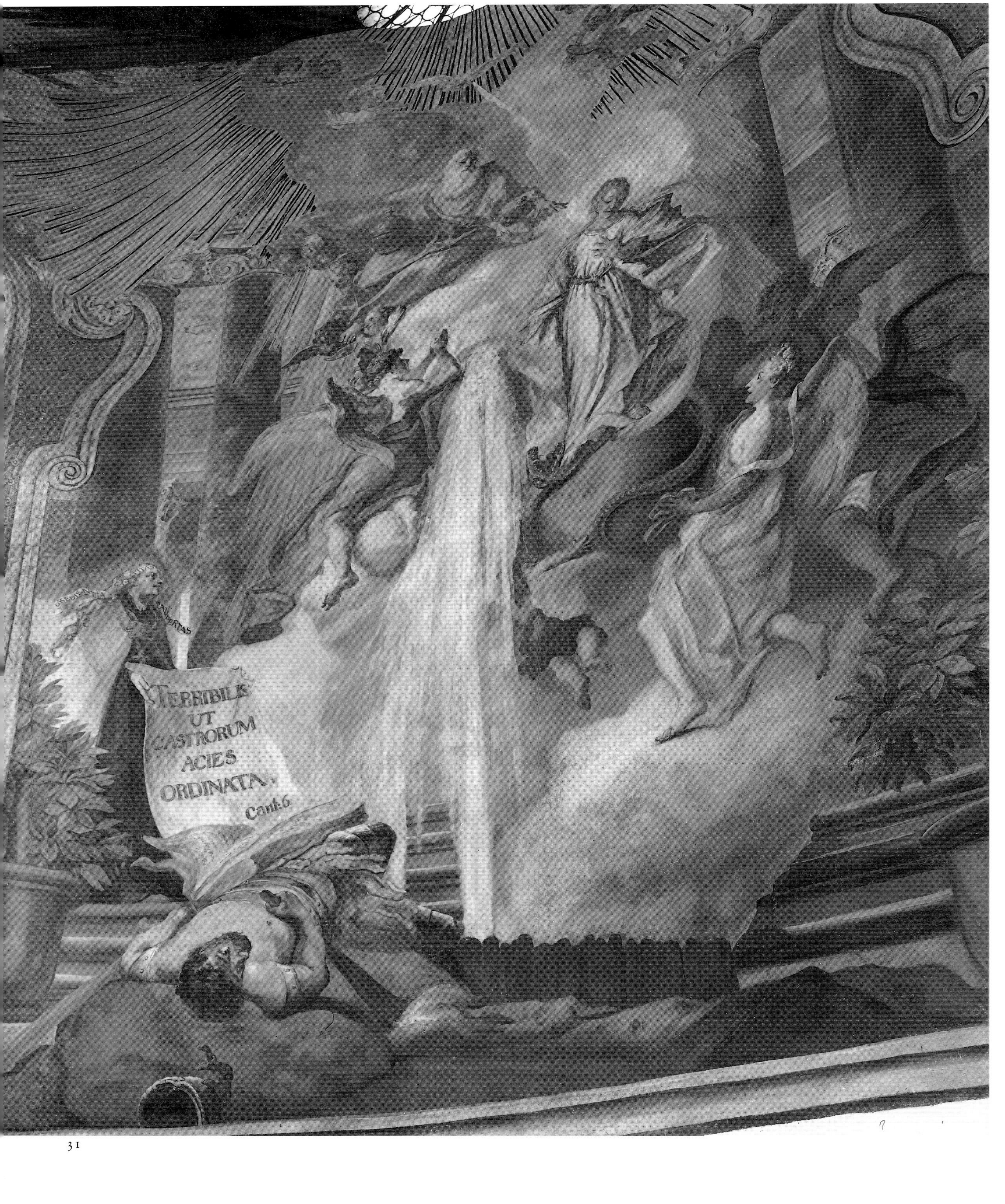
TERRIBILIS
UT
CASTRORUM
ACIES
ORDINATA,
Cant: 6.

31

TERRIBILIS
UT

Tafel 34: *Der Heilige Jakobus der Ältere von Compostela als Helfer und Fürbitter,*
Entwurf für das Kuppelfresko im Langhaus von Sankt Jakob in Innsbruck, 1721;
München, Staatliche Graphische Sammlung
[Z 13]

Tafel 33: WELTENBURG,
Benediktiner-Klosterkirche Sankt Georg,
Kuppelfresko: *Ecclesia triumphans,*
1721 [F X, 2]

Folgende Seiten:

Tafeln 35-36: FÜRSTENFELD,
ehemalige Zisterzienser-Klosterkirche Mariä Himmelfahrt:

35: Chorgewölbe mit Freskenfeldern, 1722-1723 [F XII, 16-18]

36: Zwei Chorfresken: *Schutzmantelmadonna* [F XII, 17] und *Stiftung der Fürstenfelder Kirche* [F XII, 18], 1722-1723

OMNES MECUM ERUNT IN ÆTERNUM

VENI SANCTE SPIRITUS
O DULCIS VIRGO MARIA
O· PIA
O· CLEMENS

39

40

Tafeln 39-42: FÜRSTENFELD, ehemalige Zisterzienser-Klosterkirche Mariä Himmelfahrt, vier Emporenfresken, 1731-1732:

39: *Marienerscheinung im Traum eines Mönches* [F XII, 6]

40: *Mystische Vermählung des Heiligen Franz von Assisi mit der Armut* [F XII, 10]

41: *Mystische Vermählung der Heiligen Katharina von Siena mit dem Christuskind* [F XII, 11]

42: *Maria verteilt himmlische Speise, Jesus in der Küche* [F XII, 12]

Vorhergehende Seiten:

Tafeln 37-38: FÜRSTENFELD, ehemalige Zisterzienser-Klosterkirche Mariä Himmelfahrt:

37: Die Joche des Langhausgewölbes mit Fresken, 1731-1732 [F XII, 3-5]

38: Ausschnitt aus dem Langhausfresko: *Lactatio Bernhards, Umarmung durch den Gekreuzigten* und *Pfingstwunder,* 1731-1732 [F XII, 5]

41

42

Tafel 43: KLADRAU (Kladruby), ehemalige Benediktiner-Klosterkirche Mariä Himmelfahrt,
Fresko an der Hochwand des Chors: *Lob der Schöpfung* (aus seitlicher Schrägsicht), 1725-1727 [F XV, 16]

Tafel 44: KLADRAU (Kladruby), ehemalige Benediktiner-Klosterkirche Mariä Himmelfahrt,
Fresko an der Hochwand des Langhauses: *Maria als Apokalyptisches Weib* (aus der Untersicht), 1725-1727 [F xv, 2]

Tafel 45: FREISING, Dom Mariä Geburt und Sankt Korbinian,
Langhausfresko: *Glaube, Hoffnung, Liebe und Freising,* 1723-1724 [F XIII, 3]

Tafel 46: FREISING, Dom Mariä Geburt und Sankt Korbinian,
Langhausfresko: *Verherrlichung des Heiligen Korbinian,* 1723-1724 [F XIII, 2]

Tafel 47: FREISING, Dom Mariä Geburt und Sankt Korbinian,
Chorfresko: *Anbetung des Lammes,* 1723-1724 [F XIII, 5]

Tafel 48: FREISING,
Dom Mariä Geburt und Sankt Korbinian,
Langhausfresko: *Hirtentugenden des Heiligen Korbinian,* 1723-1724 [F XIII, 1]

49

50

Tafeln 49-52: FREISING, Dom Mariä Geburt und Sankt Korbinian, vier Fresken an den Emporenbrüstungen, 1723-1724

49: »*Silentio vinum effervescens servat*«
(Durch Schweigen bewahrt er den gärenden Wein); [F XIII, 13]

50: »*Latronem prodigiose tuetur*«
(Er beschützt einen Räuber auf wunderbare Weise); [F XIII, 17]

51: »*Ecclesia S. Stephani coelitus splendescit*«
(Die Stephanskirche erstrahlt in himmlischem Glanz); [F XIII, 25]

52: »*Frisinga Maias transfertur*«
(Er wird von Freising nach Mais überführt); [F XIII, 29]

ECCLESIA S.STEPHANI COELITUS SPLENDESCIT.

51

FRISINGA MAIAS TRANSFERTUR

52

Tafel 54: EINSIEDELN, Wallfahrts- und Benediktiner-Klosterkirche,
Langhausfresko: *Weihnachtskuppel,* 1724-1727 [F XIV, 8]

Tafel 55: EINSIEDELN, Wallfahrts- und Benediktiner-Klosterkirche,
Ausschnitt aus der Langhauskuppel: *Anbetung der Hirten,* 1724-1727 [F XIV, 8]

56

57

Tafeln 56-57: EINSIEDELN,
Wallfahrts- und Benediktiner-Klosterkirche,
Ausschnitte aus der Langhauskuppel:
Verkündigung an die Hirten, 1724-1727 [F XIV, 8]

56: *Engel verkünden den Hirten die Geburt Christi*
57: *Hirten lauschen den Engeln*

Tafel 58: EINSIEDELN,
Wallfahrts- und Benediktiner-Klosterkirche,
Langhausfresko: *Abendmahlskuppel,*
1724-1727 [F XIV, 7]

59

60

Tafeln 59-60: EINSIEDELN,
Wallfahrts- und Benediktiner-Klosterkirche,
zwei Seitenfresken,
1724-1727

59: *Stifter, Patrone und Heilige I* [F XIV, 18]
60: *Sankt Benedikt* [F XIV, 15]

Tafel 61: BŘEVNOV,
Prälatensaal im ehemaligen Benediktinerkloster,
Ausschnitt aus dem Deckenfresko:
Gastmahl des Heiligen Günther,
1726-1728 [F XVI]

Tafeln 62-63:
BŘEVNOV,
Prälatensaal im
ehemaligen Benediktinerkloster,
zwei Ausschnitte
aus dem Deckenfresko:
Gastmahl des Heiligen Günther,
1726-1728 [F XVI]

62: *Jagdgesellschaft*
63: *Musikanten*

62

63

Tafel 64: BŘEVNOV, Prälatensaal im ehemaligen Benediktinerkloster,
Ausschnitt aus dem Deckenfresko: *Gastmahl des Heiligen Günther,* 1726-1728 [F XVI]

Tafel 65: ALTEGLOFSHEIM, ehemaliges Schloß der Grafen von Königsfeld,
Ausschnitt aus dem Deckenfresko des Ovalsaals: *Apoll auf dem Sonnenwagen,* 1730 [F XVIII, 1]

Tafel 66: ALTEGLOFSHEIM, ehemaliges Schloß der Grafen von Königsfeld,
Deckenfresko des Ovalsaals: *Apoll auf dem Sonnenwagen,* 1730 [F XVIII, 1]

Tafeln 69-70:
OSTERHOFEN,
ehemalige Prämonstratenser-Klosterkirche, Chorfresken,
1731-1732

69: *Maria mit den Heiligen Norbert und Augustinus* [F XIX, 5]

70: *Geburt Christi* [F XIX, 4]

69

70

Tafel 71: OSTERHOFEN,
ehemalige Prämonstratenser-Klosterkirche, Langhausfresko:
Szenen aus dem Leben des Heiligen Norbert,
1731-1732 [F XIX, 3]

Tafel 72: OSTERHOFEN,
ehemalige Prämonstratenser-Klosterkirche,
Fresko unter der Orgelempore: *Vertreibung der Händler aus dem Tempel,*
1731-1732 [F XIX, 1]

Tafel 73: ETTLINGEN,
ehemalige Schloßkapelle,
Deckenfresko: *Wirken, Martyrium und Apotheose des Heiligen Johann Nepomuk,* 1732-1733 [F XX, 1-9]

Tafel 74: REGENSBURG, ehemalige Benediktiner-Klosterkirche Sankt Emmeram,
Fresko im Georgschor: *Sapientia divina, Fides, Sankt Georg, Sankt Emmeram und Sankt Wolfgang,* 1732-1733 [F XXI, 13]

Tafel 75: REGENSBURG, ehemalige Benediktiner-Klosterkirche Sankt Emmeram,
Langhausfresko: *Exemtion des Klosters durch Papst Leo III., die Heiligen Emmeram, Wolfgang, Dionysius; Christenmartyrium am Marterberg,* 1732-1735 [F XXI, 1]

76

77

Tafeln 76-77: REGENSBURG, ehemalige Benediktiner-Klosterkirche Sankt Emmeram, zwei Hochwandfresken, 1732-1733:

76: *Sankt Emmeram predigt dem Volk* [F XXI, 4]
77: *Der Heilige Emmeram bestraft einen Spötter* [F XXI, 12]

Tafel 78: REGENSBURG, ehemalige Benediktiner-Klosterkirche Sankt Emmeram,
Chorfresko: *Sankt Benedikt und seine Bedeutung für die Verbreitung des christlichen Glaubens,* 1732-1733 [F XXI, 2]

AU SCUL TA O FILI
PRAE CEPTA MAGIS TRI

IN PROTECTIONE DEI COELI COMMORABITUR

Tafel 80: INGOLSTADT,
Kongregationssaalkirche Maria de Victoria,
Deckenfresko:
Mariä Verkündigung im Heilsplan Gottes,
Ausschnitt: *Kampf des Erzengels Michael,*
1734 [F XXIV, 2]

Folgende Seiten:

Tafeln 81-82: INGOLSTADT,
Kongregationssaalkirche Maria de Victoria

81: *Allegorische Gruppe ›Europa‹,*
Ausschnitt aus dem Deckenfresko:
Mariä Verkündigung im Heilsplan Gottes,
1734 [F XXIV, 2]

82: Blick zum Altar und der darüber
aufrechtstehenden Architektur des Deckenfreskos
mit dem Ausschnitt: *Verkündigung Mariä,*
1734 [F XXIV, 2]

Tafel 79: INNSBRUCK, Landhaussaal,
Deckenfresko: *Verherrlichung des Landes Tirol,*
1734 [F XXIII, 1]

Tafeln 83-86:
WAHLSTATT (Legnickie Pole),
ehemalige Benediktiner-Klosterkirche
Sankt Hedwig, vier Seitenfresken, 1733

83: *Gründung von Břevnov* [F XXII, 7]
84: *Übergabe von Kloster Wahlstatt* [F XXII, 8]
85: *Kreuzestod* [F XXII, 9]
86: *Entsendung der ersten Benediktiner von Monte Cassino* [F XXII, 10]

83

84

85

86

Tafel 87: WAHLSTATT (Legnickie Pole),
ehemalige Benediktiner-Klosterkirche
Sankt Hedwig, Langhausfresko:
Auffindung des Heiligen Kreuzes, 1733 [F XXII, 4]

IOANNIS
CAP:XIX.
LUCÆ
CAP:XXIII.

Tafel 88: WAHLSTATT (Legnickie Pole), ehemalige Benediktiner-Klosterkirche Sankt Hedwig, Chorfresko: *Glorie des Heiligen Benedikt und seines Ordens,* 1733 [F XXII, 5]

Tafel 89: WAHLSTATT (Legnickie Pole), ehemalige Benediktiner-Klosterkirche Sankt Hedwig, *Die Schätze des Orients,* Ausschnitt aus dem Langhausfresko: *Auffindung des Heiligen Kreuzes,* 1733 [F XXII, 4]

Tafel 90: REGENSBURG, Bibliothek des ehemaligen Benediktinerklosters Sankt Emmeram, Linkes Deckenfresko: *Benedikt bei der Abfassung der Regel,* 1737 [F XXVII, 7]

INRI
NONENIM IESUM
IVDICAVI ETHUNC
MESCIRE CRUCI
QUIDQUAM FIXU
NISI

Tafel 91: REGENSBURG, Bibliothek des ehemaligen Benediktinerklosters Sankt Emmeram, Rechtes Deckenfresko: *Paulus vor dem Kruzifix,* 1737 [F XXVII, 4]

Tafeln 92-94:
REGENSBURG,
Bibliothek des ehemaligen Benediktinerklosters Sankt Emmeram, drei Seitenfresken, 1737

92: *Pegasus mit drei Musen auf dem Helikon* [F XXVII, 2]

93: *Bekehrung des Saulus* [F XXVII, 5]

94: *Athene, Philosophie und Apoll* [F XXVII, 3]

92

93

94

Tafel 95:
REGENSBURG,
Bibliothek des ehemaligen Benediktinerklosters Sankt Emmeram, Mittleres Deckenfresko: *Salomon auf dem Thron irdischer Weisheit,* 1737 [F XXVII, 1]

Tafel 98: KLADRAU (Kladruby),
ehemalige Benediktiner-Klosterkirche Mariä Himmelfahrt,
Linker Seitenaltar im Querschiff mit Gemälde:
Vision des Heiligen Benedikt, um 1726 [G 16]

Tafel 99: ROHR,
ehemalige Augustinerchorherren-, heute Benediktiner-Klosterkirche Mariä Himmelfahrt, Ausschnitt aus dem zweiten südlichen Seitenaltar mit Gemälde: *Wasserwunder des Heiligen Korbinian* (ehemals in der zerstörten Korbinianskapelle von Weihenstephan über Freising), um 1720 [G 11]

Tafel 100: METTEN,
Benediktiner-Klosterkirche Sankt Michael,
Ausschnitt aus dem südlichen Seitenaltar
mit Gemälde: *Rosenkranzspende,*
um 1726/1730 [G 20]

Tafel 101: OSTERHOFEN,
ehemalige Prämonstratenser-Klosterkirche
Sankt Margaretha,
Ausschnitt aus dem Hochaltar mit Gemälde:
Enthauptung der Heiligen Margaretha,
1732 [G 22]

Tafel 102:
Rosenkranzmadonna mit den Heiligen Dominikus und Rosa von Lima [G 28];
Freising,
Diözesanmuseum,
um 1735

Werkverzeichnis

Bruno Bushart

Zum Werkverzeichnis

Nach zögernden Anfängen ist die Asam-Forschung in den letzten Jahren in lebhaften Fluß gekommen. Es leuchtet daher ein, daß es zum gegenwärtigen Zeitpunkt verfrüht wäre, eine endgültige Monographie vorlegen zu wollen. Diese Situation bestimmt auch die Anlage des folgenden Werkverzeichnisses. Herausgeber und Bearbeiter waren sich einig in der Absicht, nur solche Werke aufzunehmen, die beim gegenwärtigen Stand der Forschung als gesicherte Arbeiten Cosmas Damian Asams gelten dürfen. Diese aber sollten – von den kürzer behandelten zerstörten, übermalten oder rekonstruierten Fresken abgesehen – möglichst vollzählig und ausführlich vorgestellt werden. Vollzähligkeit war auch für die Ölgemälde, Zeichnungen und Druckgraphik nach Asam erstrebt. Dieses Prinzip hat zur Folge, daß zweifelhafte Zuschreibungen, wie die Fresken in Metten, in den Emporen des Freisinger Doms oder in Gotteszell, hier ebenso wenig erscheinen wie die große, von Engelbert Baumeister für Metten beanspruchte Zeichnung in der Staatlichen Graphischen Sammlung München. Auch die Zusammenstellung der Ölgemälde, der Zeichnungen und Druckgraphik kann nur den gegenwärtigen Stand unseres Wissens wiedergeben. Eine Liste der verschollenen Gemälde und Altarbilder ist bei Trottmann 1986 zu finden.

Am wenigsten erforscht ist die Frage des Umkreises, insbesondere der Schüler und Nachfolger Asams. Die Ausstellung mußte sich hier mit einer kleinen, keineswegs repräsentativen Auswahl begnügen, zumal einige der wünschenswerten Objekte nicht ausgeliehen werden konnten.

Die Zusammenstellung der Werkliste für die Fresken oblag Bernhard Rupprecht, die der Ölgemälde Helene Trottmann, die der Zeichnungen Bruno Bushart, die der Druckgraphik Bärbel Hamacher. Prälat Dr. Sigmund Benker und Herrn Peter Morsbach danken wir für ihre Texte und Angaben zu den Katalognummern D 13 und D 14 bzw. F XVIII. Die übrigen Nummerntexte verfaßten Bärbel Hamacher, Ralph Paschke, Helene Trottmann und Josef H. Biller. Wenn dieser Katalog sich als zuverlässige Ausgangsbasis für die künftige Asam-Forschung erweisen sollte, wäre sein Zweck in vollem Umfang erreicht.

Sigel der Verfasser der einzelnen Katalognummern:

S. B. Sigmund Benker
J. B. Josef H. Biller
B. H. Bärbel Hamacher
P. M. Peter Morsbach
R. P. Ralph Paschke
H. T. Helene Trottmann

Abkürzungen der Werkgruppen:

F Fresken (Erhaltene und gesicherte Fresken)
V Verlorene Fresken (Übermalte, zerstörte und rekonstruierte Fresken)
G Gemälde (Altarblätter und selbständige Ölgemälde)
Z Zeichnungen und Aquarelle
D Druckgraphik nach Vorzeichnungen Cosmas Damian Asams

Besonderheiten:

* hinter der Katalognummer des Werkverzeichnisses besagt, daß das betreffende Werk in der Ausstellung gezeigt wird.

Zur besseren Hervorhebung sind Katalognummern-Verweise im laufenden Text **halbfett** und in eckigen Klammern gesetzt.

Verweise auf Abbildungen sind wie folgt gekennzeichnet:

(Abb.) bzw. z. B. (2 Abb.)	Siehe die entsprechende(n) Abbildung(en) im Werkverzeichnis
(Tafel x) bzw. (Tafel x-xx)	Siehe die entsprechende(n) Abbildung(en) im Tafelteil nach Seite 112
(Abb. x, Seite xx)	Siehe Abbildung in den Beiträgen

Im Kopf der einzelnen Katalognummern ist die jeweilige verwaltungsmäßige Zugehörigkeit vermerkt. Hier sind bei:
in Bayern gelegenen Stätten nur der Regierungsbezirk und der Land- bzw. Stadtkreis genannt,
außerhalb Bayerns gelegenen Stätten zusätzlich auch das entsprechende Bundesland bzw. der Staat aufgeführt.

Fresken

F 1
ENSDORF
1714-1716

(Grundriß; Abb.; Tafeln 1-6)

Pfarrkirche, ehemalige Benediktiner-Klosterkirche Sankt Jakob; Bistum Regensburg; Regierungsbezirk Oberpfalz; Landkreis Amberg-Sulzbach.

PATROZINIUM: Sankt Jakob der Ältere.

BAU UND AUFTRAG: Klosterbrand und Säkularisation hatten im 16. Jahrhundert den Verfall der Benediktinerabtei Ensdorf eingeleitet. Erst als 1669 Kurfürst Ferdinand Maria (1651-1679) die alten oberpfälzischen Klöster erneuerte, wurde auch Ensdorf seine ursprüngliche geistliche Bestimmung wieder zurückgegeben. Unter Abt Bonaventura Oberhuber, der früher Profeß in Kloster Tegernsee und ab 1695 Abt in Ensdorf war, wurde der barocke Neubau eingeleitet und von Abt Anselm Meiller ab 1716 weitergeführt. Den Entwurf für den Bau erstellte Wolfgang Dientzenhofer (1648-1706), die ausführenden Maurermeister waren Martin Funk und Christoph Grantauer.

Der Grundriß der Klosterkirche ist der einer rechteckig umgrenzten Wandpfeilerkirche mit einem einjochigen Chor im Osten, der einen dreiseitig gebrochenen Abschluß aufweist. Das Langhaus umfaßt drei Joche mit Stichkappentonnen. Das nicht ausladende Querschiff ist mit einer Flachkuppel gedeckt. Die schmalen Abseiten im Hauptschiff sind von Quertonnen überwölbt. Nördlicher Annex des Chores ist die Stifterkapelle, die seit 1715 als Grablege der ursprünglich im Kapitelsaal beigesetzten Wittelsbacher diente.

Die Verbindung des Abtes Bonaventura Oberhuber zum Kloster Tegernsee, wo bereits der Vater Georg Asam die Ausmalung der Klosterkirche übernommen hatte, dürfte bei der Auftragsvergabe der Fresken in Ensdorf an seinen Sohn Cosmas Damian Asam eine entscheidende Rolle gespielt haben. Vermutlich war Asam schon im Jahr 1713 mit der Entwurfsarbeit für Ensdorf beschäftigt (vgl. Z 4). Das Vierungsfresko ist vom Maler signiert und datiert »C. D. Asam 1714«. 1715 unterbrach Asam seine Tätigkeit in Ensdorf und beendete erst 1716 seine Arbeit mit den Langhausfresken.

Als Stukkatoren (im Langhaus) sind die drei Landshuter Brüder Matthias, Thomas und Bernhard Ehehamb bezeugt. Das Chronostichon in der Stuckkartusche am Triumphbogen ergibt die Jahreszahl 1715. Den Chorstuck führten 1716 Philipp Jakob Schmuzer und Thomas Aicher aus. Spätere Nachrichten wollen davon wissen, daß auch Egid Quirin Asam unter der Leitung der in den Archivalien genannten Meister an der Stuckierung beteiligt war (Hojer 1967, 89ff.). Die Weihe erfolgte 1717.

FRESKENPROGRAMM
Das Programm der Fresken in der Ensdorfer Klosterkirche ist dem Kirchenpatron Jakobus dem Älteren gewidmet, der nach legendärem Bericht den Spaniern im Befreiungskampf gegen die Mauren beigestanden hat. Damit entspricht die Konzeption in besonderem Maße der historischen Situation in der Oberpfalz nach dem Sieg am ›Weißen Berg‹, 1620. In Ensdorf, der Grablege der Wittelsbacher, war man dem bayerischen Kurhaus besonders verbunden. Die Darstellung der Jakobusschlacht [2] kann daher mit Sicherheit als Allusion auf den Sieg Herzog Maximilians auf dem ›Weißen Berg‹ verstanden werden, aber auch auf dessen Enkel, den Türkensieger Max Emanuel. Das Programm beginnt im Langhaus im Westen mit dem *Heiligen Jakobus als Befreier der Gefangenen* [1] und wird nach Osten fortgesetzt mit der Schilderung des *Kampfes gegen die Ungläubigen* [2], dem *Martyrium* [3] und als letzter Steigerung in der Vierungskuppel mit einem *Glorienhimmel mit Heiligen,* in deren Schar der Heilige Jakobus aufgenommen wird [4]. Den Darstellungen des legendären und historischen Geschehens in den großen Langhausfresken sind in den Stichkappen kleine Fresken zugeordnet, die in thematischer Beziehung zu den Hauptfresken stehen. Im ersten Langhausjoch zeigen die Medaillons *Attribute der Gefangenschaft* [**1 a-d**], im zweiten Joch sind es *Attribute des Kampfes* [**2 a-d**] und im dritten Joch *Attribute des Märtyrertodes* [**3 a-d**]. Die Camaieubilder in den Gewölbezwickeln der Vierungskuppel heben schließlich noch einmal auf die Bedeutung des Kirchenpatrons in der Schar der Heiligen ab, indem sie Szenen aus dem Leben des Heiligen Jakobus schildern, die in der Bibel berichtet werden [**4 a-d**]. Je drei kleine Anraumfresken in den Quertonnen des Langhauses und der Vierung deuten die Bilder des Hauptraumes nochmals exegetisch aus [**7-14**]. So wird beispielsweise das Fresko mit der Gefangenenbefreiung [**1**] von insgesamt sechs Emblemen begleitet, die in ihren Motti auf die Befreiungstat des Jakobus mit biblischen Sinnsprüchen anspielen und im Bild Symbole der Erlösung, Rettung und Befreiung aufweisen [**7 a-c** und **8 a-c**]. Im *Chorraum* mit dem Stiftergrabmal des Pfalzgrafen Otto von Wittelsbach, seiner Gemahlin und Mitgliedern seines Geschlechts im nördlichen Anraum verschiebt sich der Akzent des Konzepts auf die Geschichte des Klosters. Während das Hauptfresko die Klostergründung und Bitte der Stifter um Schutz und Fürsprache an den Kirchenpatron schildert [5], erinnert das Fresko in der Stifterkapelle an Otto von Wittelsbach und sein Geschlecht.

Ensdorf

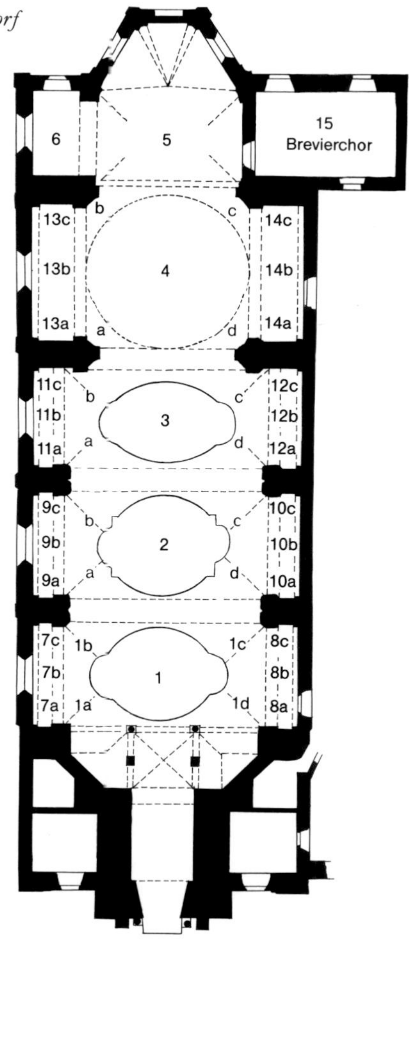

1 *Der Heilige Jakobus als Befreier der Gefangenen:* Das Thema gehört in den Legendenkreis des Apostels Jakobus des Älteren als Helfer im spanischen Befreiungskrieg gegen die Mauren. Der Inhalt des Freskos wird durch zwei Kartuschen am oberen und unteren Bildrand erläutert mit der Inschrift »LIBERAT« / »EX KAPTIVITATE«. Zentrale Figur im Bildfeld ist die Erscheinung des Heiligen Jakobus auf Wolken, von einem Lichtkranz umgeben. Der Kirchenpatron trägt die Tracht eines Pilgers mit Hut und Mantel. Ein kindlicher Engel, der seitlich fast unter dem Umhang des Heiligen verschwindet, trägt den Pilgerstab. Der Heilige Jakobus wendet sich nach links einer Gruppe von Gefangenen zu, die aus der geöffneten Tür ihres Turmverlieses herausdrängen und sich demütig und erstaunt ihrem Befreier zuwenden. Mit der Linken weist Jakobus in die Tiefe des sich hinter ihm öffnenden Landschaftsraumes, wo nur noch undeutlich in der Ferne die Mauern einer Festung erkennbar sind. Nach oben hin wird die Szene von einem Architekturbogen überwölbt, der zugleich auch als Kulisse für die im Vordergrund auf einem Treppenabsatz liegenden und an die seitlichen Mauern gelehnten schlafenden Wächter fungiert. In starker Untersicht ist unter dem Treppenabsatz ein vergittertes Verlies zu erkennen. Ein angeketteter Gefangener beobachtet erstaunt die Befreiung der Christen.

Ohne sich um logische Verbindungen zu kümmern, kombiniert Asam in dem Fresko unterschiedlichste Architekturfragmente. Die verschiedenen Tiefen- und Höhenfluchtpunkte zwingen den Betrachter, das Fresko von verschiedenen Standpunkten aus abzulesen. Für das wenig gebräuchliche Thema machte Asam Anleihen bei anderen Bildtraditionen. Im Aufbau erinnert das Fresko an Darstellungen der Höllenfahrt und Auferstehung Christi (vgl. Rupprecht 1980, 64).

1a *Putto, der auf Marienbild zeigt*
1b *Putto mit Kette*
1c *Putto mit Strick*
1d *Putto mit Falken*

2 *Der Heilige Jakobus als Heerführer gegen die Sarazenen:* Auch dieses Bildthema entstammt der spanischen Legende, die berichtet, daß der Heilige Jakobus in der Nacht vor der Entscheidungsschlacht dem spanischen König Ramiro erschienen sei, um ihm den siegreichen Ausgang der Schlacht vorherzusagen. – Wiederum nimmt Jakobus, der auf einem sich aufbäumenden Schimmel sitzt und die flatternde Fahne Christi trägt, das Zentrum der Komposition ein. Ihm folgen die Spanier, die von ihrem König Ramiro und einem Feldherrn in Rüstung angeführt werden. Unter Posaunenschall und Trommelklängen treiben sie die Sarazenen vor sich her, die in ungeordneter Formation entsetzt fliehen. Während sich über den Flüchtenden ein Gewitter entlädt, reißt über den siegreichen Spaniern der Himmel auf und die Sonne bricht zwischen den Wolken hervor. Der Teil eines Rundzeltes deutet den Ort der nächtlichen Vision des Königs an. Auf dem Gelände vor Jakobus bäumt sich ein gestürztes Pferd im Todeskampf auf und begräbt unter sich einen sarazenischen Krieger. Daneben liegen weitere Sterbende und Tote. Auch hier geben die Kartuscheninschriften am Rand des Freskos einen Hinweis auf das Thema »PER DEUM / VICTORIA«

2a *Putto mit Helm*
2b *Putto mit Lanze*
2c *Putto mit Schild*
2d *Putto mit Fahne*

3 *Martyrium des Heiligen Jakobus:* Das Fresko zeigt den Märtyrertod des Kirchenpatrons unter Herodes Agrippa in Jerusalem (44 nach Chr.). Die Kartuschen am Bildrand verweisen in ihren Inschriften auf das Dargestellte: »PALMA MARTYRII« und »CALIX PASSIONIS«. Vor den Stadtmauern Jerusalems, die mit Zuschauern besetzt sind, hat sich eine Menschenmenge versammelt, um die Enthauptung des Jakobus zu beobachten. Auf einer Bodenhöhe, neben einer Palme, kniet der Heilige mit vorgebeugtem Kopf und gefesselten Händen. Neben ihm steht der Henker mit erhobenem Schwert, um im nächsten Moment die Enthauptung vorzunehmen. Ein Engel hält bereits für Jakobus Märtyrerpalme und Lorbeerkranz bereit. Die Drastik des Geschehens wird noch erhöht durch den Mitmärtyrer von Jakobus, der im Vordergrund tot zu sehen ist. Der Körper des Schriftgelehrten, der durch ein Wunder des Apostels bekehrt worden war, liegt leblos auf der Erde, Blut fließt in Strömen aus seinem Hals. Nicht weit entfernt ist sein abgeschlagenes Haupt zu sehen.

3a *Engel mit Schwert*
3b *Engel mit Kelch*
3c *Engel mit Palme*
3d *Engel mit Lorbeerkranz*

4 *Dreifaltigkeit, Engel und Heilige in der Glorie:* Das signierte Fresko gibt verschiedene Heilige – darunter den Heiligen Jakobus – auf Wolken vor der Dreifaltigkeit wieder. Das Zentrum der Kuppel nimmt die Taube des Heiligen Geistes ein, umgeben von einer Engelsglorie. Dicht darunter lagert Christus auf Wolken. Vier Engel tragen hinter ihm das Kreuz empor. Christus gegenüber thront Gottvater über der Weltkugel. Die Hauptansicht aus dem Kirchenschiff in Richtung Osten wird in den unteren Wolkenrängen von dem Kirchenpatron mit der Pilgermuschel am Gewand eingenommen. Über dem Apostel schweben zwei Engel, die im Begriff sind, Jakobus einen Heiligenschein aufzusetzen. Unter ihm, scheinbar aus der Tiefe des Kirchenraums emporsteigend, erscheinen zwei Putti mit dem Pilgerhut. Vor Jakobus sitzt Johannes der Täufer. In lockerer Anordnung reihen sich hinter dem Pilgerpatron nach Norden hin die Apostel mit Petrus und Paulus im Vordergrund, sowie andere Heilige. Im Nordwesten schließen sich neben der groß gezeigten Figur des Heiligen Florian die Stifter des Klosters Ensdorf, Graf Friedrich von Lengenfeld und Otto von Bamberg, mit einem Kirchenmodell in ihrer Mitte an. In der Westpartie des Freskos erscheint der Heilige Benedikt. Um das Haupt des Heiligen leuchtet ein Strahlenkranz. Putten unter ihm halten spielerisch ein Attribut des Ordensgründers empor: den Kelch, aus dem eine kleine Schlange entweicht. Vor Benedikt liegt auf Wolken hingestreckt seine Schwester Scholastika. Ihr folgen Nonnen aus dem weiblichen Zweig des Ordens, den sie gegründet hat. In südlicher Richtung wird der Kreis durch weitere weibliche Heilige und Märtyrerinnen fortgesetzt, unter ihnen befinden sich in vorderster Reihe die Heilige Maria Magdalena mit dem Totenschädel, Sankt Barbara mit Kelch und Hostie sowie Sankt Katharina mit Schwert und Rad. In größter Nähe zu Christus schließt Maria mit Sternenkranz und Mondsichel die Gruppe der Frauen ab. Putten mit Blumen blicken zu der Gottesmutter auf. Eine Schar musizierender Engel trennt die Gruppe um Maria von Jakobus.

Zu dem Fresko liegt eine Entwurfszeichnung (Z 4) vor.

Vorbilder für die Gestaltung des Glorienhimmels und Vorlagen für einzelne Figuren und Gruppen fand Asam in der italienischen Malerei des Hochbarock (vgl. Trottmann 1986).

4a *»Vis dicimus ut ignis descendat: Luc 9«* [(»Herr,) willst du, so wollen wir sagen, daß Feuer herabfalle...«, Lukas 9, 54]. Mit den Worten des Mottos wandten sich Johannes und Jakobus an Jesus, um das Volk zu strafen, das den Gottessohn auf seinem Weg nach Jerusalem keine Herberge bot.

4b *»Dedit illis potestatem ut eijcerent eos: Matth. 10, 1«* (... er gab ihnen Gewalt über die unreinen Geister, um sie auszutreiben ..., Matthäus 10, 1): Als Christus die Apostel entsandte, gab er ihnen die Aufgabe mit auf den Weg »Heilet Kranke, erwecket Tote, macht Aussätzige rein, treibt Dämonen aus...« (Matthäus 10, 8). Im Bild ist Jakobus dabei, eine Besessene zu heilen.

4c *»Imposuit eis nomina Boanerges: Marc 3, XVII«* (... denen er den Beinamen Boanerges gab...): Die Inschrift am oberen Bildrand erläutert das Thema. Gemäß dem Markusevangelium wird die Geschichte erzählt, als Christus den Brüdern Jakobus und Johannes den Beinamen Boanerges gab, das bedeutet: Donnersöhne.

4d *»Nescitis, quid petatis potestis bibere: Mar 10«* [»Ihr wißt nicht, um was ihr bittet. Könnt ihr den Kelch trinken (den Ich trinke...)«. Markus 10, 38]: Als Jakobus und Johannes Jesus bitten, zu seiner Rechten und Linken in seiner Herrlichkeit sitzen zu dürfen, weist dieser die Söhne des Zebedäus mit den Worten des Mottos zurecht.

5 *Der Heilige Jakobus als Beschützer des Klosters Ensdorf:* Die Eigenhändigkeit des Chorfreskos wurde in der früheren Forschungsliteratur bezweifelt (vgl. Hanfstaengl 1939, 29, und 1955, 12). Im Figurenstil sind Erinnerungen an Asam enthalten. Vermutlich handelt es sich um das Probestück für den Auftraggeber, das noch vor der Vierungskuppel im Jahr 1714 entstanden sein dürfte. Auf dieses Entstehungsjahr verweist auch das Chronogramm auf dem Schild des Heiligen Jakobus. – Der Kirchenpatron beherrscht als Beschützer der Kirche von Ensdorf die obere Bildmitte. Über dem Modell von Kloster und Kirche erscheint er in der Pilgertracht auf Wolken, von Engeln umgeben. Sein Wahlspruch auf dem Schild lautet: »SANCTO PRAESIDII MEI SCVTO TVEBOR« (das Chronogramm ergibt 1714). Gehalten wird das Kirchenmodell von dem Stifterpaar Otto von Wittelsbach und seiner Gemahlin Heilica sowie von dessen Sohn Friedrich und dem Bischof Otto von Bamberg. Zwischen den Gründern des Klosters halten Engel eine Kartusche mit einer Inschrift, die wiederum auf den Kirchenpatron verweist: »HI VOVERVNT IACOBI MAIORIS HONORI« (das Chronogramm ergibt 1121 und verweist damit auf das Jahr der Klostergründung). Die Stifter empfehlen damit das Kloster dem Schutz und der Fürsprache des Heiligen.

6 *Stifterfresko:* Der Stifter Otto von Wittelsbach ruht zu Füßen des Stammbaums seines Geschlechts mit den verschiedenen Hauswappen und der Inschrift: »Munificae Pietatis centu... / plicati fructus«.

7a-c und **8a-c** Embleme mit Symbolen der Hoffnung, Rettung und Befreiung:
7a *»Cum surgit, & occidit, adsum«* (Wenn sie auf- und untergeht, bin ich da): Sonnenblume in wolkiger Landschaft.
7b *»Vincula non fert«* (Er trägt keine Fesseln): Löwe löst seine Fesseln.
7c *»Tuta pericula ridet«* (Er strahlt über aller Gefahr): Regenbogen über Segelschiff.
8a *»Libertate donat«* (Er schenkt die Freiheit): Hand aus Wolke öffnet den Deckel eines Käfigs, aus dem zwei Vögel entfliegen.
8b *»Clausa recludit«* (Er öffnet das Verschlossene): Eine Hand aus einer Wolke öffnet mit einem Schlüssel eine Türe.
8c *»Monstrat iter«* (Er zeigt den Weg): Leuchtturm.

F I, 15

9a-c und **10a-c** Embleme mit Symbolen des Kampfes und der Zerstörung:
9a *»Micat exitiale superbis«* (Den Stolzen leuchtet er verderbenbringend): Blitz schlägt in einen Baum.
9b *»Non nisi infestis«* (Nur den Feindlichen): Elefant zwischen zwei Schafen.
9c *»Tegit atq[ue] tuetur«* (Sie deckt und beschützt): Henne mit Küken vor einem angreifenden Raubvogel.
10a *»Frangunt, non flectunt«* (Sie zerbrechen, aber sie beugen sich nicht): Ein Blitz fährt in einen Baum.
10b *»Asper in hostes«* (Stachelig gegen die Feinde): Igel zwischen zwei Hunden.
10c *»In ferocem ferox«* (Wild gegen den Wilden): Wildschwein greift Wolf an.

11a-c und **12a-c** Embleme mit Symbolen der Kraft und des überwundenen Schmerzes:

11a *»Ne pereat porto«* (Ich trage Sorge, daß er nicht untergeht): Phönix.
11b *»Ex vulnere Splendor«* (Aus der Wunde [strömt] Glanz): Hand aus Wolke hält einen Feuerstrahl gegen einen Diamanten an einem Ring, den eine zweite Hand aus einer Wolke hält.
11c *»Pulchrior ut surgat«* (Daß sie schöner aufgehe): Blumen wenden sich zur Sonne, die hinter dem Meer aufgeht.
12a *»Caelo nata despicit humum«* (Die im Himmel Geborene verachtet die Erde): Flamme zwischen Schilf.
12b *»Semper Adamas«* (Immer ein Diamant): Hand aus Wolke schlägt mit einem Hammer auf einen Diamanten auf einem Amboß.
12c *»Dum flagrat, fragrat«* (Während es brennt, duftet es): Brennendes Räuchergefäß auf einer Brüstung.

13a-c und **14a-c** Embleme, die Sinnbilder für die Wirkung des Glaubens in der Welt und für den einzelnen vorstellen:

13a *»In omnem Terram«* (Über alle Welt hin): Putto mit Fanfare, der den Glauben über Erd- und Himmelskugel in alle Welt verkündet.
13b *»Secuti sunt eum«* ([Bald verließen sie ihre Netze und] folgten ihm nach; Matthäus 4, 20): Zwei Engel mit Fischernetzen.
13c *»Ex vulnere Palma«* (Aus der Wunde die Palme): Putto mit Schwert und Palmwedel auf einer Wolke.
14a *»Non fulmina terrent«* (Die Blitze schrecken nicht): Adler fliegt zwischen Blitzen empor.
14b *»De[um] servisse iuvat«* (Es erfreut, Gott zu dienen): Engel am Ufer, neben ihm eine Reuse und ein Fisch über dem Feuer; der Engel weist auf einen Mann in einem Boot hinter sich.
14c *»Et tegit, & fulcit«* (Er schützt und stützt): Putto mit umgehängter Wasserflasche und Pilgerstab trägt zweiten Putto auf den Schultern, der einen mit Muscheln geschmückten Pilgerhut emporhält.

15 *Der Heilige Benedikt lehrt den Chorgesang:* Das Fresko im Breviechor, dessen Meister ungewiß ist, weist deutliche Ähnlichkeiten zum Stil Asams auf und wurde daher von Erika Hanfstaengl (1939, 31) ebenfalls für ihn beansprucht. Das Fresko zeigt den Ordensvater in einem architektonisch nur unklar bestimmbaren Raum. Engel halten neben ihm seinen Bischofstab und ein Buch, aus dem der Heilige die unter ihm knienden Benediktiner den Chorgesang lehrt. Ein Putto rafft am oberen Bildrand einen Vorhang vor der Szene zur Seite.

LITERATUR: *Das von Gott zum Opfer erwählte Haus, das ist historische Lob- und Ehrenpredigt von dem oberpfälzischen gefreyten Stifft und Kloster St. Jacob bey Ensdorf,* Sulzbach 1723 (Festtagspredigt) – *Sulzbacher Kalender für katholische Christen,* Sulzbach 1843 – Halm 1896, 15 – KDM Opf. 1908, 35-62 (mit Übersicht über die ältere Literatur) – Schinhammer 1931, 201-202 – Hanfstaengl 1939, 28-31 – Schlichtner 1940 – Hemmerle 1951, 43-45 (mit Literatur-Übersicht) – Tintelnot 1951, 58 – Hanfstaengl 1955, 12 – Batzl 1960 – Hojer 1964, 89f. – Zitzelsberger ²1968 – Hitchcock 1968, 23, Abb. 17-18 – Rupprecht 1980, 60-65 – Trottmann 1986, 62-65, Abb. 97, 132, 135. B.H.

F II
MÜNCHEN
Dreifaltigkeitskirche 1714-1715

(Grundriß; 2 Abb.; Tafeln 7-8)

Votiv- und ehemalige Klosterkirche der Karmelitinnen, Filialkirche der Pfarrei Unserer Lieben Frau;
Erzbistum München und Freising;
Regierungsbezirk Oberbayern, Stadt München.

PATROZINIUM: Heiligste Dreifaltigkeit.

BAU UND AUFTRAG: Aufgrund von Visionen der Münchner Bürgerstochter Maria Anna Lindmayr (1703 und 1704) legten die Vertreter der drei Stände – Adel, Geistlichkeit und Bürgerschaft – in der Not des Spanischen Erbfolgekrieges ein Gelübde ab, daß sie – sollte die drohende Gefahr ohne Spuren an der Stadt vorübergehen – eine Kirche zu Ehren der Heiligsten Dreifaltigkeit erbauen würden (vgl. die zwei Inschriftentafeln in der Vorhalle).

Nach glücklich überstandener Gefahr ging man 1705 daran, den Bauplatz zu suchen. Insgesamt wurden zwölf verschiedene Bauplätze für die Kirche ins Auge gefaßt, bevor man sich 1711 für den endgültigen Platz an der damaligen Kreuzgasse (heute Pacellistraße) gegenüber dem Karmeliterkloster entschieden hatte. Am 21. Oktober 1711 wurde der Grundstein gelegt.

Als Architekt berief man Giovanni Antonio Viscardi (1695-1713), aber auch Johann Andreas Wolff (1652-1716) war zeitweise an der Planung beteiligt. Nach dem Tod Viscardis übernahm dessen Polier, Johann Georg Ettenhofer, und als Leiter der Hofbaudirektor Enrico Zuccalli, die Fertigstellung des Baus, der am 6. Oktober 1714 benediziert und am 29. Mai 1718 geweiht wurde. Der Stuck stammt von dem Münchner Johann Georg Bader. Bereits am 24. September 1714 erfolgte eine erste Zahlung für die Deckenbilder an Cosmas Damian Asam, der die Fresken der Kirche bis 1715 fertigstellte.

Die Lage des Bauplatzes erzwang die Ausrichtung des Kirchenraums mit dem Chor nach Norden. Kern der kreuzförmigen Anlage mit verlängertem Chorarm bildet ein überkuppeltes Quadrat mit abgeschrägten Ecken, das von kurzen tonnengewölbten Kreuzarmen umgeben ist. Die seitlichen Querarme werden von großen Fenstern durchlichtet. Der südliche Kreuzarm setzt sich in einem trapezförmigen Vorraum mit Doppelempore fort, von wo durch sechs Fenster Licht in das Kircheninnere fällt. An den nördlichen Kreuzarm schließt sich ein tieferes Chorjoch mit Segmentbogenabschluß an, in den drei Stichkappen einschneiden. Die Kuppel im Zentralraum stützt sich auf vier Pendentifs. In die Schale der Halbkugel, die von einer Laterne bekrönt ist, schneiden vier Fenster über den Diagonalseiten ein.

Die Kirche ist wegen mangelnder Geldmittel schlecht gebaut worden und benötigte daher bereits 1776, 1786 und 1794 größere bauliche Reparaturen. 1845/55 und vor allem 1905 wurde das Innere einer durchgreifenden Restaurierung unterzogen. Im Zweiten Weltkrieg wurden Dachstuhl und Kuppel beschädigt, der Turmaufsatz samt Helm zerstört. 1958 erfolgte daher eine durchgreifende Renovierung. 1985 wurde die letzte Gesamtrestaurierung abgeschlossen, wobei Verschmutzungen insbesondere im Altarraum entfernt und ältere Übermalungen abgenommen worden sind. Die Fehlstellen wurden neu behandelt und in Stricheltechnik ergänzt. Ziel der Restaurierung war es unter anderem, die ursprüngliche Farbigkeit wiederherzustellen. Bei den Arbeiten am Kuppelfresko konnten Vorritzungen und Achsanzeichnungen festgestellt werden, die Asam zur Übertragung seines Entwurfs gedient haben könnten.

FRESKENPROGRAMM
Der umfangreiche Freskenzyklus in der Dreifaltigkeitskirche veranschaulicht in zahlreichen großen und kleinen Bildfeldern das Geheimnis, die Offenbarung und das Wesen und Wirken des dreifaltigen Gottes. Höhepunkt und ›Herzstück‹ des Programms, von dem zugleich alle inhaltlichen Fäden weitergesponnen werden,

bildet das große *Kuppelfresko* [1]. Die Inschrift in Richtung Chor, auf die der Blick des Eintretenden zuerst fällt »DEO UNI ET TRINO SIT LAUS HONOR ET GLORIA PERENNIS« [vgl. 1c], birgt den Wahlspruch des Baus und seines Bildprogramms. Im Fresko wird der dreifaltige Gott durch Engel und Heilige verherrlicht, wobei die Heiligen und Märtyrer in besonderer Beziehung zum Kurhaus, der Stadt München und dem Orden der Karmeliter stehen. Auch der Gläubige im Kirchenraum – der Bürger Münchens – wird in die Verherrlichung der Dreifaltigkeit durch seine Betrachtung einbezogen. Die Fresken an den nördlichen und südlichen *Quertonnen* mit dem Gelübde und der Friedensbitte der drei Stände [12] und der Arche Noah als alttestamentarischer Friedenstopos [10] umklammern die große Anbetungsszene in Richtung der Hauptachse. Eine weitere Anspielung auf das Gelübde, das zur Kirchengründung führte, birgt eines der *Emporenfresken* [15]. Das Schiff symbolisiert die Kirche, unter deren Schutz die Bürger Münchens, die Vertreter des bayerischen Kurhauses und die Geistlichkeit sich stellten. In der Querachse geben die Fresken Hinweise auf die Offenbarung Gottes in Taufe [11] und Verklärung [13].

Wie sehr die Fresken in ihrem ikonologischen Zusammenhang unter Beachtung ihres Ortes im Kirchenraum zu lesen sind, wird vor allem an der ›Gelenkstelle‹ zwischen Hauptraum und Chor evident. Die Engel, die eine Schale mit drei Herzen tragen [12], veranschaulichen nicht nur das Geheimnis der Dreifaltigkeit, sondern dieses Zeichen des menschlichen ›Herzopfers‹ ist einerseits unter dem im Hauptfresko dargestellten Kreuz Christi mit den Leidenswerkzeugen plaziert und andererseits vor dem Chorraum angebracht, in dem das Meßopfer am Hochaltar vollzogen wird.

Im *Presbyterium* wird die Trinität durch ein typologisches Beispiel zur Anschauung gebracht [17]. Darstellungen der drei göttlichen Personen mit Hinweis auf die Schöpfung [24], die Erlösung [23] und das Opfer am Altar [20] rahmen das Hauptfresko im Chor zusammen mit Emblemen in den Stichkappen, die sich mit dem inneren Wesen Gottes [19, 21] befassen und solchen an den Fenstern (!), die das Wirken Gottes nach außen im Bild vorstellen [18, 22].

In den zahlreichen Emblemen in der Kuppel und ihren Fensterlaibungen im Hauptraum, an den Decken der Quertonnen und der Musikempore wird auf verschiedene Weise die Wesenseinheit der Trinität berührt. Dabei bediente man sich überlieferter Dreifaltigkeitssymbole [4, 14, 16, 11a-b] oder einfacher Zahlenanalogien [3, 13a-b, 12a], beschrieb die Trinität durch Buchstaben [2] oder Zahlensymbole [5].

München, Dreifaltigkeitskirche

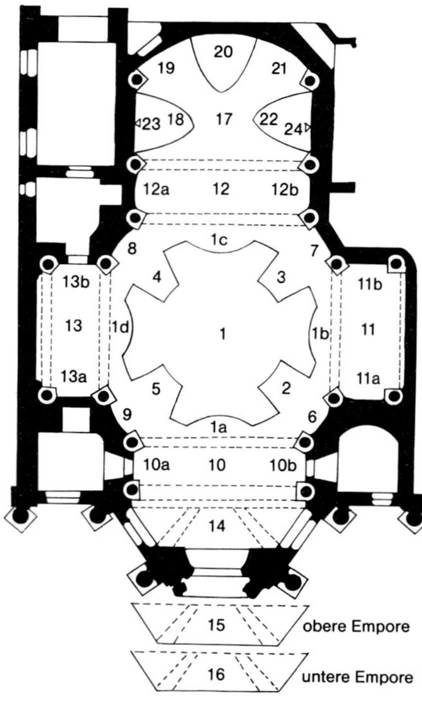

1 *Verherrlichung der Heiligsten Dreifaltigkeit:* Im Mittelpunkt des Kuppelfreskos schwebt Gottvater mit der Taube des Heiligen Geistes. Putten schließen an das lichte Zentrum in kreisförmiger Anordnung an. Zur Rechten Gottvaters wird Christus von Engeln emporgetragen, sein Blick ist auf den Vater gerichtet. Zur Linken Gottes erscheint Maria als Apokalyptisches Weib auf Wolken, von einem Strahlenkranz umgeben.

Über dem Kuppelrand wird die Rundkomposition durch Fenster, die an den Diagonalseiten in die Schale einschneiden, unterteilt, so daß der Betrachter nur durch Umschreiten unter dem Kuppelrand von vier Standpunkten aus die Komposition vollständig ablesen kann. Der Blick des Eintretenden fällt zunächst auf die Gruppe unter Gottvater, zwischen Christus und Maria. Hier erscheint über dem Bogen zum Hochaltar das große Kreuz Christi, umgeben von musizierenden Engeln und Himmelsboten, die die Leidenswerkzeuge Christi vorweisen. Am Fuß des Kreuzes sitzt mit Kelch, Tiara und Schlüssel ›Fides‹–›Ecclesia‹. Hinter ihr hält ein Engel mit dem Münchner Kindl auf dem Gewand einen Fassadenriß der Dreifaltigkeitskirche empor. Über dem Kuppelrand zwischen den Fenstereinschnitten sitzen die beiden anderen Göttlichen Tugenden, ›Spes‹ und ›Caritas‹, mit ihren Attributen, während daneben der Erzengel Michael gegen den Unglauben kämpft. Dazwischen, direkt über dem Gesims, zeigt ein Emblem die Bundeslade [1c]. Die Inschrift besagt: »TRINUM TENET UNA THESAURUM« (Die eine [Lade] trägt den dreifachen Schatz [nämlich: Gesetzestafeln, Mannakrug und Aaronstab], vgl. Exodus 25,10ff., und Hebräer 9,4). Darunter, am nördlichen Kuppelrand, liest der Eintretende »DEO UNI ET TRINO SIT LAUS HONOR ET GLORIA PERENNIS (Dem dreifaltigen Gott sei ewig Lob, Ehre und Ruhm; vgl. 2. Antiphon zur Laudes im Brevier).

Auf der gegenüberliegenden Seite, über dem Eingangsbogen, fährt der Prophet Elias, der in einer Höhle des Berges Karmel gewohnt hatte, in einem von zwei Rossen gezogenen Feuerwagen zum Himmel empor. Als Patron der Karmelitinnen, deren neu eingerichtetem Kloster die Kirche übergeben worden war, ist Elias in das Programm aufgenommen worden. Die Devise des Propheten gibt die Inschrift am südlichen Kuppelrand wieder »ZELO ZELATUS SUM PRO DOMINO EXERCITIUM (Vom Eifer für den Herrn der Heere werde ich bedrängt; 3 Könige 19,10). Das Emblem darüber [1a] ist mit der dreifachen Weinrebe, die sich um einen Stock rankt, trinitätsbezogen. Das Motto dazu lautet: »PERMANENT IN SIMPLICITATE« (Er [der Weinstock] bleibt in seiner Einfachheit).

In der östlichen Querachse wird die Ordensthematik der Karmelitinnen weitergeführt. Die Inschrift am Kuppelrand gibt über das oben Dargestellte Aufschluß: »ALMA TRIAS AMORIS VIRGINEI ET DECOR CARMELI« (Milde Dreiheit jungfräulicher Liebe und Schmuck des Karmel). Gemeint ist damit die Dreiheit der Jungfrau Maria, des Heiligen Josef und der Heiligen Theresa von Avila – der großen Ordensheiligen der Karmelitinnen –, die im Kuppelfresko unter der himmlischen Glorie erscheinen und sich zum Zeichen ihrer Verbundenheit und als menschliches Abbild der göttlichen Dreieinigkeit die Hände reichen. Der untere Bildteil wird von der mächtigen Gestalt des Apostel Petrus beherrscht, der als Patron der ältesten Münchner Pfarrkirche mit weiteren Heiligen und Märtyrern im Gefolge den himmlischen Segen für die Münchner Bürger erfleht. Links von Petrus stehen mit Salbtopf, Medizinfaß und Buch die Heiligen Cosmas und Damian, wobei die hintere Gestalt wohl ein Selbstporträt des Freskanten sein dürfte. Daneben erscheinen der Heilige Ignatius von Loyola, auf dessen Kasel IHS zu lesen ist, der heilige Bischof Augustinus mit dem flammenden Herzen in der Hand, der Heilige Kajetan von Thiene in schwarzem Talar und mit einem Herz, das von einem Pfeil durchbohrt ist, und schließlich der Heilige Franz von Assisi in braunem Habit und mit Tonsur. Die Vier repräsentieren die wichtigsten Orden, die im frühen 18. Jahrhundert in München ansässig waren. Der fast vollständig verdeckte Heilige im Hintergrund mit Bart und Lilie könnte in diesem Zusammenhang der Hauptheilige der Kapuziner, Felix von Cantalice, sein. Hinter Petrus – gegenüber den beiden Ärzten Cosmas und Damian – stehen als Patrone gegen Pest und Krankheit der Heilige Rochus mit Stab und Hund sowie der Heilige Sebastian, der, mit entblößtem Oberkörper dargestellt, in einer Hand die Märtyrerpalme trägt und mit der anderen in einen Köcher mit Pfeilen greift. Im Emblem unter Petrus sind drei Pyramiden, darüber drei Sonnen zu sehen mit der Inschrift: »ATTINGIT UBIQUE« ([Ist doch die Weisheit beweglicher als jede Bewegung;] sie dringt und geht durch alles [vermöge ihrer Reinheit]; Weisheit 7,24]).

Im westlichen Kuppelabschnitt wird noch einmal auf die Ursache für die Kirchengründung angespielt. Während die Inschrift am unteren Kuppelrand wiederum das Thema anschlägt: »A NOBIS PESTEM PELLITE BELLA FAMEM« (Vertreibe von uns Pest, Krieg und Hunger), sind im Fresko unter Christus die Patrone zu sehen, die von der kurfürstlichen Familie, dem bayerischen Volk und den Münchner Bürgern bei Pest-, Hunger- und Kriegsgefahr angerufen werden: Der Heilige Benno mit Fisch als Stadtpatron Münchens gemeinsam mit den Namenspatronen des Kurfürstenpaares, dem Heiligen Maximilian und der Heiligen Kunigunde. Das Emblem darunter zeigt ein Schiff mit drei Rudern und das Motto: »TRIBUS PROPELLITUR UNA« (Eines wird von dreien vorangetrieben).

F II, 17-22. *Vor der Restaurierung*

F II, 17-22. *Nach der Restaurierung*

2-5 Embleme in den Fensterlaibungen der Kuppel:
2 »LINEA TERNA EST UNUM« (Eine dreifache Linie bildet einen [Buchstaben]): Im Bild ist der griechische Buchstabe Alpha zu sehen.
3 »IN ODOREM CURRIMUS« (Wir folgen dem Dufte; vgl. Hoheslied 1, 3): Menschen verehren drei Rosen an einem Stil.
4 »UNUS IN TRINO VIDET OMNIA« (Eines im Dreifaltigen sieht alles): Ein Auge im Dreieck.
5 »IN TRINO SINCERITAS« (Aufrichtigkeit in der Dreifaltigkeit): Ein Herz, dem die Zahl drei eingeschrieben ist.

6-9 In den Kartuschen der Pendentifs sind die vier Evangelisten dargestellt:
6 *Lukas mit dem Stier,* neben sich die Tafel mit den Worten: »PASSVS CRVCIFIX«.
7 *Markus mit dem Löwen* verweist auf die Worte »TERTIA / DIE / RESURR.« (Nach drei Tagen wird er auferstehen; Markus 9, 31).
8 *Johannes mit dem Adler* weist auf das Evangelium mit den Anfangsworten »ET / VERBUM / CARO« (Und das Wort [ist] Fleisch [geworden]; Johannes 1, 14).
9 *Matthäus mit einem Engel,* der ein aufgeschlagenes Buch hält mit dem Text: »LIBER GENE / RATIO [NIS]« (Buch der Abstammung; Matthäus 1, 1).

10 »POSUIT FINES TUOS PACEM« (Er gibt deinen Grenzen Frieden): Das Bild zeigt die Arche Noah und die Friedenstaube mit dem Ölzweig (vgl. Genesis 8-11, und Psalm 147, 14).
10a »ITER FACITE EI QUI ASCENDIT« (Bahnt ihm den Weg, der aufsteigt; Psalm 67, 5): Eine Palme steht als Zeichen für die menschliche Bescheidung vor dem Geheimnis der Dreifaltigkeit.
10b »QUASI ABSCONDITUS VULTUS EIUS« (Wie einer, dessen Antlitz verhüllt ist; Jesaja 53, 3): Drei Rosen in einer Vase, aber nur eine ist gut erkennbar.

11 *Taufe Christi:* In dem längsrechteckigen Freskofeld ist die Taufe Christi geschildert. Wie in den Evangelienberichten beschrieben, senkt sich in der Bildmitte der Heilige Geist in Gestalt einer Taube auf Jesus, der mit demütig verschränkten Armen und gesenktem Haupt im Wasser des Jordan steht. Hinter Christus gießt Johannes der Täufer Wasser aus einer Muschel über den Gottessohn, während die Gestalt Gottes aus Wolken auftaucht. Ein Schriftband hält die Worte Gottes fest: »EST FILIUS MEUS DILECTUS« (Dies ist mein geliebter Sohn).
11a »LUX. SPLENDOR. IGNIS« (Licht, Glanz, Feuer): Im Bild ist das Auge Gottes im gleichseitigen Dreieck zu sehen.
11b »MENS UNICA« (Ein einziger Geist): Ein dreigesichtiger Kopf mit einer gemeinsamen Krone.

12 *Zwei Engel mit Dreifaltigkeitssymbolen:* Zwei Engel tragen auf einer muschelförmigen Schale drei Herzen, die zu einem verschmolzen sind, zur Lichtglorie empor, in der das Zeichen der Dreifaltigkeit erscheint. Ein zur Seite gezogener Vorhang hinter den Engeln gibt den Blick auf die Stadt München frei, die in der Ferne liegt. Die Inschrift darunter besagt: »TRINO TRINUS UNUM« (Dem Dreifaltigen die verbündeten drei [Stände] eines [Gelübde]).
12a »TENET UNA TRINUM« (Eine trägt ein Dreifaches): Eine Hand hält einen dreiarmigen Leuchter.
12b »TRES HUIC SUFFICIUNT« (Drei genügen ihr [der Welt]): Zwei Finger einer Hand aus einer Wolke stützen die Weltkugel, links drei Puttenköpfe.

13 *Verklärung Christi:* Das Fresko zeigt die Verklärung Christi auf dem Berge Tabor. In der Mitte ist der umstrahlte Leib Christi zu sehen. Links hält ihm Moses die Gesetzestafeln entgegen, rechts erscheint Elias auf Wolken.
13a »UNA TRES CONFICIUNT« (Drei [Farben] bilden einen [Bogen]): Regenbogen in den drei Hauptfarben Grün, Gelb und Rot über einer Landschaft.

14 »ABYSSUS ABYSSUM INVOCAT« (Eine Flut ruft der anderen zu; Psalm 42, 8): Das Emblem zeigt drei sich schneidende Kreise mit der Sonne über dem Meer.

15 »PRAEVOLANTEM SEQUOR« (Ich folge dem Vorausfliegenden): Über der ersten Empore erscheint ein majestätisches Segelschiff, das am Bug das päpstliche Wappen trägt. Ein Hauptsegel zeigt auf gelbem Grund einen Adler. Zwei Wimpel geben einen Hinweis auf die Schiffsbesatzung. Auf dem weiß-gelben Wimpel – den kirchlichen Farben – steht: »REGINA DECOR CARMELI« (Königin, Zierde des Karmel), womit Maria als Ordenspatronin der Karmeliter gemeint ist. Der weiß-blaue Wimpel trägt den Text: »ASPIRANTIBUS AUSTRIS UNO TRINOQUE DUCE SECURUS« (Bei günstigen Winden sicher unter der Führung des einen dreifaltigen Gottes). In den Wolken erscheint das Bild des dreifaltigen Gottes, dem das Schiff folgt, während Putti seitlich in die Segel blasen.

16 »QUIS SCRUTABITUR VIAM NOSTRAM« (Wer wird unseren Weg erforschen; Iob 36, 23): In dem dreipaßförmigen Emblem über der Orgel steigen drei Adler zur Sonne auf.

17 *Abraham und die drei Engel:* Den Besuch der drei Engel bei Abraham schildert das Hauptfresko im Chor. Abraham sitzt vor seinem Haus und empfängt drei gleichgestaltete Jünglinge, die ihm die Geburt eines Sohnes weissagen. Darunter die Inschrift: »TRES VIDIT ET UNUM ADORAVIT« (Drei sah er und einen betete er an; vgl. Genesis 18, 1-16).

18 »SIMUL UNUS TRINUS« (Zugleich einer und dreifaltig): Zwei Hände umfassen einen Blumenstrauß.
19 »IDIPSUM INVICEM« (Wechselseitig ein und dasselbe [göttliche Wesen]): Ein Putto hält drei Spiegel so, daß sich ein Sonnenstrahl in allen dreien bricht.
20 *Taube des Heiligen Geistes.*
21 »EST OMNIBUS UNUM« (Einer ist in allen): Drei Spiegel reflektieren drei Dreiecke (sogenanntes Skioptikon).
22 »IN NOMINE PATRIS ET FILII ET SPIRITUS SANCTI« (Im Namen des Vaters und des Sohnes und des Heiligen Geistes): Segnende Hand aus Wolken über der Kuppel von Sankt Peter.

23 *Erlösung:* Christus mit Kreuzesfahne in der Vorhölle.
24 *Schöpfung:* Gestirnter Himmel und Mond.

LITERATUR: *Geschichtliche Darstellung des vor einhundert Jahren aus einem Gelübde der dreyeinigen Gottheit erbauten Tempels.* Beschrieben bei der von der größern lateinischen Kongregation deshalb veranstalteten Gedächtnißfeyer am 5. Juni 1814 – Max Vinzenz Sattler, *Die hl. Dreyfaltigkeitskirche in München und die größere lateinische Kongregation mit ihrer Verfassung und inneren Einrichtung dargestellt,* München 1888 – Halm 1896, 4 – Popp 1906 – Popp 1907 – Wilhelm Hausenstein, »Die Dreifaltigkeitskirche«, in: Derselbe, *Wanderungen,* Frankfurt am Main 1935, 223-229 – Lamb (1935) 1937, 48 – Hanfstaengl 1939, 31-33 – Tintelnot 1951, 58 – Hanfstaengl 1955, 12-13 – Hitchcock 1968, 23-24, Abb. 15 – Hartig ^{2}1971 – Naab 1973, 35-144 – Lieb ^{4}1976, 148 – Dischinger 1978, 19-32 – Kemp 1981, 89/90 und 253/254 – Dischinger 1984 – Trottmann 1986, 65, 66, Abb. 236 – Für die Abfassung des Textes wurden bislang unpublizierte Forschungen des Corpus der barocken Deckenmalerei in Deutschland und von Dr. Alfred Kaiser freundlicherweise zur Verfügung gestellt. B.H.

F III
AMBERG
1716-1718

(Grundriß; 4 Abb.)

Wallfahrtskirche Maria Hilf;
Bistum Regensburg;
Regierungsbezirk Oberpfalz,
Landkreis Amberg-Sulzbach.

PATROZINIUM: Mariä Heimsuchung.

BAU UND AUFTRAG: Während der Pest im Jahre 1634 gelobten die Amberger Bürger den Bau einer Votivkapelle, die 1640-1643 als kleiner Rundbau ausgeführt und von den Jesuiten mit einem Marienbild beschenkt wurde. Ein Brand von 1646 zerstörte die Kapelle bis auf die Grundmauern, das Wallfahrtsbild konnte jedoch noch gerettet werden. Der wachsende Pilgerandrang erforderte bald die Errichtung einer größeren Kirche, die 1697 von dem Amberger Maurermeister Georg Peimbl unter der Leitung des Franziskanerbaumeisters Frater Philipp Plankh begonnen wurde – vermutlich nach bereits 1696 vorgelegten Rissen von Wolfgang Dientzenhofer. Die Weihe der Kirche erfolgte 1711. Die Wallfahrtskirche folgt dem geläufigen Wandpfeilerschema mit Querschiff im vierten Joch, das sich aus dem längsrechteckigen Grundriß nicht hervorhebt, und Emporen über den Seitenkapellen. Der Chor ist stark eingezogen und schließt gerade. Seine beiden tonnengewölbten Raumkompartimente werden nicht durch Gurte rhythmisiert. Das Langhaus ist dagegen von einer Längstonne mit Stichkappen überwölbt und durch doppelte Gurte in Joche gegliedert. Quertonnen schließen Seitenkapellen und Emporen. Durch doppelgeschossige Fenster fällt von hier indirektes Licht in den Kirchenraum. Auch das Presbyterium wird durch seitliche Fenster durchlichtet.

1702 begann Giovanni Battista Carlone mit der Stuckierung im Gemeinde- und Altarraum, 1704 mußte sie wegen des Spanischen Erbfolgekrieges abgebrochen werden. Erst 1717 konnten die Arbeiten durch den Carlone-Schüler Paolo d'Aglio vollendet werden.

Im Juni 1716 begannen mit Cosmas Damian Asam die Verhandlungen über die Freskomalereien. Am 28. September wurde der Vertrag geschlossen, der vor Auftragserteilung Kurfürst Max Emanuel zur Zustimmung vorgelegt worden war. Nach einem detaillierten schriftlichen Programm, das dem Künstler noch im selben Jahr zugesandt worden war, begann Asam am 30. Juni 1717 mit den Malereien im Chor und Langhaus, die bis zum 25. August abgeschlossen waren. Als Bezahlung der umfangreichen Arbeiten hatte der Magistrat der Stadt zunächst an 800 Gulden gedacht, spätere Vertragserweiterungen vergrößerten jedoch die Einnahmen Asams um verschiedene kleinere Beträge und Zuwendungen. Den Abschluß der Arbeiten im Hauptraum gibt das Chronogramm der Inschrift über der Eingangstür an: »DEI GLORIAE / DEIPARAE HIC LOCI PROPITIAE / HONORI / ELECTORALI STIRPIS BOICAE / PERENNITATI / GENTIS PALATIAE / SOLATIO« (Zum Ruhme Gottes, zur Ehre der an diesem Orte hilfreichen Gottesgebärerin, zum ewigen Flor des kurfürstlich-bayerischen Geschlechts, zum Trost des [ober]pfälzischen Volkes; das Chronogramm ergibt die Jahreszahl 1717). Im Mai 1718 beschließt Asam seine Arbeiten in Amberg mit den Fresken in den sechs Seitenkapellen und den drei Feldern unter der Orgelempore, die er nach seinen eigenen Entwürfen ausführen durfte und nur die Weisung erhielt: »... darinnen nach seiner Kunst Gutbefinden die Feste B.V. Mariae (zu) exprimiren«. Für diese Arbeiten waren Asam noch einmal 350 Gulden zugesichert worden.

Nach einer Renovierung der Kirche 1932 erfolgten erst wieder zwischen 1976 und 1981 umfangreiche Instandsetzungsarbeiten mit dem Ziel, die farbige Urfassung des Kirchenraums wiederherzustellen. Dabei wurden die Fresken 1976/77 durch den Kirchenmaler Toni Meier aus Mindelheim gereinigt und von Übermalungen befreit.

Amberg

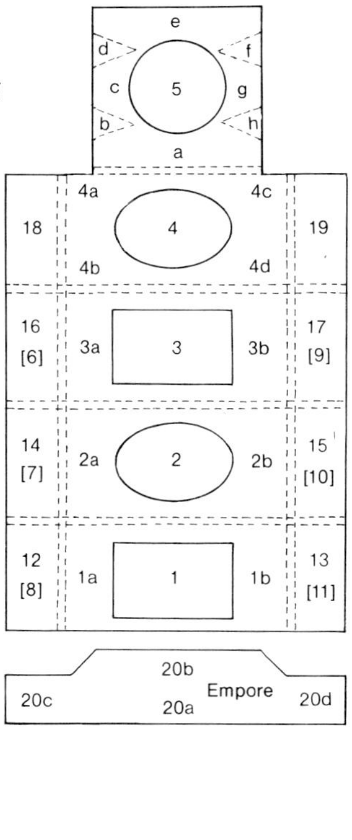

FRESKENPROGRAMM
Der Zyklus beginnt im *Chor* mit der Darstellung der Pest **[5]** von 1634. Die acht kleinen Fresken **[5a-h]** geben verschiedene Sinnbilder der durch Maria vermittelten göttlichen Hilfe und Gnade wieder. In den vier Hauptbildern im *Langhaus* **[1-4]** wird die Geschichte der Wallfahrt und des Gotteshauses in Richtung Westen fortgesetzt, wobei die flankierenden Medaillonfresken das Hauptthema jeweils in allegorischer Weise ausdeuten. Die Fresken der ersten beiden Joche spielen dabei zugleich auf die politische und religiöse Situation der Oberpfalz an. An die Übertragung der Kurwürde an das Herzogtum Bayern 1623 und den Anschluß der Oberpfalz an Kurbayern 1628 erinnern die sich gegenüberstehenden Medaillonfresken **[1a/b]** mit ›Pfalz‹ und ›Bayern‹. Das Langhausfresko **[1]** dazwischen zeigt weißblau gekleidete Pilger, die zum Maria-Hilf-Berg ziehen. Die Rekatholisierung der Oberpfalz wird mit ›Religio‹ und ›Ecclesia‹, die mit den Insignien der Römisch-Katholischen Kirche ausgezeichnet ist, angesprochen **[2a/b]**. Der gegenreformatorische Gedanke erhält im Hauptfresko **[2]** weiteres Gewicht, indem der Bischof, der die Weihe der Kirche vollzieht, zugleich zu den Gläubigen im Kirchenraum gewandt ist und mit der segnenden Pose die Macht der Katholischen Kirche an zentraler Stelle demonstriert. Auch die Embleme in den Quertonnen der *Seitenkapellen* **[12-19]** sind dem großen Langhausfresko jochweise zugeordnet. Die Rettung des Gnadenbildes aus dem Feuer **[3]** wird beispielsweise im Bild der Feuersäule **[16]** und des brennenden Dornbusches **[17]** noch einmal aufgegriffen: So wie der Dornbusch durch das geheimnisvolle Wirken Gottes nicht durch das Feuer verzehrt wurde, blieb auch das Gnadenbild mit Hilfe Gottes von den Flammen verschont. Die Deckengemälde unter den *Emporen* stellen noch einmal Maria in den Mittelpunkt. Der Zyklus mit Szenen aus dem Marienleben **[6-11]** beginnt mit der nördlichsten Seitenkapelle nach dem Querschiff.

Der Besucher verläßt schließlich die Kirche mit dem Trostspruch, der sich auf dem mittleren Fresko unter der *Orgelempore* findet und besagt, daß auch die Zuhausegebliebenen mit der Wallfahrt vereint sind **[20a]**. Die flankierenden Embleme erinnern den Gläubigen noch einmal an die Hilfe Marias im Glauben **[20b-d]**.

1 *Gläubige pilgern zum Maria-Hilf-Berg:* Vornehme Pilger ziehen aus der Ferne zum Maria-Hilf-Berg in Amberg. Die Wallfahrer befinden sich noch am Fuß des Berges, der in einer Ansicht von 1717 gemalt wurde. Die Inschrift am unteren Bildrand lautet: »ALMA NOVO POPVLOS TRAHIT AEDES AVCTA NITORE« (Durch neuen Glanz bereichert, zieht das hehre Gotteshaus die Völker an; das Chronogramm ergibt die Jahreszahl 1717). Die vorwärtsgebeugte Gestalt, die seitlich in das Bild einsteigt, um sich den Pilgern anzuschließen, ist genau einer Figur von Georg Asam nachgebildet, die in dessen Tegernseer Fresko mit dem *Zwölfjährigen Jesus im Tempel* erscheint.
1a »PALATIA« (Pfalz) mit brennendem Herz in der rechten Hand, darunter das Wappen mit den Pfälzer Löwen. Die Linke ruht auf dem Kurhut.

F III, 1a

F III, 1b

F III, 3

F III, 4

1b »BAVARIA« (Bayern), gestützt auf das Bayerische Rautenwappen, mit einem brennenden Herz in der Hand.

Die beiden Medaillonfresken nehmen Bezug auf die Inschrift über der Eingangstür und betonen die Verbundenheit der (Ober-)Pfalz mit der Wallfahrtskirche.

2 *Weihe der Kirche 1711:* Im Fresko wird die feierliche Einweihung der jetzigen Kirche geschildert. Der weihende Bischof, der von zwei Leviten begleitet wird, besprengt Wände und Boden der Kirche mit Weihwasser. Im Hintergrund ist der Blick in den Chorraum mit dem Altaraufbau und dem Gnadenbild freigegeben. Gläubige verfolgen am Rande das Geschehen. Die Inschrift deutet auch hier den Bildinhalt: »PROPITIAE MATRI NOVA FABRICA RITE DICATA (Der gnadenspendenden Mutter [ist] der neue Bau in geziemender Weise geweiht; das Chronogramm ergibt die Jahreszahl 1711).

2a »RELIGIO«: In Gestalt einer Frau bringt die ›Religion‹ der ›Kirche‹ das Opfer der Andacht mit dem Weihrauchfaß in der Linken.

2b »ECCLESIA«: Auch die ›Kirche‹ ist als Frauengestalt vorgestellt, mit den Insignien der Römisch-Katholischen Kirche.

3 *Rettung des Gnadenbildes beim Brand 1646:* Von allen Seiten eilen Leute herbei, um sich an den Löscharbeiten zu beteiligen. Eine Frau mit Kind erfleht die Rettung des Gnadenbildes, das in den brennenden Kirchenmauern zu sehen ist, während ein Engel bereits das Bild vor der Vernichtung schützt. Die Inschrift am Freskorand lautet: »EX IGNE EXIMITVR BVSTISQVE ARDENTIBVS ICON« (Aus Feuer und loderndem Brand wird das Bild herausgenommen; das Chronogramm ergibt die Zahl 1646). Das Fresko ist eine Paraphrase des Langhausfreskos von Pietro da Cortona in der Chiesa Nuova zu Rom (vgl. Trottmann 1986, 67).

3a »MISERICORDIA«: Die Barmherzigkeit schützt mit ihrem Schild vor den verheerenden Flammen.

3b »IUSTITIA«: Die Gerechtigkeit schwingt über ihrem Haupt das Flammenschwert.

4 *Übertragung des Gnadenbildes in die erste Bergkapelle 1634:* Das Vierungsfresko schildert die feierliche Übertragung des Gnadenbildes in die erste Kapelle auf dem Maria-Hilf-Berg. Ein Priester übergibt auf den Stufen der Kirche einem Diakon das Bild, das von Engeln mit Blumen bestreut wird. Hinter dem Priester geht der Graf von Wahl mit seinen Offizieren, Beamten und einem schwarzen Diener. Dahinter folgen weitere Standesherren in zeitgenössischer Kleidung dem Zug. Im Vordergrund liegt ein Pestkranker am Boden, der voll Vertrauen zu dem wundertätigen Gnadenbild aufblickt. Neben ihm drängen sich andere Hilfesuchenden. In der Inschrift heißt es »VIRGO VENIT, FVGIVNT MORBI PESTESQVE RECEDVNT« (Die Jungfrau kommt, die Krankheiten fliehen und die Pest weicht zurück; das Chronogramm ergibt die Jahreszahl 1634).

4a-d Vier Medaillonfresken, die auf die Entstehung der Marienwallfahrtsstätte hinweisen:

4a *Engel mit Blumenkranz* und dem Wahlspruch »Veni coronaberis: cant. 4« (Komm, und

du wirst gekrönt werden; Hoheslied 4,8) als poetische Einladung an Maria oder die Pilger.
4b *Engel mit Kerze:* Auf der Schriftrolle steht: »Vt luceat omnibus: Matth. 5« (Damit es allen leuchte; Matthäus 5,15).
4c *Engel mit Hammer,* der die Worte »AVXILI / ATRIX« (= Helferin) auf einen Stein einmeißelt. Es ist, wie aus dem Spruchband hervorgeht, der Stein des Beistandes »Lapis adiutorii I Reg : 7« (Stein des Beistandes; Könige 4,1)
4d *Engel mit Weihrauch:* Zu seinen Füßen erläutert die Inschrift »Ascendit sicuit virgula fumi cant. 3« (Es steigt auf wie Rauchrütlein; Hoheslied 3,6).

5 *Die Pest von 1634:* Schauplatz ist der Marktplatz von Amberg. Kranke und Tote beherrschen die Szene. Ein Priester unter einem Baldachin reicht einer sterbenden Pestkranken die Kommunion. Zu Füßen der Frau liegt ihr totes Kind, ein zweites Mädchen blickt weinend zu der todkranken Mutter auf, während im selben Augenblick ein Toter davongetragen wird. In der Himmelsregion erscheint Maria mit Strahlenkranz. Die Gottesmutter hält die Hand des Todesengels mit dem Schwert auf, um weiteres Unheil zu verhindern. Die Inschrift am oberen Freskorand besagt: »AMBERGAE PESTIS / DIVEXAT NOXIA CIVES« (Zu Amberg quält eine verderbliche Pest die Bürger; das Chronogramm ergibt die Jahreszahl 1634). Zu dem Fresko existiert eine Vorzeichnung (Z 8).

5a *»Arca Noe gen: 7«* (Arche Noah; Genesis 7,18): Einzug der Tiere in die Arche Noah.
5b *»Columba ferens ramum olivae gen: 8«* (Die Taube trägt den Ölzweig; Genesis 8,11): Die Taube trägt den Ölzweig zur Arche Noah.
5c *»Medicamentum Vitae eccl: 6«* (Lebensbalsam; Sirach 6,16): Ein Mann hält eine Arzneibüchse, im Vordergrund ein Mörser.
5d *»Arbor Vitae prov: 13«* (Baum des Lebens, Sprüche 13,12): Baum.
5e *»Signum Iodesis, genesis: 9«* (Zeichen des Bundes; Genesis 9,12): Regenbogen.
5f *»Aurora consurgens cant. 6«* (Morgenröte; Hoheslied 6,9): Morgenröte, zwei blasende Puttenköpfe im Wasser.
5g *»Stella matutina eccl 50«* (Morgenstern; Jesus Sirach 50,6): Morgenstern, dem sich die Blumen zuwenden.
5h *»Piscina probatica joan: 5«* (Der erprobte Teich.): Brücke über einem Teich.

6 *Geburt Mariä.*
7 *Tempelgang Mariä.*
8 *Vermählung Mariä.*
9 *Mariä Verkündigung.*
10 *Darbietung im Tempel.*
11 *Himmelfahrt Mariä.*

12 *»Fons Vitae: Psalm 35.10«* (Quelle des Lebens; Psalm 35,10): Brunnensäule, aus der sechs Strahlen hervorgehen.

13 *»Mensa Domini Malach 1.7«* (Tisch des Herrn; Malachias 1,7): Beide Embleme [**12/13**] sind alttestamentarische Hinweise auf das Sakrament des Altars und der Buße, die dem Wallfahrer hier gespendet werden.

14 *»Altarae Thymiamatis Exod. 30,27«* (Räucheraltar; Exodus 30,27): Altar mit zwei Räuchergefäßen.

15 *»Thronus Salomonis 3. Reg: 10«* (Thron Salomons; 3 Könige 10,18): Thronsessel, zu dem zwei Stufen hinaufführen, auf denen je zwei Löwen sitzen. Beide Embleme [**14/15**] geben einen Hinweis auf Opfer und Andacht sowie auf den Thron des Friedensfürsten.

16 *»Columna nubis exod: 13.22«* (Rauchsäule; Exodus 13,22): Die Feuersäule im Lager der Israeliten, deren Zelte rechts zu sehen sind.

17 *»Rubus incombustus exod. 3.2«* (Brennender Dornbusch; Exodus 3,2): Ein Dornbusch, der in Flammen steht. Beide Embleme [**16/17**] enthalten einen Hinweis auf das geheimnisvolle Wirken Gottes im Feuer.

18 *»Petra refugii Ps 103.18«* (Fels der Zuflucht; Psalm 103,18): Tauben umfliegen einen Fels.
19 *»Electa ut sol cant: 6«* (Auserwählt wie die Sonne; Hoheslied 6,9): Sonnenblumen wenden sich zur Sonne. Beide Embleme [**18/19**] veranschaulichen Sinnbilder Marias.

20a *»Comitantur ovantes«* (Sie begleiten die Fröhlichen): Das Fresko zeigt einen Putto auf Wolken mit einer Schriftrolle in der Rechten.
20b *»In parvo totus«* (Im kleinen ganz): Ein Putto hält einen Spiegel hoch, in dem sich die Sonne reflektiert.
20c *»Instabilem firmat«* (Dem Schwankenden verleiht sie festen Stand): Das Bild zeigt ein Schiff im Wellengang, das durch den Anker gehalten wird als Symbol Marias, die dem Zweifelnden Halt gibt.
20d *»Defendit licet offensus«* (Wiewohl erzürnt, verteidigt sie): Pfeile auf einem Schild deuten die Verteidigung des Glaubens durch Maria gegenüber den Irrgläubigen an.

ARCHIVALIEN: Stadtarchiv Amberg, Kirchen- und Religionssachen, Nr. 41, Fasz. VII (Verträge mit Asam über die Freskomalereien).
LITERATUR: *Mons gratiarum oder Wunderthätiger Marianischer Hülf Vnd Gnadenberg der churfürstlichen etc. Hauptstadt Amberg von einer Franziskanischen Feder,* 1722, Manuskript im Stadtarchiv Amberg, Nr. 11½, Fasz. 459 – Johann Kaspar von Wiltmaister, *Sorgfältige Chronik,* Sulzbach 1783 – »Der Maria-Hilfsberg bei Amberg«, in: *Kalender für katholische Christen,* Sulzbach 1845 – Halm 1896, 17-19 – KDM Opf. XVI, 1909, 51-61 – Wörtmann 1909, 24/25 und 33-47 – Schinhammer 1931, 202-203 – Hanfstaengl 1939, 34-37 – Tintelnot 1951, 58 – Schnell (Großer Kunstführer Nr. 16), 1955 – Hanfstaengl 1955, 13-14 – Hitchcock 1968, 28-29 – Schnell (Kleiner Kunstführer Nr. 36), 1972[3] – Kemp 1981, 329-330 – Trottmann 1986, 66-67 B.H.

F IV
MICHELFELD
1716-1718

(Grundriß; 6 Abb.; Tafeln 9 und 10)

Pfarrkirche, ehemalige Benediktiner-Klosterkirche Sankt Johannes Evangelist;
Bistum Bamberg; Regierungsbezirk Oberpfalz, Landkreis Amberg-Sulzbach.

PATROZINIUM: Johannes Evangelist.

BAU UND AUFTRAG: Das 1119 vom Bamberger Bischof Otto dem Heiligen gegründete und 1556 aufgehobene Benediktinerkloster Michelfeld wurde 1669 vom Kurfürsten Ferdinand Maria dem Orden wieder übergeben. Nach ihrem Wiedereinzug begannen die Benediktiner mit dem Neubau der Klosterkirche und Klausur. 1688 war Georg Dientzenhofer bereits mit der Planung des Kirchenbaus beschäftigt, der durch Christoph Grantauer ausgeführt wurde. 1690 – nach dem Tod von Georg Dientzenhofer – übernahm Wolfgang Dientzenhofer die Leitung. 1700 war der Rohbau vollendet, die Innenausstattung verzögerte sich jedoch noch. Die letzte bauliche Veränderung erfolgte 1715/1716 im Bereich des Chores, der kurz vor der Freskierung noch umgebaut wurde. Erst der zweite Abt von Michelfeld, Wolfgang Ringswerger (1707-1721), der früher Profeß im Kloster Tegernsee gewesen war und dort die Asam-Familie kennengelernt hatte, vergab an Cosmas Damian Asam die Freskoarbeiten.

Ob tatsächlich Egid Quirin die Stukkaturen ausführte – wie es in einer späteren Überlieferung heißt –, ist höchst fragwürdig. 1716 war der jüngere Bruder von Cosmas Damian erst aus seiner Lehre bei Faistenberger freigesprochen worden, mit den Stuckarbeiten in Michelfeld war jedoch bereits ein Jahr zuvor begonnen worden. Überdies verweisen stilistische Übereinstimmungen mit den Amberger Stukkaturen in der Maria-Hilf-Kirche (vgl. F III) mehr auf die Carlone-d'Aglio-Werkstatt.

Die Fresken im Psallierchor dürften die frühesten Arbeiten – vermutlich das Probestück – von Asam in Michelfeld sein. In einer Stichkappe gibt das Wappen des Abtes mit Chronostichon die Jahreszahl 1716 und die Anfangsbuchstaben der Worte »WOLFGANGUS ABBAS IN MICHELFELD« wieder. Der größte Teil der Fresken entstand im darauffolgenden Jahr. Signiert und mit 1717 datiert hat Asam das Fresko, das die *Anbetung der Hirten* [**1**] zeigt. Als eines der letzten Fresken in der Kirche entstand wohl das Chorfresko [**4**] erst im Jahr 1718.

Die Klosterkirche ist eine Wandpfeileranlage mit Emporen und ohne Vierung über einem einfachen, rechteckigen Grundriß mit eingebundenem, mittelschiffbreitem und gerade schließendem Chor. Die drei annähernd quadratischen Joche des Langhauses werden von einer gedrückten Längstonne mit Stichkappen überwölbt. Der Chorraum, an den sich östlich die Sakristei und über dieser der Psallierchor anschließen, wird durch ein Holzgewölbe in Form einer böhmischen Kappe abgeschlossen.

Die zwei Fresken in den beiden fensterlosen Eingangsräumen unter dem Westturm werden nicht für Cosmas Damian Asam beansprucht. Sie zeigen Szenen aus der Gründungsgeschichte des Klosters. Im ersten verweisen die Kirchenpatrone Otto von Bamberg, Johannes Evangelist und der Heilige Benedikt auf das Kloster Michelfeld [I]. Im zweiten überreicht Otto von Bamberg den Bendiktinern die Stifterurkunde [II].

Ein erster Befund der Asamfresken wurde 1927 anläßlich einer geplanten Reinigung der Malereien erstellt, die erst 1934 erfolgte. Der Bericht besagt, daß der Erhaltungszustand der großen Gewölbefresken zu diesem Zeitpunkt sehr befriedigend war. Aus Anlaß der ab 1986 geplanten Restaurierungsarbeiten durch das Bayerische Landesamt für Denkmalpflege in München wurde in jüngster Zeit erneut der Zustand der Fresken geprüft. Bis auf Verschmutzungen in einigen Partien sind die Fresken – nach dem neuen Bericht – in gutem strukturellen Zustand. Nur an der nördlichen Emporenseite ist es vermehrt zu Verlusten der Deckenmalerei gekommen. Am Chorfresko konnten kleinere Retuschen festgestellt werden.

FRESKENPROGRAMM

Am Beginn des christologischen Programms in der Michelfelder Kirche steht im Langhaus die *Geburt Christi und Anbetung der Hirten* [1]. Für den Kirchenbesucher ist dieser Auftakt der Heilsgeschichte jedoch der letzte tröstende Gedanke, den er aus der Kirche mit hinausnimmt, da das Fresko für den die Kirche verlassenden Besucher im ersten Joch über der Orgelempore um 180 Grad gedreht zu den anderen Fresken gemalt ist. Die Fortsetzung des Heilsgeschehens ist im zweiten Langhausjoch mit der *Ölbergszene* [2] dargestellt. Der Blick des Eintretenden fällt zuerst auf diese Darstellung des leidenden und um Abwendung des irdischen Todes flehenden Gottessohnes. Es folgt die *Auferstehung* [3]. Der *Chor* ist der Heiligsten Dreifaltigkeit gewidmet. Im Hochaltarbild wird Christus beim *Letzten Abendmahl* gezeigt (vgl. G 8), im Auszug erscheint als Stuckplastik Gottvater, und im Fresko wird die *Herabkunft des Heiligen Geistes* mit den Personifikationen der Sieben Gaben geschildert [4].

F IV

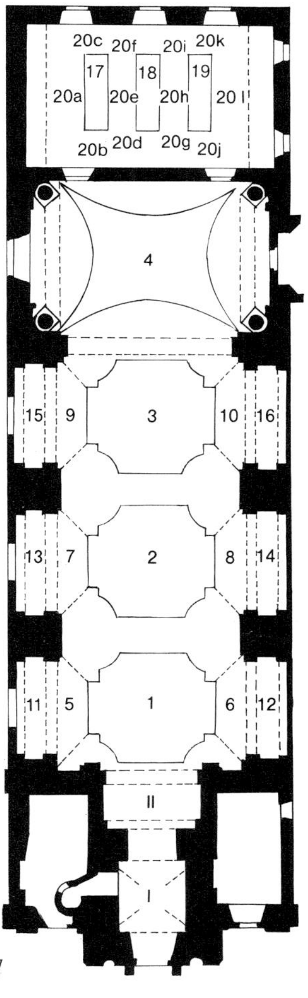

Michelfeld

Die Fresken auf den *Emporen* [5-10] beziehen sich thematisch auf das jeweilige Hauptfresko des Joches, während die Fresken in den *Kapellen* [11-16] mit den Themen der Altarblätter korrespondieren. Das erste Nebenaltarpaar muß ursprünglich der Gründung des Klosters gewidmet gewesen sein und setzt damit das Thema der Fresken in den beiden Eingangsräumen fort [vgl. 11/12]. Die Altäre im zweiten Joch sind Maria geweiht [vgl. 13/14], und die beiden Seitenaltäre im letzten Joch vor dem Chor beziehen sich thematisch auf den Benediktinerorden [vgl. 15/16].

Im Psallierchor, dem Ort des mönchischen Gebets, kommen die Erzengel als Zeugen des immerwährenden Gotteslobs zur Darstellung [17-19]. Die Embleme an den Jochgurten und in den Stichkappen [20a-l] beziehen sich in ihren Motti auf Sinn und Wirkung des Gebets und bekunden zugleich mönchische Aufgaben und Tugenden.

1 *Anbetung der Hirten:* Das mit »C. D. Asam 1717« signierte und datierte Fresko schildert den Beginn der Heilsgeschichte. Ort des Geschehens ist der Stall in Bethlehem. Wie eine Rampe steigt der Boden an. Zu beiden Seiten im Vordergrund bieten Hirten ihre einfachen Gaben – ein Lamm, Tauben und einen gefüllten Korb – dem neugeborenen Kind dar. Durch die freie Mittelgasse fällt der Blick ungehindert auf die zentrale Gruppe mit Maria und dem Kind, das von einer Lichtaureole umgeben ist. Etwas zurückgesetzt – Maria gegenüber – sitzt der Heilige Joseph. Während sein Blick auf die Hirten schräg unter ihm fällt, schaut die Gottesmutter zu zwei Putti empor, die ein Weihrauchfaß schwingen. Darüber schweben, im Halbkreis angeordnet, musizierende Engel auf Wolken. Ihr himmlisches Konzert zu Ehren Gottes vereint sich mit der Hirtenmusik aus der Tiefe des Stalls. Mit einer Geste verweist der größte Engel aus dieser Schar, der in der Mittelachse über der Hauptgruppe auf Wolken steht, auf das wunderbare Geschehen unter ihm. Wie durch eine Bühnenkulisse wird die Szene durch eine Architektur hinterfangen, die sich hinter der Hauptgruppe triumphbogenartig öffnet. Risse und abbröckelnder Putz zeigen den ruinösen Zustand des Mauerwerks. Die nächtliche Dunkelheit hinter der Bogenöffnung wird im ›Innenraum‹ wirkungsvoll überstrahlt durch den Schein, der vom Kind ausgeht.

In der Bildanlage, der eine Komposition Marattis zugrunde liegt, erinnert das Fresko an das Jakobusbild mit den Gefangenen in Ensdorf (vgl. F 1, 3).

2 *Christus im Garten Gethsemane:* Um zu seinem Vater zu beten und den Leidenskelch anzunehmen, begab sich Christus mit drei seiner Jünger auf den Ölberg. Schauplatz für die Darstellung des menschlich leidenden Gottessohnes ist der Garten Gethsemane. Der Blick des Betrachters fällt über ein hügelig ansteigendes Gelände mit den drei schlafenden Jüngern – unter denen die ausgestreckte Gestalt von Johannes, dem Kirchenpatron, besonders ins Auge fällt – auf Christus in der Bildmitte. Der Gottessohn kniet mit ausgebreiteten Armen am Boden. Sein Haupt ist von einem rotgefärbten Strahlenkranz umgeben als Hinweis auf die Blutstropfen, die Jesus in seiner Todesangst geschwitzt hat. Sein Blick ist nach oben, auf einen Engel gerichtet, der ihm mit dem Leidenskelch in den Händen aus einer großen Wolke entgegenschreitet. Am oberen Bildrand tragen Engel das Kreuz Christi, schräg darunter halten andere Engel die Leidenswerkzeuge in Händen. Außerhalb der umwölkten Zone, durch eine Reihe Palmen halb verdeckt, sieht man den Verräter Judas, gefolgt von Soldaten, herankommen.

2a-d In den Kartuschen seitlich des Freskos sind die vier Kirchenväter dargestellt: *Papst*

F IV, 2

F IV, 3

Gregor der Große, Hieronymus mit dem Löwen, Augustinus mit dem flammenden Herzen und Ambrosius mit Honig.

3 *Auferstehung Christi:* Schauplatz der Auferstehungsszene ist laut Evangelistenbericht die Grabkammer Christi. Asam deutet die Situation eines Innenraums nur äußerst sparsam an. Lediglich die vom rechten Bildrand überschnittene Bogenöffnung, durch die erschrockene Wachsoldaten ins Freie stürzen, lassen den Raum ahnen. Wie im Fresko zuvor zeigt Asam über einem aufsteigenden Gelände sein Hauptmotiv in der Mittelachse des Bildes. Es ist die Erscheinung Christi, der in den Himmel auffährt. Der Gottessohn mit der Fahne in der Linken ist von einem verklärenden Licht umgeben, das die ganze Grabkammer erhellt. Engel und Putti umringen den Erlöser. Unter Christus, auf einem getreppten Podest, steht der geöffnete Sarkophag, der von einem großen, weiß gewandeten Engel bewacht wird. Auf den Treppenstufen kauert der Tod, der sein dürftiges Gewand über den Kopf gezogen hat. In der Hand hält er den angebissenen Apfel – zum Zeichen des besiegten Todes und der gesühnten Schuld. Dahinter krümmt sich der Teufel am Boden. Voll Entsetzen und geblendet von dem überirdischen Licht aus der Höhe, wendet sich ein Soldat mit heftiger Geste ab, um den übrigen davoneilenden Wächtern zu folgen. Auf der Geländezone im Bildvordergrund liegen zwei zu Boden gestürzte Soldaten. Helm und Lanze sind ihnen entglitten, und sie selbst scheinen im nächsten Augenblick aus dem Bild dem Betrachter im Kirchenraum entgegenzustürzen. Lanzenschaft und Arm des Wächters ragen bereits plastisch geformt (aus Holz bzw. Stuck) in den Raum.

4 *Herabkunft des Heiligen Geistes mit den Sieben Gaben:* Die Hängekuppel des Altarraums überhöhte Asam durch eine scheinarchitektonische Kuppel mit Laterne. Ohne daß die Scheinarchitektur mit der gebauten Architektur in Verbindung steht, setzt Asam die mit Rippen und gemalten Reliefs ornamentierte Kuppel über einer gemalten Gebälkzone an. Die Anregung zu dieser Dekoration empfing Asam durch einen Stich Paul Deckers. Über dem gemalten Rand sind in vier Gruppen die weiblichen Personifikationen der Sieben Gaben des Heiligen Geistes auf mächtigen Wolkenballen plaziert. Zu sehen sind: ›Sapientia‹, ›Intellectus‹, ›Consilium‹, ›Fortitudo‹, ›Scientia‹, ›Pietas‹ und ›Timor Dei‹. Aus dem hellen Licht, das aus der Laterne dringt, schwebt umhüllt von Wolken und umringt von Puttenköpfchen die Taube des Heiligen Geistes. Unter dem gemalten Rand, in den Zwickeln, erscheinen die vier Evangelisten.

5/6 *Putten mit Musikinstrumenten*
7/8 *Putten mit Leidenswerkzeugen*
9/10 *Putten mit Märtyrerkrone und Palmzweig*

11 *Zwei Putti – der eine mit weiß-blauem Rautenmantel bekleidet, der andere mit gelbem Überwurf und Kreuzstab, reichen einander die Hand.* Im Schriftband steht: »Iungunt bona foedera pacis« (Gute Friedensbündnisse vereinen).

12 *Ein Putto mit dem Wappen des Fürstbistums von Bamberg reicht einem anderen Putto mit dem Wappen des Abtes Ringswerger einen Brief mit Siegel.* Ein dritter Putto hält den Bauplan des Klosters. Die Inschrift lautet: »Bene fundata est« (Es ist gut gegründet).

13 *Putti bringen Rosen aus einem Garten zu Maria mit Kind.* Das Motto besagt: »Plus redolent iunctae« (Zusammen duften sie mehr).

14 *Garten mit Lilien.* Dazu die Inschrift: »Casta placent superis« (Die Reinen gefallen dem Himmel).

15 *Ein Adler fliegt aus seinem Horst der Sonne mit dem Auge Gottes entgegen.* Im Schriftband heißt es: »In coelestibus habitat« (Im Himmel ist seine Wohnung).

16 *Eine Taube fliegt aus ihrem Schlag zu einem Putto.* Die Inschrift lautet: »Una est columba mea« (Eine ist meine Taube; Hoheslied 6, 9).

F IV, 17

F IV, 18

F IV, 19

17 *Erzengel Gabriel:* In Wolken schwebt der Erzengel Gabriel als Bote der Verkündigung mit Lilie. Über ihm taucht der Kopf Gottvaters auf.

18 *Erzengel Michael:* Michael mit Schild und Feuerschwert, im Kampf gegen den Unglauben, stürzt die gefallenen Engel und Dämonen in die Tiefe.

19 *Erzengel Raphael:* Raphael, der Schutzengel der Pilger und Wanderer, legt schützend den Arm um den jungen Tobias mit dem Fisch.

20 a-l Embleme (wobei die Motti auf Spruchbändern jeweils vorangestellt sind):
20 a »NON AD CHORUM« (Nicht zum Chor): Ein Putto vertreibt Vögel.
20 b »IN OMNEM TERRAM« (In die ganze Welt): Ein Putto schlägt zwei Pauken.
20 c »VIRIBUS UNITIS« (Mit vereinten Kräften): Putto spielt Orgel, ein zweiter bedient den Blasebalg.
20 d »HUC DIRIGE MENTEM« (Dorthin lenke den Geist): Eine Sonnenblume mit einem Herz in der Blütenmitte wendet sich zur Sonne, in der ein Auge erscheint.
20 e »SILENTIUM« (Schweigen): Ein Putto bedient eine Musikwalze, ein zweiter legt den Finger an den Mund.
20 f »INTENSAE RESONANT« (Gespannt erklingen sie): Ein Putto stimmt die Saiten einer Geige.
20 g »CONCORDIA CORDIS ET ORI« (Einigkeit des Herzens und des Mundes): Topfpflanze mit Herzblüten.
20 h »IN ODOREM« (Zu [gutem] Geruch): Ein Putto hält ein Räuchergefäß, ein zweiter gibt Weihrauch hinzu.
20 i »NON PRAECIPITANDO« (Nicht überstürzt): Ein Putto, der die Hände nach oben streckt, reitet auf einer Schildkröte.
20 j »CUM FERVORE« (Mit Leidenschaft): Ein Putto hält einen Spiegel, auf den von einem Dreieck aus Licht fällt. Das Licht wird auf das Herz eines zweiten Puttos reflektiert, das entflammt.
20 k »AD SIDERA CURSUM« (Den Weg hinaus zum Himmel): Ein Putto schießt eine Rakete ab.
20 l »PROCUL MUSCAE« (Die Fliegen seien fern): Ein Putto vor einem geöffneten Buch, in dem der Satz zu lesen ist »Mens concordet voci« (Der Geist vereine sich mit der Stimme), vertreibt Insekten mit einem Wedel.

LITERATUR: *Sulzbacher Kalender für katholische Christen,* 1865, 77 – Halm 1896, 18 – KDM Opf. 1909, 56-80 (mit ausführlichen Literaturangaben) – Kammelmaier, »Michelfeld und sein Kloster«, in: *Oberpfalz* 19/1925, 21-24 – Wilhelm Funk, »Kloster Michelfeld in der Oberpfalz«, in: *Fränkische Alb,* 18/1931, 191-194 – Schinhammer 1931, 202 – Hanfstaengl 1939, 37-40 – Herbert Brunner, *Altar- und Raumkunst bei Egid Quirin Asam,* (Diss.) München 1951, 66-69 – Hemmerle 1951, 71-73 (mit ausführlichen Literaturangaben) – Tintelnot 1951, 58 – Hanfstaengl 1955, 14-15 – Gerhard Hojer, *Die frühe Figuralplastik Egid Quirin Asams,* München 1967, 41 ff. – Hitchcock 1968, 29-31, Abb. 29-31 – Rupprecht 1980, 78 f. – Batzl [2]1981 – Trottmann 1986, 67-70, Abb. 47, 90, 137, 138. B.H.

F V
WALDERBACH
1718

Ehemaliges Zisterzienserkloster, heute Heimatmuseum; Bistum Regensburg; Regierungsbezirk Oberpfalz, Landkreis Cham.

BAU UND AUFTRAG: Der ehemalige Konventbau von Walderbach, in den 1669 Zisterzienser aus Aldersbach gezogen waren, schließt sich auf quadratischem Grundriß südlich an die Klosterkirche an. Das dreigeschossige Gebäude ist im einfachen Barockstil gebaut. Im ersten Obergeschoß des westlichen Trakts, im sogenannten Büßergang (heute Teil des Museums), befindet sich ein kleines signiertes und 1718 datiertes Deckenstück von Cosmas Damian Asam. Im Mai 1718 vollendete Asam die Arbeiten in Amberg, im selben Jahr war er auch noch in Michelfeld beschäftigt. Das Fresko in Walderbach wird Asam entweder bereits im Frühjahr 1718 auf dem Weg nach Amberg oder auf der Rückreise von seinen Oberpfälzer Aufträgen nach München ausgeführt haben. – Der Zustand des Bildes ist gut.

Die Heilige Magdalena als Büßerin: In einer dreipaßähnlichen Rahmung zeigt Asam auf einer leichten Bodenerhebung Maria Magdalena als Büßerin. Die junge Frau, die auf einer Decke am Boden sitzt und sich dabei an einen Felsblock lehnt, ist mit einem einfachen Hemd und einem bauschig um ihren Körper geschlungenen Tuch bekleidet. Arme und Beine sind entblößt, die langen aufgelösten Haare fallen über Rücken und Schulter herab. Den Kopf zur Seite geneigt, blickt Magdalena auf einen Totenkopf, den sie in ihrer linken Hand hält. Mit der Rechten umfaßt sie locker einen Strick, der ihr zur Selbstzüchtigung dient. Nur sparsam ist der Landschaftsraum rechts mit einigen Büschen angedeutet. Abgeschnittene Pilze und ein umgekippter Holznapf mit Wasser deuten die enthaltsame Lebensweise der einsamen Büßerin an. Nur dem Studium der Heiligen Schrift, die rechts am Bildrand aufgeschlagen zu sehen ist, scheint sich Magdalena zu widmen. Im Hintergrund ziehen dunkle Wolken auf, aus denen zwei Puttenköpfchen auf die junge Frau herabblicken. Zwischen den Putti bricht aus dem Dunkel göttliches Licht, das mit einigen Strahlen Maria Magdalena fast erreicht. Rechts unten ist das Bild signiert und datiert »C. D. Asam Inuenit 1718«.

LITERATUR: KDM, Opf. 1905, 207/208 – Schinhammer 1931, 203 mit Abb. – Hanfstaengl 1939, 40 – Krausen 1953, 97-99 – Bickel 1956. B.H.

F VI
KISSLEGG
1719
(Grundriß)

Friedhofskapelle Sankt Anna;
Bistum Rottenburg; Bundesland Baden-Württemberg, Regierungsbezirk Südwürttemberg, Kreis Wangen.

PATROZINIUM: Sankt Anna.

BAU UND AUFTRAG: Baumeister der nordwestlich von Kißlegg gelegenen Sankt-Anna-Kapelle war Johann Georg Fischer von Füssen. Die Grundsteinlegung erfolgte am 20. Mai 1718 durch Pfarrer Müthinger. Bereits im Sommer 1719 war der Bau so weit vollendet, daß vom 12. Juni bis 19. August 1719 die Stukkatoren unter der Leitung des Augsburger Bildhauers und Stukkators Hans Herkommer in der Kapelle arbeiteten. Am 12. Oktober 1719 benedizierte Propst Theodor Straubhaar von Wolfegg die Kapelle. Die endgültige Weihe erfolgte erst am 12. September 1723 durch den Konstanzer Weihbischof Franz Anton von Sirgenstein.

Der außen schlichte, rechteckige Bau öffnet sich im Inneren in einen längsrechteckigen Saal mit eingezogenem Chor über quadratischem Grundriß. Je drei Rundbogenfenster und ein Oculus an den Längsseiten sorgen für ausreichende Durchlichtung von Haupt- und Chorraum.

Die Fresken der Kapelle, die in der älteren Literatur noch einem sonst unbekannten Maler Martin Reiser aus Günzburg zugeschrieben werden, stammen von Cosmas Damian Asam. Ein Münchner Archivfund bestätigt die auch stilistisch eindeutig belegbare Autorschaft des Künstlers und berichtet, daß Asam – unzufrieden mit der schlechten Bezahlung des Auftraggebers – seinen gesamten Lohn von 300 Gulden an die Armen des Leprosenspitals verteilte, das zur Kapelle gehörte. Die Fresken sind mit Sicherheit zwischen der Fertigstellung der Stukkatur und der Benediktion, also im Frühsommer oder Spätherbst 1719 entstanden. Im selben Zeitraum war Asam auch im nahegelegenen Weingarten tätig, wo er am 19. Juli 1719 in den Akten erwähnt wird und im Sommer 1720 die letzten Arbeiten ausführte (vgl. F VII).

Bei der 1985 abgeschlossenen Restaurierung wurden die Feuchtigkeits- und Frostschäden, welche die Oberfläche der Fresken in Mitleidenschaft gezogen hatten, behoben und Übermalungen aus früheren Restaurierungen beseitigt. Die Untersuchung der leeren Diagonalkartuschen des Langhauses ergab, daß an diesen Stellen keine Malereien vorhanden waren. Der Malbestand ist zu 95 Prozent in sehr gutem Zustand. Das jetzige Erscheinungsbild entspricht weitgehend dem ursprünglichen Zustand.

FRESKENPROGRAMM:
Entsprechend dem Patrozinium der Gottesakkerkapelle schildern die Fresken das Leben der Heiligen Anna – der Mutter Marias – in verschiedenen Stationen bis zu ihrem Tod, verknüpft mit Szenen aus der Kindheit Marias.

Der Zyklus beginnt mit dem südöstlichen Kartuschenfresko im *Chor* [**1 a**], das die Kirchenpatronin im Gebet vertieft zeigt. Die Bitte um Mutterschaft wird erhört und in der *Verkündigung an Anna* [**1 b**] bestätigt. Mit der *Geburt Mariae* [**1 c**] und *Namensgebung Mariae* [**1 d**] wird bereits in den Seitenfresken zur Kindheitsgeschichte der Gottesmutter übergeleitet, die im großen Chorfresko mit dem *Tempelgang Mariae* [**1**] einen ersten Höhepunkt erreicht.

Der Bestimmung der Kirche als Friedhofskapelle trägt das Fresko im *Langhaus* Rechnung, das den *Tod der Kirchenpatronin* [**2**] zeigt. Für die vier leergebliebenen Diagonalkartuschen waren möglicherweise – in Analogie zum Chor – wei-

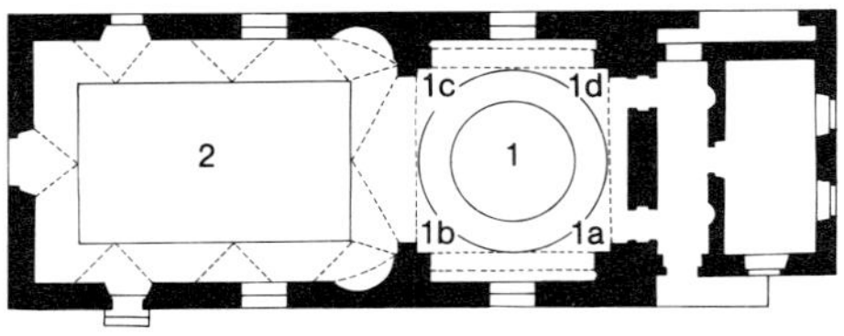

Kißlegg

tere Szenen aus dem Marienleben oder aus dem Leben der Heiligen Anna nach dem Bericht der ›Legenda aurea‹ vorgesehen. Denkbar wären jedoch auch emblematische Darstellungen, die die Todesthematik des Hauptfreskos ausdeuten.

1 *Tempelgang Mariä:* Durch die kreisrunde Rahmung des Chorfreskos fällt der Blick in eine in Schrägansicht gemalte Kuppelarchitektur, die sich nach oben in eine Laterne öffnet. Auf dem gemalten Podest im Vordergrund kniet die jugendliche Maria mit Sternenkranz in angemessener Entfernung demütig vor dem Hohenpriester. Dieser steht, begleitet von zwei fackelhaltenden Tempeldienern, auf dem obersten Absatz der Stufenanlage, vor den geöffneten Torflügeln des Tempels und empfängt mit ausgebreiteten Armen das Kind. Drei Engel schweben auf einer Wolkenbahn über Maria. Rechts, vom Rand und der Treppenanlage überschnitten, beobachten die Eltern, Anna und Joachim, ergriffen die Szene. Hinter den vergitterten Fenstern an den Seiten haben sich andere Zuschauer versammelt, um dem feierlichen Ereignis zuzusehen.

1a *Gebet der Heiligen Anna:* Vor einem waldigen Hintergrund kniet die Heilige Anna ins Gebet vertieft. Ergeben breitet die Heilige die Arme aus und blickt flehentlich zum Himmel, von wo ein verklärender Lichtschein auf sie herabfällt. Als Symbol der gewährten Mutterschaft wächst aus einem Topf ein kleiner Baum.
1b *Verkündigung an Anna:* Die Szene schildert die Verkündigung der Geburt Marias an Anna. Ein Engel weist Anna, die in einem Buch gelesen hatte, auf die lichtumstrahlte Immakulata mit zum Gebet gefalteten Händen und Sternenkranz hin. Im Vordergrund kauert gedankenverloren oder schlafend der greise Joachim, ohne die himmlische Vision zu bemerken.
1c *Geburt Mariens:* Von zwei Helferinnen umgeben nimmt Anna die neugeborene Maria auf ihren Schoß. Um das Haupt des Kindes leuchtet bereits der Kranz von zwölf Sternen und das Marienmonogramm ziert die Wiege, die links bereitsteht. Im Hintergrund taucht der Kopf Joachims auf. Putti blicken von oben auf die Szene herab.
1d *Mariä Namensgebung:* An zentraler Stelle sitzt Anna mit dem Wickelkind auf dem Schoß, von dessen Haupt Strahlen ausgehen. Vor ihr steht ein jüdischer Priester, der aus einem Buch vorträgt, während Joachim väterlich die Füße des Neugeborenen hält. Hinter ihm taucht der Kopf einer betenden Dienerin auf. Mutter und Kind blicken nach oben, wo ein Engel ein Schild mit dem Marienmonogramm präsentiert. Putti auf Wolken begleiten singend die Szene.

2 *Tod der Heiligen Anna:* Mit bewegenden Details schildert das Fresko den Tod der Heiligen Anna. Engel raffen den Vorhang vor der Szene zur Seite, während andere Himmelsboten mit Weihrauchgefäß, Fackeln oder Kerze das Bett der Sterbenden umringen. Schluchzend steht eine Dienerin hinter dem Lehnstuhl Joachims, der seine Frau mit trauerndem Blick betrachtet. Vor ihm auf dem Tisch steht unberührt eine Medizinflasche. Tröstung und Segen erhält Anna von dem Christuskind, das Maria ihrer Mutter entgegenhält. Mit verklärtem Ausdruck blickt die Sterbende in das helle Licht, das den Raum um sie erfüllt.

LITERATUR: *Oefeleana* (Manuskript), Band VI, Seite 36 v. (Bayerische Staatsbibliothek, München) – Wahr 1938 (nennt als Freskant Martin Reiser) – KDM Wangen, 1954, 206/207 – Schahl 1961, 80 ff. – Kaspar 1963, 80 ff. – Dehio/Piel 1964, 250 – Spahr 1978, Band 2, 93 – Dischinger 1980, 28, Dokument XXIII, 2, Abb. 1 – Bushart 1982, 28-36, Abb. 1-8. B.H.

F VII
WEINGARTEN
1718-1720

(Grundriß; 5 Abb.; Tafeln 11-22)

Benediktiner-Klosterkirche und Wallfahrtskirche zum Heiligen Blut; Bistum Rottenburg; Bundesland Baden-Württemberg, Regierungsbezirk Südwürttemberg, Kreis Ravensburg.

PATROZINIUM: Martin von Tours und Oswald.

BAU UND AUFTRAG: Bereits im 10. Jahrhundert war von dem Welfen Heinrich Grafen von Altdorf an der Scherzach ein Nonnenkloster gegründet und zur Grablege seines Geschlechts bestimmt worden. Nach einem Klosterbrand 1056 wurde durch die Welfen ein zweites Kloster auf dem Martinsberg errichtet.

Der Grundstein zur heutigen Kirche wurde am 22. August 1715 unter Abt Sebastian Hyller (1697-1730) gelegt. Mehrere Architekten lieferten für den Bau Entwürfe, die Ausführung übernahm anfangs Franz Beer, und ab 1717 war Donato Guiseppe Frisoni für die Durchführung verantwortlich.

Die Wandpfeileranlage mit Emporen und einer im Grundriß und Aufriß akzentuierten Vierung mit halbrund geschlossenen Querarmen bildet im Grundriß ein langgezogenes Rechteck mit konvex ausschwingender Westfassade und halbrunder Apsis. Durch eine querovale Eingangshalle gelangt man in den Kirchenraum. Auf ein schmales Vorjoch mit der Orgelempore folgen drei Hauptjoche, die quadratische Vierung und ein ebenfalls quadratisches Chorjoch. Den Abschluß bildet in Entsprechung zur Eingangszone ein schmales Joch vor der Apsis. Während die beiden schmalen Joche mit Längstonnensegmenten und die Emporen und Kapellen mit Quertonnen überwölbt sind, schließen die übrigen Joche im Langhaus und Chor mit Hängekuppeln ab. Wichtigster Raumakzent ist die Vierungskuppel mit Tambour und Laterne. Der Vertrag über die Stukkatorarbeiten wurde am 31. März 1718 von dem Wessobrunner Franz Xaver Schmuzer dem Älteren unterzeichnet.

Gegen den Vorschlag des Architekten Frisoni, für die Freskomalereien Jakob Karl Stauder heranzuziehen, und gegen andere Konkurrenten konnte sich in Weingarten Cosmas Damian Asam als Freskant durchsetzen. Zum ersten Mal kam Asam um den 20. Dezember 1717 mit seinem Bruder Egid Quirin in das Kloster. Im April 1718 wird vom Fuhrmann Frumer aus Wurzach ein Modell des Malers nach Weingarten gebracht. Am 30. Juni 1718 erscheint Asam wiederum im Kloster, um mit einem Probestück – dem Fresko über dem Hochaltar mit der *Anbetung des Lammes* [7] – zu beginnen. Erst danach wurde am 3. Oktober 1718 der Vertrag geschlossen. Für den umfangreichen Auftrag sollte Asam 6000 Gulden empfangen, zuzüglich einer Extravergütung, wenn die Zwickel der beiden Kuppeln gemalt würden, was auch geschah. Im Dezember 1718 kam es zwischen Auftraggeber und Künstler zu Mißstimmigkeiten über den Arbeitsfortschritt. Im Verlauf des nächsten Jahres vollendete Asam in raschem Tempo den größten Teil der Langhausfresken, so daß 1720 nur noch die große Vierungskuppel und die Quertonnenfresken auszuführen waren. Am 11. Juli 1720 traf Asam in Weingarten ein, um im Verlauf des Sommers die Arbeiten zum Abschluß zu bringen.

In Weingarten war von einem der gelehrten Benediktinermönche ein Programm entworfen worden, das auf sechs Seiten Vorschläge zu den Fresken der Klosterkirche enthält, die jedoch in den meisten Punkten noch modifiziert wurden. Die Weihe der Kirche erfolgte am 10. September 1724.

Eine Restaurierung der Fresken erfolgte 1952 bis 1956 durch den Kunstmaler Manz, der dabei teils erheblich durch lasierendes Übermalen in den Bildbestand eingriff.

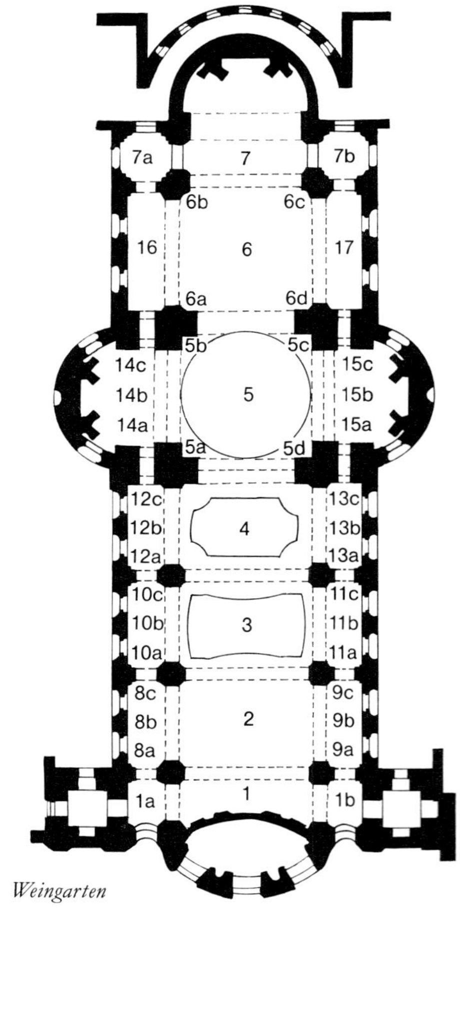

Weingarten

FRESKENPROGRAMM:
Die Fresken in der Kirche von Weingarten lassen sich nicht zu einem thematisch geschlossenem historischen Zyklus zusammenschließen. Räumliche und zeitliche Klammer für den Programmablauf bilden die beiden kleineren Fresken über dem Eingangs- und letzten Chorjoch mit der *Geburt Christi* [**1**] und der *Anbetung des Apokalyptischen Lammes* [**7**], die Beginn und Vollendung des göttlichen Heilsplans anzeigen. In diesem ›Rahmen‹ werden, von Joch zu Joch fortschreitend, verschiedene Themen aufgegriffen und veranschaulicht, die Aussagen zur Kirche, dem Benediktinerorden und dessen theologischer Zielsetzung enthalten. Der wichtigste Reliquienschatz der Kirche steht im Zentrum des ersten großen Langhausfreskos [**2**], die zugehörigen Emporenfresken desselben Jochs zeigen Mitglieder des Welfenhauses in Anspielung auf ihre besondere Verbindung zum Kloster Weingarten [**8a-c** und **9a-c**]. Der Orden und die Geschichte ihres Begründers bestimmen thematisch die Fresken im zweiten Joch. Während das Hauptfresko der *Glorie des Heiligen Benedikt von Nursia* gewidmet ist [**3**], schildern die Emporenfresken sechs *Szenen aus dem Leben des Ordensbegründers* [**10a-c** und **11a-c**]. Dabei stehen die Bildinhalte dieser Fresken immer in Bezug zu denen der Gegenseite. Während beispielsweise in einem der nördlichen Emporenfresken der Heilige Benedikt das Mönchsgewand empfängt [**10a**], befiehlt Benedikt im Fresko der Gegenseite, dem Minister von Totila, das Königsgewand abzulegen, weil es ihm nicht zukommt [**11a**]. Die besonderen Bemühungen des Weingartner Konvents an der Salzburger Benediktiner-Universität um die Einsetzung des Marienfestes ›Conceptio immaculata‹ findet ihren Niederschlag im Fresko des dritten Langhausjoches mit der *Himmelfahrt Mariens* [**4**]. In den Emporen sind fünf Szenen aus dem Marienleben und Maria als Apokalyptisches Weib dargestellt [**12a-c** und **13a-c**]. Das Kuppelfresko [**5**] in der Vierung vereint schließlich die Kirchenpatrone und Ordensheiligen mit der Schar anderer Heiliger in der *Anbetung der Dreifaltigkeit*. Im Bild vom Brot [**15a-c**] und Wein [**14a-c**] erinnern die Querhausfresken an das eucharistische Opfer und stellen so die Verbindung zum Altarraum her. Zugleich wird der besondere Bezug zu Weingarten in den nördlichen Fresken [**14a-c**] noch einmal aufgegriffen. In der Flachkuppel des Chorraums kommt das *Pfingstfest* [**6**] zur Darstellung, die dazugehörigen Emporenfresken in den Quertonnen [**17, 18**] zeigen die Personifikationen der Gaben des Heiligen Geistes. Das hier angeschlagene Thema steht in Bezug zu dem darunter aufgestellten Chorgestühl, wo die Kleriker um den Beistand des Heiligen Geistes bei ihren wissenschaftlichen und theologischen Bestrebungen beten und erinnert zugleich an den Missions- und Lehrauftrag der Kirche.

1 *Anbetung der Hirten:* Gegenüber anderen Langhausfresken ist das Fresko über der Orgelempore um 180 Grad gedreht und damit für den die Kirche verlassenden Besucher konzipiert. – Das Zentrum der Anbetungsszene nimmt Maria ein, die vor einem einfachen Strohlager neben Ochs und Esel kniet und ihr neugeborenes Kind Gottvater darbietet. Zum Zeichen seines kommenden Leidens hält das Kind ein Kreuz in den

F VII

Händen. Über Mutter und Kind breitet Gottvater, der aus goldgelbem Hintergrund auftaucht und zum Zeichen des Friedens einen Palmzweig umfaßt, segnend die Arme aus. Schräg vor Maria steht in gebeugter Haltung Joseph. Von der anderen Seite eilen über einen Treppenlauf Hirten mit Gaben herbei. Geschlossen wird die Szene durch eine Schar musizierender Engel. Die Worte »GLORIA IN EXCELSIS DEO« (Ehre sei Gott in der Höhe) hat Asam auf einem Spruchband am unteren Bildrand festgehalten. Direkt daneben befindet sich die Signatur des Künstlers: »Cosmas D: Asam: 1720«.

Figurenstil, Lichtführung und Bildkomposition veranlaßten Erika Hanfstaengl (1955, 26), in dem Bild ein Probestück zu sehen. Die Jahreszahl in der Signatur belegt jedoch, daß das Fresko vielmehr zu den letzten zählt, die Asam in Weingarten ausführte.

In den beiden kleinen runden Medaillons auf der Nord- und Südseite wird die Geburts- und Kindheitsgeschichte Christi fortgesetzt.

1a *Anbetung der Könige:* Vor einer Säulenarchitektur sitzt Maria. Die Gottesmutter hält ihr Kind auf dem Schoß. Hinter ihr blickt Joseph auf Mutter und Kind herab. Von der anderen Seite nähern sich die Heiligen Drei Könige mit ihren Geschenken ehrfürchtig dem Gottessohn.
1b *Darbietung im Tempel:* Andächtig kniet Maria vor dem greisen Simeon, der das Kind aus ihren Armen in Empfang genommen hat. Im Hintergrund ist Joseph damit beschäftigt, zwei Tauben für das Opfer aus einem Holzkäfig zu holen. Für die einfache Komposition liegt eine Entwurfszeichnung vor [Z 9].

2 *Verehrung der Heilig-Blut-Reliquie:* Inhaltliches Zentrum des Freskos ist die Heilig-Blut-Reliquie, die 1090 durch Juditha, die Tochter des Herzogs Balduin von Flandern, dem Kloster übergeben wurde. Der kostbare Reliquienschatz wird von einem Engel und dem Heiligen Longinus getragen. Der römische Soldat hat mit seiner Lanze, die im Fresko ein Putto neben ihm hält, die Seitenwunde Christi geöffnet. Nach einer Legendenfassung aus dem 11. Jahrhundert soll der Heilige Longinus blind gewesen und durch die Berührung mit dem Blut Christi geheilt worden sein. Auf diesen Bericht geht die Darstellung des Weingartner Freskos zurück. Im Wolkenhimmel über der Reliquie erscheint – von Engeln emporgetragen – der verklärte Christus mit einem gewaltigen Kreuz. Aus seiner Seitenwunde fließen zwei Blutstrahlen, einer trifft Longinus, der andere fällt auf die Heilig-Blut-Reliquie unter dem Kreuz. Die Heilkraft, die dem Blut zugeschrieben wird, überträgt sich durch viele Gnadenstrahlen, die von der Reliquie ausgehen, auf die Menschengruppe unter einem weiten Architekturbogen mit dem Wappen des Abtes Hyller. Auf einem niedrigen, langgezogenen Podest, auf das seitlich Treppen führen, hat sich das leidende Volk versammelt. Links außen wird gerade eine Besessene geheilt. Daneben wird ein Epileptiker von einem Gnadenstrahl getroffen. Wallfahrer mit Pilgerstäben und Muscheln wenden sich bittend nach oben, eine Frau mit ihren Kindern erfleht Hilfe in Zeiten der Hungersnot. Aus der seitlichen Architektur strömen weitere Kranke und Leidende nach.

Der Betrachterstandpunkt für das Fresko liegt im vorhergehenden Eingangsjoch. Aber auch von dort scheint die reichgestaltete, dreiseitige Bildarchitektur, die vom Stuckrahmen überschnitten wird und deren Fußpunkt und seitliche Erstreckung für den Betrachter ungeklärt bleiben, nach hinten zu kippen.

3 *Glorie des Heiligen Benedikt:* Die vierseitig angelegte, zweigeschossige Scheinarchitektur mit seitlichen Balkonen trägt den Ansatz einer Kuppel, die sich nach oben in die jenseitige Himmelssphäre öffnet. An zentraler Stelle sitzt der Heilige Benedikt, umgeben von seinen beiden Lieblingsschülern, Maurus und Placidus, und seiner Schwester Scholastika mit Äbtissinnenstab, Regelbuch und Taube. Die Arme weit ausgebreitet betrachtet Benedikt die Welt in Gestalt einer Kugel. Unterhalb des Ordensvaters sitzt auf Wolken ein Putto mit einem Becher in der Hand, aus dem eine Schlange emporzüngelt, in Anspielung auf den Versuch eines Mönches, den Heiligen zu vergiften. Ein Engel schwebt von unten der Gruppe entgegen. In der Rechten hält er eine Goldmedaille, auf die eine Folge von Zeichen und Buchstaben als sogenannter Zachariassegen geprägt ist. Sie ergeben jeweils den Anfang von Schutzgebeten (beispielsweise I = In manus tuas – In Deine Hände, o Herr, empfehle ich meinen Geist; etc.), die den Träger der Medaille vor der Pest bewahren sollen. Mit der Linken umfaßt er das Benediktskreuz mit den Anfangsbuchstaben der Worte: »Crux sit mihi lux, non draco sit mihi dux« (Das Kreuz sei mir Licht, der Teufel nicht mein Führer). Ein zweiter Engel schleudert den Bannstrahl gegen die Mächte des Bösen. Vor ihm flieht nach unten eine Hexe mit aufgelöstem Haar, die auf einer Mistgabel reitet. Mit der rechten Hand drückt sie sich ihren Augapfel heraus. Getroffen von dem Strahl stürzen der Teufel, Frau Welt und der Tod rücklings in die Tiefe. Die Frau mit dem Skapulier der Benediktiner und einem Ölzweig verkörpert die ›Pax‹, die Devise der Benediktiner. Um Benedikt gruppieren sich seitlich weltliche und geistliche Personen, die zum Orden und zu Weingarten in historischer Beziehung stehen. So kann man möglicherweise in den beiden Kirchenfürsten Abt Sebastian Hyller, den Bauherrn, und den päpstlichen Nuntius in der Schweiz, Erzbischof Jakob Caraccioli, der 1715 den Grundstein gelegt hatte, erkennen. Unter den Päpsten und Kardinälen auf der Wolkenbank darüber befinden sich wohl Gregor I. und Gregor VII. In den Gestalten der weltlichen Würdenträger hat man folgende Personen zu erkennen geglaubt: König Rudolf I. von Habsburg mit seiner ersten Gemahlin, Anna von Hohenberg-Habsburg, Sabina von Bayern, Erzherzogin Anna Juliana von Österreich und Herzog Wilhelm von Bayern, Kaiser Leopold I. und Erzherzog Leopold von Österreich.

Die Attribute, die die Engel über den roten Balkonen tragen, versinnbildlichen benediktinische Tugenden.

4 *Himmelfahrt Mariä:* Eine Treppe führt vom unteren Bildrand links nach oben auf ein Podest, das in weitem Bogen nach vorne schwingt. Auf dem massigen Sockel steht der geöffnete Sarkophag Marias. Von allen Seiten strömt das Volk zusammen, während die Apostel schon um die Grabstätte versammelt sind. Ein Grabstein mit Inschrift, verschiedene Bauten und Statuen deuten an, daß der Schauplatz ein Friedhof ist. Neben dem Sarg sitzt auf den Stufen der Treppe Maria Magdalena mit Rosen in den Händen, die nach der Legende im Grab der Gottesmutter gefunden wurden. Ihr Blick ist auf Petrus gerichtet, der am Rand des Sockels steht und mit pathetischer Geste auf die Jungfrau weist. Diese entschwebt mit ausgebreiteten Armen, den Kranz von zwölf Sternen um ihr Haupt und mit nach oben gerichtetem Blick in die golden leuchtende Himmelsregion. Posaune blasende

F VII, 4-6

und Blumen streuende Engel begleiten die Himmelskönigin unter der Führung der drei Erzengel. Der Erzengel Michael mit dem Kreuz auf der Stirn und Marschallstab scheint Maria den Weg zu bereiten. Mit Lilie und Palmzweig folgen die Erzengel Gabriel und Raphael. Eine Einzelstudie zur Figur des Heiligen Michael ist überliefert [Z 11].

5 *Ecclesia Triumphans:* Höhepunkt der Raumfolge ist die große Vierungskuppel mit der Darstellung der Triumphierenden Kirche. Für den Betrachter mit Blickrichtung auf den Hochaltar hebt sich aus der Fülle der Gestalten eine Hauptgruppe ab, deren beherrschende Gestalt Gottvater unter dem Fuß der Laterne ist. Zur Rechten der lichtumstrahlten Gestalt Gottes sitzt Christus vor einem übergroßen Kreuz und bietet seinem Vater die ewige Krone dar. Ganz oben in der Laterne schwebt die Taube des Heiligen Geistes in einem Strahlenkranz. Am Laternenansatz ist eine Draperie befestigt, mit der Putti spielen. Christus schräg gegenüber steht Maria als verklärte Gestalt auf Wolken. Ihr Haupt ist von einem Sternenkranz umgeben, ihre Begleiter sind der Erzengel Gabriel und der Heilige Joseph. Am Kuppelrand unter Gottvater sitzt ›Ecclesia‹ mit Tiara und päpstlichen Abzeichen auf einem Thron, begleitet von einem Pilger und einem Lastenträger und flankiert von den göttlichen Tugenden. Die Figur des ›Glaubens‹ erscheint mit Kelch und Hostie, ›Hoffnung‹ mit dem Anker und die ›Liebe‹ ist von Kindern umringt. Zum Gefolge um Christus und Maria, das sich mit zahlreichen Figuren im Kuppelrund zu einer Prozession formiert, die auf Wolkenbänken gelagert und begleitet von Engelschören zu Gottvater in die Höhe strebt, gehören Apostel, Märtyrer, Bekenner, Jungfrauen, Mönche und Kirchenlehrer. Hinter Christus, angeführt durch Johannes den Täufer, bilden die Apostel als Fundament der Kirche den untersten Rang. Besonders hervorgehoben sind der Heilige Andreas mit seinem Kreuz, da diesem Heiligen in Kloster Hofen (heute Friedrichshafen) und Mantua Gotteshäuser geweiht waren, die ebenfalls Teile einer Heilig-Blut-Reliquie bargen. Den Aposteln folgen die bedeutenden Kirchenpatrone und Heilige, die mit dem Kloster Weingarten in enger Beziehung stehen, unter ihnen der Heilige Pantaleon mit auf den Kopf genagelten Händen, der Heilige Mauritius in Rüstung und der Heilige Sebastian mit einem Bündel Pfeilen. Zwischen den beiden, etwas erhöht und Gottvater direkt gegenüber, sitzt der Heilige Longinus mit der Lanze. Mit der Rechten weist er auf ein kleines Gefäß, in das ein Engel aus dem Herzen Jesu das heilige Blut träufelt. Neben ihm spielt König David sein Lied auf der Harfe zum Lobe Gottes. Am Kuppelrand folgen der selige Abt Meingoz von Weingarten (1188-1200) und der heilige König Oswald, Patron der Kirche und der Reichspartei. Oswald verweist auf Silbergefäße, die er einst zerstückelt an die Armen verteilen ließ. Vor ihm bekleidet der Heilige Martin, der Hauptpatron der Kirche, einen Bettler. Mit Alto, Scholastika und Benedikt schließt sich der äußere Kreis der Heiligen wieder an die Hauptgruppe an. Auf den inneren Wolkenrängen ziehen in zwei Prozessionen je zwanzig heilige Männer und Frauen zu Gottvater hin. Zwischen

F VII, 1

F VII, 7

Longinus und David spielt die Heilige Cäcilie die Orgel. Darüber leitet Sankt Michael den Engelchor. Hinter Cäcilie beginnt der Zug der heiligen Jungfrauen, Frauen und Witwen über die nördliche Kuppelhälfte. Man erkennt unter anderen Maria Magdalena, Barbara, Katharina und Margaretha, Afra, Apollonia, Elisabeth, die Kaiserin Helena und Ursula mit Gefährtinnen. Der Zug der Männer über die südliche Kuppelhälfte beginnt mit den heiligen Ordensstiftern Antonius, Dominikus, Franziskus, Bernhard und Ignatius. Es folgen die Märtyrer Sankt Stephan und Laurentius. Den Abschluß bilden die Bischöfe und Päpste Augustinus, Karl Borromäus und Pius v. über den Aposteln in größter Nähe zu Gottvater, zu dem sie in Andacht aufblicken. Komposition und Motivschatz des Kuppelfreskos erinnern an monumentale Kuppelfresken in Rom, vor allem an Lanfrancos Kuppel in Sant'Andrea della Valle und Cortonas Kuppel in der Chiesa Nuova zu Rom.

5 a-d *Vier Evangelisten:* In den Zwickeln unter der Kuppel sind in schreibender oder malender Haltung die vier Evangelisten gezeigt: **[5 a]** *Markus,* **[5 b]** *Lukas,* **[5 c]** *Matthäus,* **[5 d]** *Johannes.*

6 *Aussendung des Heiligen Geistes:* Das Pfingstwunder ist inmitten einer Kuppelarchitektur dargestellt. Über gemalten Volutenkonsolen erhebt sich auf vorgestellten Säulen eine Tambourzone mit stark verkröpftem Gesims. Darüber wölbt sich eine Kuppelschale, die im Scheitel eine kreisrunde Öffnung aufweist. Im flammenden Licht erscheint an dieser Stelle die Taube des Heiligen Geistes. Wie das Programm es vorschreibt, ergießen sich drei »feuerfärbige« Wolkenbahnen in den Kuppelraum, auf denen Engel herabgleiten. In der Tambourzone haben sich Maria mit einigen Frauen und die Apostel versammelt. Auf ihre Häupter senken sich feurige Zungen.

Bei der Konstruktion der auf Schrägsicht berechneten illusionistischen Kuppelarchitektur hat sich Asam – hinsichtlich der Perspektive – eng an das Vorbild Andrea Pozzos gehalten, in der farbigen Gestaltung allerdings beschreitet

Asam in Weingarten einen neuen Weg. Bereits wenig später verwirklichte Asam in Aldersbach eine Pfingstkuppel, in der er sich von dem italienischen Perspektivsystem noch weiter löste (vgl. F VIII, 5). Zu der Figur des Apostels Thomas hat sich eine Einzelstudie erhalten [Z 10].

6a-d *Vier lateinische Kirchenväter:* In den Zwikkeln um die Scheinkuppel sind als Grisaille-Figuren vor goldenem Hintergrund die vier lateinischen Kirchenväter in Kartuschen dargestellt. Wie die Apostel waren auch die Kirchenväter vom Heiligen Geist erfüllt und gaben durch Wort und Schrift das überkommene Glaubensgut weiter: [**6a**] *Hieronymus* als Kardinal mit Löwen, [**6b**] *Gregor der Große* als Papst, schreibend mit einer Taube, die zu seinem Ohr fliegt, [**6c**] *Augustinus* als Bischof mit Buch und flammenden Herzen, [**6d**] *Ambrosius* als Bischof mit Buch und Bienenkorb.

7 *Anbetung des Apokalyptischen Lammes:* Das kleine ovale Fresko zeigt einen himmlischen Gottesdienst in der Anbetung des Apokalyptischen Lammes. Auf dem siebenfach versiegelten Buch liegt das von überirdischem Licht umstrahlte Lamm auf einer Weltkugel, die auf Wolken gebettet und von Putti umringt ist. Auf seitlichen Wolkenbänken stehen, knien oder liegen die vierundzwanzig Ältesten in Verehrung des Lammes. Ehrfürchtig haben sie ihre Häupter entblößt und die Kronen vor sich niedergelegt. Mit Harfen und weihrauchgefüllten Gefäßen bringen sie in einer Schar von Engeln ihre Lobpreisungen vor. Das am 15. Juli 1718 vollendete Fresko war das Probestück Asams.

7a-b Zwei Opferhandlungen aus dem Alten Testament flankieren das Fresko.

7a *Opfer Noes:* In starker Untersicht ist über einem kurzen hügeligen Geländestreifen Noah zu sehen, der dabei ist, das Opfer vor Gott nach der überstandenen Sintflut zu vollziehen. Einer seiner Söhne hält das Lamm, das auf den bereiteten Opferstein gelegt werden soll, während andere Familienangehörige den Vorgang andächtig verfolgen. Vor dem Hintergrund des Berges Ararat, auf dem noch undeutlich die Arche zu erkennen ist, spannt sich zum Zeichen des Bundes zwischen Gott und der Erde ein Regenbogen.

7b *Opfer Abrahams:* Zwischen Büschen und Bäumen liegt der jugendliche Isaak auf einem großen Opferstein. Sein Vater kniet neben ihm und hält mit der Linken sanft die Schulter seines Sohnes, während er mit der Rechten ausholt, um mit dem Messer den Sohn zu töten. Aus dem Hintergrund erscheint vor golden leuchtenden Wolken ein Engel, der den tödlichen Stoß verhindert und zugleich auf einen Widder weist, der rechts in einem Dornengestrüpp hängt.

8-9 *Welfenfresken:* Die Fresken in den Quertonnen nördlich und südlich des Heilig-Blut-Freskos zeigen Mitglieder des Welfenhauses, beginnend auf der Südseite mit Welf I. [**9b**] bis Welf VI. auf der Nordseite [**8b**]. Die Angehörigen des Stiftergeschlechts waren in der alten romanischen Kirche beigesetzt worden. Als Vorlage für die insgesamt vierzehn Porträts der Familienmitglieder dienten Asam sicherlich ältere bildliche Darstellungen. Bei allen sechs Fresken wird die untere Bildhälfte von lateinischen Inschriften eingenommen, die auf den Namen und die Herkunft der Dargestellten hinweisen, wobei nicht alle Angaben den geschichtlichen Tatsachen entsprechen.

F VII, 10b

8a *Wilphildis und Sophia:* Das Fresko zeigt Wilphildis, die Gemahlin Heinrichs des Schwarzen und Tochter des Herzogs Magino von Sachsen, mit sächsischem Wappen. Neben ihr steht Sophia, die Tochter Heinrichs, mit dem Falken. Sie wurde in Weingarten begraben.

8b *Welf V. – Heinrich der Schwarze – Welf VI.:* Welf V., Herzog von Noricum, mit Herzogsmantel, goldener Kette und Wappen von Bayern, steht neben seinem Bruder, Heinrich dem Schwarzen, mit einem Falken auf der Hand. Heinrich baute das Kloster Weingarten von neuem auf und trat schließlich als Mönch in das Kloster ein. Links von Welf V. ist Welf VI. plaziert.

8c *Welf IV. und Juditha von Flandern:* Welf IV., Herzog von Noricum, Sohn des Markgrafen Azzo von Este, erscheint mit seiner Gemahlin, Juditha von Flandern. Sie schenkte dem Kloster das heilige Blut und andere Reliquien.

9a *Heinrich II. und Welf III.:* Das Fresko zeigt Heinrich II., Sohn Rudolfs (mit Spieß, Jagdhorn und Eichenlaubkranz im Haar) sowie Welf III. von Kärnten (mit Barett und Talar), der das Kloster von Altdorf auf den Marienberg verlegte und es ›Weingarten‹ nannte.

9b *Heinrich, Graf von Altdorf – Welf I. – Hatta von Hohenwart:* Welf I., Graf von Altdorf in rotem Umhang, mit Barett, Harnisch und Wappen (drei französische Lilien auf blauem Feld), wird von Heinrich, Grafen von Altdorf, dem Gründer des Frauenklosters und Vater des heiligen Bischofs von Konstanz, begleitet. Zur Linken von Welf I. sitzt Hatta von Hohenwart. Die Gemahlin von Heinrich hält ein Kirchenmodell.

9c *Rudolf und Welf II.:* Rudolf, der Sohn Heinrichs, im Harnisch mit Herzogshut steht neben Welf II., Rudolfs Sohn, im Hermelinmantel. Beide tragen das Welfenwappen.

10-11 *Szenen aus dem Leben des Heiligen Benedikt:*

10a *Einkleidung des Heiligen Benedikt:* Der jugendliche Benedikt empfängt vom Mönch Romanus das Ordensgewand. Die Szene spielt sich in einem realistisch geschilderten Landschaftsraum ab, der sich weit in die Tiefe öffnet.

10b *Versuchung des Heiligen Benedikt:* Das Fresko schildert eine Begebenheit aus der Jugend des Heiligen Benedikt. In der Einsamkeit soll sich dieser, um die Anfechtungen des Fleisches zu überwinden, entkleidet in die Dornen geworfen haben. Vor einem weiten Landschaftsraum sieht man den jugendlichen Benedikt in einem dornigen Gestrüpp, aus dem an einigen Stellen Rosen erblühen. Im Hintergrund wendet sich eine junge Frau, die fast in den Büschen verschwunden ist, zu Benedikt um.

10c *Der Heilige Benedikt bekehrt Heiden:* Durch seine Predigten und die Zerstörung des Apollo-Altars auf dem Monte Cassino bekehrt Benedikt die Landbevölkerung zum Christentum. Halb angstvoll, halb andächtig lauschen die einfachen Bauern den Worten des Heiligen, der vor dem gestürzten Götzenbild predigt.

11a *Der Minister Totilas vor dem Heiligen Benedikt:* Vor dem Kirchenportal von Monte Cassino sitzt auf den Steinstufen, die zum Eingang führen, Benedikt auf einem Sessel. Mit einer Geste empfängt er den Minister des Ostgotenkönigs Totila, der im Gewand des Königs als Anführer eines Heertrosses vor dem Heiligen kniet. Mit der Verkleidung wollte der Herrscher die vielgerühmte Sehergabe des Ordensgründers prüfen. Überraschung und Ehrerbietung drücken sich auf den Gesichtern des Ministers und seines Gefolges aus, als Benedikt ihn auffordert, das Gewand, das ihm nicht zustehe, abzulegen.

11b *Sankt Benedikt erweckt einen jungen Mann zum Leben:* In einem einfachen Raum kniet Benedikt als alter Mann vor einem toten Jüngling. Dieser war beim Bau des Klosters Monte Cassino von einer Mauer erschlagen worden. Der Teufel, der das Unglück verursacht haben soll, fliegt am Fenster des Raumes vorbei. Durch das Gebet Benedikts wird der junge Mann zum Leben erweckt.

11c *Tod des Heiligen Benedikt:* Nachdem der Heilige Benedikt im Mönchsgewand vor seinem offenen Sarg stehend die letzte Wegzehrung empfangen hat, entschwebt seine Seele auf einer

Lichtstraße als Genius nach antiker Vorstellung gen Himmel.

12-13 *Szenen aus dem Marienleben:* Der Zyklus beginnt mit der Geburt Mariä [**12b**] und zeigt mit Tempelgang [**12a**], Vermählung [**13c**], Verkündigung [**13b**] und Heimsuchung [**13a**] verschiedene Szenen aus dem Marienleben. Nur die Darstellung Marias als Apokalyptisches Weib [**12c**] fußt auf der Schilderung der Offenbarung des Johannes.

12a *Tempelgang Mariä:* Selbständig ersteigt die kindliche Maria die Stufen zum Tempel, während ihre Eltern, Joachim und Anna, die Tochter mit ihrem Blick verfolgen. Das Haupt des Mädchens ist von einem Strahlenkranz umgeben. Am obersten Absatz empfängt sie der Hohepriester. An den vergitterten Fenstern haben sich Tempeljungfrauen versammelt, um die verklärte Gestalt des Kindes zu betrachten.
12b *Geburt Mariä:* Über einer zweistufigen Treppenanlage spielt sich die Szene der Geburt Marias in einem nur unklar definierten Raum ab. Auf dem Schoß der greisen Mutter, die auf einem schräg gestellten Sessel ihr Kind dem Betrachter präsentiert, liegt in Windeln gewikkelt das neugeborene Kind. Maria mit Sternenkranz und Monogramm ist formaler und inhaltlicher Mittelpunkt des Freskos. Seitlich eilt über die Stufen die Amme herbei, die das Kind stützt. Eine zweite Helferin blickt von der leeren Wiege zu dem in strahlendes Licht getauchten Kind auf.
12c *Maria als Apokalyptisches Weib:* In dem Fresko erscheint Maria so, wie sie in der Geheimen Offenbarung des Johannes (12, 1) geschildert wird: »... eine Frau, bekleidet mit der Sonne, der Mond unter ihren Füßen und auf ihrem Haupt ein Kranz von zwölf Sternen, und sie ist schwanger ...«. Über Maria ist das Zeichen der Dreifaltigkeit am Himmel zu sehen. Putti und Engel gruppieren sich seitlich der Lichtbahn, die auf die Gottesgebärerin fällt. Diese steht auf der Weltkugel und zertritt den Kopf der Schlange, an deren Schwanz der Apfel der Versuchung hängt.

13a *Mariä Heimsuchung:* Die Begegnung von Maria und Elisabeth, der Mutter von Johannes dem Täufer, spielt sich auf einem getreppten Podest vor einer Architekturkulisse ab. Elisabeth wird, entgegen der Überlieferung, keineswegs als alte Frau dargestellt. Während sie Maria ihre linke Hand zur Begrüßung reicht, berührt sie mit der Rechten ihren schwangeren Leib. Eine Wolkenbahn schiebt sich zwischen die zwei Frauen, auf der ein Putto sitzt. Die Männer der beiden blicken durch Tür und Torbogen am äußeren Bildrand auf die gesegneten Frauen.
13b *Mariä Verkündigung:* Über Wolken erscheint die Gestalt des Erzengels Gabriel, von Putti umgeben und mit der Lilie in der Hand. Sein Blick ist auf Maria gerichtet, die sich von ihrem Sessel erhebt und mit demütiger Geste den Himmelsboten begrüßt. Dieser scheint mit einer Geste seine Rede zu unterstreichen, indem er auf die Taube des Heiligen Geistes weist, die zwischen den beiden schwebt und einen Strahl auf Maria sendet.
13c *Vermählung Mariä:* Auf einer kleinen Treppenanlage knien Maria und Joseph vor dem Hohenpriester. Die Jungfrau im kostbaren Gewand mit Sternenkranz nimmt aus der Hand Josephs den Ehering entgegen. Über dem Haupt Josephs leuchtet ein Heiligenschein, in seiner Hand hält er einen blühenden Stab zum Zeichen seiner Auserwählung.

14a *Weinstock:* Putten mit beblätterten Rebstöcken.
14b *Weinpresse:* In der Mitte befindet sich eine Kelter mit Spindel und kreuzförmigen Drehbalken: ein Symbol für das Leiden Christi und damit das Vergießen des heiligen Blutes.
14c *Weingarten:* Putten mit Trauben in den Händen.

15a *Tisch mit Schaubroten:* Hinter einem zur Seite gezogenen Vorhang wird ein Tisch mit den Schaubroten sichtbar.
15b *Traum des ägyptischen Joseph:* In der Mitte befindet sich eine Garbe, vor der sich je fünf andere Garben neigen. Ein Putto trägt eine Monstranz mit der heiligen Hostie.
15c *Mannaregen:* Ein Putto rafft den Vorhang zur Seite, um den Blick auf den Mannaregen freizugeben, der auf die Erde herabfällt.

16-17 *Die Sieben Gaben des Heiligen Geistes:*
16 *›Intellectus‹, ›Sapientia‹, ›Consilium‹ und ›Fortitudo‹:* Diese Gaben werden von vier weiblichen Gestalten vor wolkigem Hintergrund personifiziert. ›Intellectus‹ wird mit einem Fernrohr in der Hand dargestellt. ›Sapientia‹ hat den Blick in die Ferne gerichtet, um dort Zukünftiges zu erforschen. ›Consilium‹ holt sich Aufklärung aus der Schrift. ›Fortitudo‹ bändigt mit der Hand eine Schlange. Für die beiden letzten Personifikationen liegt eine Zeichnung Christoph Thomas Schefflers im Ellwanger Schloßmuseum vor [Umkreis 13].

17 *›Timor Dei‹, ›Sciencia‹ und ›Pietas‹:* Diese Gaben werden ebenfalls von drei Frauengestalten mit Attributen personifiziert. ›Timor Dei‹ ist durch eine Frau mit kostbaren Gewändern und gläubigem Gesichtsausdruck dargestellt, über deren Haupt ein Blitz zuckt. ›Sciencia‹ hält in der Rechten einen Stab, über dem die Sonne leuchtet. ›Pietas‹ hält ein Weihrauchbecken empor.

ARCHIVALIEN: Stuttgart, Hauptstaatsarchiv, *Missivbücher Weingarten,* Band 25, B 522, Büschel 67/4, Blätter 109r-110v (Programmvorschläge), und ebenda *Liber Abbatum Weingart. IV 1684-1745,* Bauakten und Baurechnungen, B 522 (67-69).
LITERATUR: Sauter, 1857, 26ff. – Halm 1896, 4 und 25-27, Anm. 25 – Drexler 1922, 23-35 – Schlegel 1924, 2?-28, Abb. 10-19 – Lamb 1937, 9 und 49-51 – Hanfstaengl 1939, 41-47 – Niebelschütz 1948, 12-13 (mit Abb. der Pfingstkuppel) – Tintelnot 1951, 59ff., Abb. 30-32 – Raichle/Schneider 1953, 33-34 und 37-43 mit Abb. – Hanfstaengl 195?, 24-28, Abb. 14-17 und Farbabb. – Rupprecht 1959, 4-5 – Schnell [2]1959 (Großer Kunstführer, Band 5), 9-17, 31ff., Abb. 8/9 – Schnell [14]1967 (Kleiner Kunstführer, Nr. 528) – Hitchcock 1968, 31-35, Abb. 32-33 – Spahr 1974, 78-110, Abb. 39-72 – Lieb [4]1976, 20-28, Abb. 5-9 – Spahr 1977, Band 1, 132-138 mit Abb. 76-80 – Rupprecht 1980, 70-75 – Trottmann 1986, 70-75, Abb. 15, 27, 139, 140. B.H.

F VIII
ALDERSBACH
1720-1721

(Grundriß; 7 Abb.; Tafeln 23-26; Abb. 9 Seite 25)

Pfarrkirche, ehemalige Zisterzienser-Klosterkirche Maria Himmelfahrt; Bistum Passau; Regierungsbezirk Niederbayern, Landkreis Passau

PATROZINIUM: Maria Himmelfahrt, Johannes der Täufer und Ursula

BAU UND AUFTRAG: Unter Abt Theobald I. Grad (1705-1734) wird an einen Chorbau aus dem Jahre 1617 durch den italienischen Stadtbaumeister von Landau, Dominico Magzin (Magazini), ein neues Langhaus angefügt.

Der Grundriß in Aldersbach zeigt das geläufige Barockschema der Wandpfeilerkirche mit eingezogenem Chor. Der Gemeinderaum wird in seiner Tiefe durch fünf Joche gegliedert. Über dem umlaufenden Gesims ist eine Halbkreistonne aufgesetzt. Der Chorraum ist rhythmisiert durch zwei Joche und schließt, ebenfalls von einer Halbtonne mit Stichkappen überwölbt, in dreiseitiger Brechung ab. Die Abseiten im Hauptschiff sind durch Quertonnen geschlossen.

Nur die Turmvorhalle enthält Stuck und Malerei aus der Zeiller-Schule um 1760, im Inneren der Kirche stammt der Stuck von Egid Quirin Asam, und alle Fresken wurden von Cosmas Damian Asam gemalt. Der Freskant wird namentlich in einer Abtschronik von Aldersbach rühmend erwähnt. Beide Brüder nennt Meidinger in seiner ›Historischen Beschreibung der kurfürstlichen Haupt- und Regierungs-Städte in Niederbayern‹ (1787, 303). Dort heißt es: »... Sie [die Kirche] wurde in Fresco gemalt von Cosmas Damian Asam, und stokadort von Egidius Asam, 1720 ...« Andere originale Urkunden aus der Erbauungszeit sind nicht überliefert. Die Fresken sind laut Chronogramm einer Kartuscheninschrift am Chorbogen in das Jahr 1720 zu datieren. Die Inschrift lautete: »ChrIsto Deo eX MarIa VIrgIne InCarnato« (heute durch falsche Restaurierung entstellt: Statt ›ChrIsto‹ steht ›Credo‹).

Der Erhaltungszustand der Fresken ist gut. Die Eigenhändigkeit der Fresken von [**1**] und [**3**] sowie [**6-15**] wird angezweifelt; es handelt sich vermutlich um Gesellenarbeiten.

FRESKENPROGRAMM
Das Programm der Aldersbacher Fresken schildert in den fünf Bildfeldern des Hauptraums die Erlösungsgeschichte der Menschheit, beginnend mit der *Verkündigung an Maria* [**1**] im Eingangsjoch, über die Darstellung der *Geburt Christi* in der Weihnachtsvision des Heiligen Bernhard und dem Ratschluß der Erlösung [**2**], der Begegnung des Auferstandenen mit seiner Mutter am Ostersonntag [**3**] und der *Himmelfahrt Christi* [**4**] bis hin zur *Ausgießung des Heiligen Geistes* im letzten Chorjoch [**5**]. Zehn Szenen aus der *Passion Christi* ergänzen das Programm von Gemeinderaum und Presbyterium [**6-15**]. Besonders hervorgehoben ist in den Hauptbildfeldern die Stellung Marias. Diese betonte Einbindung der Gottesmutter in ein Christusprogramm erklärt sich in Aldersbach nicht nur

durch das Patrozinium der Kirche, sondern auch durch die besondere Verehrung Marias durch den Zisterzienserorden. Den eigentlichen Schlüssel zum Programm bietet das große Gemeinderaumfresko, das der Eintretende zuerst wahrnimmt. Den übergreifenden Sinn des Deckenbildes und zugleich das ›Stichwort‹ für das gesamte Programm liefert das Schriftband am Rand des Freskos, das über die Thematik der Menschwerdung bereits auf die Passion, Erlösung und Versöhnung verweist und diesen vielschichtigen Sinn auch im Fresko selbst zur Anschauung bringt. Ausgehend von der *Weihnachtsvision des Heiligen Bernhard* [2] sind Abfolge und Auswahl der einzelnen Szenen in Aldersbach an den Homilien und Sermones des Bernhard von Clairvaux orientiert (vgl. Lindemann 1984). Spruchbänder und Kartuscheninschriften erläutern vor allem im Hauptfresko die Bildinhalte und stellen einen engen Bezug zwischen Bild und Bibelwort her. Auch die vier Evangelisten in den großen Stuckkartuschen zu seiten des Hauptfreskos kommentieren die Geburtsszene mit verschiedenen Bibelsprüchen und dokumentieren gleichzeitig die Wichtigkeit der Interpretation der Heiligen Schrift.

1 *Verkündigung Mariä:* Putten raffen am oberen Bildrand eine Draperie zur Seite, um den Blick auf einen stark untersichtig dargestellten, schlichten Innenraum freizugeben. Auf einem Podest steht Maria mit einem Buch in der Hand. Sie richtet ihren Blick auf den Engel Gabriel, der auf einer Wolke herabschwebt. In der linken Hand hält der Himmelsbote eine Lilie, die Rechte hat er zum Gruß erhoben. Um Maria spannt sich ein Regenbogen, der hinter der Draperie verschwindet. Über beiden Figuren schwebt die Taube des Heiligen Geistes.

2 *Weihnachtsvision des Heiligen Bernhard:* Über die drei mittleren Joche des Gemeinderaums erstreckt sich das Fresko, dessen Betrachterstandpunkt unter dem westlichen Ende des Bildes liegt. Zwischen stuckierte Decke und Szenerie des Freskos schiebt Asam eine gemalte Rahmenzone, die aus einer fast ganz umlaufenden Baluster-Brüstung besteht. Vorne – in Blickrichtung des Altars – scheint die Balustrade aufrecht zu stehen, während sie nach Westen zu – sich perspektivisch verkürzend – immer mehr vom Bildrahmen und Gewölbe verdeckt wird. Ein langes, durch die Balustrade und den Rahmen geschlungenes Band gibt mit einem Satz aus dem Johannesevangelium den übergreifenden Sinn des Deckenbildes an: »SIC ENIM DEUS DILEXIT MUNDUM UT FILIUM SUUM UNIGENTUM DARET Joan. 3 XVI« (So sehr hat Gott die Welt geliebt, daß er seinen eingeborenen Sohn hingab; Johannes 3,16).

An der östlichen Schmalseite schwingt die gemalte Randbalustrade zu einem Balkon illusionär in den Kirchenraum vor. Hier sitzt in lässiger Haltung auf einem Sessel in der Brüstung, die an dieser Stelle geöffnet ist, in zeitgenössischem Kostüm der Heilige Bernhard von Clairvaux. Unter der ›Loge‹ befindet sich eine Kartusche mit der Inschrift: »Bernardus / nascente ex verbo infante / Magistro / mellifluus ecclesiae / Doctor« (Bernhard wurde der ›honigfließende‹ Kirchenlehrer, indem das zum Kinde gewordene Wort ihn belehrte). Hinter dem Rücken Bernhards ist in einer zweiten Bildzone die Geburt Christi inszeniert.

Durch einen Torbogen eilen Hirten herbei, denen der Verkündigungsengel, auf einer Wolke stehend, den Weg zum Stall weist, wo die Männer und Frauen zusammen mit dem Heiligen Joseph das göttliche Kind in den Armen Mariens anbeten. Die Heilige Familie wird von einer dreiseitig geöffneten Architekturkulisse gerahmt, die aus verschiedenartigen Versatzstücken zusammengesetzt ist und, merkwürdig geneigt, ohne stabile Basis zu sein scheint. Neben den Hirten hat sich eine musizierende Schar von Engeln versammelt. Einer von ihnen hält eine übergroße Schriftrolle empor, mit zwei Zeilen aus dem ›Jubilus rhythmicus de nomine Jesu‹ des Heiligen Bernhard: »Nil canitur suavius / Quam JESU DEI / Filius« (Lieblicheres kann nicht besungen werden als Jesus der Gottessohn).

Über der ›Stallarchitektur‹ öffnet sich der Himmel. Im Bild oben – räumlich im Westen – lüften vier Engel den Vorhang, der über das Geheimnis der Menschwerdung gebreitet war. Unter ihnen, in der Bildmittelachse, erscheint Gottvater über der Weltkugel, die von der höllischen Schlange umwunden ist und von Engeln getragen wird. Andere Engel breiten eine Schriftrolle aus mit den Worten: »GLORIA / IN EXCEL[SIS] / DEO ET IN TER / RA PAX HOMINIB[US] / BONAE VOLUN / [TAT]IS (Ehre sei Gott in der Höhe und auf Erden Friede den Menschen seiner Huld; Lukas 2,14).

An den äußeren Bildrändern oben sind je zwei weitere Engelspaare mit Weihrauchfässern plaziert. In der Nähe Gottvaters umarmen sich zwei Engel. Schwert und Ölzweig kennzeichnen sie als Gerechtigkeit und Frieden. Auf der anderen Seite tragen zwei Engel das Kreuz Christi, über dem sie mit einer Hand einen Palm- und einen Ölzweig halten.

Literarische Quelle für den unteren Teil des Freskos ist eine Legende, die die Weihnachtsvision des jungen Bernhard von Clairvaux schildert. Während der Frühmesse soll er den Wunsch verspürt haben, die genaue Geburtsstunde Christi zu erfahren. Da erschien das Jesuskind vor seinen Augen, wie es im Stall von

F VIII, 9

F VIII, 10

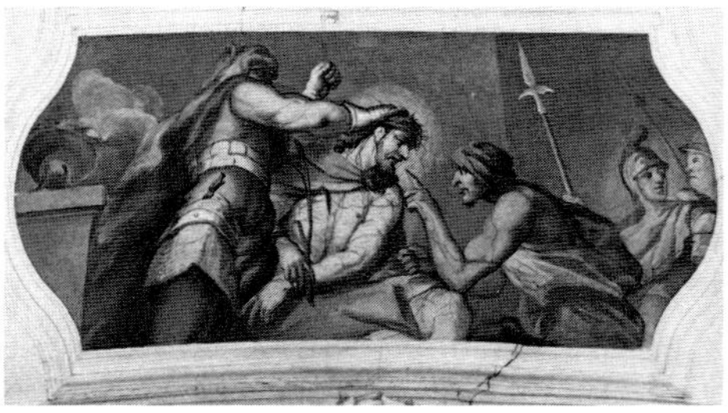

F VIII, 11

F VIII, 12

F VIII, 13

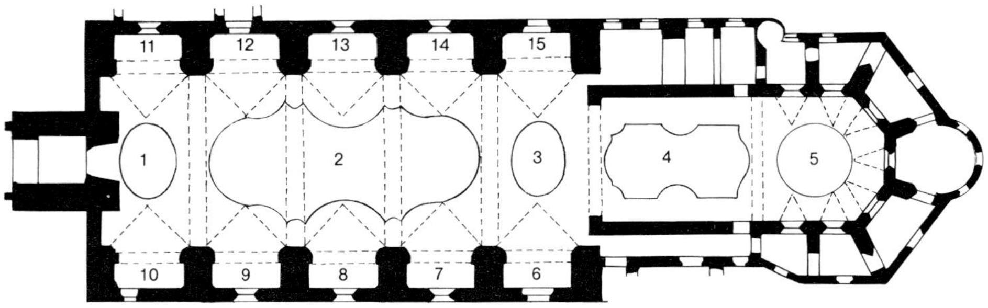

F VIII, 4

Bethlehem geboren wurde. Das Thema der Weihnachtsvision wurde von Asam jedoch durch zahlreiche weitere Anspielungen zu einem komplizierten Bildprogramm erweitert.

Vorbild für fast alle Figuren der Anbetungsszene war nachweislich ein themengleiches Gemälde Carlo Marattis im Palazzo del Quirinale in Rom (vgl. Penzlin 1983, 70/71, Abb. 13 und Trottmann 1986).

3 *Der Auferstandene erscheint seiner Mutter:* Das Fresko schildert die Begegnung des Auferstandenen mit seiner Mutter in den allerersten Stunden des Ostersonntags. Auf einem zweistufigen Podest kniet Maria. Auf Wolken schreitet ihr der Erlöser entgegen, dessen Grabstätte mit dem offenen Sarg in der Ferne zu erkennen ist. Vor Christus mit der Kreuzesfahne sind einige Gerechte des Alten Testaments zu sehen, unter ihnen David, Abraham und Adam. Am Betpult Marias, von Wolken fast verdeckt, erscheint Eva. Engel musizieren über der Gottesmutter. Darüber deutet Asam durch einen gemalten Stuckrahmen, der vom Bildrand überschnitten wird, den Eingang zum Paradies an.

4 *Himmelfahrt Christi:* Im Zentrum der Komposition erscheint Christus in Wolken, von Engeln umgeben. Am unteren Bildrand, auf einem knapp angedeuteten Landschaftsraum, stehen die Apostel und Maria und blicken voll Erstaunen zu dem Entschwebenden empor.

5 *Ausgießung des Heiligen Geistes:* Schauplatz der Szene ist eine Kuppelarchitektur, in der, dem biblischen Bericht des Pfingstgeschehens folgend, die Apostel, Maria und einige andere Frauen dargestellt sind. Über einem mehrstufigen Podest stehen und knien die Gestalten, den Blick nach oben gerichtet und geblendet durch das Licht, das von der Taube des Heiligen Geistes ausgeht, die über ihnen schwebt. Engel begleiten seitlich die Szene.

Wie in Weingarten (F VII), wo Asam kurz zuvor das gleiche Thema zu gestalten hatte, geht Asam von dem illusionistischen Vorbild Pozzos aus, von dem er sich jedoch hier bereits sehr weit entfernt hat. Haltung und Gestik einiger Apostelfiguren und Marias übernimmt Asam aus dem Weingartener Fresko, mit wenigen Veränderungen, nur in neuer Zusammenstellung. Eine mehrfach benutzte Einzelstudie zum Apostel Thomas liegt vor [Z 10].

6-15 *Passionsszenen:* Die tafelbildähnlichen Fresken an den Quertonnen der Seitenkapellen schildern in einfachen Kompositionen zehn Szenen aus der Passion Christi. Der Zyklus beginnt zwischen dem südöstlichen Pfeilerpaar **[6]** und endet mit der Auferstehung an der nordöstlichen Tonne **[15]**.

6 *Christus am Ölberg*
7 *Verrat*
8 *Christus vor dem Hohenpriester*
9 *Christus vor Pilatus*
10 *Geißelung*
11 *Verspottung*
12 *Ecce Homo*
13 *Kreuztragung*
14 *Kreuzigung*
15 *Auferstehung.*

LITERATUR: *Aldersbacher Hauschronik,* 1720 (Bayerische Staatsbibliothek, München, cgm 5608) – Michael de Mannstorff, *Vier auserlehsene Lob- und Ehren-Predigten bey eines 600-Jährigen Jubel-Fest dreyfach celebrierten Solemnität,* Stadt am Hof 1747 (acht Predigten) – Derselbe, *Epitome chronicorum Alderspacensium,* Stadt am Hof 1746 – Meidinger 1797, 303-304 – Halm 1896, 4, 19-22 – Abröll 1913, 23-25 – KDM Ndb. XIV, 1926, 30-31 (mit Angaben zur älteren Literatur) – Hanfstaengl 1939, 49-52 – Tintelnot 1951, 62 – Krausen 1953, 26-29 – Geiger 1953, 53 ff. – Heuwieser 1954, 249-258 – Hanfstaengl 1955, 29-31, Abb. 20-25 – Lieb 1955, 46-49, Abb. 42-45 – Rupprecht 1959, 6-8 – Hartig 1959 – Schindler 1959, 122-132 – Bauer 1961, 218-240 (wiederabgedruckt in: Bauer 1980, 55-78, besonders 60-62) – Hojer, 1967, 98-109 – Hitchcock, 1968, 38-44, Abb. 38-40 – Hartig/Schnell, *Aldersbach* [5]1970 – Rupprecht 1980, 76-85 – Hauer [8]1981, 7-10 – Penzlin 1983, 65-78, 245 – Lindemann 1984, 129-156 – Trottmann 1986, 75-77, Abb. 51. B.H.

F IX
SCHLEISSHEIM
Treppenhaus 1720
Maximilianskapelle 1721
Südliche Antecamera 1724

(Tafeln 27 und 28)

Neues Schloß Schleißheim in Oberschleißheim; Regierungsbezirk Oberbayern, Landkreis München

BAU: Bereits 1701 war der Grundstein des Neuen Schlosses in Schleißheim durch Max Emanuel gelegt worden. Mit der Planung der Anlage hatte der Auftraggeber Enrico Zuccalli betraut. Die örtliche Bauleitung übernahm Philipp Zwerger, ein enger Mitarbeiter Zuccallis. Nachdem der Rohbau vollendet und der Dachstuhl erstellt waren, kamen 1704 – nach der verlorenen Schlacht bei Höchstädt – die Bauarbeiten zum Erliegen. Erst 1715, als Max Emanuel nach München zurückgekehrt war, wurden die Arbeiten in Schleißheim fortgesetzt. Die Leitung in dieser zweiten Bauperiode hatte der Hofbaumeister Joseph Effner übernommen.

1 *Fresko im Treppenhaus*

AUFTRAG: Unter Effner erhielt Asam 1720 mit dem Kuppelfresko im Treppenhaus seinen ersten Auftrag für den Bayerischen Hof. Das Deckenstück im flachen Muldengewölbe einer querovalen Laterne war sicher zugleich auch ein ›Probestück‹ für das Fresko im großen Saal des Schlosses, das jedoch von dem Venezianer Jacopo Amigoni ausgeführt wurde. Asam selbst stattete 1721 noch die Maximilianskapelle [2] und 1724 die südliche Antecamera [3] des Schlosses mit Fresken aus.

Für den kurfürstlichen Auftrag hatte Asam ein bereits zuvor geplantes Projekt, die Ausmalung der Benediktinerkirche in Donauwörth, abgelehnt, wo aus diesem Grunde Asams Konkurrent Jacob Carl Stauder zum Zuge kam.

Die letzte Restaurierung des Treppenhausfreskos erfolgte 1967/68.

Venus läßt bei Vulkan die Waffen des Aeneas schmieden: Das Thema des Freskos ist dem achten Gesang von Vergils Aeneis entnommen: Venus läßt bei ihrem Gemahl Vulkan die Waffen für ihren Sohn Aeneas schmieden. In der Mitte steht Vulkan vor einem felsigen Hintergrund und weist seine Gesellen an, die bei glühender Hitze unter großer Kraftanstrengung an den Waffen arbeiten. Teile der Rüstung liegen bereits fertig vor Vulkan. Dieser wendet sich halb zu Venus um, die ihren von Schwänen gezogenen Wagen verlassen hat und nun von einer Gefährtin beschirmt, halb entblößt vor ihrem Gatten Platz genommen hat. Schützend legt die Göttin ihren linken Arm um Aeneas, den künftigen Helden von Troja und Ahnvater Roms. Ein Genius präsentiert der Göttin und ihrem Schützling den Helm eines Feldherrn mit Federbusch. Andere Helfer breiten verschiedenes Kriegsgerät, Schilde und Schwerter am unteren Bildrand vor der Gruppe aus. Wieder andere reichen über die Felskuppe im Hintergrund einen Schild mit dem Haupt der Medusa, eine Lanze und ein Panzerhemd herab. Vom rechten Bildrand überschnitten, entschwindet ein Kriegsschiff vor den Blicken des Betrachters.

Das Gesicht von Aeneas trägt die Züge des Hausherrn in Schleißheim, Max Emanuel. In Anspielung auf seinen Feldherrnruhm in den Türkenkriegen präsentiert sich der Kurfürst als neuer Aeneas. Der Feldherrnhelm und die bayerische Rautenfahne in einem der Schilde am unteren Bildrand lassen an der Absicht der Allusion keinen Zweifel.

Mit dem Flußgott am unteren Bildrand, der mit Wasserfaß und lorbeerumranktem Ruder auf die Fruchtbarkeit des Landes verweist, ist neben der Verherrlichung des Feldherrnruhmes Max Emanuels als Aeneas auch dessen Stellung als Landesfürst in friedlichen Zeiten angesprochen.

LITERATUR: Halm 1896, 4, 23-24 – Max Hauttmann, *Der kurbayerische Hofbaumeister Joseph Effner* (Studien zur deutschen Kunstgeschichte, Band 164), Straßburg 1913 – Hanfstaengl 1939, 53 ff. – Tintelnot 1951, 66 – Hanfstaengl 1955, 31 – Hager 1965 – Gerhard Hojer, »Die Münchner Residenzen des Kurfürsten Max Emanuel. Stadtresidenz München, Lustheim, Schleißheim, Nymphenburg«, in: Ausst. Kat., München 1976, Band 1, 142-169 – Hojer [6]1980 – Schmid 1980 – Rupprecht 1980, 86-87 mit Abb. – Trottmann 1986, 77-80. B.H.

2 *Fresken in der Maximilianskapelle 1721*

PATROZINIUM: Heiliger Maximilian

AUFTRAG: Am 21. Juli 1721 quittierte Asam den Empfang von 800 Gulden für die Ausmalung der im südwestlichen Eck des Hauptgebäudes liegenden Großen Kapelle.

Der schmale Raum nimmt die ganze Höhe des Schlosses an dieser Stelle in Anspruch und ist demgemäß durch vier Fensterzonen beleuchtet. Im Außenbau tritt die Kapelle nicht als solche hervor, sondern ist mit den beiden Achsen des Vorraums und der darüberliegenden großen Empore zum seitlichen Risalit zusammengefaßt, der, symmetrisch zur Nordwestecke, durch einen Rundgiebel hervorgehoben wird. Im Inneren sind die weißen Wände mit kompositen Pilastern gegliedert, die – unten Erd- und Mezzaningeschoß zusammengreifend – vier Achsen abteilen. Auf der linken Seite kopieren verglaste Wandöffnungen die Außenfenster. Als Ersatz für ein Gebälk fungiert eine konsolenbesetzte Hohlkehle, über der kurze Pilaster die Wandgliederung im dritten Geschoß fortsetzen. Hier sind, oberhalb des Altares, an der südlichen Schmalseite zwei zusätzliche Fenster eingefügt. Über einer zweiten, umlaufenden Hohlkehle setzt die Tonnenwölbung an. Sie ist der Bildträger von Asams Hauptfresko. Die zur Verfügung stehende Fläche wird allerdings durch breite Stichkappen über den Lünetten und dazwischengesetzte Reliefs in Stucco finto stark eingeengt.

Nach schweren Kriegsschäden wurde die Ausmalung 1965-1967 rekonstruiert.

FRESKENPROGRAMM:
Die Fresken haben das Leben des Heiligen Maximilian, des Namenspatrons von Kurfürst Max Emanuel, zum Thema.

Martyrium und Glorie des Heiligen Maximilian: Die für eine Ausmalung ungünstigen Verhältnisse der langen und schmalen Bildfläche überwand Asam, indem er durch breite illusionistische Goldrahmen ein übergeordnetes, größeres Deckensystem suggerierte. Über Stichkappen und Stuckmedaillons bis zum Gesims herabreichend, faßt das äußere, brokatierte Rahmenband einen gleichgemusterten Ring in der Mitte ein, so daß drei Felder ausgeschieden werden. Im mittleren, runden Feld ist die Aufnahme Maximilians in den Himmel gezeigt, wobei der Heilige auf einer rahmenübergreifenden Wolke von Engeln zur Dreifaltigkeit geleitet wird. Im hellen Licht des höchsten Himmels erwarten ihn Gottvater und Christus mit einer Märtyrerkrone. Die Engel tragen Insignien seiner bischöflichen Würde und das Schwert, durch das er umkam. Die Wolke bildet sich im vorderen Feld oberhalb des Altares, wo Verurteilung und Hinrichtung des Heiligen dargestellt sind. Diese Szene, wie auch die rückwärtige, in der Maximilian Almosen an Bedürftige verteilt, ist in gemäßigter Untersicht gegeben, ihrem irdischen Charakter entsprechend. Im Bogenfeld über dem Altar ist der Patron nochmals als Wohltäter der Kranken wiedergegeben.

Das Gemälde über der Orgelempore – die Glorie Sankt Maximilians – wird Asams Schüler Johann Adam Müller zugeschrieben.

LITERATUR: Vergleiche Schleißheim, Treppenhausfresko. R.P.

3 *Fresko in der Südlichen Antecamera 1724*

AUFTRAG: Dieser Nebenraum zum Gartensaal im Schleißheimer Schloß wurde in den Jahren 1723/24 wahrscheinlich unter genauer Anleitung Joseph Effners ausgeschmückt. Für den Stuck gilt Johann Baptist Zimmermann als verantwortlich. Das Ornament und die Grisaillen der Wölbungszone freskierte Cosmas Damian Asam. Seine Autorschaft wird durch archivalische Nachrichten, die ihn als Maler im »Saaletl« nennen, bestätigt.

Die flache Tonne über rechteckigem Grundriß ist oberhalb der umlaufenden Stuckkehle durch doppelte Bandelwerkgurte in fünf Felder unterteilt. Das mittlere breite und jeweils die beiden schmalen seitlichen Felder korrespondieren mit den drei westlichen, rundbogigen Zugängen und den gegenüberliegenden Türfenstern zum Park. Neben den vielfach in das geometrische und pflanzliche Rankenwerk eingefügten Darstellungen von Vögeln und bacchantischen Wesen bestimmen fünf größere figurale Szenen das Programm. Es ist den fruchtbaren Zeiten des Jahres, vornehmlich dem Segen des Gartenbaus, gewidmet.

Mythologische Szenen als Anspielungen auf den Segen des Gartenbaus und den Segen der Liebe.

Im südlichen Schildbogen zeigt Asam in reich abgestuften Schattierungen, wie ›Flora‹, Göttin der Blüte, vor einer Gartenvase sitzt und von einem Genius Blumen zugereicht bekommt. Rechts entführen Putten einen Blumenkorb, und im Hintergrund hat eine Magd Blumen in der Schürze gesammelt. Im Scheitel des ersten Doppelgurtes ist ein Tondo gemalt, in dem drei Putten mit Blumen spielen. Sie entsprechen einer anderen Gruppe kleiner Flügelwesen, die vor dem nördlichen Schildbogen einen Obstkorb über den Wolken tragen. Das Mittelfeld wird von einer Zephirdarstellung eingenommen. Als geflügelter Jüngling personifiziert er den Westwind und bläst einem Putto Blüten aus der Hand.

Die Überlieferung der Floralegende entstammt Ovids ›Fasten‹ (V, 195-378). Dort wird Flora von Zephirus vergewaltigt, doch zur Wiedergutmachung von ihm geheiratet und als Herrin über die Blumen eingesetzt. Vorher, so berichtet sie, habe die Welt nur eine Farbe gehabt; erst durch sie gebe es Blütenpracht auf der Erde (in der Grisailletechnik selbst ist also eine thematische Anspielung zu sehen).

Die Szene im Bogenfeld oberhalb der beiden Türen zum Gartensaal schildert die Episode, wie Vertumnus, Gott des Gedeihens, in Verkleidung einer Alten versucht, Pomona, die Göttin der Baumfrüchte, zur Liebe zu überreden. Er bietet ihr gerade einen Apfel dar. Hinter der Göttin deutet Amor mit einer Maske spielerisch die Fähigkeit des Verführers an, sich in vielfältige Gestalten zu verwandeln, während die Sphinx, auf die sich der Kleine lehnt, die Sprödigkeit Pomonas versinnbildlicht. Frauen beim Bäumepflanzen im Hintergrund und ein überquellender Früchtekorb zu Füßen des Gottes geben einen Obstgarten als Kulisse für das Gespräch an.

Als Besonderheit taucht der Adler Jupiters auf, der hinter Vertumnus das Geschehen belauscht. In der literarischen Vorlage (Ovid, *Metamorphosen,* XIV, 622-771) erscheint er nicht. Auch in Alteglofsheim, wo Asam die Pomona-Geschichte im Fresko wiedergibt (F XVIII, 1), steht der Adler, hier sogar mit Blitzbündel im Schnabel, hinter dem Verführer.

In diesem Umfeld von Liebschaft und Ehe – erfolgreiche Werbung des Vertumnus um Pomona und Heirat Zephirs mit Flora – lassen sich die beiden Frauenbüsten mit Amoretten im unteren Abschnitt des Mittelfeldes identifizieren: westlich, mit dem beigeordneten Schwan, muß es Venus sein, gegenüber Juno mit dem Pfau.

Letztlich ist also mit dem reichen Segen des Gartenbaus auf den Segen der Liebe angespielt. Daß es dabei keineswegs prüde zugehen muß, beweisen die versteckten Fauns- und Bacchantinnengesichter in den Ranken.

Erinnert man sich der immensen Aufwendungen Max Emanuels für Gärten – auch seine Vorliebe für Mätressen ist bekannt –, so läßt sich in diesem vergleichsweise untergeordneten Raum mit der in der Freskomalerei ebenfalls untergeordneten Grisailletechnik eine Hommage an zwei seiner Lieblingsinteressen sehen.

ARCHIVALIEN: Staatsbibliothek München, cgm. 2120 und 3320 (Asam malt 1724 im »Saaletl«)

LITERATUR: Vergleiche Schleißheim, Treppenhausfresko. R.P.

F X
WELTENBURG
Langhauskuppel 1721 Querhaus, Altarraum und Psallierchor 1734-1736

(Grundriß; 4 Abb.; Tafeln 29-33; Abb. 4 Seite 66)

Kloster- und Pfarrkirche der Benediktinerabtei; Bistum Regensburg; Regierungsbezirk Niederbayern, Landkreis Kelheim.

PATROZINIUM: Sankt Georg

BAU UND AUFTRAG: Unter dem 1713 zum Abt gewählten Maurus Bächl (1713-1743) wurde der Neubau von Kloster und Kirche in Weltenburg begonnen. Bereits am 29. Juni 1716 hatte man den Grundstein zur Kirche gelegt, deren gesamte bauliche Anlage und Ausstattung nach Entwürfen von Cosmas Damian Asam entstanden ist. Ausführender Maurermeister war Michael Wolf von Stadtamhof. Am 9. Oktober 1718 war der Bau so weit gediehen, daß der Freisinger Fürstbischof Johann Franz Eckher von Kapfing die Weihe vornehmen konnte. Der Ausbau der Fassade zog sich noch bis 1735 hin. Die Frage, ob der Fassadenplan (das Portal soll 1735 entstanden sein) überhaupt von Asam herrührt oder vielmehr dem aus dem Tessin stammenden Steinmetz Franz Peter Giorgioli zuzuschreiben ist, ist ungeklärt.

Innerhalb der rechteckigen Umfassungsmauern des Vorgängerbaus fügen sich an den ovalen Hauptraum im Westen die flachgedeckte Vorhalle, über welcher der Psallierchor der Mönche liegt, und im Osten das Presbyterium symmetrisch an. Vorhalle und Psallierchor werden von Fassadenfenstern durchlichtet. An das ovale Kirchenschiff setzen in den Querachsen Flachnischen an. Vier weitere Kapellenräume weisen mit ihren Achsen auf die beiden Mittelpunkte des Ovals. Über dem Gesims, das von einer Säulen-Pilaster-Ordnung getragen wird, hebt die Kuppelschale mit Stuckreliefs an, die in ihrer Gliederung die Pilasterordnung im Raum als Gurte bis an den Kuppelrand fortsetzt. Auf Wolkenballen sitzen an diesen Stellen Putti, die einen Diademreif emporhalten. Die ovale Kuppelöffnung gibt den Blick frei auf das Fresko. Dieses ruht jedoch nicht auf der Kuppelschale auf, sondern schwebt mehr als vier Meter über der Öffnung. Asam hatte die ovale Umfassungsmauer des Hauptraums hochgeführt und in der durchfensterten Tambourzone für eine seitliche Lichtquelle gesorgt, die die höhenillusionistische Wirkung des Freskos an der völlig planen Decke entschieden steigerte.

Im Osten schließt sich an den Hauptraum ein quadratisches, tonnengewölbtes Joch an, das statt Fenster Oratorien enthält, die von Freisäulen getragen werden. Eine massiv gemauerte Querwand mit Bogenöffnung schiebt sich zwischen dieses im Dunkel liegende Kompartiment und die durchlichtete Apsis, die den Hochaltar gleichsam hinterfängt.

Die Innenausstattung erfolgte in mehreren Abschnitten. Bis 1721 arbeitete Cosmas Damian Asam am Fresko des Hauptraums, das er mit »Cosmas Damian Asam pictor et architectus a. 1721« signierte und datierte. Die Stuckierung und die Altaraufbauten führte Egid Quirin Asam aus. Zu den umstrittensten Fragen in diesem Zusammenhang gehört die Datierung des Hochaltars. Die Reiterskulptur wurde fast immer zur Erstausstattung der Kirche gezählt, das heißt: in die Jahre zwischen 1721 und 1723 datiert. Daneben wurde aber auch verschiedentlich eine Entstehung in späterer Zeit, um 1735, erwogen. Am 19. Oktober 1721 erfolgte die Weihe der Kirche.

1723/24 werden Faßarbeiten erwähnt, die Maria Salome Bornschlegel, »geweste Asamin«, eine ältere Schwester von Cosmas Damian und Egid Quirin, ausgeführt hat.

Nach dem Bericht des letzten Abtes von Weltenburg, Benedikt Werner (1796-1803), in den ›Kollektaneen zur Geschichte des Klosters Weltenburg‹, erfolgte erst nach 1735 die übrige Ausstattung. Während Egid Quirin bis 1736 die vier Seitenaltäre und die Stuckierung der Vorhallendecke ausführte, schuf Cosmas Damian die Wandgemälde bei der Kanzel [7] und das Gegenstück an der Südwand [6]. Mit den von Werner erwähnten »Gemählde[n] auf den Gewölben des vorderen und hinteren Theiles der Kirche« können nur die Fresken im Psallierchor [8-9] und Presbyterium [3-5] gemeint sein. Über Entstehungszeit und Eigenhändigkeit gerade dieser Fresken gehen die Meinungen jedoch auseinander. Die Psallierchorfresken werden erst von Erika Hanfstaengl (1955) Asam zugeschrieben. Uneinigkeit herrscht vor allem bei den Presbyteriumsfresken, zumal es bei Werner heißt, daß Asam über der Fertigstellung des Stifterbildes [3] gestorben sei, und daß 1740 sein Sohn Franz Erasmus (1720-1795) die Vollendung übernommen habe. Aufgrund zahlreicher Übermalungen und Restaurierungen läßt sich der tatsächliche Anteil Asams an diesen Fresken heute nur schwer bestimmen. Die zuletzt vorgenommenen Reinigungsmaßnahmen, die insbesondere das Apsisbild von Übermalungen des 19. Jahrhunderts befreit haben, bestätigen jedoch, daß der Entwurf auf Cosmas Damian zurückgeht. Nur das Deckenbild der Vorhalle, das in Öl auf Leinwand gemalt ist, stammt mit Sicherheit von Franz Erasmus Asam und wurde 1745 angefertigt.

Die letzte durchgreifende Innenreinigung erfolgte in Weltenburg – nach unverständigen Restaurierungsmaßnahmen im 19. Jahrhundert (1874-1888) – zwischen 1960 und 1962 mit dem Ziel, die ursprüngliche farbige Konzeption wiederherzustellen. Das Hauptdeckenbild [2] wurde gereinigt und von späteren Öl- und Kaseinübermalungen befreit. Von den beiden Wandbildern war nur die *Predigt des Heiligen Benedikt* [7] gut erhalten, das südliche Wandbild [6] war hingegen wegen der Feuchtigkeit der Wand bereits im 18. Jahrhundert zweimal übergangen worden. Nässe-Einbrüche hatten den ganzen unteren Teil zerstört. Bei der jüngsten Restaurierung wurde die Übermalung in Nazarener-Manier völlig entfernt und vom Restaurator Hans Krempel in barockem Sinne ergänzt. Von den Fresken im Presbyterium war insbesondere das Bild an der Apsiswand [5] stark beeinträchtigt. Die Übermalungen des 19. Jahrhunderts ließen sogar Zweifel aufkommen, ob das Bild überhaupt von Asam stamme. Erst nach der Freilegung der Originalmalerei war der kompositorische Zusammenhang zur Hochaltargruppe wieder nachvollziehbar.

FRESKENPROGRAMM:
Im Brennpunkt des Programms steht das große Deckenfresko [2]. Mit den Kirchenpatronen, den Märtyrern und Bekennern des Benediktinerordens, zusammen mit dem großen Ordensbegründer, den Patronen der Diözese Regensburg und den Heiligen, die mit Weltenburg in Beziehung standen, sowie den Aposteln über der Kanzelseite und vor allem Maria als Miterlöserin im Kreis der göttlichen Dreiperson, laufen an dieser zentralen Stelle im Kirchenraum alle inhaltlichen Fäden zusammen. Von hier werden verschiedenfach Bezüge zu den Reliefs an der Kuppelschale, der Stuckplastik, den Altären und den übrigen Fresken hergestellt.

So bilden das Apsisfresko [5], die plastische Gruppe mit dem Heiligen Georg im Altarraum

Weltenburg

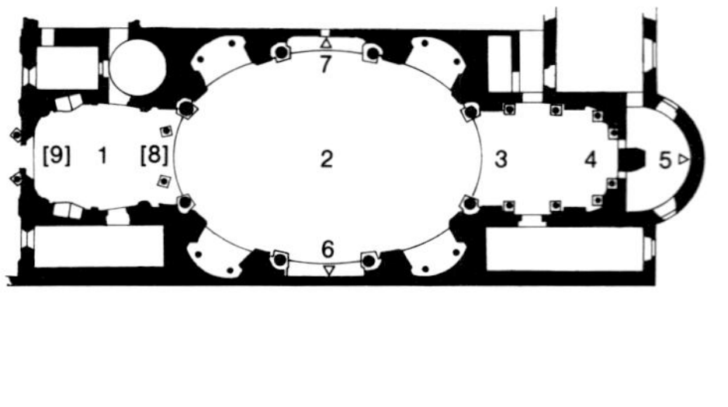

F X

und das große Gewölbefresko [2] eine sinnvolle Einheit, die die Themen der ›Ecclesia militans‹ und ›Ecclesia triumphans‹ dem Eintretenden vor Augen führen.

Szenen aus dem Leben des Heiligen Benedikt rahmen als Stuckreliefs das große Kuppelfresko, in dem der Ordensbegründer zusammen mit den vornehmsten Vertretern der Benediktiner zu sehen ist. Das Anliegen des Ordens – in Nachfolge der Apostel – durch die Predigt das Wort Gottes zu verkünden und in die Welt zu tragen, wird in den Wandfresken der Querachse [6, 7] veranschaulicht – räumlich unmittelbar unter der Apostelschar und der Benediktinergruppe im Kuppelfresko.

Maria, deren Verteidigung als ›Immaculata conceptio sine labe‹ ein besonderes Anliegen der Benediktiner war und die in Weltenburg mit dem Marienheiligtum des Heiligen Rupertus auf dem Frauenberg hohe Verehrung genoß, ist im Hauptdeckenbild an hervorgehobener Stelle plaziert. Im Fresko über dem Hochaltar empfängt Christus als der verklärte, verherrlichte Herr Maria – als Königin des Himmels – wie seine Braut. Die Marienverehrung der Benediktiner und zugleich deren Bereitschaft, sie zu verteidigen, konkretisiert sich schließlich im Apsisfresko [5] im Bild des Benediktinerabtes, der vor Maria als Apokalyptisches Weib kniet.

Auch das Stifterfresko [3] am Choreingang läßt an der Rolle des Benediktinerordens bei dem historischen Vorgang keinen Zweifel.

Wenig ungewöhnlich sind die Themen der beiden Fresken im Psallierchor. Hier, am Ort des ständigen Chorgebetes, verweist Benedikt auf seine Regeln [8], und der Engel mit geöffnetem Buch [9] mahnt die Mönche zu eifrigem Gebet.

1 *Jüngstes Gericht:* Das Vorhallenfresko ist ein Werk von Franz Erasmus Asam (1745).

2 *Ecclesia triumphans:* Über der Kuppelschale des Hauptraums mit den Reliefs von Egid Quirin Asam schiebt sich, vermittelnd zwischen gebauter Architektur und Malerei, an der flachen Decke ein Reif, der von stuckierten Putten auf Wolken getragen wird und mit Sternen und Sonnen besetzt ist.

Das Fresko im ovalen Gewölbespiegel zeigt eine Versammlung von Heiligen vor der Dreifaltigkeit in einer runden Säulenarchitektur, die über einem breiten Gesims eine vergoldete Kuppel mit durchlichteter Laterne trägt. Die Fußpunkte der Säulen werden durch zahlreiche Figuren verdeckt, die sich in der Tambourzone bewegen. Von höchster Stelle senkt sich die Taube des Heiligen Geistes herab, die in der Wölbfläche der Kuppel von einem Wolkenband mit Puttenköpfen im konzentrischen Kreis umzogen ist. Darunter sitzt auf Wolken Christus. Er ist von Engeln umringt, die sein Kreuz hinter ihm aufrichten und die Leidenswerkzeuge tragen. Ihm gegenüber thront Gottvater auf der Weltkugel, das Zepter in der Linken; in der rechten Hand hält er eine Krone über Maria. Die Gottesmutter und der Heilige Georg unter ihr nehmen die Mittelachse der Hauptgruppe ein. Der Schutzpatron der Kirche wird von einem Engel mit einem Lorbeerkranz ausgezeichnet, die Stoßlanze in seiner Hand weist in Richtung des besiegten Drachens. Über dem Kronreif taucht ›Ecclesia‹ mit den päpstlichen Insignien und der Heiligen Schrift vor sich auf. Hinter ihr verweisen drei Engel auf eine Schriftrolle, die das Generalthema des Freskos verkündet: ›Ecclesia Triumphans‹. Hinter Christus beginnt mit der mächtigen Gestalt des Heiligen Petrus, der mit Kreuz und Himmelsschlüsseln noch auf Wolken plaziert ist, der Zug der Apostel in der Tambourzone. Dicht hinter Petrus ziehen der Heilige Johannes, als Lieblingsjünger Jesu, und der heilige Bischof und Bayernapostel Rupertus an einem großen Netz, das Menschenherzen enthält. Ein weiß-blau gekleideter Engel reicht auf einer Muschel die Herzen des bayerischen Volkes empor. Das Gnadenbild der Muttergottes von Altötting und das Gnadenbild auf dem Frauenberg bei Weltenburg, die beide Rupertus geweiht haben soll, stellen noch einmal regionale und lokale Bezüge her. Es folgen die übrigen Apostel, an die sich Personen des Alten Testaments anschließen. Vor Zacharias schwebt der Erzengel Gabriel herab und verkündet dem alttestamentarischen Priester und dessen betagter Frau Elisabeth die Geburt ihres Sohnes Johannes, der mit Kreuz, Lamm und Taufmuschel neben den Eltern kniet. Joachim und Anna, die Eltern Marias, und Joseph, ihr Gemahl, mit dem blühenden Stab zum Zeichen seiner Auserwählung in der Hand, vervollständigen die Heilige Sippe, die zum Geschlecht König Davids gehört, welcher seinerseits im Konvent mit der Heiligen Cäcilia an der Orgel die Harfe spielt. Ein Engel über ihr stimmt den himmlischen Gesang an. Mit Maria Magdalena, neben Cäcilia, wird ein Zug himmlischer Frauen und Jungfrauen eingeleitet. Zu sehen sind Katharina mit Schwert und zerbrochenem Rad, Barbara mit Kelch und Hostie, Ursula mit der Kreuzfahne und die Kaiserin Helena mit dem Kreuz Christi. Eine neue Gruppe wird durch den zweiten Patron Weltenburgs, den Heiligen Martin, Bischof von Tours, mit der Gans angeführt. Ihm folgen die Patrone der Diözese Regensburg, Sankt Wolfgang – der auch als Wiedererrichter Weltenburgs gilt – und Sankt Emmeram. Im Hintergrund taucht einer der Lieblingsschüler des

Heiligen Benedikt, der Heilige Placidus, auf. Mit seiner Schwester Flavia und anderen Ordensfrauen ist der Anschluß an den Zug der heiligen Frauen hergestellt. Noch vor dem Heiligen Martin, in größerer Nähe zur Hauptgruppe, haben sich die Künstler selbst verewigt. Eine Stuckbüste, die man mit Cosmas Damian Asam identifiziert, neigt sich über den Rand der Brüstung dem Betrachter entgegen. Neben ihm taucht im Fresko ein Engel auf, der die Züge seines Bruders trägt. Vor diesem wiederum entrollt der Erbauer der Kirche, Abt Maurus Bächl, der an der Spitze des Konvents auftritt, ein Papier, das den Grundriß der neuen Kirche mit dem Wappen des Künstlers und der Signatur: »Cosmas Damian Asam, Pictor et Architectus a. 1721« enthält. Von Maria trennen diese Gruppe nur noch der Heilige Benedikt als Ordensgründer und seine Schwester Scholastika.

3 *Stiftung des Klosters durch Herzog Tassilo III.:* Über einem Steinsockel mit dem bayerischen Rautenwappen thront ›Religio‹ in Gestalt einer Frau, die in der erhobenen Rechten einen Kelch und einen Zweig zum Himmel emporhält. Mit der Linken weist sie auf den legendären Stifter des Klosters, Tassilo III., in Rüstung und Hermelinmantel. Mit einem Pagen im Gefolge steht der Bayernherzog am Rand des Sockels, auf dem er mit einer Hand den Wappenschild Weltenburgs präsentiert. Schräg über ›Religio‹ erscheint auf Wolken der Heilige Benedikt mit der aufgeschlagenen Regel seines Ordens. Sein Blick trifft ›Religio‹, die die Stiftung Tassilos an den Ordensvater zu übermitteln scheint. Unter Benedikt weisen Engel verschiedene Attribute vor, die – ähnlich wie in Weingarten (F VII) – auf das Gelübde des Ordens verweisen. Buch und Zaumzeug symbolisieren den Gehorsam, mit dem Wasserkrug und Brot in einem Korb ist die Armut gekennzeichnet. Der Engel mit der Lilie personifiziert die Keuschheit. – Ein kleiner Engel vor dem Herzog hat gerade mit Hammer und Meißel eine Inschrift auf dem Sockel unter der ›Religio‹ angebracht, die in goldenen Lettern die Szene kommentiert: »THASSILO plantavit primo, BENEDICTE rigavit / Hinc Stabili Vigeo Germine RELIGIO« (Tassilo, du hast mich gepflanzt, Benedikt, du hast mich zuerst begossen, seitdem blühe ich, die Religion, in ständigem Wachstum).

4 *Christus empfängt Maria:* Vor einem goldbrokatierten Hintergrund erscheint die verklärte Gestalt Christi, in weißem wallenden Gewand, auf stuckierten Wolken. Um sein gekröntes Haupt schweben im Halbkreis geflügelte Puttenköpfe. Vier Engel umgeben den Gottessohn. Sie halten die Tragstangen eines Baldachins, der sich über dem Haupt Christi spannt. Mit einer Geste empfängt Christus seine Mutter, die zu ihm aus dem Kirchenraum emporgetragen wird (Giebelfigur im Auszug des Hochaltars).

5 *Maria Immakulata:* An der beleuchteten Wand hinter dem Hochaltar erscheint, von einer Strahlenglorie umgeben, Gottvater. In der Rechten hält er die Weltkugel und mit der Linken sendet er Maria als Apokalyptisches Weib vom Himmel herab. Bestrahlt vom Heiligen Geist, der in Gestalt einer Taube über Gottvater schwebt, steht Maria, mit dem Kranz der zwölf Sterne um das Haupt, auf Mondsichel und Erdkugel und zertritt der Schlange den Kopf. Ein Motiv, das seine Parallele im Drachenkampf der Altarplastik findet. Engel umgeben die Jungfrau, zu der sie verehrend emporblicken und zugleich die Weltkugel stützen. Einer von ihnen streckt die Arme – wie ein Mittler zwischen Himmlischem und Irdischem – die Hände zum Gebet gefaltet, Maria flehend entgegen. Zwischen ihm und Maria rauscht ein Wasserfall in der Bildmitte in die Tiefe auf eine Treppenanlage, auf der seitlich ein Benediktinerabt mit Pluviale steht und verzückt die Herabschwebende betrachtet. Sein Haupt ist von einem Spruchband umweht, auf dem das Gelübde der Benediktiner zu lesen ist: »OBEDIENTIA, CASTITAS, PAUPERITAS« (Gehorsam, Keuschheit, Armut). Einen Vers aus dem Hohenlied Salomons hält er der Jungfrau wie zum Empfang entgegen: »TERRIBILIS / UT CASTRORUM / ACIES / ORDINATA, Cant: 6« ([Du bist schön, meine Freundin, wie Tirza, lieblich wie Jerusalem], majestätisch gleich den Bannerscharen; Hoheslied 6, 4).

Damit wird das Thema des Glaubenskampfes aus dem Hochaltar im Apsisfresko wiederholt und zugleich die Liebe der Benediktiner zu Maria sowie ihre Bereitschaft sie zu verteidigen angesprochen. Ein Widersacher der Lehre Gottes, in der Rüstung eines römischen Legionärs mit Fackel, stürzt, zusammen mit Schriften, über die Stufen rücklings vor Maria herab.

6 *Ankunft der Benediktiner in Amerika:* Das Fresko schildert den unermüdlichen Einsatz des Benediktinerordens für das Reich Gottes und das Heil der Menschen durch ein historisches Beispiel. Gleich den federgeschmückten Indianern am Ufer, erlebt der Betrachter die zweite Ankunft der ›Santa Maria‹ des Christoph Kolumbus 1493 in Amerika. An Bord befinden sich unter der Führung des Abtes von Kloster Montserrat, Bernhard von Bueill, zwölf Benediktiner, um die heidnische Bevölkerung zu bekehren. Höllische Mächte greifen das Schiff an, um die Landung zu verhindern. Sie kämpfen jedoch vergebens gegen den Heiligen Michael mit Schwert und Schild, auf dem zu lesen ist: »Quis ut Deus?« (Wer ist wie Gott?). Unter dem Schutz Marias, die auf dem Bug des Schiffes als Schirmherrin mit ausgebreiteten Armen in anmutiger Haltung steht, nähert sich das Schiff unaufhaltsam der Küste und scheint im nächsten Moment im Kircheninneren auf dem Beichtstuhl unter dem Fresko aufzusetzen. Über der Landungsszene schwebt in Wolken die Gestalt des Heiligen Benedikt, die Hand zum Segen emporgestreckt, mit den Ordensregeln und dem Schlangenbecher neben sich. Ein Engel hält das Ende eines Spruchbandes, das sich über dem Haupt des Ordensvaters spannt und verkündet: »BENEDICAM TIBI, ERISQUE BENEDICTUS, Gen.: 12, V. 2.« (Ich werde dich segnen und du wirst gesegnet sein). Neben und unter Benedikt haben auf Wolken geistliche und weltliche Würdenträger Platz genommen, darunter zum Beispiel die Schwester Benedikts, die Heilige Scholastika, mit einer Taube.

Die vollplastischen Felsbrocken am unteren Bildrand der beiden Nebenfresken tauchen als Architekturmotiv an der Fassade der Münchner Johann-Nepomuk-Kirche auf.

7 *Predigt des Heiligen Benedikt:* Das Fresko ist um die Marmorkanzel komponiert, mit der es thematisch eine Einheit bildet. Über dem Schalldeckel steht – vollplastisch in Stuck gebildet – der Heilige Benedikt in Rednerpose. Das Fresko hinter ihm schildert in zwei getrennten Szenen die Wirkung und Aufnahme seiner Predigt. Ein Engel neben dem Ordensvater trägt das aufgeschlagene Regelbuch, auf dem die Anfangsworte des Prologs zu lesen sind: »AUSCULTA O FILJ« (Höre mein Sohn [die Gebote des Mei-

F x, 6

F x, 7

F x, 4

sters]). Ein zweiter Engel hält in der Linken das Benediktinerskapulier empor, mit der Rechten läßt er ein Tuch herabsinken. Links der Kanzel steigen auf einer langen und steilen Stufenanlage Vertreter aller Stände den Weg zur lichtumstrahlten Himmelsstadt Jerusalem – dem neuen ›Weltenburg‹ – empor. Abgelegter Herzogshut, Königskrone und Zepter auf den untersten Stufen lassen in der Figur, die soeben den Aufstieg beginnt, den Stifter, Tassilo III. erkennen, der von Karl dem Großen 788, unter Verlust seiner weltlichen Würden, in ein Kloster verbannt wurde. Kreuzritter, Priester, Eremiten und Pilger bewegen sich vor ihm auf dem Tugendpfad. Zwischen ihnen erkennt man den Heiligen Bernhard von Clairvaux, den Begründer des Zisterzienserordens. Alle schöpfen heilsbegierig aus dem Wasserstrom, der ihnen durch die Predigt erschlossen wurde.

In Anspielung auf den ehemals in Weltenburg errichteten Minervatempel ist rechts von der Kanzel ein antiker heidnischer Rundtempel auf der Anhöhe zu sehen. Die Historie berichtet darüber, daß der Bayernapostel Rupert den Bau zerstörte, an seiner Stelle eine Marienkapelle errichten ließ und damit die Christianisierung auf dem Lande einleitete. Dieser Missionierungserfolg wird im Fresko nun ebenfalls geschildert. Auf der Anhöhe unter dem Tempel haben sich Männer und Frauen, teils in fremdländischer Kleidung, versammelt. In ihrer Mitte steht ein Orientale mit Turban, der ergriffen den Predigtworten des Heiligen Benedikt zu lauschen scheint, weiter unten – offenbar überzeugt durch die Reinheit der Worte – wirft ein Mann, dessen Blick auf den Prediger gerichtet ist, eine Götzenstatue von sich. Vor ihm kämpft Herkules – als Präfiguration Christi – gegen eine antike Götterstatue, während er mit dem Fuß die Hydra zertritt, deren sieben Köpfe wohl die sieben Todsünden andeuten sollen.

8 *Der Heilige Benedikt verweist auf seine Regeln:* Hinter einem zur Seite gerafften Vorhang ist der Blick über einige Stufen hinweg in einen Raum freigegeben, in dem der Heilige Benedikt auf ein Kapitel seiner Regeln verweist, die in einem aufgeschlagenen Buch vor ihm in goldenen Lettern geschrieben stehen: »Sic stemus ad psalendū ut mens nostra concordet voci nostrae Cap. 19 Reg.« (So mögen wir uns aufstellen zum Chorgebet, um unseren Geist mit unseren Stimmen zu vereinen). Voll Gehorsam stehen vier Mönche ihrem Ordensvater gegenüber und verrichten ihr Gebet. Ein großer Engel in der Mitte richtet seinen Blick nach oben, wo in strahlender Helle ein Dreifaltigkeitssymbol auftaucht. Die Worte auf der Schriftrolle in seiner Hand fordern noch einmal zum Lobgesang auf: »Laudate Dominum Quoniam bonus est psalmus: Deo nostro sit IUCUNDA DECORA, Laudatio Ps 146.V 1.« (Lobet den Herren, denn gut ist es ihm zu singen: Unserem Gott, denn lieblich ist Lobgesang). Über die Stufen stürzen die Mächte des Bösen in die Tiefe.

Für die Figur des Heiligen Benedikt liegt eine Einzelstudie vor [Z 55].

9 *Engel mit geöffnetem Buch:* Auf Wolken schwebt ein Engel, der vor sich in ein geöffnetes Buch mit Gold, Silber, Tinte oder Wasser die Art des Gebetsvortrags der Mönche nach dem Grad ihrer Anteilnahme einschreibt. Für jede Eintragung stehen vor ihm in einem Behälter verschiedene Flüssigkeiten und Federn. Zu lesen ist: »Oratio Ardentium, Dilig[entium], Tepentium, Frigentium« (Gebetet mit Inbrunst, Eifer, Lauheit oder Kälte).

LITERATUR: *Annales congregationis Benedictino-Bavaricae;* Abschrift aus Wessobrunn (nach 1750), Bayerische Staatsbibliothek München, clm. 27 162, 2. Band – Benedikt Werner, *Kollektaneen zur Geschichte von Weltenburg,* in 24 Büchern, 1806; Bayerische Staatsbibliothek München, cgm 1844-68 – Lang o. J. (um 1828) – Halm 1896, 5, 54-55 – KDM Ndb. 7, 359ff. – Hoffmann 1931, 21ff. – Lamb 1937, 51-56 – Hanfstaengl 1939, 58ff. – Tintelnot 1951, 64-66, Abb. 34 und 36 – Hanfstaengl 1955, 16-21, Abb. 1, 3-7 – Rupprecht 1959, 5-6 – Bertram 1963, 31-49 – Kurt H. Busse, *Die Illusionskunst des Spätbarock,* Mainz o. J. (nach 1951) – Hitchcock 1968, 47-48, 237, Anm. 55, Abb. 24-28 – Sauermost 1969, 257-268 – Hemmerle 1970, Band 2, 330ff. – Wienert 1971 – Kerber 1972, 34-47 – Altmann 1972, 65-72 – Knorre 1972 – Knorre 1974, 147-164 – Riedl 1976, 335-338 – Lieb [4]1976, 38-46, mit Farbabb. und Abb. 29-40 – Buchenrieder 1980 – Götz 1980, 93-104 – Rupprecht 1980, 88-101 – Altmann/Thürmer 1981 (mit ausführlicher Literaturliste) – Kloster Weltenburg (Schnells Kleine Kunstführer, Nr. 360) [24]1984 – Trottmann 1986, 83-84. B.H.

F XI
INNSBRUCK
Sankt Jakob 1722-1723

(Grundriß; 2 Abb.; Tafel 34)

Dom Sankt Jakob, seit dem 8. Dezember 1964 Kathedrale des Bistums Innsbruck, bis dahin Pfarrkirche und zum Bistum Brixen gehörig; Österreich, Bundesland Tirol, Landeshauptstadt Innsbruck.

PATROZINIUM: Sankt Jakob der Ältere.

BAU UND AUFTRAG: Die vierjochige Wandpfeilerkirche mit ausbuchtenden Apsidialkapellen im dritten Abschnitt (›Querhaus‹) und geradem Chorschluß wurde 1717 bis 1722 von Johann Jakob Herkommer (1648-1717) und Johann Georg Fischer (1673-1747, Schwiegersohn, Polier und Nachfolger Herkommers in der Bauleitung) errichtet.

Kräftige, durch starke Gurte verbundene Pfeiler tragen die vier Gewölbekompartimente. Während das Langhaus von drei flachen Ovalkuppeln gedeckt wird, erhebt sich über dem Chor eine Innenkreiskuppel mit Laterne auf hohem, achtfach durchfenstertem Tambour. Die Abseiten des Chorabschnitts sind aus statischen Gründen etwas verbreitert und geben Raum für schmale Quertonnen. In der Gelenkzone leiten jeweils Pendentifs von der Vertikalen zum Gewölbe über.

Ein ausführlicher Schriftverkehr aus den Jahren 1721/22 gibt Aufschluß über die seinerzeit einsetzenden Verhandlungen zur Ausmalung und Stuckierung. Auf Vorschlag des in Innsbruck tätigen Geistlichen und Asamschwagers Franz Christoph Mörl wurde Cosmas Damian von des ersteren Vater Franz Anton Mörl von Mohrstein, einem kaiserlichen Aktuar (Gerichtsschreiber) in Tirol – also Asams Schwiegervater – dem Innsbrucker Magistrat nachdrücklich empfohlen und unter Anführung seines Romaufenthalts sowie seiner bisher angefertigten Arbeiten als der richtige Mann beschrieben. Die erfolgreiche Vermittlung des Schwagers erstreckte sich auch auf Egid Quirin, so daß am 8. August 1722 ein Akkord zwischen

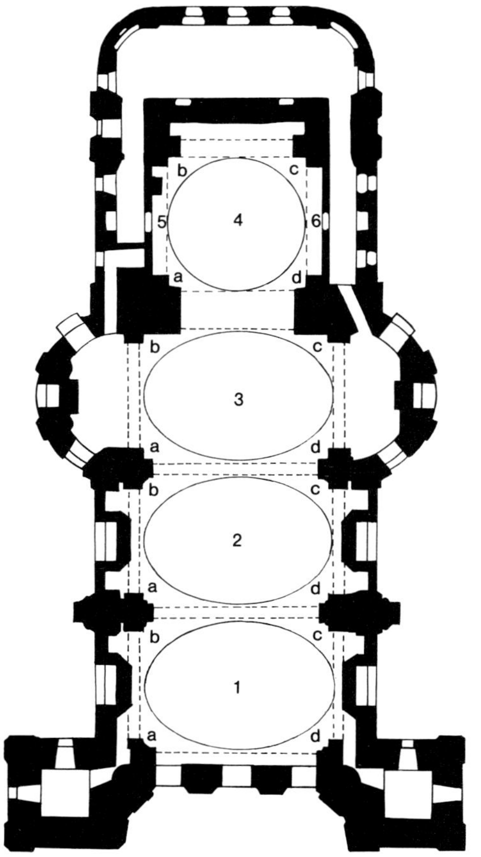

Innsbruck

der Stadt Innsbruck und den Brüdern Asam unterzeichnet werden konnte, der dem einen die Stuckierung des Gebäudes übertrug, dem anderen die »Malung der Haupt- und drei vertruckten zusammen vier Kupplen, auch allen darzu gehörigen Schilden in der Kirchen keine darvon ausgenommen«. Der Vertrag schloß im Nachhinein die bereits vollendete erste Flachkuppel über der Orgelempore mit ein und versprach bei Fertigstellung im folgenden Jahr eine Gesamtsumme von 3500 Gulden für den Freskanten, einschließlich 200 Gulden »fir dessen Frau Ehegeliebste« und 2400 Gulden für den Stukkator.

Die in der Staatlichen Graphischen Sammlung München erhaltene aquarellierte Vorzeichnung für das zweite Deckenfeld des Gemeinderaums (Z 13, Tafel 34) hat Asam noch 1721 angefertigt – und datiert –, wie dies ein Brief des Schwagers vom 30. Oktober 1721 erwarten ließ, der einen Besuch des Malers zwecks Abnahme der Maße ankündigte. Das Gemälde über der Orgelempore war im Juli 1722 bereits in Arbeit, die restliche Ausmalung wurde am 6. August 1723 termingerecht abgeschlossen.

Die 1944 durch Bomben stark beschädigten Langhausfresken sind nach der 1949 einsetzenden, dreijährigen Restaurierung großenteils nur mehr eine Rekonstruktion: Sie wurden nach verbliebenen Resten, Vorzeichnungen, Farbspuren und Photographien wiederhergestellt. Völlig neu sind die Zwickelkartuschen des dritten Joches und das nördliche Nebenfresko im Chorraum, wofür keine Abbildungen vorlagen. Insgesamt wurde auf Entfernung des rötlichen, von der Restaurierung 1890/91 herrührenden, warmen Gesamttones geachtet. Ohne maßgebliche Beschädigung ist nur die Ausmalung der Tambourkuppel erhalten, ausgenommen der Laternenplafond, der ebenfalls einem neuen Entwurf folgt.

FRESKENPROGRAMM:
Die Ausmalung ist ganz auf die Verehrung und Glorifizierung des Titelheiligen ausgerichtet. Als Fürbitter stellt er die Verbindung zu Gott her und erweist sich durch seine großen Taten als sichere Hoffnung. Bibelverse bestärken den Betrachter in seinem Glauben, wie auch in der Sicherheit, eine dem Wallfahrtsort Santiago de Compostela vergleichbare Stätte zu betreten. Folgerichtig begeben sich auch Stadt, Land und Bistum unter seinen Schutz. Eine besondere Rolle spielt hierbei die illusionistische Architekturkonstruktion. Sie definiert den Raum zwischen Himmel und Erde, in dem die Vermittlung zwischen Gott und dem Menschen stattfindet.

1 *Sankt Jakob als Fürbitter vor Gott für Innsbruck, Tirol, Bistum Brixen und Österreich:* Alle drei Flachkuppeln setzen mit verschiedenen illusionistischen Innenräumen das jeweilige Joch nach oben hin fort. Der Betrachterstandpunkt befindet sich für alle unterhalb des ersten Deckenfeldes, das in Zentralperspektive konstruiert ist, während die beiden anderen auf Schrägsicht berechnet sind.

Egid Quirins Stukkatur ist so angelegt, daß Zwickelkartuschen und Rahmung die Fußpunkte der Stützelemente im Eingangsfresko zu verdecken scheinen. Stark verkürzte Kreuzpfeiler, durch breite Gurte verbunden, tragen eine ovale Flachkuppel, deren Mitte zum Himmel weit geöffnet ist, genauso wie die seitlichen Anräume: Das Bauwerk besteht konstruktiv nur aus tragenden Elementen. Eng verwandt mit der Anlage des Weingartener Benediktfreskos (F VII, 3) wird hier in Wiederholung des real gebauten Architektursystems eine Zwischenzone eingeschoben. Sie dient zum einen der formalen Vermittlung zwischen wirklichem Bau und Himmelsdarstellung; zum anderen ist auch in inhaltlicher Hinsicht ein Ort der Vermittlung gemeint. In diesem illusionistischen ›oberen Stockwerk‹ erscheinen die Personen, die sich als Fürbitter vor Gott für das österreichische Volk verwenden. In den Diagonalen ziehen zwei Wolkenbänke herein und befördern je eine Gruppe von Engeln und Heiligen, die sich zur Fürbitte an Gottvater in Strahlenkranz und Engelsgloriole auf einem Wolkenthron oberhalb der Mittelöffnung wenden. Sankt Jakob, als Führer der Bittsteller, kniet anbetend im westlichen Abschnitt. Ihm zu Füßen erhebt ein Engel den Wappenschild Österreichs über Gerätschaften des Handwerks und der Wissenschaft, von denen ein anderer Engel mit Flammenschwert Figuren des Lasters vertreibt und in die Tiefe stürzt. Auf den anderen drei Seiten

F XI, 4

F XI, 1

werden Attribute Innsbrucks, Tirols und des Bistums Brixen von Engeln emporgehalten. Die begleitenden Märtyrer und Heiligen sind eng mit den Orten verbunden; unter ihnen, auf der nordwestlichen Wolkenbank, der Heilige Pirmin – bestattet in der Jesuitenkirche von Innsbruck und Schutzpatron der Stadt – und gegenüber Sankt Georg, bis 1771 Landespatron von Tirol (seitdem Sankt Joseph). Das Bistum Brixen wird durch einen Engel mit eucharistischem Kelch oberhalb einer Brüstung repräsentiert, die im Osten, wie auch gegenüber, den Anraum in Richtung des Kirchenschiffes abschließt. Dem Engel folgen ein kreuztragendes Lamm sowie zwei Putten mit Bischofsstab und Vortragekreuz. In den beiden sichtbaren Pendentifmedaillons am südwestlichen und nordöstlichen Pfeiler sind themenbezogene Grisaillen abgebildet. Die erstere stellt eine Muttergottes in Anspielung auf das Cranachsche Gnadenbild der Kirche dar. Auch hiermit ist an den Realraum angeknüpft: Dort nehmen gleichfalls Grisaillefiguren in den Zwickelkartuschen Bezug auf Ort und Geschehen. Im Nordosten wird zum Beispiel eine Personifikation der Architektur gezeigt, die den Grundriß von Sankt Jakob abmißt. Darunter schwingt mit akrobatischer Pose ein stuckierter Putto das Schriftband: »PRO POPULO ET UNIVERSA CIVITATE« (Für das Volk und die gesamte Stadt).

2 *Der Heilige Jakobus der Ältere von Compostela als Helfer und Fürbitter:* Unter einer vergoldeten Kuppel, die auf zwei seitlichen, säulengestützten Quertonnen und einer Halbkuppel im Osten ruht, ist ein Altarbau auf hohem Stufenpodest errichtet. In Anlehnung an Santiago de Compostela steht darauf eine in Silber getriebene Statue des Heiligen. In einem Wolkengebilde darüber thront Christus, umgeben von Putten mit Leidenswerkzeugen, und reicht Sankt Jakob die Siegeskrone. Den Kreuzstamm umklammernd weist ihn der unterhalb kniende Heilige auf die von beiden Seiten in die Kuppelhalle strömenden Hilfesuchenden. Gefangene, Kreuzritter, Edelleute, Kranke, eine stillende Mutter und eine Schar von Pilgern nähern sich dem Altar. Auf der obersten Stufe des Podestes liegt eine Besessene in den Armen ihres Begleiters (entnommen aus der römischen Akademiezeichnung Asams: Z 2).

Die Ton-in-Ton-Medaillons vor den Pendentifs unterhalb der freskierten Kalotte stehen wiederum in Verbindung zum Deckengemälde. Spruchbänder mit verschiedenen, bruchstückhaft und leicht verändert zitierten Bibelversen erläutern Szenen aus dem Leben des Heiligen, im Südosten: »QUONIAM IACOB ELEGIT SIBI DOMINUS« (Denn der Herr hat sich Jakob erwählt; Psalm 134,4), im Nordosten: »QUASI ARCUS EFFULGENS INTER NEBULAM GLORIAE« (Wie der Regenbogen, der im Gewölk erscheint; Jesus Sirach 50,7), nordwestlich: »ET IN MORTE MIRABILIA OPERATUS EST« (Und in seinem Tode vollbrachte er Wunder; Jesus Sirach 48,14), und südwestlich: »IN VIRTUTE SIGNORU ... GIO ...«. Zu dem Fresko liegt eine aquarellierte Entwurfszeichnung vor [Z 13].

3 *Sankt Jakob als Fürbitter vor Maria:* Dieses 1944 durch Einsturz des Gewölbes völlig vernichtete und bei der Restaurierung 1949 ff. rekonstruierte Fresko zeigt einen Zentralraum mit hoher Laternenkuppel, die von einer reich gegliederten Fensterwand mit vorgestellten und im ausladenden Gebälk verkröpften Säulen ge-

tragen wird. Auf einem vorspringenden und von volutengetragenen Säulen eingefaßten Balkon erhebt sich der Altar mit einem Gnadenbild Mariens. Ein zweiter Zeltbaldachin überspannt den Andachtsort. Sankt Jakob steht davor und weist das aus dem Hintergrund herandrängende Volk zur Verehrung an. Im weiten Kreis schweben musizierende Engel über der Szene. Der Bezug zum Cranachschen Andachtsbild des Hauses läßt vermuten, daß mit dieser Darstellung auf die Kirche Sankt Jakob selbst angespielt wird, was den Bau neben ein so berühmtes Wallfahrtsheiligtum wie Santiago de Compostela stellen würde. Die Figuren auf den Zwickelkartuschen sind neue, Asam nachempfundene Kompositionen.

4 *Sankt Jakob als Führer des spanischen Heeres gegen die Mauren:* Die umlaufende Hauptdarstellung der Chorkuppel ist der siegreichen legendären Schlacht der Spanier gegen die Sarazenen gewidmet. Im Osten stürmt die von Strahlen umgebene Erscheinung des Titelheiligen auf steigendem Schimmel dem christlichen Heer voran, in der erhobenen Rechten eine flatternde weiße Fahne (vgl. Ensdorf, F I, 2). Ritter in schwerer Rüstung entströmen dem spanischen Lager bei Clavigo (Compostela), das auf der nördlichen Kuppelwange durch ein rotes Königszelt markiert ist. Palmen im Hintergrund deuten die südliche Landschaft an, lassen aber auch an den glücklichen Ausgang des Unternehmens denken, wie ihn mit Palmwedeln und Lorbeerzweigen winkende Putten oberhalb des Heiligen verheißen. Vor Sankt Jakob spielt sich der Untergang des maurischen Heeres ab. Düstere Wolken sind zum Unwetter getürmt, ein Steinregen zerschmettert die niedersinkenden Gestalten. Die Westseite zeigt lachende Marketenderinnen und Ersatztruppen hinter dem Lager, denen die Niederlage der Feinde jenseits der durch einen Turm und architektonische Versatzstücke angedeuteten Stadt Anlaß zur Freude bereitet. Oberhalb des Geschehens – auf dem Grund der durch einen goldenen Stuckrahmen abgesetzten Laterne – reißt die Bewölkung des Himmels auf und läßt das strahlenumkränzte Dreifaltigkeitssymbol erkennen (nicht von Asam). Die Evangelisten in den Pendentifs sind nahezu Neuschöpfungen, nur Farbspuren über schwachen Vorzeichnungen im Putz waren vorhanden.

5-6 *Nebenfresken im Chorraum:*
5 Putten spielen mit Attributen Sankt Jakobs.
6 Neuschöpfung gleichen Themas, im Stil an das südliche Gemälde angelehnt.

LITERATUR: *Denkwürdigkeiten von Innsbruck,* 1816, 1, 13 ff. und 33/34 – Halm 1896, 4, Anm. 26, 27-29 – Weingartner 1924 – Hanfstaengl 1939, 60-64 – Huber 1943, 131 – Tintelnot 1951, 64 – Gritsch 1952 – Hammer 1952, 307-310 – Hanfstaengl 1955, 28 – Innenansicht von Adolf Menzel, Abb. in: *Die Weltkunst,* 25/1955, Nr. 22, 10 (das Aquarell wurde als Wiedergabe des Farbeindruckes vor 1890 benutzt und der Rekonstruktion – neben Farbstudien in Weingarten – zugrunde gelegt) – Weingartner 1956 – Weingartner 1970 – Rupprecht 1980, 124-127.

R.P.

F XII
FÜRSTENFELD
Chor 1722-1723
Langhaus 1731-1732

(Grundriß; 3 Abb.; Tafeln 35-42)

Ehemalige Zisterzienser-Klosterkirche, ehemalige Landhofkirche, 1951-1965 Nutzung als Pfarrkirche der Pfarrei Fürstenfeldbruck; Erzbistum München und Freising; Regierungsbezirk Oberbayern, Stadt Fürstenfeldbruck

PATROZINIUM: Mariä Himmelfahrt

BAU UND AUFTRAG: Unter Abt Balduin Helm (1690-1705) fand am 5. August 1700 die Grundsteinlegung für den Neubau nach Plänen Giovanni Antonio Viscardis (1645-1713) statt. Nach zehnjähriger Unterbrechung infolge des Spanischen Erbfolgekrieges sollte der Bau 1714 unter Abt Liebhard Kellerer (1714-1734) fortgesetzt werden. Die Gebrüder Asam bewarben sich um die Ausführung zu einer Summe von 100 000 Gulden, doch wurde 1716 Johann Georg Ettenhofer (1688-1741) berufen. Er führte nach geringfügigen Planänderungen die Arbeiten zu Ende.

Für die Ausmalung verpflichtete man Cosmas Damian Asam, der 1723 den Chor und – nach längerer Unterbrechung – 1732 das Langhaus vollendete. 1741, am 16. Juli, erfolgte die Kirchweihe.

Das von Giovanni Nicolo Perti und Peter Franz Appiani (Chor) sowie Jakob Appiani (Langhaus) stuckierte Gebäude ist eine am Vorbild Sankt Michaels in München orientierte Wandpfeilerkirche mit eingezogenem, halbrund geschlossenem Chor und tiefen Kapellenräumen. Vor das Eingangsjoch ist ein Raumabschnitt mit doppelgeschossiger Musikempore eingefügt. Das Tonnengewölbe über vier Langhauskompartimenten und der Orgelempore ist mit Stichkappen und Doppelgurten gegliedert, denen auf den Pfeilerstirnen einfach hinterlegte Halbsäulen entsprechen. Im gemeinsamen Gebälk verkröpft, korrespondieren je zwei Halbsäulen miteinander an den Kapelleneingängen und tragen die Quertonnen darüber. Das Joch vor dem Chor ist etwas verlängert. Die Gliederungsformen des Chores antizipieren in kleinerem Maßstab und schlichteren Stuckformen den Rhythmus des Gemeinderaumes und bilden wie dort das erste Kompartiment etwas schmaler aus.

Eine vor 1923 durchgeführte Restaurierung der Fresken soll keine substantiellen Veränderungen hervorgerufen haben. Durch Senkung der Außenmauern (1965-1968 befestigt) hatten Risse zu Putzablösungen und Beschädigung der Gemälde geführt (zum Beispiel in der *Versöhnung des Herzogs von Aquitanien mit der Kirche*). Umfassende Restaurierungsarbeiten zwischen 1972 und 1978 konnten die Fresken wieder völlig herstellen.

FRESKENPROGRAMM
Das Konzept der Kirchenausmalung ist nach Chor und Langhaus in zwei Komplexe unterteilt. Es lassen sich jedoch die Episoden des Klosterlebens in den Kapellenfresken sehr gut mit dem Zyklus der programmatischen Embleme zur mönchischen Tugend im Hochaltarraum zusammensehen, so daß ein vielschichtiges Bedeutungsgeflecht entsteht, das die Historie des Heiligen Bernhard mit der Fürstenfelds unter dem allumfassenden Schirm christlichen Heils verknüpft.

Einzeln betrachtet ist zunächst im *Chor* die Klostergründung Mittelpunkt des Bildgedankens. Als nach einem vorschnellen Todesurteil über seine Gemahlin Maria von Brabant der Bayernherzog Ludwig der Strenge die päpstliche Weisung erhielt, zur Sühne des Unrechts nach Jerusalem zu pilgern oder ein Kloster für den Bußorden der Kartäuser zu stiften, entschied er sich für das letztere. Da keine Kartäuser für die Besiedelung zur Verfügung standen, bemühte man sich um Zisterzienser.

Anstelle einer Pilgerfahrt ein Kloster zu gründen, bedeutet auch, Sühne gleichsam in Stellvertretung durch die Mönche ableisten zu lassen. Der reuige Herzog legt also zu diesem Zweck der tiarabekrönten ›Ecclesia‹ einen Plan für den geforderten Bau zu Füßen [**18**]. Fürsprache vor Gott leistet Maria [**19**]. Im Kampf gegen das Übel eignet sich weiterhin besonders der Zisterzienserorden, weil er unter dem speziellen Schutz der Himmelskönigin steht [**17**]. Auf welche Weise die Schuld zu sühnen ist, zeigt das erste Chorfresko an: durch das beständige Chorgebet, zu dem die Engel laden – venite, exultemus [**16**]. Darüber hinaus ist in den Emblemen die mönchische Aufgabe genauer ausgeführt.

Fürstenfeld

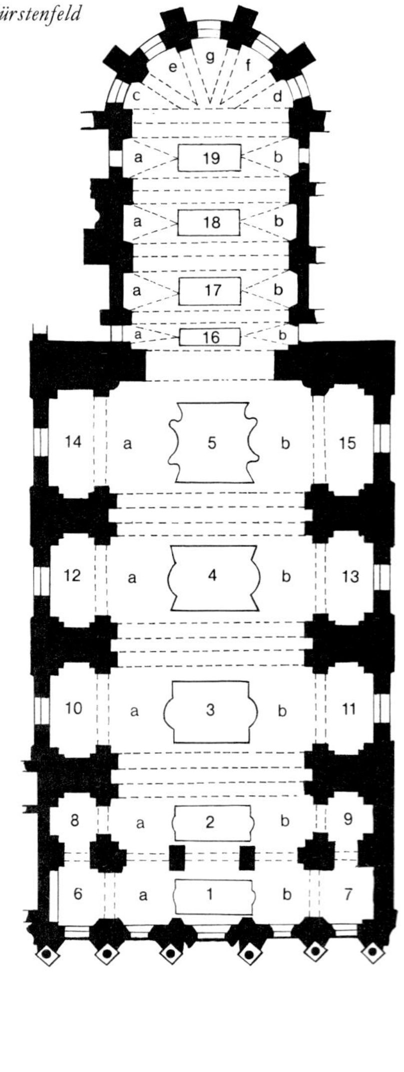

Nach dem Verzicht auf die irdischen Güter [16a] sind die Gelübde zu erfüllen [16b], muß gepredigt [17a] und meditiert [17b], geopfert [18a] und gebüßt [18b], in Demut gesungen [19a] und beständig gebetet [19b] werden. Aber auch Ketzern ist zu begegnen [19c], die Schrift ist auszulegen [19d], ja selbst Blut [19e] muß zur Verteidigung der Kirche [19f] vergossen werden. Alles aber im Sinne einer richtig lenkenden Kirche [19g]. Daß nebenbei damit auch am Ruhm des Herrscherhauses gearbeitet wird [18], darf zur Zeit des Absolutismus in einer fürstlichen Grablege nicht verwundern.

Im *Langhaus* wenden sich die Fresken an ein anderes Publikum. Nicht mehr Mönche, denen ihre Aufgabe vor Augen zu stehen hat, sondern Gläubige und zu Bekehrende sind es, die angesprochen werden. Über den Kapellen erzählen die Bilder von den Gnaden, die den Menschen im monastischen Leben zuteil werden: Himmlische Erscheinungen [6, 7], Rettung im Fegefeuer [8] und vor Teufelskrallen [9], Nähe zu Gott [11], Hilfe in allen Lebenslagen [12, 13], Trost bei Krankheit [14] und schließlich die Sicherheit, das ewige Leben zu gewinnen [15]. Am Vorbild des großen Ordensheiligen wird sodann in den Hauptfeldern der ideale Weg vorgezeichnet; ein Weg, über dem schon vor der Geburt das Zeichen der Auserwähltheit lag [1]. Über Visionen und ruhmreiche Taten [2, 3, 4] gelangt Sankt Bernhard letztlich zu besonderen Auszeichnungen: Er wird vom Erlöser umarmt und mit Milch der Muttergottes gelabt [5]. Immer sind der Darstellung biblische Ereignisse eingefügt, die dem zunächst auf Bernhard beschränkten Geschehen übergeordnete Bedeutung verleihen. So wird zum Beispiel die Benetzung der Lippen des »Doctor Mellifluus« (der Honigfließende) zur Ausgießung des Heiligen Geistes – und der folgenden Sprachmächtigkeit der Jünger (Apostelgeschichte 2,4) – in Bezug und mit der apostolischen Mission (Grisaillen der vier Erdteile) in eins gebracht [5].

Mit dem thematischen Hauptfaden – von der Stiftsgründung als Sühne einer Blutschuld über das gnadenreiche Klosterleben zur weltumspannenden Predigt – ist das Programm nicht erschöpft. Vielfältig sind noch Bezüge zur Schrift (Bekehrung Pauli bei der Einkleidung, 4) und Anspielungen auf innerkirchliche Streitfragen (Insignien des Weltklerus bei der Gerichtsdarstellung, 15) eingebaut.

Asam wird der Vielschichtigkeit des Konzepts auch in technischer Hinsicht gerecht; etwa bei der Durchdringung zweier Kirchenräume in der Lactatio [5] oder mit der Farbverteilung im Stiftungsbild, die das Bayernland besonders eng mit dem Himmel verknüpft: Der Bildhauer des bayerischen Wappenschildes trägt einen weißblau gerauteten Umhang, und der Himmel hinter dem Thron der ›Ecclesia‹ ist in ebendenselben Farben gestreift [18]. Entsprechend der Wertigkeit der Themen werden vermutlich nach Maßgabe des Programmgestalters die Szenen aus der Heiligen Schrift immer über jenen der Bernhardslegende angeordnet – entweder räumlich (Pfingsten in der Kuppel, 5) oder in der Wahl der Darstellungsart (Mariä Verkündigung als Bild im Bild, 1).

Der Künstler hat in dieser mit allen ›Registern‹ arbeitenden Freskierung (Haupt- und Nebengemälde, Grisaillen, Embleme, Inschriften) eine Aufgabe gelöst, die in ihren Dimensionen und den thematischen Anforderungen einer Fürstengrablege und eines Klosters, dessen Abt den Titel ›Princeps ecclesiasticus‹ führte, zu den anspruchsvollsten der Zeit gehörte.

F XII

1 *Traum der Mutter des Heiligen Bernhard – Mariä Verkündigung:* Der Traum von der Geburt eines weißen Hündchens ist das einzige auf Blickrichtung nach Westen hin angelegte Hauptfresko. Alle anderen erwarten einen schrägsichtigen Betrachterstandpunkt mit Wendung zum Chor. Die erschrockene Mutter richtet sich von ihrem Nachtlager über vierstufigem Treppenpodest auf, um einem gebeugten Alten zu lauschen, der zur Deutung des Traumes auf die Szene links im Bild hinüberweist. Dort vertreibt ein weißer Hund – Hinweis auf den künftigen Abt im weißen Ordensgewand – Feinde der Kirche (personifiziert als Frau mit Schlüsseln und eucharistischem Kelch): einen Bewaffneten und einen Mann mit Ratskrause. Im Hintergrund ist zwischen Säulenschaft und Vorhang ein großes Gemälde mit der Verkündigung an Maria vorgetäuscht. Der Seite mit den Eindringlingen ist ein Emblem zugeordnet, das unter der Inschrift »PROCUL ESTE REBELLES« (Fort, ihr Widersacher) den weißen Hund zeigt, wie er Diebe und Ketzer verbellt [1b]. Gegenüber werden einem kranken Mann Geschwüre geleckt: »ULCERA SANO« (Ich heile Geschwüre, 1a).

2 *Vision des Heiligen Bernhard von der Geburt Christi:* Nach der Legende war der jugendliche Bernhard sehr begierig, die Geburtsstunde Christi zu erfahren. In einer Christmette schlief er ein und träumte, das Geschehnis hätte sich zu eben dieser Stunde ereignet.

Asam stellt den nobel gekleideten Jüngling dar, wie er im Gestühl der durch einen kassettierten Kuppelabschnitt angedeuteten Kirche eingenickt ist. Seine rechte Hand stützt den zurückgeneigten Kopf, die linke hält noch ein aufgeschlagenes Buch. Der größte Teil des Bildfeldes wird von der Weihnachtsvision eingenommen. Ein überwiegend wolkenverhülltes und von Vorhängen hinterfangenes Stufenpodest dient dem Krippenkasten als Unterbau. Maria hebt über dem Stroh eine Windel an, auf der das strahlende Christkind mit segnend erhobenen Händchen sitzt. Mit gebeugtem Knie hat sich Joseph auf der anderen Seite niedergelassen und leuchtet mit einer Kerze. Hinter ihm weist ein Engel auf die Zeiger der von ihm hochgehaltenen Uhr, die eine Zeit kurz nach Zwölf angeben. Links drängen ehrfurchtsvolle Hirten mit Instrumenten und Gaben herein. Ochs und Esel fehlen ebensowenig, wie die fröhlichen Putten, die auf zwei Spruchbändern ober- und unterhalb die chronographisch gemalte Verheißung beibringen: »GLORIA IN EXCELSIS DEO / ET IN TERRA PAX HOMINIBUS« (das Chronogramm ergibt: 1731). Zu diesem Fresko hat sich eine Vorzeichnung erhalten [Z 35].

Die begleitenden Embleme lauten: »TENERUM MIHI SIGNO« (Das Schwache erwähle ich mir: ein Amoretto mit Köcher und Pfeil an einem Münzprägestock, **2a**) und »NESCIT MOLIMINA TARDA« (Er, Christus, oder sie, Maria, kennt keine langdauernden Mühen: Schießscheibe mit Herz, auf die eine Taube zufliegt, **2b**).

3 *Rückführung des Herzogs Wilhelm von Aquitanien in die Kirche – Auferstehung Christi:* Sankt Bernhard tritt in Begleitung von Diakonen und Ministranten aus der hohen, säulengerahmten Portalvorhalle einer schräg in das Fresko hineinragenden Kirche auf die vorgelagerte Treppenanlage hinaus und zeigt dem unterhalb angerückten Heerhaufen die heilige Hostie. An der Spitze der Krieger ist der Herzog von Aquitanien in die Knie gesunken und hat den Helm abgelegt. Im Bogenfeld einer inneren Säulenstellung des Portalvorbaus ist Christi Auferstehung in weißer Reliefdarstellung gegeben. Hinter dem geöffneten Sarkophag stürzen dort die geblendeten Soldaten vor dem aufschwebenden Heiland zu Boden, während der Engel davor eine Schrift mit goldenen Lettern entrollt: »RESURR ...« (Er ist auferst[anden]). Das ganze Geschehen wird im freien Himmel über dem Heer von zwei Engeln mit Tamburin und Triangel bejubelt und von Neugierigen rechts auf- und unterhalb der Treppenanlage mit Skepsis und Erstaunen verfolgt. – Vorzeichnung dazu: Z 36.

Erläuternde Sinnbilder sind die Arche Noah mit der Beischrift: »HOMINES IUMENTAQUE SALVAT« (Sie, die Arche, bzw. er, Christus, rettet Menschen und Tiere, **3a**) und gegenüber ein Winzer im Weinberg [**3b**]: »FRUCTUS INEST LACRYMIS« (Frucht erwächst aus Tränen).

4 *Einkleidung des Heiligen Bernhard in Cîteaux 1113 – Himmelfahrt Christi:* Auf einem bühnenartigen Podest über einigen Treppenstufen steht, bereits im Ordensgewand, der Heilige Bernhard mit einem Tragekreuz im Arm und legt sein Gelübde ab, wie eine Schrift vor ihm erläutert: »PATER PROMITTO«. Um ihn herum knien noch in weltlichen Kleidern die Gefährten, unter ihnen auch einige seiner Brüder. Im Vordergrund ist Bruder Gerhard an Rüstung und Fußkette zu erkennen – er trat erst nach Kriegsdiensten, aus der Gefangenschaft zurückkehrend, ins Kloster ein. Ganz am rechten Bildrand taucht Nivardus, der jüngste, im Jägergewand auf. Er erbte das väterliche Gut, kam aber später nach Clairvaux. Sein Entschluß läßt sich schon in jungen Jahren erkennen, denn eine Beischrift lautet: »VOBIS COELUM, ET MIHI TERRA? NON EST AEQUA DIVISIO« (Euch der Himmel und mir die Erde? Das ist ungleich geteilt). Auch Bernhards Schwester ist anwesend. Kniefällig bittet sie ihn, dem Mönchsleben fernzubleiben. Eine Schlange zwischen den beiden weist dies als Akt der Versuchung aus. Links am Rand begrenzen gedrehte Säulen – Anspielung auf Sankt Peter in Rom – hinter einer Balustrade den Raum und deuten das Kloster an. Ein Abt und Mönche blicken dort hervor. Rechts bilden ein Kirchturm und ein Palast das Repoussoir.

Dem Eintritt ins Kloster ist Christi Himmelfahrt zugeordnet. Das Überschreiten der Schwelle zum ausschließlich Christus geweihten Leben des einen und die lichtvolle Erscheinung des anderen begleitet inhaltlich und kompositorisch eine Episode rechts im Vordergrund: Ein von der Helligkeit geblendeter Ritter stürzt mit seinem Pferd zu Boden – Darstellung der Bekehrung Pauli.

Christus schwebt in den geöffneten Himmel und wird von seiner Mutter auf leuchtenden Wolken empfangen. Über dieser himmlischen Szene breiten Putten einen riesigen Vorhang aus, der seiner Größe halber noch aus dem Fresko herausgreift und in Stuckplastik weitergeführt ist. – Auch für dieses Freskenfeld liegt eine Zeichnung vor [Z 37].

Eine Anspielung auf die Überwindung des Todes gibt der Adler im nördlichen Emblem [**4a**], der seine Jungen zur Sonne trägt, während ihm von unten Pfeile folgen: »TOTUS DESPICITUR ORCUS« (Die Unterwelt wird gänzlich verachtet), und auf die Bekehrung durch Christus weist das andere hin [**4b**], in dem Bienen von einem kronen- und waffenbehängten Baum zum Bienenkorb zwischen Lilien und Rosenbusch geflogen sind: »REGIS AD EXEMPLUM« (Du leitest zum Vorbild).

5 *Lactatio Bernhards, Umarmung durch den Gekreuzigten – Pfingstwunder:* Während die anderen Deckenfresken in verhältnismäßig einfache Rahmenformen eingepaßt sind, deren Profilleisten mit girlandenumwundenen Stabbündeln variieren und die nur jeweils an den Schmalseiten ausbuchten, ist dieses Hauptgemälde über dem verbreiterten vierten Joch von einem vielfach einschwingenden, mit Akanthusranken geschmückten Stuckband umrandet. Zudem sind in den Ecken Grisaillekartuschen mit Darstellungen der Erdteile eingeschlossen. Der Komplexität des Rahmens entspricht die Vielschichtigkeit der Darstellung.

In einer zentral disponierten Kuppelkirche, deren tragende Elemente nicht weiter definiert sind, kniet Bernhard vor dem Kreuz. Christus, die Hände vom Querbalken gelöst, beugt sich herab, um ihn zu umarmen und mit Blut aus der Seitenwunde zu stigmatisieren. Gleichzeitig empfängt der Heilige einen Milchstrahl aus Mariens Brust, den sie ihm mit dem Gruß: »SALVE BERNARDE« aus der Höhe hinter dem Gekreuzigten herabsendet. Sie erscheint mit dem Christkind im Arm auf der Mondsichel, von drei Engeln begleitet. Den Saum ihres Gewandes verdecken Putten durch ein Notenband mit dem Anfang des Salve Regina, das drei andere, die sich um Bernhard gruppiert haben, mit Schrifttafeln ergänzen – entsprechend den Worten, die dieser im Dom zu Speyer dem Hymnus hinzugefügt haben soll: »O CLEMENS«, »O PIA«, »O DULCIS VIRGO MARIA«. Die Visionen dringen derart ineinander, daß sich mit einer Säule im Rücken der Muttergottes eine Andeutung des Speyerer Domes (Ort einer Kreuzzugspredigt Bernhards 1146) in die Kuppelkirche hineinschiebt. Um den Kreuzesstamm herum geben Engel vielfältige symbolische Verweise auf Christus, Maria und Kirche: mit Weihrauchfaß, Tuch der Vera effigies, Vase (Lauretanische Litanei – »Vas spirituale / Vas honorabile / Vas insigne devotionis ...«), krähendem Hahn (Petri Verleugnung), Schwamm und Lanze sowie Kornähren als Zeichen von Opfer und Erlösung in Passion und Eucharistie. Im Vordergrund, auf der untersten Stufe der zum Ort des Geschehens hinaufführenden Treppe, lehnt bequem ein Engel und zeigt auf Maria. In der Hand erhebt er ein verwundetes, flammendes Herz und einen Rosenzweig – Hinweise auf die reine Liebe der schmerzensreichen Muttergottes. Auf Bernhards Ebene haben sich beiderseits Geistliche und Fromme versammelt, um auf Kniebänken betend oder im Hintergrund stehend dem Ereignis beizuwohnen (vgl. Z 38).

Die Wölbung über dem Ganzen wird von der Ausgießung des Heiligen Geistes eingenommen. Oberhalb des Fußringes der Kuppel reihen sich die Jünger, Flammen über den Häuptern, die Hände zum Gebet erhoben. Aus der Laterne schwebt die Taube herab, von einer Inschrift angekündigt: »VENI SANCTE SPIRITUS«.

Daß mit der schrägansichtigen Architekturillusion in diesem Joch auch an Ersatz für eine reale Kuppel gedacht ist, muß in solch direktem Sinn bezweifelt werden. Wie anders soll sonst erklärt werden, daß das Schiff im Fresko quer zur Fürstenfelder Kirche gelagert ist (zu überprüfen an Kruzifix, Bänken und an der – die ungewöhnlichen, realen Hochemporen zitierenden – Galerie unterhalb des Kuppelfußes)?

Die zugehörigen Embleme nehmen noch einmal den Gedanken an Milch- und Blutspende auf: »VIA LACTEA IUNGIT« (Die Milchstraße verbindet) mit einer Darstellung der Milchstraße, die im Zeichen der Zwillinge den Tierkreis kreuzt [**5a**], und »CANDIDUS ET RUBICUNDUS« (Weiß und Rot) – ein Knabe mit Rosen und Lilien im Arm [**5b**].

An jeder Breitseite des Freskos ist noch einmal (vgl. **2**) auf das Entstehungsdatum 1731 verwiesen: westlich durch ein Chronogramm in einer schmuckvollen Kartusche, östlich, unter dem Wappen des Bauherrn am Triumphbogenscheitel, durch Zahlen auf dem Zifferblatt der Kirchenuhr.

6-15 Die Deckenfelder über den *Emporen* geben Episoden und Legenden aus dem Leben an verschiedene Orden gebundener Personen, meist in Verbindung mit Maria oder Christus, wieder. Dabei stehen je zwei gegenüberliegende Bilder in loser inhaltlicher und motivischer Verbindung.

6 *Marienerscheinung im Traum eines Mönchs:* Auf Wolken erscheint die Muttergottes in Begleitung der Heiligen Katharina und Agnes einem

F XII, 3

F XII, 4

Mönch, der unter einem Baum am Waldrand eingenickt ist. Maria trägt das Zepter der Himmelskönigin, die beiden Frauen halten Notenblätter mit Kirchenliedern: »JESU DULCIS MEMORIA ...«. Der Himmel hinter der Madonna erstrahlt in gleißender Glorie, bei Agnes ist er nächtlich besternt. Über dem Horizont tauchen Bauwerke auf, ein gotischer Spitzturm vor doppelstöckigem Haus.

7 *Lichtvision des Heiligen Bernhard:* Sankt Bernhard steht im Ordensgewand auf einer Waldlichtung und blickt über die rechte Schulter zurück in eine spiralnebelförmige Lichterscheinung. Die Vision gilt als Hinweis auf seine eigene Gründung Clairvaux (›Lichtes Tal‹) 1115. In der Ferne schimmern Klostergebäude.

8 *Eine Nonne tauscht mit dem Kruzifix das Herz:* Ebenfalls im zisterziensischen Habitus kniet eine Nonne, wohl Luitgard von Avières, vor Christus am Kreuz. Während aus seiner Seitenwunde ein Blutstrahl ihren Mund benetzt, reichen sie einander ihre flammenden Herzen zu. Von rechts oben bringt ein Adler im Sturzflug ein aufgeschlagenes Buch herab. Hinter dem Kreuz wird der Leib Christi gespendet: Aus einem Kelch schütten Putten die Hostie zwei armen Seelen zu, die im brausenden Höllenfeuer leiden. Einige Engel ziehen darüber zu Christus hin und tragen Attribute der Katholischen Kirche: Evangelium, Rosenkranz, Tiara und Schlüssel.

9 *Eine Nonne entflieht der Hölle und trinkt an Mariens Brust:* Eine Zisterzienserin ist im Traum – sie liegt auf dem Bett – gerade dem Maul des Höllendrachens entflohen und trinkt an der Brust der Apokalyptischen Madonna. Aus dem wildbewölkten Himmel werden die beiden mit goldenem Licht bestrahlt. Einen Kommentar geben rechts Engel mit ihrem Lobgesang und links ein Teufel, der unter einem Kreuz mit Leidenswerkzeugen, Rosenkranz und Salbgefäßen der für ihn verlorenen Seele nachdroht. Ein wuchtiger Vorhang rahmt die Szene ein.

10 *Mystische Vermählung des Heiligen Franz von Assisi mit der Armut:* Ein Innenraum, der durch vergitterte Fenster, kahle Wände und einfaches Lager als Klosterzelle gekennzeichnet ist, wird von der Aureole Christi überstrahlt. Im Priestergewand legt er die Stola über die Hand einer reichgekleideten und perlengeschmückten Dame, die diese dem mit Nägeln stigmatisierten Heiligen Franziskus reicht. Links daneben haben sich zwei hübsche Engel wie die Brautleute mit grünen Kränzen an den Unterarmen geschmückt und ahmen die Eheschließung nach, indem sie sich geziert an den Händen fassen. Weitere Engel und Putten wohnen im Halbkreis der Zeremonie bei. Da Franz den irdischen Reichtum abgelegt hat, ist die prachtvolle Kleidung der Armut als Verweis auf Reichtümer himmlischer Art zu verstehen. – Es existiert eine Vorzeichnung zum Fresko [Z 39].

11 *Mystische Vermählung der Heiligen Katharina von Siena mit dem Christuskind:* »VENI SPONSA CHRISTI« (Komm, Braut Christi), dieses Spruchband mit Noten in den Händen eines Engels überschreibt die Szene, die sich in einem herrschaftlichen Park mit Treppenarchitektur, Brunnen, Blumenvasen und Pappeln im Hinter-

grund abspielt. Damit ihr der Jesusknabe den Ring aufstreifen kann, nimmt die auf Wolken ruhende Maria die Hand der Dominikanerin und bekrönt sie zugleich mit einem Lilienkranz. Zu Füßen der Nonne liegen Brokatkleider, ein Buch und eine Schmuckkassette mit Geschmeide. Hinter ihrem Rücken bringen Engel weitere Lilien herbei, auf der anderen Seite der Gruppe schleppen einige die Weltkugel mit Kreuz hinter den Erlöser. Besonders elegant setzt ein Zuschauer im Sprung über die Wolken, um dem Ereignis näher zu sein. – Zum Fresko liegt ein Entwurf vor [Z 40].

12 *Maria verteilt himmlische Speise, Jesus in der Küche:* Die Darstellung illustriert die Legende von einem Mönch, der zusehen muß, wie Maria seinen Mitbrüdern süße Speisen reicht, während er selbst nichts erhält, weil er zu sehr auf sein eigenes Wohl bedacht war.

Die Immakulata füllt an einer Refektoriumstafel die Teller der Mönche und wird dabei offenen Mundes von dem Hungernden betrachtet, der aus der Lesekanzel über die Schrift hinweg herabschaut. Links, jenseits einer Säule, blickt man in die reich ausgestattete Klosterküche. Nonnen, eine mit Heiligenschein, machen sich an dampfenden Kesseln und anderen Geräten zu schaffen. In lässiger Pose lehnt der Jesusknabe mit aufgekrempelten Ärmeln am Spülbecken und schwingt den Lappen.

13 *Maria hilft bei der Erntearbeit:* Bernhard gab in seinen ›Consuetudines‹ der körperlichen Arbeit den Vorzug vor der geistigen. Dem trugen die Brüder bei der Feldbestellung Rechnung. In Sichtweite des Klosters binden sie Ähren, mähen und pflügen. Maria – der Hitze wegen von Engeln mit einem Sonnenschirm geschützt – tupft einem der Brüder den Schweiß von der Wange.

14 *Vision des Heiligen Bernhard auf dem Krankenlager, Versicherung des himmlischen Schutzes:* Ganz links im Bild liegt der ausgemergelte Kranke auf einem Lager. Von seinem erhöhten Wolkenthron aus, den zepterführenden Arm auf die Weltkugel gestützt, spricht Christus ihm Trost zu: »NULLUS TUI ORDINIS PERIBIT« (Keiner deines Ordens wird zugrunde gehen). Teufelsgestalten am Fußende des Bettes fliehen vor solchem Wort.

In der anderen Bildhälfte hat sich Bernhard vor der Immakulata niedergebeugt, um ihr die Hand zu küssen. Ein Putto entfaltet darüber das Schriftband ihrer Zusage: »EGO ORDINEM ISTUM USQUE IN FINEM SAECULI PROTEGAM« (Ich werde diesen Orden bis ans Ende der Zeit beschützen). Hinter dem Heiligen haben sich Ordensbrüder zur Andacht versammelt. – Vergleiche den Entwurf [Z 41].

15 *Maria als Fürbitterin beim Weltgericht:* Drohend ballen sich wildfarbige Wolken über der schlangenbevölkerten Erde zusammen. In der Bildmitte hat ein Engel bereits den Stab über einer Ansammlung von Insignien des weltlichen Klerus gebrochen: Tiara, Kardinalshut und Mitren. In der rechten Hand ein Blitzbündel, ist vor ihm Christus im Begriff, mit der linken das Richtschwert zu heben. Maria jedoch fällt ihm in den Arm und weist auf die Mönche und Nonnen in Zisterziensertracht, die hinter Bernhard unter ihrem Schutzmantel kauern.

16 *Engelskonzert:* Engel mit Gesangbuch, Laute und Gambe haben sich zum Konzert versammelt, das Putten durch ein Schriftband ankündigen: »VENITE EXULTEMUS Psal. 94 VI« (»Kommt, laßt uns frohlocken«; jedoch ist dies nicht Vers 6, sondern Vers 1). Jedes Chorgebet wird so eingeleitet.

Wie auch im Langhaus sind neben den Mittelfresken beidseitig Medaillons mit Emblemen eingelassen. Im Norden: »VOTA REDDENDO« (Gelübde erfüllen) – ein Pferd mit verbundenen Augen wird am Halfter über Kronen, Münzen, Pfeil, Bogen und flammende Herzen geführt [**16a**]. Gegenüber: »OMNIA DESERENDO« (Alles verlassen) – eine Hand, die die Welt mit Pfauenfächer, Geldbeutel, Ordenskette und Köcher mit gebrochenem Pfeil von sich weist [**16b**].

17 *Schutzmantelmadonna:* Als Apokalyptisches Weib – auf der Mondsichel stehend, unter übergroßer Krone, in der zwölf Kristallsterne glänzen – breitet Maria ihren weiten Mantel über einigen Engeln aus, deren einer das Zisterzienserwappen emporhebt. Links vertreibt ein weiterer mit Blitzen ein schlangenbewehrtes Ungeheuer. In der Krone besagt eine Inschrift: »OMNES MECUM ERUNT IN AETERNUM« (Alle werden in Ewigkeit mit mir sein).

Embleme: »PRAEDICANDO« (Predigen) – eine Kanzel, hinter der ein Kreuz vorgestreckt wird. Oben ein geöffnetes Buch, darin geschrieben steht: »VERBUM DEI« mit dem Heiligen Geist darüber [**17a**], und: »MEDITANDO« – eine Taube sitzt auf den Leidenswerkzeugen. Um sie herum befinden sich ein Totenkopf, das Gottesauge mit Flammenschwertern und dem Höllenrachen; darüber Krone und Lorbeerkranz [**17b**].

18 *Stiftung der Fürstenfelder Kirche:* Vor dem Thron der Ecclesia mit der Tiara auf dem Haupt kniet Herzog Ludwig der Strenge im Kreis seiner Diener und übergibt ihr den Grundriß der Klosterkirche. Während im Vordergrund ein Jüngling in weiß-blauem Umhang am bayerischen Wappenschild meißelt, befördern Spes, Caritas und Fides mit Handwerkszeug den Bau. Letztere trägt zum Zeichen ihrer besonderen Marienliebe eine M-A-Ligatur auf der Brust. Putten und Engel assistieren bei der Arbeit oder sitzen auf Abtsinsignien.

Die Reue des Herrschers ist in einem Sinnbild angedeutet: »POENITENTIAM AGENDO« (Buße tun) – zwei Hände lassen aus Wolken eine Schale herab, in die Tränen aus der Wolke und aus einem Herzen auf einer Geißelsäule fließen [**18a**]. Gegenüber heißt es: »SACRIFICANDO« (Opfern) – auf dem Altar liegen Meßgeräte und ein Meßbuch, worin das »DE B.M.V.« (Marienoffizium) aufgeschlagen ist [**18b**].

19 *Marienerscheinung in der Sonnengloriole:* Maria sitzt vor der leuchtenden Sonne und wird im Kreis von jubelnden Engeln besungen: »BEATAM ME DICENT« (Glücklich preisen mich ...; Lukas 1,48) und »QUAE EST ISTA Cant. 6_9« (Wer ist sie, [die da herabschaut wie die Morgenröte]; Hoheslied 6, 10). Im Vordergrund, auf der Erde, macht sich ein Putto an bäuerlichen Werkzeugen zu schaffen.

»DEVOTE PSALLENDO« (Demütig singen) heißt es dazu über einem aufgeschlagenen Notenbuch mit dem »SALVE REGINA« [**19a**] und »CURSUM RECITANDO« (Beständig beten) über einem Buch mit dem »AVE MARIA« vor dem Wessobrunner Gnadenbild und einem Rosenkranz [**19b**].

[In die *Stichkappen des Chorhauptes* sind etwas größere Sinnbilder eingesetzt, von denen sich wieder je zwei gegenüberliegende ergänzen.]

19c »EXPUGNANDO« (Bekämpfen): Schriften, durch Schlange und Aufschrift »HAE RE SES« als Irrlehren gekennzeichnet, werden von Blitzen zerrissen.

19d »COMMENTANDO« (Auslegen): Eine Hand aus der Wolke schreibt mit der Feder in ein Buch: »QUI ELUCIDANT ME VITAM AETERNAM HABEBUNT« (Die mich verdeutlichen werden das ewige Leben haben).

19e »SANGUINEM FUNDENDO« (Blut vergießen): Vor einem Kreuz liegen Leidenswerkzeuge, Lorbeerkrone und Palmzweig.

19f »ECCLESIAM DEFENDENDO« (Die Kirche verteidigen): Vor einer weiß-blauen und einer gelben Fahne steht die Rüstung eines Ordensritters auf dem Kreuzbanner.

19g »ECCLESIAM REGENDO« (Die Kirche regieren): Auf einer Erdkugel liegen Tiara und Schlüssel, Kardinalshut und Pectorale, Mitra, Stab und Vortragekreuz.

LITERATUR: Halm 1896, 45-47 – Hanfstaengl 1939, 110-111 – Hanfstaengl 1955, 41 – Hitchcock 1968, 69-70 – Lieb [4]1976, 30-31 – Ruprecht 1980, 116-123 – Kraft 1981 – Lampl 1981, 55-64 – Kemp 1981, 193-195 – Penzlin 1983, 174-181, 289-291 – Schnell [8]1983 (mit weiterer Literatur) – Trottmann 1986, 95-96, Abb. 153-156, 76. R.P.

F XIII
FREISING
1723-1724

(2 Grundrisse; 2 Abb.; Tafeln 45-52)

Kathedrale (Dom); Erzbistum München und Freising, ehemals Bistum Freising; Regierungsbezirk Oberbayern, Stadt Freising.

PATROZINIUM: Mariä Geburt, Sankt Korbinian, Lantbert, Nonnosus, Sigismund, Papst Alexander I., Justinus.

BAU UND AUFTRAG: Nach einem Brand von 1159 wurde der heutige Dom in seiner Grundsubstanz errichtet. Die tragenden Teile des Gewölbes stammen von 1481-1483. 1619-1622 erfolgte eine erste Ausschmückung in Stuck, der Einbau einer Orgelempore und 1624 der breiten Marmortreppe zu dem über der Krypta erhöhten Chorraum (Entfernung des Lettners). 1710, als erste größere Baumaßnahme des Fürstbischofs Johann Franz Eckher von Kapfing, entstand die Maximilianskapelle am Chorhaupt der Krypta. 1723 gab er die vollkommene Neugestaltung des Dominneren bei den Brüdern Asam in Auftrag. Sie konnte 1724 zur Tausendjahrfeier der Ankunft Korbinians und zum fünfzigjährigen Priesterjubiläum des Bauherrn abgeschlossen werden.

Im selben Jahr waren auch die Türme und die Westfassade mit verhältnismäßig einfachen

Mitteln neugestaltet worden. Letztere erhielt einen kühn geschwungenen und von einem Stern bekrönten Giebel sowie eine von Cosmas Damian Asam in Zusammenarbeit mit seinen Vettern Joseph Anton und Franz Lorenz Stuber gemalte Scheinarchitektur, die unter Einbeziehung des bestehenden Rotmarmorportals von 1681 eine Säulenhalle mit darin schwebendem Heiligen Geist zeigte und damit den Bibelvers illustrierte »Die Weisheit hat sich ein Haus gebaut; auf sieben Säulen beruht es« (Sprüche 9, 1). Dieses Ensemble krönte eine Bleistatue der Maria Gloriosa von Egid Quirin Asam, 1725.

War die mittelalterliche, dreischiffige Emporenbasilika durch Einziehung eines Netzgewölbes und Anbau von zwei seitlichen Kapellenschiffen in ihrer Erscheinung bereits stark verändert – bei breitproportionierten Raumverhältnissen eine Betonung der Vertikalen durch das gotische Gliederungssystem – und hatte die erste neuzeitliche Umgestaltung, die Fassung des Gewölbes in weißem Stuckrahmenwerk die Assoziation an die Tonne der Münchner Michaelskirche heraufbeschworen, so gelang es den Asam, unter Beibehaltung der Grundstruktur einen völlig neuen Raumeindruck zu erwirken: den einer Wandpfeilerkirche mit Stichkappengewölbe, dessen jochverschleifende Dekoration weit in die Zukunft wies.

Die durch gemalte Kassetten und Gurtbögen dekorierte Tonne ist in unregelmäßigem Rhythmus gegliedert. Jeweils eine oder mehrere Stichkappen – im Joch mit der Scheinkuppel [4] ein (gemaltes) Thermenfenster über drei Emporenöffnungen – werden darunter zusammengefaßt. In einfachem Schema dargestellt ergeben sich somit sechs unregelmäßige Abschnitte oberhalb der parataktisch gereihten Emporenbogen. Auch diese Ordnung ist schließlich für Cosmas Damian nicht bindend, indem er über die Deckenabschnitte nur fünf Fresken verteilt: Die beiden östlichen Kompartimente werden durch rahmenübergreifende Wolken zu einem einzigen Bildträger [5] gekoppelt. Auf die Emporenbrüstungen verteilt Asam zwanzig Szenen der Korbinianslegende, ausgenommen zu seiten der Orgel im östlichen Joch und vor dem Hauptaltar. Hier sind in die beiden letzten Bogen Oratorien eingebaut.

Mit dieser Lösung war den Wünschen des Bauherrn Fürstbischof Johann Franz und seines Organisators, des bedeutenden Historikers P. Karl Meichelbeck, Genüge getan: Das altehrwürdige Gebäude sollte bei Bewahrung der Mauersubstanz in modernem Gewand erscheinen.

Der Fürstbischof kannte Vater Georg Asam aus häufigen Besuchen in Benediktbeuern – dort arbeitete Meichelbeck als Stiftsarchivar an der ›Historia Frisingensis‹ – und hatte ihm 1709 die Ausmalung der Freisinger Gymnasiumsaula sowie 1710 der Maximilianskapelle verdingt. Die Asamsöhne waren dem Bischof aus Weltenburg vertraut, wo er 1718 die Kirchweihe vornahm (und auf der weiteren Reise auch Michelfeld besuchte), und vor allem aus der Weihenstephaner Korbinianskapelle. Nachdem auch Meichelbeck Cosmas Damian schätzte – er empfing 1713 auf einer Dienstreise in Rom dessen Besuch mit Freude – und in seinen Tagebucheintragungen jedes der ihm bekannt werdenden Werke lobte, konnte am 14. März 1723 mit den beiden Brüdern der im Entwurf erhaltene Vertrag (der ›Spaltzettel‹) über die Neuausstattung des Domes für 7000 Gulden geschlossen werden. Meichelbeck und zum Teil wohl der Fürstbischof selber lieferten dazu das Konzept, die Asam den künstlerischen Entwurf. Als Abschlußtermin war Sankt Jacobi (25. Juli) 1724 vorgesehen.

1735-1738 folgte die Ausgestaltung der Johann-Nepomuk-Kapelle oder Sakramentskapelle in der Ostapsis des südlichen Seitenschiffs, die vorher Johannes dem Täufer geweiht gewesen war.

Bei dem Versuch, die romanische Westseite zu rekonstruieren, wurden 1858 der Giebel und die Malerei an Fassade und Türmen entfernt und die heute noch bestehenden zwei gekuppelten Fenster sowie das Radfenster ausgebrochen. Den Zustand der Asamschen Barockisierung hält jedoch eine Lithographie von Peter Ellmer in der Dombibliothek Freising fest.

1869 wurde aus demselben historisierenden Interesse die Asamsche Sakraments-(Stephans-) Kapelle am Ende des nördlichen Seitenschiffs abgebrochen und durch eine neuromanische Apsis ersetzt. Man entfernte auch den Stuck der äußeren Seitenschiffe und 1870 den Stuckvorhang oben vor dem Hauptaltar, genauso wie die Fresken der Vorhalle.

Im Jahre 1910 wurde an der Ostseite des Nordturmes auf Grund von Bemalungsresten und Ritzungen die Asamsche Scheinarchitektur rekonstruiert (Farbskizze dazu in der Dombibliothek Freising). Diese höchst interessante illusionistische Gliederung mit barock-gotischen Formen (vgl. Hartig 1928, Abb. 12) fiel auf unverständliche Weise der Außenrestaurierung von 1962 ff. zum Opfer.

1919-1921 versuchte man, den barocken Zustand wiederherzustellen, und restaurierte die Deckengemälde des Hauptschiffs. Die zerstörten Emporenfresken wurden weitgehend neu gemalt. Ebenso 1914 die Figur des Johann Nepomuk in der Johanneskapelle. Die Ausbesserung der letzten Jahre konnte dort einen Wasserschaden nur unvollständig beseitigen.

Freising

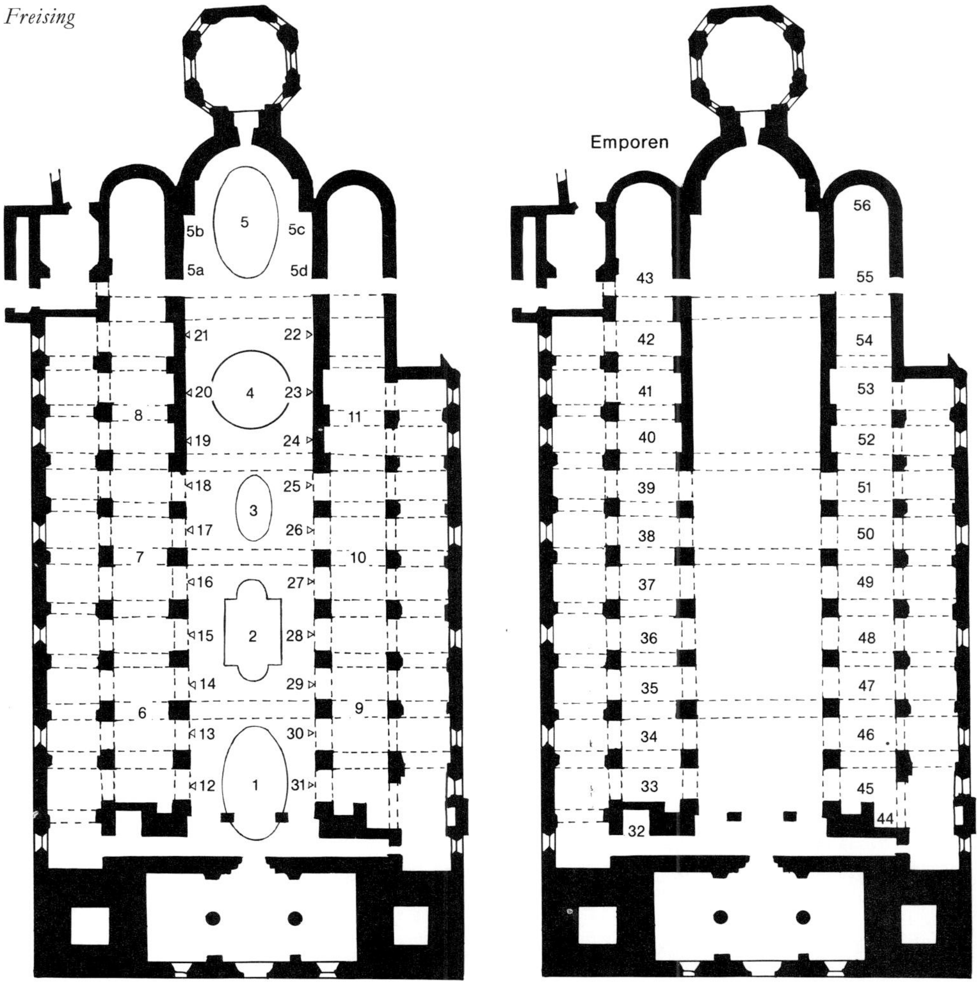

FRESKENPROGRAMM

Das Freskenprogramm des Freisinger Doms ist in mehrere Abteilungen untergliedert. Ohne besonderen Zusammenhang mit dem Gesamtkomplex bleiben die Ausmalungen der inneren *Seitenschiffe* (vom Schmuck der äußeren ist nach dessen Enfernung 1869 nichts mehr bekannt). Jedes zweite der kleinen Kreuzgratgewölbe trägt ein ovales Medaillon mit Heiligendarstellungen. Dazwischen sind jeweils Tondi mit musizierenden Putten in Grisaille angebracht. Inschriften bezeichnen die Personen und ordnen sie Altären zu, die 1724 die Außenwände in den entsprechenden Jochen des zweiten Seitenschiffs eingenommen haben. Nur wenige Altäre sind heute noch vorhanden, die meisten entfernt oder durch Beichtstühle ersetzt. Die unzusammenhängende Auswahl und Reihenfolge der Fresken [32-55] läßt sich nur mit dem durch die

Jahrhunderte gewachsenen Bestand an Nebenaltären erklären. Stephanus **[43]** und Johannes der Täufer **[55]**, jeweils in den letzten Medaillons, leiteten zu den später veränderten Kapellen ihres Namens am Kopf der Seitenschiffe über.

Die Wandgemälde **[12-31]** im Langhaus auf den Emporenbrüstungen (oder sogenannten ›Lettern‹: der Name wurde vom 1624 abgerissenen Lettner übertragen) sind dagegen eng mit Freising, dem Dom und dem Zyklus der Hauptfresken verknüpft. Sie schildern die Vita des Heiligen Korbinian, Hauptpatron des Bistums und dessen erster Bischof. Es werden nicht nur seine Wunder **[13, 18, 20, 26]**, sondern auch Szenen geschildert, die von der Bürde seines Amtes zeugen **[16, 21, 23]**; vor allem aber solche, die die Kraft seines Gebets **[12-15, 26]**, seine Güte **[14, 17]** und ebenso seine Strenge hervorheben **[24, 27]**. Schließlich wird gezeigt, wie er im Leben geehrt **[15, 19]** und nach dem Tod **[28]** als Heiliger erkannt wurde **[29-31]**. Die meisten Begebenheiten werden durch monochrome Sinnbilder in den Stichkappen oberhalb des jeweiligen Emporenbogens kommentiert. Das ›Erhörte Gebet‹, die ›Barmherzigkeit‹, der ›Eifer‹, die ›Last des Amtes‹ und anderes wird dort durch Personifikationen symbolisiert. Unterhalb der Letterngemälde benennen Putten mit Schriftbändern den Bildsinn und verdeutlichen ihn durch ihre Gesten.

Was in der Vita Korbinians an seinem Beispiel vorgeführt wird, erheben die Hauptfresken ins Überhistorische und Allegorische. Die ehemals im Vorraum vorhandenen Darstellungen Abrahams, Isaaks und Jakobs leiteten nach Meichelbeck als Sinnbilder des Glaubens, der Hoffnung und der Liebe in das Generalthema ein. In den ersten beiden Deckenfeldern wird der wahre Weg des Christentums und sein Lohn verkündet. Zwar ist das Thema wieder mit Korbinian verbunden, diesmal jedoch ist er der entrückte Heilige, den sein tugendsames und tätiges Leben im Dienst der christlichen Lehre **[1]** so hoch erhoben hat, daß er für würdig befunden wird, die Krone der Verherrlichung von Gott zu empfangen **[2]**. Dabei wird der gläubige Betrachter in seiner Zuversicht bestärkt, daß sich die Fürsprache des Heiligen und der anderen Kirchenpatrone zu seinem Segen auswirken wird, zumal auch die Nachfolger des ersten Bischofs nach dem Willen Gottes gehandelt haben **[3]**. Vor allem die Zeit der Tausendjahrfeier, aus deren Anlaß man die Kirche zu Ehren der Jungfrau Maria hat renovieren lassen **[4]**, gibt Gewißheit, daß die Gnade Gottes über dem Fürstbistum Freising waltet. Der reichsfreie Fürstbischof Johann Franz empfiehlt sich nebenher unter dem besonderen Schutz des Erzengels Michael dem Allerhöchsten **[3]** und weist dazu selbstbewußt auf seine Rolle als Bauherr der Erneuerung hin **[4]**.

Bei der Erstellung des Programms wurde nicht berücksichtigt, daß Korbinian eigentlich erst 728 das Bistum Freising erhielt (716 war er bereits zum Bischof geweiht worden). Meichelbeck legte den vom Überlieferer der Vita, Bischof Arbeo, offengelassenen Termin auf 724 fest, um damit ein Jahrtausend später gleichzeitig die 1200jährige Wiederkehr des Martyriums von Sankt Sigismund (eigentlich 523!) und vor allem das 50jährige Priester- und 30jährige Bischofsjubiläum des Bauherrn in einem als göttliche Fügung angesehenen Datum zusammenfallen zu lassen.

Als letztes wird mit der *Anbetung des Lammes* oberhalb des Hauptaltars **[5]** die Glückseligkeit für das ewige Leben erfleht, die Gott in seiner Majestät, göttlichen Weisheit und Liebe (begleitende Medaillons) denjenigen zuteil werden läßt, die gereinigt vor das Lamm treten, um es zu verehren (nach Apokalypse 7,9-17).

Im Gewölbe der nördlichen Empore sah das Konzept das Mysterium der Menschwerdung Christi vor **[6-8]** und führt zum dort befindlichen Dreikönigsaltar hin.

Auf der Südseite dienen drei Szenen aus der Geschichte Sankt Sigismunds **[9-11]** der Verehrung dieses Kirchenpatrons, dem in Freising seit einer Reliquienschenkung Kaiser Karls IV. eine besondere Kultstätte erwachsen war.

Das Programm insgesamt ist das einer Kathedrale, die ihren ersten, heiliggesprochenen Bischof ehrt und am Beispiel seines irdischen Lebens sowie seiner Tugenden nicht nur das Vorbild echten christlichen Verhaltens aufzeigt, sondern auch den Weg zum ewigen Leben weist. Vielfältige Bezüge erweitern die Aussage auf andere Heilige oder gar lebende Personen, finden sich aber zu dem einen übergreifenden Thema zusammen: Wer sich vom wahren Glauben leiten läßt, dem wird der ewige Lohn zuteil.

Die Freskierung der Johanneskapelle **[56]** folgt einem eigenen Konzept und ist vornehmlich dem Andenken des 1729 kanonisierten Johann Nepomuk gewidmet. Die Patroziniumsveränderung – vorher Johannes der Täufer – entspringt der schnell wachsenden Nepomukverehrung in Bayern, die eng mit dem wittelsbachischen Herrscherhaus verknüpft war.

1 *Hirtentugenden des Heiligen Korbinian:* Das Deckenfresko ist als einziges auf eine Betrachtung mit Blick nach Westen hin angelegt. Auf Rahmen wie auch auf den – erstes und zweites Deckenfeld trennenden – Gurtbogen ist keine Rücksicht genommen: Wolken mit Figuren greifen über Gemälde- und Jochgrenzen hinaus. Ausgangspunkt ist die Allegorie der ›Göttlichen Weisheit‹, die die gleißende »Sonnen der christlichen Lehr« (Meichelbeck) im kompositorischen Zentrum hält. Auf der einen Seite entzündet deren Licht über dem Weisheitsspiegel die Kerze der ›Religio‹, die von rechts oberhalb die Strahlen weiterleitet und eine kleine Schafherde erleuchtet. Im zeitgenössischen, pittoresken Schäfergewand umhegt dort die ›Hirtenliebe‹ die Tiere mit dem Krummstab. Musizierende Putten und die reine, marianische Liebe als vierte Tugend sitzen in der Mitte dieser Dreiergruppe. Auf der Rückseite des Spiegels entspringt ein Blitzstrahl, der an einigen Engeln mit Musikinstrumenten vorbei in die Geißel des Eifers fährt, der damit und mit dem Sporn in der rechten Hand die Laster der Ketzerei, Hexerei, Simonie, Schmeichelei und Unwissenheit – sämtlich als nackte männliche Wesen gezeigt – in den Abgrund treibt.

Bemerkenswert ist es, daß nicht nur – wie sonst üblich – die Laster außerhalb des Rahmens dargestellt sind, sondern auch ›Hirtenliebe‹, ›Glaubenseifer‹ und ›Religion‹. Während ›Weisheit‹ und ›Liebe‹ zu Maria innerhalb des Bildes himmlischen Regionen zugeordnet bleiben, zeigen sich die anderen drei, obwohl auf Wolken schwebend, eher dem irdischen Leben zugewandt. Darauf deutet auch die kräftigere Farbigkeit ihrer Gewänder. Sicherlich unter dem Eindruck der Ausstattung in der Kirche Il Gesù in Rom von Giovanni Battista Gaulli, ist für Asam die Rahmenzone des Freskos ein Spielraum zwischen Illusion und Wirklichkeit, himmlischer Erscheinung und irdischem Leben. Wie die übergreifenden Wolken formal den Bildrand negieren, ist inhaltlich zwischen göttlichem Wirken dort und Einfluß auf die Menschen hier keine genaue Grenze auszumachen.

Die Medaillons in den Stichkappen neben dem Deckenfresko finden ihren Bezug eine Ebene tiefer. Eine harfespielende Frau, im Süden, als ausübende Musik und eine andere gegenüber, die mit ihrer Gambe im Arm, einem Notenbuch im Schoß, den Federkiel schreibbereit in der Hand und etlichen Instrumenten zu ihren Füßen, die Komposition symbolisiert, spielen auf Musikempore und Orgel an. Die nächsten 14 Allegorien (bis zur Chortreppe) sind mit den Episoden der Korbiniansvita auf den Emporenbrüstungen verknüpft und werden in deren Zusammenhang besprochen.

2 *Verherrlichung des Heiligen Korbinian:* Sankt Korbinian, im Bischofsornat, nimmt mit weit geöffneten Armen die Bildmitte ein. Aus dem strahlenden Himmel über ihm segnet ihn Gottvater, und Christus reicht die Krone der Verherrlichung herab. Die Taube des Heiligen Geistes macht die Dreifaltigkeit vollzählig. Engel tragen hinter Christus das Kreuz, neben dem Vater die Weltkugel oder spenden am oberen Bildrand Weihrauch. Die Putten, die sich dort um einen himmlischen Dirigenten versammelt haben, sind für einen umgekehrten, dem ersten Fresko entsprechenden Betrachterstandpunkt angeordnet und stellen die Verbindung zu den Hirtentugenden des Heiligen her.

Um Korbinian herum haben sich die anderen Kirchenpatrone zur Verehrung eingefunden: links König Sigismund mit erhobenem Zepter, Reichsapfel und burgundischem Wappenschild, unten der Benediktiner Nonnosus neben Kardinal Justinus und hinter Korbinian Papst Alexander I. sowie Bischof Lantbert. Ganz von unten blickt das Begleittier Korbinians, der Bär, zu seinem Herren hinauf. Mit der Rahmenform, die er fast wörtlich übernimmt, hat Asam wieder Il Gesù zitiert, die Mutterkirche der Jesuiten, in deren Hauptfresko Gaulli die Verherrlichung des Namenssymbols Christi dargestellt hat.

3 *Glaube, Hoffnung, Liebe und Freising:* Die drei christlichen Tugenden sind in einer Komposition erfaßt, die in einem beidseitig zurückgezogenen Vorhang, über einem bühnenartigen Podest, die Dreiecksform des göttlichen Symbols mit Auge nachzeichnet, das am oberen Bildrand erscheint. ›Fides‹ mit Kreuz und Kelch ist dem Höchsten am nächsten, unter ihr steht ›Spes‹ mit dem Anker und kniet ›Caritas‹, die eine Muschelschale mit Herzen emporhebt. Gleich neben ihnen sind Schwert und bischöfliche Insignien hinter einem Wappen aufgebaut, in dessen Geviert die Rauten Bischof Eckhers mit dem Kopf des Mohren von Freising abwechseln. Der Dom selbst erscheint unterhalb der Tugenden im Hintergrund. Der große Vorhang, der links vom Mohren in Person – zu seinen Füßen sitzt der Bär Korbinians – und gegenüber vom Erzengel Michael aufgehalten wird, ist mit einer breiten Borte besetzt, auf der sämtliche 56 Wappen der Freisinger Bischöfe angebracht sind. Die Reihe wird von einer Kartusche mit einer Madonnenstatue als Leitfigur abgeschlossen. Der Bauherr Johann Franz ordnete dabei sein Wappen nicht chronologisch an das Ende der Folge vor Maria, sondern zwischen die Schilde seiner beiden Vorgänger Albert Sigismund und Joseph Clemens von Bayern. Dafür kommen seine Rauten aber in die Hand Sankt Michaels, Schutzpatron des Reichs, dem er sich als Reichsfürst – umschlossen von Bayern – wohl besonders verbunden fühlte! Unterhalb, auf den Stufen des Podests, hebt ein Engel den Teppich an, der einen ähnlichen Besatz zeigt; hier sind es die Wappen der Mitglieder des Domkapitels aus dem Jahre 1724.

Nimmt man den kompositorischen Bezug von Vorhang und Teppich zum Symbol der Dreifaltigkeit ernst, so läßt sich der Bildsinn aus den einzelnen Elementen folgendermaßen bestimmen: Im Rahmen der Allmacht Gottes – sie sind sein Werkzeug auf Erden – empfehlen Bischöfe und Domkapitel von Freising das Bistum der Fürsorge des Höchsten. Sie verlassen sich dabei auf Schutz und Fürsprache Korbinians, der Muttergottes und Sankt Michaels. Die Bitte kann zuversichtlich vorgetragen werden, denn Fürstbischof Johann Franz weiß sich in enger Verbundenheit mit den christlichen Tugenden, auf deren Weg allein Gott erreichbar ist. Die Stellung des Domes in der Dreieckskomposition scheint die Formulierung des Psalms 17, 8 zu zitieren: »Behüte mich wie einen Augapfel im Auge, beschirme mich unter dem Schatten deiner Flügel ...«

4 *Die thronende Maria in der Scheinkuppel:* Vor dem Choraufgang ist der richtige Standpunkt, um die Illusionswirkung des Freskos zu erfassen. Über den jochbegrenzenden Gurten und zwei seitlichen, fingierten Thermenfenstern, deren Verdachung die Bogen bis in Einzelheiten des Dekors hinein zitiert, sitzt der Fußring zu einer hohen Tambourkuppel mit Laterne auf. Die entstehenden Zwickel sind mit Grisaillen der Evangelisten bemalt. Der Tambour ist mit säulengerahmten Fenstern in den Diagonalen, in den Orthogonalen mit Ädikulen gegliedert, deren Stützelemente auf Konsolen ruhen. In der Ädikula oberhalb des Bogens zum Chorjoch thront, auf einer kleinen Ausbuchtung, die Himmelskönigin und Hauptheilige der Kirche mit dem Kind im Arm. Jubilierende Putten und Engel umschweben die Nische. Zwei allegorische Figuren flankieren Maria. Links ist es eine Frau mit lorbeerumranktem Helm und einem kurzen Stab in der Hand. Unter dem antikischen Gewand ist das kreuzbestickte Ende eines Palliums zu sehen. In Kniehöhe hat sie ein Modell des Domes bei sich. Vermutlich stellt sie eine Allegorie des Fürstbistums Freising dar. Gegenüber symbolisiert eine Frauengestalt mit Füllhorn die Gnade Gottes.

Auf dem Scheitel des linken Fensterbogens zeigt ein Engel das Freisinger Mohrenwappen und die Schrift: »CATHEDRALIS ECCLESIAE FRISINGENSIS M[ILLENIUM]« (Tausendjahrfeier der Freisinger Bischofskirche), südlich ist

F XIII

es das Eckherwappen in einer Kartusche mit der Beischrift: »SACERDOTII IOANNIS FRANCISCI EPISCOPI S.R.I. PRIN. L.« (Fünfzigjahrfeier des Priestertums von Bischof Johann Franz, des Heiligen Römischen Reichs Fürst). Unterhalb Mariens sitzen eine Personifikation des Papsttums mit dreifachem Vortragekreuz, Tiara und Schlüssel sowie eine Frau mit Weihrauchschale, Sinnbild des Gebets der Heiligen. Zwischen ihnen, auf bekrönter Kartusche, steht: »ANNO A PARTU VIRGINIS MDCCXXIV« (Im Jahr 1724 nach der Geburt der Jungfrau). Über den beiden Fenstern neben der Muttergottes in der östlichen Kuppelhälfte werden noch zwei Inschriften ausgebreitet: »724 C« (condita: gegründet) und »1724 R« (renovata: erneuert).

Asam hat sich mit der Kuppelkonstruktion sehr genau an das Vorbild Andrea Pozzos gehalten – wie in Weingarten [F VII, 6] – doch diesmal direkt über die Scheinkuppel der römischen Ignatiuskirche.

5 *Anbetung des Lammes:* Nicht im Zentrum des Bildes, durch Strahlen und Wolkengirlanden mit Putten aber zum Mittelpunkt der Darstellung bestimmt, liegt das Gotteslamm auf dem Buch mit sieben Siegeln. Aus der Höhe blickt Gottvater herab. Auf Thronen, deren Rückenlehnen an den Bildrändern angedeutet sind, sitzen die 24 Ältesten in loser Ordnung. Einige haben goldene Gefäße in den Händen, andere Harfen (Apokalypse 5, 8). Meist sind ihre Kronen abgelegt. Drei der Ältesten knien im Gebet auf den vorderen Wolken. Überall tummeln sich Putten – die vieltausendmal tausend Engel der Offenbarung (5, 11) – allerdings nicht immer sehr fromm: Rechts stibitzen zwei gerade eine Königskrone.

Da in den vier Arkaden dieses Kompartiments keine ausgemalten Emporenbrüstungen vorgesehen waren, beziehen sich die Grisaillenmedaillons hier auf das Deckenbild.

Wie auch bei den anderen Sinnbildern griff man auf Cesare Ripas ›Iconologia‹ als Vorbild zurück. Diesmal diente dazu wohl die französische Ausgabe, Paris 1677, in der die Abbildungen bereits in Form kleiner Rundbilder vorgegeben sind. Bei genauer Übereinstimmung ist den Allegorien die französische Bezeichnung in Klammern beigefügt.

Im NW ist es eine Frauengestalt mit dem versiegelten Buch, worauf das Lamm liegt und der daneben schwebenden Geistestaube: die ›Göttliche Weisheit‹ (Sapience Divine). Südwestlich sitzt ein Engel mit Hostienkelch und flammendem Herzen, auf der Brust das Christusmonogramm IHS – Darstellung der ›Göttlichen Liebe‹ (Amour Divin). Der NO zeigt eine Frau mit zwei flammenden Kugeln – Verkörperung der ›Göttlichkeit‹ (Divinité); im SO hat ein Engel Stab und Lorbeerkranz in den Händen und eine Schrift im Schoß – wohl das ›Göttliche Wort‹.

6-11 Da die Deckenfresken der Emporen aufgrund schwerer Schäden nahezu vollständig Neuschöpfungen sind, seien hier nur die einzelnen Bildthemen angegeben:

6 *Verkündigung an Maria*
7 *Anbetung der Hirten*
8 *Treffen der Heiligen Drei Könige*
9 *Sankt Sigismund verteilt Almosen*
10 *Bergung des toten Sigismund*
11 *Sühne und Glorie Sigismunds.*

12-31 Zur Legende des Heiligen Korbinian haben sich neun Vorzeichnungen und Einzelstudien erhalten. Die Medaillons in den Stichkappen, die sich auf das Leben des Heiligen beziehen, werden – soweit möglich – nach Ripa, Paris 1677 (vgl. **5**), identifiziert. Als Titel einer Szene gilt das von Putten gehaltene Schriftband.

12 »S. CORBINIANUS PRAEDICAT IN CELLULA« (Der Heilige Korbinian predigt in seiner Klosterzelle): Der Heilige in Benediktinerkutte steht mit erhobenem Kreuz vor dem Rohbau seiner Zelle. Handwerker und ein Mitbruder ziehen gerade die Außenmauern hoch. Von rechts strömen Menschen mit Gaben herbei, die vor der kleinen Germanuskirche im Hintergrund durch einen weiteren Mönch an die Armen weitergeleitet werden. Hinter der Kirche ragt ein Weinberg auf. (Vorzeichnung: Z 16).

12a Medaillon: Ein jugendlicher Ritter tritt auf einen Totenkopf und ersticht einen Drachen. In der Hand trägt er ein Buch. Mit diesem Sinnbild wird Korbinians Entschluß, ins Kloster einzutreten, als tugendhafte Tat interpretiert (Acte Vertueux).

13 »SILENTIO VINUM EFFERVESCENS SERVAT« (Durch Schweigen bewahrt er gärenden Wein): Eine Episode wird illustriert, die berichtet, Korbinian habe durch sein Gebet während der Nacht – er wollte das Schweigegebot nicht brechen – Wein in einem Faß bewahrt, dessen Spundzapfen herausgeplatzt war. Die Darstellung zeigt den Heiligen beim Rosenkranzgebet in seiner Zelle und gleichzeitig den mit seiner Öllampe zum offenen Faß eilenden Kellermeister. Die Innenraumkonstruktion Asams vereint die Schrägansicht des Klosterganges von unten aus dem Keller mit einem Schnitt durch Korbinians Zelle (Vorzeichnung: Z 17).

13a Medaillon: Eine sitzende Frau mit Zaumzeug in der Hand und Finger auf dem Mund symbolisiert Schweigen und Selbstbeherrschung.

14 »PRECANDO MULAM RECUPERAT« (Durch Gebet erhält er das Maultier zurück): Vor derselben Kirche wie im ersten Bild – nun ist das Kloster fertiggestellt – zeigt Korbinian einem Dieb das Kreuz, zum Zeichen, daß er nicht mehr sündigen solle. Der Mann reitet wild gestikulierend auf dem Maultier, das er in der Nacht gestohlen hatte. Vom Gebet Korbinians (links im Bild) war er gezwungen worden, steif darauf sitzen zu bleiben und zurückzukehren. Von der Seite eilen Neugierige herbei, die der Heilige mit der Glocke auf seinem Fensterbrett gerufen hatte.

14a Medaillon: Eine thronende Frau beschenkt ein vor ihr kniendes Paar. Daneben nährt der Pelikan seine Jungen mit dem eigenen Herzblut. Korbinian hatte den reuigen Dieb noch beschenkt, weshalb hier das Mitleid bezeichnet ist (Compassion).

15 »A PROREGE IMPLORATUR« (Vom Vizekönig wird er gebeten): Der Abgesandte Pippins des Mittleren (des fränkischen Hausmeiers) bittet Korbinian um sein Gebet für den Herrscher. Die kniefällige Bitte im Kreise von Begleitern und Klosterbrüdern findet vor der bekannten Architektur statt. Der Adlige ist reich, nach der Sitte des 16. Jahrhunderts, gekleidet.

15a Medaillon: Eine Frau vor rauchendem Altar unter himmlischen Strahlen symbolisiert das ›Erhörte Gebet‹.

16 »MITRA ET PALLIO EXORNATUR« (Er wird mit Mitra und Pallium ausgezeichnet): Korbinian kniet vor Papst Gregor II. und küßt das Pallium, das dieser ihm mit einem Segen als besondere Auszeichnung umgelegt hat (sonst nur Erzbischöfen vorbehalten). Mitra und Stab werden herbeigebracht. Der Papst liest die zeremoniellen Worte aus einem von zwei Diakonen aufgeschlagenen Pontifikalbuch ab. Hinter Korbinian wohnen ein Patriarch und Bischöfe der Zeremonie bei (Vorzeichnung: Z 18).

16a Medaillon: Eine Frau trägt zum Zeichen der Last von Amt und Würde einen Block auf den Schultern (Dignité).

17 »LATRONEM PRODIGIOSE TUETUR« (Er beschützt einen Räuber auf wunderbare Weise): Der zum Tod durch den Strang verurteilte Räuber Adalbert wird von Korbinian mit dem Kreuz auf der Stirn gezeichnet. Rundherum macht sich eine aufgebrachte Menschenmenge daran, den Übeltäter zu hängen. Nach drei Tagen findet ihn Korbinian noch lebend und stellt ihn Pippin vor, von dem er ursprünglich die Leiche erbeten hatte – links im Hintergrund gezeigt. Rechts, wieder vor Kloster und Germanuskirche, empfängt Adalbert die Kutte, um Korbinian in den Mönchsstand zu folgen (Einzelstudie von Korbinian: Z 19).

17a Medaillon: Eine Frau mit Krähe an ihrer Seite, Zedernzweig und Früchten in ihren Händen – als Allegorie der Barmherzigkeit (Misericorde).

18 »URSUM CICURAT« (Er zähmt den Bären): In waldiger Alpenlandschaft befiehlt Bischof Korbinian einen Bären zu geißeln, der in der Nacht zuvor das Packpferd gerissen hatte. Im Hintergrund wird der Gepäcksattel bereit gehalten, den der Bär fortan bis Rom tragen wird. Links versucht ein Mönch in akrobatischer Körperdrehung das scheuende Reitpferd zu beruhigen.

18a Medaillon: Ein Jüngling nimmt das Joch zum Zeichen der Nachfolge Christi auf die Schultern.

19 »A LUITPRANDO REGE EXCIPITUR« (Er wird von König Luitprand empfangen): Mit gezierten Schritten kommt der Langobardenkönig Luitprand auf der Treppe seines Palastes dem romreisenden Korbinian entgegen und empfiehlt ihn dem Schutz des Stadtkommandanten von Pavia. Dahinter bereiten sich Diener mit schwerem Gepäck auf die Weiterreise vor, an deren Ziel dem Papst ein Schimmel geschenkt werden soll. Wie dieser vom Stadtkommandanten am Ufer des Po gestohlen wird, zeigt die kleine Szene jenseits des Stadttores (Einzelstudie des Königs: Z 20).

20 »PISCES PRODIGIIS OBTINET« (Durch Wunder erhält er Fische): Zwei Episoden auf einem Rastplatz sind hier vereint. Korbinian sitzt in Reisekleidung vor einem Baum im Zentrum und bekommt durch einen Adler die Fastenspeise zugetragen. Gegenüber berichtet der Begleiter Anserich im Lendenschurz von seinem abenteuerlichen Fischfang, als er die Beute gegen Räuber verteidigen mußte. Das große Exemplar wird gerade dem Koch übergeben. Die Diebe stehen noch am Strand, ihrer Strafe gewärtig. Einträchtig liegen Bär und Pferd nebeneinander im Vordergrund, während ein Diener ein weiteres Lasttier ablädt. Ein zuschauender Pilger vertritt wohl die Zeugenschaft für das Wunder (Vorzeichnung: Z 21).

21 »EPISCOPI MUNUS PROSEQUI IUBETUR« (Ihm wird die Fortführung des Bischofsamtes befohlen): Korbinian legt Papst Gregor III. Mitra, Stab und Pallium zu Füßen. Rundherum lauscht das Kardinalskollegium dem Bericht seiner Mühen, wird im Anschluß aber die Weiterführung seines Amtes einstimmig von ihm fordern.

22 »COMES TICINI PUNITUR« (Der Ritter aus dem Tessin wird bestraft): Im Palast König Luitprands in Pavia hört Korbinian mit ablehnender Geste dessen und des Hofstaates Bitten um ein Gebet für den verstorbenen Stadthauptmann an. Kniefällig erfleht dessen Witwe Verzeihung für seinen Diebstahl [**19**] und bietet zur Rückerstattung des Zelters noch 200 Taler. Hinter dem feurigen Pferd ist draußen der Leichenzug zu sehen.

23 »MAIS FRISINGAM VENIRE COMPELLITUR« (Er wird genötigt, von Mais – bei Meran – nach Freising zu kommen): In wilder Berglandschaft haben Diener den reitenden Korbinian in ihre Mitte genommen, um ihn auf Anordnung Herzog Grimoalds nach Freising zu bringen. Der Heilige liest den Brief mit der nachdrücklichen Einladung. Vor der Gruppe,

F XIII, 4

der die Begleiter Korbinians mit dem Schimmel folgen, überspannt eine Brücke ein tiefes Flußtal. In der Ferne wird soeben ein Mensch aus dem Wasser gerettet (vgl. **30**). Vorzeichnung dazu: Z 23.

24 »GRIMOALDUM AC PILITRUDEM ABSOLVIT« (Er spricht Grimoald und Pilitrud los): In einem Prunkgemach des Bischofspalastes knien in prachtvoller Kleidung des 16. Jahrhunderts der Herzog und seine Gemahlin, um sich von Korbinian scheiden zu lassen. Grimoald hatte die schöne Witwe seines Bruders geheiratet. Dieses kirchliche Unrecht hatte der Bischof mit Entzug seines Hofbesuches geahndet. Rechts sehen Mitglieder des Hofstaates der Zeremonie zu, links sind es zwei Mönche, die hinter dem rückwärtigen großen Vorhang hervorblicken.

25 »ECCLESIA S. STEPHANI COELITUS SPLENDESCIT« (Die Kirche des Heiligen Stephanus erstrahlt in himmlischem Glanz): Da Korbinian krank ist, schickt er an diesem Morgen seine Geistlichen alleine zur gewohnten Andacht in die Weihenstephaner Kirche. Während Priester, Ministranten, Mönche und Gläubige den Berg hinaufsteigen, hören sie Chorgesang und sehen die Kirche oben, von innen heraus, in ganz ungewöhnlichem Glanz erstrahlen (Vorzeichnung: Z 22).

25a Medaillon: Die Flamme aus dem Mund eines knienden Mannes versinnbildlicht das ›Gebet‹.

26 »FONTEM SUSCITAT« (Er erweckt eine Quelle): Das Lichtwunder in Weihenstephan [**25**] hat in Korbinian den Wunsch entstehen lassen, dort ein Haus für sich zu bauen. Da die Bauleute murren, sie müßten das Wasser dafür so weit tragen, sucht Korbinian eines Morgens die geeignete Stelle, betet und steckt seinen Stab in die Erde: Eine Quelle entspringt. Dieser Augenblick ist festgehalten. Ehrfürchtig bewundern einige das Ereignis und deuten die Heilkraft des Wassers an: Eine Kranke liegt links vorne und läßt sich von einem Jungen Wasser in die Trinkschale gießen. Hinten sind die Arbeiter beim Rohbau des Hauses beschäftigt.

26a Medaillon: Eine Frau mit Rauchfaß stellt das ›Gebet‹ dar (Oraison).

27 »VENEFICAM DEPALMAT« (Er züchtigt die Giftmischerin): In der städtischen Umgebung Freisings – bis auf die Stephanskirche nur Phantasiebauten – hat Korbinian die Peitsche über einer alten Frau erhoben, die mit abwehrender Geste am Boden liegt. Ein Tuch mit Goldstücken und ein Buch mit astrologischen Zeichen sind ihr entfallen. Die Hexe hatte den kranken Herzogssohn durch Zauberei geheilt und war reich dafür belohnt worden. Hinter der Frau tragen Männer eine kleine Schatztruhe und treiben das ihr versprochene Vieh. Diener halten Pferd und Hut des tatkräftigen Bischofs.

27a Medaillon: Eine Frau mit Geißel und Öllampe symbolisiert den ›Eifer‹ (Zele).

28 »SANCTE DEFUNGITUR« (Er stirbt als Heiliger): Nach seiner letzten Messe zum Palast zurückgekehrt, ist Korbinian in seinem liturgischen Gewand entschlafen. Putten und Engel weihen die letzte Stunde mit himmlischer Atmosphäre. Um den Bischof haben sich trauernde Diener versammelt. Ein Ministrant hat die Kerze entzündet, der Mundschenk trägt noch den kurz zuvor von Korbinian erbetenen Wein auf dem Tablett. Ein Ausblick links läßt den Trauerzug in die Domkirche erkennen.

28a Medaillon: Eine Frauengestalt mit Flamme und Palme in den Händen thront auf einer Weltkugel mit Kreuzen: Sinnbild der ›Ewigen Glückseligkeit‹ (Félicité Eternelle).

29 »FRISINGA MAIAS TRANSFERTUR« (Er wird von Freising nach Mais überführt): Nach dreißig Tagen wird das Grab geöffnet. Drei athletische Männer wuchten die schwere Platte von der Ruhestätte des Heiligen. Viele Zuschauer haben sich in der epitaphiengeschmückten Gruft versammelt, auch Herzog Hugibert, der den Befehl zur Öffnung gegeben hatte. Rechts im Freien, unter einem Sonnenschirm, bemerkt Magata das Steifwerden ihres Beines, weil sie den Heiligen vor einer Freundin verleumdet hat.

29a Medaillon: Herkules mit seiner Keule und den Hesperidenäpfeln bedeutet die ›Heldentugend‹ (Vertu Héroique).

30 »MAIS INCORRUPTUS REPORTATUR« (Von Mais wird er unverwest zurückgebracht): Korbinian ist soeben von zwei Diakonen unversehrt aus dem Grab auf eine Bahre gehoben worden. Ein Hüne stützt die Grabplatte. Der Bischof von Mais betet und läßt von Ministranten und Putten Kerzen anzünden. Im Hintergrund fällt ein himmlischer Strahl auf den kleinen Arbeo, der zu der Zeit aus dem Wasser der Passer gerettet wurde (gleiche Szene wie in **23**). Später, als Bischof, wird Arbeo die Vita Korbinians verfassen.

30a Medaillon: Ein betender Jüngling.

31 »FRISINGAE FESTIVE RECIPITUR« (Er wird festlich in Freising empfangen): In einem festlichen Zug wird Korbinian von Diakonen zum Dom getragen. Vorweg schreitet Arbeo, dahinter Herzog Tassilo. Kranke und Besessene unter dem Publikum deuten auf die Vielzahl der überlieferten Wunder und Heilungen (Vorzeichnung für die Rückenfigur Bischof Arbeos: Z 19).

31a Medaillon: Eine gekrönte, thronende Frau weist nach unten – die Freisinger Kirche bezeichnet das Grab des Heiligen.

32 *Musizierende Putten.*

33 »ARA S. MICHAELIS ARCHANGELI ET S. CASTULI M.« (Altar des Erzengels Michael und des Märtyrers Sankt Castulus): Der edle Ritter in Rüstung und Helmbusch, die Hand mit der Märtyrerpalme auf das Schwert gestützt, kniet vor der Erscheinung Sankt Michaels. Dieser, ebenfalls in prachtvoller Rüstung, schwebt vom Himmel herab und erhebt die Siegespalme in seiner Linken. Hacke und Schaufel hinter Castulus lassen an Sankt Vitalis denken, denn dieser führt sie aufgrund seines Martyriums als Attribute. Vielleicht eine verkehrte Vorlage?

34 *Musizierende Putten.*

35 »ARA SS. WOLFGANGI ET GEORGII« (Altar der Heiligen Wolfgang und Georg): Der Bischof von Regensburg mit Stab, Kirchenmodell und Axt blickt auf den Drachen herab, auf den Sankt Georg in Siegerpose den Fuß setzt, nachdem er die Lanze in seinen Leib gebohrt hat.

36 *Musizierende Putten.*

37 »ARA BEATISSIMAE VIRGINIS MARIAE PRAESENTAT[IONIS]« (Altar der Darstellung der seligsten Jungfrau Maria): Maria, mit Sternenkranz als Immakulata ausgezeichnet, legt zum Zeichen ihrer Reinheit eine Lilie auf den mit fremden Buchstaben beschrifteten Altar. Der Hohepriester segnet sie, während ihr zwei Mädchen eine Schale mit Blumen zureichen. Das Licht einer Öllampe wird von der Geistestaube überstrahlt. Im Hintergrund hängen die Gesetzestafeln, links knien Anna und Joachim.

38 *Musizierende Putten.*

39 »ARA SS. LEONARDI ET AEGIDII ABBATUM« (Altar der heiligen Äbte Leonhard und Ägidius): Die beiden Nothelfer in Benediktinertracht haben sich zur Fürbitte hingekniet und blicken in eine von Strahlen durchbrochene Wolke. Ein Putto spielt dabei mit dem Ende der Kette Leonhards. Ägidius ergreift den Pfeil in seiner Brust, der eigentlich die auf seinen Schoß steigende Hindin hätte treffen sollen.

40 *Musizierende Putten.*

41 »ARA VISITATIONIS BEATISSIMAE VIRGINIS MARIAE« (Altar der Heimsuchung der seligsten Jungfrau Maria): Der stumme Zacharias ist im Begriff, den Namen seines Sohnes auf eine Tafel zu schreiben, die ihm Maria reicht: »Joa[nnes]«. Zwei Orientalen beugen sich über den Tisch daneben, um die Buchstaben zu entziffern. Hinter einem Vorhang begrüßt Elisabeth im Bett den kleinen, frischgewickelten Johannes, den ihr zwei Mägde zureichen.

42 *Musizierende Putten.*

43 (Ohne Beischrift) *Sankt Stephanus:* Über dem Zugang zur ehemaligen Stephanuskapelle kniet der heilige Märtyrer in Diakonskleidung, drei Steine und einen Palmzweig in der Hand.

44 *Musizierende Putten.*

45 »ARA SS. ELISABETHÆ ET AGATHÆ« (Altar der Heiligen Elisabeth und Agathe): Die beiden heiligen Frauen thronen in den Wolken. Elisabeth von Thüringen bietet aus einem Korb eines ihrer Brote an, im Schoß trägt sie Rosenblüten, im Arm die Kanne. Agathe mit Palmzweig und Zange legt mit geneigtem Haupt die Hand an ihre Brust und weist damit auf die an ihr verübte Folter hin.

46 *Musizierende Putten.*

47 »ARA SANCTI THOMAE APOSTOLI« (Altar des heiligen Apostels Thomas): Thomas sitzt mit einem Palmzweig in der Hand auf einem Baumstamm. In der Armbeuge hält er die Lanze. Eine Marienkirche ist im Hintergrund zu erkennen. Zu seiner Figur ist eine Studie erhalten: Z 10.

48 *Musizierende Putten.*

49 »ARA CONVERSIONIS S. PAULI APOSTOLI« (Altar der Bekehrung des heiligen Apostels Paulus): Paulus kniet in den Wolken, aus denen ihm eine Hand von oben ein aufgeschlagenes Buch zureicht, in dem auf seine Missionstätigkeit hingewiesen wird: »ACCEPI A DOMINO QUOD ET TRADIDI VOBIS« (Ich habe vom Herrn empfangen, was ich auch euch weitergegeben habe). Ein Schwert lehnt ihm zu Füßen.

50 *Musizierende Putten.*

51 »ARA S.SPIRITUS« (Altar des Heiligen Geistes): Gott schwebt in wehendem Gewand über den Wassern und sendet aus seinen Händen Strahlen in die Tiefe. Vor ihm vergießt die Taube des Heiligen Geistes ihre Gaben in Form von kleinen Flammen.

52 *Musizierende Putten.*

53 (Ohne Beischrift) *Sankt Lambertus:* Der Heilige sitzt in Pontifikalkleidung auf einer Wolke. Buch, Mitra, Märtyrerpalme und Lanze kennzeichnen ihn.

54 *Musizierende Putten.*

55 (Ohne Beischrift) *Johannes der Täufer:* Vor 1738 war ihm die folgende Kapelle geweiht. Mit Lamm und Kreuzstab (ECCE AGNUS DEI) steht er in felsiger Landschaft; im Hintergrund Christus.

56 *Johann-Nepomuk-Kapelle (Sakramentskapelle):* Die Fresken der kleinen Kapelle wurden um 1738 geschaffen. Auf dem Grund der Laterne ist *Gottvater in einer Engelsgloriole* wiedergegeben. Zum Zeichen des Erlösungsratschlusses trägt er ein Kreuz in der Hand. Im rundumlaufenden Fresko darunter sind der 1729 heiliggesprochene Patron *Johann Nepomuk* und seine beiden Namensahnen, *Johannes der Täufer* und *Johannes der Evangelist,* dargestellt. Johann Nepomuk, auf der nördlichen Gewölbewange, treibt mit einem Sternenkranz um das Haupt im Wasser der Moldau. Die Prager Karlsbrücke im Hintergrund erinnert an seinen Todessturz, den er nach der Überlieferung 1393 wegen Wahrung des Beichtgeheimnisses seiner Königin Sophie erlitt. Mit der Kapelle wurde vom Bauherrn Kardinal Fürstbischof Johann Theodor von Bayern (1727-1763) ein Schutzheiliger des Hauses geehrt, war doch Sophie eine wittelsbachische Prinzessin gewesen.

Eine Gruppe von Engeln leitet zur Schilderung der Taufe Christi im Südosten über. Neben der Taube des Heiligen Geistes über dem Täufling endet ein Schriftband, das die Verbindung zum Evangelisten in der südwestlichen Ecke herstellt. Der Sinn der Inschrift, die sich auf dem Band oberhalb einiger betender Menschen befand, ist nicht mehr zu vervollständigen: »... TENTIAE«. Der restliche Teil ist mit Himmelsblau übermalt. Vom Evangelisten aus umschlingt das Band weiter nach Westen zu eine Personifikation der ›Religio‹ mit dem siebenfach versiegelten Buch und dem Lamm im Schoß, bis hin zur Allegorie der ›Ecclesia‹. Im Himmel darüber erscheint der Name Jahwe in hebräischen Buchstaben, stets ein Hinweis auf seine Gegenwart bei einem Geschehnis des Alten Testaments. Da unterhalb der ›Ecclesia‹ ein Rad lehnt, läßt sich beim Versuch, den ikonographischen Zusammenhang zu erschließen, an Hesekiels Vision von der Herrlichkeit des Herrn im Tempel denken (Hesekiel 9,10): Gott erscheint über dem Rad in seinem Haus. Die Schriftstelle handelt von der Vernichtung Jerusalems bei Verschonung der Frommen. In der Darstellung demnach eine Präfiguration der Apokalypse zu sehen wird dadurch gerechtfertigt, daß das Band durch die Hände der ›Religio‹ läuft. Die etymologische Wurzel des Wortes religere = rücksichtlich beachten oder, etwas entfernter, religare = zusammenbinden, läßt an einen wesentlichen Gehalt der christlichen Religion denken: Altes und Neues Testament sind eng aufeinander bezogen. Mit der Darstellung der beiden Johannesgestalten wird deren Anteil am Erlösungswerk hervorgehoben: Als Verkünder des Menschensohnes und des Opferlammes sowie als Märtyrer im unerschütterlichen Glauben an die göttliche Gerechtigkeit .

Unter den Personifikationen von ›Ecclesia‹ und ›Religio‹ hat sich der Auftraggeber mit seinem Wappen verewigt. Sein Zeichen verbindet die unterhalb angebrachten Schilde Bayerns und Freisings. Vielleicht war die Umwidmung der Kapelle eine Antwort des Bayern auf Fürstbischof Eckhers ungewöhnliche Geste, die Reichsfreiheit der in Bayern liegenden Kathedrale zu betonen [**3**].

LITERATUR: Meichelbeck 1724, 352-358 – Hartig 1926 – Hartig 1928 – Hanfstaengl 1939, 48 und 65-68 – Abele 1951 – Hubensteiner 1954, 118-148 – Hanfstaengl 1955, 31-33 und 48-49 – Mindera 1967 – Benker 1975 – Elsen 1979 – Rupprecht 1980, 128-138 – Liebold 1981, 30-46 – Glaser/Brunhölzl/Benker 1983 – Trottmann 1986, 84-85, Abb. 163/165. R.P.

F XIV
EINSIEDELN
1724-1727

(Grundriß; 4 Abb.; Tafeln 53-60)

Wallfahrtskirche, Benediktiner-Klosterkirche; ehemals Bistum Konstanz, Abbatia nullius dioecesos (unmittelbar dem Heiligen Stuhl unterstellt); Schweiz, Kanton Schwyz.

PATROZINIUM: Mariä Himmelfahrt, Sankt Meinrad, Sankt Mauritius, Sankt Sigismund, Sankt Justus; Weihefest der Gnadenkapelle (Engelweihe): 14. September.

BAU UND AUFTRAG: Unter Abt Thomas Schenklin wurde am 20. Juli 1721 nach Plänen Caspar Moosbruggers der Grundstein für die neue Kirche gelegt, die den mittelalterlichen Doppelbau ersetzen sollte. Dabei bezog man den von Johann Georg Kuen bereits 1674-1676 errichteten Chor in das Konzept mit ein. Der Chor wurde 1746-1748 von Franz Anton Kraus völlig umgestaltet.

Der Plan sah für das Langhaus eine dreischiffige Wandpfeileranlage in drei Abschnitten vor: ›Oktogon‹ mit der Gnadenkapelle als Zentrum der Marienwallfahrt, ›Predigtraum‹ und ›Weihnachtskuppel‹ vor dem Chor. Abschnittweise – von Westen nach Osten – wurde der Kirchenbau bis 1725 vollendet.

An ein querovales, überkuppeltes Eingangsjoch schließt der weite, achteckige Zentralraum um die Gnadenkapelle (1816/17 nach Abriß durch französische Invasionstruppen aus dem Material der Kapelle von 1617 wiedererrichtet, allerdings um 3 Joche verkürzt) an. Das von Doppelgurten gegliederte Gewölbe des Oktogons wird in der Mitte von zwei Pfeilern getragen und bildet in einzigartiger Konstruktion eine Ringtonne, die in den Orthogonalen größere, in den Diagonalen schmale, sphärische Dreiecke ausscheidet. Jene sind ausgemalt, diese mit Stuckmedaillons geschmückt. Die geknickten Pfeiler an den Ecken des Oktogons nehmen sowohl die nach außen verbreiterten Gurte als auch die Scheidbogen zu Seitenkapellen, Eingangsjoch und Predigtraum auf. In den Diagonalen sind Emporen zwischen die Stützen eingespannt, an den Hauptseiten laufen außen nur schmale, balkonartige Galerien um.

Der zweite Kirchenabschnitt, der Predigtraum, ist über schräggestellten Pfeilern mit einer Flachkuppel überwölbt und seitlich von je einem Nebenschiffkompartiment und einer Kapelle begleitet, die von Quertonnen überspannt werden.

Der folgende Raum entspricht dieser Einteilung, nur wird er von einer zitronenförmigen Kuppel überhöht, deren Ausgestaltung sich vermutlich unter Mitwirkung der Asam 1725 aus einer Reduktion der vorgesehenen Tambourkuppel ergab (Caspar Moosbrugger war zwei Wochen nach Ablehnung seines kostspieligen Projekts am 26. August 1723 gestorben).

Die Bauarbeiten waren erst bis zum Predigtraum fortgeschritten, als man bereits mit der Ausmalung des Oktogons begann. Abt Thomas Schenklin notierte in seinem Rechnungsbuch: »19. Febr. 1724. Hab dem Cosmas Damian Asam, Churfürstl. Bayerischem Hofmaler, das undere grosse Kirchengwelb sambt dem Seitengwelb, auch die Maur neben dem mitlern grossen Fenster ob dem Hauptportal verdingt, und für alles nach dem gemachten Riss in Fresco zu mahlen accordiert 4400 fl. Reichsw., ...«. An der Freskierung der gesamten Kirche arbeitete Asam 31 Wochen, verteilt auf die vier Jahre von 1724 bis 1727, und erhielt dafür insgesamt 9785 Gulden einschließlich Kostgeld. Egid Quirin, verantwortlich für Stuckausstattung und Kanzel, arbeitete von Anfang an mit, doch kam er bis 1728 auf 64 Wochen zu 6750 Gulden mit Unterhalt. Beide hatten Unterstützung: Für Cosmas Damian sind ein Geselle und ein Scholar, für Egid Quirin fünf Gehilfen erwähnt, deren Kosten gesondert abgerechnet wurden. Die beiden schriftlichen Akkorde mit näheren Bestimmungen sind nicht erhalten, doch existiert die Vorzeichnung zur Westwand [Z 24], die seit 1963 allerdings verschollen ist.

Das Gemälde *Christus bei Zachäus* über der südlichen Abseite des Oktogons [**11**] schuf 1750 Nikolaus Weiß, *Jakobs Traum von der Himmelsleiter* gegenüber [**10**] entstand 1838 als Probestück Alois Kellers, der bis 1841 die Fresken restaurierte und vielfach übermalte. Bei der zweiten Restaurierung 1910 wurden die Übermalungen entfernt, doch mußte aufgrund allzu großer Schäden (und wohl auch mißverstandener Pietät!) die Figur Christi im Oktogon [**4**], vorher im Lendenschurz, nunmehr mit einer Albe bekleidet werden. Partien auf Stuckwolken zwischen den dortigen Malfeldern (zwischen **3** und **5** vor allem) wurden teilweise abgeschlagen. Die 1984 begonnene Erneuerung hat zum Ziel, restliche Übermalungen zu entfernen, die starke Nachdunklung der Farben sowie die Verzeichnung von Figuren zu beheben und den ›Asamzustand‹ wiederherzustellen.

FRESKENPROGRAMM
Das Freskenprogramm läßt sich in mehrere Themenbereiche gliedern, die je nach Betrachtungsweise einen kirchenpolitischen, kontroverstheologischen oder lokalhistorischen Schwerpunkt haben. Das übergreifende Thema jedoch, das sich vornehmlich an die Pilger wendet – im 18. Jahrhundert waren es jährlich oft mehr als 100 000 – behandelt die Erlösung der Menschheit unter besonderer Berücksichtigung der Einsiedler Engelweihe in diesem Heilsgeschehen. In der Asamschen Ausstattung beginnt der Zyklus mit dem zuletzt angefertigten *Weihnachtsbild* [**8**]. Gottvater im Zentrum (Laterne) hat seinen Sohn auf die Welt gesandt, um den Ratschluß der Erlösung Wirklichkeit werden zu lassen. Das Heil wird gleichzeitig der Welt verkündet. Die zweifach erscheinenden Tugendallegorien ›Barmherzigkeit‹, ›Wahrheit‹, ›Gerechtigkeit‹ und ›Friede‹ geben den Kontext an: Psalm 84,11 folgend, finden sie sich nach heftiger Auseinandersetzung über den Sündenfall des Menschen zusammen – so die spätere Auslegung in der Parabel ›Vom Streit der vier Töchter Gottes‹ – um mit Freude über die göttliche Entscheidung dem Messias zu begegnen. In Fortführung des Heilsgedankens setzt Christus zum Andenken an Abendmahl und seinen Opfertod die Eucharistie ein – höchstes Sakrament der Katholischen Kirche – und schließt damit den Neuen Bund [**7**]. In der *Engelweihe* steigt Christus abermals aus dem Himmel herab und schickt sich an, im Moment der Wandlung bei der Messe zur Konsekration der Gnadenkapelle ein zweites Mal seinen Opfertod in persona zu vollziehen [**3-6**]. Zeitgenössische Predigten weisen immer wieder auf die große Auszeichnung hin, die damit dem Ort Einsiedeln zuteil wird. Durch die Erinnerung an die *Salomonische Tempelweihe* [**2**] wird die Kirche zudem neben den Tempel gestellt, als ein Haus, das von Gott erfüllt war. Die Weihegesellschaft auf der Westempore [**1**] macht das Ereignis historisch am Ort fest und liefert mit der eindringlichen Darstellung der Stimmerscheinung über den kirchlichen Würdenträgern dem Wallfahrer gleichsam den Beweis ex auctoritate für die Wahrhaftigkeit des Ereignisses. Gleichzeitig aber, im Sinne der Beliebtheit von Allusionen in barokken Freskenprogrammen, eröffnet das schreckhafte Zurückweichen des heiligen Bischofs Konrad die Reihe der angedeuteten unterschiedlichen Sinnschichten. Die das Geschehen überliefernde (gefälschte) Bulle verbietet nämlich bei Androhung der Bannstrafe jedwedem Bischof auch in Zukunft Hand an die von Gott geweihte Kapelle zu legen: Ein nachdrücklicher Hinweis auf den mit Konstanz ausgetragenen Exemtionsstreit des Klosters, das erst im 19. Jahrhundert nach langwieriger Auseinandersetzung den Status einer ›Abbatia nullius‹ erreichte. Ein weiterer Aspekt ist der kontroverstheologische Streit mit den angrenzenden reformierten Kantonen, besonders mit Zürich. Seit den Angriffen Zwinglis (er war zuvor Priester in Einsiedeln gewesen!) auf Wallfahrt und Heiligenverehrung, versäumte der Konvent keine Gelegenheit, die Popularität und Berechtigung des geweihten Ortes zu verteidigen. Die Erzeugnisse der stiftseigenen Druckerei geben darüber Aufschluß. Sehr willkommen war dem Programmgestalter also die Gelegenheit, die himmlische Weihe zu Ehren der Muttergottes

Einsiedeln

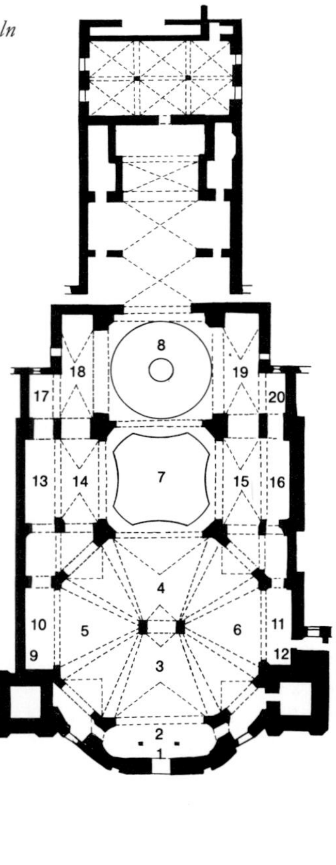

bis in alle Einzelheiten schildern zu können, war doch die Propagandawirkung auf Tausende von Wallfahrern (und andere Besucher) ungleich größer als bei theologischen Schriften. Hierhin gehört auch die Auswahl der Eucharistie-Einsetzung und nicht etwa einer Kreuzigung als *Opferdarstellung* [7]: Gegen die Lutheraner war der Opfercharakter der Messe und gegen die Reformierten die Realpräsenz zu vertreten! Rückbindung ans Alte Testament und Hervorhebung einer Tradition von Noah über Abraham und Benedikt bis zu Meinrad, dem Gründer der ersten Zelle in Einsiedeln, verliehen darüber hinaus dem Kloster seine Geltung ([**13-16**] und das Stiftszelt [7]). Autorität auf anderem Gebiet bezog das Stift aus den Bildnissen der fürstlichen *Gönner und Beschützer* [**17-20**]. Sie hatten das Kloster mit Gütern und Freiheiten ausgestattet, die es in Jahrhunderte währendem Kampf zu verteidigen galt. Der beständig neu aufflackernde Marchenstreit (Grenzkrieg) im 12. bis 14. Jahrhundert, bei dem Einsiedeln die Hälfte seines ursprünglichen Gebiets einbüßte, und juristische Auseinandersetzungen während des ganzen 17. Jahrhunderts gaben genügend Anlaß, sich vor der weltlichen Herrschaft in Schwyz auf althergebrachte Rechte zu berufen. Mit dem Bildprogramm Cosmas Damians – die Stuckfiguren Egid Quirins erweitern die Bezüge noch auf Kanzel und Altäre – nimmt Einsiedeln nicht nur den Rang einer führenden Marienwallfahrt im göttlichen Heilsplan in Anspruch, sondern auch die Stellung einer Glaubensfestung an der Grenze zur reformierten Schweiz – unabhängig von kirchlicher und weltlicher Bevormundung. (Eine ausführliche Begründung der Zusammenhänge gibt der Verfasser in seiner kurz vor dem Abschluß stehenden Dissertation.)

1 »FRATER CESSA, DIVINITUS CONSECRATA EST« (Bruder halt ein, sie ist von Gott geweiht): Dieses Schriftband des freiplastischen Stuckengels vor dem Gesims oberhalb der Eingangswand überschreibt und benennt das auf der westlichen Galerie dargestellte Ereignis: Der Überlieferung nach wurde auf diese Weise der am 14. September 948 vorgesehenen Kapellenweihe durch den heiligen Bischof Konrad von Konstanz Einhalt geboten. Nicht nur eine thematische Schlüsselfunktion erfüllt der Engel, er gibt gleichzeitig den Hinweis auf die gattungsüberschreitende Verknüpfung von Stuck, Malerei und Architektur im raumkompositorischen Konzept. Durch seine deutende Geste – die linke Hand zeigt auf das Schriftband, die rechte auf das Oktogongewölbe – verbindet er das Verbot der weltlichen mit der Vision der göttlichen Weihe, die sich in den Feldern über der Gnadenkapelle abspielt.

Die schriftliche Vorlage für die Darstellung liefert eine gefälschte Bulle Papst Leos VIII. vom 11. November 961, die zu Anfang des 12. Jahrhunderts angefertigt worden und nur in Abschrift vorhanden ist. Es heißt darin, daß jedermann dem Bann verfalle, der in Zweifel stelle, daß Bischof Konrad bei seiner mitternächtlichen Andacht eine von Engeln vorgenommene Kapellenweihe miterlebt und am folgenden Morgen durch den dreimaligen Zuruf aus der Höhe: »Frater cessa ...« an der vorgesehenen Handlung gehindert worden sei.

Das Wandfresko ist auf illusionistische Raumerweiterung der begehbaren schmalen Westempore hin angelegt. Die Flächen neben dem Mittelfenster sind über einigen vorgetäuschten Stufen zu einem Kuppelsaal mit halbkreisförmigem Grundriß geöffnet, dessen Zentrum von dem breiten, realen Rundbogenfenster eingenommen wird. Zwischen den Stützen der den Illusionsraum begrenzenden Scheinkolonnade haben sich etwa dreißig Personen versammelt, links in der Mehrzahl Adlige, rechts kirchliche Würdenträger sowie Ministranten mit liturgischem Gerät und Paramenten. Am Strahlenkranz erkennt man Bischof Konrad, sichtlich betroffen von der Erscheinung, und neben ihm den seligen Eberhard, ersten Abt des Klosters. Die beiden am inneren Rand der Felder lehnenden Figuren gelten als Asamporträts: mit blonden Haaren Egid Quirin, gegenüber Cosmas Damian Asam. (Vergleiche dazu den Entwurf: Z 24.)

2 *Tempelweihe Salomons:* Die querovale Kuppel über dem Eingangsjoch ist mit der alttestamentarischen Präfiguration einer Kirchweihe ausgemalt. Oberhalb des ädikulagerahmten, reich mit Goldstrahlen geschmückten und gelbverglasten Rundfensters hinter dem Engelsboten ist das rauchende Brandopfer im Tempel wiedergegeben. Vor dem Altar, unter der kassettierten und von Säulen getragenen Scheinkuppel, steht rechts der Hohepriester in orientalischer Kleidung und betrachtet die göttliche Annahme des Opfers mit anbetend erhobenen Händen. Gottes Anwesenheit, bezeichnet durch seinen Namen in hebräischen Buchstaben in einer Rauchwolke, wird durch die biblische Inschrift bezeugt: »IMPLEVIT GLORIA DOMINI DOMUM DOMINI« (Die Herrlichkeit des Herrn erfüllte das Haus des Herrn, 1 Könige 8, 11). Hinter dem Priester kniet König Salomo mit Hofstaat und Ältesten auf einer geschwungenen Treppe, die unter Ausnützung der realen Fenstersituation seitlich zum Ort des Geschehens hinaufführt. Auf den gegenüberliegenden, symmetrisch angelegten Stufen versammelt sich frei nach dem biblischen Bericht (1 Könige 7-8 bzw. 2 Chronik 4-7) das Volk um das große Bronzebecken zum Fest der Tieropfer. Auf den untersten Stufen werden gerade ein Widder und ein Stier geschächtet. Zur Mitte hin, jenseits des linken Ovalfensters, haben sich zwei Jünglinge bei der Bundeslade eingefunden, um der Tötung zuzusehen. Die Lade, als Hort des Allerheiligsten im gotterfüllten Tempel, symbolisiert die Gnadenkapelle in Einsiedeln – so sehen es zeitgenössische Prediger. (Vergleiche dazu den Entwurf: Z 24.)

3 *Maria und die Evangelisten:* Die Ausgestaltung der Engelweihe [**3-6**] entstammt einer Legende Georgs von Gengenbach aus dem 14. Jahrhundert. Demnach sei während der göttlichen Weihe Christus in violettem Gewand vom Himmel herabgestiegen, um am Altar die Messe zu feiern. Zu seiner Begleitung seien die vier Evangelisten sowie die Heiligen Petrus, Stephanus und Laurentius, Augustinus und Ambrosius, Michael als Vorsänger und Gregor erschienen: »Maria virgo ante altare stabat splendida sicut fulgur« (Die Jungfrau Maria stand strahlend wie ein Blitz vor dem Altar).

Des komplizierten Gewölbes wegen sind die Personen des Geschehens auf vier Freskenfelder verteilt, für die der Betrachterstandpunkt jeweils vor einer Kapellenwand mit Blickrichtung nach außen liegt.

Auf eine höhere Ebene transponiert, wird in den Malflächen eine umlaufende Platzanlage suggeriert, die nach innen zu durch mehrfach ausschwingende, illusionistische Brüstungen über vorkragenden Balkonkonstruktionen, nach außen durch vier gleichgestaltete, monumentale Giebelfassaden begrenzt wird. Von allen Seiten kommen Heilige, Engel und Putten, um der Messe Christi am Kapellenaltar beizuwohnen. Die Kapelle selbst wird durch eine gemalte Dachkonstruktion auf der schmalen Quertonne bekrönt, die zwischen die beiden realen Mittelpfeiler eingespannt ist. Für einen Betrachterstandpunkt am äußeren Rand des Oktogons wird sie von einem Wolkengebirge überhöht, auf dem zuoberst Gottvater in einer Engelsgloriole thront [**4**].

Die Niederfahrt Mariens ist in dem Gewölbefeld oberhalb des Kapelleneingangs freskiert. Auf diese Weise wird der Überlieferung Rechnung getragen – Maria soll vor dem Altar stehen – wenn sonst auch die Personenverteilung mit Rücksicht auf die Wölbungsverhältnisse vom Text abweicht.

Von einem Engelsreigen umgeben, durch hinterfangende Strahlen, Sternenkranz, Krone und Zepter gleichzeitig als Immakulata und Himmelskönigin gekennzeichnet, schwebt Maria auf den Händen einiger Engel aus der Höhe herab. Sie wird begleitet von den vier Evangelisten, die zu je zweien – rechts unterhalb, etwas näher bei ihr, Johannes und Matthäus sowie links, schon über der Brüstung, Lukas und Markus – mit ihren Symbolen auf Wolken sitzen. Ihre Kleidung reicht vom antikischen Umhang bei Johannes über weite orientalische Gewänder bei Lukas bis zum geistlichen Ornat bei Markus. Dieser betet mit hocherhobenen Armen zur Madonna, während Lukas eine Bildnistafel zwischen die Hörner seines Stieres stellt. Die anderen beiden haben ihre Evangelien zur Hand: der schreibende Johannes als Rolle, Matthäus als aufgeschlagenes Buch. Zwei Engel haben sichtlich Mühe, den Menschen vor dessen Füßen zu tragen. Zum Zeichen des freudenreichen Ereignisses schüttet ein Engel Früchte aus einem großen Korb über die Brüstung, einige weitere streuen Lilien und andere Blumen von einer aus dem Bildfeld an der inneren Gewölbewange hinausreichenden Stuckwolke herab.

4 *Christus kommt zur Feier der Heiligen Messe:* Mit großem Engelsgefolge schwebt Christus vor einem weiten, von Engeln und Putten entfalteten Vorhang auf die Erde. Ohne die Bildmitte einzunehmen, wird er durch Strahlenglanz und Puttenreigen hinter seinem Haupt und seine ungefähr im Kreis um ihn angeordneten Begleiter dennoch der Mittelpunkt der Darstellung. Bekleidet mit Albe und Stola (Neuschöpfung von 1910), ist er auf dem Weg zur Papstmesse. Dies wird deutlich an den Gewändern und Gerätschaften, die Ministranten bereithalten: Kasel, Dalmatika, Tiara, einfaches und dreifaches Vortragekreuz, Kerzenleuchter und Waschutensilien. Auf einer rahmenübergreifenden Wolke gleiten von rechts zwei große Engel herein mit

F xiv, 2

Hostiengefäß und Weihrauchfaß. In der anderen Ecke haben sich menschliche Musikanten hinter der Balustrade versammelt. Ein Lautenspieler sitzt darauf und läßt die nackten Beine baumeln. Einen kompositorischen Gegenpol (Standpunktwechsel) bildet der segnende Gottvater in einer Puttengloriole auf der inneren Wange des Freskofeldes. Die Taube des Heiligen Geistes in der Laibung der kleinen Längstonne oberhalb des Kapellenchores vervollständigt die Dreifaltigkeit.

5 *Die Heiligen Petrus, Laurentius und Stephanus:* Kenntlich an Schlüsseln, Gitterrost und Steinen, in der Höhe und von der gegenüberliegenden Bildseite mit Palmzweigen zum Zeichen ihres Martyriums begrüßt, ziehen die drei auf einer Wolkenbank vor der Giebelfront vorbei. Sie sind als Diakone gekleidet, um der Legende gemäß ihr Amt zu versehen: »Juxta Dominum sanctus Petrus in manu tenens baculum pastoralem, ... sanctus Stephanus legit epistolam, beatus Laurentius evangelium« (Neben dem Herrn hält Sankt Petrus den Hirtenstab in der Hand, Sankt Stephanus liest die Epistel, der Heilige Laurentius das Evangelium). Einige Engel tragen diese Dinge, andere schleppen von oben die Kathedra, Waschgefäße und Musikinstrumente herbei. Links im Vordergrund werden nach alter römischer Liturgie die Fanfaren zur Eröffnung der Papstmesse geblasen.

»Sanctus Michael praecantor erat« (Sankt Michael war der Vorsänger) – diese Episode ist auf einer langen Wolke dargestellt, die bis zum Christusfresko hinüberreicht. Mit raumgreifender Geste schwebt der Erzengel vor himmlischem Chor, Orchester und einem großen Harfenisten auf den Erlöser zu.

6 *Die Heiligen Ambrosius und Augustinus:* Das vierte Gewölbefeld im Oktogon zeigt zwei der vier Kirchenväter. Mit ängstlicher Miene wird Ambrosius der Bienenkorb, sein Attribut, nachgetragen, während er, etwas unsicher mit der Kerze leuchtend, von Engeln aus nächtlichen Himmelshöhen heruntergehoben wird. In Anspielung auf seine Förderung der Kirchenmusik singen auf dem Balkon unter ihm menschliche Musikanten aus einem übergroßen Notenbuch, begleitet von Gambe und Violine. Zwei Jünglinge schleppen Kerzen. Aus der anderen Richtung, gestützt von drei Engeln, kommt Augustinus, im Gegensatz zu seinem Lehrer ohne Mitra, aber mit einem flammenden Herzen in der Hand. Als dritter lateinischer Kirchenvater (Hieronymus taucht nicht auf) schwebt Sankt Gregor auf einer Stuckwolke vom Marienfresko herbei und versprengt Weihwasser aus der Schüssel, die ihm ein Engelchen reicht. Bei Papst Gregor fällt besonders auf, daß sein Wolkengefährt das Stuckmedaillon der ›Spes‹ derart überschneidet, daß deren Kopf verborgen wird. Die anderen Personifikationen in den Stuckmedaillons der Diagonalfelder (nordwestlich: ›Caritas‹, südöstlich: ›Fides‹, nordöstlich: ›Religio‹) sind kaum verdeckt.

7 *Abendmahlskuppel:* Die flache Außenkreiskuppel des Predigtraums ist illusionistisch als ein zweites Geschoß des Realraumes ausgestaltet, das mit einer durchfensterten, golden kassettierten Scheinkuppel über einem Innenkreis eingewölbt ist. Die oberhalb der schräggestellten wirklichen Pfeiler ansetzenden Stützelemente im Bild stehen westlich auf einer hohen Piedestalzone, östlich auf dem Boden, dessen Niveau etwas über die anderen Abseiten erhöht ist. Aus den tief in die Zwickelzone zwischen die Scheid-

ganz privat, intim, in völlig anderer Weise als im gleichzeitigen Mannheimer Treppenhausfresko Asams.

2 Endymion-Zimmer

RAUM UND AUFTRAG: Neben seinem Fresko im Salet schuf Asam ein weiteres Deckenbild im Endymion-Zimmer, einem zweigeschossigen Raum im nordöstlichen der beiden um 1607 errichteten Turmerker des spätmittelalterlichen Altbaus von Schloß Alteglofsheim. Archivalische Nachrichten, die sicheren Aufschluß über den Maler und Zeitpunkt der Entstehung des Freskos *Endymion und Selene* geben könnten, existieren nicht, so daß die Zuschreibung auf stilkritischem Wege geschehen muß. Das Fresko wurde erstmals von Felix Mader Cosmas Damian Asam zugeschrieben, während Leopold D. Ettlinger eher die Beteiligung von dessen Werkstatt vermutete. Daß dieses qualitativ hervorragende Bild der Forschung bislang verborgen blieb, hängt mit dem Umstand zusammen, daß der Raum über viele Jahre ein unzugängliches Hinterzimmer einer Mietswohnung war.

FRESKENPROGRAMM
Aus dem hellen Licht einer sich konzentrisch zum Bildrund spannenden Mondsichel senkt sich die »vor Liebe schier von Sinnen gekommene« Mondgöttin Selene auf einer Wolke auf ihrer Bahn vom nachtblauen Himmel auf den Berg Latmos in Karien. Dort liegt zu ihren Füßen und im Widerschein des Mondes der schlummernde Jäger Endymion auf einem über den Fels gebreiteten roten Mantel. Schoß und Oberschenkel der ansonsten nackten Göttin werden von einem blauen Mantel bedeckt. Mit einer preziösen Gebärde der erhobenen Linken lüftet Selene den Schleier, ihre gesenkte Rechte nähert sich sanft dem Haupte des Schläfers. Pfeil, Bogen, Speer hat er abgelegt, seine hingeduckten Jagdhunde beobachten die Epiphanie der Göttin, die, von Eroten begleitet, den ihr als Schönsten aller Sterblichen erscheinenden Geliebten besucht. Tiefe Stille hat sich über die Szene gebreitet, es ist Eros selbst, der den Finger an den Mund legt und Schweigen gebietet.

Ein Vergleich dieses Bildes, in dem der Maler wohl eine literarische Vorlage des antiken Schriftstellers Lukian (›Göttergespräche‹, 11) verarbeitete, mit dem Deckenfresko im Salet offenbart so weitgehende Übereinstimmungen in Stil, Farbe und Lichtführung, daß an einer Autorschaft Asams und der Datierung auf 1730 kaum gezweifelt werden kann.

In der Selene wiederholt Asam die Venus seines Schleißheimer Treppenhausfreskos. Charakteristisch ist auch das Kolorit: Er vermeidet reine Buntfarben, bricht sie in zahlreichen Abstufungen und bindet sie in die Farbigkeit der Gesamtfläche ein. Schließlich verweist auch die Behandlung des Bildlichtes auf Asam. Mehr noch als im Deckenbild des Salets, das den Morgen zum Thema hat – innerhalb dessen das natürliche Licht zugunsten der Leuchtkraft des künstlichen, gemalten Lichtes reduziert und zur Hilfe genommen wird, um die Wirkung des aus sich selbst leuchtenden Bildes zur Geltung kommen zu lassen – kann der Maler beim Thema ›Nacht‹ auf das Tageslicht in seiner unmittelbaren Erscheinung verzichten. Die Lichtquelle, von der alle Teile der Darstellung leben, ist der Mond, dessen sanftes Licht von schräg oben kommt. Seine Leuchtkraft erfährt durch die äußere, dunkle Farbzone eine wesentliche Steigerung ihrer Intensität. Andererseits wird durch diese Isolierung der Einfluß des natürlichen Lichtes weitgehend reduziert, es ist an der unmittelbaren Lichtwirkung nicht beteiligt. Der Eindruck des selbstleuchtenden Bildes ist in ähnlich vollkommener Weise erreicht wie im Deckengemälde des Salets.

LITERATUR: Gottfried Stieve, *Europäisches Hof-Ceremoniel,* Leipzig [2]1723. – KDM Opf. XXI, 1910, 21 f. – Feulner 1923, 89 f. – Hanfstaengl 1939, 100 – Leopold D. Ettlinger, Stichwort »Endymion«, in: *Reallexikon zur deutschen Kunstgeschichte,* V., 331 (zum Selene- und Endymion-Fresko) – Rupprecht 1980, 154-157 – Peter Morsbach, *Schloß Alteglofsheim bei Regensburg. Geschichte und Gestalt eines altbayerischen Adelssitzes,* Dissertation Bamberg, in Vorbereitung

P.M.

F XIX
OSTERHOFEN
1731-1732

(Grundriß; 3 Abb.; Tafeln 67-72; Abb. 5, Seite 95)

Osterhofen-Altenmarkt, ehemalige Prämonstratenserkloster-, dann Damenstifts-, heute Pfarrkirche Sankt Margarethe; Bistum Passau; Regierungsbezirk Niederbayern, Landkreis Deggendorf.

PATROZINIUM: Sankt Margarethe von Pisidien

BAU UND AUFTRAG: Nach einem Brand 1701 war der Vorgängerbau der heutigen Barockkirche stark beschädigt. 1726 machte der Einsturz des Gewölbes einen Neubau notwendig, der nach den Plänen des Münchner Baumeisters Johann Michael Fischer (1692-1766) unter Abt Josef Mari (1717-1727) begonnen und unter Abt Paulus Wieninger (1727-1764) im Rohbau vollendet wurde. Der längsgestreckte Hauptraum wird von drei Seitenkapellen mit vorschwingenden Emporen rhythmisiert. Im Westen und Osten folgt auf die Ovalkapellen je ein Joch mit logenartigen Oratorien. Der eingezogene dreijochige Chorraum ist tonnengewölbt und schließt mit einer Apsis über 3/8-Schluß.

Für die Ausstattung verpflichtete Abt Wieninger die Brüder Asam. Das Chronogramm in der Inschrift am Fresko vor dem Chorbogen [4] bezeichnet das Jahr 1731. Bis zu diesem Zeitpunkt wird Cosmas Damian die Fresken im Hauptraum fertiggestellt haben. 1732 arbeitete er vermutlich nur noch am Chorfresko und malte zugleich am Hochaltarbild [G 24]. 1735 fertigte Egid Quirin, der die Stuckierung und Altaraufbauten schuf, noch den Altar auf der rechten Langhausseite. Die feierliche Weihe der Kirche erfolgte am 25. September 1740 durch den Passauer Weihbischof Anton Josef Graf von Lamberg.

Zwischen 1879 und 1883 sind die Fresken restauriert worden. Übermalungen, die man dabei partiell vorgenommen hatte, wurden bei neuerlichen Restaurierungen 1966/67 und 1973 bis 1976 entfernt. Die Fresken wurden gereinigt und Risse ausgebessert. Vermutlich arbeiteten bei den Fresken an den Kapellen- und Emporendecken [**6-17**] Gehilfen aus der Werkstatt mit.

FRESKENPROGRAMM
Das Fresko unter der Orgelempore mit der *Tempelreinigung* [**1**] und das Deckenstück im westlichen Läuthausgewölbe mit dem *Pharisäer und Zöllner* [18] sind dem Eintretenden als Mahnung zugedacht.

Die folgenden Fresken im Langhaus und Chor schildern *Szenen aus dem Leben des Heiligen Norbert* bis zu seinem Tod.

Der Zyklus beginnt im Nordwesten des Hauptfreskos [**3**] mit der Bekehrungsszene – räumlich in direkter Nachbarschaft zu der *Tempelreinigung,* mit dem es auch inhaltlich verbunden werden kann. Entlang der Nordseite in Richtung Chor fortschreitend vollzieht der Betrachter die einzelnen Stationen im Leben Norberts nach. Der *Ordensgründung* ist dabei besonderes Gewicht beigemessen. Die ›offizielle‹ Bestätigung durch den Papst wird an der östlichen Breitseite dargestellt. Mit Nachdruck wird der historische Akt durch den Chronisten betont. Im Chorfresko [**5**] ist es nicht mehr der irdische Stellvertreter Gottes, vor dem Norbert steht, sondern Maria, die ihm als Himmelskönigin das Skapulier reicht, während der Kirchenvater Augustinus die Regeln vorweist.

Beide Szenen – die *Bestätigung durch den Papst* und die *Skapulier- und Regelreichung* – umschließen die *Weihnachtsdarstellung mit der Profeß des Heiligen Norbert* [**4**]. In umgekehrter Richtung – nach Westen – schließen sich in chronologischer Folge weitere Ereignisse aus dem Leben Nor-

Osterhofen

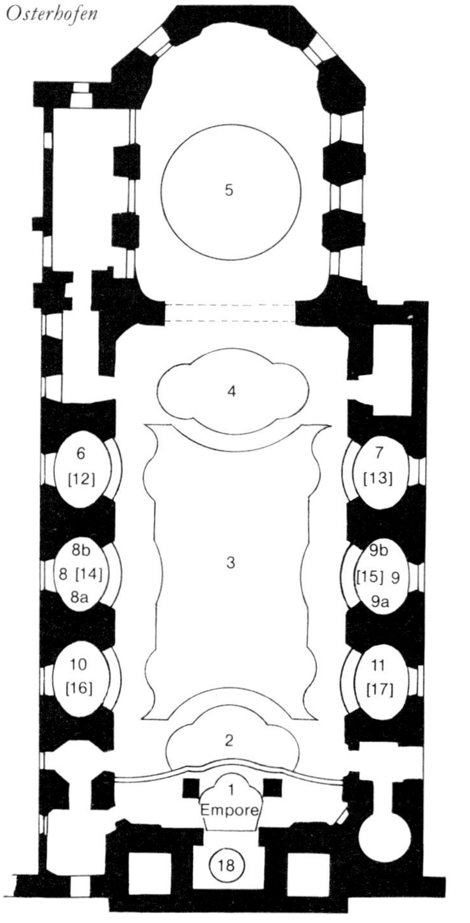

berts im Hauptfresko [3] an: *Der Sturz des Irrlehrers Tanchelin, 1124,* und *Die Beratertätigkeit Norberts für Kaiser Lothar II., 1133.* Den *Tod des Heiligen,* ein Jahr später, gibt schließlich das Fresko im Eingangsjoch direkt räumlich daran anschließend wieder [2].

Das Fresko im Eingangsjoch [2] und jenes im Chor [5] nehmen im Verweis auf die Bedeutung Marias für die Prämonstratenser aufeinander Bezug und verklammern so noch einmal die Bilder der Hauptachse.

Maria als Ordenspatronin ist auch der Zyklus von sechs Bildern an den Emporendecken gewidmet [6-11]. Sie zeigen sechs *Freudenreiche Szenen* aus dem Leben der Gottesmutter. Ihnen sind darunter, an den Gewölben der Seitenkapellen, sechs Szenen aus der *Passion Christi* gegenübergestellt [12-17].

1 *Tempelreinigung:* Wie im Evangelium beschrieben vertreibt Christus mit einem zur Geißel gebundenen Strick die Händler und Geldwechsler aus dem Tempel. Tische mit Geldsäkken und Goldstücken stürzen um. Spielkarten fallen zu Boden. Eine Mutter reißt ihr Kind schützend zur Seite. Tauben fliegen verschreckt hoch und Schafe laufen zwischen den Beinen der entsetzt fliehenden Händler. Aus der Ferne beobachten die Apostel das Geschehen. Hinter Christus an der Wand über dem vergitterten Tempelfenster ist Moses mit den Gesetzestafeln gemalt.

2 *Tod und Verklärung des Heiligen Norbert:* Der Heilige Norbert liegt in Pontifikalkleidung aufgebahrt auf einem Paradebett. Am 6. Juni 1134 war der Heilige in Magdeburg gestorben, wo er 1126 Erzbischof geworden war.

An das Lager des Toten drängen sich aus dem Hintergrund Hilfesuchende, die sich von der Berührung mit dem Körper Norberts wohl Heilung ihrer Leiden erhoffen. Vor dem Paradebett stehen einige Prämonstratensermönche, deren Orden Norbert begründete. Ihr Blick ist nach oben gerichtet, wo der verklärte Körper Norberts mit dem Ölzweig in der Hand im hellsten Schein zum Himmel emporschwebt.

Dem aufgebahrten Ordensstifter gegenüber steht Bernhard von Clairvaux in Abtskleidung. Der große Ordensheilige der Zisterzienser hatte Norbert aufgefordert, seine Tätigkeit als Wanderprediger gegen die Ketzerbewegung aufzugeben und einen Orden zu stiften. Auch Bernhards Blick ist auf den Entschwebenden gerichtet, dem Engel eine Lilie – Symbol der Reinheit Marias – entgegentragen. In seiner Mystik hatte Bernhard zur Vermenschlichung Marias beigetragen. Die Gottesmutter genießt auch bei den Prämonstratensern besondere Verehrung. Ihre unbefleckte Empfängnis wollen die Norbertiner durch ihr weißes Gewand deutlich machen.

Unter den Klängen eines Engelkonzertes nähert sich die strahlende Gestalt Norberts dem Thron, den ein Engel für ihn in der höchsten Wolkenregion bereithält.

3 *Szenen aus dem Leben des Heiligen Norbert:* In fortlaufender Folge werden im Hauptfresko verschiedene Ereignisse aus dem Leben des Heiligen Norbert geschildert, wobei die Hauptszenen jeweils über der Mitte der Längs- und Breitseiten angeordnet sind. Das Geschehen spielt

F XIX

sich vor einer Architekturkulisse mit Treppenläufen und Mittelpodesten ab, die sich über einem schweren, über Säulenstellungen verkröpften Abschlußgesims in eine lichte Himmelsregion öffnet.

In dem nahezu quadratischen Himmelsausschnitt ist – getrennt von den historischen Ereignissen darunter – die verklärte Gestalt Norberts mit der Monstranz zu sehen. Den Heiligen umgeben Personifikationen der drei göttlichen Tugenden, nach denen Norbert gelebt hat. Der ›Glaube‹ trägt das Patriarchalkreuz, die ›Liebe‹ ein Herz und die ›Hoffnung‹ einen Ölzweig – wohl als Hinweis auf die Erlösungstat Christi.

Darunter beginnt im Nordwesten die szenische Darstellung vor der Architektur in chronologischer Abfolge mit der Bekehrung des jungen Norbert. Der adlige Stiftsherr kam der Legende nach in ein Gewitter, das ihn zu völliger Lebensänderung bringt. Im Fresko stürzt Norbert als zweiter Paulus von einem Blitzstrahl getroffen vom Pferd. Ein Engel hat den Strahl mit der Aufschrift: »NORBERTE QUO VADIS?« (Norbert, wohin gehst du?) aus den Wolken über dem Architekturrahmen entsandt. Geblendet steht ein Begleiter neben dem Gestürzten.

Im Zentrum der nördlichen Längsseite erscheint Norbert als Prediger vor dem Volk auf einem erhöhten vorschwingenden Podest neben einem großen Kruzifix. Das Haupt des Gekreuzigten erstrahlt in überirdischem Glanz und eine Inschrift geht von hier aus, die an Norbert gerichtet ist: »HIC AEDIFICA.« (An dieser Stelle baue!). Dort, wo der Strahl den Boden trifft, steht eine muschelförmige Schale voller Goldstücke, darunter – vor dem Podest – eine Mörtelkiste mit Kelle und Werkzeug – offenbar bereits Geld und Baumaterial für das geplante Kloster. Belehrend hat Norbert auf dem Podest den Arm gehoben. Sein Blick gilt dem Kreuz, während er mit der anderen Hand Almosen an Bedürftige spendet, die sich um ihn versammelt haben: Frauen mit Kindern, Kranke und Besessene. Von der anderen Seite strömen Pilger, einfache Bürger und Edelleute herbei. Die Gruppe trifft aus dem Himmel ein Strahl mit den Worten: »SOCIETAS NORBERTI«, der sie als künftige Anhänger Norberts ausweist.

Über der östlichen Breitseite thront hoch auf einem Podest unter einem Baldachin Papst Honorius II. in vollem Ornat. Er hält ein Schriftstück mit den Ordensregeln des Heiligen Norbert in der Hand, das er mit dem päpstlichen Siegel bestätigt hat. Segnend streckt das Kirchenoberhaupt die Hand aus, um Norbert, der vor ihm kniet, zu segnen. Norbert und seine drei Begleiter sind bereits im weißen Gewand der Prämonstratenser. Zwei Kardinäle beobachten die Szene, während ein Chronist in respektvoller Entfernung vor dem Podest das historische Ereignis in sein Buch einträgt. Neben dem Schreiber erscheinen die päpstlichen Insignien. Schweizer Gardisten, ein Wallfahrer und ein orientalisch gekleideter Mann schließen die Szene seitlich als Beobachter ab.

In der Mitte der südlichen Längsseite ist Norbert in einer feierlichen Prozession als Bekämpfer des Häretikers Tanchelin dargestellt. Norbert war 1124 nach Antwerpen berufen worden, um die Lehre vom Altarsakrament gegen den Häretiker zu verteidigen. Im Fresko ist der Heilige mit der Monstranz und einem Ölzweig in Händen unter einem Baldachin zu sehen, den vier Geistliche über ihn halten. Norbert hat sich ganz dem Betrachter im Kirchenraum zugewandt. Mit einem Fuß steht der Heilige auf einem aufgeschlagenen Buch, das vor ihm auf dem Boden liegt. Auf der obersten Seite ist zu lesen: »TANCHELIN / HAERESIS«. Überwunden stürzt der Häretiker mit dem Kelch in Händen in die Tiefe. Im Fall reißt er ein zweites Buch mit, in dem das Wort »SACRAM[ENTUM]« geschrieben steht. Schlangen winden sich, von Blitzen getroffen, neben Tanchelin.

Über der Breitseite im Westen ist schließlich der Heilige Norbert als Berater von Kaiser Lothar II. zu sehen. 1133 führte Lothar Papst Innozenz II. als Gegenpapst zu Anaklet II. nach Rom zurück und wurde von ihm zum Kaiser gekrönt.

Geschickt verknüpft Asam die Szene mit einem früheren Ereignis aus dem Leben Norberts. Danach bat der jugendliche Norbert nach seiner Bekehrung, die direkt daneben dargestellt ist, 1118 Papst Gelasius II. um die Vollmacht, predigen zu dürfen. Rechts ist der junge Adlige mit gebeugtem Knie vor dem Papst zu sehen, der ihn segnet.

4 *Geburt Christi und Profeß des Heiligen Norbert:* Engel raffen einen Vorhang zur Seite, um den Blick auf einen tonnengewölbten Innenraum freizugeben, in dem die Geburt Christi dargestellt ist. An den Stall von Bethlehem erinnert nur die einfache Kiste mit Stroh, neben der Maria mit dem neugeborenen Kind im Arm steht. Andächtig blickt Josef auf Mutter und Kind. Engel musizieren zu Ehren des Heilands. Ein Lamm auf den Stufen, die zu Maria und Josef emporführen, erinnert an das künftige Leiden. Statt der Hirten hat sich neben dem Lamm auf den Stufen der Heilige Norbert in der Tracht der Prämonstratenser mit zwei Begleitern niedergelassen. Birett und Hirtenstab hat er abgelegt. In der linken Hand hält er den Ölzweig, mit der Rechten weist er auf ein aufgeschlagenes Buch vor sich, in dem die Worte stehen: »VOTA MEA / Psal. [185?]« (Meine Gelübde; die Psalmstelle ist kaum lesbar und

F XIX, 2

dürfte wohl bei einer der Restaurierungen verderbt worden sein; die Worte »meine Gelübde« kommen in den Psalmen nur an den Stellen 61, 1 und 61, 9 vor). Ein Lichtstrahl geht von dem Christuskind aus und trifft den Heiligen Norbert an der Brust. Das Fresko erinnert in der Verknüpfung der beiden Szenen an die Profeß des Heiligen Norbert am Weihnachtstag.

Das Spruchband, das ein Putto unten durch das Fresko zieht, bezieht sich auf den Lobgesang der Engel »GLORIA IN EXCELSIS DEO ET IN TERRA PAX HOMINIBUS« (Ehre sei Gott in der Höhe und Frieden den Menschen auf Erden). Die Worte sind chronographisch geschrieben und ergeben die Jahreszahl 1731.

5 *Der Heilige Norbert vor Maria und dem Heiligen Augustinus:* In einer illusionistischen Kuppelarchitektur mit Laterne kniet Norbert in violettem Talar und weißem Chorrock vor Maria und Augustinus. Die beiden haben – begleitet von Engeln – auf Wolken Platz genommen, die über dem verkröpften Gesims in den Raum gedrungen sind. Aus der Hand der Gottesmutter, die über dem Ordensstifter als Apokalyptisches Weib mit dem Kind Platz genommen hat, empfängt Norbert das weiße Skapulier der Prämonstratenser. Ein Engel reicht Maria als Himmelskönigin die Krone herab und verweist zugleich mit der Lilie auf die unbefleckte Empfängnis, einen Punkt besonderer Verehrung bei den Norbertinern (vgl. **2**).

Der Heilige Augustinus in Pontifikalkleidung und mit seinem Attribut, dem flammenden Herzen, das von einem Pfeil durchbohrt ist, präsentiert Norbert das aufgeschlagene Regelbuch. Darin stehen die Worte vom Anfang der Regel: (Cap. 1, 1) »ANTE / OMNIA / FRATRES / CHAR[ISSI]M̃I« (Vor allen Dingen, geliebte Brüder, sollt ihr Gott lieben).

Das Leben nach dem Vorbild der Apostel war grundgelegt in den Regeln des Heiligen Augustinus und zugleich ein Hauptanliegen der Prämonstratenser.

Über dem Gesims in der Kuppel sind Grisaille-Malereien zu sehen, die Szenen aus dem Leben des Heiligen Johannes des Täufers vorstellen: Der *Johannesknabe mit Lamm* ist in einem Medaillon rechts, der *Predigende Johannes* darunter zu erkennen. Gegenüber wird die *Taufe Christi im Jordan* geschildert, das Medaillon darüber zeigt die *Taube des Heiligen Geistes*.

Johannes war nach Maria und Augustinus der dritte Ordenspatron der Prämonstratenser.

6-11 Sechs Szenen aus dem *Marienleben* an den Emporendecken:

6 *Verkündigung Mariä:* Über einigen Stufen sitzt Maria auf einer einfachen Bank. Von links nähert sich der Engel der Verkündigung mit der Lilie in der Hand der Gottesmutter. Darüber tauchen Gottvater und die Taube des Heiligen Geistes auf.

7 *Anbetung der Könige:* Maria thront mit dem neugeborenen Kind auf dem Schoß in der Bildmitte vor einer Säule, die zur einen Seite eine triumphbogenartige Architektur trägt und zur anderen Seite eine einfache Balkenverspannung stützt. Hinter Maria kniet Josef. Neben ihm steht einer der Heiligen Drei Könige. Die beiden anderen beugen vor dem künftigen Retter der Welt ihr Knie und küssen dem Heiland die Füße. Aus dem Himmel entzündet ein Strahl den Glorienschein um das Haupt des Kindes.

8 *Pfingsten:* Über einigen Stufen steht an höchster Stelle Maria mit zwei Gefährtinnen unter den Aposteln. Die Taube des Heiligen Geistes schwebt über den Versammelten und feurige Zungen senken sich herab.

8a-b Grisaille-Medaillons

8a *Evangelist Matthäus* mit dem Engel an der Seite.

8b *Evangelist Lukas* mit einem Marienbild in der Hand.

9 *Christus erscheint seiner Mutter als Auferstandener:* In den allerersten Stunden des Ostersonntags erscheint der auferstandene Gottessohn seiner Mutter.

Überrascht wendet sich Maria auf der Gebetbank von dem Buch ab, das Putten ihr halten. Von links schreitet Christus auf Wolken seiner Mutter entgegen. In der Hand hält er die Kreuzesfahne.

9a-b Grisaille-Medaillons
9a *Evangelist Markus* mit dem Löwen.
9b *Evangelist Johannes* mit Giftkelch und Adler.

10 *Himmelfahrt Christi:* Auf einer Erdkugel kniet an zentraler Stelle Maria. Ihre Hände sind zum Gebet gefaltet, ihr Blick geht nach oben. Dort entschwindet die Gestalt Christi, von dem nur noch ein Stück des Gewandes und die Füße sichtbar sind. Engel begleiten den Gottessohn zum Himmel. In einiger Entfernung hinter Maria sind die Apostel sichtbar, die die Himmelfahrt Christi erstaunt und ehrfurchtsvoll beobachten.

11 *Krönung Mariä:* Vor dem großen Dreiecksnimbus der Dreifaltigkeit, in dem die Taube des Heiligen Geistes schwebt, erscheint Maria zwischen Christus und Gottvater. Christus, mit einer Lilie in der linken Hand, senkt mit der Rechten einen Kranz aus diesen Blumen auf das Haupt Marias. Ein Engel läßt indessen einen Kranz aus dornigen Rosen fallen. Gottvater hinter der Weltkugel hält für die Himmelskönigin, die einen Fuß auf die Mondsichel gesetzt hat, die Krone bereit.

12-17 Zyklus von sechs *Passionsszenen* an den Wölbungen der Seitenkapellen:

12 *Abendmahl:* Um einen Tisch haben sich die Apostel versammelt. In ihrer Mitte sitzt Jesus mit seinem Lieblingsjünger Johannes an der Seite. Aus einer Schale reicht er Judas, der sich vorgebeugt hat, ein Stück Brot. Unter dem Tisch versteckt hält der Verräter den Beutel mit den dreißig Silberlingen, für die er Jesus an seine Verfolger ausliefern wird. Ein Affe, Symbol des Bösen, taucht unter dem Sitz des Judas auf und berührt den Beutel.

F xix, 14

13 *Christus am Ölberg:* Wie in der Bibel beschrieben, kniet Christus am Ölberg. Der Schweiß im Angesicht rinnt wie Blut zu Boden. Tränenüberströmt blickt er auf den Engel, der ihm den Kelch des Leidens reicht. Mit der Linken deutet Christus auf die Schlange neben sich, die den Apfel der Versuchung im Maul trägt. Hinter Christus liegen die Jünger in tiefem Schlaf. Aus der Ferne ziehen die Knechte des Hohenpriesters Jesus entgegen, um ihn gefangenzunehmen.

14 *Geißelung:* In der Mitte der Komposition steht Christus mit entblößtem Körper zwischen seinen Peinigern. Ruhig blickt er einem Knecht entgegen, der eine Schlange gegen ihn schleudert, während ein Engel das Blut Christi in einer Schale auffängt.

15 *Dornenkrönung:* In einem nächtlich dunklen Raum sitzt Christus, von Leid gezeichnet und in Ketten gelegt, auf einer Mauer. Ein Knecht hat ihm die Dornenkrone aufgesetzt, während zwei Helfer die Szene beim Schein einer Öllampe beobachten.

16 *Kreuztragung:* Schwer trägt Christus an seinem Kreuz auf dem Weg nach Golgotha. Ein Henkersknecht zerrt ihn an einem Strick voran, Reiter mit Lanzen, Fahne und Leiter folgen dem Zug. Neben Christus kniet die Heilige Veronika mit dem Schweißtuch, in dem sich das dornengekrönte Haupt Christi abzeichnet. Hinter Veronika werden Maria und Johannes am Bildrand sichtbar.

17 *Kreuzestod:* Die Mitte des Bildes nimmt das Kreuz Christi ein. Mit brechendem Auge blickt Jesus gen Himmel, der sich rot verfärbt hat. Neben dem Kreuz stehen Maria mit dem Schwert in der Brust und Johannes.

18 *Pharisäer und Zöllner:* Nach dem Gleichnis aus dem Lukas-Evangelium (Lukas 18, 13) zeigt das Fresko in rundem Rahmen Pharisäer und Zöllner im Innenraum des Tempels, den Asam in gotisierenden Formen vorstellt. Zwölf Stufen führen zu der Altarmensa mit der Bundeslade empor. Durch ein Spitzbogenfenster mit Maßwerk fällt Licht in den Raum. Vor der Bundeslade kniet ein Jude mit roter Mütze – der Pharisäer. Weit davon entfernt steht der Zöllner. In demütiger Haltung blickt er zu Boden. Mit der Hand schlägt er sich an die Brust und scheint die Worte des Evangeliums »Gott sei mir Sünder gnädig« zu wiederholen. In der Figur wird allgemein ein Selbstporträt Asams gesehen. Daneben, an der Säule, ist seine volle Signatur angebracht: »Cosmas / Damian / Asam.«

LITERATUR: Halm 1896, 5, 43-44 – KDM Niederbayern XIV 1926, 71ff. – Heuwieser 1938 – Hanfstaengl 1939, 106-110, Tafeln 32-33 – Kleynot 1947, 325-327 mit Abb. – Tintelnot 1951, 62 – Heuwieser 1954, 97-111 – Hanfstaengl 1955, 42-45, Abb. 38-48 – Rupprecht 1959, 9 – Hitchcock 1968, 63-68, Abb. 57-59 – Heuwieser ⁵1969 – Lieb ⁴1976, 59, 153, Abb. 41, 46-51, 55 – Stadlthanner 1983 – Penzlin 1983, 164-173, 287-288, Abb. 44-45 – Trottmann 1986, 94-95.

F xx
ETTLINGEN
1732-1733

(Grundriß; 1 Abb.; Tafel 73)

Ehemalige Schloßkapelle, seit 1954 Konzertsaal (›Asamsaal‹); Bundesland Baden-Württemberg, Regierungsbezirk Nordbaden, Kreis Karlsruhe.

PATROZINIUM: Sankt Johannes Nepomuk.

BAU UND AUFTRAG: Die Markgräfin Sibylla Augusta von Baden, Witwe des Markgrafen Ludwig Wilhelm, des berühmten ›Türkenlouis‹, ließ sich nach zwanzigjähriger Regentschaft (1707-1727) in ihren Alterssitz Schloß Ettlingen eine Kapelle einbauen. Da sie aus böhmischem Hause stammte, lag die Wahl des 1729 kanonisierten Johann Nepomuk zum Patron nahe. Unter der Bedingung, sie öffentlich auszustellen, erhielt sie aus Prag auch eine Reliquie des Heiligen.

Nach Entwürfen des Hofbaumeisters Michael Ludwig Rohrer wurde der Bau 1729 bis 1733 ausgeführt. Am 10. Juli 1732 unterzeichnete Cosmas Damian Asam den Vertrag über die Ausmalung (im Wortlaut erhalten) und quittierte bereits am 28. September des Jahres den vollen Empfang der ausgehandelten 4000 Gulden. Vier Tage vor dem Tod der Markgräfin konnte Kardinal Damian Hugo von Schönborn – selbst Auftraggeber Asams in Bruchsal – am 6. Juli 1733 die Kapelle benedizieren.

Über längsrechteckigem Grundriß erhebt sich der Bau in dreigeschossiger Wandeinteilung, die durch doppelstöckig in die Ecken eingestellte Emporen markiert ist. Längs- und Schmalseiten sind in der Mitte ausgebuchtet, um die drei Altäre und an der (nördlichen) Eingangswand die Orgel oberhalb des Portals aufzunehmen. Die zur Mitte des Raumes hin konkav gerundete Front der Einbauten leitet zur flachen Ovalkuppel über, die vollständig nach Asams Angaben – wie im Vertrag beschrieben – in den Plafond eingesetzt ist. Die Freskomalerei erstreckt sich über Kuppel, die verbleibenden Eckzwickel der Decke und die Rückwände des obersten Oratoriengeschosses sowie Nischen und rahmende Wandabschnitte hinter Altären und Orgel.

ZUSTAND: Der beabsichtigte Hauptstandpunkt für den Betrachter kann nicht mehr eingenommen werden, da von den beiden Zwischenböden, die man 1882 einzog, um die Räumlichkeiten als Lager- und Exerzierhallen zu nutzen, der untere bei der Restaurierung 1927 bis 1929 beibehalten wurde. Auch als der Raum 1954 als Konzertsaal eingerichtet wurde, blieb der untere Boden oberhalb des ursprünglichen Eingangs bestehen. Die verbleibende Empore, nunmehr auf Stützen, die mit Kapitellen von Karl Albiker versehen sind, läuft ohne Unterbrechung über Längs- und Seitenwände durch.

Bei den mit Unterbrechungen von 1963 bis 1975 andauernden Restaurierungsarbeiten wurden der dunkle, verharzte Leinölfirnis entfernt, schadhafte Stellen ausgebessert und das für fiskalische Zwecke im 19. Jahrhundert abgekratzte Blattgold an der Kuppelrahmung wieder aufgelegt. Der helle, rötlich-tonige Farbeindruck gilt als Asamisch. Einige Wandfresken waren nahezu völlig zerstört [**17**, **18** und **20**]. Die im

19. Jahrhundert entfernten Seitenaltäre fielen 1944 dem Krieg zum Opfer, der Hauptaltar befindet sich im nahen Ettlingenweier.

FRESKENPROGRAMM

Die Ausstattung der Schloßkapelle ist der Glorifikation Sankt Johannis Nepomuk und seinem tugendhaften Leben gewidmet. Als Vorlage diente ein Werk von Bohuslaus Balbinus S. J.: ›Vita S. Joannis Nepomuceni Sigilli Sacramentalis Protomartyris‹ (›Leben des Heiligen Johannes Nepomuk, Märtyrers des Beichtgeheimnisses‹) mit Stichen von Johann Andreas Pfeffel, das 1725 in Augsburg erschienen war. Asam folgte sowohl genau dem Text als auch in Andeutungen den Stichen. Wand- und Deckenzwickelbemalung entstammen dem ersten Kapitel, das Kuppelfresko dem zweiten. Die Zählung der einzelnen Themen richtet sich hier ausnahmsweise nach dem Vertrag zwischen dem Maler und der Markgräfin. Man ist mit der Reihenfolge bei Festlegung des Auftrags wohl nach dem tatsächlichen Ablauf der Arbeiten verfahren, so daß nur in der Kuppel [**1-7**] und nebenher in den Deckenzwickeln [**11-13**] eine logische Reihe eingehalten wurde. Es folgten die Altarnischen und schließlich die Wandgemälde in einfacher Zählung von vorne nach hinten.

Die Kuppelausmalung mit der Entrückung des Heiligen in der Mitte [**9**] zeigt sein Wirken und Martyrium in Prag [**1-7**], ergänzt durch eine Darstellung des regierenden Hauses Baden-Baden in Verehrung der Muttergottes [**8**]. Unterhalb eines das Zentrum rahmenden (gemalten) Gebälks teilen Engelshermen die Episoden der Legende in einzelne Szenen, wobei bald auf Kontinuität des Hintergrundes – Tod [**6**] und Auffindung an der Karlsbrücke [**7**] –, bald auf Kontrast geachtet ist: Folter und Versuchung [**5**]. Weitere Stationen und Begebenheiten seines Lebens, besonders sein Weg zum Priester- und Predigertum, sind in den Deckenzwickeln und auf den ebenfalls durch (gemalte) Lisenen gegliederten oberen Seitenwänden untergebracht: Nepomuk als Meßdiener [**17**], Vorbereitung zur Priesterweihe [**21**], Priesterweihe [**11**], Predigtamt [**12**] und letzte Predigt [**13**].

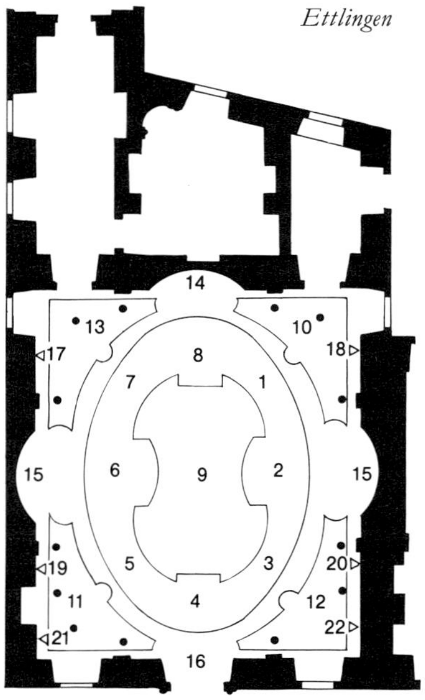

Der Kern des Programms ist in der Freskenfolge hinter und über dem Hauptaltar enthalten. Die Sieben Gaben des Heiligen Geistes [**14**], durch Frauengestalten personifiziert, gruppieren sich hinter der Bekrönung des dem Kirchenpatron geweihten Altares. Sie bezeichnen die Stärke des Heiligen. Darüber ist die Verehrung des Herrscherhauses und der Genius von Baden geschildert [**8**] und in der Kuppelmitte die Glorifikation Nepomuks [**9**]. Wie die häufig auftauchende Figur der Markgräfin beweist [**3, 8, 12, 13**], will die Auftraggeberin Sibylla Augusta ihre Nähe zum soeben kanonisierten böhmischen Heiligen herausstellen und sich gleichsam in der Nachahmung seiner Tugend der Fürbitte Mariens anheimgeben. Von ihrem frommen Lebenswandel ist überliefert, daß sie stets versucht hat, sich in Nachfolge christlicher Tugenden an seinen Maximen auszurichten: Schutz für die Armen [**1**], Mut bei Bekämpfung des Unrechts [**2**], Verschwiegenheit [**3**], Standfestigkeit [**4**], Bescheidenheit [**5**] und Vertrauen auf Gott [**6**].

1-9 *Wirken, Martyrium und Apotheose des Heiligen Johannes Nepomuk:* Die Gliederung der Flachkuppel im Goldrahmen (aus gebündelten Haselstangen) korrespondierte durch ihre laut Vertrag »8 mit terminis unterschiedenen abtheilungen« mit den Emporen der Asamzeit. Wegen der heute reduzierten Höhe des Saales und der verfremdenden Galerie ist nicht mehr zu erfahren, wie die acht Hauptsäulen jener vier Eckemporen das Stützmotiv im Ovalfresko vorbereiteten.

In gedachter Fortsetzung der ursprünglichen Raumeinteilung müssen die Engelshermen als ein Mittel angesehen werden, wie es bereits im Benediktsfresko von Weingarten [F VII, 3] und im Fürbittfresko in Innsbruck (F XI, 1) – bei exakterer Konstruktion – verwendet worden war. In Ettlingen bleibt trotz loserer Verbindung und bei aller Veränderung des Raumes das Konzept einer bedeutungstragenden Architektur noch sichtbar: realer Bau, Legendenbereich und Himmelsregion werden durch architektonische Mittel einheitlich gegliedert und gleichzeitig in mehrere Sphären unterteilt. Deren oberste, der göttlichen Erscheinung vorbehalten, ist dabei durch den umlaufenden Gebälkring stets als eine Einheit ausgeschieden.

1 *Advocatus pauperum (Verteidiger der Armen):* Kleine Kartuschen mit lateinischer Inschrift sind jeweils über einer Episode in das übergreifende Gebälk eingelassen und betiteln das Geschehen. Nepomuk steht vor einem mit einer Säule angedeuteten Gerichtsportal, in dem auf erhöhtem Stuhl der Richter in einer Haltung sitzt, die Salomos würdig wäre. Mit offenem Mund notiert der dicke Schreiber zu dessen Füßen Nepomuks Plädoyer, das er wohl für einen am Boden kauernden Greis hält. Auf der Gerichtsschranke rechts vorne stützt der Ankläger nachdenklich sein Kinn in die Hand. Der Fall scheint sich zu seinen Ungunsten zu wenden, denn er läßt das Anklageblatt fallen. Hinter Nepomuk verfolgen Zuschauer mit teilnehmenden Gesten den Ablauf und stecken ihm Bittschriften zu. Der Ort wird durch eine Justitia-Statue im Rücken des Richters bezeichnet.

2 *Ultor criminum (Rächer von Verbrechen):* Der Legende nach ließ König Wenzel einen Koch, der einen Hahn nicht durchgebraten hatte, selber über dem Feuer rösten. Gerade ziehen ihn Knechte von der Glut, denn Nepomuk ist dabei, dem König, der mit seiner Gesellschaft auf erhöhtem Podest im Palast tafelt, die Leviten zu lesen. Links wendet sich ein auftragender Diener mit Entsetzen aus dem Raum, während unter seinem Umhang der Hofzwerg furchtsam hervorblickt. Vor dem Tisch kläfft ein zähnefletschender Hund. Sein Halsband mit dem Monogramm WR (Wenceslaus Rex) macht ihn zum Sinnbild von des Königs schlechtem Charakter. Diese Szene ist – wie jene in den drei anderen Orthogonalen [**4, 6, 8**] auch – durch einen Bogen im umlaufenden Gebälk und besonders weit heraustretende Repoussoirfiguren kompositorisch hervorgehoben.

3 *Speculum Confessorum (Beichtvater; wörtlich ›Spiegel der Beichtenden‹):* Königin Johanna (mit Porträtzügen der Markgräfin Sibylla Augusta) kniet in einem offenen Beichtstuhl. Der Einblick ist so gewählt, daß auch Nepomuk als aufmerksamer Zuhörer in Ganzfigur zu sehen ist. Die den Raum begrenzende Architektur mit ihren Säulen, Vorhängen und Ausblicken in die Tiefe schließt an die motivisch verwandten Formen der voraufgehenden Szene an. Asam stellt damit weniger einen genau definierten Raumzusammenhang her, sondern evoziert vielmehr den Eindruck ›Innenraum mit Hintergrund‹ im allgemeinen.

4 *In Tormentis invictissimus (Von Folterungen niemals gebrochen):* Auf einem Treppenpodest über der aufgestoßenen Kerkertüre ist Nepomuk an einem Hebebaum aufgehängt. Folterknechte haben sein linkes Bein über ein Kohlebecken gezerrt und martern den Fuß mit glühenden Eisen. Das andere Bein ist an einem Steinblock festgeschmiedet. Solche Qualen muß der Priester erdulden, weil er vor dem grausamen Wenzel das eine Verschwörung der Königin deckende Beichtgeheimnis wahrt. Für seine Standhaftigkeit zeigt ihm ein Engel an der Spitze des Balkens, mit Märtyrerpalme und Siegerkranz, den himmlischen Lohn. Die Miene des Königs – im Hintergrund vor einer ruinösen Architektur – zeigt Erstaunen angesichts so großer Festigkeit. Eher mit gelassenem Interesse verfolgen dagegen die beiden Gefangenenwächter auf der vom Kerker heraufführenden Treppe das Geschehen; die zwei Engelshermen wiederum nehmen sichtlich Anteil.

5 *Dignitatum Contemptor (Verächter der Würden):* »Wie der König Wenzel den H. Joannes, weilen die Schärffe der Marter nichts verfangen, durch Versprech- und Liebkosungen zur eröffnung der Sacramentalischen beicht vergeblich zu bewegen gesucht hat.« So lautet der Auftrag für diese Episode, die Nepomuk in ablehnender Haltung vor Wenzel zeigt. In Begleitung eines dicken Höflings im Brustpanzer versucht der König den Priester mit der Verlockung hoher geistlicher Würden zu gewinnen, die durch Mitra und Brustkreuz auf einem mit kostbaren Gewändern bedeckten Beistelltisch angedeutet sind. Eine gotische Kirche überragt die mit Lorbeerbäumen in Kübeln besetzte Umfassungsmauer des Königspalastes und illustriert das An-

F xx, oben 8, unten 14

gebot Wenzels, der Nepomuk den Bischofsstuhl von Leitmeritz angetragen haben soll.

6 *In Moldavam praecipitatus (In die Moldau gestürzt):* Da alle Versuche des Königs, dem Beichtiger das Geheimnis zu entlocken, fehlgeschlagen sind, läßt er ihn im Jahre 1393 gefesselt von der Karlsbrücke in die Moldau werfen. Rücklings und kopfüber wird der Wehrlose von einem Haufen Schergen über die Brüstung gestürzt. Aus der Kuppelmitte trifft ein Gnadenstrahl Gottes den Heiligen und löst sich hinter dessen Haupt in fünf Sterne auf, die der Legende nach aus dem Wort ›Tacui‹ (ich habe geschwiegen) bestanden. Von unten gleiten Engel auf einer Stuckwolke in das Bild hinein und erheben die Märtyrerpalme über dem Todgeweihten.

7 *Stellis detectus et a Clero Sepultus (Durch die Sterne gefunden und von der Geistlichkeit begraben):* Am Ufer des Flusses, einen Brückenbogen näher am Altstädter Brückenturm im Hintergrund, sind Geistliche dabei, den Ertrunkenen zu bergen. Die fünf Sterne des vorigen Bildes haben sich zu einem Heiligenschein um seinen Kopf geformt. Der Erzbischof beugt vor dem Leichnam das Knie und spendet Weihrauch. In seinem Rücken und oben auf der Brücke formiert sich der Geleitzug, der Nepomuk in den Veitsdom zu Grabe tragen wird.

8 *Verehrung Johann Nepomuks durch die markgräfliche Familie:* Im letzten (oberhalb des Altares befindlichen) Bild der Folge versammeln sich die Mitglieder des badischen Hauses bei dem Leichnam Nepomuks, um den Beistand der Jungfrau Maria anzurufen. Sie haben auf einer breiten Freitreppe den ›Baadischen Genius‹ in ihre Mitte genommen, der auf goldener Schale »die Herzen der Durchleüchtigsten Baad.n Herrschaften präsentirt«. Zuunterst knien links neben dem Ertrunkenen August Georg, der jüngere Sohn der Markgräfin Sibylla Augusta und Dompropst zu Augsburg, rechts die regierende Markgräfin Maria Anna. Hinter dieser, fast ganz verdeckt, küßt die Auftraggeberin das Leichentuch des Märtyrers. Sie ist in Witwentracht gekleidet, die sie seit dem Tod ihres Gemahls 1707 ständig trug. Hinter dem von einem Jüngling personifizierten Genius lehnt sich Asam selbst auf die weit ausschwingende Treppenbrüstung. Er blickt aus dem Gemälde heraus und weist den Betrachter auf die von den flammenden Herzen aufsteigende Wolke, über der die unverweste Zunge des Heiligen in einer Aureole zum Himmel schwebt. Neben Asam hat der Markgraf Ludwig Georg die Hände zum Gebet gefaltet. Gegenüber erbitten »viele andere allerhand Stands betrangte die Hilff der Heiligen.«

9 *Glorie des Heiligen Johann Nepomuk:* Etwa auf halber Höhe einer Wolkenpyramide wird Nepomuk »von der H. Dreyfaltigkeit und der allerseeligsten Jungfrauen in die Glorie der Martyrer aufgenomen«. Zwei Engel haben den Verklärten emporgehoben, während sein Leichnam noch im Kreis der Markgrafenfamilie auf Erden verblieben ist. Seine Zunge wird dazwischen, am Übergang von der irdischen in die himmlische Sphäre, von drei anderen Engeln verehrt. Oberhalb des Heiligen, im Zentrum der Kuppel, erscheint Maria mit dem Christkind, darüber Gottvater mit der Taube des Heiligen Geistes. Die Farbenperspektive läßt den Schöpfer im Reigen der Engelschöre in zartesten und hellsten Tönen leuchten. Neben Nepomuk und auf dem Himmel und Erde trennenden Gebälk haben sich etliche Märtyrer versammelt, um den Entleibten in ihren Reihen zu empfangen. Unter ihnen erkennt man Petrus, Laurentius und Stephanus. Der gesamte Wolkenberg türmt sich über der Verehrungsszene [8] für den Betrachter mit Blick zum Hauptaltar auf. Zum zentralen Bildausschnitt in der Kuppelmitte existiert eine Vorzeichnung (Z 45).

10-13 *Szenen aus dem Leben des Heiligen Johannes Nepomuk in den Zwickeln:*

10 *Geburt Johann Nepomuks:* Im südöstlichen Eckzwickel beginnt die Darstellung der Heiligenvita. Das Fresko zeigt einen Ausschnitt des nobel gestalteten Geburtszimmers. Links liegt die Mutter Johanns auf einem großen Himmelbett. Über ihr, vom Bettvorhang halb verdeckt, hängt ein Muttergottesbild an der Wand. Drei Mägde widmen sich dem kleinen Knaben in einer Korbwiege, die eine von ihnen am Fußende des Bettes anhebt. Waschutensilien am Boden deuten auf die erste Pflege. Im Hintergrund, beim Fenster, wird der Vater als einziger des himmlischen Lichtes gewahr, das der Legende nach bei der Geburt das ganze Haus umstrahlte.

11 *Johann Nepomuks Priesterweihe:* In der angedeuteten Weite einer Kuppelkirche ist durch Vorhang und Baldachin ein Raum ausgegrenzt, in dem der tief verneigte Johannes Nepomuk vom Prager Erzbischof zum Priester geweiht wird. Um ihn herum sind einige Kleriker versammelt. Hinter ihm, ganz in der Pose des Osterhofener Asamporträts, verharrt wohl der Vater des jungen Priesters in andächtiger Versunkenheit.

12 *Johann Nepomuks Predigtamt:* An den Kirchenfenstern läßt sich der Ort von Nepomuks Predigt als der Prager Veitsdom bestimmen, an den er aufgrund seiner Redebegabung berufen wurde. Von der Kanzel herab begegnet sein Wort der andächtigen Aufmerksamkeit seiner Zuhörer auf den Kirchenbänken. Nur eine Dame in Witwentracht hat sich freudig erregt zu ihrer Nachbarin umgewandt und weist sie auf einen Vorfall zwischen den beiden Kindern vor ihr hin. Asam spielt hier auf eine Episode aus dem Leben der Markgräfin Sibylla Augusta an, deren stummgeglaubter Sohn und späterer Thronfolger im Alter von fünf Jahren auf einer Wallfahrt nach Maria Einsiedeln zu sprechen begonnen hatte. Den Worten des Heiligen wird somit bildhaft wunderbare Wirkung beigelegt.

13 *Johann Nepomuks letzte Predigt:* Gemäß der Legende erlangte Nepomuk für kurze Zeit die Freiheit wieder, nachdem ihn der König mit seinen Mitteln nicht zur Preisgabe des Geheimnisses hatte bewegen können. In Vorausahnung des nahen Todes aber verabschiedete sich der Priester von seiner Gemeinde; als Text der letzten Predigt wählte er Johannes 16, 16 (»über ein kleines, so werdet ihr mich nicht sehen«). Wie Paul Hans Stemmermann feststellen konnte, zeigt der Kirchenraum die Ettlinger Martinskirche in ihrem Zustand vor 1732: Während die Hofgesellschaft und Geistlichkeit sich im kleinen gotischen Chor versammelt hat, lauscht das Volk auf der nach einem Brand 1719 eingezogenen hölzernen Notempore den Worten Johanns. Rechts drängen sich viele, betroffen von den Abschiedsworten, um die provisorische Kanzel. Im Chor, an die den großen Bogen tragende Mauer gelehnt, ist wiederum die Markgräfin zu erkennen, wie sie weinend am Gottesdienst teilnimmt.

14-16 *Fresken in den Wandnischen:*

14 *Sieben Gaben des Heiligen Geistes:* Die laut Auftrag an der Wand hinter dem Hauptaltar aufzutragenden *Sieben Gaben des Heiligen Geistes* wurden nicht näher spezifiziert. Vielleicht in Anlehnung an die Prophezeiung Jesaias 11, 2 (»... auf welchem wird ruhen der Geist des Herrn, der Geist der Weisheit und des Verstandes, der Geist des Rates und der Stärke, der Geist der Erkenntnis und der Furcht des Herrn«) und, was die ›Caritas‹ anbetrifft, an Römer 5, 5 (»Denn die Liebe Gottes ist ausgegossen in unser Herz durch den Heiligen Geist ...«) lassen die Personifikationen sich in Verbindung mit ihren Attributen von links nach rechts folgendermaßen identifizieren: die ›Stärke‹ mit Säule, der ›Verstand‹ mit Flügeln und Buch, die ›Weisheit‹ mit Augenzepter, die ›Liebe‹ mit dem Herzen, die ›Gottesfurcht‹ mit Geißel und Rosenkranz, der ›Rat‹ mit dem verschlossenen Gefäß und die ›Erkenntnis‹ mit dem Spiegel. Über der linken Hand der ›Caritas‹ schweben fünf Sterne (aus dem Heiligenschein Nepomuks), die darauf hinweisen, daß sich der Märtyrer in der Hand der göttlichen Liebe befindet.

15a-b *Christliche Tugenden:* Wie der Hauptaltar neben Johannes Nepomuk auch der ›Caritas‹ geweiht ist, tragen die Seitenaltäre links (Osten) den Namen der ›Hoffnung‹ und gegenüber den des ›Glaubens‹. Die Personifikationen sind in die betreffenden Nischen dahinter freskiert.

15a *›Hoffnung‹*, in Gestalt einer weitgewandeten Frau links neben der Fensteröffnung, ergreift einen tatsächlich aus Eisen gefertigten Anker, den ihr ein Engel mit vollplastisch stukkiertem Arm von oben zureicht.

15b Im Hintergrund des anderen Altares malte Asam aus Symmetriegründen ein Fenster, vor dem nun der *›Glaube‹*, eine Frau mit schwerem Kreuz über der Schulter, auf Weihrauchwolken nach oben schwebt. Im Himmel erscheint das Auge Gottes in einer strahlenden Engelsgloriole.

16 *Engelskonzert:* Neben der Orgel waren beidseitig musizierende Engel zu malen. Links dirigiert ein Engel mit Notenbuch auf den Knien einen kleinen Chor, rechts bilden zwei Violinen und eine Flöte die Begleitung.

17-22 *Wandfresken:*

17 *Johann Nepomuk als Meßdiener und in der Kirche zu Saaz:* Schon als kleiner Junge war Nepomuk in der Lage zu ministrieren. Bei diesem Amt zeigt ihn das Fresko im Moment der Wandlung. Er kniet hinter dem Priester, der die Hostie vor dem seitlich erkennbaren (Barock-)Altar erhebt, und hält dessen Meßgewand. In der anderen Hand trägt er die Schelle. In der Kirchenbank dahinter knien zwei Beter. Über diesen öffnet sich das rundbogige Fenster, das hinter einer mit Lambrequin und Gitterwerk verzierten Lisene zur nebenliegenden Szene überleitet. Hier wird Nepomuk gezeigt, wie er seinen Namen an die Wand der Wallfahrtskirche zu Saaz schreibt, um sich mit dieser Geste gleichsam Gott zu weihen. Nur der schreibende Arm mit dem Namensbeginn »Joha...« war erhalten.

18 *Johann Nepomuk wird von schwerer Krankheit geheilt:* Wie der Auftrag angibt, ist es die »Vorbitt der Mutter Gottes«, die die Heilung bewirkt. Die Madonna mit Kind erscheint links oben in strahlendem Licht. Die aufgrund ihrer Anbringung auf einer Tapetentür erhaltene Figur des jungen Johannes ist schräg darunter in einen Lehnstuhl mit marianischem Monogramm gebettet. Wohl der Vater ist hinzugetreten und stützt den kleinen Kranken. Laut Programm war »zwischen der Lisenen« noch gemalt, »wie Ihme die speisen oder Medicin zugetragen wirdt«.

19 *Johann Nepomuk als Lehrer:* Von erhöhtem Katheder aus unterrichtet der junge Lehrer seine Schulklasse. Aus einem Fenster hinter Nepomuk strömt Licht in den Raum und beleuchtet die vordere Gruppe der Schüler. Sie scheinen sich eifriger am Unterricht zu beteiligen, als die Kameraden auf der Hinterbank; das Sonnenlicht spielt hier wohl auf den Geist der Lehre an, der nur diejenigen erreicht, die sich ihm öffnen.

20 *Das unauslöschbare Christusbild:* Nepomuk hatte an die Wand seines Elternhauses ein Christusbild gemalt. Dieses sollte überstrichen werden, doch erschien es nach jeder Übermalung wieder neu. Hinter einer Lisene sind drei Pilger zu Boden gesunken und beobachten voll Ehrfurcht das Wunder, wie es dem Anstreicher nicht gelingen will, das Gemälde neben den beiden Fenstern in der Hauswand zu entfernen.

21 *Johann Nepomuk bereitet sich auf die Priesterweihe vor:* In der Pose der Selbstanklage hat sich der Büßende mit entblößten Schultern vor dem Kruzifix an der Wand auf die Knie geworfen. Ein großer Strahlenkranz umgibt sein Haupt und läßt erkennen, daß seine tiefe Reue auf Vergebung gestoßen ist.

22 *Johann Nepomuk verteilt Almosen:* In königlichem Dienst versah Nepomuk das Amt des Armenversorgers. Gerade legt er einem kleinen Bittsteller eine Gabe in die hochgehaltene Schale, bedeutet aber mit dem Finger vor den Lippen, daß die Mildtätigkeit nicht laut belobt werden sollte.

ARCHIVALIEN: Vertrag im Generallandesarchiv Karlsruhe, Aktenband ›Schloßbau Ettlingen‹, abgedruckt bei Bamberger 1914.

LITERATUR: Bamberger 1914 – Sauer 1921 – Rehder 1932 – Hanfstaengl 1939, 115-118 – Tintelnot 1951, 62-63 – Hanfstaengl 1955, 42 – Stemmermann 1964 – Hitchcock 1968, 70 – Bissinger, Johann Nepomuk, 1978 – Rupprecht 1980, 174-175 – Ausst. Kat. Ettlingen 1982 – Trottmann 1986, 97. R. P.

F XXI
REGENSBURG
Sankt Emmeram 1732/33

(Grundriß; 2 Abb.; Tafeln 74-78)

Pfarrkirche Sankt Emmeram, bis 1810 Benediktiner-Klosterkirche; Bistum Regensburg; Regierungsbezirk Oberpfalz, Stadt Regensburg.

PATROZINIUM: Sankt Emmeram Episcopus Martyr, Sankt Wolfgang, Sankt Dionysius.

BAU UND AUFTRAG: Am 28. Mai 1731 beschloß das Kapitel den Umbau der im Kern noch karolingischen Anlage aus der Zeit des Abtbischofs Sintpert (768-791). Anlaß war vermutlich die im selben Jahr Abt Anselm Godin

(1725-1742) und seinen Nachfolgern von Kaiser Karl vi. verliehene Reichsfürstenwürde.

Den architektonischen Arbeiten legte man Pläne des Linzer Hildebrandschülers Johann Michael Prunner zugrunde, vergab aber Ausführung sowie Ausstattung mit Stuck und Malerei an die »toto orbe celeberrimos duos germanos fratres« (über den ganzen Erdkreis höchst berühmten zwei deutschen Brüder) Asam. Diese übernahmen nach geringfügigen Veränderungen den Entwurf und renovierten innerhalb zweier Jahre den Bau, so daß am 26. Juni 1733 die Altäre geweiht und am 28. Juni der erste feierliche Gottesdienst abgehalten werden konnten.

Die ursprünglich flach gedeckte, dreischiffige Basilika ist nun von einem Tonnengewölbe aus einer stuckierten Lattenkonstruktion überspannt und von großen, alternierend birnenförmig oder oval gestalteten Fenstern unter Stichkappen erhellt. Zehn Arkaden geben im Mittelschiff die Wandgliederung vor, wobei im Westen bereits die frühbarocke Orgelempore eingestellt war, so daß der vorgelagerte breite Querriegel mit dem Dionysius-Chor für den Raumeindruck ohne Einfluß bleibt. Die drei östlichen Chorintervalle werden durch Zwischenwände von den Seitenschiffen abgetrennt. Die erweiterte Hauptapsis – nunmehr als Sakristei im Untergeschoß und darüber als Winterchor genutzt – liegt hinter einer an der Rückwand des Hochaltares eingezogenen Mauer. Korinthisierende Pilaster sind im Mittelschiff auf die Arkadenpfeiler aufgelegt und in dem hohen, bis an die Fensterzone heranreichenden Gesims verkröpft. Besonders betont werden die Verkröpfungen durch je zwei zur Pfeilermitte hin gegenläufig einschwingende und in den Raum vorkragende Voluten, die prächtige Stuckvasen tragen. Gurte darüber führen das Stützmotiv im Gewölbe fort. Nur vier dieser Bogen – im Chor sind sie verdoppelt – laufen geradlinig zur gegenüberliegenden Seite hinüber, denn die drei Chorjoche und fünf Joche des Langhauses sind durch die beiden Hauptgemälde Cosmas Damian Asams überdeckt. Die Flächen oberhalb der Arkaden bis hinauf zum abschließenden Gesims werden von den zehn Wandbildern der Emmeramsvita eingenommen. Mit ihnen wechseln jeweils Statuen von Heiligen und Seligen aus der Geschichte des Klosters sowie von Karl dem Großen und Heinrich ii. in den Intervallen ab. Letzte Arbeit in der Basilika war für Cosmas Damian die Ausmalung des Georgschores in der südlichen Nebenapsis.

ZUSTAND: Wie sich bei der Restaurierung 1951 herausstellte, handelt es sich nur bei dem Himmelsgrund und den architektonischen Versatzstücken um Malerei al fresco. Die figürlichen Darstellungen sind sämtlich mit Kaseinfarben aufgetragen. In den Deckengemälden waren an Stellen mit vorwiegenden Ocker- und Grüntönen Partien zu rekonstruieren, die Seitenbilder wurden in sehr gutem Zustand vorgefunden.

FRESKENPROGRAMM
Das inhaltliche Konzept verfolgt, wie bei Kirchenausmalungen jener Zeit nicht unüblich, die Hervorhebung von Besonderheit und geheiligter Bestimmung des Ortes. Dabei geht der Verfasser des Programmes so weit, Rom und die Abtei bei Regensburg nahezu auf eine Stufe zu stellen: Manifestierte sich vornehmlich dort die Überwindung des antiken Götterkultes und der Sieg des Christentums, so stand hier die Glaubensfestigkeit der Christen am Marterberg, auf dem das Kloster errichtet wurde, nicht zurück. Auch sie starben für die neue Religion und verweigerten dem Kaiserbildnis die Huldigung. Im Hauptgemälde der Kirche ist diese Begebenheit mit der Übergabe der Exemtionsbulle (Befreiung von bischöflicher Gewalt) in Rom zusammengefaßt [1]. Es fehlen nicht die Hinweise auf allerhöchste weltliche Unterstützung: Karl der Große, Kaiser Arnulf und Herzog Theodor iv. erscheinen als Stifter und Gönner der Abtei.

Ohne die rechte Betreuung allerdings wäre die Pflege des Glaubens unvollkommen. Niemand anders aber ist für solche Aufgabe besser geeignet als der Benediktinerorden. Ordensvater Benedikt, erhoben durch die theologischen Tugenden und auserwählt von der Heiligsten Dreifaltigkeit, verfaßte die Regel, nach der sich der größte Teil der Träger von Glauben und Kultur in der Welt richtet [2].

Dieser Regel und vor allem ihrem Befolger Sankt Emmeram, dem Hauptheiligen am Ort, ist die Bedeutung des Stiftes zu danken. Aus der Schilderung seines vorbildlichen Lebens [3-12] geht hervor, wie er im Dienst an den Menschen so weit ging, daß er mit der christlichsten aller Taten die Nachfolge des Erlösers antrat: Er starb für fremde Schuld [5, 6, 8].

Regensburg St. Emmeram

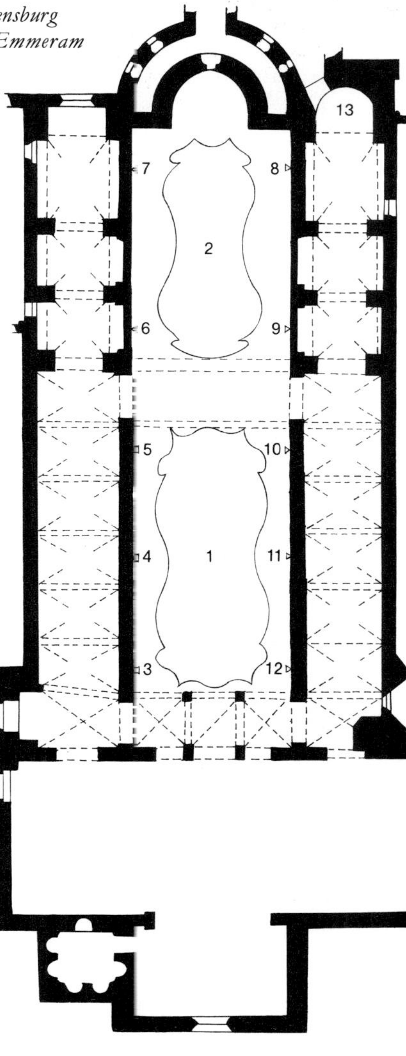

Die übrige Ausstattung des Langhauses mit Statuen aus der Geschichte des Klosters wie auch die Ausmalung des Georgs-Chores [13] zeigen, daß die Kontinuität von frühesten Zeiten an – der Vorgängerbau war Sankt Georg geweiht – durch die Jahrhunderte gewahrt blieb. Leitfaden aber war der rechte Glaube, gerichtet und vertrauend auf die göttliche Weisheit [13].

1 *Exemtion des Klosters durch Papst Leo III.; die Heiligen Emmeram, Wolfgang und Dionysius; Christenmartyrium am Marterberg:* Die auf zwei Blickrichtungen hin konzipierte Ausmalung des mit wuchtigem, mehrfach geschwungenem Goldrahmen versehenen Deckenfeldes suggeriert einen höchsten Punkt im Himmel, etwa über dem dritten Joch der Kirche. Nach Westen gewandt blickt der Betrachter auf die Szene der Übergabe der Exemtionsbulle Leos iii. (795-816) an Benediktinermönche, die vor seiner auf einem Stufenpodest erhöhten Kathedra knien. Die Rechte segnend erhoben, überreicht der Papst eine Urkunde mit der Inschrift »LEO III. EXEMIT« (»Leo iii. hat es befreit« – nämlich das Kloster von bischöflicher Verfügungsgewalt und Jurisdiktion: Die Abtei wird damit direkt dem Heiligen Stuhl unterstellt). Um den Papst haben sich Geistliche versammelt, von denen einer das dreifache Kreuz trägt. Links hinter dem Thron halten Diener eine Sänfte bereit. Die Begebenheit spielt sich in Rom ab, denn der Baldachin und das Schlüsselwappen mit Mitra über dem Papst sind an einer halbrund geschwungenen Arkade mit aufgelegter Säulenordnung angebracht, die an Berninis Petersplatz-Einfassung erinnert (wenn hier auch eher das rhythmisierte Stützsystem aus dem Inneren der Peterskirche übernommen ist). Dem heraldisch Bewanderten wird die Anspielung auf die Verwandtschaft der beiden Städte Rom und Regensburg nicht entgehen: Auch im Regensburger Stadtwappen finden sich die zwei gekreuzten Schlüssel. Der Schweizer Gardist am rechten Bildrand scheint einem der Mönche gerade Auskunft zu erteilen. Oberhalb der Doppelsäulen stehen Büsten von Personen, die durch Inschriften als Stifter des Klosters kenntlich gemacht sind: »CAROLUS M[agnus] RESTAURAVIT« (Karl der Große hat es erneuert), »ARNOLPHUS IMP.[erator] DOTAVIT« (Kaiser Arnulf hat es ausgestattet) und »THEODO IV. DUX B[avariae] AEDIFICAVIT« (Bayernherzog Theodor iv. hat es erbaut). Links unten, auf der Treppenwange, hat der Künstler signiert: »Cosm. Dam. Asam pinxit«.

Dreht sich der Betrachter um, so wird sein Blick von den aus dem leuchtenden Himmel hervorbrechenden Lichtstrahlen auf die ferne Ansicht der Abtei in der Mitte des östlichen Bildteiles gelenkt. Begleitet von Engeln und Putten mit Märtyrerkrone und -palmen, kommen die Hauptpatrone des Klosters Emmeram, Sankt Wolfgang und Dionysius, aus den Wolken herab. Sie erscheinen zur Tröstung und Stärkung der im Glauben festgebliebenen Christen, die der Legende nach auf dem Marterberg vor der Stadt von römischen Soldaten ermordet worden sind. Links unter Bäumen erhebt sich das Standbild des Kaisers, vor dem die Christen wegen ihrer Huldigungsverweigerung sterben müssen. Überall liegen bereits von Pfeilen durchbohrte oder mit dem Schwert getötete

Gläubige, andere, an Bäume gefesselt, warten noch auf ihre Marter in siedendem Öl oder unter eisernen Foltergeräten. Eine Frau am Waldrand versucht zu entkommen, wird aber an den Haaren festgehalten. Links im Vordergrund lehnt sich ein Soldat in der Pose eines antiken Flußgottes auf ein Faszienbündel und blickt aufmerksam in das Gesicht eines vom Rumpf getrennten Hauptes. Im Mittelgrund, neben Musikanten und einem lorbeerbekrönten Dichter, versucht ein bärtiger Alter mit der Physiognomie Homers eine junge Frau zu bewegen, sich zur Götzenstatue umzudrehen. Sie aber wehrt ihn mit ausgestrecktem Arm ab und wendet sich auf Knien zu Sankt Emmeram in der Höhe. Aus dem Kreis der Römer scheint nur der Zenturio vor dem Kaiserbildnis der himmlischen Vision gewahr zu werden: Hinweis auf die Abwendung der heidnischen Antike von all ihrem Götterkult – hin zum christlichen Heil, für dessen Wahrheit der Tod im Glauben steht.

2 *Der Heilige Benedikt in der Glorie und seine Bedeutung für die Weltmission des Benediktinerordens:* Zwischen den beiden Deckengemälden, am Choreingangsbogen, sind die Wappen des Bauherrn Fürstabt Anselm Godin angebracht. Auf einem Schriftband dahinter ist die Datierung der Neuausstattung vermerkt: »Anselmus S.R.I. Princeps & Abbas. MDCCXXXII«.

Das Benediktsbild zeigt den Heiligen in der Mitte, wie er von Engeln mit den Attributen der drei theologischen Tugenden Fides, Spes und Caritas zur segnenden Dreifaltigkeit emporgetragen wird. Gottvater und Christus, hell umstrahlt, lehnen sich über eine Weltkugel, auf der zum Zeichen irdischer Herrschaft Tiara, Kaiserkrone, Mitra, Königskrone und in der Hierarchie nachfolgende Kopfbedeckungen abgebildet sind. Darüber schwebt die Taube des Heiligen Geistes und sendet einen Strahl der Erleuchtung in das aufgeschlagene Regelbuch im Schoß Benedikts, das mit den Worten beginnt: »AUSCULTA O FILI PRAECEPTA MAGISTRI« (Lausche, o Sohn, den Lehren des Meisters). In weitem Kreis um das Zentrum des Weltalls haben sich auf Wolken die Ordensgründer und Lehrer versammelt, die sich nach der Regel des abendländischen Mönchsvaters richten. Es finden sich darunter Sankt Romuald, Gründer des Kamaldulenserordens, Robert de Molesme für die Zisterzienser, Abt Odo als Initiator der Cluniazensischen Reformbewegung und Sankt Ludwig Barbo, in dessen Nachfolge die Cassinensische Kongregation entstand. Ebenso sieht man Vertreter geistlicher Rittergemeinschaften, wie der Mercenarier oder des von Cosimo de'Medici gegründeten Stephanusordens. Auch zwei Nonnen sind dabei, sie bezeichnen die Kongregationen der Schwestern vom Kalvarienberg und von der immerwährenden Anbetung des heiligsten Altarsakraments. Die untere Bildhälfte zeigt die Verbreitung des Benediktinerordens und seiner Werke »In omnem terram« (Über die ganze Welt hin), wie auf dem Fanfarenbehang der Fama hinter Benedikt zu lesen ist. Während links vor einem schräg ins Bild ragenden Prachtbau eine mit päpstlichen Insignien ausgestattete Figur den Eifer und die Mühen christlicher Missions- und Erziehungsarbeit personifiziert (so die zeitgenössische Bildbeschreibung im Pfarrarchiv von Sankt Emmeram, die neben dem Kampf gegen Häresie und Kirchenspaltung auch auf kulturelle Bildungsarbeit der Benediktiner, nämlich Universitätsgründungen, Förderung von Wissenschaft und technischen Erfindungen abhebt), sieht man im Vordergrund Mönche beim Kreuz, dem von Allegorien der vier Erdteile gehuldigt wird. Ein kompositorisches Gegengewicht zur Säulenarchitektur bildet rechts ein kanonenbewehrtes Schiff, das als Wahrzeichen die auf der Mondsichel thronende Muttergottes im Segel führt und auf dem Wimpel an der Mastspitze die Devise: »PLUS ULTRA« (Darüber hinaus). Sie war der Wahlspruch Karls V., mit dem er bedeutete, daß er die Säulen des Herkules hinter sich lassen wollte, auf denen das berühmte »NON PLUS ULTRA« (Nicht weiter hinaus) stand. Im Bug des Schiffes (der etwas unfachmännisch mit der Ruderpinne versehen ist) steht ein Mitbruder, der eine rote Fahne mit gelbem Kreuz emporhält. Die Buchstaben darauf weisen es als Benedictuskreuz aus, wie es in der Heidenmission häufig verwendet wurde. Die vier in den Zwikkeln bedeuten: »CRUX SACRA SIT MIHI LUX NON DRACO SIT MIHI DUX« (Das heilige Kreuz sei mir Licht, nicht der Drache mein Führer; vgl. auch das Gemälde mit der Benediktsglorie in Weingarten, Tafel 20). – Zu diesem Deckengemälde ist eine Vorzeichnung erhalten [Z 50].

3-12 Sämtliche Wandgemälde des Langhauses sind durch ihre preziösen (stuckierten) Bilderrahmen als mobiler Teil der Ausstattung gekennzeichnet; allerdings nur für diesen Ort bestimmt, wie die den Arkaden angepaßte Krümmung der unteren Rahmung beweist. Der Charakter von ›Quadri riportati‹ wird noch betont durch den keilförmig sich erhöhenden Untergrund der Malfläche, der den Eindruck entstehen läßt, die Bilder seien in leichter Verneigung aufgehängt.

3 *Sankt Emmeram vor dem Bayernherzog:* Im Kreis seines Hofstaates ist der Herzog auf der marmornen, von einer sphingenbesetzten Brüstung begrenzten Palasttreppe dem Heiligen entgegengekommen. Mit ausgebreiteten Armen versucht er ihn und seine Mitbrüder zum Bleiben zu bewegen. Von oben auf der Treppe blickt die Herzogin herab, ebenso wie ihr Gemahl im Hermelinpelz. Unten im Vordergrund bringt ein Diener einen Ritterhelm in Form eines Eselskopfes herbei und führt damit symbolisch das Motiv der Eifersucht ein, das dem späteren Bischof zum Verhängnis werden wird.

F XXI, 9

4 *Sankt Emmeram predigt dem Volk:* Von einer purpurn ausgeschlagenen Kanzel herab wendet sich Emmeram, nunmehr Bischof von Regensburg, an das versammelte Volk. Vor ihm sind es reichgekleidete, teilweise etwas unaufmerksame Damen und Herren, links etwa zwei ergraute Männer, die das Gehörte überdenken. In einer Loge im Hintergrund nimmt das Herzogspaar am Gottesdienst teil.

5 *Sankt Emmeram nimmt fremde Schuld auf sich:* Sigbald und Uta, des Herzogs Tochter, gestehen ihre fleischliche Sünde vor dem Bischof und flehen ihn um Rat und Hilfe an. Emmeram segnet sie und nimmt die Schuld auf sich. Die Beichte spielt sich in einem Raum in gotischem Stil ab: Hinter der Lehne des Bischofsthrones – mit den gekreuzten Schlüsseln des Regensburger Stadtwappens – erleuchtet ein Lanzettfenster mit Dreipässen die Szene. Eine Polygonalstütze ist in die Wandöffnung eingestellt, die den Blick auf das Geschehen im Hintergrund freigibt. Dort erlebt man den Moment mit, als dem Herzog die Schwangerschaft seiner Tochter offenbar wird. Mit niedergeschlagenen Augen steht sie vor ihm auf einer Treppe, während er auf ihren Leib zeigt. Ein mächtiger Hund zu seinen Füßen verbellt sie. Die Gesten des Herzogs und Emmerams sind formal ähnlich, nur ist es dort die Anklage, hier der vergebende Segen.

6 *Sankt Emmeram wird von Ritter Landbert beschuldigt:* Der Bischof wird auf der Pilgerreise nach Rom bei Helfendorf von Utas Bruder angehalten und beschuldigt. Emmeram steht an einem Brunnen, auf dem in (gemaltem) Relief die Geschichte Jakobs angedeutet ist, wie er sich in Rahel verliebt. Damit wird auf den Inhalt der Anklage Landberts angespielt: Verführung seiner Schwester Uta. Um die beiden Männer drängen sich Begleiter beider Parteien. Ein eleganter Mohr links vorne, der dem Roß des Herzogssohnes den Zügel hält, fällt besonders auf. Im Hintergrund heben sich Bauten einer befestigten Stadt vom hügeligen Horizont ab.

7 *Der Heilige Emmeram wird seiner Kleider beraubt:* An einem Waldrand werden dem Bischof von Söldnern die Kleider vom Leib gerissen. Einer der Soldaten trägt römische Rüstung, ein anderer mutet orientalisch an. In der Pose des Feldherrn hoch zu Roß gibt Landbert die Anweisung, Emmeram auf eine Leiter zu binden, die von rechts herbeigebracht wird. Zu diesem Gemälde existiert eine Vorzeichnung [Z 49].

8 *Tod des Heiligen Emmeram:* Mit abgeschlagenen Händen und Füßen liegt der Gemarterte auf der Erde und haucht die Seele aus. Seine Gefährten sind in die Knie gesunken und betrachten teils ihn, teils die Erscheinung zweier himmlischer Reiter, die von rechts aus dem Wald auftauchen.

9 *Bergung der Glieder des Heiligen Emmeram:* Mit großer Sorgfalt sammeln die beiden geflügelten Reiter, die auf dem vorhergehenden Bild

F xxi

bereits zu sehen waren, die Glieder des Heiligen ein.

10 *Überführung der Leiche des Heiligen Emmeram:* Nach der Legende regnete es am Ort des Martyriums vierzig Tage lang, das karge Land wurde fruchtbar und die Flüsse führten gewaltige Wassermassen. Auf Befehl des Herzogs wurde der Leichnam des Heiligen, von dem übernatürliches Licht ausging, nach Verlauf dieser Zeit aus der Burg Aschheim nach Regensburg überführt. Gezeigt ist die Ankunft des von einem Jüngling gesteuerten Transportnachens an der Steinernen Brücke (sie stammt aus dem 12. Jahrhundert und existiert heute noch). Ein Putto schickt sich an, das Boot an einem Stein mit dem Stadtwappen zu vertäuen. Geistliche und einige Neugierige drängen sich heran, um Sankt Emmeram einzuholen. Dieser ist zwischen Kerzen aufgebahrt, die Armstümpfe vor dem Körper. Unter dunklen Wolken erheben sich am jenseitigen Ufer die Türme der Stadt, jene des Domes allerdings noch ohne die Helme, die erst im 19. Jahrhundert aufgesetzt wurden.

11 *Öffnung des Sarges des Heiligen Emmeram:* Der Leichnam wurde in Sankt Georg vor den Toren der Stadt beigesetzt – im Vorgängerbau der heutigen Emmeramsbasilika, etwa an der Stelle des südlichen Seitenschiffes. Bischof Gaubald (739-761) ließ seine Gebeine heben. Sie wurden später in der für Emmeram angelegten Ringstollenkrypta am Apsisscheitel des karolingischen Kirchenbaues bestattet. Der unversehrte Leichnam liegt vor seiner Hebung im Bodengrab zu Füßen des betenden Bischofs und seiner Begleiter. Die schwere Marmorplatte wird rechts von einem Mönch und einem Ministranten hochgestemmt. In einer Wandnische neben dem rückwärtigen Spitzbogenfenster sieht man eine Statue des Drachenkämpfers Sankt Georg, die auf den Ort hinweist. Links oben erscheinen Putten in bunten Wolken und bezeugen die Heiligung des Augenblicks. Vorzeichnung zu diesem Wandgemälde: Z 48 (Vs.).

12 *Der Heilige Emmeram bestraft einen Spötter:* Das letzte Wandbild vor der Orgelempore schildert die Begebenheit, wie ein Spötter wegen seiner blasphemischen Äußerungen während eines Festmahls von unsichtbarer Hand zu Boden geschleudert wird. Der reichgekleidete Schranze liegt samt seinem Stuhl links unten auf dem Boden, die Hände erschreckt hochgerissen. Sein Tischnachbar hat mit erstaunt geöffnetem Mund noch den Teller in der Hand, den er ihm wohl zureichen wollte. Die meisten Personen am Tisch sind hochgefahren, nur der Kurfürst im Hintergrund nicht, der den oben auf einer Wolke erschienenen Heiligen Emmeram erblickt hat. Rechts geben Säulen den herrschaftlichen Rahmen der Gesellschaft an, links weist das habsburgische Kaiserwappen darauf hin, daß es sich um ein Festmahl anläßlich des seit 1663 im Reichssaal des Rathauses tagenden Immerwährenden Reichstages handelte. Zu diesem Bild existiert eine Figurenstudie (Z 48, Rs.).

13 *Sapientia divina, Fides, Sankt Georg, Sankt Emmeram und Sankt Wolfgang:* Die Apsiswölbung wird durch die hohen Fenster und einen Gurt aus (gemaltem) rotem und grünem Stuckmarmor auf ein sphärisches Dreieck reduziert. In dessen Mitte thront die ›Göttliche Weisheit‹ auf einer Wolkenbank, die Sonnenscheibe hinter ihrem Haupt und das Zepter der göttlichen Vorsehung in der Hand. Mit ihrer Linken leitet sie die Personifikation des Glaubens an, die neben ihr in Kniehöhe sitzt. Rechts steht der Hauptpatron der Kirche, Sankt Emmeram, links außen ist es Sankt Wolfgang, der 975 die Eigenständigkeit des Klosters unter einem eigenen Abt wiederhergestellt hat. Vorher war die Abtswürde in Personalunion mit dem Bischofsamt von Regensburg verbunden. Vor Wolfgang stützt sich Sankt Georg auf seine Lanze. Ihm ist der Nebenchor geweiht, wohl in Anschluß an den frühmittelalterlichen Vorgängerbau über dieser Stelle. Er deutet auf eine Wappenkartusche in Grisaillemalerei zwischen sich und einem Dreiergespann von Putten unterhalb der ›Sapientia‹. Ein Engel daneben, in Stucco finto, hält die Regensburger Schlüssel erhoben. Der leere Wappenschild läßt sich nur mit einer gewagten Vermutung erklären: Da an dieser Stelle der Kapellenausstattung das Stifterwappen üblich wäre und als Helmzier der Kurhut in Verbindung mit angedeuteten bayerischen Wecken erscheint, könnte man annehmen, daß eine vom Konvent erwartete Stiftung des Landesherren ausgeblieben ist.

QUELLEN: Staatliche Bibliothek Regensburg, *Rat. ep. 359,* Traditiones v – Pfarrarchiv Sankt Emmeram Regensburg; Jacob Passler, *Hierosophia Tom. II* (1947), 653-747. Beide Texte auszugsweise abgedruckt in: Piendl 1961, 154-160.

LITERATUR: Halm 1896, 5, 41-43 – Endres 1934, 17-20 – Hanfstaengl 1939, 118-122 – Dambeck 1953, 27-30 – Hanfstaengl 1955, 33-35 – Röttger 1960 – Hitchcock 1968, 71-77 – Piendl 1979 – Rupprecht 1980, 158-167 – Penzlin 1983, 186-190, 298 f.

R.P.

F XXII
WAHLSTATT
1733

(Grundriß; 2 Abb.; Tafeln 83-89)

Ehemalige Benediktinerstiftskirche Sankt Hedwig in Wahlstatt (Legnickie Pole);
Erzbistum Breslau (Wrocław);
Polen, Wojewodschaft Liegnitz (Legnica)

PATROZINIUM: Heilige Hedwig

BAU UND AUFTRAG: Das von der Heiligen Hedwig zu Ehren des Heiligen Kreuzes gestiftete Kloster war von den Benediktinern aus Oppatovice nach 1241, dem Jahr der siegreichen Schlacht gegen die Mongolen, errichtet worden. Nach wechselvoller Geschichte erwarb Abt Othmar Zinke (1700-1738), Vorsitzender der böhmischen Provinz der Benediktiner, 1703 das in der Reformation aufgelöste Kloster im schlesischen Wahlstatt zurück.

1727 wurde der Bau der neuen Stiftskirche durch Kilian Ignaz Dientzenhofer (1689-1751) begonnen. Über einem in der Längsachse gestreckten Sechseck, an das sich Vorhalle und Chor mit Apsis anschließen, hatte Dientzenhofer den Gemeinderaum errichtet, der mit einer Flachkuppel geschlossen ist. Zwischen den sechs Wandpfeilern, die das Hauptgewölbe tragen, spannen sich seitlich sphärische Wölbungen.

1728 kam der Bildhauer Karl Josef Hiernle aus Prag, der die gesamte Plastik in Stein und Holz in der Kirche ausführte. Der Meister des Stucks ist unbekannt.

Bereits während seiner Arbeit für Abt Othmar Zinke in Břevnov (1726-1728) hatte sich Asam bemüht, den Auftrag für die Altarbilder in Wahlstatt zu bekommen (vgl. Beitrag von Milada Vilímková auf Seite 78 f.). Der Zuschlag ging in diesem Fall jedoch an Wenzel Lorenz Reiner (1689-1743).

Für die Fresken allerdings verpflichtete der Abt Cosmas Damian Asam. Erst zwei Jahre nach der Weihe des Baus am 7. Oktober 1731 durch den Breslauer Weihbischof Elias von Sommerfeld, konnte der Kontrakt mit dem Freskanten geschlossen werden – vermutlich, weil Asam durch die großen Aufträge in Osterhofen, Ettlingen und Regensburg [F XIX-XXI] in diesen Jahren nicht nach Schlesien kommen konnte. Am 5. Juli 1733 unterschrieb Asam schließlich den Vertrag, der von dem Bevollmächtigten des Abtes, dem Prior Friedrich Grundtmann von Sankt Margareth in Břevnov gegengezeichnet ist. Darin verpflichtet sich Asam, »vermög des Ihme behändigten Abrisses ...« alle Wölbflächen vom Eingangsjoch bis zur Apsis auszuführen. Für den umfangreichen Auftrag, den Asam in der kurzen Zeit von drei Monaten vollendete, erhielt der Freskant die im Vertrag vereinbarten 3000 rheinischen Gulden und quittierte sie am 10. Oktober 1733.

Das Chronostichon am Hauptbild mit der Inschrift: »AVe CrVX DoMInI tV spes VnICa« (Sei gegrüßt, Kreuz des Herrn, du einzige Hoffnung) gibt das Jahr der Fertigstellung, 1733, an. Die Fresken befinden sich – abgesehen von einigen Ausbesserungsarbeiten an den Chorgemälden – in gutem Zustand. Die beiden Deckenstücke in den Türmen am Eingang [**2** und **3**] sind sicher in Zusammenhang mit der Ausmalung der Kirche durch Cosmas Damian entstanden, in großen Teilen möglicherweise aber von einem seiner Gehilfen, die im Vertrag erwähnt werden, ausgeführt worden.

FRESKENPROGRAMM
Historische Ereignisse, legendäre und allegorische Szenen sowie biblisches Geschehen verbindet das Bildprogramm von Wahlstatt mit einer Glorie des Benediktinerordens. Das Fresko am Eingangsjoch [**1**] bildet den Auftakt zum Programm. Die Kirchengründung von Wahlstatt 1241 durch die Herzogin Hedwig und die Stiftung des Kreuzpartikels [**1**] bilden die historische ›Vorgabe‹ für die Verherrlichung des Kreuzes im Hauptfresko [**4**]. Zugleich wird die Geschichte des Klosters Wahlstatt, das ab 1703 unter dem Abt Othmar Zinke dem Břevnover Erzkloster unterstellt war, in einem ›Zeitsprung‹ von 490 Jahren in einem der angrenzenden Seitenfresken fortgesetzt. Die Weihe des Neubaus 1731 und seine symbolische Übergabe an die Stifterin [**8**] steht wiederum in sinnvollem Gegenüber zu der Gründung Břevnovs [**7**]. Daß der Bau von Wahlstatt mit Zustimmung und wohl auch Unterstützung des Habsburger Herrscherhauses entstanden ist, dokumentieren die Fresken im Nord- und Südturm der Kirche. Sie stellen Kaiser Leopold I. [**2**] und Kaiser Karl VI. [**3**] vor, die auch im Hauptfresko noch einmal in Verehrung des Kreuzes, gegenüber von Abt Othmar gezeigt werden. In der Regierungszeit der beiden Herrscher wurden das Kloster Wahlstatt wiedereingerichtet und der Kirchenneubau unternommen.

Die direkte ›Voraussetzung‹ für das Hauptfresko mit der Kreuzesauffindung und Aufrichtung [**4**] gibt das südöstliche Seitenfresko an, das den Kreuzestod Christi [**9**] darstellt.

In dem großen Fresko über dem Gemeinderaum wird der Betrachter aufgefordert, an der Anbetung des Kreuzes teilzunehmen. Die bereits erwähnte Inschrift am westlichen Rand des Freskos läßt darüber keinen Zweifel und ist dem Bild sowohl als Chronostichon wie als Motto beigegeben: »AVE CRVX DOMINI TV SPES VNICA«. Bildlich wird die Aufforderung dem Gläubigen in der stuckfarbig wiedergegebenen Gruppe mit dem alttestamentarischen Vorbild der Ehernen Schlange vor Augen geführt.

An dem Triumph des Kreuzes und des christlichen Glaubens haben auch die Benediktiner mitgewirkt. In einem der Nebenfresken kommt daher die Ausbreitung des Ordens [**8**] zur Darstellung und bildet zugleich die inhaltliche Klammer zu den Bildern im Chor. Dort werden die Glorie des Heiligen Benedikt und seines Ordens [**3**] gezeigt und Maria, die bei den Benediktinern besondere Verehrung genießt, in einem eigenen Fresko [**4**] verherrlicht.

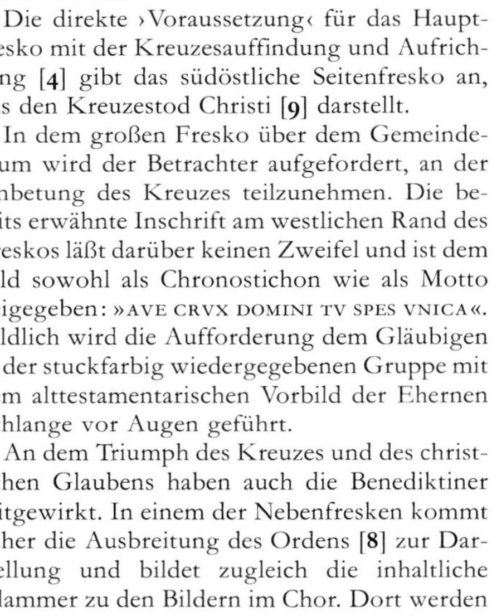

Wahlstatt

1 *Die Heilige Hedwig gründet das Kloster Wahlstatt:* Die Heilige Hedwig gründete das Kloster Wahlstatt an der Stelle, wo 1241 ihr Sohn Herzog Heinrich in der entscheidenden Schlacht gegen die Mongolen gefallen war. Neben dem verstümmelten Leib des Herzogs kauert ein Knappe, der den Kranz des Siegers über den Enthaupteten hält, während seine Gemahlin Anna den Toten betrauert. Hedwig übergibt unterdessen mit Hinweis auf ihren gefallenen Sohn den Benediktinern von Oppatovice den Plan zur Kirche, den diese zu Ehren des Kreuzes bauen sollen. Zusammen mit dem Bauplan überreicht die Heilige dem Abt einen Kreuzespartikel. Im Hintergrund schildert Asam eine Szene aus der Überlieferung, wonach die Mongolen das abgeschlagene Haupt Herzog Heinrichs auf eine Lanze gespießt der Heiligen Hedwig und der belagerten Bevölkerung im nahen Liegnitz über die Burgmauern hinweg gezeigt haben sollen.

1 a-b Grisaille-Tondi mit Personifikationen:
1 a *Vita Contemplativa:* Neben einer Reihe von Büchern sitzt ein Genius auf Wolken, in das Studium eines Buches vertieft, das er aufgeschlagen vor sich hält.
1 b *Vita Activa:* Ein Engel ist damit beschäftigt, einen Korb zu flechten; das Material, das er dazu benötigt, liegt ausgebreitet vor ihm.

2 *Kaiser Leopold I.:* Auf einem thronartigen Sessel sitzt vor einer schweren Vorhangdraperie Kaiser Leopold I. (1658-1705). In der Hand hält er ein Blatt, auf dem die Worte »CONSENSUS / CAESAREUS« (Kaiserliche Zustimmung) zu lesen sind. An der Wand unter dem Deckenbild eine sichtlich erneuerte und teilweise wohl verderbte Inschrift: »GRATIA / felic. memor. / LEOPOLDI I. ROM. IMPER. / WAHLSTADIUM RELUITUR [!] / Impetrante / O A B / A. 1703« (Durch die Gnade des römischen Kaisers Leopold I. seligen Angedenkens ist Wahlstatt [zurückerworben worden?] auf Betreiben des Abtes Othmar von Břevnov, Anno 1703).

3 *Kaiser Karl VI.:* Vor dem Thronsessel steht Kaiser Karl VI. (1711-1740), dessen Gestalt eine Draperie einrahmt. Unter dem Fresko an der Wand eine ebenfalls erneuerte und dabei teilweise verderbte Inschrift: »SUB / GLORIOSO REGIMINE / CAROLI VI. ROM.IMP. / SEMP. AUG. REAEDIFICATUR / zerante. / O A B« (Unter der glorreichen Herrschaft des allzeit erhabenen römischen Kaisers Karl VI. wurde der Bau wiedererstellt auf Veranlassung des Abtes Othmar von Břevnov).

4 *Auffindung des Heiligen Kreuzes:* Die östliche Hauptszene des großen Deckenstücks schildert nach einem Bericht der ›Legenda aurea‹ die Auffindung des Heiligen Kreuzes in Jerusalem durch die Kaiserin Helena. Vor der imposanten Kulisse Jerusalems mit dem Rundbau der Grabeskirche, der in seinen barock-gotisierenden Formen an die Architektur Santini-Aichels erinnert, und dem gotischen Turm der Kreuzfahrer links davon spielt sich das legendäre Geschehen wie auf einer großen Bühne ab: Vor den Mauern der Stadt hat sich das Volk versammelt, um der wunderbaren Auffindung beizuwohnen. Mit Stricken richten Helfer eines der drei aufgefundenen Kreuze auf. Hacken und Spaten zeugen

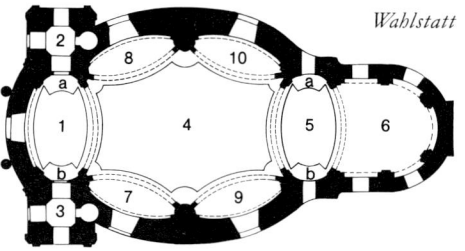

F xxii

von den Grabungsarbeiten. Neben dem Kreuz Christi stehen rechts Kaiserin Helena, links Bischof Macarius von Jerusalem. Nach der Legende wurde die Echtheit des Kreuzes durch die Erweckung eines toten Jünglings und die Heilung einer schwerkranken Frau bewiesen. Dankbar reckt im Fresko der dem Tod entronnene Mann vor dem Kreuz die Hände empor, die zum Gebet gefaltet sind. Die junge Frau, die vor dem Kreuz am Boden sitzt, richtet sich nach der Berührung durch den Kreuzesstamm auf. Einer der Helfer kniet mit entblößtem Oberkörper vor der Kaiserin. In den Händen hält er die hebräisch, griechisch und lateinisch gehaltene Inschrifttafel des Kreuzes Christi. Möglicherweise ist mit dieser Gestalt jener Jude dargestellt, der nach der Legende der Kaiserin den Ort Golgotha gezeigt hat. Rauch entströmt dem Weihrauchkessel einer Begleiterin der Kaiserin. Hinter dem Kreuz scheinen vom Boden Rauchschwaden aufzusteigen. Offenbar hat sich Asam auch in diesem Detail an die Legende gehalten, die besagt, daß sich Rauch ausbreitete, als das Kreuz gefunden wurde.

Vor dem Kreuz hält ein Engel die von Moses errichtete Eherne Schlange als alttestamentarischen Antetypus empor. Mit der anderen Hand umfaßt er ein kleines Kruzifix. Neben ihm, auf Wolken, ist ein Putto hingestreckt. Die gesamte Gruppe ist in Stuckweiß von der ›historischen‹ Szene dahinter abgesetzt und belehrt den Betrachter über den übergreifenden Sinn des Dargestellten: So wie das Volk der Juden durch die erhöhte Schlange von den tödlichen Bissen geheilt wurde, so bringt der Aufblick zum Kreuz Christi ewiges Heil.

Die biblische Stelle, an der der Evangelist Johannes diese Verbindung der beiden Heilszeichen gezogen hatte, ist in einer der umliegenden Kartuschen angegeben (vgl. **4c**).

Weltliche und geistliche Repräsentanten seitlich der Gruppe kommen der Aufforderung bereits nach. Rechts führt Abt Othmar Zinke eine Schar Benediktiner an. Links kniet in einem goldbrokatenen Umhang Kaiser Leopold I. (1658-1705) in Verehrung des Kreuzes. Neben ihm beugt sich sein Sohn, Kaiser Karl VI. (1711 bis 1740), König von Ungarn und einst als Erbe des letzten spanischen Habsburgers Karl II. auch Spaniens, über ein Kissen voller Kronen, aus denen er einen einfachen Kronreif herausgreift. Sein Feldherrnstab liegt unberührt neben ihm.

Symbolträchtig auf einem Fels plaziert, beherrscht ›Ecclesia‹ im päpstlichen Gewand die Szene. Ihr folgen entlang des nördlichen Bildrandes die drei göttlichen Tugenden ›Glaube‹, ›Hoffnung‹ und ›Liebe‹ mit ihren Attributen. Pilger aus allen Erdteilen schließen sich dem Zug in Richtung zum Kreuz an.

Über einem Steinsockel erscheint – wie eine Statue in Marmorweiß – Maria als Apokalyptisches Weib. Zu ihren Füßen windet sich die Schlange (vgl. Offenbarung 12, 1-8). Die Inschrift auf dem Sockel lautet: »ZAIGE DICH / EINE MUETTER / ZU SEIN«, darunter ist an den Stufen des Sockels die Signatur des Künstlers zu lesen: »Cosmas Damian Asam von Pairisch Minchen«. Das Apokalyptische Weib – wie ›Ecclesia‹ ein altes Sinnbild der Kirche und für den Triumph des Glaubens – wird von dem Erzengel Michael im Harnisch verehrt. Der Erzengel, der den Drachen besiegte, reicht der Gottesmutter Blumen empor. Seine Stoßlanze ist ihm entfallen. Von der anderen Seite hält eine Frauengestalt ein Weihrauchgefäß zum Zeichen der Verehrung in Händen. Hilfesuchende drängen sich in die Nähe der Statue.

Auf der südlichen Längsseite wird der siegreiche Kampf der Christen im Zeichen des Kreuzes in weiteren Beispielen vor Augen geführt. Kreuzfahrer und Ordensritter ziehen unter der Kreuzesfahne aus, um für ihren Glauben zu kämpfen.

Während auf der gegenüberliegenden Seite die Statue des Apokalyptischen Weibes verehrt wird, manifestiert sich der Untergang der heidnischen Götter und der Triumph des christlichen Glaubens in dem Schicksal einer Statue der Venus mit Amor, die von den Kreuzrittern zerstört wird. Als Präfiguration Christi schwingt Herkules die Keule vor der antiken Götterstatue – ein Motiv, das Asam auch in Weltenburg verwendet hat (vgl. F x, 7).

Mit der Zerstörung der Venusstatue wird zugleich an die Kreuzlegende erinnert. Während der Grabungen für das Kreuz ließ nämlich die Kaiserin Helena einen Venustempel abreißen. Die weltumspannende Verehrung des Kreuzes dokumentiert die mit Schätzen des Orients beladene Karawane, die dem aufgerichteten Kreuz entgegenzieht. Über allem schwebt in der höchsten himmlischen Region der auferstandene Christus. Putti tragen die Weltkugel unter ihm, während eine Schar Engel eine violettfarbene Draperie baldachinartig über den Weltenretter spannt.

4a-f: Die sechs Grisaillen in den Arkadenzwickeln geben die vier Evangelisten [**4a, 4b, 4d, 4e**], Christus als Weltenrichter [**4f**] und den Gnadenstuhl [**4c**] wieder. Über den Evangeli-

F XXII, 1

sten bezeichnet die Kartuscheninschrift stets die entsprechende Stelle im Evangelium des Dargestellten, die über die Verurteilung Christi, seine Kreuzigung und seinen Tod berichtet.

4a »MARCI / CAP: CV.«: Mit machtvoller Geste weist der Evangelist in Richtung des Kreuzes im Hauptbild. Neben ihm der Löwe.

4b »MATTHAEI / CAP. XXVII.«: Der Evangelist ist in schreibender Haltung gezeigt. Neben ihm der Engel.

4c »JOANNIS / CAP: III.«: Die Kartusche über dem Gnadenstuhl bezeichnet die Textstelle im Johannesevangelium (Johannes 3,14), die das Heilszeichen der Ehernen Schlange mit dem Kreuz Christi vergleicht.

4d »LUCAE / CAP: XXIII.«: Der Evangelist ist als Maler Mariens mit Palette und Bild gezeigt. Neben ihm der Stier.

4e »JOANNIS CAP: XIX.«: Der Evangelist sitzt mit der Feder in der Hand vor dem Buch. Neben ihm der Adler.

4f »MATTH. / CAP. XXIV.«: Christus als Weltenrichter thront über dem Kreuz auf dem Regenbogen. Er hat das Buch des Gerichts aufgeschlagen, und von seinem Angesicht gehen Lilie und Schwert aus. Die Posaunen des Jüngsten Tages zeigen unter ihm in alle vier Himmelsrichtungen. Die Kartuscheninschrift darüber verweist auf die Wiederkunftsrede Christi: »Wer ausharrt bis zum Ende, der wird gerettet werden« (Matthäus 24,13).

5 *Glorie des Heiligen Benedikt und seines Ordens:* Im Zentrum der Komposition steht der Heilige Benedikt. Sein Blick ist auf die Weltkugel über ihm gerichtet, seine Hand liegt auf dem aufgeschlagenen Regelbuch, in dem die Anfangsworte des Prologs zu lesen sind: »AUSCULTA / O FILI / PRAECEPTA MAGISTRI« (Höre, mein Sohn, die Gebote des Meisters). Um ihn herum haben sich Päpste, Kardinäle, Bischöfe, Äbte und einfache Mönche unter der Führung Gregor des Großen, sowie zahlreiche weltliche Herrscher, allen voran Kaiser Karl der Große, versammelt. Alle haben nach der Regel des Heiligen Benedikt gelebt, nach ihrem Vorbild neue Regeln geschaffen oder in verschiedener Weise zum Wohl der Christenheit gewirkt. Am unteren Bildrand präsentiert ein Engel dem Betrachter eine Tafel mit der zahlenmäßigen Auflistung der im Fresko nur mit einigen Vertretern Dargestellten: »PONTIFICES. 27. / CARDINALES. 200. / PATRIARCHAE. 51. / ARCHIEPISCOPI. 1600. / EPISCOPI. 4600. / CAESARES. 21. / IMPERATRICES. 25 / REGES. 48. / REGINAE. 54. / FILII ET FILIAE. 146. / DUCES ET PRINCIPES. 445. / ABBATES. 15 000. / ORDINES MILITARES. 12.«. Wie Münch (1937) festgestellt hat, handelt es sich hierbei um eine Zusammenfassung der benediktinischen Literatur, die zum Ruhm des Ordens und seiner Heiligen vielfach im 18. Jahrhundert verfaßt wurde.

5a-b Die Tondi mit Grisaillen versinnbildlichen benediktinische Tugenden, die vom Mönch ein Leben in Anbetung Gottes und Stille fordern:

5a *Anbetung Gottes:* Ein Engel kniet, ins Gebet vertieft, am Altar vor einem Weihrauchgefäß.

5b *Stille:* Eine Frauengestalt legt zum Zeichen des Schweigens den Finger an den Mund. In einer Schale trägt sie eine Stola.

6 *Verherrlichung Mariä:* Maria, in betender Haltung vor dem Christuskind auf der Weltkugel, mit dem Kreuz in der Hand, nimmt die Mitte des Freskos ein. Die Gruppe mit Mutter und Kind ist von einem Nimbus hinterfangen. Putti und Engel haben sich um Maria versammelt. Notenblätter weisen auf den angestimmten Lobgesang zu Ehren der Gottesmutter hin. Ein Schriftband flattert am oberen Bildrand und enthält die Bitte: »SANCTA MARIA / ORA PRO NOBIS PECCATORIBUS« (Heilige Maria, bitte für uns Sünder). Wie ein Abschlußwort ist in großen Lettern auf einem von Engeln gehaltenen Blatt zu lesen: »GLORIA PATRI / ET FILIO / ET SPIRITUI SANCTO« (Ehre sei dem Vater und dem Sohn und dem Heiligen Geist).

7 *Gründung von Břevnov:* Das Fresko schildert die legendäre Begebenheit, die zur Wappenbildung und zum Bau von Kloster Břevnov führte. Der heilige Bischof Adalbert erscheint dem Herzog Boleslaus und weist diesen an, zum Dank für seine Rettung aus dem Sumpf ein Kloster zu bauen. Als Bauplatz bezeichnet er die Stelle, wo ein Baumstamm (Břevnov = Balken), drei blühende Rosen und ein Reh, das aus einer Quelle trinkt, zu finden sind. In eleganter Pose steht der Herzog vor dem Heiligen. In seinem Gefolge ist ein Architekt, der bereits am Plan des Baues zeichnet.

8 *Übergabe von Kloster Wahlstatt:* Der Erbauer der neuen Klosterkirche von Wahlstatt, Abt Othmar Zinke von Břevnov, steht zusammen mit anderen Mönchen vor der Fassade des Baus. Vor seiner Weihe, die bereits am 7. Oktober 1731 erfolgt war, präsentiert der Abt das neue Heiligtum der Heiligen Hedwig als Stifterin und Kirchenpatronin. In diesem Fresko hält Asam die örtlichen Verhältnisse genau fest: Gegenüber der barocken Fassade des Neubaus taucht hinter Hedwig die ehemalige Dreifaltigkeitskirche (heute Museum der Schlacht von Liegnitz) auf.

9 *Kreuzestod:* Das Fresko zeigt den Moment des Todes Christi am Kreuz. Der Himmel hinter Christus hat sich verfinstert, wie ein roter Ball erscheint die Sonne am Horizont. Ein Lichtstrahl geht von Jesus aus und öffnet die Gräber. Eine bleiche Gestalt wendet sich aus der Grabeshöhle dem Gekreuzigten zu. Auf der Grabplatte signierte Asam noch einmal mit: »Cosmas D. A.«.

10 *Entsendung der ersten Benediktiner von Monte Cassino:* Benedikt, dessen Haupt von einem Strahlenkranz umgeben ist, steht vor seinem Kloster Monte Cassino. Sein Segen und die wenigen Gaben, die er einem jungen Mönch überreicht, gilt der Gruppe von Benediktinern, die das Stammkloster verlassen, um einen Neubau zu gründen. Voll Trauer blicken die zurückgebliebenen Mönche hinter dem Ordensvater den Davonziehenden nach.

ARCHIVALIEN: Statní ustředni Archiv Praha (Staatliches Zentralarchiv Prag), Řadovy archiv benediktinů Břevnov (Ordensarchiv der Benediktiner von Břevnov), Provisoratsrechnungen, Karton Nr. 357 (Vertrag vom 5. Juli 1733; zitiert unter Q 16 auf Seite 82).

LITERATUR: H. Lutsch, *Kunstdenkmäler Schlesiens,* Breslau 1886, Band III – Münch 1937, 130-132 – Hanfstaengl 1939, 122-126, Tafel 41 – Günther Grundmann, *Wahlstatt,* Berlin 1944 – Tintelnot 1951, 70, Abb. 39 – Tintelnot 1954, 182-185, Abb. 126 – Hanfstaengl 1955, 49-50, Abb. 62 – Menzel 1964, 87ff., Anhang VIII (Vertrag) – Menzel 1973, 78-81, Abb. 24/25 – Rupprecht 1980, 242-245 – Penzlin 1983, 193-197, 306-308, Abb. 49 – Trottmann 1986, 98-99, Abb. 148-152.

B.H.

F XXIII
INNSBRUCK
Landhaussaal 1734

(Tafel 79)

Sitzungssaal im Haus der Tiroler Landstände, heute Landtag des österreichischen Bundeslandes Tirol; Stadt Innsbruck.

BAU UND AUFTRAG: Ab 1722 waren die Tiroler Landstände mit den Plänen eines Neubaus beschäftigt. 1724 wurden das Vorhaben endgültig bewilligt und die Bauleitung dem Hofarchitekten Georg Anton Gumpp übergeben. Im April 1725 konnte der Grundstein gelegt werden, und bis 1728 war der Bau fertiggestellt. Nach langen Verhandlungen über die Ausstattung des großen Sitzungssaals im zweiten Obergeschoß kam man am 1. Juni 1730 überein, daß der gelehrte Prälat von Stift Wilten, Martin von Stickler, geeignete Künstler auswählen und unter Vertrag nehmen solle. Stickler, der als führender Vertreter der Stände als Bauinspektor bei diesem Unternehmen fungierte, verpflichtete für die Stukkaturen gleich mehrere Künstler: Hans Singer, Paul Wachter, Andreas Gratl und Francesco Serena. Den richtigen Maler für die Ausstattung des Saals mit einem großen Mittelfresko und sechs kleineren Wandmedaillons zu finden, fiel Stickler offenbar schwer. 1733 berief er den Tiroler Maler Simon Benedikt Faistenberger von Kitzbühel nach Innsbruck, doch ein Vertrag kam nicht zustande. Auch mit Asams Schüler Matthäus Günther wurde verhandelt, bis schließlich der Auftrag an Cosmas Damian Asam vergeben wurde. 1734 führte Asam die Arbeiten aus und erhielt dafür 887 Gulden.

1 *Verherrlichung des Landes Tirol:* Im Zentrum der unteren Hälfte des ovalen Deckenstücks steht auf einem Podest ein Greis, der zum Zeichen seiner Würde eine goldene Kette trägt. Gerahmt wird die Gestalt von zwei Wappen mit dem Tiroler Adler. Sie sind an Steinsockeln angebracht, auf denen zwei Sphingen als Herrschersymbole lagern. Mehrere Sinnschichten vereinen sich in der Figur des Würdenträgers. Zuerst wird sie als Personifikation des Landes Tirol anzusprechen sein. Die drei reichgekleideten Frauen davor breiten die Schätze und Früchte der Talschaften aus, die noch einmal in den Wandmedaillons [**2-7**] beschrieben werden. Der ›Vinschgau‹ im Hintergrund reicht das Korn. Das ›Inntal‹ schüttet seine Gold- und Silberschätze aus. Das ›Etschtal‹ bietet eine Überfülle von verschiedenen Früchten und Weintrauben an. Auf der gegenüberliegenden Seite sind es die Flüsse des Landes, die durch ihre Flußgottheiten repräsentiert werden. Die herkulische männliche Gestalt im Kreis der drei entblößten Frauen stellt dabei sicher den ›Inn‹ vor, dessen Blick auf die ihm zugeordnete weibliche Gestalt mit dem Silberschatz des Inntals fällt.

Möglicherweise ist mit der Figur des Alten auf dem Podest der gefürstete Graf von Tirol, Meinhard II. (1258-1295) gemeint, dem das Land die Einigung verdankt. Die beiden Genien, die ihn begleiten – rechts von ihm, mit dem Granatapfel, der Genius der ›Vaterlandsliebe‹ und links, mit dem Schwert, der Genius der ›Gerechtigkeit‹ – deuten zusammen mit den Herrschaftszeichen auf den übergeordneten Sinn dieser zentralen Gruppe als ein Exempel des ›Guten Regiments‹. Am ovalen Rand des Bildes wird rechts und links auf die Tätigkeiten der Landesbewohner hingewiesen. Der Wagen mit dem Pickel links und der Salztrog deuten auf Bergbau und Salzgewinnung. Auf der gegenüberliegenden Seite hat Athene, mit Helm und Stoßlanze, drei Frauen unter ihren Schutz genommen, die mit Waage, Geldsack, Äskulapstab und Ruder die ›Gerichtsbarkeit‹, den ›Handel‹, die ›Heilkunde‹ und die ›Schiffahrt‹ personifizieren. Als Göttin der Weisheit schützt Athene auch die Philosophen, Dichter und Redner. Die Bücher hinter der Göttin sollen an diese Funktion erinnern. Mit diesen Tätigkeiten zum Wohl des Staates und seiner Bürger wird das Thema des ›Guten Regiments‹ fortgesetzt. Als Schützerin des Staates nach innen und außen sorgt Athene für Frieden. Ihre bewehrte Gestalt erinnert aber zugleich daran, daß Kampf zum Schutz der Heimat notwendig werden kann.

Auf der gegenüberliegenden Seite wird dieser Aspekt mit einer Pointierung auf die herrschenden politischen Verhältnisse unter anderen Vorzeichen weitergeführt. Dort sind Kaiser Karl VI. und seine Tochter und Thronfolgerin Maria Theresia zu Pferd zu sehen. Der Kaiser wird von Diana abgehalten, einen Schuß aus seinem Gewehr abzugeben und damit die vor ihm kauernde Kriegsfurie zu wecken. Mit einer Geste weist Diana auf einige erlegte Jagdtiere neben sich und deutet damit an, daß die Waffe friedlichen Zwecken zu dienen habe.

In dem Bild des Kaisers und seiner Nachfolgerin haben sich wohl die Spannungen zwischen dem österreichischen Herrscherhaus und den Landständen ausgedrückt. Als Förderer der Zentralstaatsidee versuchte der Kaiser die Landtage mit aller Kraft auszuschalten.

Allem übergeordnet ist die Figur der ›Divina providentia‹ – der ›Göttlichen Vorsehung‹ – mit dem Stab, über dem das Dreifaltigkeitssymbol leuchtet. Ihr zugeordnet sind rechts die Personifikation des ›Glaubens‹ mit dem Hostienkelch und darunter die ›Sapientia‹ – die ›Weisheit‹. Ihr Attribut, der Spiegel, wurde bei einer Übermalung falsch ergänzt. Heute hält die Frauengestalt statt des Spiegels ein Tambourin in der Hand. Das Spruchband mit den Psalmworten erläutert die Funktion der ›Divina providentia‹: »IN PROTECTIONE DEI COELI COMMORABITUR. Psalm« (Unter dem Schutz des Himmelsgottes wird das Land verweilen). Den Ruhm des Landes Tirol verkündet neben der ›Göttlichen Vorsehung‹ die ›Fama‹ mit der Posaune.

2-7 Über jedem Wandmedaillon gibt eine kleine Kartusche die Bibelstelle im Alten Testament an, die das Wandbild darunter vorstellt. Die lateinischen Inschriften stellen den Zusammenhang mit den Tiroler Tälern her.

2 *Rahel und Jakob am Brunnen – »Genes Cap. XIIVII«* (sic!): Das Fresko zeigt die Begegnung Jakobs mit Rahel am Brunnen, wie sie in der Bibel (Genesis 29,9-12) berichtet wird. Dicht neben Jakob, der am Brunnenrand sitzt, steht Rahel. Mit einer Geste deutet sie auf das weidende Vieh im Hintergrund, während vor ihr drei Schafe aus dem Wassertrog trinken. Die Inschrift am unteren Bildrand »MUNERA PUSTRISSAE« (Die Gaben des Pustertales) spielt auf den Viehreichtum des Pustertals an. – Zu dem Fresko liegt eine Entwurfszeichnung vor (Z 54).

3 *Aaron bringt das Brandopfer am Altar dar – »Levit Cap. IX«:* Aaron, in der Kleidung eines Hohenpriesters, bringt am Altar das Brandopfer vor dem Volk Israel dar. Sein Blick ist ehrfurchtsvoll nach oben gerichtet, während er das Rauchfaß schwenkt. Die Inschrift »YSSACKIUS ADDIT HONOREM« (Die Eisack fügt die Ehre [Gottes] hinzu) bezieht sich wohl auf die Bischofsstadt Brixen im Eisacktal.

4 *Isaak erwartet Rebekka – »Genes. Cap. XXIV«:* Isaak, der Sohn Abrahams, ist aus dem Schatten einer Säule vorgetreten und weist mit einer Hand in die Tiefe der Landschaft, die sich hinter ihm auftut. Möglicherweise gilt die Geste der Braut Rebekka. Nach dem Bibelbericht, der mit der Textstelle in der Kartusche angesprochen wird, hatte der Knecht Abrahams um die Braut geworben, die aus der Ferne Isaak entgegenzieht. Ein Diener im Hintergrund, der Getreidesäcke mit dem Strichmaß füllt, erinnert an den Kornreichtum des Vinschgaus. Die Inschrift dazu lautet: »VALLIS FRUMENTA VENUSTA« (Der Vinschgau [gibt] die Kornfülle). – Zu dem Fresko liegt eine Einzelstudie vor (Z 52).

5 *Judith mit dem Haupt des Holofernes – »Judith Cap. XIII«:* In grausamer Deutlichkeit wird der gerade enthauptete Körper des Holofernes im Vordergrund gezeigt. Triumphierend hält die prächtig gekleidete und perlengeschmückte Judith das gräßlich verzerrte Haupt am Haarschopf empor. Das Schwert in ihrer Hand bezeugt die mutige Tat, die die junge Frau für ihr Volk vollbracht hat. Am Zelteingang taucht die greise Dienerin Judiths auf, die den Sack für das Haupt bereithält. Die Inschrift verknüpft die biblische Darstellung mit einer Legende aus dem Wipptal. Mit den Worten: »AD FAUCES SYLL AESTERNITUR ENSE GIGAS« (In der Schlucht der Syll wird der Riese mit dem Schwert hingestreckt) wird an den Riesen Haymon und dessen Kampf mit dem Drachen erinnert. Diese Sage ist mit der Gründung von Kloster Wilten verbunden. Der Themenvorschlag wird daher sicherlich von dem Wiltener Prälaten Stickler ausgegangen sein. – Zu dem Fresko liegt eine Entwurfszeichnung vor (Z 53).

6 *Besuch der Königin von Saba bei König Salomon – »Liber Reg. Cap. X«:* In prächtige Gewänder gehüllt kniet die Königin von Saba vor Salomon nieder, den sie wegen seiner Weisheit bewundert. Die Schätze, die sie ihm nach dem Bibelbericht (1 Könige 10) überreichte, werden in der Inschrift in einen Bezug zum Inntal gebracht: »COLLIGIT OENUS OPES« (Der Inn sammelt allen Reichtum).

7 *Die Kundschafter des Moses in Kanaan – »Num. XIII.V. XXIV.«:* Nach dem Befehl von Moses (Numeri 13,24) bringen die Kundschafter aus dem Tal Eschkol im Lande Kanaan Früchte des Landes mit. Zwei Männer tragen an einer Stange Reben mit Weintrauben, die sie geschnitten haben. Die Inschrift spielt auf den Weinbau

im Etschtal an: »FERT ATHESIS UVAS« (Die Etsch bringt Trauben hervor).

LITERATUR: Halm 1896, 35 – Hanfstaengl 1939, 126/127 – Huber 1943, 132 – Hammer 1952, 265-311, Abb. 276/277 – Schaaf 1955, 4-9 – Egg 1968, 15-20 mit Abbildungen – Ruprecht 1980, 168-171 mit Abb. und Farbtafel (Detail). B.H.

F XXIV
INGOLSTADT
1734

(Grundriß; 3 Abb.; Tafeln 80-82; Abb. 2 Seite 107, Abb. 4 Seite 108)

Kongregationssaalkirche Maria de Victoria (seit 1804), ehemaliges Oratorium der Marianischen Studentenkongregation an der Universität Ingolstadt; Bistum Eichstätt; Regierungsbezirk Oberbayern, Stadt Ingolstadt.

PATROZINIUM: Mariä Verkündigung.

BAU UND AUFTRAG: Da im Jesuitenkolleg der Versammlungsraum für die 1577 gegründete Marianische Studentenkongregation nicht mehr den Anforderungen genügte, wurde nördlich des Kollegs ein freistehendes Oratorium errichtet. Ob einer der beiden Asam für den Entwurf verantwortlich ist, bleibt ungeklärt; für die Innenstuckierung ist Egid Quirin in der Diskussion, doch läßt sich seine Mitarbeit nicht belegen.

Der Universitätsrektor Max Ignaz von Planck legte am 30. April 1732 den Grundstein. Während 1736 noch am Portal gearbeitet wurde und erst am 1. Juli jenes Jahres die Weihe stattfand, hat Cosmas Damian Asam die Freskierung im Jahre 1734 in der äußerst kurzen Zeit von zwei Monaten bewältigt (genauer mit 36 Tagwerken, wie der Restaurierungsbefund ergab).

Der längsgerichtete Saal öffnet sich hinter einem Vorraum unter Empore und zwei Oratorien an der östlichen Eingangsseite zu einer Länge von etwa 30 und einer Breite von rund 14 Metern. Bei diesen Ausmaßen erscheint die durchgehende Deckenhöhe von nur 10,5 Metern sehr niedrig, doch gelingt es dem Fresko Asams – hell beleuchtet von den je sechs Achsen zweier übereinandergestellter Seitenfenster – die Illusion von Öffnung und Weite zu geben. Außer durch Fenster erfährt der Raum eine Vertikalgliederung nur noch durch sein Mobiliar: durch ›Professorenstühle‹ (1748) mit darüberhängenden Gemälden (1749-1753) an den Längswänden, zwei Bilder über Wandschränken (1737) und den Altarbau mit Baldachin (1759 geweiht) an der westlichen Schmalseite. Das Fresko wird oberhalb einer reich ornamentierten Stuckzone mit einem girlandenumwundenen Stabbündel gerahmt. Die innere, mehrfach profilierte Leiste ist bereits gemalt.

ZUSTAND: Die letzte Restaurierung von 1976 ergab, daß Asam die Ausmalung der rund 490 Quadratmeter (den ›Höllensturz‹ über der Empore eingeschlossen) zu etwa 95 Prozent al fresco durchgeführt und zu einem geringen Teil nachbehandelt hatte. Eine große Anzahl von Deckenrissen mußte gesichert werden, der Erhaltungszustand war insgesamt jedoch gut.

FRESKENPROGRAMM: ›Mysterium incarnationis dominicae‹ (Das Geheimnis der göttlichen Menschwerdung): Diesen Titel gab 1735 eine Kurzbeschreibung dem Hauptgemälde [2]. Während dort Christus in den Mittelpunkt gestellt wird und von Babylonischer Gefangenschaft die Rede ist, obwohl im Bild eine Pyramide eindeutig auf Ägypten verweist, hebt das Fresko die Muttergottes hervor. Das Patrozinium Mariä Verkündigung im Saal der Marianischen Studentenkongregation verherrlicht somit Maria als zentrale Gestalt bei der Inkarnation Christi. Die Darstellung der Verkündigung als der – nach thomistischer Theologie – eigentliche Moment des Geschehens ist eingebettet in ein enges Bedeutungsgeflecht aus typologischen, allegorischen, symbolischen und exegetischen Elementen. Als irdischer Hauptträger der Verbreitung göttlichen Heils erweisen sich schließlich Weltmission und Erziehungsarbeit der Jesuiten.

Das Grisailletondo im Vorraum [1] leitet mit dem Thema ›Gebäude der Weisheit‹ in das Konzept des Kongregationssaales ein. Auch in farbsymbolischer Hinsicht bereitet die weitgehend monochrome Malerei auf die Farbigkeit des Saalfreskos vor.

Ingolstadt

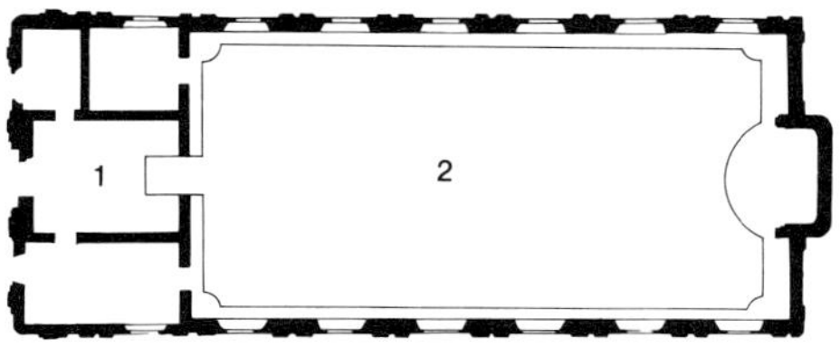

1 *»Sapientia aedificavit sibi domum«* (Die Weisheit hat sich ein Haus erbaut; Sprüche 9, 1): Mit diesem Schriftband ist nicht nur das runde Grisaillefresko im Vorraum betitelt, sondern gleichsam das Motto des gesamten Baues ausgesprochen. Die Societas Jesu, die sich besonders der Jugenderziehung widmete, spielte mit dem Zitat aus Salomons Sprüchen auf die Gastfreundschaft der ›Sapientia‹ an, denn in den nachfolgenden Versen (9, 2-6) lädt die ›Weisheit‹ alle Unwissenden an ihren gedeckten Tisch: »Verlaßt die Torheit, so werdet ihr leben, und wandelt dahin auf dem Wege der Einsicht!« (Sprüche 9, 6)

F XXIV, 1

Die Personifikation sitzt mit Herrscherstab und Schlangenzepter auf dem Thron Salomons, dessen Gerechtigkeit als der Inbegriff irdischer Weisheit gilt. [Hier ist an die Bibliotheksausmalung in Regensburg zu erinnern (F XXVII, 1), in deren Programm eben diese Salomonische Weisheit vor Gott als nichtig und leer dargestellt ist]. Die Löwen, deren zwölf nach dem biblischen Bericht (1 Könige 10, 20) zu seiten seines Thrones standen, spielen mit den Insignien von Macht und Reichtum, dem Segen des Wissens: Reichsapfel, Krone, Schwert, Füllhörner und Friedenspalme. Sie eröffnen damit die Reihe von Bedeutungsschichten, die in der Darstellung enthalten sind und die als Prolog zum Hauptfresko im Kongregationssaal gelten können.

Von oben wird die Allegorie der ›Sapientia‹ durch einen Lichtstrahl getroffen, den ihr ein Putto durch einen Spiegel zuleitet und der von der Taube des Heiligen Geistes über ihrem Haupt ausgeht. Ebenfalls im Spiegel ist das Auge Gottes zu erkennen; im Spiegel deshalb, weil diesseitige Gotteserkenntnis (nach 1 Korinther 13, 12) nur gleichsam wie durch einen Spiegel möglich ist. Das Auge, von einem Dreieck umschlossen, erscheint vor der Kuppel des in einer Gloriole erstrahlenden, farblich abgesetzten Rundbaus, der zwischen einer Zypresse und einer Palme den gesamten Hintergrund einnimmt: Es ist Gott, der über den Spiegel die ›Weisheit‹ erleuchtet und mit jenem Geist erfüllt, dem die Weisheit ein Gebäude zur Wohnung errichtet.

Das von der ›Sapientia‹ erbaute Haus nun hat neben dem direkten Bezug zum realen Neubau noch (mindestens) drei Bedeutungen. Zunächst ist mit dem Kuppelbau der Tempel Salomons gemeint, Präfiguration für jedes Gotteshaus. Weiterhin weist die Kuppel (nicht nur ihres Aussehens wegen) auf den Petersdom hin und damit auf die ›Ecclesia‹ überhaupt, das Gebäude der Christenheit, das sich der Erlöser (= die Weisheit) errichtet. Christi Einsetzungsworte, die er zu Petrus sprach, stehen im Kuppelring über dem Petersgrab (Matthäus 16, 18): »TU ES PETRUS, ET SUPER HANC PETRAM EDIFICABO ECCLESIAM MEAM« (Du bist Petrus, und auf diesen Felsen will ich meine Kirche bauen). Schließlich bedeutet der Bau im Strahlenkranz den Erlöser selbst. Das ergibt sich im Gemälde aus dem Fehlen einer anderen, die Dreifaltigkeit neben den Symbolen Gottvaters und des Heiligen Geistes erst vervollständigenden Darstellung und im Bibeltext aus Johannes 2, 21, als Jesus über Zerstörung und Wiedererrichtung des Tempels spricht: »Er aber redete von dem Tempel seines Leibes.«

Unter diesem Aspekt gewinnt der Spruch auf dem Band einen besonderen Sinn: Im menschlichen Leib baut sich Gottes Sohn eine Wohnung. Damit ist das Thema des Saalfreskos eingeleitet.

2 *Mariä Verkündigung im Heilsplan Gottes:* Der Betrachterstandpunkt für die Hauptansicht des Freskos läßt sich etwa in Höhe der ersten Fensterachse annehmen. Der davor heute im Fußboden nahe des Eingangs eingelassene Kreis markiert den Augenpunkt der Perspektivkon-

F XXIV, 2, *Ausschnitt* ▷

struktion für die Architektur in der westlichen Hälfte des Deckenfeldes. Die umlaufend am Rand des Gemäldes geschilderten terrestrischen Szenen erschließen sich, ineinander übergehend, im Vorbeischreiten; der Engelssturz oberhalb der Empore bei Umwendung in der zweiten Fensterachse.

In der vorderen (eingangsnahen) Deckenhälfte thront Gottvater im Elyseum, umgeben von Engeln und Putten, die im weiteren Rund zu den himmlischen Chören geordnet sind. Aus seiner Brust entspringt der Strahl des Heils und bricht sich in der Personifikation der ›Göttlichen Liebe‹, die links (etwa oberhalb des vierten Fensters) auf einer feurigen Wolke sitzt. Nunmehr wird der Strahl über Gabriel zur Jungfrau Maria geführt, zu der der Verkündigungsengel mit einer Lilie in der Hand herabschwebt. In ihr nimmt mit der Inkarnation Christi das Heilswirken seinen Ausgang über den ganzen Erdkreis. Versinnbildlicht wird dies durch die Aufteilung des göttlichen Strahls in vier kleinere und deren Aussendung von der Immakulata in alle Welt, das heißt zu den Darstellungen der vier Erdteile in den Ecken des Freskos. Damit ist das kompositorische Gerüst der Ausmalung gegeben. Inhaltliche Details sollen in Auswahl die Fülle der Interpretationsmöglichkeiten und Allusionen aufzeigen.

Maria, im Zentrum der westlichen Deckenhälfte, steht auf einem Treppenpodest vor der zwölfsäuligen Front des Salomonischen Tempels. Das Tonnengewölbe über dem Zugang trägt das Symbol Gottes zum Zeichen seiner Anwesenheit in diesem Gebäude. Gemeint ist der Tempel als Präfiguration der Jungfrau, die als Gottesgebärerin ebenfalls die Anwesenheit des Herrn in sich trägt. Auf gleiche Weise, nur unter anderem Aspekt, ist Marias Stellung zwischen der Bundeslade und dem leeren Thron zu interpretieren. Die Lade und ihr Inhalt – Gesetzestafeln, Manna und Aaronstab – gelten als Symbol des Alten Bundes; Maria mit ihrer Leibesfrucht als Darstellung des Neuen Testaments. Der leere Thron rechts neben ihr bedeutet die ›Etimasie‹, Hinweis in Kurzform auf das Jüngste Gericht. Das Heil Gottes erstreckt sich also nicht nur über alle Welt, sondern auch von der Erwählung des Gottesvolkes an bis zum Ende aller Zeiten.

Der Brunnen unterhalb der Treppe läßt sich als marmornes Auffangbecken der Tempelquelle interpretieren, die nach Ezechiel 47, 1-12 unter der Schwelle des Tempels entspringt und bei ihrem sich ständig vergrößernden Lauf Gesundheit und Leben in die Welt bringt. Sicherlich ist nicht das als ›Ehernes Meer‹ bezeichnete Bronzebecken gemeint, das nach 1 Könige 7, 23-25 auf zwölf ehernen Rindern steht (wie von Asam im Einsiedler Fresko von der Tempelweihe ausgeführt: F XIV, 2). Die beiden Gebäude zu seiten des Tempels finden sich bei der Lobpreisung der Braut im Hohenlied (4, 4; 7, 5) als ›Turm Davids‹ und ›Elfenbeinerner Turm‹ und kehren in der Lauretanischen Litanei als Anrufungen der Madonna wieder. Auch das Portal selbst, interpretiert als Ianua Coeli (Pforte des Himmels), oder der vergoldete Tempelbau im Hintergrund (Domus aurea – Goldenes Haus) entstammen als Bezeichnungen für die Jungfrau der Lauretanischen Litanei und unterstreichen die inhaltliche Ausrichtung des Freskos auf Maria. Auf den Hügeln, die die Quelle einfassen, sitzt links David, aus dessen Haus nach der Prophezeiung der Erlöser stammt, und hebt rechts Abraham zur Opferung seines Sohnes an – alttestamentarisches Vorbild des Kreuzestodes. Zwei weitere Vorfahren erscheinen über den Längswänden; nördlich ist es Moses, berufen vor dem brennenden Dornbusch. Einerseits steht er als Retter in Zusammenhang mit der folgenden Szene bei den Pyramiden, andererseits ist die unzerstörte Pflanze Sinnbild der Jungfräulichkeit Mariens. Das geknechtete (und später von Moses herausgeführte) israelitische Volk in Ägypten ist als die in Erwartung der Erlösung harrende Menschheit schlechthin zu werten. Gegenüber ist Urvater Adam unter dem Paradiesesbaum dargestellt. Sein Sündenfall ist der Beweggrund für die Menschwerdung und das Erlösungswerk des neuen Adam Christus. Den angebissenen Apfel trägt ein Engel zur Liebe empor, die ihren Gnadenbeweis nicht zurückhält: Ein Teil des göttlichen Strahles trifft den Sünder; er empfängt Gnade nicht erst durch den Erlöser, sondern direkt von Gott.

Der rückwärtige Teil des Freskos über der Empore wird von einem Höllensturz eingenommen. Sankt Michael, durch den Stern am blauen Band als Georgiritter ausgewiesen, treibt mit einem Blitzbündel die rebellischen Engel dem Höllenschlund zu: »Deo-homini negantes homagium« (Engel, die das Menschtum des Gott-Menschen leugneten), wie die Beschreibung von 1735 erklärt.

Die Personifikationen der vier Erdteile in den Ecken des Freskos entstammen der ›Iconologia‹ Cesare Ripas. Erweitert wird ihre Darstellung mit Einzelheiten der jesuitischen Mission, der antiken Mythologie und Personen des bayerischen Herrscherhauses. Lehrer der Universität Ingolstadt schließlich verknüpfen das Geschehen mit dem Ort.

›Amerika‹ erscheint im Nordosten. Ein Schiff liegt dort vor Anker und unterstützt mit Kanonenbeschuß den Heiligen Michael im benachbarten Höllensturz. Einige Missionare gehen gerade von Bord und beglücken die federgeschmückten Eingeborenen mit Devotionalien.

Gegenüber reitet vor Palmen ›Afrika‹ auf einem Elefanten einher, begleitet von zahlreicher Dienerschaft. Vom Gnadenstrahl getroffen, öffnet sie anbetend die Arme und läßt Weihrauch opfern. Der übrige Teil der Bevölkerung des Erdteiles widmet sich der Großwildjagd. Rechts kann sich eine Gruppe von Jägern anscheinend nicht entscheiden, ob ihr das soeben dem Nil entstiegene Krokodil oder das himmlische Licht größeren Schrecken bereitet.

In der Nordwestecke hat ›Asia‹ alle ihre Völker versammelt. Die Schätze und Spezereien, die vor der Dame, die den Kontinent personifiziert, angehäuft sind, lassen den Reichtum der Königin von Saba anklingen. Die arabische Halbinsel ist durch den Turbanträger mit Mokkageschirr im Vordergrund angedeutet, der ferne Osten durch den Jesuiten in chinesischem Habit rechts vom rauchenden Weihrauchkessel. Von hinten drängen schneidige Säbelträger und würdige Herrscherfiguren heran, die für den mittleren Orient stehen mögen. Die meisten haben sich Maria zugewendet. Einige jedoch scheinen hinter scheelen Blicken nichts Gutes zu verbergen. Ein gezückter Krummsäbel und ein Morgenstern verheißen wenig Bereitschaft zum Christentum: Anspielung auf die Türken als ständige Bedrohung des christlichen Abendlandes.

F XXIV, 2, *Ausschnitt (Königin von Saba)*

Unterhalb König Davids wird ›Europa‹ durch Pallas Athene auf dem Parnaß dargestellt. Dieser Erdteil ist der Muttergottes am nächsten. Auch aus dem lebenspendenden Wasser der Tempelquelle können nur hiesige Bewohner schöpfen. Die Göttin wird vom Gnadenstrahl im blauen Symbolstein des ›Summum sacerdotium‹ auf ihrem linken Oberarm getroffen. Mit einer Fackel entzündet sie das Monogramm Christi auf einer Erdkugel. Nicht nur auf die geistliche Vorherrschaft ist angespielt, auch die weltliche wird bezeichnet: Aus dem Füllhorn neben dem Globus rollen Kronen heraus. Wie das Bild des Musenbergs mit Pegasus und den Göttinnen der Kunst und Wissenschaft erwarten läßt, sind Geistesgaben auf die umstehenden Personen verteilt. Vor allen nimmt als Förderer der bayerische Kurfürst, in diesem Falle der Regierungszeit entsprechend Karl Albrecht, mit der Leier die Stelle Apolls ein. Andere Mitglieder des Hauses Wittelsbach, der Kurprinz Max Joseph – als Großprior des von seinem Vater 1729 gestifteten Georgiritterordens mit dessen Ordenskreuz (wie Sankt Michael!) – und dessen Onkel Clemens August, der Kurfürst und Erzbischof von Köln, stehen neben ihm. Pallas hält in der Rechten die jüngere deutsche Kaiserkrone, das übliche Attribut der ›Europa‹. Die auffällig exaltierte Gebärde, mit der sie diese Krone in die Richtung Karl Albrechts hält, könnte eine feinsinnige Anspielung auf den Anspruch des bayerischen Kurfürsten sein, der die Pragmatische Sanktion Karls VI. von 1713 nicht anerkannt hatte und sich aufgrund älterer, vermeintlich günstiger Testamentsbestimmungen wie auch durch seine Heirat mit einer eigentlich vorrangig erbberechtigten Tochter Kaiser Josephs I. als legitimer Nachfolger des söhnelosen Kaisers Karl VI. fühlte. In der Tat sollte der Bayer die Kaiserkrone 1742 auch erringen, aber freilich nur kurze Zeit – als Karl VII. – bis zu seinem frühen Tode 1745 tragen.

Am Fuß des Musen-Berges hat sich der Adler – Attribut des Götterherrschers Zeus – niedergelassen. Die unterste Bergzone wird von den Männern der Wissenschaft eingenommen, den

Jesuiten der Universität Ingolstadt. Diese ist durch die beiden Zepter neben der Weltkugel angedeutet. Allen voran stehen, direkt unterhalb Mariens, der Rektor und der Dekan der theologischen Fakultät am Quell. Für die philosophische Fakultät tritt ein Astronom auf, für die medizinische ein Herr mit Heilpflanze. Der Jurist zeigt sich mit rotem Barett in der Hand. Somit ist, vergleichbar mit dem Fresko im Eingangsraum, eine Bedeutungsschicht dem Ort selbst gewidmet: Ingolstadt trägt als Zentrum jesuitischer Bildung seinen Teil zur Verwirklichung des Heilsplanes bei.

Hinter dem Kurfürsten sind – als Pendant zu den säbelschwingenden Muslim gegenüber – die Fahnen der vereinten europäischen Heere aufgestellt. Sie gewährleisten die Verteidigung des wahren Glaubens. In vorderster Linie, gleich neben der Fahne der Jungfrau Maria, die bayerischen Wecken, eingedenk der Verdienste des Türkensiegers Max Emanuel, des Vaters von Karl Albrecht, wie auch der Verdienste Karl Albrechts selber im Türkenfeldzug von 1716 bis 1718.

QUELLEN: Bayerische Staatsbibliothek München, *Cgm. 2001* (Chronik von Ingolstadt mit Baugeschichte); *Oefeleana VI* (Asam malt zwei Monate in Ingolstadt) – Bayerisches Hauptstaatsarchiv München, Jesuitica Nr. 82, *Litterae annuae 1735*, 3/4 (Freskenbeschreibung, aufgenommen und übersetzt in Kaute 1966).

LITERATUR: Halm 1896, 47f. – Lamb 1937, 44-47 – Hanfstaengl 1939, 136-140 – Hanfstaengl 1955, 52-54 – Kaute 1966 – Hitchcock 1968, 77-81 – Hofmann 1973 – Rupprecht 1974, 248-287 – Hofmann 1977 – Hauptmann 1977 – Rupprecht 1980, 224-231 – Hofmann 1981 – Penzlin 1983, 201-206, 310f. R.P.

F xxv
PRAG
Sankt Niklas in der Altstadt
1735/36

(Grundriß; 4 Abb.)

Ehemalige Benediktinerabteikirche Sankt Niklas (Sváty Mikuláš) am Altstädter Ring (Staroměstské náměstí); 1870-1914 russisch-orthodoxe Kirche, ab 1920 Gotteshaus der Tschechoslowakischen Kirche, heute Eigentum der Hauptstadt Prag, Stadtbezirk Praha 1; Erzbistum Prag.

PATROZINIUM: Sankt Nikolaus.

BAU UND AUFTRAG: An Stelle einer älteren Anlage entstand zwischen 1732 und 1735 der Zentralbau nach Plänen von Kilian Ignaz Dientzenhofer. Nach zwei schmalen Jochen im Westen mit der Orgelempore über dem Eingang öffnet sich der Raum in ein weites Oktogon, über dem sich auf einem überhöhten Tambour eine mächtige achteckige Kuppel mit Laterne erhebt. Nach Norden und Süden schließen sich zwei Raumkompartimente an das Oktogon an und bilden ein Querhaus mit Emporen. Im Osten folgt auf ein schmales Vorjoch ein dunkler, fensterloser Chor mit halbrundem Abschluß, der durch Pfeiler und Gewölbegurte in zwei Joche rhythmisiert wird. Das streng weiß getünchte Innere unterstreicht die klassizierende Art des Baus, dessen monumentale architektonische Formsprache jedoch in vielen Details noch hochbarocke Auffassung zeigt. Den reichen Stuck führte Bernhard Spinetti zusammen mit Fr. Groff und A. Bella aus. Spinetti läßt für die Fresken Asam genau umgrenzte Felder frei. Das Kuppelgewölbe wurde in vier große trapezförmige Felder in den Diagonalen unterteilt.

Als der Bau 1735 im Rohbau fertiggestellt war, verpflichtete der Abt Anselm Vlach Cosmas Damian Asam für die Freskoarbeiten. Noch im selben Jahr führte Asam einen Teil der Malereien unter Mithilfe seines Sohnes Franz Erasmus in großer Eile aus. Eine Gedenkschrift, die 1871 im Turmknauf der Kirche gefunden wurde und unter dem Datum des 4. Juni 1735 den »Hauptmaler Peter Assan, den Bayer« nennt, ließ Zweifel an der Autorschaft von Cosmas Damian Asam aufkommen. Ein neugefundener Brief und eine Notiz in der Klosterchronik bestätigen indessen, daß Cosmas Damian Asam selbst die Arbeiten in Prag durchgeführt und diese – laut dem Klosterannalisten – am 12. September 1736 beendet hat.

Während des wechselvollen Schicksals der Kirche, die unter anderem als Konzertsaal und Garnisonskirche diente, wurden die Fresken 1865 übertüncht, in späteren Jahren wieder freigelegt und in einzelnen Partien neu gemalt (so sind etwa die Pendentifs vollständig erneuert). Neueste Restaurierungen, 1971-1977 unter der Leitung von Raimund Ondráček, bemühten sich, einen einheitlichen Gesamteindruck herzustellen. Von der originalen Ausstattung hat sich nur etwa ein Drittel erhalten, wobei die Fresken der Chorpartie und die Deckenbilder über der Orgel- und Seitenempore noch am stärksten die Handschrift Asams zeigen.

FRESKENPROGRAMM
Das Programm der Deckenbilder beginnt im Westen mit der Erwählung [1] und Weihe [2] des Heiligen Nikolaus zum Bischof, verknüpft mit bekannten, in der ›Legenda aurea‹ berichteten Wundertaten des Kirchenpatrons [2, 3, 6, 7]. Diese wunderbaren Begebenheiten bilden zugleich den ›Rahmen‹ für die an zentraler Stelle, in der Kuppel, gezeigten Szenen aus dem Leben des Heiligen Benedikt [4a, c, e, g] – jeweils in typologischer Gegenüberstellung mit Bildern aus dem Alten Testament [4b, d, f, h]. So wird beispielsweise der Darstellung mit der Versuchung des jugendlichen Benedikt [4a] die Versuchung von Joseph durch das Weib des Potiphar [4b] zur Seite gestellt. Die selten gezeigte Zusammenziehung alttestamentarischer

Prag, Sankt Nikolaus

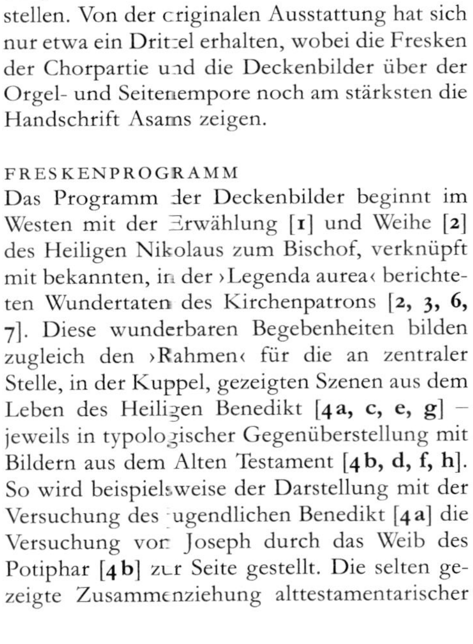

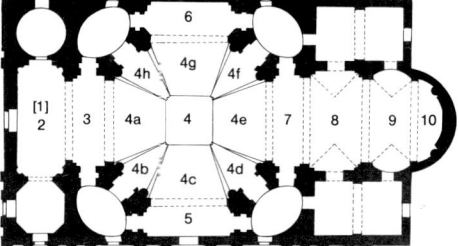

und benediktinischer Szenen beruft sich auf die exegetische Methode des Heiligen Benedikt und seines Biographen Gregor des Großen (vgl. Klingenberg-Helfertová 1980).

Die Darstellungen im Chor, die sich auf das Wirken des Heiligen Nikolaus beim Konzil von Nicäa beziehen, als er die Irrlehre des Arius bekämpfte [8-10], erweitern das Programm in dezidiert gegenreformatorischem Sinn und spielen zugleich auf historische Ereignisse aus der Geschichte der Stadtpfarrkirche Sankt Niklas an, die ehemals der utraquistischen Seite gehörte und durch ihre Lage unmittelbar am Rande des jüdischen Ghettos häufig Ort religiöser Unruhen war.

1 *Erwählung des Heiligen Nikolaus zum Bischof:* In der Nikolauslegende wird berichtet, daß nach dem Tod des Bischofs von Myra sich in der Stadt viele Bischöfe versammelten, um einen Nachfolger zu wählen. Durch einen Traum wird dem würdigsten unter ihnen verkündet, daß derjenige, der zur Mettezeit als erster zur Kirche kommt, zum Bischof geweiht werden soll. Asam zeigt in dem Fresko den Moment, als Nikolaus als erster zur Kirchentür tritt und auf den Stufen vor dem Portal von dem greisen Bischof empfangen wird. Meßdiener folgen dem Bischof und werden so Zeugen der Szene. Hinter ihnen ist der Blick in einen gotischen Kirchenraum freigegeben.

2 *Beschenkung der drei Töchter und Weihe des jungen Nikolaus zum Bischof:* Zu den ersten Wohltaten, die in der ›Legenda aurea‹ von Nikolaus berichtet werden, gehört die Beschenkung der drei Töchter eines armen Mannes. Den drei jungen Frauen, die der Vater in seiner Not zur Prostitution anhalten wollte, warf Nikolaus in der Nacht je einen Goldklumpen durch das Fenster, damit der Vater sie in Ehren verheiraten konnte. Asam zeigt die jungen Frauen vor ihrem Haus mit ihren bürgerlichen Freiern. Der Vater, der den unbekannten Wohltäter kennenlernen will, eilt über eine Treppe Nikolaus nach und stellt ihn. Dieser legt zum Zeichen, daß er unerkannt bleiben möchte, den Finger an den Mund.

Im nördlichen Teil des Freskos schildert Asam die Weihe des jungen Nikolaus zum Bischof und setzt damit den Bericht der ›Legenda aurea‹ fort, der im Fresko unter der Orgelempore bereits eingeleitet worden ist. Vor einer aus verschiedenen Versatzstücken gebildeten Architektur tritt der Führer der Bischöfe mit Nikolaus vor die Kirche und präsentiert den Heiligen der wartenden Menge. Vor den Bischöfen und anderen Zuschauern vollzieht er dann die Weihe zum Bischof, während Nikolaus demütig vor der würdigen Gestalt kniet und den Segen empfängt.

3 *Der Heilige Nikolaus erscheint den Kornschiffern:* In der Gestalt eines Kaufmannes tritt Nikolaus vor die Kornschiffer und bittet sie um Weizen für die Hungernden in der Stadt Myra. Hinter ihm liegen und stehen die von der Not gezeichneten Bürger.

4 *Himmelfahrt der Heiligen Scholastika:* In der Wölbung der Laterne sieht man die Heilige Scholastika, die von Engeln emporgetragen wird.

F xxv, 6

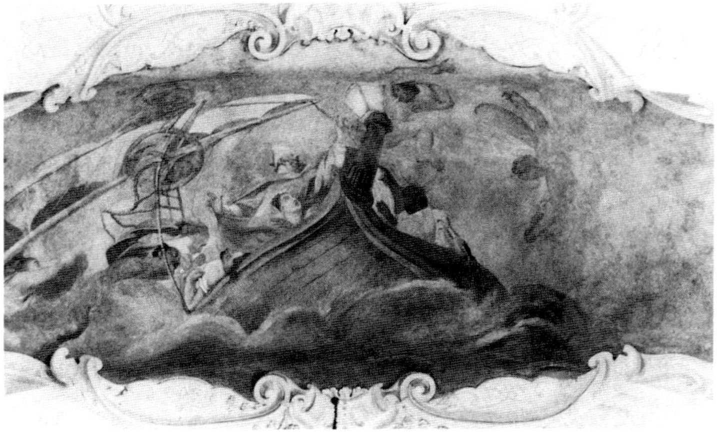

F xxv, 7

F xxv, 8

F xxv, 10

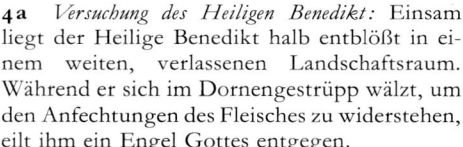

4a *Versuchung des Heiligen Benedikt:* Einsam liegt der Heilige Benedikt halb entblößt in einem weiten, verlassenen Landschaftsraum. Während er sich im Dornengestrüpp wälzt, um den Anfechtungen des Fleisches zu widerstehen, eilt ihm ein Engel Gottes entgegen.

4b *Joseph und die Frau des Potiphar:* Mit einer Geste des Entsetzens flieht Joseph vor der Frau Potiphars, die auf einem Lager unter einem mächtigen Baldachin ausgestreckt liegt.

4c *Totila vor dem Heiligen Benedikt:* Um Benedikt zu prüfen, entsandte der König der Goten, Totila, seinen Schwertträger in seinen königlichen Kleidern. Als dieser mit großem Gefolge vor Benedikt tritt, erkennt der Heilige den Betrug. Die Szene wird von Engeln auf Wolken begleitet.

4d *Moses schlägt Wasser aus dem Fels:* Wie in der Bibel beschrieben (Exodus 17, 1-7), läßt Moses durch Berührung mit einem Stab aus einem Felsen Wasser entspringen.

4e *Das letzte Zusammentreffen der Heiligen Scholastika mit dem Heiligen Benedikt:* Mit andächtigem Staunen verfolgen die Mitschwestern der Heiligen Scholastika und andere weltliche Personen, wie die Schwester des Heiligen Benedikt als helle Gestalt entschwebt.

4f *Debora und Barak:* Nach dem Sieg Israels über Sisera stimmen Debora – Richterin, Prophetin und ›Mutter in Israel‹ – und Barak ein Preislied auf Jahwe an. Die Darstellung bezieht sich in Anspielung auf das von Scholastika heraufbeschworene Gewitter auf die Strophe »Als du auszogst, Jahwe, von Seir, anrücktest von Edoms Gefild, da bebte die Erde, die Himmel zitterten, die Wolken brachen in Wasser aus« (Richter 5, 4).

4g *Der Heilige Benedikt verwandelt ein Apolloheiligtum in eine Kirche:* Auf den Stufen zu einer mittelalterlichen Baugruppe, über der ein Kirchturm aufragt, steht der Heilige Benedikt im Kreis seiner Mitbrüder. Seitlich ragt der Teil eines antiken Tempels in das Bild herein. Der heidnische Bau scheint jedoch abgetragen zu werden, um für die Klosteranlage Raum zu schaffen.

4h *David vor Saul:* Vor einem gerafften Vorhang als Würdezeichen thront Saul. Auf einer Stufenanlage unter ihm steht in gebeugter Haltung David, der die Harfe spielt.

5 *Der Heilige Benedikt wehrt einen Küchenbrand ab:* Durch eine geöffnete Tür tritt der Heilige Benedikt in die brennende Küche. (Bei der Freilegung des Freskos wurde die Figur fälschlich zum Heiligen Nikolaus!) Um eine Feuerstätte mit einem großen Kessel stehen einige Mönche, die sich um einen vom Rauch vergifteten Mitbruder bemühen und mit entsetzten Gesten Benedikt um Hilfe anflehen. Vor der erhobenen Hand Benedikts flieht ein geflügelter Dämon, der mit einer Fackel den Brand entfesselt hat.

6 *Der Heilige Nikolaus segnet das Brot:* Vor einer langgezogenen Tafel steht der Heilige Nikolaus und segnet das Brot, das ihm ein Mönch darbietet.

7 *Wunder des Heiligen Nikolaus auf dem Meer:* Nach der Legende stand Nikolaus einer Gruppe in Seenot geratener Menschen bei, die seine Hilfe erflehten. Asam zeigt die Szene in dramatischer Zuspitzung. Nur noch der Bug des Schiffes ragt aus der stürmisch bewegten See. Lose flattern Segel und Taue im Sturm. Um die hoch aufgerichtete Gestalt von Nikolaus scharen sich die entsetzten Männer und Frauen. Mit einer Geste scheint der Heilige die geflügelten Windgötter oder Dämonen abzuwehren, während die hell leuchtende Laterne wie ein Symbol der Rettung erscheint.

8 *Christus und Maria erscheinen dem Heiligen Nikolaus:* In einem illusionistisch vorgestellten Kuppelraum mit durchlichteter Laterne inszeniert Asam ein ungewöhnliches Thema aus der Legende des Heiligen Nikolaus. Vor den Teil-

nehmern am Konzil zu Nicäa, die seitlich den Vorgang beobachten, erfolgt die ›Rehabilitation‹ von Nikolaus. Diesem war die Bischofswürde aberkannt worden, nachdem er Arius die berühmte Ohrfeige erteilt hatte. Während Nikolaus eine Messe in unvollständiger Pontifikalkleidung ohne Mitra zelebriert, erscheinen Christus und Maria, um ihm das Omorphorion und das Evangelium zurückzugeben. Hinter dem Altar werden weitere Zuschauer sichtbar, darunter ein Geistlicher, der wohl als Konzelebrant fungiert hat. Ein Engelchor schließt die Komposition links ab. Aus der Laterne senkt sich die Taube des Heiligen Geistes auf die Gruppe.

9 *Der Heilige Nikolaus verkündet das Evangelium:* Umgeben von Bischöfen und Gelehrten verkündet Nikolaus das Evangelium vor Menschen verschiedener Herkunft und Hautfarbe, in denen er das Licht des Glaubens entzündet. Ein roter Vorhang wird zur Seite gerafft, um weitere Zuhörer vor Nikolaus vorzulassn. Hinter dem in hellem Glanz erstrahlenden Heiligen ist der Fuß einer Säule zu sehen: Symbol der Verbindung zwischen Himmel und Erde und zugleich – auf das Evangelium und dessen Verkünder bezogen – Symbol der Kirche.

10 *Erscheinung des Heiligen Nikolaus an der Säule:* Hinter einem zur Seite gezogenen Vorhang ist der Blick in die Krypta der Nikolauskirche in Bari freigegeben, die über den Gebeinen des Heiligen errichtet worden und zu einer Stätte der Verehrung geworden war. Wie dort weisen zahlreiche Hängelampen auf die Grabstätte hin. Der Heilige selbst erscheint im Pontifikalgewand mit Mitra und Pallium neben der wunderbaren Säule in der Krypta, die Nikolaus selbst von Myra nach Bari gebracht haben soll. Sein Attribut – eine Goldkugel – hält er in der rechten Hand. Zwei Putten neben ihm tragen den Bischofsstab, das Evangelium und zwei weitere Goldkugeln, die Nikolaus den Töchtern eines armen Mannes geschenkt hatte [vgl. **2**]. Von allen Seiten nähern sich Kranke und Hilfsbedürftige der Säule, um den Beistand des Heiligen zu erflehen. Asam wiederholt in der Gruppe mit der jungen Frau mit einem Sterbenden im Schoß eine Komposition, die er ähnlich bereits in einem der Innsbrucker Kuppelfresken [F XI, 2] verwendet hatte.

ARCHIVALIEN: Státní ústřední archiv (Staatliches Zentralarchiv), Prag, Bestand: Archivy zrušených klašterů (Archiv der aufgehobenen Klöster), Karton Nr. 30, Faszikel 4 (Korrespondenz über Sankt Niklas)

QUELLEN: Bayerische Staatsbibliothek München, *Oefeleana 5/VII,* folio 546.

LITERATUR: K.V. Herain, *České malířství od doby rudolfinské do smrti Reinerovy,* Prag 1915, 35 – Antonin Podlaha, »Materialie k slovníka umělců a umělekých řemeslníků v Čechach«, in: *Památky archeologické* 29/1917, 59 (beide Autoren erwähnen jene Matrikeleinträge, nach denen Asam am 17. August 1735 und am 17. August 1736 bei der Taufe von Kindern Prager Handwerker Pate stand) – Hanfstaengl 1939, 129 und 130, Tafel 48 – Huber 1943, 133 – Neumann 1970, 135-136 – Menzel 1973, 81-82 – Milada Vilímková, »Marginalia k architektonické tvorbě 1. poloviny 18. století«, in: *Umění* 26/1978, Heft 5, 432 (hier erstmals die Notiz des Chronisten, daß Cosmas Damian Asam die Gemälde in Sankt Niklas am 12. September 1736 beendet hatte) – Dischinger 1980, 23 ff., Dokument III – Klingenberg-Helfertova 1980, 77-90.

B.H.

F XXVI
MESSKIRCH
1735-1737

Kapelle des Heiligen Johann Nepomuk in der Stadtpfarrkirche Sankt Martin in Meßkirch; Erzbistum Freiburg im Breisgau; Bundesland Baden-Württemberg, Landkreis Sigmaringen

PATROZINIUM (der Kapelle): Sankt Johann Nepomuk

BAU UND AUFTRAG: Zwei Jahre nach der Kanonisierung des Heiligen Johann Nepomuk, 1731, erhielt der mit Böhmen eng verbundene Fürst Frobeni Ferdinand von Fürstenberg-Meßkirch in Prag eine Reliquie des Heiligen. Die Planungen zu einem Bau zu Ehren Johann Nepomuks begannen 1732, und schon am 18. Juni 1733 erfolgte die Grundsteinlegung der Kapelle, die der Fürst an der Nordwestseite der barocken Stadtpfarrkirche Sankt Martin in Meßkirch nach einem Entwurf von Giovanni Gaspare Bagnato (1696-1757) errichten ließ. Die Bauausführung übernahm der Meßkircher Hofbaumeister Johann Georg Brix (1665-1742).

Über einem oktogonalen Grundriß entstand ein kleiner, aber hoher Zentralbau, der im Inneren durch Doppelpilaster gegliedert ist. Über dem Gesims setzt eine Attikazone an, die vier Camaieu-Bilder in dreipaßförmiger Rahmung enthält, deren Stuckrahmen mit der Kuppelschale darüber verklammert sind. Mit der Pilasterordnung unten korrespondieren in der Kuppelschale gemalte Gurte. Den Raumabschluß bildet das Kuppelfresko.

Noch vor der Grundsteinlegung verpflichtete Fürst Frobeni Ferdinand von Fürstenberg die Brüder Cosmas Damian und Egid Quirin Asam. Durch seine Tätigkeit als Kaiserlicher Prinzipalkomissar am Immerwährenden Reichstag in Regensburg hatte der Fürst Gelegenheit gehabt, die gerade zu dieser Zeit fertiggestellten Arbeiten der Brüder in Sankt Emmeram (1732/1733; F XXI) zu sehen. Aus einem Brief des Fürsten vom 5. November 1733 erfährt man, daß Cosmas Damian und Egid Quirin – wohl im Sommer 1732 – in Meßkirch waren, um sich über das Bauvorhaben zu informieren. Mit der Entwurfsarbeit für das Altarbild sollte Cosmas Damian bereits zu diesem Zeitpunkt beginnen (vgl. G 36).

Nach Fertigstellung der Bauarbeiten, 1734, dürften die Asam mit der Ausstattung der Kapelle begonnen haben, die sich wohl bis 1737 hinzog.

Im Oktober 1736 wird beiden eine Abschlagsumme ausgezahlt. Am 26. März 1737 werden im Rechnungsbuch für die Stukkatorarbeiten Egid Quirins 600 fl. veranschlagt. Über die Kosten der Freskomalerei ist den Archivalien nichts zu entnehmen. Am 19. April 1739 erfolgte die feierliche Überführung der Nepomuk-Reliquien in die Kapelle.

Die Fresken Asams befanden sich schon zu Beginn des 20. Jahrhunderts in einem bedenklichen Zustand. Die kleinen Kartuschenbilder in der Attikazone [**6-9**] waren nach der Beschreibung von Josef Sauer (1921) fast völlig abgeblättert, so daß nur noch Reste der ursprünglichen Malerei zu erkennen waren. Auch die Malereien in der Kuppelschale [**1-5**] wiesen Risse sowie starke Verschmutzungen auf. An mehreren Stellen waren Putzstücke abgefallen.

Bei mehreren Restaurierungen bis 1970 wurde versucht, aus den vorhandenen Resten die Malerei Asams zu rekonstruieren. Aufgrund der teilweise stark zerstörten Originalsubstanz müssen vor allem die kleinen Bilder [**2-9**] als völlige Neuschöpfungen betrachtet werden. Die Beschreibung dieser Szenen ist daher nur summarisch abgefaßt.

URSPRÜNGLICHES BILDPROGRAMM
Alle Fresken sowie das Altarbild stehen in Bezug zu dem Titelheiligen Johann Nepomuk. Im Gegensatz zu den umfangreichen Arbeiten in Ettlingen (F XX), wo Cosmas Damian wenige Jahre zuvor (1732) ebenfalls einen Freskenzyklus zu Ehren des großen böhmischen Heiligen auszuführen hatte, stand Asam in Meßkirch neben der Kuppelfläche eine Reihe kleiner Bildfelder zur Verfügung [**2-9**], in denen er das Leben und Wirken des Heiligen Johann Nepomuk in einfachen Kompositionen vorstellte. Altarbild, das kleine Fresko darüber [**2**] sowie das Kuppelbild [**1**] sind inhaltlich und formal am engsten verklammert. Im Altarbild betet der Heilige Johann Nepomuk vor dem Gnadenbild der Madonna von Altbunzlau. Zugleich erscheint ihm die Gottesmutter, die mit ihrer Sternenspende an das Beichtgeheimnis erinnert, für das der Heilige sein Leben opferte. Das Ovalbild darüber [**2**] zeigt den Leichnam Johann Nepomuks, dessen Reliquien im Altar darunter aufbewahrt werden. Die Aufnahme des Heiligen in den Himmel [**1**] ist an höchster Stelle in der Kuppel zu sehen. Wolken quellen über den Rand des Glorienfreskos in die Komposition darunter und machen die Erhebung des Leichnams sinnfällig.

1 *Glorie des Heiligen Johann Nepomuk:* Im Kreis von Engeln auf Wolken wird der Heilige Johann Nepomuk in den Himmel emporgetragen, wo ihn Christus empfängt. Über dem Gottessohn schwebt die Taube des Heiligen Geistes. Engel präsentieren seitlich das Kreuz des Leidens. Von unten reicht ein anderer Engel die Krone der Verherrlichung empor, die dem Märtyrer gebührt.

2-5 Ovalbilder in der Kuppelschale. Außer dem Bild über dem Hochaltar [**2**] waren die Fresken so stark abgeblättert, daß ihr Thema nur undeutlich kenntlich blieb.

2 *Leichnam des Heiligen Johann Nepomuk:* In einem unklar definierten Raum liegt der Leichnam des Heiligen Johann Nepomuk aufgebahrt. Der Körper ist seitlich zum Betrachter gewandt, der Kopf auf ein Kissen gebettet. Der Tote trägt Talar und Rochette. Plastisch gebildete Märtyrerpalmen rahmen das Bild.

3 Thema unbekannt; das Bild war völlig zerstört.

4 Das Thema des Bildes ließ sich nicht mehr eindeutig bestimmen, da große Teile abgeblättert waren; möglicherweise war hier dargestellt, wie Nepomuk König Wenzel wegen der Ermordung seines Kochs tadelt.

5 *Almosenspende und Krankenheilung.*

6-9 Rötlichbraune Camaïeu-Bilder; fast völlig zerstört.

Zu den Themen, die sich noch identifizieren ließen, gehörte die Beichtszene der Königin, die heute in dem Fresko seitlich über dem Altar zu sehen ist [**6**].

ARCHIVALIEN: Pfarrarchiv Sankt Martin, Meßkirch – Fürstliches Archiv Donaueschingen – Generallandesarchiv Karlsruhe.

LITERATUR: Sauer 1921, 4-51 (mit Archivalien) – Hanfstaengl 1939, 127-128 – Brunner 1951, 135-136 – Albert Knöpfli, *Kunstgeschichte des Bodenseeraumes,* Band 2, Sigmaringen 1969 – Hermann [4]1977 – Bissinger, Johann Nepomuk, 1978, 449-457. B.H.

F XXVII
REGENSBURG
Bibliothek von Sankt Emmeram 1737

(Grundriß; Tafeln 90-95)

Bibliothek der ehemaligen Benediktiner-Fürstabtei Sankt Emmeram, heute Schloß der Fürsten von Thurn und Taxis; Regierungsbezirk Oberpfalz, Stadt Regensburg.

BAU UND AUFTRAG: Der zweigeschossige Raum über dem Kapitelsaal im inneren Klostertrakt wurde bei der Abtei-Erweiterung nach Plänen Johann Michael Prunners 1732 erbaut. Laut archivalischer Nachricht malte ihn Cosmas Damian Asam im September 1737 aus. 1739 wurde die Bibliothek nach Veränderungen im Dekorationssystem in Benützung genommen.

Das Gewölbe des rechteckigen Saales wird von je sechs vor den Langseiten angeordneten toskanischen Säulen auf hohen Piedestalen getragen. Dabei sind die mittleren vier Säulen so plaziert, daß sie zu je zweien ein Stützsystem für zwei gurtartige schmale Tonnensegmente ergeben und damit den Saal in drei mit flachen Ovalkuppeln überwölbte Kompartimente gliedern. Obwohl diese in der Längsrichtung von miteinander verbundenen Anräumen begleitet werden, sollte nicht von Dreischiffigkeit gesprochen werden, denn die Abseiten mit ihren eingezogenen Galerien dienen dem Lesesaal nur als Raumschicht zur Unterbringung der Bücherwände. Der Betrachterstandpunkt für die Hauptfresken in den Kalotten – mit dem Rükken zur östlichen Fensterwand – gebietet eine Erfassung des Raumes in Querrichtung. Sämtliche Gliederungselemente der Wölbungszone sind gemalt. Hatte Asam noch zu Beginn eine fiktive Inkrustierung der Gurtbögen mit starkfarbigem Marmor vorgesehen, von der sich die aufgesetzten Muscheln mit den Grisaillefresken kontrastreich abgehoben hätten, wurde dies – nach freigelegten Jahreszahlen zu urteilen – bis 1739 zum heutigen Zustand verändert. Gitterwerk sowie Ranken und kleine Rosetten auf weißem Untergrund bilden nun das Rahmen- und Grundmuster. Einzig die Eckkonsolen in den Pendentifs und der goldfarbene, kräftig kannelierte Kuppelfuß darüber geben noch einen Eindruck vom ursprünglichen System nach Art des römischen Hochbarocks. Ob die weißen Felder mit der zarten Schmuckauflage noch von Asam stammen, ist ungeklärt.

ZUSTAND: Erst 1966 bis 1968 wurden die Fresken von der klassizistischen Übermalung – rein architektonischem Ornament – des Malers Joseph Zacharias aus dem Jahr 1812 befreit. Abgesehen von einigen Rissen, begründet in Gewölbeverschiebungen, kamen die Asamgemälde wie unter einer Schutzschicht in hervorragendem Zustand zum Vorschein.

FRESKENPROGRAMM

Die Bibliotheksausmalung folgt einem Programm von höchstem theologischen Anspruch. Wie dem antiken Imperator beim Triumphzug ein Sprecher beigesellt war, der, hinter ihm auf dem Wagen stehend, beständig sagte: »Bedenke, daß du ein Mensch bist!« – oder wie der mittelalterliche Asket bei seiner Versenkung einen Totenschädel in die Hand nahm, eingedenk des ›Memento mori‹, so wird hier dem Studierenden die Nichtigkeit allen menschlichen Wissens vor Augen gehalten. Bei seinem Streben nach Erkenntnis soll er nie vergessen, daß nur die Liebe Gottes im Verein mit den beiden anderen christlichen Tugenden Glaube und Hoffnung ihn dem ewigen Leben zuführen kann. Grundlage für die der Dreifaltigkeit (Gottvater **1**, Christus **4**, Heiliger Geist **7**) gewidmeten Hauptfresken ist der erste Brief des Paulus an die Korinther, der sich unter anderem gegen die weltliche Weisheit der antiken Philosophie wandte: »Jetzt bleiben Glaube, Hoffnung, Liebe, diese drei: am größten unter ihnen ist die Liebe« (1 Korinther 13, 13). Die drei Szenen, die diesen Vers illustrieren, sind von verschiedenfarbigen Vorhängen hinterfangen, die nach der ›Iconologia‹ des Cesare Ripa jeweils einer der Tugenden zugeordnet sind: Blau dem Glauben [**4**], Grün der Hoffnung [**7**] und Rot der Liebe [**1**]. Was aber angesichts dieser drei nicht mehr »bleibt« und was Paulus schon im ersten Kapitel des Briefes anspricht (Vers 20: »Wo sind die Weltweisen? ... Hat nicht Gott die Weisheit dieser Welt zur Torheit gemacht?«), ist eben die menschliche Erkenntnis. Am Beispiel Salomos – sonst stets Vertreter der gottbegnadeten Weisheit – wird im mittleren, kompositorisch hervorgehobenen Fresko [**1**] die Nichtigkeit menschlichen Strebens nach Wissen geschildert. Gottes Liebe zu Salomos Vater David allein ist es, die ihn trotz seiner Irrtümer, die in Abgötterei enden (1 Könige 11), nicht der Verstoßung anheimfallen läßt.

Regensburg, Bibliothek

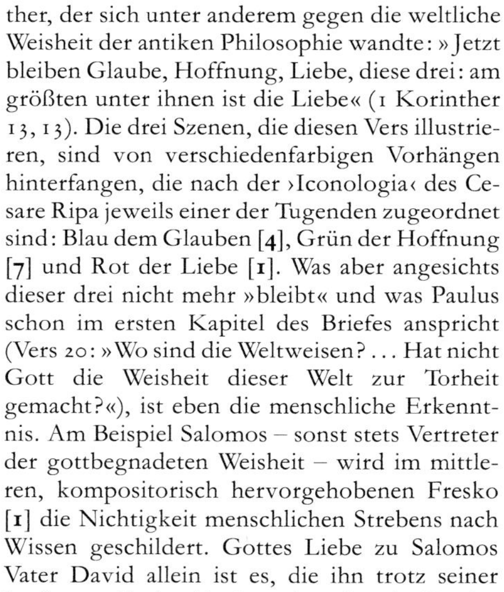

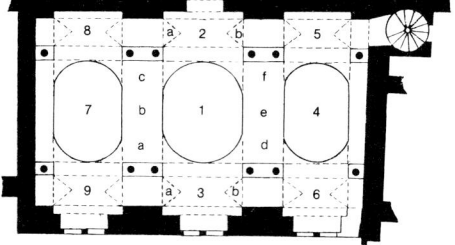

In den angrenzenden Gurtbogen und Quertonnen wird das zentrale Bild von Darstellungen der Musen [**1 a-f** und **2**] sowie Apolls und Athenes [**3**] begleitet, die den Ursprung der abgelehnten Wissenschaften und Künste versinnbildlichen. Zudem verkörpern noch vier nicht näher identifizierbare Philosophenköpfe in den Stichkappen der seitlichen Emporengewölbe das gemeinte Gedankengut.

Wie Paulus sich aber ein richtiges Leben ohne irdische Weisheit vorstellt, wird durch ihn selber im nördlichen Deckenbild [**4**] mit einem Zitat aus dem erwähnten Korintherbrief deutlich gemacht: Nur im Glauben an den Gekreuzigten sieht er die Rettung. Seine Bekehrung [**5**] und die Predigt auf dem Areopag [**6**] geben Zeugnis seiner Wandlung vom Verfolger zum Verkünder Christi.

Ordensvater Benedikt [**7**] steht für die Nachfolge Christi in jüngerer Zeit. Seine Regel gab den hier studierenden Benediktinern vor, nach welchen Gesetzen sie sich in der Hoffnung auf das ewige Leben zu richten hatten. Die Höhle von Subiaco [**8**] und die Predigt [**9**] veranschaulichen seine Vita contemplativa und Vita activa.

Mit dem Ausmalungskonzept in ihrer Bibliothek haben die Mönche von Sankt Emmeram unmißverständlich eines klargestellt: Gerade an diesem Ort des Studiums – und obwohl ihr Orden in erheblichem Maß an der Überlieferung antiker Bildung beteiligt war – sollte nie vergessen werden, daß alles irdische Wissen angesichts göttlicher Wahrheit nur eitler Wahn bleibt.

1 *Salomon auf dem Thron irdischer Weisheit:* Das Fresko der mittleren Flachkuppel ist, wie die beiden seitlichen auch, als Schrägansicht von unten in einen großen Kuppelraum konzipiert, der die reale Architektur weit überhöht. Nur durch eine Säule angedeutet, trägt eine weißmarmorne Kolonnade die goldfreskierte Gewölbeschale. Da auch noch der Fußpunkt des Stützelements hinter dem roten Tuch, auf dem der löwenumstandene Thron Salomos ruht, versteckt ist, wird die Anlage des Raumes aus dem Bereich des Vorstellbaren entrückt und der Eindruck einer Vision erweckt.

Mit einer Geste der Ergebenheit blickt der Herrscher zum strahlenden Auge Gottes auf, das im roten Baldachinzelt über ihm erscheint. Neben seinem Thron sind die Symbole irdischer Weisheit angehäuft: ein Himmelsglobus als Zeichen der Astronomie, darunter Rechtswissenschaft mit einem Schwert im aufgeschlagenen Codex, eine Erdkugel für Geometrie. Unten liegen der Äskulapstab der Heilkunst sowie ein Spiegel für Weisheit schlechthin. Ein Putto, der sich davor hingelagert hat und mit Seifenblasen dies alles als leere Eitelkeit entlarvt, gibt durch seinen Fingerzeig auf ein Spruchband mit dem Bibelverweis »ECCLESIAST. I.V. 17« (Prediger 1, 17) die genaue Ausdeutung der Darstellung an: »Ich war darauf bedacht, zu erkennen, was Weisheit, zu erkennen, was Tollheit und Torheit sei. Doch ich erkannte: Auch dies ist nur ein Haschen nach Wind.« Oben in einem Feld der Kuppelschale über dem König ist ein Beispiel seiner sündhaften Torheit wiedergegeben. Von seinen Frauen (es waren insgesamt 1000 »ausländische Weiber«) verführt, hat er sich am Fuß einer Statue der Astarte niedergekniet und spendet Weihrauch. Salomon also, sonst Inbegriff der Weisheit selbst, muß vor Gott bekennen, daß vor dem Auge des Höchsten nichts Bestand hat, Wahrheit nur von ihm kommen kann.

Daß darunter zusätzlich die bildenden Künste fallen, ist auf Gesimsvorsprüngen in den Pendentifs jenseits des Bündelrahmens angedeutet: Auf drei Vorsprüngen liegen die Geräte von Malerei, Skulptur und Architektur, auf dem vierten sitzt wiederum ein seifenblasender Putto.

1 a-f: Sechs der neun Musen in Grisaillen (die übrigen drei Musen in **2**):

1 a *Terpsichore:* Chorische Lyrik (Attribut: Lyra).
1 b *Melpomene:* Tragödie (Attribut: Tragische Maske).
1 c *Erato:* Liebeslyrik (Attribut: Kithara).
1 d *Klio:* Geschichtsschreibung (Attribut: Buch).
1 e *Thalia:* Komödie (Attribut: Komische Maske).
1 f *Urania:* Astronomie (Attribut: Globus).

2 *Pegasus mit drei Musen auf dem Helikon:* Die drei Musen Euterpe, Polyhymnia und Kalliope (Flötenmusik, Tanz und Epos) haben den Blick nach rückwärts gewendet, wo soeben Pegasus seine Flügel ausbreitet. Unter seinem aufschlagenden Hinterhuf ist die Quelle Hippokrene entsprungen; ein Trunk ihres Wassers inspiriert den Dichter.

2 a-b *Zwei Philosophenköpfe* (vgl. **3 a-b**).

3 *Athene, Philosophie und Apoll:* Pallas Athene, Beschützerin der Wissenschaft und Künste, hat eine Frau zu ihren Füßen an die Hand genommen. Sie wird sie mit dem Lorbeerkranz krönen, den sie mit zierlicher Geste erhoben hat. Vermutlich ist die Kniende mit dem Buch die Personifikation der Philosophie. Zur Rechten der Göttin sitzt Apoll auf einer Bank und greift in die Saiten.

3 a-b: *Zwei Philosophenköpfe* (vgl. **2 a-b**).

4 *Paulus vor dem Kruzifix:* Mit einem Zitat aus dem ersten Korintherbrief des Paulus (2, 2) in der aufgeschlagenen Schrift am Fuß des vor ihm hochragenden Kreuzes ist diese Szene erklärt: »NON ENIM IVDICAVI ME SCIRE QUIDQUAM NISI IESUM ET HUNC CRUCIFIXŪ I. COR. 2. V. 2.« (Denn ich beschloß, nichts anderes unter euch zu wissen als Jesus Christus und zwar als Gekreuzigten). Engel haben den blauvioletten Vorhang zur Seite gezogen und lassen himmlisches Licht in den weiten, wiederum nur angedeuteten Kuppelraum strömen. Dieses und nicht das Tageslicht aus der Laterne oben wirft den Schatten des Gekreuzigten auf die andere Hälfte des Vorhangs hinter dem knienden Paulus. Er hat zur Bekräftigung seiner Worte die Hand zu Christus und dem überirdischen Licht ausgestreckt. Links haben sich zwei Engel auf dem schräg hinter dem Bündelrahmen verschwindenden Stufenpodest zur Andacht niedergekniet.

5 *Bekehrung des Saulus:* Christus erscheint in Halbfigur in den Wolken und läßt von seiner Hand einen Blitzstrahl ausgehen, der den vom Pferd gestürzten und von Dienern umsorgten Saulus blendet.

6 *Paulus auf dem Areopag:* Mit belehrenden Gesten, das Buch unter dem Arm, predigt Paulus den Athenern. Einige scheinen nachdenklich, zwei andere in seinem Rücken lachen ihn aus.

7 *Benedikt bei Abfassung der Regel:* In der Kuppelhalle sitzt der Ordensvater mit der Feder in der Hand am teppichverhangenen Schreibpult und blickt zur Taube des Heiligen Geistes empor, deren Gloriole den Raum strahlend erhellt. Engel ziehen den riesigen, dunkelgrünen Vorhang zurück und geben den Blick auf den zuletzt verfaßten Satz im Regelbuch des Heiligen frei: »ECCE LEX SUB QUA MILITARE VIS« (Hier ist das Gesetz, unter dem du kämpfen willst). Diese Zeile ist dem Kapitel 58 entnommen, das von der Selbstprüfung des Novizen vor Eintritt in den Orden handelt. Er ist, wie auch sein Gegenüber Paulus, zum Mittelfresko hingewendet und unterstreicht damit dessen Hervorhebung.

8 *Benedikt vor der Höhle von Subiaco:* Zwei Engel geleiten den zögernden Jüngling zum düsteren Höhleneingang im Berg, wo er Jahre der Meditation und des Gebets zubrachte, bevor er als Abt dem Kloster – das durch das kleine Gebäude im Hintergrund angedeutet ist – vorstand.

9 *Benedikt predigt:* Auf einem Block vor einer kleinen ländlichen Zuhörerschaft stehend, hat Benedikt das Kruzifix erhoben. In seinem Rükken zertrümmern zwei Männer antike Götzenstatuen.

QUELLEN: Staatliche Bibliothek Regensburg, *Traditiones V,* Rat. ep. 359 (Nachricht über Asams Malarbeit im September 1737, veröffentlicht in Piendl 1961, 166).

LITERATUR: Piendl 1968 – Piendl 1971, 52-53 und 58-69 – Hojer 1971, 75-94 – Taubert 1971, 95-101, Rupprecht 1980, 172-173, Trottmann 1986, 97-98. R.P.

F XXVIII
MÜNCHEN
Sankt Johann Nepomuk (Asamkirche)
1735-1739

(Grundriß, 4 Abbildungen)

Filialkirche der Stadtpfarrei Sankt Peter; Benefizium (Sitz im angrenzenden Priesterhaus); zur Zeit der Ausmalung Privatkirche von Egid Quirin Asam
Erzdiözese München und Freising; Regierungsbezirk Oberbayern, Stadt München

PATROZINIUM: Heiliger Johannes Nepomuk und Heilige Maria

BAU UND AUFTRAG: Zwischen 1729 und 1733 erwarb Egid Quirin Asam vier Häuser in der Westflucht der Sendlinger Gasse in München. Den südlichen Bau bestimmte er zu seinem eigenen Wohnhaus. Daneben sollte eine dem Heiligen Johann Nepomuk geweihte Kirche mit Priesterhaus entstehen.

Am 21. Mai 1731 reichte Egid Quirin ein Gesuch um Baugenehmigung beim Fürstbischof von Freising ein, im August bemühte er sich bei der Kurfürstlichen Regierung um die Genehmigung des Projekts. Erst nach wiederholter Bitte wird Egid Quirin am 10. März 1733 die endgültige Bauerlaubnis erteilt. Am 16. Mai 1733 erfolgte schließlich die feierliche Grundsteinlegung durch Kurprinz Maximilian Joseph und am 24. Dezember 1734 wurde der Rohbau benediziert.

Die endgültige Weihe fand am 1. Mai 1746 statt, nachdem die Innenausstattung bis auf die Vergoldungen und andere Faßarbeiten fertiggestellt war.

Die Kirche, die im Westen ihren Chor hat, ist in Bau und Ausstattung ein Gemeinschaftswerk der Brüder Asam, das Egid Quirin zum größten Teil aus seinem Privatvermögen finanzierte; er war Stifter, Bauherr und leitender Künstler in einer Person.

Die Schwierigkeit beim Bau lag in der Bewältigung des sehr schmalen, langen Grundrisses (8,80 x 28,20 m) bei starker Höhenerstreckung, da das Kirchengebäude die umliegenden Bürgerhausfassaden überragen mußte. Egid Quirin bewältigte das Problem durch ein dreiteiliges Raumgefüge, das Altar- und Vorraum als Querovale abhebt. Der langgestreckte Hauptraum schwingt in abgerundeten Ecken aus. Die steilen Wände werden durch eine umlaufende, kräftig vorschwingende Galerie in der Horizontalen in zwei Geschosse unterteilt. In beiden Geschossen rhythmisieren je drei flache Wandnischen zwischen Pilastern die Hochwand.

Über dem umlaufenden Gesims ist eine Hohlkehle eingezogen, hinter der die Fußpunkte des flachen Tonnengewölbes verborgen sind. Die in das Gewölbe einschneidenden Fenster sorgen – neben den zwei Rundfenstern im Osten – für die Belichtung des großen Deckenfreskos.

Die Öffnung des großen Wandfensters wurde erst 1977 bei einer durchgreifenden Restaurierung des Innenraums durchgeführt und löste eine bis zur Gegenwart nicht beigelegte Diskussion um die ursprüngliche Belichtung aus.

Die Fresken an der Decke und den Wänden des Obergeschosses führte Cosmas Damian Asam aus. Ein Chronogramm [1] auf dem Schild des Erzengels Michael im Hauptfresko: »DeIICIo VInDeX IgnaVos DeXtra rebeLLes« ergibt die Jahreszahl 1735. Vermutlich wurde zu diesem Zeitpunkt das Hauptfresko fertiggestellt. An den Wandfresken muß Cosmas Damian Asam bis zu seinem Tod 1739 gearbeitet haben. Offenbar waren auch in den Nischen des Untergeschosses Fresken vorgesehen. Zu ihrer Ausführung kam es jedoch nicht mehr.

1834 wurde die Kirche durch den Maler Fidel Schabet (Wurzach) und den Vergolder Joseph Radspieler (München) restauriert, ob dabei auch die Fresken behandelt wurden, ist unbekannt. 1931 setzte man die Kirche erneut baulich instand. Die Deckenbilder befanden sich nach einem Bericht von 1925 offenbar in einem schlechten Zustand. Die starke Verschmutzung sollte bei einer Reinigung 1941/42 entfernt werden. Unsachgemäße Behandlung führte jedoch zu noch stärkerer Schwärzung und Farbverschleierung. Durch Bombardierung während des Zweiten Weltkrieges, 1944/45, wurde vor allem die Gewölbezone beschädigt. Eindringende Feuchtigkeit griff auch die Wandfresken erheblich an. 1956/57 fand aus diesem Grund eine erste provisorische Restaurierung durch

Toni Roth und Martha Heise statt. 1972 bis 1977 erfolgte die bislang letzte umfassende Restaurierung der Kirche. Nach Entfernung alter Übermalungen wurden mit Hilfe einer 1943 von Carl Lamb angelegten Photodokumentation am Deckenfresko Totalretuschen in sogenannter Punktretusche vorgenommen. Restaurator war Helmut F. Reichwald (Stuttgart).

FRESKENPROGRAMM

Das gesamte Bildprogramm im Kirchenraum bezieht sich auf den Hauptpatron, den Heiligen Johannes Nepomuk.

Der Heilige – Landespatron von Böhmen und Österreich – wurde nach seiner Kanonisation 1729 in Bayern besonders verehrt, da er der Legende nach das Beichtgeheimnis der Königin Sophie, einer bayerischen Prinzessin aus dem Hause Wittelsbach, nicht preisgegeben hatte.

Das große Langhausfresko in dem Muldengewölbe [**1**] zeigt in friesartig aneinandergereihten Szenen, die eng ineinandergreifen, verschiedene Stationen im Leben des Heiligen. In chronologischer Folge beginnt der Zyklus neben der Orgel im Nordosten mit der Darstellung des Johannes Nepomuk als Kläger vor König Wenzel [**1 a**]. Über die Länge der nördlichen Langhausseite wird die Szenenfolge fortgesetzt [**1 b-1 e**]. Asam lag dabei wohl die Schrift des böhmischen Jesuiten und Landeshistorikers Bohuslav Balbin mit einer Kupferstichfolge von Johannes Pfeffel vor (1725 in Augsburg in deutscher Sprache erschienen), in der das Leben des Heiligen geschildert wird.

Vor dem Altar bricht die chronologische Folge ab und wird im Osten über der Orgel fortgesetzt mit der Wallfahrt zum Gnadenbild von Altbunzlau [**1 f**]. Von hier aus wird der Handlungsstrang erneut in Richtung Chor aufgenommen und über die südliche Langhausseite [**1 g-1 l**] bis hin zum Tod des Heiligen und Bergung seines Leichnams geführt.

Die letzte Szene im Westen [**1 l**] zeigt den Habsburger Kaiser Karl VI. (1711-1740) und den Wittelsbacher Kurfürsten Karl Albrecht von Bayern (1726-1745; ab 1742 Kaiser Karl VII.) als Stifter und Verteidiger des christlichen Glaubens gegen die Türkengefahr. Es ist der Erzengel Michael, der vor dem Banner mit Maria als Immakulata den Kampf gegen den Unglauben antritt.

Die beiden bedeutendsten Szenen des Zyklus – mit zahlreichen über das Dargestellte hinausweisenden Sinnbezügen – liegen sich im Westen und Osten gegenüber [**1 f** und **1 m**].

Die Hauptszene im Westen [**1 m**] ist der eigentliche Kulminationspunkt des Programms.

Die Schale mit brennenden Herzen, von der die Rauchsäulen aufsteigen, ist als Bild für die glühende Verehrung ihrer Träger zu verstehen.

Aufgrund der Verehrung durch weltliche Herrscher, an deren Spitze Karl Albrecht steht

München, Sankt Johann Nepomuk

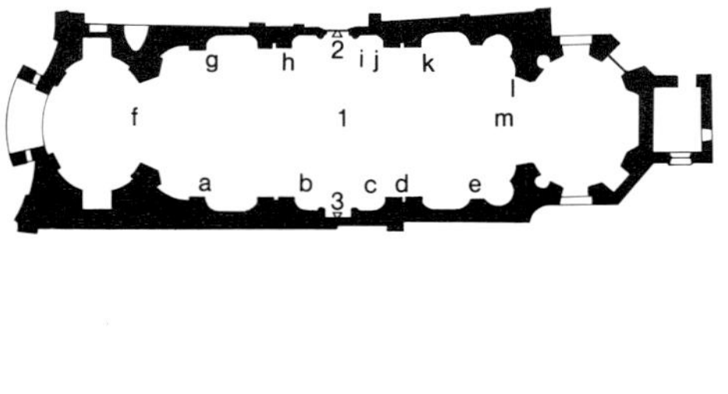

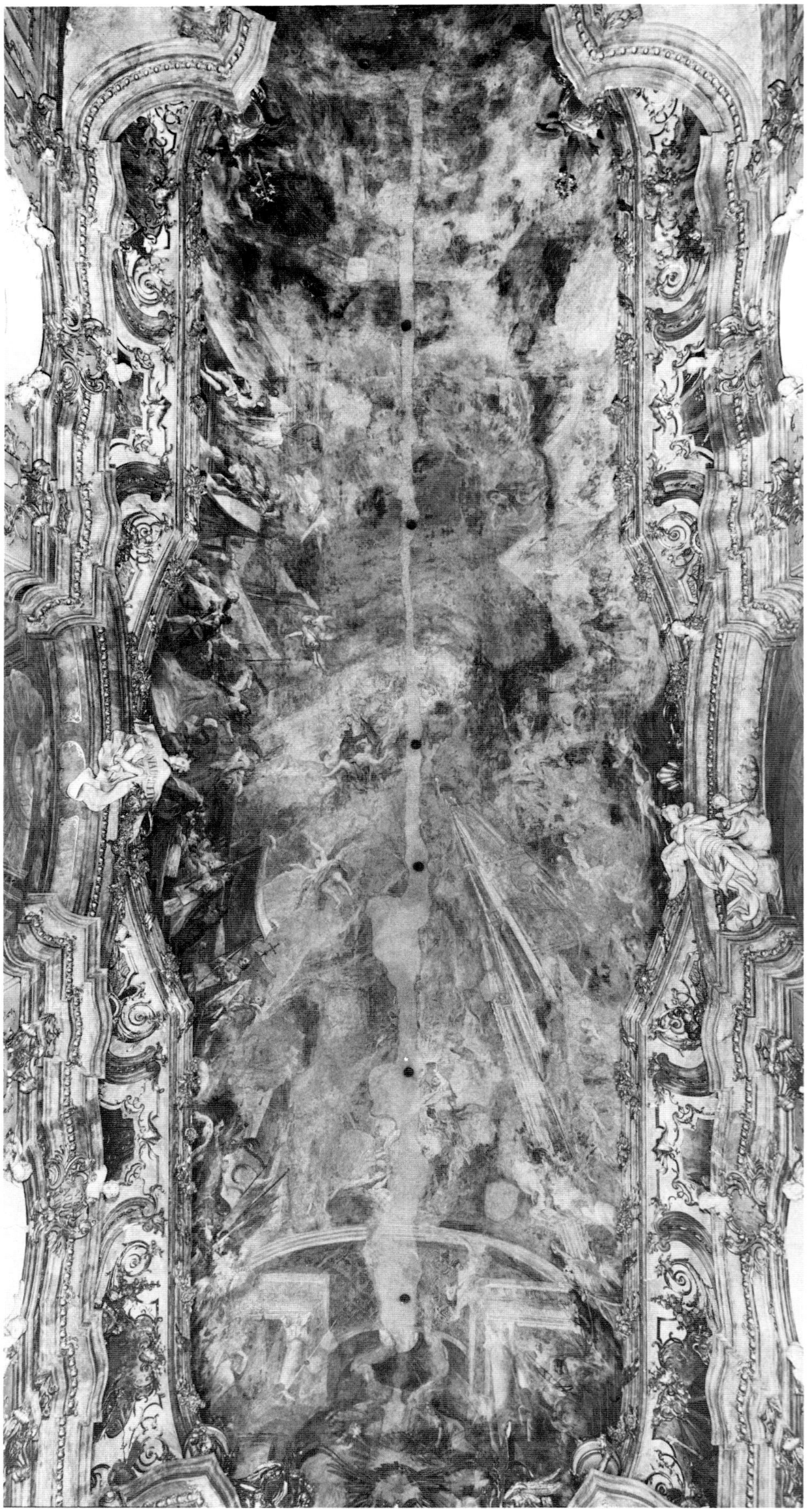

F XXVIII, 1. *Vor der Restaurierung*

F XXVIII, 1. *Nach der Restaurierung*

[**1 l**], und durch das Land Bayern, mit dem Büßerzug hinter sich [**1 e**], erhebt Ecclesia [**1 m**] den Seligen Johannes von Nepomuk in den Rang eines Heiligen. Durch die Vermittlung Marias wird Johannes Nepomuk in die himmlische Glorie aufgenommen.

In den Wandbildern [**2** und **3**] wird schließlich das wundertätige Wirken des Heiligen nach seinem Tod in zwei Beispielen vorgeführt.

1 Das gewölbeüberspannende Deckenfresko steht unter dem Thema *Leben, Marter und Allegorie auf die Kanonisation des Johannes Nepomuk* und zeigt folgende Einzelszenen:

1 a *Johannes Nepomuk als Mahner vor König Wenzel:* Mit seinem Hofstaat sitzt König Wenzel an einer Festtafel. Vor ihm steht Johannes Nepomuk, der den König wegen seiner Grausamkeit anklagt. Der Heilige weist mit seiner Rechten auf die Folterung des königlichen Kochs hin, der wegen eines geringen Vergehens bei entblößtem Körper auf einem Spieß im Feuer gemartert wird. Mit Gold gedungene Knechte führen den Befehl des Herrschers aus. An der Tafel präsentiert ein Diener den Grund des Vergehens: einen verbrannten Braten.

Die Szene im Hintergrund zeigt die Strafe Nepomuks für sein mutiges Eintreten für den Geschundenen. Nackt wird der Heilige auf einen Galgen gebunden, und seine Füße werden mit brennenden Fackeln gesengt.

1 b *Johannes Nepomuk als Rechtsbeistand:* Über einer Treppenanlage thront König Wenzel als Richter vor einem Gebäude, auf dem eine Imperatorenbüste aufgerichtet ist. Auf den Stufen vor dem König steht Johannes Nepomuk in schwarzem Talar als Anwalt der Armen, die sich hinter ihrem Sprecher aufgereiht haben. An ein Pult lehnt sich der erste Kläger, hinter ihm steht in gebeugter Haltung devot ein zweiter Bittsteller. Aus der Gruppe herausgenommen sitzt auf den unteren Stufen eine Frau. In ihrem Schoß liegt ein siecher Mann, für den sie mit einem versiegelten Brief in der Hand bitten möchte.

1 c *Johannes Nepomuk als Almosenspender:* Direkt an die Gruppe der Bittsteller anschließend erscheint Johannes Nepomuk im Habit des Kanonikers vor der hochaufragenden gotischen Fassade des Prager Doms. Frauen und Kinder, Kranke und Gebrechliche umringen den Heiligen und küssen sein Gewand. Abgewandt von der Gruppe sitzt über dem Gesims ein nur mit einem Tuch bekleideter bärtiger Alter, der ins Kirchenschiff herabblickt. Neben ihm ist ein Krug mit Wasser umgestürzt. Als Personifikation eines Flußgottes weist die Gestalt auf den Martertod in der Moldau voraus, der auf der gegenüberliegenden Seite zu sehen ist [**1 i**].

1 d *Beichte der Königin:* An der Seitenfront des Prager Doms ist über einer Bogenarchitektur – in der Verkürzung nur sehr klein – die Beichtszene wiedergegeben. Vor dem Beichtstuhl, in dem Johann Nepomuk sitzt, kniet Königin Johanna von Böhmen. Schräg hinter ihr taucht König Wenzel auf, der die Beichte zu belauschen versucht. Vor dem Bogen steht in reichem Gewand und mit dem Pfau als Attribut ›Superbia‹. Durch den Torbogen dringt ein vielköpfiges Ungeheuer, den ein Engel mit Fackel bekämpft.

F XXVIII, 1. *Detail vor der Restaurierung*

F XXVIII, 1. *Detail nach der Restaurierung*

Durch seinen Einsatz bewahrt der himmlische Streiter einen gebeugt voranschreitenden Alten davor, durch den Drachen verschlungen zu werden. Die Hände des Alten sind in einen Holzblock gelegt. Kerze und Rute zeichnen den Büßer aus.

1 e *Prozession von Büßern und Geläuterten am Zügel eines Engels:* Vor dem büßenden Alten setzt sich ein Zug von Männern und Frauen in Bewegung, die von einem Engel am Zügel ›Ecclesia‹ [**1 m**] entgegengeführt werden. Als Zeichen der Mäßigung hält der Engel eine Trense empor, nach der ein vornehm gekleideter Mann mit Degen greift. In Richtung der Ecclesia haben sich Büßer in Kutten und Kappen niedergeworfen. Über ihnen kniet ein Geistlicher, der als Hinweis auf die Beichte nach der Stola greift.

1 f *Wallfahrt zum Gnadenbild von Altbunzlau:* Über den Wolken ragt ein offener Säulenbau auf, in dem das Gnadenbild von Altbunzlau auf einer Altarmensa steht. Während Johannes Nepomuk das Bild verehrt, erscheint über ihm die Gottesmutter. Schützend breitet Maria ihren Mantel um den Heiligen. Dieser blickt zu einer Frau vor dem Altar, die ihm auf den Knien ein offenes Buch präsentiert. Das Kreuz als Zeichen der Erlösung und die Schlüssel Petri – häufig Ecclesia zugeordnet – lassen in der Gestalt eine Personifikation der Kirche sehen. Ihrem Schutz und Recht unterstellt sich Johannes Nepomuk, als König Wenzel von ihm die Preisgabe des Beichtgeheimnisses fordert. Mit einem Schwurgestus berührt der Heilige daher das Buch vor sich. Auf der Seite Nepomuks reihen sich die vier Kardinaltugenden: ›Fortitudo‹ (Stärke), ›Justitia‹ (Gerechtigkeit), ›Prudentia‹ (Klugheit) und ›Temperantia‹ (Mäßigkeit). Ihm gegenüber stürzen die Laster ›Avaritia‹ (Geiz) und ›Invidia‹ (Neid) überwunden in die Tiefe.

1 g *Bestechungsversuch König Wenzels:* An die Wallfahrtsszene schließt sich der Chronologie der Legende folgend die Bestechung Johann Nepomuks durch König Wenzel an. Über einer Freitreppe, hinter der ein Palast sichtbar wird, steht König Wenzel im Königsmantel unter dem Zeremonienschirm. Diener seines Hofstaats umringen den Herrscher mit den Würdezeichen eines Bischofs. Wenzel selbst hält den Bischofsring in der Hand, den er Johannes Nepomuk entgegenhält. Der Heilige steht mit strahlenumglänztem Haupt neben dem König auf der Treppe. Seine ablehnende Geste ist unmißverständlich. Zwei Schergen im Harnisch, mit der Geißel in der Hand, stehen bereit, um den Heiligen abzuführen.

1 h *Gefangennahme des Johannes Nepomuk:* Hinter der Freitreppe spielt sich die Gefangennahme des Heiligen ab. König Wenzel gibt den Schergen mit entschiedener Geste den Befehl, den Heiligen abzuführen. Im Hintergrund deutet das Segelschiff bereits auf den nahen Tod in der Moldau.

1 i *Martyrium des Johannes Nepomuk:* Vier Soldaten stürzen den Heiligen über die Brüstung der Karlsbrücke in die Fluten der Moldau. Engel tragen seitlich Palmzweig und Lorbeerkranz für den Märtyrer. Über der Szene im Gewölbescheitel schwebt Maria im blauen Gewand. Um das Haupt der Gottesmutter leuchtet der Sternenkranz. Ihr noch übergeordnet erscheint die Heiligste Dreifaltigkeit. Ein breiter Strahl geht von der Gruppe aus, der auf die Marterszene und die Aufbahrung des Leichnams dahinter fällt [**1 j**].

1 j *Bergung des Leichnams:* Unterhalb der Brücke wird der Leichnam des Heiligen geborgen. In Kanonikertracht liegt der Heilige aufgebahrt mit Kreuz in den Händen. Sein Haupt ist von fünf Sternen (für ›tacui‹ = ich habe geschwiegen) umgeben. Über eine Treppe nähert sich dem Toten eine Prozession, die ein Bischof unter einem Traghimmel anführt.

1 k *Heiliger Michael im Kampf gegen die Türken:* Vor einem mittelalterlichen Festungsturm, der an den Altstädter Brückenturm erinnert, steht mit Schwert und Schild kampfbereit der Heilige Michael. Gegen ihn wendet sich eine wilde Reiterhorde, die sich durch die Fahne mit Halbmond und Krummsäbel als Türken zu erkennen gibt. Der Erzengel hat als Glaubenskämpfer sein Motto auf den Schild geschrieben: »DeIICIo VInDeX IgnaVos DeXtra rebeLLes« (= Mit der Rechten stürze ich als Rächer die feigen Rebellen; das Chronogramm ergibt 1735). Ähnlich wie in Asams Fresko in der Wallfahrtskirche auf dem Weißen Berg in Prag [F XVII] stürzt mit den heidnischen Angreifern auch ein Kalvinist in den Abgrund.

1 l *Zug der weltlichen Herrscher:* Gegenüber der Büßerprozession auf der Nordseite [**1 e**] nimmt hinter dem Erzengel Michael ein Zug weltlicher Herrscher seinen Ausgang in Richtung ›Ecclesia‹ [**1 m**]. Michael am nächsten steht Kaiser Karl VI. mit Kaiserkrone und Zepter. Die böhmische Königskrone trägt ein Page auf einem Kissen. Vor Karl VI. flattert die Fahne mit dem Doppeladler. Daneben wird eine Fahne mit Maria als Immakulata hochgehalten. Kurfürsten, ein König mit Zackenkrone und Kreuzritter blicken verehrend zu ›Ecclesia‹ auf. In vorderster Reihe Kurfürst Karl Albrecht mit dem Reichsapfel und der Kette des Georgiritterordens.

1 m *Allegorie auf die Kanonisierung des Johannes Nepomuk:* Kurfürst Karl Albrecht auf der einen Seite und ›Bavaria‹ im weiß-blauen Rautenmantel auf der anderen Seite sind einer Schale mit brennenden Herzen am nächsten, die sie gemeinsam als Symbol der Liebe und Verehrung emporhalten. ›Fides‹ und ›Spes‹ mit Kreuz und Anker beugen sich ebenfalls über die Schale. Sie nehmen die hochaufgerichtete Gestalt der ›Ecclesia‹ in ihre Mitte, die mit Tiara auf dem Haupt und Heilig-Geist-Taube vor der Brust über allem thront – überfangen von einer triumphbogenartigen Architektur als Würdeformel. Hinter der Tonnenwölbung schließt sich noch ein Kuppelraum an.

Zwei Rauchfahnen steigen von der Schale auf. Dort, wo sich die Schwaden treffen, schwebt der Heilige Johannes Nepomuk der himmlischen Glorie entgegen. Engel umgeben ihn. Sie tragen seine Attribute: Gesetzestafel, Sonnenscheibe, Mondsichel, Flammen, Zunge, brennende Herzen, selbst Birett, Chorgewand und eine brennende Kerze. Ein Engel mit Schweigegestus erinnert an das Beichtgeheimnis. Der Heilige selbst trägt auf einer Schale die strahlende Hostie nach oben. Von ihr geht wiederum eine Rauchfahne aus, die bis in die höchste Glorie aufsteigt.

2 *Verehrung des Grabmals des Heiligen Johann Nepomuk:* In einem überkuppelten Raum ist der Sarkophag des Heiligen Johannes Nepomuk über einer Altarmensa aufgerichtet. Die marmorweiße Grabmalsgruppe zeigt den Heiligen mit gebeugtem Knie, den Blick nach oben gewandt, über dem Sarkophag. Zwei Engel halten Palmzweig, Blütenkranz und Lilienstengel. Rechts nähert sich dem Altar ein Geistlicher, um das Meßopfer zu vollziehen. Links kniet ein vornehm gekleideter Mann, der eine Votivgabe am Altar niederlegt. Hinter ihm reihen sich weitere Gläubige ein, die wegen unterschiedlicher Leiden Hilfe bei Johannes Nepomuk suchen. Im Vordergrund rechts wird dem Grab ein Besessener zugeführt. In den goldfarbigen Kuppelreliefs ist direkt über Nepomuk der Erdteil ›Europa‹ mit Pferd vorgestellt. ›Europa‹ gegenüber steht ›Asien‹ mit Kamel. In den Gewölbekompartimenten rechts und links sind ›Afrika‹ mit Elefant und ›Amerika‹ mit Krokodil noch schwach erkennbar.

3 *Verehrung der Zungen-Reliquie des Heiligen Johann Nepomuk:* Die Szene spielt sich in einem Kirchenraum über einem mehrmals geknickten Treppenlauf ab. Zwei vornehm gekleidete Damen steigen als erste eines Zuges weiterer Verehrer unterschiedlichen Standes dem Priester auf der Treppe entgegen, der durch eine große Pforte eingetreten ist. Er hält in einer Strahlenmonstranz die Zunge des Heiligen Johannes Nepomuk. Nach der Legende wurde die Zunge unverwest im Grab des Heiligen aufgefunden und seitdem verehrt. Rücklings stürzt ein Verleumder mit Schlangenhaar, Schwert und brennender Fackel die Stufen herab.

Für die Abfassung des Textes wurden bislang unpublizierte Forschungen des ›Corpus der barocken Deckenmalereien in Deutschland‹ freundlicherweise zur Verfügung gestellt.

LITERATUR: Halm 1896, 56-59 – Hoffmann 1925/26, 33-43 – Feulner 1932 – Lamb 1936/37, 311-319 – Hanfstaengl 1939, 132-135, Tafel 43 – Tintelnot 1951, 62, Tafel 11 – Hanfstaengl 1955, 54-58, Abb. 68-69 – Rupprecht 1959, 15, 58, 87-90 – Hitchcock 1968, 81-86, Abb. 71-77 – Lieb 1971, 136-199 – Lehmbruch 1973, 157-170 – Lieb ^{4}1976, 49-54, Abb. 62-65 – Bauer – Dischinger – Lehmbruch – Sauermost 1977 – Riedl 1977 – Karl Ludwig Dasser, »Die Asamkirche in München, Probleme bei der Restaurierung des Innenraums«, in: *Kunst und Kirche,* 3/1977, 146 ff. – Buchenrieder 1980, 109-114 – Rupprecht 1980, 47 ff., 200-211 mit Abb. – Dischinger 1981 B.H.

F XXIX
FRIEDBERG
1738

(Freskenschema; 1 Abb.; Tafel 97)

Wallfahrtskirche Unseres Herren Ruhe; Diözese Augsburg; Regierungsbezirk Schwaben, Landkreis Aichach-Friedberg

PATROZINIUM: Heiligste Dreifaltigkeit und Heilige Drei Könige

BAU UND AUFTRAG: Der starke Zustrom der Wallfahrer um 1720 in Friedberg machte einen Neubau der bestehenden Wallfahrtskirche notwendig. Auftraggeber war der Stadtpfarrer und Domherr zu Augsburg Maximilian Franz Dominikus Eckher, Freiherr von Kapfing und Lichtenegg. Der Neffe des Fürstbischofs von Freising brachte aus Spendengeldern die Summe von 40 000 Gulden auf, die den Bau erst ermöglichten.

Am 16. Juni 1731 legte Kurfürst Karl Albrecht von Bayern den Grundstein. Für die Planung des Baus war der Eichstätter Baumeister Johann Benedikt Ettl verantwortlich, die Ausführung übernahm der Stadtbaumeister Johann Georg Simpert zusammen mit dem Tiroler Josef Singer.

Das dreischiffige, hallenartige Langhaus und der über ovalem Grundriß errichtete Chorraum bilden eigenständige Kompartimente, die durch einen tonnengewölbten Durchgang verbunden sind. Der Zentralraum des Chors wird durch eine Kuppel mit Laterne geschlossen.

Die Stuckierung des Baus stammt von den Wessobrunnern Franz Xaver Feichtmayr und dessen Bruder Johann Michael, möglicherweise unter Mitarbeit von Georg Übelherr.

Für die Fresken im Chor gewann Eckher – sicher unter dem Eindruck der Freisinger Arbeiten – Cosmas Damian Asam.

Durch einen Quellenfund läßt sich die Aussage Lorenz Westenrieders von 1782 korrigieren. Danach sollen die Fresken in Friedberg das letzte, 1738 geschaffene Werk Asams sein. Im selben Jahr war der Freskant aber vom 25. Juni bis 10. September für die Ursulinen in Straubing tätig. Ein am 29. Mai 1738 von Asam an seine zweite Frau gesandter Brief aus Friedberg bestätigt nun, daß Cosmas Damian den Friedberger Auftrag bereits im Frühjahr, vor seiner Reise nach Straubing, ausgeführt hat. In einer Rechnung von 1738 heißt es: »Erstlich hat Herr Cosmas Damian Asam Hof- und Kunstmaller zu München, die Chorkuppel, dan den Hochaltar gemallen sohin mit seinem Adjuncten vermög anliegenden Scheins ins Verdienen gebracht die pactiertermaßen erhaltenen 1000 Gulden« (zitiert nach Großmann 1959). Der in dem Beleg erwähnte Gehilfe dürfte an der Ausführung der Malereien entscheidenden Anteil gehabt haben.

Ein Jahrzehnt nach dem Tod Asams (1739) hat sein Schüler Matthäus Günther den Freskenzyklus im Langhaus 1749 fortgesetzt. Die Weihe des Baus erfolgte 1753. Ein Bauschaden, der die Ausmalung in Mitleidenschaft gezogen hatte, machte eine Neufassung der Fresken im nördlichen Seitenschiff 1764 und 1772 notwendig.

1870 war das Fresko der Chorrückwand übertüncht worden. Erst 1964-1966 wurde die Übermalung bei einer Restaurierung der Kirche abgenommen.

FRESKENPROGRAMM

Das große Kuppelfresko zerlegt Asam durch Stuckbänder, die am Laternenrand zusammenlaufen, in acht einzelne Felder unterschiedlicher Ausdehnung. Die beiden größten Kompartimente [**1** und **5**] liegen sich in der Hauptachse im Westen und Osten gegenüber, während je drei kleine Felder im Süden und Norden das Oval schließen [**2-4** und **6-8**]. Jeder Abschnitt bildet zwar eine eigenständige Komposition, ein Vorhang schlingt sich jedoch durch alle Felder hindurch. Am Laternenrand angebracht, erscheint die Draperie wie eine Dunkelzone, vor der sich das *Monogramm Christi* in der Laternendecke [**9**] um so strahlender abhebt. Die acht Kuppelfelder fügen sich alternierend zu zwei verschiedenen Programmen zusammen, die inhaltlich und kompositionell auf das Christusmonogramm im Zentrum bezogen sind. Die Bildfelder in den beiden Hauptachsen West–Ost und Süd–Nord [**1** und **5**; **3** und **7**] sind *Sündenfall* und *Erlösung* gewidmet. Seinen Ausgang nimmt der Zyklus in der Darstellung von *Adam und Eva vor dem Baum der Erkenntnis* [**3**], der Fortgang des Geschehens ist im Fresko gegenüber mit der *Vertreibung aus dem Paradies* geschildert [**7**]. Zugleich verweist die Gestalt Marias bereits auf die Befreiung von der Erbschuld. In dem großen Bildfeld im Osten [**1**] hat sich die Prophezeiung erfüllt: Engel tragen als Unterpfand der Erlösung die Leidenswerkzeuge Christi zum Himmel empor, wo die *Dreifaltigkeit* thront. Das Bild liest sich wie eine Fortsetzung des Freskos an der Chorrückwand [**10**] unmittelbar darunter, in dem das Doppelpatrozinium der Wallfahrtskirche zum Thema genommen wird.

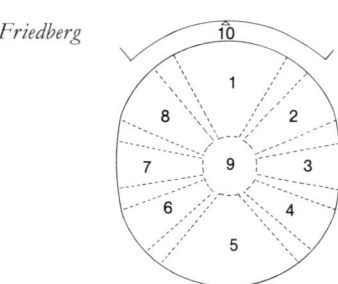

Friedberg

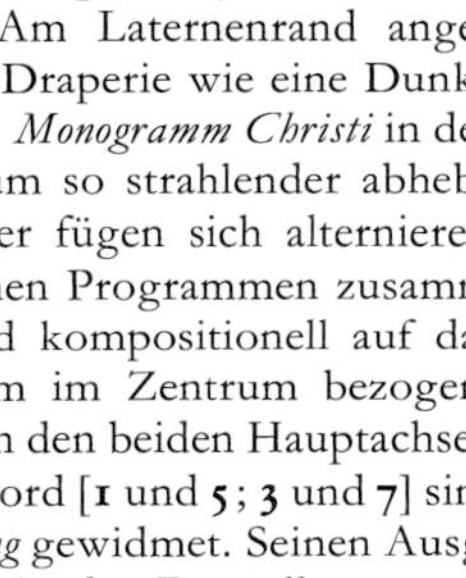

F XXIX, 10

Noch einmal wird hier die göttliche Dreiperson vorgestellt, der Maria zugeordnet ist. Während Christus in der Kuppel, nach seinem Leiden am Kreuz, verklärt neben Gottvater und dem Heiligen Geist seinen Platz im Himmel einnimmt, ist unten seine Entsendung in die Welt als Heiland gezeigt. Als Vertreter der gesamten Menschheit beten die *Heiligen Drei Könige* den Weltenretter in der Strahlenglorie an. *Der siegreiche Kampf des Heiligen Michael gegen den Unglauben* [5] im westlichen Kuppelfeld leitet schließlich über zu den Personifikationen der *Vier Erdteile* in den Diagonalkompartimenten [**2, 4, 6, 8**], die, durch Engel auf das *Monogramm Christi* [**9**] hingewiesen, sich zum christlichen Glauben bekehren.

1 *Dreifaltigkeit und Leidenswerkzeuge Christi:* In der höchsten Wolkenregion thront Gottvater, der von einer ihm gleich gebildeten, im Licht fast aufgelösten Gestalt hinterfangen wird – einer ungewöhnlichen Personifikation des Heiligen Geistes. Die göttliche Dreiperson vervollständigt sich durch Christus, der in ein weißes Gewand gehüllt und von Engeln geleitet vor seinem Vater steht. Engel weisen die Leidenswerkzeuge Christi vor.

2 *Afrika:* Vor einem Altar mit einem Rauchopfer kniet ein dunkelhäutiger Mann in fremdländischer Kleidung mit Turban. Exotische Früchte verweisen auf den Reichtum seines Landes. Perlen und andere Schätze quellen aus einer Truhe im Hintergrund, die wohl auf den beiden Kamelen hinter dem Mann herbeitransportiert wurden. Die hochaufragende Pyramide bezeichnet den Schauplatz Ägyptens auf dem Kontinent Afrika. Mit ausgebreiteten Armen blickt der Mann andächtig zu dem Engel auf, der vor ihm inmitten der Rauchfahne erschienen ist. Mit einer Geste weist der Engel nach oben.

3 *Sündenfall:* Vor einem weit in die Tiefe geöffneten Landschaftsraum erscheint das erste Menschenpaar, umgeben von den Tieren des Paradieses, vor dem Baum der Erkenntnis. Die Schlange mit Frauenkopf windet sich den Stamm herab und scheint Eva, die den Apfel bereits in der Hand hält, zuzureden. Schräg vor seiner Gefährtin sitzt Adam auf einem Erdhügel und blickt auf den Gegenstand der Versuchung. In einer Strahlenglorie im Hintergrund ist im höchsten Glanz Maria als ›Andere Eva‹ erkennbar.

4 *Amerika:* Über den schäumenden Fluten eines Flusses sitzt ein farbiger Ureinwohner Amerikas mit einem Gefährten. Beide sind mit Pfeilen, Bogen und Wurfspeer zur Jagd ausgerüstet. Aus dem Gewässer bäumt sich ein Krokodil auf. Der Blick der beiden Jäger ist jedoch nicht auf das Tier, sondern nach oben gerichtet, wo ein Engel in Wolken erscheint und mit einer Geste in die höchste Himmelsregion weist.

5 *Kampf des Heiligen Michael gegen die Mächte der Finsternis und die Laster:* Unter himmlischen Posaunenklängen kämpft der mit Schild und Schwert ausgerüstete Erzengel Michael gegen die Mächte des Bösen. Vergeblich richtet der geflügelte Drache seine Feuerzunge gegen das flammende Schwert des Erzengels. Mit dem Drachen stürzt mit Gesten wilder Verzweiflung ein Knäuel von nackten Menschenleibern in die Tiefe, Löwe und Gepard haben sich darin verbissen. Unter den Stürzenden sind Pan, die geflügelten Harpyen und die schlangenhäuptigen Gorgonen zu erkennen. Pfau, Esel und Ziegenbock symbolisieren die Laster, die zusammen mit den Dämonen durch den Kämpfer für den christlichen Glauben überwunden wurden. Die Hoffart ist angedeutet durch das Rad aus Pfauenfedern, das seitlich aus der Gruppe ragt. Der Esel gilt als Symbol des Teufels und der Eifersucht; er kennzeichnet zugleich die Dummheit und Trägheit. Der Ziegenbock gilt seit der Antike als Symbol der Wollust. Alle zusammen stürzen besiegt in einen reißenden Fluß.

6 *Asien:* Ein dunkelhäutiger Orientale kniet vor einem Altar, der mit einem goldbrokatenen Stoff überzogen ist und von dem Perlenketten herabhängen. Eine Götzenstatue, auf der ein Papagei sitzt, liegt zertrümmert neben dem Mann. Statt des kostbaren Schmucks ergreift der zum Christentum Bekehrte einen einfachen Kronreif und Zepter, die dem gebühren, der die Zehn Gebote einhält. Ein Engel, der auf einem bergartigen Gebilde hinter dem Altar lagert, weist die Gesetzestafeln vor, die Moses in Asien auf dem Berg Sinai empfing. Mit der anderen Hand schiebt er den Vorhang zur Seite, der in diesem Bildkompartiment tief in die Komposition hinabreicht.

7 *Vertreibung aus dem Paradies:* In gebeugter Haltung schreiten Adam und Eva aus dem Tor des Paradieses, dessen Eingang ihnen der Heilige Michael mit dem Flammenschwert verwehrt. Über den Stammeltern der Menschen erscheint, von einer Lichtglorie umgeben, Maria als Apokalyptisches Weib über Weltkugel und Mondsichel, mit der Lilie in der Hand zum Zeichen ihrer unbefleckten Empfängnis. Mit dem Kind im Arm zertritt Maria der Schlange den Kopf.

8 *Europa:* Auf einem Stufenpodest thront, in kostbare Gewänder gehüllt, ›Europa‹. Vor ihr am Bildrand steht das weiße Pferd – ihr Attribut. Tiara und Schlüssel an der Seite, sowie der mächtige Kuppelbau hinter Europa – der unverkennbar an Sankt Peter zu Rom erinnert – lassen die Gestalt zugleich zu einer Allegorie der Kirche werden. Ein Putto entleert vor Europa-Ecclesia ein Füllhorn, aus dem Blumen und Kronen herausfallen und ein Kanonenrohr darunter halb bedecken. Neben der Königskrone erinnern Kurhut und das Bayerische Wappen vor der Kanone daran, daß Kurfürst Karl Albrecht den Grundstein zum Bau gelegt hat. Die Zeichen weltlicher Macht bleiben jedoch unbeachtet. ›Europa‹ wendet statt dessen ihr gekröntes Haupt einem Engel zu, der das Kreuz des Leidens in der einen Hand hält und die andere segnend gegen ›Europa‹ ausstreckt.

9 *Monogramm Christi:* In hellstem Licht erscheint das Christusmonogramm. Putti auf Wolken, darunter einer mit Weihrauchfaß, umgeben den Glorienschein.

10 *Anbetung der Könige:* Die Anbetung der Könige in einer ungewöhnlichen Ausdeutung des Themas bettet Asam in ein machtvolles architektonisches Gerüst ein, das wie eine in die Malerei umgesetzte Variierung der Weltenburger Chorlösung wirkt. Hinter den vier hohen, gedrehten Säulen, die eine baldachinartige Bedachung tragen, verlängert Asam den Raum optisch durch ein in strenger Zentralperspektive konstruiertes tonnengewölbtes Raumkompartiment. Mehrere Stufen führen auf ein Podest hinauf, wo an zentraler Stelle einer der Heiligen Drei Könige seine Weihrauchgabe emporhält, während die anderen beiden sich noch auf der Treppe befinden. Engel haben sich auf dem Podest zwischen den Säulen versammelt, um zu Ehren Gottes und des neugeborenen Weltenretters ein Konzert anzustimmen. Unter dem Goldbrokat-Baldachin thront auf Wolken Gottvater, dessen Haupt von einem Dreiecksnimbus umgeben ist. Von seiner Brust gehen Strahlen aus, die eine Glorie im Zentrum der Komposition zu entzünden scheinen. In deren Mitte erscheint – winzig klein – das Christuskind. Alle Blicke der unten Versammelten sind auf das Kind gerichtet. Zu ihm zieht der Weihrauch empor, ein Engel fliegt seitlich in den hellen Schein hinein, der das Kind umgibt, und weist mit einer Geste auf den Erlöser hin. Halb gemalt und halb stuckplastisch gebildet schwebt links oben ein Engel, der zum Zeichen des künftigen Leidens ein Kreuz in Richtung des Neugeborenen hält. Ihm gegenüber erscheint Maria, die der göttlichen Dreiperson am nächsten steht. Über allem ist, vollends in Stuck geformt, die Taube des Heiligen Geistes zu sehen.

ARCHIVALIEN: München, Bayerisches Hauptstaatsarchiv, VA Faszikel 1/11 (Brief vom 29. Mai 1738).

LITERATUR: Westenrieder 1782, 337 – Halm 1896, 49-50 (als zweifelhafte Arbeit) – Hanfstaengl 1939, 130-131 (als Asam) – Großmann 1959, 188-199 – Dischinger 1980, 25 – Rupprecht 1980, 246-247 mit Abb. – Trottmann 1986, 158.

B. H.

F XXX, 2

F XXX
STRAUBING
1738

(Grundriß; 1 Abb.; Tafel 96)

Klosterkirche der Ursulinen, Sankt Ursula; Diözese Regensburg; Regierungsbezirk Niederbayern, Stadt Straubing

PATROZINIUM: Unbefleckte Empfängnis Mariä

BAU UND AUFTRAG: Der 1691 nach Straubing entsandte Ursulinenkonvent bedurfte aufgrund beengter Wohnverhältnisse und beständig wachsender Anzahl von Schülerinnen und Kostgängerinnen schon bald einer Erweiterung seiner Räumlichkeiten. Mit dem Erwerb des kurfürstlichen Salzstadels, der zwischen zwei bereits dem Kloster gehörigen Bauten in der (heutigen) Burggasse lag, konnte 1731 auch an die Errichtung einer Kirche gedacht werden. Der Oberin Maria Magdalena von Empach, Tochter eines zeitweilig als Bürgermeister wirkenden Münchner Kaufmanns, gelang es, die Brüder Asam für Bau und Ausstattung zu gewinnen. Wie aus Briefen der Asam an die Oberin, aus Inventaren des Asamnachlasses – Cosmas Damians jüngste Tochter trat als Joanna Nepomucena in den Konvent ein – und den Bauabrechnungen hervorgeht, waren Egid Quirin als Architekt, Stukkator und Bildhauer tätig, Cosmas Damian als Freskant und Maler der Altarblätter (rechter Seitenaltar von Egid Quirin vollendet). Nachdem 1736 der Grundstein gelegt, 1738 das Gewölbe geschlossen und die Fassade vollendet worden waren, konnte Cosmas Damian – ohne Assistenten – vom 25. Juni bis 10. September 1738 die gesamten Fresken malen. Am Tag seiner Abreise am 11. September 1738 unterzeichnete er den Kontrakt über die Aufnahme seiner Tochter in die Klostergemeinschaft, wobei die vereinbarten 3000 Gulden Honorar mit der Mitgift (2000 fl.) und der Einkleidung (1000 fl.) verrechnet wurden.

Die Ausstattungsarbeiten zogen sich noch bis 1740 hin; am 13. Mai 1741 wurde die Kirche von »Sr. Hochw. Bischöflichen Exzellenz, Frey Herrn von Simern, auch Capitular-Domherr in Regenspurg Solemnissime eingeweiht«.

Wie neuere Messungen durch Ernst Götz und Dorith Riedl ergeben haben, erhebt sich der Kern des Innenraums über kreisrundem Grundriß, der von vier breiten Pfeilern definiert wird. Die Anräume in den Hauptachsen – die seitlichen sind flacher, der Chorraum am größten – gründen beiläufig auf dem Oval. Die Durchdringungsebenen der Räume werden von Pilaster und Gurtbogen markiert, die kantenbetonend auf Pfeilern und Gewölbegraten über Eck aufgelegt sind. Trotz des optischen Eindrucks freier plastischer Komposition läßt sich die Grundstruktur des Zentralbaues auf harmonische Proportionen zurückführen; legt man als Maß den französischen Pied du Roi zugrunde, sogar auf ein ganzzahliges pythagoreisches Zahlentripel: 60 Fuß (lichte Breite) : 80 Fuß (Länge von Altarwand bis zur Fassadenflucht) : 100 Fuß (Diagonale des umschreibenden Rechtecks). Außerdem verhält sich die innere Höhe bis zum Kuppelscheitel zur Breite wie 1 : 1. Mit diesem letzten gemeinsamen Gesamtwerk geben die Brüder Einblick in eines ihrer gestalterischen Prinzipien: Die streng geometrische Konstruktion des architektonischen Gerüsts wird in ein übergreifendes Dekorationssystem eingebunden, das in seiner phantasievollen Ausgestaltung der einzelnen Schmuckformen die Enge eines Regelkanons überspielt. Wohl folgen die Pilaster mit ihren Proportionen und den Elementen Basis, Schaft, Kapitell sowie voll-

V 9, 3 vor der Zerstörung 1945 (Ausschnitt: linke Seite)

V 9, 3 vor der Zerstörung 1945 (Ausschnitt: rechte Seite)

Als erste von mehreren Arbeiten für den Kurfürsten Karl Philipp von der Pfalz [vgl. V 11 und V 12] führte Cosmas Damian Asam die Fresken in der Schloßkapelle aus. Das Hauptfresko [**1**] wurde von Asam am östlichen Rahmen über der Kurfürstenloge signiert: »Cosmas Damian fecit 1728«; 1731 wurde die Schloßkapelle geweiht.

Der saalartige, rechteckige Hauptraum der Kirche hatte sieben Fensterachsen, der eingezogene Chor schloß gerade mit einer Orgelempore über dem Altar. Beide Räume schmückte Asam an den flachen Decken mit Fresken. Nur von der Nordseite fiel volles Licht in den Saal, die Südseite war mit dem Schloßflügel verbunden. Der Chorraum wurde nur durch kleine Obergadenfenster belichtet und blieb so relativ dunkel, während die Chorrückwand, die Asam ebenfalls auszumalen hatte [**3**], durch ein verdecktes Fenster ausgeleuchtet war.

1905 stürzte ein vier Quadratmeter großes Stück des Deckengemäldes herab, das durch einen Wassereinbruch im Chor auf einer Fläche von zehn Quadratmetern beschädigt war. 1908 erfolgte die Restaurierung durch den Kunstmaler Theodor Mader aus Karlsruhe.

1945 wurden Bau und Ausstattung zerstört. In den Jahren 1952 bis 1956 erfolgte der Wiederaufbau. Entscheidende Veränderungen erfuhr der Kapellenbau dabei im Chor, der entfernt und durch eine flache Nische ersetzt wurde. Anstelle der Fürstenloge wurde eine Orgelempore geschaffen. Nach Kleinbildaufnahmen rekonstruierte Carolus Vocke in Eitempera das zerstörte Deckenbild im Langhaus [**1**]. Auf die illusionistische Architekturmalerei im Chor [**2** und **3**] mußte wegen der baulichen Veränderungen verzichtet werden.

1 *Triumph des Glaubens, Speisung der Gläubigen an der Tafel der Kirche, Übergabe des Evangelienbuches und Heimsuchung:* Das langgestreckte, rechteckig gerahmte Deckenfresko im Hauptraum vereint verschiedene Darstellungen. Auf Treppen, Podesten und zwischen Brüstungen ordnet Asam vier Bildthemen auf den Längs- und Breitseiten an.

Auf der Fensterseite ist der *Triumph des Kreuzes über die Mächte der Finsternis und des Unglaubens* dargestellt, gegenüber die *Speisung der Gläubigen* an der reichbesetzten Tafel der Kirche. An der Breitseite am Eingang spielt sich auf einer Treppenanlage die *Übergabe des Evangelienbuches* ab als Hinweis auf die Missionstätigkeit der Kirche. Gegenüber ist die *Heimsuchung* vor einer in starker Verkürzung gegebenen Architekturkulisse gezeigt. – An der Nordostecke befand sich die Künstlersignatur an der Rahmung »Cosmas Damian Asam 1728«. Heute ist hier zu lesen: »AD 1728 VON COSMAS DAMIAN ASAM geschaffen / im Weltkrieg 1945 völlig zerstört / 1955 VON CAROLUS VOCKE neu gemalt.«

2 *Musizierende Engel:* Die flache Chordecke »öffnet« Asam optisch durch eine in Schrägsicht gemalte Scheinkuppel mit Laterne. Die Kuppelschale wird durch Fenster belichtet und ist mit vergoldeten Medaillons verziert. Engel mit Blumengirlanden schweben auf den Betrachter zu. Über dem Kuppelrand dringen Wolken in den Kirchenraum, auf dem musizierende Engel Platz genommen haben.

3 *Pfingstfest:* Bei der Anlage des Freskos an der flachen Chorrückwand hatte Asam den in der Mitte einschneidenden Orgeleinbau zu berücksichtigen. Durch eine zweiläufige Treppe, auf der sich das Pfingstgeschehen abspielt, »umbaute« Asam die Orgeltribüne. In der illusionistischen Säulenarchitektur hinter dem Treppenlauf verknüpfte Asam geschickt Bild- und Realwelt, indem er die Raumarchitektur »weiterzubauen« scheint.

Über dem Treppenlauf steigen die erregten Apostel, Maria und ihre Begleiterinnen empor, auf die sich die feurigen Zungen des Heiligen Geistes herabsenken.

LITERATUR: Halm 1896, 36 – Walter 1922 – Hanfstaengl 1939, 87-92, 95-99, Tafel 23-25 – Hanfstaengl 1955, 40 – Böhm 1973 – KDM Mannheim 1, 1982, 358-381 B.H.

Seite 283: V 9, 2 vor der Zerstörung 1945 ▷

MAGNIFICAT ANIMA MEA
DOMINUM

V 10, 1 (Ausschnitt) vor der Zerstörung 1945

V 10
BRUCHSAL
1728-1729
(6 Abb.)

Ehemalige Hofkirche des Fürstbischöflichen Schlosses; Bistum Speyer; Bundesland Baden-Württemberg, Regierungsbezirk Nordbaden, Stadt Bruchsal

PATROZINIUM: Heilige Damian und Hugo

BAU UND AUFTRAG: Ab 1720 war der Fürstbischof von Speyer, Hugo Damian von Schönborn, mit der Planung und Realisierung der großen Schloßanlage in Bruchsal beschäftigt. Im Jahr 1723 begann man unter dem Baumeister Michael Ludwig Rohrer mit dem Bau der Kirche im Südflügel des Schlosses. 1725 waren die Bauarbeiten am Kirchenflügel abgeschlossen.

Die Ausmalung der Kirche sollte ursprünglich dem aus Ala bei Trient stammenden Antonio Gresta übertragen werden, der 1726 nach Bruchsal kam, jedoch nach einjähriger Tätigkeit über dem halbfertigen Werk starb.

Über Vermittlung der Markgräfin Augusta Sibylle von Baden-Baden nahm Schönborn 1728 Kontakt mit den Brüdern Asam auf. Am 30. Mai 1728 reisten Cosmas Damian und Egid Quirin zur Besichtigung der Kirche nach Bruchsal. Zur Vertragsunterzeichnung kam es am 14. Juni des Jahres. Schon im Oktober 1728 war die Freskomalerei im Langhaus fertiggestellt. Im folgenden Jahr brachte Asam die Arbeiten in Vierung und Chor bis zum Oktober zum Abschluß, nachdem er auf Befehl Schönborns die Malereien seines Vorgängers Gresta abgeschlagen hatte. Umfangreiche Archivalien berichten vom Arbeitsfortgang und den Mißstimmigkeiten zwischen dem Auftraggeber und Cosmas Damian Asam (zuletzt ausführlich publiziert bei Penzlin 1983, 269-284), die jedoch gütlich beigelegt werden konnten. Im Februar 1730 bekam Asam die letzte Rate seines Honorars ausbezahlt, das sich insgesamt auf 5000 Gulden belief.

Die Fresken wurden 1945 zerstört.

Der langgestreckte Hauptraum war über dem Gesims von einer Flachkuppel überwölbt, in die Mansard-Fenster tief einschnitten. Hinter der überkuppelten Vierung schloß sich der Chor an, der ebenfalls von einer Flachtonne gedeckt war, das Gliederungssystem des Langhauses noch einmal aufnahm und gerade schloß. Die Langhausdecke strukturierte Asam seitlich des längsovalen Hauptbildes [**1**] durch ein illusionistisch gemaltes Stucksystem, in das er zwischen die Mansard-Fenster je sechs weibliche Allegorien auf die *Zwölf Glaubenssätze* integrierte [**1 a-l**].

Auf dem flachen Tonnengewölbe des Chores ist das Stuck vortäuschende Dekorationssystem des Langhauses wieder aufgenommen. Anstelle der Allegorien sind hier am Gewölbeansatz in Medaillons *Begebenheiten aus dem Leben des Heiligen Hugo* dargestellt [**3 a-d**]. Das Fresko an der Stirnwand [**4**] täuscht in seinem scheinarchitektonischen System eine Apsiskalotte vor.

1 *Szenen aus dem Leben der Heiligen Cosmas und Damian:* In chronologischer Abfolge wird das Wirken der beiden Brüder als Ärzte und Apostel des Christentums in fortlaufender Folge erzählt. Es folgen die Martyrien: Cosmas und Damian werden gefesselt ins Meer geworfen, aber von den Wellen ans Ufer vor den erstaunten Richter getragen. Auch dem Flammentod entrinnen die Brüder. Engel wehren die Pfeile ab, mit denen sie getötet werden sollen. Drastisch wird schließlich die Enthauptung von Cosmas und Damian geschildert.

1 a-l Personifikationen der *Zwölf Glaubenssätze.*

Seite 285: V 10, 1 vor der Zerstörung 1945 ▷

INVICTUS SEMPER

V 12, 1 vor der Zerstörung 1945 (Fotomontage)

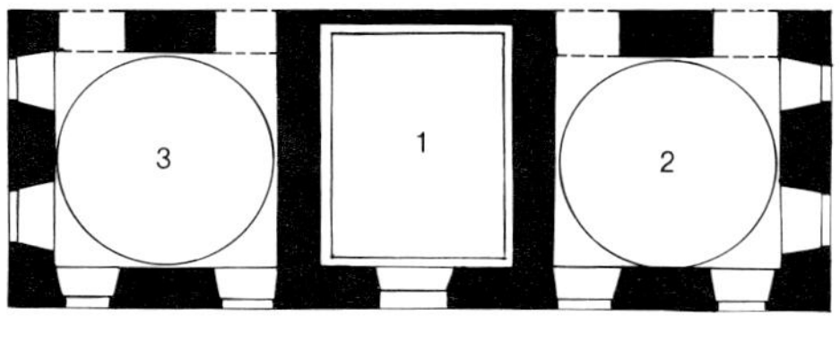

Mannheim, Schloß, Haupttreppenhaus

Siegerin des Wettbewerbs, Venus, wird von Genien durch Siegerkranz und Palme ausgezeichnet.

An den Längsseiten sind die Flußgottheiten »REIN« und »EGER« (= Neckar) plaziert. Gegenüber der Hauptszene bäumt sich ein Pferd hoch auf. Im Sattel sitzt ein Genius mit dem Morgenstern. Hinter ihm taucht der Sonnenwagen des Apoll auf, der die Nacht vertreibt. Darüber ein Bogen mit Sternbildern.

2 *Venus in der Werkstatt des Vulkan:* Im Zentrum der Komposition thront Venus mit ihrem Schützling Apoll, für den sie in der Werkstatt des Vulkan die Waffen für den Trojanischen Krieg schmieden läßt. Eine Inschrift »VULCANI DOMUS« bezeichnet den Schauplatz.

3 *Juno befiehlt Aeolus, seine Winde gegen das Schiff des Aeneas zu schicken:* In der Mitte der Rundkomposition thront Juno unter einer baldachinartigen Draperie, die Putti hochhalten. Vor Juno steht Aeolus, der Gott der Winde. Eine Inschrift hält den Befehl fest: »INCUTE VIM VENTIS« (Vergil I, 69). Während Gehilfen des Gottes die Naturgewalten entfesseln, wird in der Ferne das Schiff des Aeneas sichtbar.

LITERATUR: Walter 1922 – Hanfstaengl 1939, 96-97 – Hanfstaengl 1955, 40 – KDM Mannheim I 1982, 227-245 mit Abb. B.H.

V 13, 1 (Ausschnitt) vor der Zerstörung 1944

V 13
MÜNCHEN
Sankt Anna
1729–1730

(Grundriß; 6 Abb.)

Ehemaliges Hieronymitaner-, heute Franziskaner-Klosterkirche Sankt Anna am Lehel

PATROZINIUM: Heilige Anna

BAU UND AUFTRAG: 1727 legte die Kurfürstin Maria Amalia den Grundstein für die Klosterkirche der neu nach München übersiedelten Hieronymiten. Johann Michael Fischer war der Baumeister.

Der Hauptraum beschreibt im Grundriß ein Rechteck, in das ein Längsoval eingeschrieben ist. Je drei Seitenkapellen auf der Längsseite ordnen sich radial um den Hauptraum. Im Westen schließt der Raum mit dem kreisrunden Chor.

Cosmas Damian Asam erhielt den Auftrag, die Gewölbemalereien auszuführen. Das Hauptdeckenbild [1] trägt am Eingang die Signatur: »D. Asam pinxit MDCCXXIX«. Im folgenden Jahr

V 13, 1 (Ausschnitt) vor der Zerstörung 1944

V 13,1 vor der Zerstörung 1944 …

… und nach der Rekonstruktion 1972-1976

V 13, 1 (Ausschnitt) vor der Zerstörung 1944

V 13, 1 (Ausschnitt) vor der Zerstörung 1944

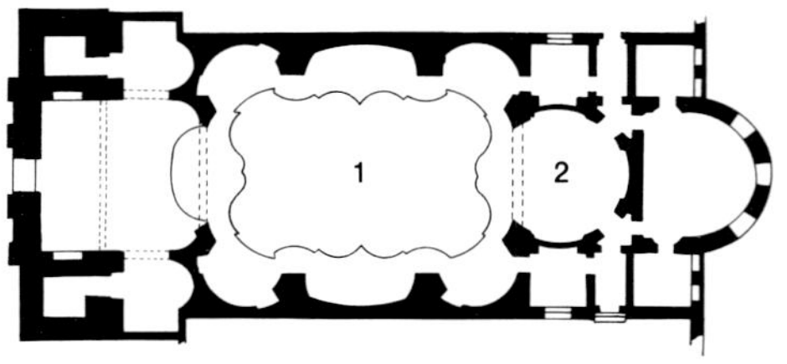

München, Sankt Anna

wurden die Arbeiten an den Gewölbemalereien fertiggestellt.

Das Fresko über der Orgelempore mit dem *Tod der Heiligen Anna* war eine Arbeit aus der Zeit des Anbaus an die Kirche um 1850.

Am 24. April 1944 wurde die Kirche nahezu völlig zerstört. 1946 begann man mit dem Wiederaufbau. Ab 1950 ging man an die Rekonstruktion der Innenausstattung. Von 1972 bis 1976 malte Karl Manniger (Pöcking) die Asam-Fresken nach Farbaufnahmen von 1943 nach.

1 *Aufnahme der Heiligen Anna in den Himmel:* In einem Wolkenhimmel ist an zentraler Stelle die Heilige Anna zu sehen. Sie wird von Engeln ihrer Tochter Maria entgegengetragen. Neben Maria steht auf der Weltkugel Christus, der bei Gottvater in höchster Höhe für Anna bittet. Engel musizieren zu dem himmlischen Geschehen. Heilige des Alten Testaments – unter ihnen König David – begleiten die Szene.

2 *Verherrlichung des Namens Anna:* Über einer Strahlenglorie schweben vier Engel mit Schilden, in denen je ein Buchstabe des Namens ANNA erscheint.

LITERATUR: Halm 1896, 36 – Hanfstaengl 1939, 103-106, Tafel 31 – Tintelnot 1951, 70 – Hanfstaengl 1955, 35 – Grän ^{2}1960 – Hitchcock 1968, 60-63, Abb. 56 – Penzlin 1983, 159-163, 268

B. H.

V 14
MÜNCHEN-THALKIRCHEN
Asam-Schlößl ›Maria-Einsiedel‹
um 1729/30

(Abb. 6, Seite 96)

Ehemaliger Wohnsitz des Künstlers, München-Thalkirchen, Maria-Einsiedel-Straße 45

BAU: 1724 erwarb Cosmas Damian Asam den kleinen, seit 1687 bestehenden Landsitz mit Edelmannsfreiheit in Thalkirchen von Adrian Kray und baute ihn für seine Zwecke um.

Die Fassade des zweigeschossigen Wohnhauses mit Atelier-Aufbau in der Mitte gliederte Asam 1729/30 durch ein scheinarchitektonisches System mit Säulen, Pilastern, Karyatiden (nach Paul Mignard) und Nischen, in das er verschiedene religiöse und allegorische Darstellungen einordnete.

Das Aussehen der Fassade ist durch eine Lithographie von Gustav Kraus nach einem Gemälde von Heinrich Adam von 1830 überliefert. Außerdem gibt eine um 1900 entstandene Vedute von Ludwig Adam Kunz den Bau mit der Fassadenmalerei wieder.

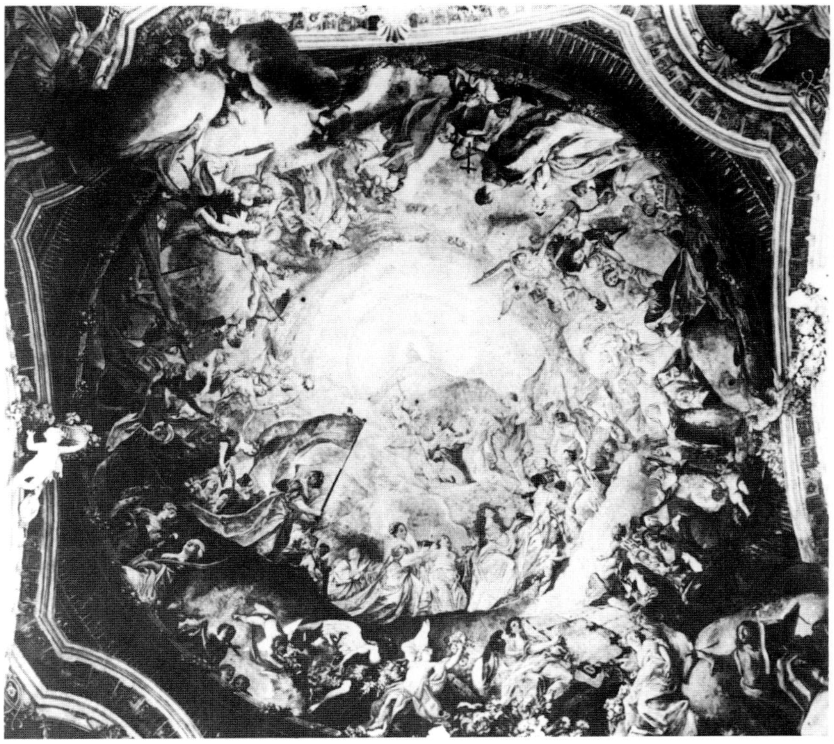

V 15,2 vor der Zerstörung 1944

V 15,3 vor der Zerstörung 1944

FRESKENPROGRAMM
Durch eine Baubeschreibung von Hans Grässel (1927) sind die Themen, Allegorien und Tituli überliefert. Danach befand sich an der Nordseite im Giebel Sankt Michael, zu seiten des Rundbogenfensters im Zwerggiebel Moses mit den Gesetzestafeln und der Borghesische Fechter. In den Feldern zu seiten der Fenster im zweiten Obergeschoß ›Architectura‹, ›Imitatio‹, ›Natura‹ und ›Exornatio‹. Über dem Portal war eine Madonna mit Kind zu sehen. An der Südseite befanden sich ›Amoretta‹, ›Victoria‹, ›Scenographia‹ und ›Decus‹. In Nischen waren Kämpfer zu sehen, denen von Siegesgöttinnen ein Lorbeerkranz überreicht wurde. Im Ovalfeld unter dem Atelierfenster wurde die ›Geschichte der Kunst‹ geschildert. An der Westseite erschienen ›Iconographia‹ und ›Optica‹.

In Erinnerung an den eben – 1724-1726 – durchgeführten Auftrag in Einsiedeln in der Schweiz nannte der Hausherr seinen Sitz ›Asamisch Maria Einsidl Dall‹.

Zu dem Gebäudekomplex gehörten ursprünglich Ökonomiegebäude und Kapelle nördlich des Wohnhauses, östlich eine Säge und Mühle, nach Süden eine Gartenanlage.

Nach unterschiedlicher Nutzung diente der Bau ab 1838 als Ausflugslokal.

Anbauten und Hebung des Straßenniveaus veränderten das Aussehen des Baus im 19. und 20. Jahrhundert ebenso wie der Abbruch der Kapelle in der Folge der Säkularisation und das Verschwinden von Garten und verschiedenen Nutzbauten das gesamte Ensemble beeinträchtigten.

1923-1927 wurden die Fassadenfresken durch Georg Fuchs, Josef Albrecht und Karl Throll restauriert. 1927 entfernte man die Anbauten an der Nordseite. 1944 beschädigten Bomben den Bau schwer. Durch Erwin Schleich wurde das Anwesen 1958/59 wieder instandgesetzt, wobei man die bereits veränderte Fassadenmalerei nach Befunden rekonstruierte. Durch den Fund der Vedute von Kunz konnte die Malerei 1981 und 1982 von Karl Manninger in der Asamischen Fassung erneuert werden. An der Ostseite brachte man die Signatur »C. D. Asam fecit« an.

LITERATUR: Halm 1896, 39 (mit Beschreibung der Fassade) – Hanfstaengl 1939, 102-103, Tafel 30b – Baur-Heinhold 1952, 79-80, Abb. 64-65 – Hanfstaengl 1955, 37 – Liedke 1980, 16, Abb. 2 – Josef H. Biller und Hans-Peter Rasp, *München, Kunst- und Kultur-Lexikon. Stadtführer und Handbuch,* München 1985, 129/130 (mit ausführlicher Beschreibung zum Bau und seiner Fassadenmalerei) B.H.

V 15
MÜNCHEN
Damenstiftkirche Sankt Anna
1734-1735

(Grundriß; 2 Abb.)

Ehemalige Klosterkirche der Salesianerinnen, seit 1785 Damenstiftkirche

PATROZINIUM: Heilige Anna

BAU UND AUFTRAG: Am 31. Mai 1732 legte der Kurfürst Karl Albrecht den Grundstein zur Klosterkirche der Salesianerinnen in München. Der Bau wurde nach den Plänen von Johann Baptist Gunetzrainer errichtet. 1735 fand die Weihe statt.

Der Bau besteht aus einer kleinen Vorhalle, einem quadratischen Zentralraum mit Kuppel, kurzen Querarmen und querrechteckigem eingezogenen Chor.

Die Stuck- und Freskoausstattung übernahmen – wohl bereits im Jahr vor der Weihe, 1734, – die Brüder Asam, die die Arbeiten bis 1735 fertigstellten.

1944 wurde die Kirche bis auf die Außenmauern zerstört. Beim Wiederaufbau ab 1952 – unter der Leitung von Erwin Schleich – rekonstruierte man auch die Innenausstattung. Da für die Freskomalereien keine Farbaufnahmen vorlagen, beließ man es bei der Neufassung durch Franz Xaver Marchner und Josef Lorch 1952ff. bei einer Malerei in Braun-Grau-Abschattierungen.

1 *Engelkonzert:* Die einfache Komposition über der Orgelempore zeigt in wolkiger Höhe musizierende Engel.

Zu dem Fresko hat sich eine Vorzeichnung erhalten [Z 60].

2 *Glorifikation von Maria und Anna:* Im Hauptfresko werden Maria und die Kirchenpatronin Anna verherrlicht. Maria führt eine Prozession heiliger Frauen in spiralförmig gewundenem Zug zum Lamm Gottes in lichter Höhe empor.

Zu dem Fresko liegt eine Zeichnung vor [Z 59].

2a-d *Vier Evangelisten* in den Kuppelzwickeln.

3 *Huldigung der Engel:* Um Gottvater scharen sich auf Wolken Engel mit Weihrauchgefäßen und Blumen. Auf einer Muschelschale werden Gottvater brennende Herzen entgegengehalten.

LITERATUR: Halm 1896, 45 – Hanfstaengl 1939, 131-132, Tafel 42 – Tintelnot 1951, 70 – Naab 1973, 151-156 mit Abb. – Penzlin 1983, 198-200, 309 B.H.

Gemälde

G 1*
Die Heiligen Theresa von Avila und Petrus von Alcantara als Fürsprecher vor Christus 1713

(Abb. 1, Seite 44)

STRAUBING, ehemalige Franziskaner-, heute Schutzengelkirche; zweite südliche Seitenkapelle
Öl auf Leinwand, 2,46 × 1,53 m
(Stark beschädigte Malschicht, vor allem in der Mittelpartie)

Der Überlieferung nach hat Asam dieses Gemälde, das von der Stadt Straubing im Jahre 1713 anläßlich einer Pestepidemie gestiftet wurde, noch in Rom gemalt. Es stellt zwei Franziskanerheilige dar, die Heilige Theresa von Avila und ihren Beichtvater Petrus von Alcantara. Der Heilige Petrus genoß zu Beginn des 18. Jahrhunderts als Pestpatron in Straubing eine besonders große Verehrung, und die Franziskanerkirche besitzt einige Reliquien von ihm.

Die jugendliche Heilige Theresa, in braunem Habit mit weißem Schleier, ist in der unteren rechten Bildhälfte auf Wolkenballen hingelagert. Sie hat im Zustand der Verzückung die rechte Hand auf die flammende Brust gelegt, die linke hängt kraftlos herab. Ihr gegenüber, leicht erhöht, verweist ein Engel auf ein geöffnetes Buch mit einem spanischen Text, der sich nur schwer entziffern läßt:

Di come umidas	quele he en comen
el Senor que as	dado pida al Senor
le pideri vicosa	lo he visto come
en su nombre va	..lidas Sexbendi
no .la... te	por siempre
esse	Amen
Canta	

Über dem Engel wendet sich Christus mit geöffneten Armen dem Heiligen Petrus zu, der ihm fürbittend die Hände entgegenstreckt. Ein Putto, der verschiedene Geißelwerkzeuge in einem Tuch trägt, begleitet den Heiligen, während im oberen Bildteil mehrere Engel auf Wolken thronen.

Mit den Figuren auf diesem Bild hat Asam auf Vorbilder aus der römischen Kunst zurückgegriffen: Die Gestalt der Heiligen Theresa ist der Marmorskulptur Berninis in Santa Maria della Vittoria nachgebildet, der stehende Christus ist ein Figurenmotiv aus Guercinos Petronilla-Bild in Sankt Peter und der Heilige Petrus geht auf eine Vorlage von Carlo Maratti, nämlich das Hochaltarbild von San Carlo al Corso, zurück.

LITERATUR: Meidinger 1787, 204 – Halm 1896, 66, Nr. 9 – KDM Ndb. VI, 238, Fig. 194 – Trottmann 1986, 35, 49ff., 1 Nr. 2, Abb. 108

G 1a
Der Heilige Michael mit Waage und Schwert

Auszugsbild über G 1
Die in starker Untersicht gemalte Figur des Erzengels ist eine schwungvolle Schöpfung, die Beachtung verdient.

G 2
Heilige Katharina von Alexandrien 1713

(Abbildung)

STRAUBING, Simon-Höller-Haus (Ludwigsplatz 30, heute Verlagsgebäude des ›Straubinger Tagblatt‹); Altarbild der Kapelle
Signiert, links unter dem Buch »C. D. Asam 1713«
Öl auf Leinwand, 1,35 × 0,96 m

Die Heilige Katharina thront in aufwendig drapiertem Gewand mit einer Krone auf dem Haupt in der Mitte des Bildes. Sie hat den Blick zum Himmel gerichtet, wo in den Wolken zahlreiche Puttenköpfe erscheinen. Ihre rechte Hand ist auf die Brust gelegt, in der erhobenen linken hält sie eine Märtyrerpalme. Bücher und Schriftrollen, die sie als Patronin der Wissenschaften ausweisen, liegen zu ihren Füßen, während rechts ein Putto das Schwert hält, mit dem sie enthauptet wurde. Als Nebenszene ist im Hintergrund der rechten Bildhälfte, in sehr verkleinertem Maßstab, der dramatische Augenblick aus ihrem Martyrium geschildert, in dem der Himmel sich verdunkelt und ein Blitz herniederfährt, der das Rad, auf dem sie zunächst sterben soll, zerschmettert. Die Henkersknechte sind zu Boden gestürzt und fliehen, sie selbst kniet mit gefalteten Händen vor einem Rundtempel.

Das Bittgebet auf der hölzernen Predella schildert ihr Martyrium, preist sie als Patronin der Wissenschaften und ruft sie als himmlische Fürsprecherin an. Der Text lautet:

Regia progenies, forma pulcherrima virgo,
Artibus exculto pulchrior ingenio
Philosophos iusto Sophiae certamine vincens,
Memento proceres aetheris esse facis
Semianimem laceramque artus in carcere sanant
Siderei volucres, fertque columba cibum –
In poenas constructa tuas dum dissilit acri
Impete, dat multos machina fracta neci
Praecisa cervice tibi pro sanguine manat
lac niveum nivea quod pia mente fores –
O felix virgo: tu nos prece, Diva potenti –
Purgatos animi Cordibus Adde polo.

(Du Jungfrau königlichen Geblüts, von überaus schöner Gestalt / schöner noch durch Deinen Geist, der in den Wissenschaften wohl gebildet ist: / Die Philosophen im gerechten Streit der Weisheit besiegend, / bewirkst Du, daß die Vornehmsten des Himmelreiches gedenken. / Als Du halbentseelt im Kerker liegst, heilen Dich Engel und eine Taube bringt Dir Speise. / Das zu Deiner Marter errichtete Folterrad zerspringt mit mächtigem Getöse und bringt vielen den Tod. / Als Dir das Haupt abgeschlagen ist, strömt schneeweiße Milch statt Blut, weil Du von schneeweißer, frommer Gesinnung warst. / O glückselige Jungfrau: führe uns, Du Heilige, nachdem uns Herz und Sinn geläutert sind, durch Deine mächtige Fürsprache dem Himmelreich zu.)

Das Gemälde zeigt (als einziges von Cosmas Damians Bildern) mit der Beschränkung auf nur eine Figur und der Darstellung der kleinen Nebenszene im Hintergrund Gestaltungsmittel, die von der Ölmalerei des Vaters Georg Asam her bekannt sind.

Die letzte Restaurierung erfolgte 1977; dabei wurde die Signatur entdeckt.

LITERATUR: Trottmann 1986, 51; 1, Nr. 2, Abb. 109

G 3
Engelssturz 1715

(Abb. 2, Seite 45)

METTEN, (Landkreis Deggendorf), Benediktiner-Klosterkirche Sankt Michael; Hochaltar
Öl auf Leinwand, Maße unbekannt

Die Mitte des Bildes beherrscht die vehement heranstürmende, lichtumstrahlte Gestalt des Erzengels Michael. In blaugoldenem Harnisch mit Hermelinumhang, einen Kronreif im Haar, tritt er als Anführer der himmlischen Heerscharen auf, Engel mit Flammenschwertern und Posaunen an seiner Seite. Den Schild hocherhoben, den Blick voller Zorn, schleudert er feurige Blitze und Donnerkeile auf die gefallenen Engel herab, deren nackte Leiber, rotgefärbt von höllischer Glut, von tierköpfigen Ungeheuern gepackt und gepeinigt werden. Dieser Verdammungsszene im unteren Teil des Bildes ist im oberen Teil der Hinweis auf Versöhnung und Erlösung hinzugegeben: auf Wolken und von zahllosen Engelchen umgeben thront hier Gottvater mit der Weltkugel und wendet sich Maria zu, die vor ihm kniet, als Jungfrau und zukünftige Gottesgebärerin, das Haupt von zwölf Sternen umgeben. Ein Engel am linken Bildrand hält einen Olivenzweig – Symbol des Friedens – in der erhobenen Hand. Darüber zeigen Putti eine Tafel mit der Aufschrift QUIS UT DEUS, andere verweisen auf den Erzengel, auf dessen Schild, gewissermaßen als Antwort, die Aufschrift IESUS zu lesen ist.

G 2

G 4

Die Inschrift auf der Kartusche im Scheitel des Altarbildrahmens lautet:

D. MICHAELI
ARCH. COELESTIS
MILITAE PRINCIPI
SACRUM.

Autorschaft und Datierung sind hier durch eine von Asam unterzeichnete Quittung über 500 Gulden (Archiv der Stiftsbibliothek Metten) gesichert.

LITERATUR: Meidinger 1790, 122 – Halm 1896, 66, Nr. 22 – KDM Ndb. XVII, 159, Fig. 124 – Fink [6]1983, 10, Abb. S. 7 – Trottmann 1986, 51, I Nr. 3, Abb. 111

VORZEICHNUNG: Z 5

G 4*
Der Englische Gruß 1716

(Abbildung)

GÜNCHING (Landkreis Neumarkt in der Oberpfalz), Pfarrkirche Sankt Maria; Hochaltar
Öl auf Leinwand, etwa 3,00 × 2,00 m

Maria steht in leicht gedrehter Körperhaltung frontal dem Betrachter zugewandt vor einem kleinen, mit Strohgeflecht bezogenen Stuhl, von dem sie sich offenbar gerade erhoben hat. Ihre rechte Hand ist auf einen stoffbedeckten Tisch gestützt, mit der linken hält sie ein aufgeschlagenes Buch. Den Kopf zur Seite geneigt, hat sie den Blick gesenkt. In der rechten Bildhälfte – weiter im Vordergrund – steht der Engel in prächtigem, goldfarbenen Gewand, auf Wolken schwebend und von Putti begleitet. In der linken Hand hält er eine Lilie, die rechte weist in einem Redegestus nach vorne. Er wendet sich Maria nicht direkt zu und sie scheint ihn ihrerseits nicht wahrzunehmen, ganz in das Begreifen seiner Botschaft versunken. Über ihr schwebt in einer goldgelben Lichtgloriole die Taube des Heiligen Geistes. Links oben erscheint ein Putto mit einem Strauß Lilien, von denen er eine über Maria hält.

LITERATUR: Halm 1896, 17 f. (mit Archivalien) – KDM Opf. XV, Fig. 53 – Trottmann 1986, 50, I Nr. 4, Abb. 112

G 5
Der Heilige Andreas mit dem Kreuz um 1717

STRAUBING, ehemalige Stifts-, heutige Pfarrkirche Sankt Jakob; Andreaskapelle
Signiert, rechts unten: »C. D. A.«
Öl auf Leinward, 2,31 × 1,55 m

Das Gemälde gibt eine Szene aus dem Martyrium des Heiligen Andreas wieder: Auf dem Weg zur Richtstätte kniete der Apostel nieder und begrüßte das Kreuz mit den Worten des Hymnus: »O bona crux, diu desiderata, sollicite amata ...« (O gutes Kreuz, so lange ersehnt, so heiß geliebt ...).

Der Heilige kniet in der Mitte des Bildes, den einen Arm um den Balken des verschränkten Kreuzes geschlungen, den anderen weit ausgestreckt. Hinter ihm Soldaten, die ihm sein Obergewand abnehmen. Links im Vordergrund kauert ein Jüngling, mit dicken Seilen in der Hand, und hält einen Hund zurück, der auf eine Gruppe trauernder Frauen, rechts neben Andreas, zuspringen will.

Die Wappenkartusche über dem Altar trägt die Jahreszahl 1717; das Bild dürfte etwa gleichzeitig entstanden sein.

LITERATUR: Meidinger 1787, 172 – Halm 1896, 65, Nr. 5 – KDM Ndb. VI, 60 – Kracher [3]1979, 20 – Trottmann 1986, 37, I Nr. 5, Abb. 110

G 5 a
Heiliger Wilhelm

Ovales Auszugbild über G 5.

G 6
Feuerprobe des Heiligen Tiburtius um 1718

STRAUBING, Sankt Veit; Seitenaltar an der nördlichen Langhauswand
Öl auf Leinwand, 2,55 × 1,46 m

Der Legende nach bekehrte sich Tiburtius, Sohn eines römischen Beamten, bei der Vernehmung eines christlichen Märtyrers zum Glauben. Als seine Bekehrung entdeckt wird, muß er mit bloßen Füßen über glühende Kohlen gehen, die ihm jedoch nichts anhaben können. Er wurde dann an der Via Labicana (250 nach Chr.) enthauptet.

Asam stellt den Heiligen, der Stadtpatron von Straubing ist, in majestätischem Gewand und mit herrscherlicher Geste dar, wie er unbeschadet über die glühenden Kohlen schreitet, die von einem Schergen im Vordergrund ausgeschüttet werden. In einiger Entfernung hinter ihm drängen bewaffnete römische Soldaten mit Lanzen heran. Ein anderer Soldat, der Tiburtius mit einem Seil am Handgelenk gefesselt hält, weicht in fassungslosem Erstaunen zurück. Daneben steht, in gespannter Haltung sich vorbeugend, ein Opferpriester, der einen Stab mit der Statuette einer Göttin in der Hand hält. Im Bildhintergrund thront vor einer Säulenarchitektur mit ausgespannter Draperie der römische Präfekt. Aus den Wolken schwebt ein Engel mit Märtyrerpalme heran und hält einen Heiligenschein über Tiburtius. Miniaturhaft ist im linken Bildhintergrund die Enthauptung des Märtyrers dargestellt.

Als Vorlage für die Gestalt des Heiligen Tiburtius verwendete Asam ein Figurenmotiv aus Carlo Marattis Gemälde *Die Auffindung des Romulus und Remus,* das in Kupferstichen des Robert von Audenaerd verbreitet war.

Die Altäre der Veitskirche wurden 1702/03 errichtet. Asams Gemälde (G 6, G 7) wurden also offensichtlich später eingefügt; nach stilistischem Befund dürften sie aus der Zeit um 1718 stammen.

LITERATUR: Meidinger 1787, 178 – Halm 1896, 66, Nr. 7 – KDM Ndb. VI, 257 – Utz 1979, 6 – Trottmann 1986, 35, I Nr. 6, Abb. 59

G 7
Feuerprobe der Heiligen Kunigunde um 1718

STRAUBING, Sankt Veit; Seitenaltar an der südlichen Langhauswand
Öl auf Leinwand, 2,55 x 1,46 m

Das Gemälde stellt als thematisches Gegenstück zu G 6 die Heilige Kunigunde von Bamberg dar, die eine Feuerprobe auf sich nimmt, um die Nichtigkeit der Vorwürfe ehelicher Untreue gegen sie zu beweisen, welche ihrem Gemahl, Kaiser Heinrich II., bei der Rückkehr von einer Reise zugetragen wurden.

Der Kaiser sitzt im Hermelinmantel zurückgelehnt auf einem zweistufigen Thron vor einem roten Samtvorhang. In der einen Hand das Zepter, die andere gebieterisch ausgestreckt erwartet er den Ausgang der Feuerprobe. Neben ihm stehen seine Berater, teils skeptisch, teils zögernd blickend. Vor dem Thron schreitet Kunigunde barfüßig und ohne Schaden zu nehmen über die glühenden Pflugscharen, die auf dem Boden liegen. Mit beiden Händen rafft sie ihr reich geziertes Prunkgewand, dessen Schleppe von einem kleinen Mohren getragen wird. Ihr Blick ist bittend nach oben gerichtet, wo über dem Thron aus den Wolken ein Engel mit Blumenkranz erscheint, der mit befehlendem Gestus auf die glühenden Pflugscharen niederdeutet. Auf den Stufen des Throns warten zwei Knappen mit der Kaiserkrone, mit der Kunigunde nach bestandener Probe gekrönt werden soll.

Zur Datierung vgl. G 6.

LITERATUR: Meidinger 1787, 178 – Halm 1896, 66, Nr. 8 – KDM Ndb. VI, 257, Fig. 212 – Utz 1979, 6, Abb. S. 7 – Trottmann 1986, I Nr. 7, Abb. 114

G 8
Das Letzte Abendmahl 1720/21

(Abb. 3, Seite 45)

MICHELFELD (Landkreis Sulzbach), ehemalige Benediktiner-Klosterkirche Sankt Johannes Evangelist, heute Pfarrkirche; Hochaltar
Signiert: »C. D. Asam Ino.«
Öl auf Leinwand, ca. 5,50 x 3,50 m

Asam illustriert in diesem Gemälde die Geschehnisse der Gründonnerstagnacht nach der ausführlichen Schilderung im Evangelium nach Johannes, 13, 1-30.

Die Szene des Letzten Abendmahles ist vor eine nur von wenigen Kerzen erleuchtete, immens hohe Architekturkulisse verlegt, die im Hintergrund durch monumentale Säulen und Pfeiler auf hohen Pilastern und ein Gewölbe über erhöhter Treppenanlage angegeben ist. Im Mittelteil des Bildes sind um einen länglichen Tisch mit erhöhtem, stoffgepolsterten Rand die Apostel versammelt, teils lagernd, teils sitzend, einige von ihnen stehend. Am oberen Ende des Tisches sitzt Christus, der ein Stück Brot in der erhobenen Rechten hält. Seine Linke ruht auf der Brust seines Lieblingsjüngers Johannes, der ausgestreckt in seinem Arm liegt. Die Blicke der Jünger richten sich auf Judas, der, den Beutel in der Hand, in der Tischmitte sitzt und nach dem dargereichten Brotstück greift. Unmittelbar im Bildvordergrund weist ein Mann mit Mütze drei Diener (darunter eine junge Frau) an, Wasser in ein Becken zu gießen – womit ein Hinweis auf die Fußwaschung gegeben ist (wegen der vorgesetzten Tabernakelbekrönung nur teilweise erkennbar).

Die bevorstehende Gefangennahme Christi wird im linken Bildhintergrund angekündigt, wo auf erhöhtem Treppenpodest im Dunkeln, neben einem Mann zwei Knaben zu erkennen sind, von denen einer auf die Versammelten deutet. Im oberen Bildteil erscheint, neben einer monumentalen Vorhangdraperie, aus den Wolken ein Engel, der auf den Lieblingsjünger Johannes verweist. Sein Gestus wird durch die Inschriftkartusche über dem Bild erklärt: ECCE HIC EST DILECTUS DISCIPULUS CHRISTI. Das Chronostichon ergibt die Jahreszahl 1721.

Die Gestalten der Häscher im Hintergrund, den Engel und einige der bärtigen Apostelfiguren hat Asam nach der Vorlage von Benedetto Lutis Gemälde *Die Einkleidung des Heiligen Rainer* (Abb. 4, Seite 46) gestaltet.

LITERATUR: Halm 1896, 66, Nr. 21 – KDM Opf. XIX, 69 – Batzl [2]1981, Abb. S. 7 – Trottmann 1986, 37, 52, I Nr. 8, Abb. 113

G 9
Tod der Heiligen Ursula um 1720

ALDERSBACH (Landkreis Passau), ehemalige Zisterzienser-Kloster-, heute Pfarrkirche Mariä Himmelfahrt, Sankt Johannes der Täufer und Sankt Ursula; vierte nördliche Seitenkapelle
Öl auf Leinwand, 2,84 x 1,52 m

Die Heilige Ursula, eine englische Königstochter, soll der Legende nach zusammen mit 11 000 christlichen Begleiterinnen und ihren geistlichen Betreuern in Köln durch die Hunnen das Martyrium erlitten haben.

Das Gemälde zeigt den Augenblick, in dem die Heilige, von einem Pfeil zu Tode getroffen, sterbend zusammensinkt. Gestützt von drei jungen Gefährtinnen, von denen sich eine verzweifelt an sie klammert, hält sie noch die Fahne mit dem Kreuzzeichen, die sich hinter ihr ausbreitet, fest. Ihr Blick ist zum Himmel gerichtet, wo ein Engel erscheint, um ihr Krone und Märtyrerpalme zu reichen. Zu ihren Füßen liegt der Leichnam eines Geistlichen in dunkler Soutane, mit Gebetbuch und Kreuz, davor eine von zwei Pfeilen getroffene Gefährtin. Eine andere kniet am rechten Bildrand, angstvoll sich umwendend nach den Verfolgern, die, bewaffnet mit Pfeil und Bogen, von rechts aus dem Hintergrund nahen. In verkleinertem Maßstab ist im oberen Bildhintergrund das Schicksal der übrigen Jungfrauen, die der Heiligen in einem langen Zug folgen, dargestellt: sie werden erschlagen und von einer hohen Felsenkante, auf der exotische Palmenbäume wachsen, herabgestürzt.

Das Bild scheint nur in den Hauptfiguren von Asam eigenhändig ausgeführt. Die merkwürdig flache und zum Teil unbeholfene Zeichnung der Rand- und Hintergrundsfiguren läßt eine Mitarbeit der Werkstatt annehmen. Der Engel ist ein Figurenmotiv Benedetto Lutis (vgl. Abb. 4, Seite 46).

LITERATUR: Meidinger 1787, 303 – Halm 1896, 66, Nr. 23 – KDM Ndb. XIV, 35 – Hauer 1978, 14 – Rupprecht 1980, 76, Abb. S. 77 – Trottmann 1986, 37, 55, I Nr. 10

G 10
Predigt Johannes des Täufers um 1720

(Abbildung)

ALDERSBACH (Landkreis Passau), ehemalige Zisterzienser-Kloster-, heute Pfarrkirche Mariä Himmelfahrt, Sankt Johannes der Täufer und Sankt Ursula; vierte südliche Seitenkapelle
Signiert, rechts unten »C. D. Asam f.«
Öl auf Leinwand, 2,84 x 1,52 m

Vor der Kulisse hochaufragender baumbestandener Felsen steht die nur mit Lendenschurz und Fell bekleidete Gestalt des Täufers. In der Rechten hält er einen Kreuzstab mit dem Schriftband: ECCE AGNUS DEI. Das Lamm zu seinen Füßen ist Symbol für den, dessen Ankunft er verkündet. Sein Blick ist in die Weite gerichtet und folgt der Gebärde seines ausgestreckten linken Armes, mit der er seine Botschaft unterstreicht. Neben ihm steht mit gefalteten Händen ein junger Mann, der gleichfalls ins Weite blickt, während sich im Hintergrund unterhalb des Felsens aufmerksame Zuhörerschaft versammelt hat. Die vordere Bildebene nehmen weitere Zuhörer ein: Vor einem bärtigen Mann, der, offensichtlich in ein Gespräch vertieft, den Kopf über die Schulter zurückwendet, hockt ein junges Mädchen neben einer Alten, die mit ihrer Geste die Aufmerksamkeit einer ganz in sich gekehrten und in Nachdenken versunkenen Frauenfigur am rechten Bildrand erregen will. Wie beim Ursulabild (G 9) scheint

G 10

auch hier die Ausführung einiger Partien der Malerei (Himmelshintergrund und Felsen, einige Zuschauerfiguren) der Hand von Mitarbeitern überlassen worden zu sein. Die männliche Gestalt neben Johannes und die Frauenfiguren im Vordergrund sind Motive, die Asam dem Gemälde *Die Einkleidung des Heiligen Rainer* von Luti (Abb. 4, Seite 46) entnommen hat.

LITERATUR: Meidinger 1787, 303 – Halm 1896, 66, Nr. 24 – KDM Ndb. XIV, 35 – Hanfstaengl 1955, Abb. 25 – Hauer 1978, 14 – Trottmann 1986, 37, 55, 1 Nr. 11, Abb. 64

G 11*
Wasserwunder des Heiligen Korbinian um 1720

(Tafel 99)

ROHR (Landkreis Kelheim), ehemalige Klosterkirche der Augustinerchorherren, heute Benediktiner-Klosterkirche Mariä Himmelfahrt; zweiter südlicher Seitenaltar (Leihgabe der Bayerischen Staatsgemäldesammlungen, Inv. Nr. 3539)
Signiert, rechts unten »C. D. Asam Invenit«
Öl auf Leinwand, 4,40 x 2,20 m

Nach der ›Vita Corbiniani‹ des Bischofs Arbeo von Freising soll der Heilige Korbinian, um die Wassernot beim Bau eines kleinen Klosters zu lindern, am Südhang des Klosterberges von Weihenstephan eine Wasserquelle erweckt haben. Diese Szene ist im mittleren Teil des Bildes unterhalb der Kulisse der Kirchtürme von Weihenstephan und Freising dargestellt. Der jugendliche Heilige in violettem Prälatenhabit und Mozzetta hält kniend einen Stab in die Erde, aus der die Wasserquelle entspringt. Die Rechte mit dem Birett vor die Brust gelegt, richtet er den Blick nach oben, wo ihm aus den Wolken ein Engel mit ausgebreiteten Armen, begleitet von zwei Putti, erscheint. Zu seinen Füßen ruht der Bär – sein Attribut –, der mit einem Bündel bepackt ist. Sein Begleiter Anserich blickt ihm neugierig fragend über die Schulter, während von rechts ein fürstlich gekleideter Mann in rotem Umhang herannaht. Vor ihm kniet eine ebenso reich gewandete Frau, einen Wasserkrug in der Hand, um aus der eben entsprungenen Quelle zu schöpfen. Ihr gegenüber eilen von links mit Gebärden des Staunens zwei Männer herbei. Im unteren Teil des Bildes liegt auf einem Polsterlager ein Kranker, dem eine Frau mit zwei Kindern – eine Personifikation der Caritas – ein Gefäß mit Wasser reicht. Diese Figurengruppe verweist den Betrachter auf die wundertätige Wirkung des Wassers aus der Korbiniansquelle, an der es namentlich zu Beginn des 18. Jahrhunderts immer wieder zur Heilung von Fieberkranken gekommen war.

Die Engel und die Figur des liegenden Kranken hat Asam einem Gemälde von Pietro da Cortona, der *Ekstase des Heiligen Alexius* in San Filippo Neri zu NEAPEL entnommen.

PROVENIENZ: Das Bild stammt (wie G 12 und G 13) aus der zerstörten Korbinianskapelle von Weihenstephan und wurde 1982 nach Rohr gebracht. Die letzte Restaurierung erfolgte 1980-1982; dabei wurde in der oberen Bildmitte ein Leinwandstück angefügt, um das Gemälde dem Format des größeren Rahmens anzupassen.

LITERATUR: Zeschick [3]1982, 16 (fälschlich als »Hl. Franz von Sales«) – Trottmann 1984, 81 ff., Abb. 64 – Dieselbe 1986, 47, 54 ff., 1 Nr. 12, Abb. 103

G 12*
Heiliger Schutzengel um 1720

(Abb. 6, Seite 48)

TITTMONING (Landkreis Traunstein), ehemalige Stifts- und Pfarrkirche Sankt Laurentius; nördliche Choreingangswand
Öl auf Leinward, 3,84 x 2,35 m

Die Mitte des Bildes wird durch die Gestalt des Schutzengels bestimmt, dem ein Putto von oben Kreuz und Palmenzweig reicht. Er führt einen Pilgerknaben mit brennendem Herzen und Stab an der Hand über einen zu Boden gestürzten, geflügelten Dämon hinweg auf die unteren Stufen einer Steintreppe, die im oberen Bildteil zum geöffneten Himmel hinaufführt. Der Dämon liegt rücklings auf einer goldgemusterten Decke und hält einen furchtsam flatternden Vogel in der Hand. Neben ihm ist ein umgestürzter Köcher mit gefiederten Pfeilen, aus dem sich eine Schlange windet, und ein getriebener Zinnkrug mit verziertem Henkel zu erkennen. Am äußeren rechten Bildrand liegt auf einem Tuch ein schlafendes (oder totes) Kind, etwas darüber kniet eine klagend emporblickende junge Frau, einen Krug zu ihren Füßen, hinter ihr ein verdorrter Baum. Am linken Bildrand wird neben einer knienden männlichen Gestalt ein Engel sichtbar, der nach oben weist, wo ein zweiter Engel auf einen Springquell deutet, der unterhalb der Himmelstreppe zu erkennen ist.

Der verschlüsselte Bildinhalt wird nur verständlich, wenn man über den ursprünglichen Bestimmungsort des Gemäldes Bescheid weiß: die Korbinianskapelle von Weihenstephan, die 1718-1720 von den Brüdern Asam über der wundertätigen, vom Heiligen Korbinian erweckten Quelle errichtet wurde: Wer, wie der Pilgerknabe dem Schutzengel und der wunderbaren Wirkung dieses Quells vertraut, für den ist er zugleich der Gnadenquell, der ihm die Kraft spendet, über alle Anfechtungen der Welt hinweg, den Weg zum Himmel zu beschreiten.

PROVENIENZ: Das Gemälde wurde 1817 aus dem Depot der Königlichen Galerie Schleißheim in die nach einem Brand neu auszustattende Stiftskirche von Tittmoning verbracht. Im Zuge der Restaurierung des 19. Jahrhunderts wurde es im ursprünglichen Format erheblich beschnitten. Das Bild wird in der Ausstellung im Zustand der Restaurierung gezeigt (Restaurator Peter Gartmann).

LITERATUR: Bushart 1982, 36 ff., Abb. 9 – Trottmann 1984, 81 ff., Abb. 61 – Dieselbe 1986, 54 ff., 1 Nr. 13, Abb. 117

VORZEICHNUNG: Z 32

G 13*
Maria Immakulata um 1720

TITTMONING (Landkreis Traunstein), ehemalige Stifts- und Pfarrkirche Sankt Laurentius; südliche Choreingangswand
Öl auf Leinwand, 3,95 x 2,34 m

Maria, als Immakulata mit einem Kranz von zwölf Sternen um das Haupt, steht auf der Weltkugel, Mondsichel und Schlange zu ihren Füßen. Sie blickt zu Gottvater auf, neben dem im Dreieck des Trinitätszeichens das Christuskind mit Erlöserkreuz und darüber die Taube des Heiligen Geistes erscheinen. Seitlich halten zwei Engel Lilien und eine Krone bereit. Maria verweist auf das im linken unteren Bildteil dargestellte Korbiniansheiligtum (die von den Brüdern Asam erbaute Rundkapelle, dahinter der Klosterberg von Weihenstephan), über das drei Engel ihren Schutzmantel breiten. Ganz unten ist ein rundes Brunnenbecken zu sehen, das durch ein Siegel mit der Aufschrift FONS SIGNATUS verschlossen ist, daneben eine gelbblütige Giftpflanze und züngelnde Schlangen.

Wie bei G 12 ist auch hier die Bildaussage nur durch den Bezug zur wundertätigen Quelle des Heiligen Korbinian verständlich: Durch das Siegel mit der Aufschrift FONS SIGNATUS (Der versiegelte Quell: Symbol für die Jungfräulichkeit Mariens) wird sie in Beziehung gesetzt zum himmlischen Quell der Gnade, der Erlösung des Menschen: Maria, die Immakulata, die durch den Heiligen Geist den Erlöser empfängt, ist die Vermittlerin dieses himmlischen Heils. Von ihr aus gehen die Gnadenstrahlen über den Spiegel unterhalb der Weltkugel hinunter zum Heiligtum über der Korbiniansquelle, das sie unter ihren besonderen Schutz nimmt.

PROVENIENZ: Das Gemälde wurde (wie G 12) 1817 nach Tittmoning gebracht. Es besitzt nicht mehr das originale Format und ist durch die Restaurierung des 19. Jahrhunderts in einigen Partien (vor allem im oberen Bildteil) sehr verdorben. Das Bild wird in der Ausstellung im Zustand der Restaurierung gezeigt (Restaurator Peter Gartmann).

LITERATUR: Bushart 1982, 36 ff., Abb. 10 – Trottmann 1984, 81 ff., Abb. 62 – Dieselbe 1986, 54, 1 Nr. 14, Abb. 118

G 14

G 14
Abschied der Apostel Petrus und Paulus um 1725

(Abbildung)

ROHR (Landkreis Kelheim), ehemalige Stiftskirche der Augustinerchorherrn, heute Benediktinerkloster-Kirche Mariä Himmelfahrt; nördlicher Querhausaltar
Öl auf Leinwand, Maße unbekannt

Die beiden greisen Apostelfürsten, die sich Abschied nehmend anblicken und sich die Hand reichen, sind in der unteren Mitte des Bildes wiedergegeben; barfüßig, in weite, wallende Gewänder gekleidet, schreiten sie nebeneinander her. Berittene römische Soldaten mit Fahnen und Blasinstrumenten folgen ihnen, und eine ganze Schar von Schergen mit Stöcken umringt sie, um sie zu ergreifen und abzuführen. Einer der Schergen wendet sich nach dem Befehl eines Reiters um, der auf einen verzweifelt fliehenden Mann am linken Bildrand deutet. Rechts erhebt sich eine hohe Mauer, auf der sich gaffende Straßenjungen niedergelassen haben. Etwas unterhalb sind im Vordergrund die treuen Anhänger der beiden Apostel versammelt: eine kleine Gruppe von Männern, Frauen und Kindern, deren Gebärden und Mienen Verzweiflung und Trauer zeigen. Ihnen gegenüber sind am linken Bildrand zwei Frauen zu sehen, die sich niederbeugen, um ehrfürchtig den Gewandsaum der beiden Apostel zu küssen. Düstere schwarze Wolken überziehen den Himmel, aus dem Engel mit Märtyrerpalmen erscheinen.

Die Szene spielt sich vor den Mauern der Stadt Rom ab, die durch eine Pyramide, Mauern und Festungsarchitekturen gekennzeichnet ist. Der Überlieferung nach wurden die beiden Apostel durch das Stadttor, das an der Straße nach Ostia lag (die heutige ›Porta San Paolo‹ bei der Cestiuspyramide) abgeführt und trennten sich dort, bevor sie das Martyrium erlitten.

Über dem Altar ist am Fensterbogen die Inschrift »1722 ASAM« angebracht. Sie bezieht sich vermutlich auf den Aufbau des Altares, der von Egid Quirin stammt; das Gemälde dürfte etwas später, um 1725, entstanden sein.
LITERATUR: Zeschick [3]1982, 14, Abb. S. 21 – Trottmann 1986, 37, 59, 1 Nr. 27, Abb. 126 (dort ursprünglich 1732 datiert)

G 15*
Selbstporträt Cosmas Damian Asams um 1725/30

(Abb. 1, Seite 10)

FREISING, Diözesanmuseum (Leihgabe der Priesterhausstiftung, München)
Öl auf Leinwand, 1,16 x 0,98 m

Der Künstler hat sich hier als echt barocken ›Malerfürsten‹ dargestellt: Perlengehänge im Ohr, eine Pelzkappe mit Federschmuck auf dem Kopf und eine aufwendige, rote Stoffdraperie um die Schultern, blickt er forschend den Betrachter an. Die Requisiten des Malers werden vorgeführt: In der linken Hand hält er einen Satz Pinsel und eine Palette, die feingliedrige Rechte ritzt mit einer Feder in ein Blatt, ein Kasten mit Malmaterial steht auf dem Tisch und an der Wand hängt eine Gipsmaske. Ein junger Mann – wohl Egid Quirin? – mit Schnitzeisen in der Hand lugt ihm über die Schulter. Im Hintergrund rechts blickt ein junger Geistlicher aus dem Bild, in dem für gewöhnlich Asams Bruder, Pater Engelbrecht, gesehen wird, der in Fürstenfeldbruck im Kloster war.
PROVENIENZ: Das Gemälde befand sich noch nach Asams Tod in seinem Landhaus in Thalkirchen. Es wurde später in das Priesterhaus von Sankt Johann Nepomuk in München gebracht und gelangte von dort nach Freising.
LITERATUR: Halm 1896, 66, Nr. 16 – Tyroller 1978, 25, Nr. 77 – Hafner 1982, 13 (mit Abb.) – Trottmann 1986, 1 Nr. 40

G 16
Vision des Heiligen Benedikt um 1726

(Tafel 98; Abb. 5, Seite 47)

KLADRAU (Kladruby, Bezirk Tachau-Tachov/ČSSR), ehemalige Benediktiner-Klosterkirche Mariä Himmelfahrt; nördlicher Querhausaltar
Öl auf Leinwand, Maße unbekannt

Der Heilige Benedikt steht mit erhobenen Händen vor einem Lesepult mit aufgeschlagenem Buch und erblickt hoch über sich die feuerumstrahlte Weltkugel, ein mystisches Lichtphänomen, durch das sich ihm, wie Gregor der Große berichtet, »die ganze Welt wie in einem einzigen Sonnenstrahl enthüllte«. Ein schwebender Engel präsentiert ihm diese Kugelvision, über der die thronende Dreifaltigkeit erscheint. Auf drei Stufen, die den vorderen Bildraum bestimmen, sitzen aneinandergelehnt zwei weitere Engel und wenden sich dem Heiligen zu; einer von ihnen hält eine Lilie empor. Ein dritter steht beobachtend am rechten Bildrand, wo hinter ihm eine Frauengestalt sichtbar wird, die aus dem Bild heraus den Betrachter anblickt und eine Hand auf das Buch vor Benedikt gelegt hat. Hinter dem Heiligen hebt ein Engel eine mächtige Vorhangdraperie zur Seite, die im oberen Teil fast die ganze linke Bildhälfte verhüllt und den Schaft einer monumentalen Säule überdeckt.

Wie G 17 dürfte das Gemälde, das erst vor kurzem als Werk Asams identifiziert wurde, gleichzeitig mit der Freskenausstattung der Klosterkirche entstanden sein.
LITERATUR: Trottmann 1986, 56, 1 Nr. 15, Abb. 119

G 17
Krankenheilung des Heiligen Maurus um 1726

KLADRAU (Kladruby, Bezirk Tachau-Tachov/ČSSR), ehemalige Benediktiner-Klosterkirche Mariä Himmelfahrt; südlicher Querhausaltar
Öl auf Leinwand, Maße unbekannt

Vom Heiligen Maurus, einem der ersten Schüler des Heiligen Benedikt, berichtet die Legende, er habe während seiner Missionsreise nach Gallien im Jahre 543 zahlreiche Wunder gewirkt und viele Kranke geheilt. Eine solche wunderbare Krankenheilung ist hier dargestellt. Der Heilige steht, angetan mit schwarzem Ordensgewand, Stola und Brustkreuz auf einem erhöhten Stufenpodest. Seine linke Hand hält ein Buch, die rechte aber ist segnend erhoben, um die Stirn eines kleinen Kindes zu berühren, das ihm eine kniende Mutter von rechts entgegenhält. Weiter unterhalb versucht ein bärtiger Mann mit festem Griff die auffahrenden Bewegungen einer besessenen Frau zu bändigen, aus deren weitaufgerissenem Mund die Dämonen ausfahren. Hinter Maurus stehen die ungläubigen Zweifler, während im linken Vordergrund eine weitere Gruppe hilfesuchender Kranker wartet: eine Frau, die ein Kind an sich drückt und ihr zu Füßen ein ausgestreckt lagernder siecher Mann; beide blicken bittend empor.

Die Szene wird von blauem Hintergrund abgeschlossen, vor dem, rechts, ein von Säulen getragenes Gebälkfragment aufragt. Hinter dem Heiligen wird eine monumentale, kannelierte Säule sichtbar, die oben durch Wolken, in denen ein Engel (ein Motiv nach Benedetto Luti, vgl. Abb. 4, Seite 46) erscheint, verdeckt ist. Zur Datierung vgl. G 16.
LITERATUR: Trottmann 1986, 37, 56, 1 Nr. 16, Abb. 120

G 18
Gottvater und Engel um 1726

KLADRAU (Kladruby, Bezirk Tachau-Tachov/ČSSR), ehemalige Benediktiner-Klosterkirche Mariä Himmelfahrt, nördlicher Seitenaltar im Chor
Öl auf Leinwand, Maße unbekannt

Das Gemälde zeigt die lichtumstrahlte Gestalt Gottvaters, der mit mächtiger Gebärde die Arme ausbreitet, mit der Rechten den Trinitätsgestus zeigend. Sein goldfarbener Überwurf bedeckt die Schultern des Engels, der anbetend zu seinen Füßen schwebt.

Die beiden Gemälde der Choraltäre (G 18, G 19) unterscheiden sich von den Altarbildern im Querhaus (G 16, G 17) durch die Beschränkung auf jeweils eine, unbewegt und frontal wiedergegebene Hauptfigur, in der sich alle Darstellungsmittel konzentrieren. Die Palette ist etwas heller, der Pinselauftrag verhaltener und die Helldunkelmodellierung weniger kräftig. Aufgrund dieser Unterschiede wird man bei diesen Bildern eine Ausführung durch die Werkstatt annehmen dürfen.

LITERATUR: Trottmann 1986, I Nr. 17, Abb. 121

G 19
Allegorie der Ecclesia um 1726

KLADRAU (Kladruby, Bezirk Tachau-Tachov/ČSSR), ehemalige Benediktiner-Klosterkirche Mariä Himmelfahrt; südlicher Seitenaltar im Chor

Öl auf Leinwand, Maße unbekannt

Eine reich gewandete Frauengestalt, die die regierende Kirche repräsentiert, sitzt frontal auf einem mehrstufigen Thron, den oben die päpstliche Tiara und gekreuzte Schlüssel zieren. Sie hält den dreifachen Kreuzesstab in der Hand und hat den Blick nach oben gerichtet, wo von der Taube des Heiligen Geistes Gnadenstrahlen auf sie herabgehen. Rechts schweben zwei Putti herbei, die ein Gefäß mit brennenden Herzen in die Höhe halten. Neben dem Thron steigen brennende Flämmchen aus Opferschalen zur römischen Peterskirche empor, deren Kuppel im Hintergrund sichtbar wird.

Zum stilistischen Befund vgl. G 18

LITERATUR: Trottmann 1986, I Nr. 18, Abb. 122

G 20*
Rosenkranzspende um 1726/30

(Tafel 100)

METTEN (Landkreis Deggendorf), Benediktiner-Klosterkirche Sankt Michael; vorderer südlicher Seitenaltar

Öl auf Leinwand, etwa 3,75 x 1,80 m

Hoch in den Wolken thront die Gottesmutter mit Buch und Rosenkranz im Schoß. Ihr Haupt ist von zwölf Sternen bekränzt und in breiter Bahn geht vom geöffneten Himmel ein Gnadenstrahl auf sie herab. Neben ihr kniet – nach vorne gebeugt, auf ihren Arm voller Rosen blikkend – die Heilige Rosa von Lima im Dominikanerinnenhabit, mit Dornenkrone auf dem Kopf. Maria hat ihr behutsam die Hand auf den Rücken gelegt und wendet sich ihr zu. Zwischen beiden steht der Jesusknabe auf der Weltkugel. Er hält eine Lilie in der Hand und reicht dem unterhalb knienden Heiligen Dominikus einen Rosenkranz zu. Dominikus blickt zu ihm auf und nimmt das dargebotene Geschenk in Empfang, während er gleichzeitig auf einen Sterbenden verweist, dem seine Fürbitte gilt. Dieser Todkranke liegt auf einer gepolsterten Bettstatt, die im Bildvordergrund hingebreitet ist. Er trägt einen Rosenkranz um den Hals, umfaßt mit der einen Hand sein hölzernes Sterbekreuz auf der Brust, mit der anderen hält er ein Blatt Papier (ohne Aufschrift) empor. Am rechten Bildrand steht mit flehend erhobenen, gefalteten Händen eine junge Frau, die den Blick bittend emporrichtet. In der Mitte des Bildes thront die lichte Gestalt eines Engels in blau-rotem Gewand. Er hält im Schoß einen Kranz von roten, gelben und weißen Rosenblüten, in seiner weitausgestreckten Hand liegt ein Gebetsrosenkranz.

Das Gemälde ziert den Altar der 1726 gegründeten Rosenkranzbruderschaft, deren besonderes Gebetsanliegen die Bitte um eine gute Sterbestunde war.

Die Darstellung zeigt große Ähnlichkeit mit themengleichen Gemälden von der Hand Carlo Marattis (vgl. zum Beispiel Bellini 1977, Nr. 56).

LITERATUR: Meidinger 1790, 122 – KDM Ndb. XVII, 159, Tafel XV – Hojer 1980, 217, Abb. 19 – Fink [6]1983, 10 – Trottmann 1986, 22, I Nr. 19, Abb. 34

G 21
Die Heilige Familie mit Joachim und Anna um 1730

LANDSHUT, Zisterzienserinnenkloster Seligenthal; Altar der Klosterkapelle (Klausur, nicht zugänglich)

Öl auf Leinwand, 2,13 x 1,16 m

(Starke Beschädigungen in der Malschicht, die an vielen Stellen die dunkelrote Untermalung sichtbar werden lassen).

Der Bildtypus ›Die Heilige Anna lehrt das Christkind lesen‹ ist in diesem Gemälde mit der Darstellung der Heiligen Familie bzw. der Heiligen Sippe verknüpft.

In der Mitte des Bildes steht das Jesuskind auf den Knien der greisen Heiligen Anna, die ihm ehrfurchtsvoll die Hand küßt. Sie hält ein großes, aufgeschlagenes Buch im Schoß und sitzt mit weitausladend drapiertem, roten Gewandüberwurf in einem Sessel. Rechts hinter ihr steht der bärtige Heilige Joachim mit Stab und Turban, die Hände ehrfurchtsvoll über der Brust gekreuzt. Links neben der Heiligen Anna kniet Maria mit Stahlenkranz um das Haupt. Sie stützt mit einer Hand das Kind, die andere hat sie an die Brust gelegt und blickt nach oben, wo, von Putti begleitet, Gottvater und die Taube des Heiligen Geistes erscheinen. Seitlich hinter ihr steht, etwas zurückgesetzt, der Heilige Joseph mit einem blühenden Stab an einer Säule.

PROVENIENZ: Das Gemälde wurde (zusammen mit dem zugehörigen Altar) 1731 vom Abt von Aldersbach dem Kloster Seligenthal für die Neuausstattung der Abteikapelle geschenkt.

LITERATUR: KDM Ndb. XVI, 271 – Hartig 1939, 187 – Liedke 1980, 91 (mit Abb.) – Trottmann 1986, I Nr. 25

G 22
Enthauptung der Heiligen Margaretha 1732

(Abb.; Tafel 101)

OSTERHOFEN – ALTENMARKT (Landkreis Deggendorf), ehemalige Prämonstratenser-Kloster-, dann Damenstifts-, heute Pfarrkirche Sankt Margaretha; Hochaltar

Signiert, rechts unten: »Cosmas Damian Asam Invenit.1732«

Öl auf Leinwand, etwa 7,00 x 4,00 m

Die Mitte des Bildes nimmt die weißgekleidete Gestalt der Heiligen Margaretha ein, die in gefaßter Haltung, die Hände im Schoß gefaltet, auf einer Rampe kniet; hinter ihr steht der Henker, der das Schwert mit beiden Händen bereits hocherhoben hält, um ihr das Haupt abzuschlagen. Die Heilige erblickt über sich Christus und Maria; auf Wolken stehend halten sie Lilien für sie bereit und wenden sich ihr zu. Zwischen ihnen hält ein Engel das Kreuz, über dem die Taube des Heiligen Geistes schwebt und einen Gnadenstrahl auf Margaretha niedersendet. Von der Seite bringen zwei Putti ein großes Gefäß mit Geschmeide, andere tragen die Märtyrerpalme herbei. Darüber, im obersten Teil des Bildes, erscheint in einer Glorie, von Engeln begleitet, Gottvater mit Zepter und Weltkugel. In der unteren Bildhälfte drängt sich, dicht an dicht, die aufgeregte Menschenmenge, die der Enthauptung beiwohnt: von links nahen zwei berittene Soldaten mit Fahne, Männer mit Opfertieren und ein Scherge mit langem Zopf, der mit erregter Gebärde auf die Enthauptungsszene weist. Rechts haben sich zwei Frauen und Männer mit einem Kind versammelt, die, angstvoll sich aneinanderklammernd, fassungslos das Geschehen beobachten. Hinter ihnen zwei Reiter auf scheuendem und sich aufbäumendem Pferd. Einer von ihnen wird von einem Feuerstrahl getroffen, der in Zackenlinien vom Kreuz niedergeht, um den Drachen zu zerschmettern, der mit weit aufgerissenem Maul zu Füßen der Rampe, mitten unter den aufgeregten Menschen, liegt. Vor ihm ist (wegen der Glorienstrahlen über dem Tabernakel nicht sichtbar) neben einem großblättrigen Busch einer der Verfolger mitsamt seinen Folterwerkzeugen zu Boden gestürzt.

Den Hintergrund der bewegten Szenerie bildet die Kulisse eines heidnischen Rundtempels in der oberen Bildhälfte, vor dem der Richter sitzt. Daneben wird eine Balustrade sichtbar, hinter der sich weitere Zuschauer drängen.

Das Gemälde gehört zu Asams qualitätvollsten Werken und wurde, wie Franz Sebastian Meidinger berichtet, in München »öffentlich zur Kritick ausgestellet«.

LITERATUR: Meidinger 1787, 357 – Halm 1896, 66, Nr. 27 – KDM Ndb. XIV, 88 – Rupprecht 1980, 198, Abb. S. 199 – Stadlthanner [9]1980, 8, Abb. S. 9 – Trottmann 1986, 58, I Nr. 26, Abb. 127

VORZEICHNUNG: Z 44

G 22, *Ausschnitt*

G 23

G 23*
Schutzengel und Erzengel Michael um 1732

(Abbildung)

OSTERHOFEN – ALTENMARKT (Landkreis Deggendorf), ehemalige Prämonstratenser-Kloster-, dann Damenstifts-, heute Pfarrkirche Sankt Margarethe; dritte südliche Seitenkapelle
Öl auf Leinwand, 3,00 x 1,44 m

Die Wirkung dieses Bildes bestimmt die schwungvolle Gestalt des Schutzengels, der in wehendem Gewand neben seinem Schützling einherschreitet. Belehrend hat er die Hand erhoben und faßt den treu aufblickenden Knaben am Arm, um ihn sicher über das felsige Gelände zu führen. In den dunklen Wolken darüber erscheint der Erzengel Michael mit Seelenwaage und Flammenschwert. Er hat in lässiger Haltung den Arm auf eine Wolkenbank gestützt und blickt in den geöffneten Himmel. Die Kartusche im Scheitel des Bildrahmens weist mit der Inschrift

AD
DEDIC.
ANGEL.

darauf hin, daß der Altar den Engeln geweiht ist. Man kann den Schutzengel auch als den Erzengel Raphael ansehen, der den jungen Tobias auf seiner Wanderung begleitete.

Das Bild, das im Hauptmotiv dem bekannten Schutzengelbild von Johann Carl Loth aus Tegernsee nachgebildet ist, wurde in der älteren Literatur Franz Erasmus Asam zugeschrieben. Es ist sehr gut möglich, daß hier der Sohn (oder irgendein anderer Gehilfe aus der Asam-Werkstatt) die Ausführung übernommen hat, denn die geringe Raumtiefe der Komposition, die nur auf die Angabe des Wesentlichen beschränkt ist, ist für Cosmas Damian untypisch. Zweifelsohne entstand das Bild aber nach seinem Entwurf und unter seiner Anleitung, wofür sowohl die Figurenerfindungen als auch die charakteristische Malweise sprechen (vgl. auch G 24, G 25). Es ist anzunehmen, daß Asam den Auftrag für die Ölgemälde in Osterhofen gleichzeitig mit dem für die Freskenausstattung (1730/31) erhielt.

LITERATUR: Meidinger 1787, 357 (als Franz Erasmus Asam) – Thieme/Becker 1908, 173 (als F. E. Asam) – KDM Ndb. XIV, 89 – Stadlthanner [9]1980, 12 – Trottmann 1986, 22, I Nr. 22, Abb. 32

G 24
Johannes der Täufer und Johannes der Evangelist um 1732

OSTERHOFEN – ALTENMARKT (Landkreis Deggendorf), ehemalige Prämonstratenser-Kloster-, dann Damenstifts-, heute Pfarrkirche Sankt Margaretha; dritte nördliche Seitenkapelle
Öl auf Leinwand, 2,50 x 1,50 m

Die Bildkomposition wird hier – wie schon beim Engelsbild gegenüber (G 23) – allein durch die Wiedergabe von zwei heiligen Gestalten bestimmt, die übereinander angeordnet sind.

In der unteren Bildhälfte steht der barfüßige Täufer, in einen weiten, roten Überwurf gehüllt. Er hat einen Arm auf den Baumstrunk neben sich gestützt, den anderen jedoch mit mächtiger Gebärde erhoben und wendet sich dem (Gottes)-Lamm zu, das vor ihm auf der Erde steht. Im Vordergrund durchfließt ein Bach den kargen Boden, an dessen Ufer eine großblättrige Pflanze wächst. Johannes ist hier als der ›Rufer in der Wüste‹ aufgefaßt: vom Heiligen Geist erleuchtet, der in Gestalt der Taube über ihm schwebt, verkündet er die Ankunft des Gotteslammes mit den Worten ECCE AGNUS DEI, die auf dem Inschriftband seines Kreuzstabes zu lesen sind.

Im oberen Bildteil ist Johannes der Evangelist auf Patmos dargestellt. Auf einen Felsen gelagert, blickt er zum geöffneten Himmel empor. Neben ihm sein Attribut, der Adler, und ein geöffnetes Buch, in dem er schreibt.

Zum stilistischen Befund vgl. G 23.

LITERATUR: Meidinger 1787, 357 – KDM Ndb. XIV, 89 – Stadlthanner [9]1980, 12 – Trottmann 1986, 40, I Nr. 23, Abb. 78

G 25
Abschied der Apostel Petrus und Paulus um 1732

OSTERHOFEN – ALTENMARKT (Landkreis Deggendorf), ehemalige Prämonstratenser-Kloster-, dann Damenstifts-, heute Pfarrkirche Sankt Margaretha; erste südliche Seitenkapelle
Öl auf Leinwand, 2,50 x 1,50 m

Die beiden mächtigen, bärtigen Apostelfiguren schreiten barfüßig nebeneinander her, zum Abschied sich die Hand reichend und einander anblickend. Von beiden Seiten nahen Soldaten, um sie zu ergreifen, hinter ihnen erteilt ein Reiter mit wehender Fahne den Befehl dazu. Die Gefangennahme spielt sich vor einer hohen Pyramide und einer Mauer ab, wo dichtgedrängt die Begleiter der Apostel knien und Soldaten von oben die Szene beobachten.

Das erst kürzlich Asam zugeschriebene Gemälde dürfte wohl gleichzeitig mit den beiden anderen Seitenaltarbildern für Osterhofen (G 23, G 24) entstanden sein und darf als Werkstattarbeit angesehen werden.

LITERATUR: Stadlthanner [9]1980, 12 – Trottmann 1986, I Nr. 24, Abb. 123

G 26*
Letzte Kommunion des Heiligen Gunther um 1730/35

RINCHNACH (Landkreis Regen), ehemalige Propstei-, heute Pfarrkirche Sankt Johannes der Täufer; Altar der südlichen Mittelnische
Öl auf Leinwand, 2,50 x 1,60 m

Der Heilige Gunther (Günther) hat der Legende nach im Jahre 1011 das Kloster Rinchnach gegründet. Als Einsiedler lebte er in den nahen Bergen, wo er sich nur von Kräutern und der Milch einer Hirschkuh ernährte. Herzog Břzetislaw von Böhmen soll bei einer Jagd den Heiligen aufgefunden haben, als er im Sterben lag. Er holte Bischof Severus von Prag herbei, der ihm die letzte Kommunion reichte.

Asam verlegt diese Szene in eine dunkle Felsenschlucht. Links im Vordergrund liegt Gunther neben der Hirschkuh auf der Erde und empfängt aus der Hand des Severus die Kommunion. Seine Rechte umgreift ein aufgeschlagenes Buch im Schoß, die Linke hält die Stola des Bischofs unter die dargereichte Hostie. Neben Severus kniet der reich gekleidete böhmische Herzog nieder und stützt ihm den Arm. Hinter ihm folgt seine Dienerschaft mit Fackeln.

PROVENIENZ: Das Bild befand sich (wie G 27) ursprünglich in der Klosterkirche von Niederalteich und wurde erst 1731 nach Rinchnach gebracht. Es zeigt alle stilistischen Charakteristika, die für die Ölmalerei Cosmas Damian Asams typisch sind und darf deshalb als Werk von seiner Hand angesehen werden, wenn auch mit der Einschränkung, daß es wohl nicht in allen Partien eigenhändig ausgeführt wurde.

LITERATUR: Trottmann 1986, 58, I Nr. 20, Abb. 125

G 27*
Letzte Kommunion des Heiligen Godehard um 1730/35

RINCHNACH (Landkreis Regen), ehemalige Propstei-, heute Pfarrkirche Sankt Johannes der Täufer; Altar der nördlichen Mittelnische
Öl auf Leinwand, 2,50 x 1,60 m

Das Bild ist das themengleiche Gegenstück zum Gunther-Bild gegenüber (G 26) und stammt wie dieses aus der Klosterkirche von Niederalteich. Der Heilige Godehard (= Gotthard von Hildesheim) wurde im Jahre 965 in Reichersdorf, südlich von Niederalteich geboren. Er war jahrelang Abt dieses Klosters, dessen Schutzpatron er auch ist.

Der Heilige liegt auf dem Sterbebett und wird von einem knienden Mönch gestützt, um die letzte Kommunion empfangen zu können. Ein aufgeschlagenes Buch liegt in seinem Schoß, die eine Hand hält das Sterbekreuz fest, die andere ist reumütig an die Brust gelegt. Vor ihm steht im Rauchmantel der Bischof und reicht ihm die Hostie dar. Meßdiener tragen eine Kerze, Stab und Mitra des Bischofs. Über dem Heiligen sitzt auf Wolken ein Engel, der ihm die Aufnahme seiner Seele in den Himmel anzeigt.

Das Werk wurde (wie G 26) erst vor kurzem als Asamgemälde identifiziert bzw. zugeschrieben. Die Figuren im oberen Bildteil scheinen (möglicherweise nachträglich) von anderer Hand hinzugefügt zu sein.
LITERATUR: Trottmann 1986, 58, I Nr. 21, Abb. 124

G 28*
Rosenkranzmadonna mit den Heiligen Dominikus und Rosa von Lima um 1735

(Tafel 102)

FREISING, Diözesanmuseum (Leihgabe der Bayerischen Staatsgemäldesammlungen, Inv. Nr. 43)
Öl auf Leinwand, 2,85 x 1,74 m

Auf einem hohen Thron vor mächtigen Säulen mit einer Vorhangdraperie sitzt die Madonna mit dem Jesuskind. Musizierende Engel begleiten sie zur Linken, während rechts ein Engel mit Rosenblüten und Gebetsrosenkränzen erscheint. Vor dem Thron kniet mit ausgebreiteten Armen der Heilige Dominikus und blickt zu Maria empor. In den Händen hält er Rosenblüten bzw. einen Rosenkranz. Ein Putto, der den Betrachter anblickt und eine Rosenkranzschnur durch seine Finger gleiten läßt, schmiegt sich an seine Knie. Vor ihm liegt eine Lilie, ein Totenschädel und ein Buch auf dem Boden. Auf der rechten Seite steht zu Füßen des Throns die dornengekrönte Heilige Rosa von Lima mit Kreuz, Lilie und Buch, das Haupt ehrfurchtsvoll über den Rosenkranz in ihrer Hand neigend.

Das im 18. Jahrhundert sehr beliebte Bildthema (vgl. G 20) der mystischen Rosenkranzspende an zwei Dominikanerheilige (neben Dominikus zumeist die Heilige Katharina von Siena, an deren Stelle in der Barockzeit die 1672 heiliggesprochene Rosa von Lima trat) hat Asam so gestaltet, daß die Madonna als himmlische Mittlerin besonders hervorgehoben ist: Die Inschrift MONSTRAS TE ESSE MATREM auf dem Sockel des Thrones gibt den vierten Vers aus dem Marienhymnus ›Ave maris stella‹ wieder, welcher lautet: »Zeige Dich als Mutter, durch Dich nimmt ja die Bitten an, der, für uns geboren, es auf sich nahm, Dein Sohn zu werden.« Dazu gilt es zu erwähnen, daß die Verehrung der Rosenkranzmadonna in besonderem Maße zunahm, nachdem Papst Clemens XI. anläßlich des Sieges über die Türken bei Peterwardein von 1716 das Rosenkranzfest auf die ganze Kirche ausgedehnt hatte.

Als Vorlage für die Gestalt des Heiligen Dominikus verwendete Asam ein Figurenmotiv aus Carlo Marattis *Rosenkranzbild* in Santa Maria in Vallicella zu ROM.
PROVENIENZ: Es ist nicht bekannt, in wessen Auftrag Asam das Bild gemalt hat. Möglicherweise ist es das einzige ›Galerie‹-Bild, das wir von seiner Hand kennen. Es wurde von Kurfürst Karl Theodor erworben und befand sich bis 1870 in der Schleißheimer Galerie. Seit 1980 wird es in Freising aufbewahrt.
LITERATUR: Allgemeines Künstler-Lexikon (Hrsg. von J. Meyer), Leipzig 1878, 322 – Halm 1896, 66, Nr. 15 – Hojer 1980, Abb. 15 – Trottmann 1986, 35, 121, I Nr. 33, Abb. 198
VORZEICHNUNG: Z 57

G 29
Vision des Heiligen Benedikt um 1735

WELTENBURG (Landkreis Kelheim), Benediktiner-Kloster- und Pfarrkirche Sankt Georg und Sankt Martin; erster nördlicher Nischenaltar
Signiert, unter dem Buch rechts unten »C. D. A.«
Öl auf Leinwand, 2,71 x 1,55 m

Das Gemälde stellt, wie das Seitenaltarblatt in Kladrau (G 16) die ›Visio Mundi‹ des Heiligen Benedikt dar. Der Heilige hat sich, noch halb kniend, von einem Betstuhl erhoben, auf dem ein großes, aufgeschlagenes Buch liegt. Mit der Linken weist er auf dieses Buch, während seine Rechte in einer Geste der Ergriffenheit an die Brust gelegt ist. Mit halbgeöffnetem Mund blickt er nach oben, wo ihm die Vision der lichtumstrahlten Weltkugel erscheint. Über ihm schweben Putti, die auf die Weltkugel verweisen. Der Raum, in dem sich das Wunder vollzieht, ist nur mit wenigen, kargen Versatzstükken angegeben: Hinter Benedikt erhebt sich eine mit monumentalen Pilastern gegliederte Wand, an der sein Abtstab lehnt, davor steht der Abtstuhl, in der rechten Bildecke wird ein Schemel mit Buch sichtbar.
LITERATUR: KDM Ndb., VII, 372 (als Egid Quirin Asam) – Kloster Weltenburg [24]1984, 12 – Trottmann 1986, 60, I Nr. 30, Abb. 129

G 30
Der Heilige Maurus rettet den ertrinkenden Placidus um 1735

WELTENBURG (Landkreis Kelheim), Benediktiner-Kloster- und Pfarrkirche Sankt Georg und Sankt Martin; erster südlicher Nischenaltar
Öl auf Leinwand, 2,71 x 1,55 m

Das Gemälde schildert eine wunderbare Begebenheit aus dem Leben des Heiligen Maurus, eines der ersten Schüler des Heiligen Benedikt: Als sein Mitbruder Placidus bei dem Versuch, Wasser aus einem reißenden Fluß zu schöpfen, zu ertrinken droht, wird Maurus auf sein Gebet hin die Kraft verliehen, auf der Wasseroberfläche zu gehen und so den Ertrinkenden zu retten.

Ein baumbestandener Felsen und steile Abhänge (im Hintergrund die Umrisse des von Benedikt gegründeten Klosters Monte Cassino) säumen das Bett des reißenden Flusses, den der Heilige trockenen Fußes überschreitet. Mit beschwörender Geste hebt er die linke Hand, den Blick zum Himmel gerichtet, von wo ein Gnadenstrahl auf ihn herabkommt. Seine Rechte hält den Ertrinkenden am Haarschopf gefaßt. Bis zum Oberkörper noch im Wasser, hat der gerettete Placidus demütig dankend den Blick erhoben und die Hände gefaltet. Vor ihm schwimmt der hölzerne Schöpfeimer in den Fluten davon.

Das Gemälde ist nicht signiert, ist aber auf Grund der stilistischen Parallelen zu den beiden anderen Seitenaltarbildern (G 29, G 31) als Werk Asams zu identifizieren. Möglicherweise war hier Egid Quirin, der in den Jahren 1734-1736 die vier Seitenaltäre der Klosterkirche fertigte und für ein Altarbild 150 fl. erhielt, an der Ausführung beteiligt.
LITERATUR: KDM Ndb. VII, 372 – Kloster Weltenburg [24]1984, 12 – Trottmann 1986, 22, I Nr. 31, Abb. 30

G 31
Kreuzestod Christi um 1735

WELTENBURG (Landkreis Kelheim), Benediktiner-Kloster- und Pfarrkirche Sankt Georg und Sankt Martin; zweiter nördlicher Nischenaltar
Signiert, im Schatten des Buches: »C. D. Asam«
Öl auf Leinwand, 2,71 x 1,55 m

Das Bild schildert die ganze Dramatik der Todesstunde Christi: Die Sonne hat sich verdunkelt, der Himmel ist schwarz, und grelles Gewitterlicht fällt von rechts auf die Gestalten. Zu Füßen des Gekreuzigten ist die Heilige Magdalena hingelagert, mit Dornenkrone, Kette, Geißelstrick und Totenschädel als Büßerin gekennzeichnet. Kraftlos, die Augen voller Tränen, lehnt sie ihr Haupt an den Kreuzesstamm. Neben ihr kniet ein Engel in leuchtend rotem Gewand, die Arme nach unten zum Gebet ausgebreitet, den Blick zu Christus erhoben. Vor ihm auf der Erde liegt ein aufgeschlagenes Buch, in dem die Worte »Miserere mei« zu lesen sind. Eine weinende Frauengestalt kniet hinter ihm, die Heilige Veronika, die in stummem Schmerz auf das Schweißtuch in ihren Händen blickt. Zur Rechten steht mit gefalteten Händen, den tränenüberströmten Blick emporgewandt, der Heilige Johannes, hinter ihm ein weinender Engel. (Die Gottesmutter, die üblicherweise mit ihm unter dem Kreuz steht, fehlt.) Drei weitere Engel mit gefalteten Händen sind links und rechts des Kreuzes in Anbetung versunken.
LITERATUR: KDM Ndb. VII, 372 (als Egid Quirin Asam) – Rupprecht 1980, 98, Abb. S. 99 – Kloster Weltenburg [24]1984, 12 – Trottmann 1986, 60, I Nr. 32, Abb. 128

G 32*
Die letzte Kommunion des Heiligen Hieronymus 1735

(Abbildung)

MÜNCHEN, ehemalige Hieronymitaner-, heute Franziskaner-Klosterkirche Sankt Anna am Lehel; vorderer südlicher Seitenaltar
Öl auf Leinwand, 3,25 x 1,94 m

Der sterbende, greise Hieronymus wird von einem seiner Begleiter gestützt, um die letzte

G 32

Kommunion empfangen zu können, die ihm ein Priester reicht. Zu seinen Füßen sind ihm Totenschädel, Buch und ein ruhender Löwe als seine Attribute beigegeben. Rechts im Bild kniet ein jugendlicher Diakon mit aufgeschlagenem Buch, während hinter ihm die Begleiter des Priesters mit brennenden Kerzen zu sehen sind. Bräunlichgraue Wolken, aus denen ein Engel mit über der Brust gekreuzten Armen erscheint, schließen die Darstellung oben ab.

Die Komposition weist große Ähnlichkeit mit dem themengleichen Gemälde von Domenichino in Sankt Peter zu Rom auf.

Das Gemälde war zusammen mit dem Paula-Bild gegenüber (G 33) während des Zweiten Weltkrieges ausgelagert und entging so der Zerstörung. Vier weitere Altarbilder, die Asam für die Klosterkirche Sankt Anna geschaffen und 1735 geliefert hatte, sind verloren.

Letzte Restaurierung: 1975-1977.

LITERATUR: Meidinger 1787, 274 – Halm 1896, 66, Nr. 19 – Lutz 1977, 93 – Hojer 1980, Abb. 17 – Trottmann 1986, 58, 111, 1 Nr. 28

VORZEICHNUNG: Z 58

G 33
Gelübde der Heiligen Paula und Eustochium 1735

MÜNCHEN, ehemalige Hieronymitaner-, heute Franziskaner-Klosterkirche Sankt Anna am Lehel; vorderer nördlicher Seitenaltar
Öl auf Leinwand, 3,25 x 1,94 m

Die Hauptfiguren dieses Gemäldes, die Heilige Paula und ihre Tochter Eustochium, gehören zu den überaus selten dargestellten christlichen Heiligen. Paula war eine treue Anhängerin des Heiligen Hieronymus, über deren Leben und Wirken er selbst in seinen Schriften berichtet. Nachdem sie all ihr Hab und Gut den Armen gegeben hatte, führte sie ein zurückgezogenes Leben, gründete mehrere Klöster in Rom und nahm selbst den Schleier.

Auf Asams Gemälde kniet sie in klösterlichem Gewand vor dem Heiligen Hieronymus, der im Kardinalspurpur vor ihr steht und ihr eine große, aufgeschlagene Bibel entgegenhält. Er verweist sie auf eine bestimmte Schriftstelle, während sie selbst mit der einen Hand die Bibel gefaßt hält. Neben Hieronymus kniet die Heilige Eustochium, gleichfalls im Ordensgewand, und legt die Hand zum Gelübde auf das geöffnete Buch. Hieronymus wird von einigen Diakonen begleitet, während um die Heilige Paula ihre Mitschwestern versammelt sind. Eine küßt kniend die Stola des Heiligen, andere stehen hinter ihr. Am linken Bildrand hält eine junge Frau ein kleines Kind im Arm, eine andere kniet hinter der Heiligen Paula und reicht ihr ein Gefäß dar. Zu Füßen der Heiligen weint ein junges Mädchen, dem sie die Hand auf die Schultern gelegt hat. Mit den trauernden Frauen ist auf die Szene des Abschieds vor Paulas Reise ins Heilige Land Bezug genommen, von der Hieronymus berichtet, auch die Tränen und das Flehen ihrer Kinder hätten die Heilige nicht von ihrem Entschluß abbringen können.

LITERATUR: Meidinger 1787, 274 – Halm 1896, 66, Nr. 19 – Lutz 1977, 93 – Hojer 1980, Abb. 12 – Trottmann 1986, 58, 1 Nr. 29

G 34*
Heilige Familie um 1735

STRAUBING, Kloster der Ursulinen; Refektorium des Internats
Öl auf Leinwand, 1,83 x 2,38 m

Die Heilige Familie ist in der kargen Schreinerwerkstatt des Heiligen Josef versammelt, wo an der Wand allerlei Schreinerwerkzeug hängt. Der Jesusknabe sitzt lesend auf einem Hocker, neben ihm Maria, die mit einer Strickarbeit beschäftigt ist und sich ihm zuneigt. Im Hintergrund, wo ein Engel eine mächtige Vorhangdraperie zur Seite hebt, wird ein Blick ins Freie auf eine Hausmauer mit Fenster gegeben.

Das Bild ist weder signiert noch datiert, dürfte aber auf Grund der stilistischen Merkmale in der Zeit um 1735 entstanden sein.

LITERATUR: Meidinger 1787, 193 – KDM Ndb. VI, Fig. 205 – Ausst. Kat. Roma nell' Settecento, Rom 1959, 43, Nr. 19 – Trottmann 1986, 52, 1 Nr. 36

G 35*
Heiliger Josef mit dem Jesuskind um 1735

HAINERT (Landkreis Haßberge), Kirche Sankt Josef; Stirnwand des Eingangsraumes (über dem Taufbecken)
Signiert, auf der Schale »C. D. Asam. P.«
Öl auf Leinwand, 1,10 x 1,00 m

Das Jesuskind sitzt in einem geflochtenen Körbchen auf Polstern und hat die rechte Hand segnend ausgestreckt. Der Heilige Josef unterstützt diese Geste mit behutsamer Hand und hält das Kind sorgsam umfaßt. Durch eine Schüssel mit Milch, ein Stück weißes Brot, Äpfel und Birnen sind der Darstellung genrehafte Motive beigegeben.

Das Gemälde wurde vor etwa 15 Jahren auf dem Dachboden der 1693 erbauten Kirche gefunden (freundlicher Hinweis von L. Maag, Hainert). Über seine Herkunft ist nichts Näheres bekannt. Möglicherweise wurde es aus Asams Thalkirchener Nachlaß, in dem »ain St. Joseph mit dem Kindt« (Tyroller 1978, Nr. 64) erwähnt ist, erworben. Malweise und Figurenstil legen eine Entstehungszeit um 1735 nahe.

LITERATUR: Hotz 1980, 6 – Trottmann 1986, 1 Nr. 37

G 36
Der Heilige Johannes von Nepomuk vor der Madonna (Sternenspende) 1736/37

(Abbildung)

MESSKIRCH (Landkreis Sigmaringen), Stadtpfarrkirche Sankt Martin; Altar der Johann-Nepomuk-Kapelle
Öl auf Leinwand, ca. 4,50 x 2,50 m

Der Heilige Johannes von Nepomuk kniet betend vor dem Altar mit dem Gnadenbild der Madonna von Altbunzlau. Sein Blick ist nach oben gerichtet, wo zwischen den mächtigen, gedrehten Säulen des Altaraufbaus die Madonna, von Engeln begleitet, erscheint. Sie ist von einer ovalen Lichtglorie umstrahlt, hält eine Lilie in der Hand und sendet die Sterne ihres Strahlenkranzes auf den Heiligen herab. Neben Johannes liegt ein mächtiger Anker auf dem Boden, während hinter ihm zwei Engel mit Blütenkränzen knien. Ein dritter hält Kreuz und Lorbeerkranz in der Hand und hat in einer Geste des Stillschweigens den Finger an die Lippen gelegt – als Hinweis auf die Wahrung des Beichtgeheimnisses durch den Heiligen. Im rechten Vordergrund sitzen zwei Putti auf einer Wolke, von denen einer eine Lilie hochhält, der andere ebenfalls den Finger an die Lippen legt.

Asams Komposition zeigt große Ähnlichkeit mit einem themengleichen Gemälde, das von Carlo Maratti bzw. Sebastiano Conca für die Johann-Nepomuk-Kapelle der römischen Lateransbasilika geschaffen wurde.

Das Altarbild entstand sicher zwischen 1736 und 1737, gleichzeitig mit der übrigen Innenausstattung der Kapelle, die Cosmas Damian zusammen mit seinem Bruder ausführte.

LITERATUR: Sauer 1921, 14 f. (mit Archivalien), Abb. S. 17 – Hermann 1977, 10, Abb. S. 11 – Bissinger 1978, 454 (mit Abb.) – Trottmann 1986, 1 Nr. 35

G 37
Tod Mariens um 1739

STRAUBING, ehemalige Stifts-, heutige Pfarrkirche Sankt Jakob; Zeller-Kapelle
Öl auf Leinwand, 3,07 x 2,05 m

Die sterbende Gottesmutter sitzt mit gefalteten Händen in ein Polster zurückgelehnt. Zu ihrer Rechten ist, in dichtgedrängter Ordnung, die Schar der Jünger versammelt, die teils kniend, teils stehend, ihr Sterbebett umringen. Einige von ihnen beten, zwei lesen aus einem Buch, zwei halten Kerzen, von denen eine bereits erloschen ist. Am Kopfende des Sterbebettes steht der trauernde Josef, zu seinen Füßen hockt eine weinende Frau. Den Bildhintergrund schließt (etwas unvermittelt) eine pilasterbesetzte Wand ab, die in der rechten Hälfte durch eine mächtige Vorhangdraperie und in der linken durch Wolken und Putti zum Teil verdeckt ist.

Die Gestalt des trauernden Josef und die weinende Frau neben ihm lassen sich als Figurenmotive aus dem Gemälde *Tod der Heiligen Anna* von Andrea Sacchi in San Carlo ai Catinari in ROM identifizieren.

PROVENIENZ: Das Bild befand sich – unvollendet – noch nach Asams Tod (1739) in seinem Haus in Thalkirchen, wurde also erst nach diesem Zeitpunkt in den Altar eingefügt.

LITERATUR: Meidinger 1787, 172 – Halm 1896, 65, Nr. 4 – KDM Ndb. VI, 56 – Kracher [3]1979, 19, Abb. S. 14 – Tyroller 1978, 19, 27 (Nr. 128) – Trottmann 1986, 55, 57, I Nr. 9, Abb. 115, (dort ursprünglich 1720 datiert)

G 36

G 38*
Christus bei Maria und Martha um 1738/39

STRAUBING, Kloster der Ursulinen; Refektorium der Klausur
Öl auf Leinward, 1,83 x 2,38 m
(stark beschädigte Malschicht und Farbabsprünge, die die rote Untermalung sichtbar werden lassen)

In der Bildmitte sitzt Christus und wendet sich mit erhobenem Zeigefinger der stehenden Martha zu, die ihre Küchenarbeit unterbrochen hat, um mit ihm zu reden. Hinter Christus stehen seine Jünger und hören ihm zu. Einer von ihnen blickt auf Maria, die zu Füßen des Heilands kniet und ihm die Hand küßt. Ein anderer hebt einen roten Vorhang zur Seite und enthüllt eine Wand mit den Tafeln der zehn Gebote.

Die Gebärdensprache der Figuren ist hier besonders prägnant und die Umrisse der Formen sehr bewegt. Fast knittrig sind die Falten der weit ausladenden Gewänder gezeichnet, auf denen flackernde Lichter und Schatten spielen. Solche Stilmittel lassen sich erst spät im Schaffen Asams beobachten, und so wird man dieses Gemälde, das keine Signatur und Datierung aufweist, als eines der letzten Werke von seiner Hand einstufen dürfen.

LITERATUR: Meidinger 1787, 193 – KDM Ndb. VI, 246, Fig. 205 – Hojer 1980, Abb. 22 – Trottmann 1986, 61, I Nr. 38, Abb. 130

G 39
Der Heilige Josef als Fürbitter von Straubing um 1739

STRAUBING, ehemalige Stifts-, heutige Pfarrkirche Sankt Jakob; nördliche Langhauswand (über dem Seiteneingang)
Öl auf Leinwand, 3,40 x 2,00 m

Unter einem von Engeln gehaltenen Prozessionshimmel erscheint das Jesuskind mit Weltkugel und Kreuz und wendet sich segnend dem unterhalb auf Wolken thronenden Heiligen Josef zu. Der Heilige hat die Arme nach unten ausgebreitet und blickt fürbittend zu Jesus auf. Zu seinen Füßen sitzt ein Putto, der sein Attribut, einen Blüten treibenden Stab, in der Hand hält. In der unteren Bildhälfte kniet an einem Betstuhl eine junge Frau, die in der Rechten ein Medaillon hält, mit der Linken nach oben weist und sich dem Betrachter zuwendet, den sie aus dem Bild heraus anblickt. Ihr gegenüber, am rechten Bildrand, ist eine Gruppe von Männern und Frauen mit Kindern versammelt, die hilfesuchend zu dem Heiligen emporblicken. Dem Nährvater Jesu wird sehr plastisch eine Schale entgegengehalten, damit er sie fülle. Daß der Heilige die Abwendung einer Hungersnot von der Stadt Straubing erwirken soll, wird durch den großen Stadtturm im Hintergrund angezeigt.

Das Bild gehörte vermutlich zu den Gemälden, die Asam nicht mehr eigenhändig vollenden konnte (vgl. dazu Seite 49). Für die Gestalt des Heiligen Josef und das Motiv der aus dem Bild blickenden Figur diente ihm ein Gemälde Carlo Marattis aus Santa Maria in Vallicella zu ROM als Vorlage.

LITERATUR: Meidinger 1787, 172 – KDM Ndb. VI, 58 – Kracher [3]1979, 15, Abb. S. 11 – Trottmann 1986, 20, 54, I Nr. 34, Abb. 11

G 40
Die Heilige Familie um 1739

(Abb. 7, Seite 88)

STRAUBING, Klosterkirche der Ursulinen; nördlicher Seitenaltar
Öl auf Leinwand, 5,91 x 3,01 m

Das Gemälde gehört zu jenen Bildern Asams, die eine ausgesprochen ungewöhnliche Ikonographie besitzen. Es repräsentiert die Heilige Familie – die thronende Maria mit dem stehenden Jesuskind auf dem Schoß, den Heiligen Josef (mit blühendem Stab und Früchten), den Heiligen Joachim und die ebenfalls thronende Heilige Anna – vor der Kulisse antikischer Architekturmotive. Die vielen auf dem Bild dargestellten Einzelmotive beziehen sich alle auf den Legendenkreis der ›Ruhe auf der Flucht nach Ägypten‹ bzw. das ›Verweilen der Heiligen Familie in einem fremden Land‹. Der große, sich neigende Palmbaum und die Früchte am blühenden Stab des Heiligen Josef stehen für das Palmenwunder, von dem im Pseudo-Matthäus-Evangelium berichtet wird: Die Heilige Familie habe auf der Flucht in der Wüste vor der Sonne unter einem Palmbaum Schutz gesucht. Da die durststillenden Früchte zu hoch hingen, habe das Kind befohlen, die Palme solle sich neigen. So konnte Maria die Früchte pflücken. Der Baum jedoch verharrte in dieser Stellung, bis ihm Jesus gebot, sich wieder aufzurichten und unter seinen Wurzeln eine Quelle hervorzubringen. Diese Quelle ist auf dem Bild in einem überkuppelten Brunnen (mit Vasenaufsatz) gefaßt, aus dem ein Lamm trinkt, – unmittelbarer Verweis auf den Opfertod Christi.

Während Palm- und Quellwunder eine Darstellung des Verweilens auf der Flucht nahelegen, ist mit den lorbeerbekränzten Figuren unter dem Triumphbogen die Ankunft in Ägypten angedeutet: sie treten als Repräsentanten des heidnischen Landes auf, die nach dem Sturz ihrer Götzen in dem Kind Gott erkennen.

PROVENIENZ: Wie aus dem Nachlaßinventar von Asams Landhaus in Thalkirchen hervorgeht (Tyroller 1978, Nr. 122), gelangte das Gemälde erst nach Asams Tod nach Straubing, wurde also vermutlich von seinen Mitarbeitern vollendet.

LITERATUR: Meidinger 1787, 193 – Halm 1896, 66, Nr. 30 – KDM Ndb. VI, 246 – Tyroller 1978, 6, Abb. S. 29 – Weber [2]1984, 8, Abb. S. 9 – Trottmann 1986, 61, I Nr. 39, Abb. 131

Verlorene Gemälde:
Vgl. den entsprechenden Katalog in Trottmann 1986

Zeichnungen

Z 1*
Numa Pompilius gibt den Römern Gesetze 1713

Feder in Braun, Pinsel, grau laviert, weiß gehöht, auf hellgrauem Papier; in Blei nur noch schwach sichtbar quadriert; unten rechts Signatur: »Cosmas Damian Asam Del:«; auf der Rückseite trägt das Blatt die Aufschrift: »C. D. Asam hat dies in Rom nach der Antike gezeichnet«; 24,5 x 19,4 cm
MÜNCHEN, Staatliche Graphische Sammlung, Inv. Nr. 32 301

Das äußerst sauber und fleißig ausgeführte Studienblatt wurde von Asam zweifellos während seines römischen Aufenthalts angefertigt und ist – wie die Aufschrift besagt – »nach der Antike gezeichnet«. Als Vorbild für die Darstellung erkannte Rolf Kultzen ein Sgraffitto Polidoros da Caravaggio am Palazzo Milesi in Rom. Die rückseitige Beschriftung bezeugt, daß für Asam Antike und antikische Hochrenaissance in Übereinstimmung mit der Akademie Synonyma waren (vgl. Hojer 1980).

Vermutlich diente Asam bei der Zeichnung nicht das Sgraffitto selbst als Vorlage, sondern einer der zahlreichen danach angefertigter Kupferstiche.
LITERATUR: Halm 1896, 3 – Baumeister 1953, 257, Nr. 55 – Schoener 1966, 4 – Hojer 1980, 214, Abb. 11 – Trottmann 1986, 113 B.H.

Z 2*
Wunder des heiligen Papstes Pius v. 1713

(Abb.; Abb. 8 Seite 59)

Pinsel in Braun und Weiß, Deckfarben über schwarzem Stift; auf braunem Papier; aus zwei Stükken geklebt, auf Untersatzpapier aufgezogen, aufgeklebter brauner Rand (1 cm); unten rechts nachträglich in schwarzer Tusche bezeichnet: »1713. Pittura. P. Classe. Primo Premio. Cosimo Damiano Asavi Bavaro. C. 38«; 52,5 x 77,0 cm
ROM, Archivo Storico der Accademia di San Luca, Inv. Nr. A 268

Mit der Zeichnung beteiligte sich Asam 1713 an dem traditionellen Wettbewerb der Accademia di San Luca, dem ›Concorso Clementino‹. Wie die erst nachträglich angebrachte Aufschrift am unteren Zeichnungsrand besagt, errang Asam mit dem sorgfältig ausgearbeiteten Blatt den ersten Preis in der ersten Malklasse.

Anläßlich des ersten Jahrestages der Kanonisation von Papst Pius v. (1566-1572) wurde der Malklasse an der römischen Akademie eine Preisaufgabe aus der Lebensgeschichte dieses Papstes gestellt. Darzustellen war, wie der Heilige einer besessenen Frau in der Kirche von Santa Maria d'Aracoeli durch Berührung mit seiner Stola die ›unreinen Geister‹ austrieb. Dieser Aufgabe hatte sich Asam mit größter Objektivität in der Schilderung des historischen Ortes und Vorgangs zu nähern gesucht. In exakter Wiedergabe zeigt er den Innenraum von Santa Maria d'Aracoeli mit Blick auf den Chor. In der Mitte der Komposition steht Papst Pius v., begleitet von mehreren Geistlichen und umringt von einer Zuschauerschar. Vor den Heiligen wird die Besessene gebracht, deren heftige Gebärden durch einen alten Mann gebändigt werden müssen. Durch die Berührung mit der Stola und den Segen des Papstes entweichen die bösen Geister aus dem Körper der jungen Frau.

Die Wettbewerbszeichnung und das dazugehörige Probeblatt [Z 3] sind in sich geschlossene Kompositionen, keine Vorstudien oder Entwurfszeichnungen. Einzelne Figuren und Gruppen tauchen auch im späteren Werk von Cosmas Damian Asam wieder auf (zum Beispiel die Besessenengruppe im Fresko von Sankt Jakob in Innsbruck, F XI, 2).
LITERATUR: Salerno 1974, 352 (erwähnt die zeichnung Asams unter falschem Titel) – Trottmann 1980, 158-164, Abb. 1, 11-13 – Hojer 1980, 114-118, Abb. 1 – Rupprecht 1980, 58/59 mit Farbabb. – Trottmann 1986, 30, Abb. 35 B.H.

Z 3*
Der Heilige Pius und zwei männliche Gestalten 1713

Pinsel in Braun, Schwarz und Weiß; weiß gehöht, auf starkem braunen Papier; bezeichnet oben links »Prova di Cosimo Damiano Bavaro«; oben rechts »M« und unten links »S. Luca«; 21,2 x 27,3 cm
ROM, Archivo Storico der Accademia di San Luca, Inv. Nr. A 269

Das kleine Blatt diente als Probezeichnung für das eingereichte Wettbewerbsblatt um den Preis der Accademia di San Luca. Während für die Wettbewerbszeichnung [Z 2] den Künstlern mehrere Monate Zeit zur Verfügung stand, mußten alle Teilnehmer am Wettbewerbstag in einer sogenannten ›Prova di strada‹ vor den Augen eines dafür bestellten Akademikers innerhalb von zwei Stunden einen unmittelbaren Beweis ihrer Zeichenkunst erbringen. Damit sollte nachgewiesen werden, daß der Einlieferer auch seine Preisarbeit selbst entworfen hatte. Für die Teilnehmer der ersten Malklasse, zu denen Asam zählte, war die Darstellung von drei Figuren gefordert. In der Zeichnung gibt Asam drei männliche Gestalten wieder, wobei die stehende Figur in der Mitte wohl den *Heiligen Pius* vorstellt. Alle Figuren sind in skizzenhafter Form festgehalten, jedoch durch malerische Hell-Dunkel-Werte plastisch modelliert.
LITERATUR: Trottmann 1980, 158-164, Abb. 2 – Hojer 1980, 115, Abb. 2 – Trottmann 1986, 30 B.H.

Z 4*
Dreifaltigkeit, Engel und Heilige in der Glorie 1713/14

Rötel über Blei, braun, rotbraun und grau laviert, an wenigen Stellen weiß gehöht, mit Blei radial unterteilt; von Wolken überschnittener grau lavierter Randstreifen; rund ausgeschnitten; Rückseite: Bleigriffelstudie, im einzelnen nicht erkennbar;
Durchmesser: 49,4 x 51,0 cm
MÜNCHEN, Staatliche Graphische Sammlung, Inv. Nr. 7993 (1889)

Entwurf für das Vierungsfresko in der ehemaligen Benediktiner-Klosterkirche Sankt Jakob in Ensdorf [F I, 4].

Der mit einem radialen Raster versehene Entwurf stellt ein bereits fortgeschrittenes Planungsstadium für das erste große Kuppelbild Asams nach seiner Italienreise vor. In der Zeichnung legte Asam die Komposition in ihren Grundzügen fest, fügte die verschiedenen Figuren zu Gruppen zusammen, wobei er geschickt durch die Lavierung einige Gestalten hervorhebt. Selbst attributive Details zur Charakterisierung der Figuren bezeichnet Asam in dem Blatt, ohne daß dabei die Spontaneität im Duktus beeinträchtigt wurde. Entwurf und Ausführung weisen erhebliche Unterschiede auf, jedoch ohne daß die konzipierte Massenverteilung eine Veränderung erfahren hat. Nicht nur die Figurenanzahl wurde im Fresko vermehrt, sondern auch ganze Gruppen im Vergleich zum ausgeführten Bild ausgetauscht. Statt der Engelgruppe unterhalb der Dreifaltigkeit gewinnt im Fresko diese ausgezeichnete Stelle durch den Kirchenpatron Jakobus im Verein mit Johannes dem Täufer mehr Gewicht. Ganz verzichtet hat Asam im Fresko auf den sitzenden Heiligen mit einem Marienbild, an dessen Stelle er eine Gruppe von weiblichen Heiligen einfügt. Die Überarbeitung des Entwurfs im Sinne einer Erweiterung des ikonologischen Programms geht wohl auf den Wunsch des Auftraggebers zurück, dem das Blatt sicherlich zur Beurteilung vorgelegt worden war. Helene Trottmann (1986, 101) stellte dazu fest, daß die im Fresko hinzugefügten Figuren alle nach der Vorlage des großen Kuppelfreskos von Ciro Ferri und Sebastiano Corbellini in Sant'Agnese in Piazza Navona zu Rom gestaltet sind. Möglicherweise forderten die benediktinischen Auftraggeber von Asam nicht nur die inhaltliche Abänderung des Entwurfs, sondern auch zugleich die stärker ›italienische Manier‹.
LITERATUR: Baumeister 1953, 245, Nr. 5, Abb. 1 – Schoener 1966, 5/6, Nr. 2 – Trottmann 1986, 100/101 B.H.

Z 5
Der Heilige Michael in der Glorie um 1715

Feder in Braun, Pinsel, braun laviert, weiß gehöht; bläuliches Papier;
39,0 x 22,2 cm
MÜNCHEN, Staatliche Graphische Sammlung, Inv. Nr. 346 (5787)

Vorstudie für das Hochaltarbild mit dem *Engelsturz* in der Benediktiner-Klosterkirche Metten, das Asam 1715 fertigstellte.

Entwurf und Ausführung stimmen – wie häufig bei Asams Altarbildentwürfen (vgl. Z 44) – nur vage überein. Die mit der Feder genau umrissenen Gestalten und die kräftige Hell-Dunkel-Lavierung setzen das Blatt in die Nähe der frühen Zeichnungen Asams. Die Konzentration auf die Gestalt des Heiligen Michael und Ähnlichkeiten in einzelnen Figurenmotiven lassen die Zuordnung der Zeichnung unter die Vorbereitungsarbeiten für das Mettener Altarbild berechtigt erscheinen. Im Altarbild selbst [G 3] erweiterte Asam die Konzeption der Glorie zum Engelsturz. Zahlreiche Figuren wurden gegenüber der Zeichnung ergänzt, die in bewegten, eng geballten Gruppen die Gestalt Michaels umrahmen.
LITERATUR: Baumeister 1953, 256, Nr. 37 – Schoener 1966, 6, Nr. 3 – Trottmann 1986, 110, Abb. 177 B.H.

Z 6
Otto von Wittelsbach um 1715

Feder in Braun über Blei und Rötel, Pinsel in Grau, braun und grau laviert, weiß gehöht; auf braungetöntem Papier; fleckig;
38,1 x 25,2 cm
MÜNCHEN, Staatliche Graphische Sammlung, Inv. Nr. 14 789 (8017)

Entwurf für den gleichseitigen Stich von Andreas Matthäus Wolffgang in der Festschrift ›Fortitudo Leonina in utraque Fortuna Maximiliani Emmanuelis‹ (vgl. D 4).

In streng konturierenden Federzügen und lockerer Pinsellavierung wird das Standbild Ottos von Wittelsbach in einer Nische zwischen Hermen von Simson und Delilah und Herkules und Omphale wiedergegeben.
LITERATUR: Baumeister 1953, 246, Nr. 50 – Schoener 1966, 7, Nr. 4 – Trottmann 1986, 115 B.H.

Z 7
Theodo I. um 1715

Feder in Braun über Blei und Rötel, braun und grau laviert, weiß gehöht; auf braungetöntem Papier; fleckig;
38,5 x 25,3 cm
MÜNCHEN, Staatliche Graphische Sammlung, Inv. Nr. 14 788 (8016)

Entwurf für den gleichseitigen Stich von Andreas Matthäus Wolffgang in der Festschrift für Max Emanual ›Fortitudo Leonina ...‹ [vgl. D 2].

Z 2

Zwischen Hermen von Janus Bieps und Fortuna Anceps steht als Standbild Herzog Theodo von Bayern.

Das Blatt weist ähnliche stilistische Merkmale auf wie die vorausgegangene Stichvorzeichnung. Die Umsetzung im Stich von Wolffgang wirkt in den Figuren härter als die stark plastisch durchgebildeten Gestalten der Vorzeichnung.
LITERATUR: Baumeister 1953, 246, Nr. 49 – Schoener 1966, 8, Nr. 5 – Trottmann 1986, 115 B.H.

Z 8*
Die Pest von 1634 1717

Bleivorzeichnung, Pinsel in Braun, grau und braun laviert, weiß gehöht; auf grünlich-grau getöntem Papier; schmaler dunkelgrauer Randstreifen; rund ausgeschnitten;
Durchmesser: 27,1 cm
MÜNCHEN, Staatliche Graphische Sammlung, Inv. Nr. 30 405

Entwurf für das Chorfresko in der Wallfahrtskirche Maria Hilf in Amberg [F III, 5].

Der sorgfältig ausgearbeitete Entwurf bildet in den wesentlichen Grundzügen die Vorlage für das Fresko. Nur in wenigen Punkten weicht Asam in der Ausführung von der Zeichnung ab. So bezeichnet die Hintergrundarchitektur – sicher auf Wunsch des Auftraggebers – nun konkret den Marktplatz von Amberg. Durch den hinzugefügten Baldachin hebt Asam im ausgeführten Deckenstück die Figur des Priesters stärker hervor und verleiht der im Entwurf allzu detailreich-kleinteiligen Komposition mehr Ruhe. Zusätzlich im Fresko eingefügte Figuren wie den Mann mit dem Turban rechts, der sein Gesicht halb mit der Hand verdeckt, und einen der Totenträger im Hintergrund links entnahm Asam – laut Trottmann (1986, 101) – einer Vorlage Benedetto Lutis zum selben Thema.
LITERATUR: Halm 1896, 67, Nr. 4 (als Blasius) – Baumeister 1953, 254, Nr. 26 (ohne Nachweis der Ausführung) – Schoener 1966, 8/9, Nr. 6 – Trottmann 1986, 101, Abb. 159-161 B.H.

Z 9*
Darbietung im Tempel um 1718

Pinsel, grau laviert, über kaum erkennbarer (ausradierter?) Bleivorzeichnung;
Durchmesser: 15,5 cm (Zeichnung); 19,2 x 15,7 cm (Blatt)
MÜNCHEN, Staatliche Graphische Sammlung, Inv. Nr. 7157 (357)

Entwurf für das Fresko im ersten Joch des südlichen Seitenschiffes der Klosterkirche Weingarten [F VII, 1 b].

Eine zweite Zeichnung für das Fresko im nördlichen Chorseitenschiff in Weingarten (Ellwangen, Schloßmuseum; vgl. auch Umkreis 13), stammt aus stilistischen Gründen eher von der Hand Christoph Thomas Schefflers, der zu jenem Zeitpunkt wohl zu den im Weingartener Vertrag erwähnten Gesellen gehört haben dürfte. Der vorliegende Entwurf stimmt trotz des breiten, die Details venachlässigenden Pinselstrichs in allen Teilen mit dem Fresko überein.
LITERATUR: Baumeister 1953, 246, Nr. 4, Abb. 4 – Ausst. Kat. Bregenz 1963, 31, Nr. 4 – Schoener 1966, 14/14, Nr. 10 B.H.

Z 10*
Apostel Thomas zwischen 1718 und 1724

(Abbildung)

Rötel und Bister-Tusche, braun und rot laviert, wenig weiß gehöht; 30,5 x 19,3 cm
MÜNCHEN, Staatliche Graphische Sammlung, Inv. Nr. 19 522

Die großzügig angelegte Einzelstudie gibt den bärtigen Apostel Thomas sitzend mit hochgestellten Beinen und erhobenen Armen wieder. Der Körper ist leicht rückwärts gebeugt und der Blick nach oben gerichtet in Erwartung der feurigen Zungen des Heiligen Geistes.

Das Blatt muß zum Motivvorrat des vielbeschäftigten Freskanten gehört haben. Der Figurentypus des Thomas läßt sich wenigstens dreimal im gemalten Werk nachweisen. Die größte Übereinstimmung mit der Einzelstudie weist die Apostelfigur in der Pfingstkuppel der Benediktiner-Klosterkirche von Weingarten (1718/19) auf [F VII, 6]. Ein zweites Mal benutzte Asam 1720 die Detailstudie für die Kuppel zum selben Thema in Aldersbach [F VIII, 5]. Die Füße des am Rand plazierten Apostels werden hier jedoch vom Stuckrahmen überschnitten. Noch einmal diente die Studie als Vorlage bei der Gestaltung eines Medaillonfreskos im Freisinger Dom [F XIII, 47]. Das Fresko, das vermutlich in Teilen von einem Gehilfen Asams fertiggestellt wurde, weist einige Abweichungen gegenüber dem Entwurf auf, die sich im wesentlichen auf die Attribute beziehen. Die markante Sitzhaltung, die Gestik und der Blick nach oben sind auch hier beibehalten worden.

LITERATUR: Baumeister 1953, 250, Nr. 40 – Hanfstaengl 1955, Abb. 54 – Ausst. Kat., Köln – München – Nürnberg 1961, 20, Nr. 9 – Schoener 1966, 12, Nr. 8 – Rupprecht 1980, 136/137 mit Abb. – Ausst. Kat. Ettlingen 1982, 36/37 mit Abb. – Trottmann 1986, 112/113, Abb. 182 (vgl. Abb. 184/185) B. H.

Z 11*
Heiliger Michael auf Wolken (Vs.) 1718/19 Violaspielender Engel auf Wolken (Rs.) um 1728

Rötel, rotbraun laviert, weiß gehöht; auf bläulich-grau verschossenem Papier; 38,4 × 29,3 cm

MÜNCHEN, Staatliche Graphische Sammlung, Inv. Nr. 8048 (190)

Die Vorderseite des Blattes mit dem Heiligen Michael auf Wolken ist eine Einzelstudie für das Deckenfresko *Himmelfahrt Mariä* im dritten Langhausjoch der Benediktiner-Klosterkirche Weingarten [F VII, 4].

Der in leichter Verkürzung auf Wolken stehende Erzengel ist durch Szepter, Harnisch, Schild und Kreuzdiadem als Fürst der himmlischen Heerscharen gekennzeichnet. Im Fresko ist die Figur an der Spitze der Engel, die Maria in den Himmel geleiten, freischwebend und ohne Schild gezeigt. Die Körperhaltung hat Asam dabei leicht verändert und die Gewanddrapierung anders gelöst. Insgesamt wirkt die Figur im Fresko in sich bewegter und ist selbst eingeordnet in den Bewegungszug, der die gesamte Engelgruppe am oberen Bildrand durchzieht.

In ähnlich imposanter Pose erscheint der Heilige Michael noch einmal in einem der Medaillonfresken im Freisinger Dom (1723/24). Möglicherweise benutzte Asam hier ein zweites Mal die Einzelstudie des Erzengels als Grundlage, die er mit Abwandlungen ausführte.

Z 10

Die Einzelstudie auf der Rückseite ist im Vergleich zum *Heiligen Michael* auf der Umseite von größerer Plastizität und Lebendigkeit. Den *Musizierenden Engel* hat Asam in leicht abgewandelter Form 1728 in der Chorkuppel der Schloßkirche von Mannheim umgesetzt [V 9, 2]. In dem 1728 ausgeführten und im Zweiten Weltkrieg zerstörten Fresko sind am gemalten Kuppelrand links zwei Engel mit Streichinstrumenten auf Wolken plaziert, von denen der vordere die Beinhaltung und das aufwendig gefaltete Gewand aus der Studie annähernd aufweist, der hintere aber sein Instrument wie in der Zeichnung angegeben hält und wie dort den Blick verklärt nach oben wendet. Die Studie, die durch die souveräne Beherrschung der malerischen Mittel besticht, läßt sich auch stilistisch in die Zeit nach den großzügig angelegten Einzelstudien für Freising [Z 19] und den schwungvollen Entwürfen für Kladrau [Z 25–28] einordnen.

LITERATUR: Baumeister 1953, 246, Nr. 39, Abb. 5 – Ausst. Kat. Bregenz 1963, 32, Nr. 5 (Rs.) – Schoener 1966, 13/14, Nr. 9/9a – Rupprecht 1980, 232/233 mit Abb. (Rs.) – Ausst. Kat. Bruchsal 1981, 66, Nr. A 3 mit Abb. (Vs.) B. H.

Z 12*
Das Apokalyptische Weib mit Engel und Gottvater (Vs.) Kleriker (Rs.) um 1720

Blei, grau laviert; 32,8 × 20,7 cm

ELLWANGEN, Schloßmuseum, Inv. Nr. 1395/143

Die Skizze auf der Vorderseite ist eine Teilkopie nach dem ehemaligen Hochaltargemälde von Peter Paul Rubens im Freisinger Dom (heute in der Alten Pinakothek zu München).

Vermutlich legte Asam die Studie noch vor seiner Arbeit in Freising (1724) an. Aus der Komposition des berühmten Vorbildes arbeitete er nur die zentrale Mariengestalt in kräftiger Hell-Dunkel-Schattierung heraus. Der Erzengel Michael links oben und Gottvater werden nur in Blei angedeutet. Obwohl Asam sich bei seiner Kopie deutlich an der Anlage des Rubensbildes orientierte, ist die Gestalt Marias in ihrem Ausdruck stark gewandelt. Anstelle der heftigen Bewegung bei Rubens sind der Körper Mariens bei Asam nur leicht gedreht und der Kopf sanft nach unten geneigt. Ein Kampf scheint nicht stattzufinden.

Auf der Rückseite befindet sich eine Einzelstudie zu einem Kleriker, die von Susanne Schoener in Zusammenhang mit Weihenstephan gebracht wurde. Die unsichere Ausführung läßt eine frühe Entstehung vermuten.

LITERATUR: Bushart 1953, 83, Nr. 1 – Schoener 1966, 19/20, Nr. 14/14a – Trottmann 1986, 113, Abb. 189/190 B. H.

Z 13*
Der Heilige Jakobus der Ältere von Compostela als Helfer und Fürbitter 1721

Bleivorzeichnung, Pinsel, laviert und aquarelliert; Randstreifen in Gelb (0,8 cm); unten links signiert und datiert: »Cosmas Dam: Asam invenit 1721«; 29,4 × 33,6 cm

MÜNCHEN, Staatliche Graphische Sammlung, Inv. Nr. 8030

Entwurf für das Fresko in der Flachkuppel des zweiten Langhausjoches von Sankt Jakob in Innsbruck [F XI, 2].

Das relativ große Blatt nimmt im zeichnerischen Werk Asams aufgrund der stark buntfarbigen Aquarellierung eine Ausnahmestellung ein. Die Jahreszahl bei der Signatur bezeugt, daß Asam den sorgfältig angelegten Entwurf noch vor Vertragsabschluß (am 8. August 1722) als Informations- oder Probestück für den Auftraggeber gefertigt hatte. Die räumliche Situation dürfte Asam bei der Anlage der Zeichnung bereits bekannt gewesen sein, da aus der umfangreich überlieferten Korrespondenz zum Auftrag hervorgeht, daß der Freskant sehr wahrscheinlich im Spätherbst 1721 nach Innsbruck reiste.

Trotz der sorgfältigen Ausarbeitung erfuhr der Entwurf bei der Ausführung im Fresko noch wesentliche Veränderungen, die jedoch mehr den figürlichen Teil betreffen als die kühn vorgestelle Illusionsarchitektur. Der Strom der Pilger wird durch verschiedene Figuren erweitert und im Entwurf gezeigte Personen erscheinen im Fresko teils an anderer Stelle. Erheblich verändert wurde vor allem die Gloriengruppe um den Kirchenpatron, die durch zahlreiche Engel vermehrt wurde und an deren Spitze nun Christus mit dem Kreuz steht und die Krone für den auffahrenden Heiligen bereithält. Breite Wolkenballen verstellen den Blick in die Laterne der unteren Kuppel. Auch auf die Lichtöffnung in der zweiten Kuppelschale verzichtete Asam in der Ausführung, so daß dem Fresko vieles von dem leichten, nahezu schwebenden und lichtdurchfluteten Charakter der Scheinarchitektur des Entwurfs fehlt.

LITERATUR: Halm 1896, 28 ff. – Hanfstaengl 1939, 64 – Hanfstaengl 1947, 215 ff. mit zwei Abb. – Tintelnot 1951, 63, Abb. 33 – Baumeister 1953, 257, Nr. 19, Abb. 8 – Ausst. Kat. London 1956, Nr. 82 – Hanfstaengl 1955, 29, Tafel 18 – Ausst. Kat. München 1956, Nr. 119 – Ausst. Kat. München 1958, Nr. 243 – Mus. Kat. München 1958, Nr. 98, Tafel 198 – Schoener 1966, 17/18, Nr. 12 – Rupprecht 1980, 124/125 mit Farbabb. – Trottmann 1986, 108 B.H.

Z 14*
Ehrenpforte zum Einzug Karl Albrechts und Maria Amalias in München 1722

(Abbildung)

Bleivorzeichnung, Feder, braun laviert; quadriert; 41,9 x 26,7 cm
AUGSBURG, Städtische Kunstsammlungen, Inv. Nr. G 3741

Anläßlich der Hochzeit des bayerischen Thronfolgers Karl Albrecht mit Maria Amalia von Österreich in Wien am 25. September 1722 entwarf Asam zum festlichen Einzug in München am 17. Oktober 1722 einen riesigen Triumphbogen von etwa 22 m Höhe und 20 m Breite und eine ebensogroße Ehrenpforte, deren Aussehen in Stichen von Asams Schwager, Franz Joseph Mörl, überliefert ist [D 11 und 12].

Für die Ehrenpforte konnte in jüngster Zeit ein gleichseitiger Entwurf Asams ausgemacht werden. Das Blatt, das bislang Nikolaus Gottfried Stuber zugeschrieben war, kann aufgrund der motivischen Übereinstimmung mit dem Stich und stilistischer Merkmale als eigenhändige Schöpfung Asams gelten und zeigt vermutlich die geplante Verkleidung eines der Münchener Stadttore.

Schräg fällt der Blick auf eine konkav geschwungene triumphbogenartige Dekorationsarchitektur, die von Statuen bekrönt ist. Über dem eigentlichen Torbogen ist ein Bild des Hochzeitszuges angebracht. Darüber schwebt auf Wolken Fama, die die Posaune zum Ruhme des fürstlichen Paares bläst. Der Klang des Instruments mischt sich mit den Salutschüssen aus dem Geschütz, das weiter oben über der Brüstung sichtbar wird. Ein großes entrolltes Schriftstück neben der allegorischen Gestalt bleibt im Entwurf leer. Kaum sichtbar mit Blei skizziert durchfährt eine Kutsche die Ehrenpforte.

LITERATUR: Hanfstaengl 1939, 14, Anm. 25 – Ausst. Kat. München 1976, Band 1, 20, Band 2, Nr. 522 – Ausst. Kat. Ettlingen 1982, 32/33 mit Abb. – Trottmann 1986, 116, Anm. 335 B.H.

Z 14

Z 15*
Einkleidung eines fürstlichen Paares um 1723

Pinsel über Blei, grau laviert; 24,2 x 16,0 cm
MÜNCHEN, Staatliche Graphische Sammlung, Inv. Nr. 30 403

Entwurf, dessen Bestimmung ungeklärt ist.

Das Blatt zeigt ein fürstlich gekleidetes Paar – vermutlich Geschwister – kniend vor einem Bischof oder Abt mit Mitra, der den beiden aus der Hand eines Mönches die klösterlichen Gewänder reicht. Den abgelegten Hermelinmantel nimmt ein Frater entgegen. Höfisch gewandete Zuschauer mit zwei Knaben im Gefolge haben den Blick von der Hauptgruppe weg auf ein unbekanntes Ziel in der Ferne gerichtet.

Die Gestalt des knienden jungen Mannes sowie die beiden Knaben im Hintergrund hat Asam – teils seitenverkehrt – einem Bild Benedetto Lutis entnommen, das die *Einkleidung des Heiligen Rainer* wiedergibt (gemalt 1712 für den Dom von Pisa).

Möglicherweise stellt die Szene die Einkleidung des Heiligen Bernhard dar, der aus hochadeligem Geschlecht stammte und zusammen mit anderen Edelleuten ins Kloster eintrat.

Im Langhaus von Fürstenfeld malte Asam 1731 an einem Fresko mit diesem Thema [F XII, 4]. Es ist jedoch nicht ausgeschlossen, daß der Freskant bereits bei seinen Arbeiten im Chor der Zisterzienserkirche um 1723 den Auftrag erhielt, erste Entwürfe für das Langhaus anzulegen.

Vieles spricht zumindest dafür, die Zeichnung in die frühen zwanziger Jahre zu datieren. Stilistisch ist das Blatt sicher eher in die Zeit der Freisinger Entwürfe um 1724 [vgl. Z 18 und Z 21] oder der Einsiedler Skizze [Z 24] einzuordnen als in die dreißiger Jahre, wie das Susanne Schoener versucht. In den Zeichnungen dieser Jahre findet man dieselbe nuancierte Lavierungstechnik, eine ähnlich differenzierte Behandlung von Vorder- und Hintergrundgestalten, dieselbe Ausarbeitung der Gesichtszüge und die großen, bauschigen Gewänder, die die Gestalten umhüllen. Überdies fällt auf, daß Asam gerade in den zwanziger Jahren offenbar häufig auf die Komposition Lutis bei Fresko- und Altarbildaufträgen zurückgriff, um daraus einzelne Figuren oder Gruppen für seine Arbeiten zu kopieren (vgl. Trottmann 1986, 37).

Zu der Zeichnung liegt eine Werkstattkopie vor, die bei etwas kleinerem Format die Komposition Asams genau wiederholt. Insgesamt konturiert der Kopist die Gestalten kräftiger, modelliert die Gesichter stärker und setzt die Lavierungstöne härter nebeneinander als Asam. (Zur Kopie vgl. München, Staatliche Graphische Sammlung, Inv. Nr. 8045; zuletzt bei Schoener 1966, 63/64, Nr. 55 a)

LITERATUR: Halm 1896, 67, Nr. 2 – Baumeister 1953, 255, Nr. 52, Abb. 17 – Hanfstaengl 1955, Abb. 30 – Schoener 1966, 63, Nr. 55 – Ausst. Kat. London 1956, Nr. 85 – Ausst. Kat. Ettlingen 1982, 84/85 mit Abb. – Trottmann 1986, 37, Abb. 69 (vgl. Abb. 63, 67-68) B.H.

Z 16
S. Corbinianus praedicat in cellula (Der Heilige Korbinian predigt in seiner Klosterzelle) um 1724

(Abbildung)

Feder in Grau, grau laviert; 14,5 x 24,0 cm
MÜNCHEN, Staatliche Graphische Sammlung, Inv. Nr. 19 316

Entwurf für das erste Emporenfresko der Nordseite im Dom zu Freising [F XIII, 12].

Zu dem Zyklus der Korbiniansfresken haben sich insgesamt neun Entwürfe erhalten, sechs davon zeigen die Gesamtkomposition, in zwei Blättern hält Asam drei einzelne Figuren in einer Studie fest.

Die sorgfältig ausgearbeitete Zeichnung wurde von Asam nahezu identisch ins Fresko umgesetzt. Nur der Bauteil der Zelle am linken Bildrand wurde in der Ausführung höher gezogen.

LITERATUR: Baumeister 1953, 247, Nr. 28, Abb. 3 – Schoener 1966, 23/24, Nr. 17 – Glaser – Brunhölzl – Benker 1983, 184/185 mit Abb. – Trottmann 1986, 102/103 B.H.

Z 17
Silentio vinum effervescens servat (Durch Schweigen bewahrt er gärenden Wein) um 1724

(Abbildung)

Feder in Grau, grau laviert; 13,6 x 26,0 cm
MÜNCHEN, Staatliche Graphische Sammlung, Inv. Nr. 19 318

Entwurf für das zweite Emporenfresko der Nordseite im Freisinger Dom [F XIII, 13].

Nur in wenigen Details verbesserte Asam das Fresko gegenüber seinem Entwurf. Der Arm des in den Keller eilenden Anserichs ist so ausgestreckt, daß die Distanz zu der Lampe im Gang deutlich wird. Der Rosenkranz an seinem Gürtel fehlt im Fresko. Die in der Zeichnung lang nach hinten wallenden Haare sind auf Wunsch des Auftraggebers einer Tonsur gewichen.

LITERATUR: Baumeister 1953, 247, Nr. 29 – Schoener 1966, 24, Nr. 18 – Glaser – Brunhölz – Benker 1983, 186 mit Abb. – Trottmann 1986, 102/103, Abb. 162/163 B.H.

Z 16

Z 17

Z 18*
Mitra et pallio exornatur (Er wird mit Mitra und Pallium ausgezeichnet) um 1724

(Abbildung)

Feder in Grau, grau laviert; 16,7 x 24,8 cm
MÜNCHEN, Staatliche Graphische Sammlung
Inv. Nr. 1939: 48 (1900)

Entwurf für das fünfte Emporenfresko an der Nordseite des Domes in Freising [F XIII, 16].

Entwurf und Ausführung stimmen bis auf ein einziges Detail genau überein. Nur die Haltung des Bischofstabs, der in der Vorzeichnung links von einem Geistlichen mit der Krümmung nach vorne gezeigt wurde, was aber nur dem Bischof selbst zukam, wurde verändert. Sicher war es der Auftraggeber, der diesen Fehler korrigiert sehen wollte.

LITERATUR: Baumeister 1953, 247, Nr. 30, Abb. 7 – Schoener 1966, 25, Nr. 19 – Glaser – Brunhölzl – Benker 1983, 192/193 mit Abb. – Trottmann 1986, 102/103 B.H.

Z 19*
Korbinian kniend (Vs.) Schreitender Bischof mit Stab (Rs.) um 1724

Rötel, braun laviert, weiß gehöht; 31,0 x 19,9 cm
MÜNCHEN, Staatliche Graphische Sammlung,
Inv. Nr. 19521

Vorder- und Rückseite des Blattes sind Einzelstudien zu zwei verschiedenen Emporenfresken auf der Nord- und Südseite des Domes in Freising.

Der kniende Korbinian ist eine exakte Vorstudie zu dem sechsten Emporenfresko [F XIII, 17 und 31], das schildert wie der Heilige Korbinian auf wunderbare Weise einen Räuber beschützt (»Latronem prodigiose tuetur«). Nicht nur die Haltung und der Fall des Gewandes, sondern selbst die segnende Geste, mit der Korbinian den Räuber bezeichnet, ist ohne Veränderung ins Fresko übernommen.

Auch die Detailstudie auf der Umseite mit dem Bischof Arbeo zum ersten Emporenfresko auf der Südseite [F XII, 31] stimmt mit dem Fresko überein, in dem der feierliche Empfang des Leichnams von Korbinian in Freising (»Frisingae festive recipitur«) dargestellt wird.

In beiden Fällen muß vor Anlage der Einzelstudien bereits die Gesamtkonzeption festgestanden haben.

LITERATUR: Baumeister 1953, 250, Nr. 35 – Schoener 1966, 21, Nr. 15/15a – Glaser – Brunhölz – Benker 1983, 194/195 mit Abb. und 222/223 mit Abb. – Trottmann 1986, 102/103 B.H.

Z 20*
Schreitender König Luitprand um 1724

(Abb. 3, Seite 54)

Rötel, graubraun laviert und sparsam weiß gehöht; 27,5 x 19,6 cm
MÜNCHEN, Staatliche Graphische Sammlung,
Inv. Nr. 19520

Entwurf für das achte Emporenfresko auf der Nordseite im Freisinger Dom [F XIII, 19].

Das Fresko zeigt Korbinian vor dem Langobardenkönig Luitprand, von dem er ehrenvoll empfangen wird.

Trotz der flüchtigen, suggestiven Anlage der Zeichnung stimmt die Studie mit der Figur des Königs im Fresko überein. Schrittstellung, Gestik und Gewandfall sowie das Spiel des Lichts auf der Gestalt sind genau erfaßt.

Ein weiteres Mal benutzte Asam die Studie für die Gestalt des Herzog Boleslaus in einem Anraumfresko in Wahlstatt (1733).

Die Erfindung für die flüssig gezeichnete Figur stammt jedoch nicht von Asam selbst. Ihr Vorbild findet sich in einem Gemälde Luca Giordanos (*Der Heilige Augustinus und der Häretiker;* Neapel, Santa Maria Regina Coeli; vgl. Trottmann 1986, Abb. 105).

LITERATUR: Tintelnot 1951, 66, Abb. 35 – Baumeister 1953, 248/249, Abb. 6, Nr. 34 – Ausst. Kat. München 1956, Nr. 120, Abb. 43 – Schoener 1966, 23, Nr. 16 – Ausst. Kat. Hamburg 1966, 102 mit Abb. – Glaser – Brunhölzl – Benker 1983, 198 mit Abb. – Trottmann 1986, 112 B.H.

Z 21*
Corbinianus »pisces prodigiis obtinet« (Durch Wunder erhält er Fische) um 1724

Feder in Grau, grau laviert; 13,5 x 26,2 cm
MÜNCHEN, Staatliche Graphische Sammlung,
Inv. Nr. 19319

Entwurf für das neunte Emporenfresko auf der Nordseite im Freisinger Dom [F XIII, 20].

Die Zeichnung stimmt bis auf geringfügige Details – etwa das im Fresko fehlende Schulterband Anserichs und den in der Ausführung zusätzlich neben dem Pferd im Vordergrund plazierten Bären – mit dem Wandbild überein.

LITERATUR: Feulner 1923, Abb. 119 – Baumeister 1953, 247/248, Nr. 31 – Schoener 1966, 25/26, Nr. 20 – Ausst. Kat. Ettlingen 1982, 34/35 mit Abb. – Glaser – Brunhölzl – Benker 1983, 200 mit Abb. – Trottmann 1986, 102/103 B.H.

Z 22
Ecclesia S. Stephani coelitus splendescit (Die Kirche des Heiligen Stephanus erstrahlt in himmlischem Glanz) um 1724

(Abbildung)

Feder in Braun, grau laviert; Rückseite: winzige rechteckige Rötelskizze (mythologisches Thema?) 13,8 x 25,6 cm
MÜNCHEN, Staatliche Graphische Sammlung,
Inv. Nr. 19321

Entwurf für das siebte Emporenfresko auf der Südseite im Freisinger Dom [F XIII, 25).

Die Zeichnung gibt die Konzeption des Freskos exakt wieder. Nur zwei Kleriker mit Birett, die sich im Fresko im Hintergrund auf die Kirche zu bewegen, und weitere Geistliche im Chorhemd vor der Kirche in der Ferne fehlen in dem sorgfältig ausgearbeiteten Entwurf.

LITERATUR: Baumeister 1953, 248, Nr. 33 – Schoener 1966, 26/27, Nr. 22 – Glaser – Brunhölzl – Benker 1983, 210/211 mit Abb. – Trottmann 1986, 102/103, Abb. 164/165 B.H.

Z 18

Z 22

Z 23
Maiis Frisingam venire compellitur (Korbinian wird genötigt, von Mais nach Freising zu kommen) um 1724

Feder in Grau, grau laviert;
13,9 x 23,7 cm
MÜNCHEN, Staatliche Graphische Sammlung, Inv. Nr. 19 320

Entwurf für das neunte Emporenfresko auf der Südseite im Dom zu Freising [F XIII, 23].

Die Vorzeichnung stimmt bis auf eine Nebenszene im linken Teil der Kompositon genau mit dem Fresko überein. In der Ausführung sieht man hinter der Brücke, die Korbinian gerade überqueren will, in ein tief eingeschnittenes Flußtal, wo in der Ferne der Sturz des jungen Arbeo zu beobachten ist. Dieses anekdotische Detail aus der Legende des Heiligen Korbinian hat Asam in seinem Entwurf noch nicht festgehalten. Am äußersten rechten Bildrand zeichnet Asam im Entwurf einen Kirchenbau ein, mit dem wohl die Zenokirche gemeint ist. Im Fresko wird dieser Bau vom Stuckrahmen überschnitten.

LITERATUR: Baumeister 1953, 248, Nr. 32 – Schoener 1966, 26, Nr. 21 – Glaser–Brunhölzl–Benker 1983, 206/207 mit Abb. – Trottmann 1986, 102/103 B.H.

Z 24
Engelweihe der Kirche in Einsiedeln und Tempelweihe Salomons 1724

Blei, Feder in Schwarz, grau laviert, weiß gehöht;
41,2 x 33,8 cm
EINSIEDELN, Stiftssammlungen (verschollen)

Entwurf für das Fresko an der Eingangswand der Stiftskirche Maria Einsiedeln [F XIV, 1-2].

Da das Fresko als eines der ersten im Kirchenraum ausgeführt wurde, wird die Zeichnung im Zuge der Vorbereitungsarbeiten nach Kontraktabschluß im Februar im Frühjahr oder Sommer dieses Jahres entstanden sein.

Bereits in der Vorzeichnung bezog Asam das Mittelfenster der Wand in seine Komposition ein. Der untere Teil zeigt zwei seitliche Treppenläufe, die auf das Fenster zu führen. Auf den Stufen der rechten Seite steht der Heilige Konrad, der von den Umstehenden gedrängt wird, die Meinradskapelle zu weihen, aber von einer Engelstimme zurückgehalten wird. Erstaunt blicken Konrad und seine Begleiter zu dem Himmelsboten empor, der über dem halbrund geschlossenen oberen Bildteil erscheint. Auch die Zuschauer auf dem linken Treppenlauf wenden den Blick nach oben und drücken mit ihren erregten Gesten ihre Überraschung über die Erscheinung aus.

Der obere Teil – durch ein geschwungenes Gesims von der Szene um Konrad getrennt – gibt ein alttestamentarisches Vorbild der Engelweihe – die Tempelweihe Salomons – wieder. Rechts kniet Salomon mit Priestern, um das himmlische Feuer für das Rauchopfer zu erflehen. Links lagert eine Menge jüdischer Männer und Frauen vor dem brennenden Opferaltar, auf den ihr Blick gerichtet ist.

Im Fresko weicht Asam in mehreren Punkten von seinem Entwurf ab. Nicht zuletzt durch die gedrängte Gruppierung der Figuren über dem verkürzten Treppenlauf unten verliert das Fresko an Schwung und Eleganz. Der Einfall, auch vor der Fensterbrüstung einige Figuren zu plazieren, die möglicherweise in Stuck gestaltet werden sollten, wurde bei der Ausführung aufgegeben. Statt dessen porträtierte sich Cosmas Damian zusammen mit seinem Bruder zu seiten des Fensters. Das trennende Gebälk wurde gerade geführt und bereits im Segmentbogen über der Fensteröffnung ist der Engel plaziert, der im Entwurf über der gesamten Komposition schwebt. Der hohe Stuckaufbau und zwei seitliche Oculi verlangten auch im oberen Teil der Komposition einschneidene Veränderungen.

LITERATUR: Baumeister 1953, 250, 257, Nr. 27 – Ausst. Kat. Bregenz 1963, Nr. 7 – Schoener 1966, 27/28, Nr. 23 B.H.

Z 25*
Maria als Apokalyptisches Weib um 1725

Dünne Bleivorzeichnung an wenigen Stellen, Rötel, rot und rotbraun laviert, weiß gehöht;
25,1 x 33,9 cm
MÜNCHEN, Staatliche Graphische Sammlung, Inv. Nr. 30 402 (HM V, 6)

Entwurf für das zweite nördliche Hochwandfresko im Langhaus der ehemaligen Klosterkirche in Kladrau (Kladruby/ČSSR; F XV, 2).

Die Zeichnung entbehrt die großzügige Strichführung der beiden anderen Entwürfe [Z 26-28].

In der Zeichnung sind bereits alle Grundzüge der Komposition festgehalten, wie Asam sie im Fresko ausführte. Im Wandbild selbst markierte Asam jedoch deutlicher die räumliche Situation, vor der Maria als Apokalyptisches Weib in Wolken sichtbar wird. Die Bodenerhebung, auf der als Zeichen des Sündenfalls der Apfel der Versuchung liegt, und die baumbestandene Landschaft im Hintergrund rechts fehlen noch im Entwurf. Erdkugel und Mondsichel, über denen sich Maria erhebt, sind im Fresko klarer erkennbar. Auch das Attribut Mariens, die Lilie in den Händen des Jesuskindes, fügte Asam erst im Fresko hinzu. Insgesamt dienen die Änderungen gegenüber dem Entwurf dazu, das gestellte Thema klarer und zugleich bedeutungsreicher zu fassen.

Für die Anlage seines Entwurfs benutzt Asam einen Stich von Jakob Frey nach Sebastiano Conca. Aus der Komposition Concas gibt Asam die Gestalt Marias und der sie umgebenden Engel seitenverkehrt wieder. Erst in der Zeichnung fügt er die Flügel der Gottesmutter an (freundliche Mitteilung von Albert Teschemacher).

LITERATUR: Halm 1896, 67, Nr. 1 – Baumeister 1953, 252, 256, Nr. 7 – Ausst. Kat. Köln–Nürnberg–München 1961, 19/20, Nr. 7 – Ausst. Kat. Minneapolis 1961, 17, Nr. 3 – Schoener 1966, 31/32, Nr. 25 – Trottmann 1986, 104, Abb. 168/169 B.H.

Z 26*
Geburt Mariens um 1725

(Abb. 4, Seite 55)

Dünne Bleivorzeichnung, Rötel, rötlich-grau laviert;
24,3 x 32,8 cm
STUTTGART, Graphische Sammlung der Staatsgalerie, Inv. Nr. C 84/3350

Entwurf für das dritte nördliche Hochwandfresko im Langhaus der ehemaligen Klosterkirche von Kladrau (Kladruby/ČSSR; F XV, 3).

Z 27

Die sehr flüchtig und temperamentvoll skizzierte Zeichnung stellt bereits die der Ausführung zugrunde gelegte Komposition vor. Im Fresko selbst bringt Asam die Szene etwas erhöht auf einem Podest, zu dem links wenige Stufen hinaufführen. Das Vorhangmotiv ist verändert, und der Stuhl, auf dem Joachim Platz genommen hat, sowie der Tisch daneben sind im Fresko klarer herausgearbeitet. Der Verkündigungsengel, dessen Proportionen im Vergleich zur Zeichnung gedrungener erscheinen, trägt in der ausgestreckten Linken eine Lilie als Mariensymbol. Bedeutsam für die andersartige Gesamtwirkung des Freskos gegenüber dem Entwurf ist die Lichtführung. In der Zeichnung erscheint das Marienmonogramm links oben als einzige Lichtquelle, von der ein Strahl über die Gestalt des Engels hinweg die Gruppe um Anna mit dem neugeborenen Kind im hellsten Schein schlaglichtartig beleuchtet und die übrigen Gestalten im Halbdunkel läßt. Im Fresko ist Asam um eine gleichmäßige Erhellung der Szene bemüht, die dadurch an Dramatik verliert. (Bestimmung durch Bruno Bushart.)
LITERATUR: bislang unveröffentlicht B.H.

Z 27
Anbetung Gottvaters im Alten und im Neuen Bund um 1726

(Abbildung)

Feder in Braun über Blei, braun laviert, an wenigen Stellen weiß gehöht; auf der Rückseite ist Isaak mit dem Opfertier in Blei durchgezeichnet; starke Spuren von Faltung; 26,4 x 37,3 cm
MÜNCHEN, Staatliche Graphische Sammlung, Inv. Nr. 40984

Entwurf für das erste nördliche Hochwandfresko im Chor der ehemaligen Klosterkirche von Kladrau (Kladruby/ČSSR; F xv, 14).

Trotz des sehr skizzenhaften Charakters der Zeichnung ist die Komposition des Freskos vollständig erfaßt. Im Fresko fügte Asam nur wenige Details hinzu.

LITERATUR: Baumeister 1953, 250/252, Nr. 53, Abb. 10 – Tintelnot 1951, Abb. 42 – Ausst. Kat. Nürnberg 1955, 119, Nr. 33 – Ausst. Kat. Köln – Nürnberg – München 1961, 19, Nr. 6, Tafel 7 – Hubala 1964, 324, 141 (Abb.) – Schoener 1966, 30, Nr. 24 – Preiss 1979, 122 f., Abb. 38 – Trottmann 1986, 103 B.H.

Z 28*
Verehrung der Kirche durch die vier Erdteile um 1726

(Abb. 5, Seite 55)

Feder in Rotbraun, rotbraun laviert, stellenweise weiß gehöht; in der Mitte Spuren von Faltung; 28,2 x 37,5 cm
AUGSBURG, Städtische Kunstsammlungen, Inv. Nr. G 5174-77

Entwurf für das dritte südliche Hochwandfresko im Chor der ehemaligen Klosterkirche von Kladrau (Kladruby/ČSSR; F xv, 20).

Die Anlage des Entwurfs wird im Fresko weitgehend unverändert übernommen. Das äußerst schwungvoll skizzierte Blatt bezieht seine hohe malerische Wirkung aus den spannungsvoll kontrastierten dunklen Lavierungstönen und der hellen Deckweißhöhung. Ohne sich im Detail zu verlieren, gibt Asam mit wenigen Linien und Pinselzügen doch eine komplette Vorstellung von der räumlichen Situation, der Figurenanordnung und dem Ausdruck der Gestalten. (Bestimmung durch Bruno Bushart.)
LITERATUR: Trottmann 1986, 103, Anm. 292, Abb. 166/167 B.H.

Z 29*
Krönung Mariä um 1726/27

(Abbildung)

Bleivorzeichnung, Feder und Pinsel in Bister, braun laviert, weiß gehöht; quadriert; unten links bezeichnet: »Cos. D. Asam Inven.«; 41,1 x 25,9 cm
WIEN, Graphische Sammlung Albertina, Inv. Nr. 3825

Entwurf für ein unbekanntes Altarbild, dessen geschweifte Rahmung oben angedeutet ist.

Die Zeichnung schließt sich in ihrer schwungvollen und eleganten Linienführung, sowie der effektvollen Lavierungstechnik eng an die Vorentwürfe für die Kladrauer Wandfresken an. Wie ein Kavalier verbeugt sich Christus vor Maria, um auf das anmutig geneigte Haupt der Gottesmutter die Krone zu setzen, die er aus der Hand seines himmlischen Vaters empfangen hat. Engel und Putti begleiten Maria, die mit dem Fuß auf der Mondsichel und dem Sternenkranz als Apokalyptisches Weib gekennzeichnet ist. Das Vergrößerungsnetz weist darauf hin, daß die ausgereifte Komposition in dieser Form übertragen werden sollte.
LITERATUR: Leporini 1925, Tafel 273 – Garzarolli – Thurnlackh 1928, 40, Abb. 41 – Mus. Kat. Albertina, 4/1933, Nr. 957 (mit weiterer Literatur) – Baumeister 1953, 255, Nr. 6 – Benesch 1962, II, Nr. 449 – Schoener 1966, 35/36, Nr. 28 – Schindler 1968, 214, 222 – Hubensteiner [2]1978, 176, mit Abb. – Ausst. Kat. Wien 1986, 112, Nr. 44 B.H.

Z 30
Maria Immakulata mit Kind (Vs.) Engelstudie (Rs.) um 1726/27

(Abbildung)

Feder in Braun, Pinsel, grau laviert; Rückseite: Feder in braun; beschriftet vom Künstler in der rechten unteren Ecke: »Dom A...« mit einer Kopfskizze; 25,4 x 14,0 cm
PRIVATBESITZ, England

Entwurf für ein Altarblatt.

Die Zeichnung zeigt in oben geschweiftem Rahmenfeld Maria mit dem Kind auf Wolken,

Z 29

Z 30

umgeben von Putti. Das Blatt weist deutliche motivische und stilistische Parallelen zu dem Altarbildentwurf in der Albertina in Wien auf [Z 29]. Die leicht geneigte Kopfhaltung und die ergriffene und zugleich demütige Geste der linken Hand Mariens, das angewinkelte linke Bein, dessen Fußspitze aus der Gewandfülle herausragt, und den Putto unter dem gebauschten Kleid, findet man im Wiener Blatt identisch bzw. leicht variiert wieder. Die energiegeladenen Federzüge sowie die Lavierung, die die Formen frei umspielt, weisen ebenfalls auf eine Entstehungszeit in größter zeitlicher Nähe zu dem Wiener Entwurf. Denkbar wäre, daß Asam den Auftrag bekommen hatte, zu einem Marienaltar Entwürfe anzufertigen, von denen das vorliegende Blatt eine frühe Variante darstellt, die in der Wiener Zeichnung thematisch anders gefaßt und weiter ausgearbeitet wurde.

LITERATUR: Ausst. Kat. London, 1969/70, Nr. 59 – Privatkatalog des Eigentümers, 113, Nr. 49 – John Rowlands, German Drawings from a private collection, Ausstellungs-Katalog British Museum, London; National Gallery of Art, Washington; Germanisches Nationalmuseum, Nürnberg 1984, Nr. 71 B.H.

Z 31
Gründung des Heilig-Geist-Spitals in München um 1727

*Blei, Pinsel in Grau, teils braune Feder, grau laviert, weiß gehöht; in Blei quadriert; Rahmenform des Freskos in Blei angedeutet; rechts unten: »*VIII*«; 37,1 x 21,6 cm*

FRANKFURT, Städelsches Kunstinstitut, Inv. Nr. 14385

Z 30

Z 31

Entwurf für das Hauptfresko im Langhaus der Heilig-Geist-Kirche in München. Das Fresko, das 1727 entstanden ist, wurde 1944 zerstört und 1970-1975 von Karl Manninger rekonstruiert [vgl. V 7].

Zwischen Entwurf und Ausführung ergeben sich zahlreiche Abweichungen im Detail, die den Gesamtzug der Komposition im Fresko nachteilig verändern. In der Zeichnung gelang es Asam, den Rhythmus der Bildarchitektur und den Bewegungszug der Figuren, die in ihr agieren, in einem harmonischen Wechselspiel zu gestalten. Wenige Veränderungen in der Proportionierung der Architekturkulisse vor allem im mittleren Bildteil und an der Gestalt Mariens, die anders plaziert in den Himmel entschwebt, beeinträchtigen die Wirkung im Fresko wesentlich. Auch das Vorhangmotiv, das in der Zeichnung über die Rahmung hinausgezogen wurde und ein effektvolles Gegengewicht zur figurenreichen Szene im unteren Teil bildete, wurde im Deckenbild in den Rahmen zurückgedrängt und damit seiner kompositorischen Funktion weitgehend beraubt.

LITERATUR: Hanfstaengl 1939, 87 – Baumeister 1953, 252/253, Nr. 48 – Schoener 1966, 37/38, Nr. 30 – Mus. Kat. München 1973, Band 1, 97, Nr. 600, Band 2, Tafel 110 – Lieb – Sauermost 1973, 73, Abb. 88 B.H.

Z 32*
Schutzengel um 1725-1727

(Abb. 6, Seite 57)

Blei, grau laviert; links unten beschriftet: »Aßam«; 33,4 x 21,2 cm

AUGSBURG, Städtische Kunstsammlungen, Inv. Nr. G 21986

Entwurf, dessen Bestimmung ungeklärt ist.

Die Zeichnung zeigt ein bei Asam öfters in Altarbildern dargestelltes Schutzengelmotiv. Bereits auf dem wiederaufgefundenen Seitenaltarbild der zerstörten Korbinianskapelle von 1720, das heute in Tittmoning hängt [G 12], hatte Asam dieses Thema dargestellt und zwölf Jahre später ein weiteres Mal in einem Seitenaltarbild von Osterhofen [G 23]. Motivisch ergeben sich zu beiden Bildern Ähnlichkeiten, ohne daß sich die Zeichnungen einem Gemälde eindeutig zuordnen läßt.

Die elegante und zugleich expressive, sehr geistvolle Handschrift und die Leichtigkeit, mit der Blei und Pinsel geführt wurden, stellen das Blatt indessen in die Nähe der Kladrauer Entwürfe von 1725/26 [Z 26-28] oder noch mehr der Wiener Zeichnung für ein unbekanntes Altarbild [Z 29].

In der Sakristei der Klosterkirche zu Maria Loreto in Salzburg hängt ein Schutzengelbild von einem anonymen Meister, dessen Komposition stark an die Zeichnung Asams erinnert. In seitenverkehrter Wiedergabe ist dort die Gestalt des Engels in frontaler Ansicht vorwärtsschreitend zu sehen. Die weit ausschwingenden Flügel umschatten wie in Asams Zeichnung den Schützling, der sich an den Engel schmiegt. Seinen rechten Arm hat der Engel um das Kind gelegt, in seiner Hand hält er – wie im Entwurf Asams – ein kleines Kreuz. Der enge Zusammenhang zwischen dem Salzburger Bild und der Zeichnung Asams läßt vermuten, daß beide Maler auf eine gemeinsame Vorlage zurückgegriffen haben, die Asam wohl über einen Stich vermittelt bekommen haben muß (zu dem Bild in Salzburg vgl. *Österreichische Kunsttopographie*, Band IX, 188). (Bestimmung durch Bruno Bushart.)

Z 33

LITERATUR: Feulner 1926, III, 2 – Schoener 1966, 32, Nr. 26 (als mögliche Vorstudie zu Kladrau) – Bushart 1982, 42, Abb. 11 (in Zusammenhang mit dem Altarbild in Tittmoning) – Ausst. Kat. Ettlingen 1982, 54/55 mit Abb. (als möglicher Altarbildentwurf um 1730) B.H.

Z 33*
Tod des Heiligen Franz Xaver um 1728

Blei, grau laviert; 33,5 x 23,7 cm
AUGSBURG, Städtische Kunstsammlungen, Inv. Nr. G 5175-77

Entwurf für ein unbekanntes Altarbild.

Die Zeichnung stellt den Heiligen Franz Xaver auf dem Sterbelager mit gegürtetem Talar und einem Kreuz in der Linken dar. Engel mit einem Schriftband schweben über dem Toten, während Christus und Gottvater in der Höhe die Krone für den Heiligen bereithalten.

Als Anhänger des Heiligen Ignatius von Loyola genießt der Heilige bei den Jesuiten besondere Verehrung. Aufträge von den Jesuiten hat Asam jedoch nur äußerst selten erhalten. Es ist daher sehr wahrscheinlich, daß die Skizze in Zusammenhang mit den Fresken im Jesuitenkolleg von Mannheim 1730/31 entstand oder bereits während der Arbeiten im Schloß von Mannheim 1728 geplant und angelegt wurde, jedoch unausgeführt blieb. In Stil und Technik ist das Blatt der Schutzengelzeichnung [Z 32] verwandt und daher wohl eher schon um 1728 entstanden. (Bestimmung durch Bruno Bushart.)

LITERATUR: Ausst. Kat. Ettlingen 1982, 52/53 mit Abb. B.H.

Z 34*
Opfer des Zacharias nach 1727/30

(Abb. 1, Seite 53)

Blei, Pinsel in Grau, grau laviert, wenig weiß gehöht; 16,1 x 22,7 cm
WIEN, Graphische Sammlung der Albertina, Inv. Nr. 25 588 D963

Entwurf für ein unbekanntes Fresko.

Der jüdische Priester Zacharias, der neben dem Altar im Tempel kniet, weicht erschrocken vor der Erscheinung des Erzengels Gabriel zurück. Dieser steht auf Wolken vor ihm und verkündet dem Überraschten die Geburt eines Sohnes, Johanns des Täufers. Mit erhobener Hand unterstreicht der Bote die göttliche Weisung (Lukas 1, 5-20).

Die weiche Modellierung mit dem Pinsel und der Verzicht auf präzisierende Federzüge lassen eine Entstehung des Blattes nach den Kladrauer Entwürfen [Z 25-28] annehmen – sehr wahrscheinlich im zeitlichen Umkreis der Zeichnungen für Fürstenfeld (1731; Z 35-41).

LITERATUR: Feulner 1923, Abb. 120 – Mus. Kat. Albertina IV, 1933, 98, Nr. 963 mit Abb. – Baumeister 1953, 253, Nr. 3 (als »Opfer des Melchisedek«) – Ausst. Kat. Wien 1956, 39, Nr. 131 – Schoener 1966, 36/37, Nr. 29 – Ausst. Kat. Ettlingen 1982, 98/99, mit Abb. B.H.

Z 35
Weihnachtsvision des jungen Bernhard 1731

(Abbildung)

Pinsel in Grau über Blei, grau laviert, weiß gehöht; auf graugetöntem Papier; in Form eines Freskofeldes angelegt, nachträglich zum Rund ergänzt, später mit Deckweiß übergangen; Maßstab links unten; an der Architektur Punktierungen; Rückseite: Architekturskizze in Rötel; 24,2 x 28,2 cm
MÜNCHEN, Staatliche Graphische Sammlung, Inv. Nr. 40971

Entwurf für das Fresko im ersten Langhausjoch der Klosterkirche Fürstenfeld [F XII, 2].

Die Zeichnung stellt trotz der genauen Ausarbeitung ein frühes Planungsstadium vor. Die runde Komposition belegt, daß Asam die genaue Rahmung des Freskos noch nicht kannte, als er die Skizze anlegte. Das langgestreckte, geschweifte Bildfeld, das Asam vorgegeben war, machte eine grundlegende Umarbeitung des Entwurfs erforderlich. Während die Zeichnung die Vision des Heiligen Bernhard in einem weiten, hohen Kuppelraum zeigt, drängt Asam die Szene im Fresko in einem undeutlich definierten Raum zusammen. Unverändert bleiben Maria mit dem Kind und Joseph das Zentrum der Komposition. Aber die Gruppe wird näher an Bernhard gerückt, dessen Gestalt im Vergleich zum Entwurf deutlicher vorgestellt ist. Auch die Gruppe der Hirten erfährt erhebliche Veränderungen. Ganz fehlt im Fresko die Gestalt des Hirten neben dem Ochsen, die in der Zeichnung sehr effektvoll als Repoussoirfigur in der Mitte plaziert ist. Auffällig sind die Punktierungen an der Kuppelarchitektur, die möglicherweise zur Übertragung in eine andere Vorlage gedient haben.

LITERATUR: Baumeister 1953, 253, Nr. 12, Abb. 9 – Schoener 1966, 46/47, Nr. 37 – Trottmann 1986, 104/105, Abb. 170/171 B.H.

Z 35

Z 36

Z 39

Z 37

Z 36
Rückführung des Herzogs Wilhelm von Aquitanien in die Kirche und Auferstehung Christi 1731

(Abbildung)

Pinsel in Grau und Schwarz über Blei, grau laviert und weiß gehöht; auf grauweiß grundiertem Papier; auf der Rückseite Spuren von Rötelskizzen; 21,0 x 29,0 cm
FRANKFURT, Städelsches Kunstinstitut, Inv. Nr. 14389

Entwurf für das Langhausfresko im zweiten Joch der Klosterkirche Fürstenfeld [F XII, 3].

Innerhalb eines geschweiften Rahmenfeldes ist der Blick in den Chor einer Kirche freigegeben. Vor dem Altar steht der Heilige Bernhard mit der Hostie in der Hand, die er dem Herzog von Aquitanien entgegenhält. Engel umringen den erschrocken zurückfahrenden Fürsten. Über einen Treppenlauf eilen Zuschauer von der Gegenseite herbei. Durch eine Kuppelöffnung über dem Altar entschwebt die Gestalt Christi. Die Zeichnung setzt Asam mit beträchtlichen Veränderungen ins Fresko um. Im Deckenbild spielt sich die Szene – wie in der Legende – vor der Kirchenpforte ab. Christi Auferstehung wird aus der zentralen Stellung gerückt und als Reliefdarstellung am Portal gezeigt. Engel schweben über dem Herzog, der nun an der Spitze eines Heerzugs Bernhard entgegentritt.

Möglicherweise wünschte der Auftraggeber, daß Asam sich enger an den Bericht der ›Legenda aurea‹ hielt und machte daher eine Überarbeitung des Entwurfs notwendig.

LITERATUR: Baumeister 1953, 253, Nr. 13 – Schoener 1966, 47/48, Nr. 38 – Mus. Kat., München 1973, Band 1, 97, Nr. 601, Band 2, Tafel 111, Abb. 601 – Trottmann 1986, 105, Abb. 174/175 B.H.

Z 37*
Einkleidung des Heiligen Bernhard in Cîteaux 1113 und Himmelfahrt Christi 1731

(Abbildung)

Pinsel in Grau über Blei, grau laviert, weiß gehöht; auf hellgrau getöntem Papier; Rahmung in Form des Freskofeldes; Rückseite: Abklatsch eines anderen Entwurfs für Fürstenfeld (Vision des Heiligen Bernhard auf dem Krankenlager); 22,8 x 33,4 cm
MÜNCHEN, Staatliche Graphische Sammlung, Inv. Nr. 8004

Entwurf für das dritte Langhausfresko in der Klosterkirche Fürstenfeld [F XII, 4].

Das Blatt gibt im wesentlichen die figurenreiche Komposition des Freskos wieder. Aber auch in diesem Fall erweitert Asam das Thema um eine Reihe neuer Anspielungen und Sinnbezüge. So hat im Fresko Bernhard bereits seine weltliche Kleidung abgelegt und leistet im Ordensgewand mit Tragekreuz sein Gelübde. Zwischen ihm und seiner Schwester, die mit Pagen erscheint, züngelt eine Schlange empor, wodurch Asam den Akt der Versuchung eindeutiger kennzeichnet. Statt des mittelalterlichen Kirchengebäudes links im Entwurf verweisen die gedrehten Säulen im Fresko an dieser Stelle auf Sankt Peter in Rom. Die bühnenmäßige Inszenierung des ganzen betont Asam zudem im Deckenstück durch den Vorhang, den Putten vor dem Geschehen hochraffen und der in der Zeichnung fehlt.

LITERATUR: Feulner 1923, Abb. 120 – Baumeister 1953, 253, Nr. 14 – Schoener 1966, 48/49, Nr. 39 – Ausst. Kat. Ettlingen 1982, 96/97 mit Abb. – Trottmann 1986, 105, Abb. 172/173 B.H.

Z 38
Der Heilige Bernhard vor dem Kruzifix 1731

Bleivorzeichnung, Pinsel in Grau, grau laviert, weiß gehöht, auf blaugrau verschossenem Papier; Maßstab links unten; 28,8 x 40,5 cm
MÜNCHEN, Staatliche Graphische Sammlung, Inv. Nr. 8049a

Früher Entwurf für das Fresko im vierten Langhausjoch der ehemaligen Klosterkirche Fürstenfeld [F XII, 5].

Die Skizze, die stilistisch eindeutig in die Fürstenfelder Zeit einzuordnen ist, zeigt den Heiligen Bernhard vor dem Kruzifix. Von allen Seiten nähern sich dem Kreuz Pilger, unter denen die kniende Gestalt eines Architekten mit Zirkel und Kirchengrundriß auffällt. Das Thema realisiert Asam in dem großen Langhausfresko von Fürstenfeld in stark veränderter Fassung mit zahlreichen Erweiterungen, die sich zu einem komplizierten Programm mit mehreren Sinnschichten zusammenfügen. Nur die gebeugte Haltung Bernhards vor dem Kruzifix – allerdings in seitenverkehrter Plazierung – vor der großen Kuppelschale übernimmt Asam aus der Vorstudie. Offenbar war dem Freskanten in diesem Stadium der Vorarbeit noch nicht das komplexe, allzu überladene Bildprogramm bekannt, das eine vollständig neue Bearbeitung des Themas und Weitung des Formats im Fresko forderte.

LITERATUR: Baumeister 1953, 254, Nr. 47, Abb. 15 – Schoener 1966, 50/51, Nr. 42 – Trottmann 1986, 106, Abb. 176 B.H.

Z 39*
Mystische Vermählung des Heiligen Franz von Assisi mit der Armut 1731

(Abbildung)

Pinsel in Grau und braune Feder über Blei, grau laviert, stark weiß gehöht; auf gelblichem Papier; 18,8 x 33,5 cm
MÜNCHEN, Staatliche Graphische Sammlung, Inv. Nr. 19315

Entwurf für das Fresko der nördlichen Seitenkapelle im zweiten Joch der Klosterkirche Fürstenfeld [F XII, 10].

Der Entwurf zeigt die Hauptgruppe um Christus, der die Vermählung des Heiligen Franz mit der Armut vollzieht, und die beiden Engel am äußeren Rand. Undeutlich sind weitere Zuschauer im Hintergrund zu erkennen. Im Fresko bezeichnet Asam den Raum, in dem sich die Szene abspielt genauer und rückt die Hauptgruppe stärker ins Zentrum. An die Stelle der verklärten Gestalt Christi mit dem sanften Gesichtsausdruck ist im Deckenbild eine Christusfigur getreten, deren Auftreten mehr einem weltlichen Fürsten entspricht. Auch die Armut an seiner Seite trägt statt natürlicher Grazie höfische Eleganz zur Schau. Insgesamt gibt das Fresko die Komposition in stärkerer Untersicht wieder.

LITERATUR: Baumeister 1953, 253, Nr. 15 – Schoener 1966, 49, Nr. 40 – Trottmann 1986, 106 B.H.

Z 40*
Mystische Vermählung der Heiligen Katharina von Siena mit dem Christuskind 1731

Pinsel über Blei, grau laviert, weiß gehöht; an wenigen Stellen in Ocker aquarelliert; auf blauem Papier; 12,5 x 27,2 cm
MÜNCHEN, Staatliche Graphische Sammlung, Inv. Nr. 19317

Entwurf für das Fresko der südlichen Seitenkapelle im zweiten Joch der Klosterkirche Fürstenfeld [F XII, 11].

Trotz der schwungvollen Ausarbeitung gibt der Entwurf bereits die Komposition des Freskos wieder. Im Deckenbild ergänzte Asam jedoch einige erzählerische Details – wie etwas das Schriftband mit Noten, das der Engel trägt – und stellt die Szene in stärkerer Untersicht vor.

LITERATUR: Baumeister 1953, 253, Nr. 16, Abb. 11 – Schoener 1966, 50, Nr. 41 – Trottmann 1986, 106 B.H.

Z 41
Vision des Heiligen Bernhard auf dem Krankenlager 1731

Pinsel in Grau über Blei, grau laviert; 25,0 x 24,4 cm
MÜNCHEN, Staatliche Graphische Sammlung, Inv. Nr. 7992 (1899)

Entwurf für das Fresko in der nördlichen Seitenkapelle des vierten Langhausjochs der Klosterkirche Fürstenfeld [F XII, 14].

Mit flüchtigen Zügen ist eine frühe Überlegung zum Thema festgehalten. Während die Zeichnung sich ganz auf die Vision Bernhards auf seinem Krankenlager konzentriert, ist die Szene im Fresko nur am Rand wiedergegeben. In seitenverkehrter Stellung erscheint dort in der äußersten linken Ecke der kranke Bernhard vor Christus. Einzelne Motive wie die Teufelsgestalten zu Füßen Bernhards oder den Engel mit erhobener Hand übernimmt Asam zwar aus dem Entwurf, ordnet sie jedoch anders in die Komposition des Deckenstücks ein. Die Ordensbrüder, die sich im Entwurf um das Krankenbett versammelt haben, sind in der Ausführung im Hintergrund beim Gebet sichtbar. Die zentrale Gruppe des Freskos mit Bernhard vor Maria fehlt in der Zeichnung noch völlig.

LITERATUR: Baumeister 1953, 254, Nr. 44 – Schoener 1966, 51/52, Nr. 43 – Trottmann 1986, 106 B.H.

Z 42*
Der Heilige Johann Nepomuk mit Kruzifix nach 1729/30

Blei, Pinsel, grau laviert, weiß gehöht; auf grünblau verblaßtem Papier; unten rechts: »1894«; Rückseite: nur undeutlich erkennbare Anlage eines Altar- oder Deckenbildentwurfes; Abklatsch einer nicht eigenhändigen Zeichnung mit einem Bischof, der vor einer Kirche dem Volk predigt; 26,8 x 20,1 cm
MÜNCHEN, Staatliche Graphische Sammlung, Inv. Nr. 8215 (1894)

Entwurf, dessen Bestimmung unbekannt ist.

Mit sparsam aufgesetzten Lichtern und Schatten modelliert Asam unter starker Mitsprache des getönten Papiers die Halbfigur des Heiligen Johann Nepomuk, der ein Kreuz mit dem Korpus Christi und die Märtyrerpalme in Händen hält. Nach unten schließt die Komposition im Halbrund.

Die sensibel gesetzten Weißhöhungen verleihen der Studie einen schwebenden Grundzug, die der intimen Nähe zwischen Nepomuk und dem Gekreuzigten und dem in die Ferne gerichteten Blick des Märtyrers in besonderer Weise zu entsprechen scheint.

Stilistische Merkmale lassen eine Entstehung der Skizze in den frühen dreißiger Jahren vermuten; die Kanonisierung des Heiligen legt überdies den Terminus post quem auf das Jahr 1729 fest.

LITERATUR: Baumeister 1953, 254, Nr. 21 – Schoener 1966, 60/61, Nr. 52 B.H.

Z 43*
Gottvater mit Opferlamm um 1730/32
(Abbildung)

Blei, grau laviert; 26,6 x 18,1 cm
STUTTGART, Staatsgalerie, Inv. Nr. C 76/2606

Einzelstudie, deren Bestimmung ungeklärt ist.

Die sehr freie Lavierungstechnik über der feinen Bleivorzeichnung, die in immer wieder ansetzenden und verbessernden Zügen die Form umschreibt, weist deutliche Parallelen zu einigen Entwürfen in Fürstenfeld 1731 [vgl. Z 40], Sankt Emmeram 1732/33 [vgl. Z 48/49] und dem Innsbrucker Landhaussaal 1734 [vgl. Z 53] auf.

Der Entwurf wird daher in die erste Hälfte der dreißiger Jahre zu datieren sein. (Bestimmung durch das Museum.)

LITERATUR: Ausst. Kat. Stuttgart 1984, 35, Nr. 57, Abb. Seite 104 B.H.

Z 43

Z 44*
Aufnahme der Heiligen Margarethe in den Himmel um 1731
(Abbildung)

Blei, Feder und Pinsel, braungrau und schwarz laviert, weiß gehöht; 32,0 x 19,2 cm
AUGSBURG, Städtische Kunstsammlungen, Inv. Nr. G 3738 (FI 11012)

Frühe Vorstudie für das Hochaltarbild in Osterhofen, das Asam 1731 ausführte.

Die Heilige Margarethe hat Asam nur in diesem einen Altarbild dargestellt, so daß die Zeichnung – trotz der erheblichen Abweichungen – in Zusammenhang mit den Vorarbeiten zum Osterhofener Gemälde [G 22] entstanden sein wird.

Während Asam im Entwurf den Moment der Krönung Margarethens zeigt, änderte er im Verlauf der weiteren Planungen sein Thema. Im Altarbild ist schließlich die Enthauptung der Heiligen zu sehen. In abgewandelter Form übernahm Asam aus der Skizze nur den oberen Teil mit Gottvater und Christus vor dem Kreuz. Die geschweifte Rahmung ist bereits in der Zeichnung zu einem rundbogigen Abschluß korrigiert, wie ihn auch das Hochaltarbild selbst aufweist.

LITERATUR: Feulner 1926, 44, Nr. 3 – Baumeister 1953, 255, Nr. 36 – Schoener 1966, 45/46, Nr. 36 – Ausst. Kat. Ettlingen 1982, 76/77 mit Abb. – Trottmann 1986, 110-111, Abb. 179 B.H.

Z 45*
Glorie des Heiligen Johann Nepomuk 1732
(Abbildung)

Feder in Grau, schwarze Kreidevorzeichnung, grau laviert, hellblau aquarelliert; 33,2 x 20,7 cm
MÜNCHEN, Staatliche Graphische Sammlung, Inv. Nr. 8214

Teilentwurf für das Deckenfresko in der Schloßkirche von Ettlingen, deren Ausstattung Asam im Sommer 1732 übernahm [F XX, 9].

In der Schloßkapelle stellte Asam einen ganzen Zyklus aus der Legende des Heiligen Johann Nepomuk dar, der seit seiner Heiligsprechung und Ernennung zum ›Erzmärtyrer‹ des Beichtgeheimnisses 1729 vor allem im süddeutschen Raum große Volkstümlichkeit erlangte.

Der Entwurf zeigt mit der Aufnahme des Heiligen in den Kreis der Märtyrer eine Szene, die im Mittelfeld des Deckenstücks realisiert wurde. Mit seiner Zeichnung hält sich Asam bereits an den Programmtext, der ihm von der Auftraggeberin vorgegeben worden war und für diesen Teil des Freskos vorschrieb: »Im mittleren Plafond wirdt vorgestellt: wie der Heyl[ige] Joannes Nepomucenus von der H[eiligen]

Z 44

Dreyfaltigkeit und der allerseeligsten Jungfrauen in die Glorie der Martyrer aufgenom[m]en wirdt, ...«. Entwurf und Ausführung weichen nur sehr geringfügig voneinander ab.

LITERATUR: Bamberger 1914, 258ff., Tafel 55 – Baumeister 1953, 253, 257, Nr. 23 – Ausst. Kat. Zürich 1955, 9, Nr. 2 – Ausst. Kat. London

Z 45

1956, Nr. 84 – Ausst. Kat. München 1961, 20, Nr. 80 – Stemmermann 1964, 16-17 mit Abb. – Schoener 1966, 52/53, Nr. 44 – Ausst. Kat. Passau 1971, 159, Nr. 68 – Ausst. Kat. Bruchsal 1981, Band 1, 67, Nr. A5 mit Abb. – Ausst. Kat. Ettlingen 1982, 80/81 mit Farbabb. – Trottmann 1986, 108 B.H.

Z 46
Karl Albrecht als Georgiritter vor der Statue der Immakulata; zwischen 1729 und 1735

Pinsel in Grau über Blei, grau laviert, weiß gehöht; auf grünlichem Papier; ursprüngliche Anlage im Oval noch sichtbar; 23,0 x 15,1 cm

MÜNCHEN, Staatliche Graphische Sammlung, Inv. Nr. 9934

Vorzeichnung für einen Stich, der in vereinfachter Form ausgeführt wurde.

Die Zeichnung zeigt Kurfürst Karl Albrecht in der Tracht des Georgiritterordens. In nahezu tänzerischer Haltung steht der Herrscher vor einem Sockel, über dem die Statue der Immakulata zu sehen ist. Auf dem Sockel ist im Relief der Heilige Georg wiedergegeben. Den Ruhm des Herrschers verkündet Fama, auf deren Schild eine Inschrift angedeutet ist. Auf einem verschatteten Postament im Vordergrund ist undeutlich die Ordensdevise zu lesen: ›IN FIDE IVSTITIA ET FORTITVDINE‹.

In dem Schabkunstblatt [D 20], dem die Zeichnung zugrunde liegt, ist die Komposition vergröbert wiedergegeben.

LITERATUR: Baumeister 1953, 255, Nr. 51 – Schoener 1966, 40/41, Nr. 32 – Ausst. Kat. 1979, 77/78, Nr. 24, Abb. 6 B.H.

Z 47*
Ruhe auf der Flucht (Vs.) Szene aus dem Leben des zwölfjährigen Jesus (Rs.) nach 1730

Blei, grau laviert; Rückseite: Feder in Braun, grau laviert; 33,8 x 18,1 cm

MÜNCHEN, Staatliche Graphische Sammlung, Inv. Nr. 7705 (8)

Vorder- und Rückseite des Blattes enthalten zwei Entwürfe, die aufgrund des hochgestreckten Formats und der geschweiften Rahmung der rückseitigen Zeichnung wohl beide für Altarbilder angelegt wurden. Altarblätter Asams mit entsprechender Thematik sind allerdings nicht bekannt.

Die feine Bleivorzeichnung, die die Formen tastend umschreibt, und die Ausarbeitung mit dem Pinsel lassen vermuten, daß der Entwurf der Vorderseite um oder nach 1730 entstanden ist – womöglich in größter Nähe zu den Skizzen für die Hochwandbilder in Sankt Emmeram zu Regensburg (Z 48/49).

Die Vermutung von Susanne Schoener, die den Entwurf mit der *Ruhe auf der Flucht* in Zusammenhang mit einem der Wandfresken in Kladrau zum gleichen Thema stellt, bestätigt sich nicht.

In Stil und Ausarbeitung unterscheidet sich der umseitige Entwurf erheblich von der Skizze auf der Vorderseite. Mit ihrer betonten Konturierung und starren Figurenmodellierung weist diese Zeichnung Merkmale einer Überarbeitung durch fremde Hand auf.

LITERATUR: Schoener 1966, 33-35, Nr. 27/27a B.H.

Z 48
Sankt Emmerams Sarg wird geöffnet (Vs.) Sankt Emmeram bestraft einen Lästerer (Rs.) um 1732/33

(2 Abbildungen)

Blei, weiß gehöht; Rückseite: Blei, links unten bezeichnet: »Aßam del.«; 35,3 x 22,2 cm

BERLIN, Kupferstichkabinett der Staatlichen Museen Preußischer Kulturbesitz, Inv. Nr. 4624

Die Vorderseite des Blattes zeigt den Entwurf für ein südliches Hochwandbild im Langhaus der ehemaligen Klosterkirche Sankt Emmeram in Regensburg [F XXI, 11].

Die mit weichem Blei ausgeführte Zeichnung schildert in flüssigen Zügen, großzügiger Schraffierung und sparsamer Weißhöhung die Öffnung des Sarges des Heiligen Emmeram durch Bischof Gaubald. Trotz des flüchtigen Vortrags gibt die Skizze im wesentlichen die Komposition des Freskos wieder. Verändert erscheint im Wandbild der Geistliche neben dem Bischof, der ohne Weihrauchfaß wiedergegeben wurde und beim Anblick des gemarterten Emmeram betroffen in die Knie sinkt. Auch fehlt im ausgeführten Bild die Gestalt, die den Sargdeckel zur Seite schiebt. Wohl wegen des etwas gedrungeneren Hochformats des Wandbildes mußte Asam auf den Weihrauchengel, der in der Zeichnung links oben entschwebt, verzichten. Statt dessen erscheinen in der Ausführung Puttenköpfchen. Zu der Szene existiert eine freie Replik Otto Gebhards nach dem Fresko Asams [U 25].

Auf der Rückseite hält Asam für ein anderes Hochwandbild auf der Südseite, das die Bestrafung eines Spötters durch den Heiligen Emmeram zum Thema hat [F XXI, 12], in einer Teilstudie zwei Figuren fest. Es ist die Gestalt des Spötters, der durch die Erscheinung des Heiligen Emmeram zu Boden geworfen wird, und sein Tischnachbar an der Festtafel. Beide Figuren sind in wenigen, heftig bewegten Zügen knapp charakterisiert, wobei Asam verschiedene Möglichkeiten in der Gestik des geistlichen Würdenträgers durchspielt. Beide Gestalten sind im Wandbild mit wenigen Veränderungen wiedergegeben.

LITERATUR: Mus. Kat. Berlin 1921, Band 1, 109, Nr. 4624 – Baumeister 1953, 253, Nr. 17, Abb. 14 (Rs.) – Schoener 1966, 54/55, Nr. 46/46a – Ausst. Kat. Ettlingen 1982, 82/83 mit Abb. (Vs.) B.H.

Z 49
Entkleidung des Heiligen Emmeram um 1732/33

Blei, Pinsel in Grau, grau laviert; aufgesetzt auf Unterrand des Kartons alte Bezeichnung: »C. D. Asam«; 30,0 x 19,5 cm

PRIVATBESITZ Bundesrepublik Deutschland

Z 48, *Vorderseite*

Z 48, *Rückseite*

Entwurf für ein nördliches Hochwandbild im Langhaus von Sankt Emmeram in Regensburg [F XXI, 7].

Die Zeichnung, die in Technik und Format zu dem Berliner Blatt große Ähnlichkeiten aufweist, gibt ebenfalls die wichtigsten Züge der ausgeführten Komposition wieder. Ein grundlegender Unterschied zwischen Entwurf und Ausführung besteht weniger im Motivischen als im veränderten Stimmungsgehalt. In der Zeichnung sind alle Figuren in einer lichtdurchtränkten Atmosphäre zusammengebunden. Schemenhaft ist die baumbestandene Landschaft angedeutet. In dem verklärten Gesicht des Heiligen Emmeram, der mit leicht geneigtem Haupt in das helle Licht nach oben blickt, liegt ein sanfter, stiller, melancholischer Zug. Trotz der Drastik des Geschehens um ihn herum geht von dieser Gestalt ein poetischer Zauber aus, der sich über die ganze Szene legt. Im Wandbild ist davon nichts mehr zu spüren. Der Akzent hat sich deutlich zugunsten einer mehr bühnenhaften Theatralik verschoben, die durch die groben, zupackenden Hände, die erstaunten und entsetzten Blicke der Bedränger und der seherhaften Mimik Emmerams zum Ausdruck kommt.

LITERATUR: Bislang unveröffentlicht B.H.

Z 50*
Sankt Benedikt und seine Bedeutung für die Verbreitung des christlichen Glaubens 1733

Blei, grau laviert, weiß gehöht, stellenweise hellblau aquarelliert; in Form eines Deckenbildes gerahmt, außerhalb des Rahmens dick Ocker aufgetragen; 36,7 x 21,6 cm

MÜNCHEN, Staatliche Graphische Sammlung, Inv. Nr. 7999

Entwurf für das Chorfresko in der ehemaligen Benediktiner-Klosterkirche Sankt Emmeram zu Regensburg [F XXI, 2].

Die Zeichnung, die außerhalb des Rahmens einen dicken Farbauftrag in Ocker und verschiedene ausgewaschene Partien aufweist, unter denen die originale Bleivorzeichnung nur noch schwach sichtbar blieb, ist sehr wahrscheinlich später von anderer Hand übergangen worden. In der lavierten Bleistiftskizze innerhalb des geschweiften Rahmenfeldes kann man dennoch einen eigenhändigen Entwurf Asams für das Deckenbild im Chor von Sankt Emmeram in Regensburg erkennen.

Die umfangreiche Komposition wurde im Deckenbild durch einige Details bereichert und in wenigen Figuren, sowie in der Gestaltung des Schiffskörpers rechts verändert.

LITERATUR: Baumeister 1953, 253, Nr. 11 – Schoener 1966, 53/54, Nr. 45 B.H.

Z 51*
Aufnahme eines Heiligen in den Himmel um 1733/34

Blei, Pinsel, grau laviert; 25,9 x 10,9 cm

MÜNCHEN, Staatliche Graphische Sammlung, Inv. Nr. 8185 (1892)

Entwurf für ein unbekanntes Altarbild.

In raschen, immer wieder überfahrenen Zügen in Blei hält Asam die Glorie eines Heiligen fest, der von Engeln gen Himmel emporgetragen wird. Über dem Liniengefüge dient die Lavierung in unterschiedlichen Dunkelschattierungen, die frei über die Formen hinweggeht, dazu, die Komposition zu verdichten und durch Hell-Dunkel-Gegensätze die temperamentvolle Wirkung der Skizze zu steigern.

Die schwungvolle Anlage und sichere Handhabung der wenigen technischen Mittel läßt vermuten, daß die Zeichnung etwa gleichzeitig mit den Entwürfen für die Hochwandfresken in Regensburg (1733; Z 48/49) und den Vorarbeiten zu den Wandmedaillons im Innsbrucker Landhaussaal (1734; Z 53) entstanden ist.

LITERATUR: Baumeister 1953, 255, Nr. 46 – Schoener 1966, 58/59, Nr. 50 B.H.

Z 52*
Der jugendliche Isaak um 1734

Rötel und Bleigriffel, rotbraun laviert, weiß gehöht; rechts oben bezeichnet: »Aßam«; 18,9 x 14,0 cm

INNSBRUCK, Ferdinandeum, Inv. Nr. BD 70

Einzelstudie in Dreiviertelansicht zu der Figur des Isaak in dem Wandmedaillon mit der Darstellung der *Reichtümer des Vinschgaus* im Saal des Innsbrucker Landhauses [F XXIII, 4].

Die Studie bezieht ihre lebendige Wirkung aus den weichen, immer wieder abgesetzten Rötelzügen und dem spannungsvollen Kontrast von Weißhöhung und dunklen Lavierungstönen. Der Zeige-Gestus der rechten Hand wird von Asam – wohl aus Platzgründen – getrennt von dem erhobenen Arm in einer genauen Studie erfaßt. In der Ausführung hält sich Asam sehr genau an seinen Entwurf, dennoch fehlt der Figur im Fresko etwas von der lässigen Eleganz und dem verträumten Gesichtsausdruck aus der Zeichnung.

LITERATUR: Lutterotti 1936, 147 – Mus. Kat. Innsbruck 1939, 76, Nr. 32 (mit Abb. des Freskos) – Baumeister 1953, 253/254, Nr. 2, Abb. 12/13 – Ausst. Kat. Wien 1956, 63, Nr. 259 – Ausst. Kat. Bregenz 1963, Nr. 8 – Ausst. Kat. Ettlingen 1982, 90/91 mit Farbabb. B.H.

Z 53*
Judith mit dem Haupt des Holofernes um 1734

(Abb. 9, Seite 60)

Blei, grau laviert; Ovalrahmen angedeutet; rechts unten bezeichnet; »Rothmayr«; 20,3 x 16,2 cm

INNSBRUCK, Landesmuseum Ferdinandeum, Inv. Nr. 19 BD 19

Entwurf für ein Wandmedaillon im Landhaussaal in Innsbruck [F XXIII, 5].

Unter den drei Blättern, die sich zu den Wandfresken erhalten haben, ragt die vorliegende Zeichnung durch den bewegten Schwung der Bleistiftskizzierung und die spannungsvoll eingesetzte Lavierungstechnik heraus. Trotz der äußerst flüchtigen Anlage gibt die Zeichnung die Komposition des Wandbildes wieder. Die schöne, fast im Licht aufgelöste Gestalt Judiths erscheint in der Ausführung jedoch in einem ausgewogenen Helldunkel.

LITERATUR: Garzarolli-Thurnlackh 1928, 32, Abb. 11 – Ausst. Kat. Salzburg 1954, Nr. B 16 mit Abb. – Schoener 1966, 56/57, Nr. 48 – Ausst. Kat. Ettlingen 1982, 94 mit Abb. B.H.

Z 54

Z 54*
Rahel und Jakob am Brunnen
um 1734

(Abbildung)

Pinsel in Grau über Blei, grau laviert, weiß gehöht; unten in der Mitte beschriftet: »aßam«; 18,5 x 14,0 cm
INNSBRUCK, Landesmuseum Ferdinandeum, Inv. Nr. BD 69

Entwurf für ein Wandmedaillon im Landhaussaal in Innsbruck [F XXIII, 2].

Mit weichen Bleistiftzügen und fein differenzierten Lavierungstönen gibt Asam bereits in der technischen Behandlung etwas von der Intimität des Themas wieder. Durch nichts wird das Zwiegespräch der Blicke, die sich ruhig treffen, gestört. Mit sanfter Hand berührt Rahel Jakob an der Schulter, der wie erst in diesem Moment zum Leben erweckt erscheint. Die beiden Liebenden am Brunnen und die Landschaft verschmelzen zu einer Einheit. Die Harmonie und feine Poesie des Entwurfs erreicht Asam in der Ausführung nicht. Ohne in der Komposition Veränderungen vorzunehmen, ist doch die Wirkung des Wandbildes völlig anders. Die natürliche Vertrautheit von Rahel und Jakob wirkt hier gestellt, wird zur Pose. Die Schafe an der Tränke stehen in stereotyper Reihung. Die Pointierung auf den Moment der erwachten Liebe fehlt.

LITERATUR: Schoener 1966, 58, Nr. 49 – Ausst. Kat. Ettlingen 1982, 92/93 mit Farbabb.
B.H.

Z 55*
Der Heilige Benedikt verweist auf seine Regeln; zwischen 1734 und 1736

Rötel, braun laviert; Rückseite: Bleigriffelstudie, Einzelheiten nicht erkennbar; 28,5 x 16,8 cm
MÜNCHEN, Staatliche Graphische Sammlung, Inv. Nr. 1956:472

Einzelstudie für das Fresko im Psallierchor der Klosterkirche Weltenburg, das Asam zwischen 1734 und 1736 ausgeführt hat [F x, 8].

Wie im Fresko kniet der Heilige Benedikt an einem Pult. Mit der Rechten weist er auf die Ordensregeln, die seine Mitbrüder befolgen sollen.

Die Zeichnung entbehrt sicherlich der Eleganz und Dynamik der früheren Einzelstudien [vgl. Z 20], statt dessen betont Asam in der massigen Gestalt, die tief in den Schatten des Pults gerückt ist, den gravitätischen Ernst des Ordensvaters bei seiner Aufgabe.

LITERATUR: Schoener 1966, 66/67, Nr. 58 B.H.

Z 56*
Aufnahme des Heiligen Benedikt in den Himmel; zwischen 1731 und 1735

(Abb. 7, Seite 58)

Pinsel über Blei, grau laviert, weiß gehöht; 30,0 x 30,3 cm
MÜNCHEN, Staatliche Graphische Sammlung, Inv. Nr. 9632

Entwurf, dessen Bestimmung ungeklärt ist. Möglicherweise handelt es sich um eine Vorarbeit für ein Schabkunstblatt oder einen Kupferstich.

Die Verherrlichung des Heiligen Benedikt hatte bereits Johann Karl von Reslfeld (gestorben 1735) für ein Thesenblatt in der Erzabtei Sankt Peter in Salzburg gezeichnet. Der Entwurf Reslfelds, der erst 1741 von Leonhard Hekkenauer in Augsburg gestochen wurde, muß bereits früher mehreren Künstlern bekannt gewesen sein, denn nicht nur der Allgäuer Maler Joseph Anton Merz (1681-1750) geht in seinem Hauptfresko in Oberalteich (1727-1730) auf die Komposition Reslfelds zurück. Auch Paul Troger hatte sich in dem Fresko des Prälatursaals in Melk 1739 den Entwurf von Reslfeld zum Vorbild genommen.

In dem Entwurf Asams steht Benedikt – von Engeln geleitet – auf einem Prunkwagen, der von vier Rossen gezogen wird. Justitia, mit Waage und Schwert, schreitet mit den Zügeln in Händen auf Wolken voran. Während die Räder des Wagens im Triumph über das Böse teuflische Gestalten überrollen, verteilen Engel Gewänder der Benediktiner an die unten erwartungsvoll versammelte Menge. Der Papst mit abgelegter Tiara, der Kaiser mit Krone und Hermelin, Fürsten und andere weltliche und geistliche Würdenträger sowie Gebrechliche, Kranke und Gefangene blicken voll Ehrfurcht zu dem Triumphzug empor, an dem jeder teilhaben kann, der den Regeln Benedikts folgt.

Die die Formen suchend umschreibende Bleivorzeichnung und die kräftigen Weißhöhungen im Kontrast zu den dunklen Lavierungstönen sprechen für eine Datierung des Blattes zwischen dem Entwurf für Fürstenfeld 1731 [Z 40] und der in den Formen zarteren Zeichnung für die Kuppel der Damenstiftskirche 1735 [Z 59]. Möglicherweise steht der Entwurf auch in Zusammenhang mit einem archivalisch bezeugten Wappenkalender für das Münchner Liebfrauenstift (um 1735/36), von dem jedoch bisher kein Exemplar ermittelt werden konnte (vgl. zuletzt Biller 1984, 93, Anm. 8 und 9).

LITERATUR: Baumeister 1953, 254, Nr. 10 – Schoener 1966, 61/62, Nr. 53 B.H.

Z 57

Z 57*
Rosenkranzspende mit den Heiligen Dominikus und Rosa von Lima um 1735

(Abbildung)

Schwarze Kreide, grau laviert, weiß gehöht, auf graugrünem Papier; 60,3 x 44,6 cm
BREMEN, Kunsthalle, Inv. Nr. 51/101

Entwurf für das Altarbild mit der *Rosenkranzspende* im Freisinger Diözesanmuseum [G 28].

Die Zeichnung, die bisher Francesco Solimena zugeschrieben war, stimmt – entgegen anderen Altarbildentwürfen Asams [vgl. Z 44] – überraschend genau mit der Komposition des Gemäldes überein.

Rechts und links der erhöht thronenden Madonna stehen der Heilige Dominikus und die Heilige Rosa von Lima. Nur undeutlich sind der kleine Putto neben Dominikus, die beiden Engel hinter Maria, sowie die Hintergrundarchitektur in Blei skizziert. (Bestimmung durch Helene Trottmann.)

LITERATUR: Kat. Mus. Bremen 1971, Nr. 77, Abb. 210 (als Francesco Solimena; mit weiteren Literaturangaben) B.H.

Z 58
Der Heilige Hieronymus empfängt die letzte Kommunion um 1735

Pinsel in grau über Blei, grau laviert, rechts unten in Blei »aßam« (nicht eigenhändig); Rückseite: schlecht erkennbare Bleigriffelstudie; 21,1 x 14,2 cm
MÜNCHEN, Staatliche Graphische Sammlung, Inv. Nr. 8005 (318)

Entwurf für das vordere südliche Seitenaltarbild in der Klosterkirche Sankt Anna am Lehel in München, das 1735 entstanden ist [G 32].

Die Zeichnung zeigt in seitenverkehrter Anordnung bereits die wichtigsten Grundzüge des Altarbildes. Aus der Hand des heiligen Bischofs Eusebius empfängt Hieronymus die letzte Kommunion, unterstützt von einem Helfer.

Im Altarbild veränderte Asam die Geste des Heiligen, rückte die Personen näher zusammen und fügte weitere hinzu.

LITERATUR: Baumeister 1953, 254, Nr. 18, Abb. 16 – Schoener 1966, 41/42, Nr. 33 – Trottmann 1986, 111, Abb. 178. B.H.

Z 59
Glorifikation von Maria und Anna um 1735

(Abb. 2, Seite 53)

Bleivorzeichnung, Pinsel, grau laviert; naturgetöntes Papier mit Deckweiß übergangen; Spuren von Faltung, Diagonale in Blei eingezeichnet; links unten später beschriftet: »V« und »D II 21«; aufgezogen;
46,0 × 39,0 cm
WEILHEIM, Stadtmuseum, Inv. Nr. 110 (als Matthäus Günther)

Entwurf für das Kuppelfresko in der Damenstiftskirche Sankt Anna in München, das Asam 1735 ausführte. Das Fresko wurde 1944 zerstört und 1952 ff. von Franz Xaver Marchner und Josef Lorch in Grisailletechnik rekonstruiert [V 15].

Mit dem Zug heiliger Frauen, der sich spiralförmig in lichte Höhen emporwindet, gibt Asam in zart angedeuteten Pinselstrichen die Grundzüge der Komposition wieder. Nur an wenigen Stellen hebt er einige Gestalten deutlicher hervor, so etwa die drei Tugenden ›Fides‹ mit Kreuz, ›Spes‹ mit Anker und dazwischen ›Caritas‹ am Kuppelrand. Weiter oben auf der anderen Seite der Komposition schwingt die Heilige Ursula die Kreuzesfahne, unter ihr erscheint die Heilige Barbara mit Kelch und Märtyrerpalme. Die Konturen der meisten Figuren lösen sich jedoch vor dem lichtvollen Hintergrund auf. An zwei sich gegenüberliegenden Stellen im Fresko quillt die Komposition über die gemalte Goldrahmung. Im Entwurf deutet Asam diese Verbindung zu den Zwickelfresken nur an einer Stelle an. Die gegenüberliegende Seite bleibt bis auf undeutliche Bleiskizzierungen unvollendet. In der Ausführung ist hier ein Engel zu sehen, der einer Schar Salesianerinnen den Kirchenplan präsentiert. (Bestimmung durch Bärbel Hamacher.)

LITERATUR: Bislang unveröffentlicht B.H.

Z 60*
Engelskonzert um 1735

Pinsel über Blei, grau laviert, weiß gehöht; unregelmäßig zum Oval beschnitten;
29,0 × 40,8 cm
MÜNCHEN, Staatliche Graphische Sammlung, Inv. Nr. 40979

Entwurf für das zerstörte Fresko über der Orgelempore der Damenstiftskirche Sankt Anna in München [V 15].

Die Zeichnung gibt die Komposition des Freskos in ihren Grundzügen wieder, ohne mit diesem in allen Einzelheiten übereinzustimmen.

Die musizierenden Gestalten der Engel wirken wie hingehaucht. Eine neue Qualität des Zuständlichen verdrängt zunehmend in den späten Zeichnungen Asams die ehemals vital vorwärtsdrängenden Federzüge und effektvollen Hell-Dunkel-Kontraste.

LITERATUR: Baumeister 1953, 254, Nr. 8 – Schoener 1966, 65/66, Nr. 57 B.H.

Z 61*
Moldausturz des Heiligen Johann Nepomuk (Vs.) Pferdestudien (Rs.) um 1736

Blei, Rötel, Pinsel in braun, hellbraun-braun laviert; zu einer das Rechteck variierenden Rahmenform beschnitten; Rückseite: Blei, Rötel, Kreide;
53,9 × 75,3 cm
MÜNCHEN, Staatliche Graphische Sammlung, Inv. Nr. 32071

Entwurf für ein Silber-, Stuck- oder Holzrelief.

Das Motiv mit dem Sturz des Heiligen Johann Nepomuk in die Moldau kopierte Asam bei seinem zweiten Pragaufenthalt um 1736 frei nach einem Relief auf dem Sarkophag des Heiligen im Prager Veitsdom.

Das ungewöhnlich große Format des Blattes und die sorgfältige Ausarbeitung lassen darauf schließen, daß die Zeichnung im Maßstab 1:1 auf ein Silberrelief übertragen werden sollte. Datierung und Thema legen einen Zusammenhang mit der Innenausstattung der Johannes-Nepomuk-Kirche in München nahe.

LITERATUR: Halm 1896, 67, Nr. 8 – Baumeister 1953, 254, Nr. 22 – Schoener 1966, 67/68, Nr. 39 – Ausst. Kat. Ettlingen 1982, 106/107 mit Abb. – Trottmann 1986, 114 B.H.

Z 62
Evangelist Johannes (Vs.) Kniende Frau (Rs.) um 1738

Blei, Rötel, braun und stellenweise grau laviert; Rückseite: Rötel;
20,0 × 31,3 cm
MÜNCHEN, Staatliche Graphische Sammlung, Inv. Nr. 7906 (8603)

Einzelstudie für das Chorfresko der Ursulinenkirche in Straubing, 1738 [F xxx].

Wie die zwei weiteren Einzelstudien für Straubing [Z 63/64] zeigt die Zeichnung eine gewisse Derbheit und Leere im Stil. Vermutlich fertigte Asam diese Blätter als Arbeitsvorlagen für seine Werkstattgehilfen an, die die Entwürfe exakt umsetzten. Die Rötelskizze auf der Rückseite zeigt eine *Kniende Frau*, die im Hauptfresko der Kirche zu sehen ist und die in weiter ausgearbeiteter Form in einer zweiten Zeichnung vorbereitet wurde [Z 63].

LITERATUR: Baumeister 1953, 254, Nr. 20 – Schoener 1966, 69, Nr. 61 B.H.

Z 63
Kniende Frau, aus der Hand trinkend (Vs.) Dieselbe in einem näheren Ausschnitt (Rs.) um 1738

(Abbildung)

Blei, Rötel, rotbraun laviert, weiß gehöht; Rückseite: Blei;
14,9 × 19,6 cm
MÜNCHEN, Staatliche Graphische Sammlung, Inv. Nr. 13729 (8515)

Einzelstudie für das Hauptfresko der Ursulinenkirche in Straubing, 1738 [F xxx].

Die Studie ist mit der Frau, die im Fresko an einem Wasserfall kniet und trinkt, völlig identisch.

LITERATUR: Kleynot 1949, 235, Anm. 1 – Baumeister 1953, 254, Nr. 42 – Schoener 1966, 68, Nr. 60 B.H.

Z 64*
Drei Männer ein Tau festhaltend um 1738

(Abbildung)

Rötel, braun laviert, weiß gehöht; am linken Rand unregelmäßig eingerissen;
16,4 × 20,0 cm
MÜNCHEN, Staatliche Graphische Sammlung, Inv. Nr. 10681 (9420)

Z 63, *Vorderseite*

Z 64

Einzelstudie für das südliche Fresko über der Orgelempore der Ursulinenkirche in Straubing, 1738 [F XXX].

Auch für dieses Fresko fertigte Asam eine Studie als Arbeitsgrundlage für die Ausführung, die völlig identisch umgesetzt wurde.

LITERATUR: Kleynot 1949, 235, Anm. 1 – Baumeister 1953, 254, Nr. 41 – Schoener 1966, 69/70, Nr. 62 B.H.

Z 65*
Vertreibung aus dem Paradies und Erscheinung der Immakulata
1739

(Abbildung)

Pinsel, grau laviert, links oben Blei; Konturen durchgegriffelt und eingeritzt (unten rechts Aufschrift der alten Inv. Nr. »1896«)
32,2 x 19,6 cm
MÜNCHEN, Staatliche Graphische Sammlung, Inv. Nr. 8211 (1896)

Entwurf für das 1739 entstandene und um die Jahrhundertwende entfernte Hochaltarblatt in der Straubinger Ursulinenkirche.

Eine ausführliche Beschreibung Meidingers (1787) von dem Gemälde bestätigt den Zusammenhang der Zeichnung mit dem Straubinger Altarbild. Dort heißt es: »Das Chorblatt die unbefleckte Empfängnis mit Engeln umgeben: und unten Adams und Evas Verbannung aus dem Paradiese, weit über Lebensgröße. Die Eva ist ein wahres Meisterstück der Natur, in allen Zügen steckt der vollste, lebhafteste Ausdruck von Furcht, Schamm und Reue. – ...«. Das Blatt zeigt innerhalb einer oben halbrund geschlossenen Rahmung Maria von Engeln umgeben in Wolken als ›andere Eva‹ über dem strahlenden Erzengel Michael, der mit einer entschiedenen Geste das erste Menschenpaar aus dem Paradies hinausweist. Verzweiflung und Reue drücken die Gebärden von Adam und Eva aus. Aufgrund der Übereinstimmung von Meidingers Beschreibung mit der überlieferten Zeichnung wurde 1980 bis 1982 das verschollene Bild nach der Entwurfsvorlage neu gemalt.

Die lockere Figurenaufteilung, die weiche, flüssige Modellierung der Figuren mit dem Pinsel und die äußerst effektvolle Lavierungstechnik, mit der Asam große Licht- und Schattenpartien zusammenfaßt, ist kennzeichnend für den Stil der späten Zeichnungen.

Spuren von Ritzung und Durchgriffelung auf dem Blatt lassen vermuten, daß Asam den Entwurf ein weiteres Mal bei seinen Arbeiten an der Kuppel von Friedberg benutzt hat, wo das Vertreibungsmotiv – allerdings in abgewandelter Form und seitenverkehrt – wiedergegeben ist [vgl. F XXIX].

LITERATUR: Baumeister 1953, 253, Nr. 1 – Schoener 1966, 59/60, Nr. 51 – Trottmann 1986, 111-112, Abb. 180; zum verschollenen Altarbild vgl. Anhang III, Nr. 16 B.H.

Z 65

Druckgraphik

Datierte Blätter

D 1*
Allegorisches Titelblatt zur Festschrift ›Fortitudo Leonina ...‹ 1715

Aufgestochene Radierung; bezeichnet unten rechts: »Cos: Dam: Asam. del:«, unten links: »F.J. Spätt: Sc. Mon.«
39,3 x 25,5 cm (Bildgröße)
MÜNCHEN, Stadtmuseum, Inv. Nr. M I/700

Der Stich ist als Kupfertitel dem gesetzten Titelblatt der Festschrift ›Fortitudo Leonina in utraque fortuna Maximiliani Emmanuelis‹ vorgebunden, die zur Rückkehr des Kurfürsten Max Emanuel aus dem Exil von der oberdeutschen Jesuitenprovinz 1715 herausgegeben und in der Offizin der Maria Susanna Jäcklin in München erschienen ist. Eine inhaltlich identische Ausgabe ist im selben Jahr in Stadtamhof unter dem Titel ›Descriptio historica utriusque fortunae Maximiliani Emmanuelis‹ herausgekommen. Die Stiche der Festschrift, von denen neun nach Entwürfen von Cosmas Damian Asam entstanden, stammen neben Franz Joseph Spaeth von Andreas Matthäus Wolffgang, Johann Jakob Kleinschmidt, Johann August Corvinus und anderen Augsburger Stechern. Die darüber hinaus enthaltenen zahlreichen Embleme sind anderen, zum Teil erheblich älteren Quellen entnommen.

LITERATUR: Halm 1896, 17 – Hanfstaengl 1939, 33 – Ausst. Kat. München 1976, Band 1, 12 und 19; Band 2, 209f., Nr. 476 und 477 mit Abb. und weiterer Literatur – Hotz 1980, 6 – Biller 1984, 91, Anm. 4. B.H.

D 2*
Herzog Theodo I. 1715

Aufgestochene Radierung; bezeichnet unten rechts: »And. Matth. Wolffgang Sculps. Aug. V.«
39,0 x 26,1 cm (Bildgröße)
MÜNCHEN, Stadtmuseum, Inv. Nr. M I/918

Die Radierung gehört zu Teil 1 der 1715 erschienenen Festschrift ›Fortitudo Leonina‹ für Max Emanuel und ist nach Seite 32 eingebunden. Zu diesem Blatt, das von Andreas Matthäus Wolffgang gestochen wurde, hat sich ein seitenrichtiger Entwurf Asams [Z 7] erhalten, so daß die Autorschaft trotz des fehlenden Delineatoren-Nachweises auf dem Blatt selbst gesichert ist. Die Darstellung zeigt den Bayernherzog Theodo I. zwischen Hermen von Janus Bieps und Fortuna Anceps.

LITERATUR: Halm 1896, 17 – Hanfstaengl 1939, 33 – Ausst. Kat. München 1976, Band 1, 12; Band 2, Nr. 476 mit weiterer Literatur – Hotz 1980, 6 – Biller 1984, 91, Anm. 4. B.H.

D 3*
Kaiser Karl der Große 1715

Aufgestochene Radierung; bezeichnet unten links: »Cosmas Asam delin. Monachy«, unten rechts: »And. Matth. Wolffgang Sc. Aug. Vind.«
40,0 x 26,0 cm (Bildgröße)
MÜNCHEN, Stadtmuseum, Inv. Nr. M I/919

Die Radierung gehört zum ersten Teil der 1715 erschienenen Festschrift ›Fortitudo Leonina‹ für Max Emanuel und ist nach Seite 48 eingebunden. Das von Andreas Matthäus Wolffgang gearbeitete Blatt zeigt Karl den Großen in einer Nische, von Hermen flankiert. Als Vorbild diente Asam die gegen 1620 entstandene Terrakottafigur von Hans Krumper in der 1616-1619 errichteten Kaisertreppe der Münchner Residenz. Während Habitus und Nischenanordnung auf Krumper zurückgehen, hat Asam Details der Figur und die Nischenumrandung verändert.

LITERATUR: Halm 1896, 17 – Hanfstaengl 1939, 33 – Ausst. Kat. München 1976, Band 1, 12; Band 2, Nr. 476 mit weiterer Literatur – Hotz 1980, 6 – Biller 1984, 91, Anm. 4. B.H.

D 4*
Herzog Otto von Wittelsbach 1715

Aufgestochene Radierung; bezeichnet unten links: »Cosmas Asam del. Monachy«, unten rechts: »And. Matth. Wolffgang Sc. Aug. V«
41,0 x 27,0 cm (Bildgröße)
MÜNCHEN, Stadtmuseum, Inv. Nr. G 8415

Die Radierung gehört zum ersten Teil der 1715 erschienenen Festschrift ›Fortitudo Leonina‹ für Max Emanuel und ist nach Seite 106 eingebunden. Das Blatt wurde nach einem noch erhaltenen Entwurf Asams [Z 6] von Andreas Matthäus Wolffgang seitenrichtig umgesetzt. Das als »Otto Magnus« bezeichnete Standbild des Wittelsbachers steht in einer Nische – zwischen Hermen von Simson und Delilah sowie Herkules und Omphale – und gibt in freier Behandlung die gegen 1620 entstandene Terrakottafigur Hans Krumpers in der Kaiserstiege der Münchner Residenz wieder.

LITERATUR: Halm 1896, 17 – Hanfstaengl 1939, 33 – Ausst. Kat. München 1976, Band 1, 12; Band 2, Nr. 476 mit weiterer Literatur – Hotz 1980, 6 – Biller 1984, 91, Anm. 4. B.H.

D 5*
Kaiser Ludwig IV., der Bayer 1715

Aufgestochene Radierung; bezeichnet unten links: »Cosmas Asam delin. Monachy«, unten rechts: »And. Matth. Wolffgang Sculps. Aug. V.«
40,4 x 27,0 cm (Bildgröße)
MÜNCHEN, Stadtmuseum, Inv. Nr. MS I/920

Die Radierung gehört zum ersten Teil der 1715 erschienenen Festschrift ›Fortitudo Leonina‹ für Max Emanuel und ist nach Seite 138 eingebunden. Das von Andreas Matthäus Wolffgang gestochene Blatt zeigt Kaiser Ludwig den Bayern als Standbild in einer Nische, von Hermen flankiert, und gibt in freier Behandlung die gegen 1620 entstandene Terrakottafigur Hans Krumpers in der Kaisertreppe der Münchner Residenz wieder.

LITERATUR: Halm 1896, 17 – Hanfstaengl 1939, 33 – Ausst. Kat. München 1976, Band 1, 12; Band 2, Nr. 476 mit weiterer Literatur – Hotz 1980, 6 – Biller 1984, 91, Anm. 4. B.H.

D 6*
Fiktive Reiterstatue Max Emanuels vor der Münchner Residenz 1715

Aufgestochene Radierung; bezeichnet unten links: »Cosmas Asam del. Monachy«, unten rechts: »Joh. Aug: Corvinus sculpsit Aug: Vind.«
39,7 x 52,7 cm (Bildgröße)
MÜNCHEN, Stadtmuseum, Inv. Nr. M I/479 und 921

Die Radierung gehört zum zweiten Teil der 1715 erschienenen Festschrift ›Fortitudo Leonina‹ für Max Emanuel und ist nach Seite 232 eingebunden. Das große von Johann August Corvinus geschaffene Blatt zeigt ein Reiterstandbild Max Emanuels vor der Westfassade der Residenz, das in dieser Form nie ausgeführt und auch an dieser Stelle wohl nie geplant worden ist. Von diesem Blatt existiert ein zweiter Zu-

D 7

stand (im kompletten Exemplar der Festschrift in der Sammlung Proebst des Münchner Stadtmuseums), der auf der Oberseite des Denkmalsockels die zusätzliche Bezeichnung aufweist: »A . Matthaeus . Wolffgang . sculpsit«. Demnach hat Wolffgang die Statue (und vielleicht die übrigen figürlichen Details) radiert, Corvinus die architektonischen Partien des Blattes.

LITERATUR: Joseph Maillinger, *Bilderchronik der Königlichen Haupt- und Residenzstadt München,* Band 1, München 1876, Nr. 833 – Halm 1896, 17 – Hanfstaengl 1939, 33 – *Schönes altes München,* herausgegeben vom Kreis der Freunde Alt-Münchens, München 1965, 166 mit Abb. – Ausst. Kat. München 1979, Band 1, 19; Band 2, Nr. 479 mit Abb. und weiterer Literatur – Sauermost 1969, 262/263, Anm. 28 – Hotz 1980, 6 – Biller 1984, 91, Anm. 4. B.H.

D 7*
Kurfürstin Therese Kunigunde 1715

(Abbildung)

Aufgestochene Radierung; bezeichnet unten links: »Cosmas Asam delin. Monachy«, unten rechts: »Johañ Jacob Kleinschmidt sculps. Aug. Vind.«
41,1 x 27,4 cm (Bildgröße)
MÜNCHEN, Stadtmuseum, Inv. Nr. MS 1/720 und AUGSBURG, Städtische Kunstsammlungen, Inv. Nr. G 24742

Die Radierung gehört zum dritten Teil der 1715 erschienenen Festschrift ›Fortitudo Leonina‹ für Max Emanuel und ist nach Seite 72 eingebunden. Das von Johann Jakob Kleinschmidt ausgeführte Blatt zeigt die Kurfürstin Therese Kundigunde, die zweite Gemahlin Max Emanuels, in einem reich dekorierten Kabinett in Venedig, am Schreibpult sitzend und an ihren Gatten schreibend. In Anspielung auf die langjährige Trennung der kurfürstlichen Familie ist Therese Kunigunde unter dem Typus der treuen homerischen Gattin Penelope dargestellt, die unerschütterlich auf den umherirrenden Ulysses (Odysseus) wartet. Über dem Schreibpult hängen Bildnisse des Kurfürsten und der sechs Kinder, von denen die Kurfürstin in ihrem venezianischen Exil getrennt war.

LITERATUR: Halm 1896, 17 – Hanfstaengl 1939, 33 – Ausst. Kat. München 1976, Band 1, 19; Band 2, Nr. 478 mit Abb. und weiterer Literatur – Hotz 1980, 6 – Rupprecht 1980, 66/67 mit Abb. – Biller 1984, 91, Anm. 4. B.H.

D 8
Porträt Kaiser Karl VI. (links) und Aufnahme des Kurprinzen Karl Albrecht in den Orden vom Goldenen Vlies 1715 (rechts)

Aufgestochene Radierung; bezeichnet unten links: »Cosmas Asam delin. Monachy«, unten rechts: »Carl Remshard sculps. Aug. Vind.« Im linken Medaillon umlaufende Inschrift: »CAROLUS VI. D.G. ROM. IMP. S.A. GERM. HISP. HUNG. ET BOH. REX.«, *im rechten:* »CAROLUS ALBERTUS ELECT. BAV. PRINC. AUR. VELL. EQUES AB AUG. CAES. CREAT. GRAECII XVII. FEBR. MDCCXV.«. *Unten auf einer Tafel Epigramm mit zwei Distichen.*
17,0 x 24,5 cm (Bildgröße)
MÜNCHEN, Stadtmuseum, Sammlung Proebst (Bibliothek)

Die Radierung gehört zum dritten Teil der 1715 erschienenen Festschrift ›Fortitudo Leonina‹ für Max Emanuel und ist nach Seite 109 eingebunden. In dekorativer Umrahmung erscheinen zwei Rundmedaillons, die nach Art einer Münze bzw. Gedächtnismedaille komponiert sind: Links das Brustbild Kaiser Karls VI., rechts die Verleihung des Ordens vom Goldenen Vlies durch Kaiser Karl VI. an den bayerischen Kurprinzen Karl Albrecht in Graz am 17. Februar 1715 (Umschrift). Wahrscheinlich wurde mit diesem auffallenderweise nur halbseitig angelegten Stich dieses aktuelle Ereignis noch kurz vor oder während der Drucklegung der Festschrift berücksichtigt und dafür die wohl ursprünglich vorgesehene vollseitige Tafel mit dem Ganzfigurenporträt des Kurprinzen [D 9], ebenfalls von Remshard nach Asam, ausgelassen.

LITERATUR: Halm 1896, 17 – Hanfstaengl 1939, 33 – Ausst. Kat. München 1976, Band 1, 19 – Hotz 1980, 6 – Biller 1984, 91, Anm. 4. J.B.

D 9
Kurprinz Karl Albrecht 1715

Aufgestochene Radierung; bezeichnet unten links: »Cosmas Asam delin. Monachy«, unten rechts: »Carl Remshart sculps Aug. Vind:«; Rückseite bedruckt und Bleistift-Hinweis
40,0 x 27,0 cm (Bildgröße)
WIEN, Graphische Sammlung Albertina (ohne Inv. Nr.)

Die Radierung ist in Format und Anlage in der Art der ganzseitigen Illustrationen zur 1715 erschienenen Festschrift ›Fortitudo Leonina‹ für Max Emanuel gehalten [D 1-D 7], aber in den bekannten Exemplaren des Werkes nicht enthalten und wohl kurzfristig vor oder während der Drucklegung des Werkes ausgeschieden und vielleicht durch das aktuellere Blatt mit der Aufnahme des Kurzprinzen in den Orden vom Goldenen Vlies [D 8] ersetzt worden. Stecher des Blattes war der Augsburger Carl Remshart. In einem architektonischen Rahmen ist die Figur des Kurprinzen Karl Albrecht, des Sohns und späteren Nachfolgers von Max Emanuel, als Standbild wiedergegeben.

LITERATUR: bislang unveröffentlicht. B.H.

D 10*
Brunnenanlage 1722

Aufgestochene Radierung; bezeichnet unten links: »C. D. A: inv:«, unten rechts: »J Mörl: f:«; beschriftet unten links: »Eja Saturnia / Redeunt tempora / laeto auspicio Bavariae«, unten rechts: »Leo et Aquila / dum iungunt foedera / Pulchro conjugio AMALJAE«
45,2 x 28,8 cn (Plattengröße)
51,0 x 32,1 cm (Blattgröße)
MÜNCHEN, Stadtmuseum, Inv. Nr. Z 1642 (C 13) und M 1/649

Für den Einzug des am 25. September 1722 in Wien getrauten Thronfolgerpaares Karl Albrecht und Maria Amalia, einer Tochter Kaiser Josephs I., in München am 17. Oktober 1722 schuf Asam einige Entwürfe für ephemere Architekturen, die der Münchner Magistrat an vier Plätzen der Stadt errichten ließ (vgl. auch D 11 und 12). Das Aussehen der Festdekorationen, zu denen auch die Brunnenanlage gehörte, hat

D 11

der Schwager Cosmas Damian Asams, Franz Joseph Mörl, in seinen Stichen überliefert.

Das vorliegende Blatt stellte einen Springbrunnen dar, der im Nordosteck des Marienplatzes, »gegen die Trünkstuben« des Rathauses zu, errichtet worden war.

LITERATUR: Halm 1896, 24 – Ausst. Kat. München 1976, Band 1, 20; Band 2, Nr. 523 – Biller 1984, 92, Anm. 7. B.H.

D 11*
Ehrenpforte zum Einzug Karl Albrechts und Maria Amalias in München I 1722

(Abbildung)

Aufgestochene Radierung; bezeichnet unten links: »C. D. Asam inv:«, unten rechts: »J. Mörl Sc. Mon:«; außerhalb des gerahmten Bildfeldes unten eine längere lateinische Inschrift, die auf den Anlaß der Bilderfindung, die Hochzeit des Thronfolgers Karl Albrecht mit Maria Amalia und deren Einzug in München am 17. Oktober 1722 eingeht
60,1 x 43,7 cm (Bildgröße)
MÜNCHEN, Stadtmuseum, Inv. Nr. Z 1642 a (C 13) und M 1/647

Zum Einzug des Hochzeitspaares Karl Albrecht und Maria Amalia von Österreich in München entwarf Asam auch einen Triumphbogen, der im Tal errichtet wurde. Die in strenger Symmetrie gezeigte Toranlage besteht aus einem reichen architektonischen Aufbau, Freiskulpturen, plastischen Reliefs, Malerei und Stuckdekor.

LITERATUR: Halm 1896, 24 – Ausst. Kat. München 1976, Band 1, 20; Band 2, Nr. 523 mit Abb. – Biller 1984, 92, Anm. 7 – Trottmann 1986, 116, Anm. 335, Abb. 193. B.H.

D 12*
Triumphbogen zu Ehren Karl Albrechts und Maria Amalias in München II 1722

(Abbildung)

Aufgestochene Radierung; bezeichnet unten links: »C. D. Asam inu:«, unten rechts: »J. Mörl Sc. Mon.«; außerhalb des rechteckig gerahmten Bildfeldes zwei lateinische Inschriften, unten links: »Vivant in

D 12

plurima | Felices saecula | ALBERTUS CAROLUS, | AMALJA«, *und rechts daneben: »Plus ultra gloriae | Multa cum Sobole | Numinis Difftera | Det patriae« 50,5 x 30,2 cm (Bildgröße)*
MÜNCHEN, Stadtmuseum, Inv. Nr. Z 1642 b

Der Einzug des eben vermählten bayerischen Thronfolgers Karl Albrecht und Maria Amalias von Österreich in München gab auch zu dieser Festdekoration den Anlaß, wie aus der Inschrift am unteren Bildrand hervorgeht. Den Stich fertigte nach einem Entwurf von Cosmas Damian Asam [Z 14] der Schwager des Künstlers, Franz Joseph Mörl.

In Schrägsicht ist eine triumphbogenartige Architektur zu sehen, die als Verkleidung eines der Münchner Stadttore, vielleicht auch des Turmes des Alten Rathauses konzipiert ist. Eine einzelne Gestalt durchquert den mächtigen Torbogen, möglicherweise ist es der Vorläufer der fürstlichen Kutsche, zu deren Ankunft Salutschüsse aus Kanonen abgefeuert werden, die über der obersten Brüstung der Torarchitektur sichtbar werden.

LITERATUR: Halm 1896, 24 – Ausst. Kat. München 1976, Band 1, 20; Band 2, Nr. 522 und 523 – Biller 1984, 92, Anm. 7 – Trottmann 1986, 116, Anm. 335, Abb. 192. B.H.

D 13*
Das Innere des Freisinger Doms nach der barocken Umgestaltung durch die Brüder Asam 1724

(Abb. Seite 340)

Kupferstich; bezeichnet unten links: »Cosmas Damian Asam pinxit et inv.« – unten rechts: »Franc. Jos. Mörl sculps. et excud. Monach.«; unterhalb der gerahmten Darstellung befindet sich ein längerer lateinischer Text zur Umgestaltung des Domes durch Cosmas Damian und Egid Quirin Asam; darunter unterzeichnet nochmals Mörl mit »Devotissimus Cliens F. I. Mörl Calcographus« 82,0 x 53,0 cm (Bildgröße)
MÜNCHEN, Archiv des Erzbistums München und Freising
MÜNCHEN, Staatliche Graphische Sammlung, Inv. Nr. 227552

Nach einem Entwurf von Cosmas Damian Asam, der zusammen mit seinem Bruder Egid Quirin die barocke Umgestaltung des Freisinger Doms übernommen hatte, setzte sein Schwager, Franz Joseph Mörl, die Idee der Innenraumgestaltung in einen Kupferstich um. Die Illusionsmalerei Asams erscheint im Stich als ›greifbare‹ – im Falle der perspektivisch gemalten Kuppel als gebaute – Realität. Der Stich hält den Moment fest, in dem der Bauherr, Fürstbischof Johann Franz Eckher von Kapfing, in den neugestalteten Dom einzieht. Es folgen ihm die Domherren und Hofkavaliere, die Leibtrabanten mit geschulterten Hellebarden und Leute aus dem Volk.

Möglicherweise hatte Asam als Vorlage für den Stich keine Zeichnung, sondern ein Gemälde (Grisaille?) angefertigt (Bezeichnung: »pinxit«), das jedoch nicht überliefert ist.

Zu dem Stich von Mörl hat sich in der Dombibliothek von Freising die Originalkupferplatte erhalten, von der wiederholt Neudrucke abgezogen worden sind.

Ende des 19. Jahrhunderts wurde in starker Anlehnung an den Mörlschen Stich ein Stahlstich-Epigone angefertigt, der »Nach der Natur gez. u. in Stahl gest: von Chr. Steinicken in München« bezeichnet ist und den Titel trägt: »Das Innere des Domes zu Freising zum Andenken an das fünfzigjährige Priesterjubiläum des hochwürdigsten Herrn Antonius Erzbischof von München und Freising am 28. August 1888«.

LITERATUR: Maß-Benker 1976, 67, Nr. 64 (mit ausführlicher Beschreibung und weiterer Literatur) – Hotz 1980, 6 – Rupprecht 1980, 130 mit Abb. – Biller 1984, 91/92, Anm. 4 und 6. B.H.

D 14*
Allegorisches Titelblatt zur lateinischen Ausgabe von Meichelbecks ›Historiae Frisingensis‹: Die Freisinger Geschichtsschreibung als Sieg über die Zeit 1724

Kupferstich; bezeichnet unten links: »Cosmas Asam delin: Monachij.«, unten rechts: »Ioh. Heinr: Störklin sculps. A.V.« 30,6 x 19,2 cm (Plattengröße)
FREISING, Dombibliothek

Der Kupferstich dient als Ziertitel der großen, wissenschaftlichen Geschichte des Bistums Freising: Carolus Meichelbeck OSB., *Historiae Frisingensis Tomus I* (Augustae Vindelicorum et Graecii, Veith, 1724; auch in Tomus II, 1729). Diese Geschichte wurde von Fürstbischof Johann Franz Eckher von Kapfing für die Feier des tausendjährigen Jubiläums des Bistums in Auftrag gegeben. Aus demselben Anlaß wurde auch der Freisinger Dom durch die Brüder Asam neugestaltet. Es lag also nahe, Cosmas Damian Asam, der von Meichelbeck in vielen historischen und ikonographischen Fragen beraten wurde, zu beauftragen.

Vor drei Pyramiden ist eine Gruppe von allegorischen Gestalten um das große Buch der Freisinger Geschichte bemüht. Der Genius der ›Geschichtsschreibung‹ setzt die Feder an, die ›Stadt Freising‹ (mit Mauerkrone und Bär, dem Stadtwappen) zeigt die Stelle im Buch, der Mohr (das Wappenbild des Freisinger Bistums) trägt weitere Bücher herbei. Der Genius der ›Zeit‹ (mit Sanduhr und Flügeln) bringt die Kette der zehn Jahrhunderte. Angesichts dieser Bemühung sinkt Chronos zu Boden, die Sense, mit der er die Erinnerung niedermäht, entsinkt ihm, er muß vielmehr das Buch der Geschichte tragen. Weihwasser, Bauwerkzeuge, Bücher und Urkunden im Vordergrund deuten auf die Dinge, die der Vergänglichkeit widerstehen.

Die Kette der zehn Jahrhunderte, die in den Mittelpunkt der geschichtsbemühten Figurengruppe führt, hat ihren Ausgangspunkt bei Gott, der im Symbol des Dreiecks, der drei verbundenen Ringe und der Krone vorgestellt wird. Sie verbindet die beiden ersten Pyramiden miteinander. Auf der Spitze der ersten ist der Heilige Korbinian, der erste Bischof Freisings, auf der zweiten der das 10. Jahrhundert der Bistumsgeschichte feiernde Fürstbischof, Johann Franz Eckher von Kapfing, dargestellt.

Ein Putto schlägt Reliefs mit Szenen aus der Bistumsgeschichte in die Wände der Pyramiden ein. Auf der ersten sind Begegnungen eines Bischofs mit Fürsten, wohl Szenen aus dem Leben des Heiligen Korbinian, zu erkennen, auf der zweiten die Übergabe eines Mariengnadenbildes und Kirchenbauten. Auf der dritten Pyramide steht das Bild des jugendlichen Bistumskoadjutors, des Prinzen Johann Theodor von Bayern. Das Relief darunter läßt wieder Bischof Eckher erkennen. Den Hintergrund dieser Szene bildet eine Ansicht der Stadt Freising von Norden inmitten des von Kirchen erfüllten Landes. Der Flußgott am linken Rand bedeutet die Isar als Achse des Bistumsgebietes.

In der Widmung seines Geschichtswerks teilt Meichelbeck seine und des Bischofs Zielsetzung mit: »Es soll die Freisinger Geschichte nicht weiter im Finstern verborgen bleiben, sondern zur Bildung und Erbauung vieler ans Licht der Öffentlichkeit treten, damit Freising mit sich selbst bekannt werde.«

Cosmas Damian Asam hat dieses Thema dramatisch dargestellt: Die Geschichte Freisings wird nicht mehr vergessen und verweht, sie wird angekettet an Gott, und durch Menschenhand in Bücher, die so unvergänglich wie Pyramiden sind, eingetragen. Meichelbecks Werk hat dies geleistet, Asam hat diese Leistung ins Bild gebracht.

LITERATUR: Karl Mindera, *»Die Erneuerung des Doms im Jahre 1724 nach dem Tagebuch von P. Karl Meichelbeck«*, in: *26. Sammelblatt des Historischen Vereins Freising,* 1967, 210-212) – Maß-Benker 1976, Nr. 66. S.B.

D 15*
Allegorisches Titelblatt zur deutschen Ausgabe von Meichelbecks Freisinger Geschichte: Die Vorsehung schützt die Freisinger Kirche in ihrer Geschichte 1724

Kupferstich; bezeichnet links unten: »Cosmas Asam del. Frisingae.«, rechts unten: »G. D. Heuman sc. Norib.« 20,3 x 16,5 cm (Plattengröße)
FREISING, Dombibliothek

Nach Fertigstellung des ersten Bandes der lateinischen Geschichte des Bistums Freising fand Carl Meichelbeck noch Zeit, um bis zur Festwoche im Oktober 1724 eine deutsche Geschichte, die den ganzen Zeitraum der tausend Jahre umfaßte, herauszubringen (Carolus Meichelbeck OSB, Kurtze Freysingische Chronica ..., Freising, Immel, 1724). Cosmas Damian Asam zeichnete wiederum einen Ziertitel, den Georg Daniel Heuman in Nürnberg, offenbar ein Bekannter des Verlegers Immel, stach.

Im Mittelpunkt des Bildes sitzt vor dem Symbol des dreifaltigen Gottes die Göttliche Vorsehung mit dem Szepter und behütet die Freisinger Kirche, die in der Gestalt des Domes ihr vom Genius der Zeit entgegengebracht wird. Das M auf dem Spruchband bedeutet die Zahl Tausend. »Diese Vorsichtigkeit Gottes haltet freylich Joannem Franciscum unseren ... Bischoff in ihrer Göttlichen Schooß, überhäuffet ihn mit Glory und Glückseeligkeit, und wendet von Ihme und gesambten Hochstüfft alles Ubel ab« (Meichelbeck in der Widmung). Der Genius der Geschichte schmückt das Porträt mit Lorbeer. Hinter ihm erscheinen schattenhaft Bilder der früheren Bischöfe. Im Hintergrund geht die Sonne auf, eine Andeutung der glücklichen Zukunft. Kriegsfackeln werden gelöscht, das wandelbare Glück wird zu Füßen der Vorsehung in Ketten gelegt.

Unter dem Giebelgebälk, auf dem die drei Genien lagern, sind auf einem Wandstück, das von den Wappen des Bischofs und des Domkapitels bekrönt wird, die Brustbilder von acht Freisinger Bistumshistorikern angebracht: Bischof Arbeo und der Mönch Cozroh als Vertreter des frühen Mittelalters, Bischof Otto von Freising, Conradus Sacrista und Rahewin als Geschichtsschreiber des hohen Mittelalters, dann Veit Arnpeck und Johann Freiberger als Autoren der spätmittelalterlichen Chronistik. Den Schluß bildet nochmals ein Porträt des Fürstbischofs Eckher, um anzudeuten, daß auch er persönlich als Geschichtsforscher sich betätigt hat. Diese Autoren nennt Meichelbeck in seiner Widmung als seine Quellen. Vor dieser Bilderwand liegen Insignien des Bistums und Bücher der Geschichte.

Asam hat in diesem Blatt wiederum das unanschauliche Thema der Verherrlichung der Freisinger Geschichte in ein sinnvolles Bild gebracht und ein geistvolles Werk seiner Phantasie geliefert, zu dem hier der gelehrte Meichelbeck Gedanken beisteuerte.

LITERATUR: Karl Mindera, »Die Erneuerung des Doms im Jahre 1724 nach dem Tagebuch von P. Karl Meichelbeck«, in: *26. Sammelblatt des Historischen Vereins Freising,* 1967, hier Seiten 210-212) – Maß-Benker 1976, Nr. 65 – Biller 1984, 92, Anm. 7. S.B.

D 16*
Thesenblatt des Josef Michael Adam Cleer anläßlich seiner Disputation am 5. Oktober 1727 an der Salzburger Benediktineruniversität

(2 Abbildungen)

Schabkunstblatt; bezeichnet unten links: »Cosmas Damian Asam inv: et ping:«, darunter: »Ægidius Quirinus Asam del.«, rechts Privilegnachweis und Signatur des Stechers: »Cum Grat: et Privil. Sac. Caes. Maj. Gottlieb Heuss sculp. et excud. Aug. Vindel.«
198,4 x 110,3 cm (Plattengröße übers Ganze; dreiteilig)

D 16

D 16, *Ausschnitt*

GÖTTWEIG (Niederösterreich), Stiftssammlungen, und
ENGELBERG (Schweiz), Stiftssammlungen

Für ihren Sohn, Josef Michael Adam Cleer, der unter anderem an der Benediktineruniversität in Salzburg studierte, ließ die Witwe Maria Klara Cleer Ende März oder Anfang April 1727 das vorliegende Thesenblatt anfertigen. – Für die Familie Cleer hatte Asam bereits 1715 die Fassade des Wohn- und Geschäftshauses in München freskiert (zerstört; V 1).

Bemerkenswert ist, daß zum ersten Mal in der nach Asam gestochenen Druckgraphik *beide* Brüder als gemeinsame Vorzeichner genannt werden; das heißt Erfindung und Entwurf – vielleicht wieder eine Ölgrisaille (vgl. die aufgelöste Bezeichnung »pingebat«) – stammen von Cosmas Damian Asam, die seitenverkehrte plattengroße Umzeichnung für den Stecher, die

›Delineation‹, übernahm Egid Quirin. Der ausführende Künstler und Verleger, Gottlieb Heiß, war ein geschätzter Augsburger Porträt- und Thesenstecher.

Am Fuß der eigentlichen Bilddarstellung sind auf einer in drei Felder geteilten Thesenleiste alle Angaben in lateinischer Sprache festgehalten, die für die Einladung zu einer Disputation wichtig sind: Name, Herkunft, Studienfach und akademischer Grad des Defendenten, Ort und Zeit der Disputation, die zu verteidigenden Thesen in vollem Wortlaut – hier im rechten und linken Feld – und schließlich eine Widmung an eine hochgestellte Persönlichkeit, die in diesem Fall in der hervorgehobenen Mittelkartusche angesprochen wird. Es ist eine Dedikation an den Kurfürsten Karl Albrecht, die in der Darstellung darüber ins ›Bild‹ gesetzt und durch allegorische Anspielungen ausgedeutet wird.

In dem Thesenblatt wird die Geburt des Thronfolgers Max Joseph am 28. März 1727 zum Anlaß für eine Glorifikation des Kurhauses genommen und zugleich eine glückliche Zukunft des späteren Herrschers beschworen, der unter den Schutz der Götter gestellt wird.

Auf einem dreistufigen Podest thront die Kurfürstin Maria Amalia, Gemahlin des in der Dedikation geehrten Karl Albrecht. Vor ihr kniet ›Bavaria‹ mit einer angedeuteten Mauerkrone auf dem Haupt, mit bayerischem Wappenschild und Löwen. Sie präsentiert der Kurfürstin den neugeborenen Maximilian III. Joseph. Das Kind thront in einer Muschel, die vom Kurhut bekrönt ist, wodurch der Herrschaftsanspruch des Neugeborenen unmißverständlich dokumentiert wird. Im Hintergrund blicken die beiden älteren Schwestern auf das Geschehen, die erstgeborene Maria Antonia Walpurgis und die jüngere Theresia Benedikta Maria – auf dem Arm einer Grazie. Wie zum Schutz breitet Mars die Hand über das Neugeborene aus. Minerva mit Helm und Speer und Fortuna mit dem Füllhorn weisen dem künftigen Herrscher den Weg zum ›Tempel der Ehre‹, der in der Ferne zu erkennen ist. In den Lüften darüber schwebt Fama. Auf der Gambe scheint Apoll unten rechts die Fanfarenstöße Famas zu begleiten. Sein Bogen liegt unbenutzt vor ihm. Drei Grazien breiten Blumen und Früchte vor dem Thronfolger aus.

Der Verfasser des komplizierten Programms war wohl nicht Asam selbst, sondern vermutlich der Geheime Kabinettsekretär Ignaz Franz Xaver von Wilhelm, mit dem Asam nachweislich in Verbindung stand.

LITERATUR: Biller 1984, 91-113 mit Abb. – Ausst. Kat. Göttweig 1985, 122-126, Nr. 51 mit Abb. B.H.

D 17*
Titelkupfer zu ›Vindiciae arboris genealogicae augustae gentis Carolinae Boicae‹ 1730

Kupferstich; bezeichnet unten links: »AUTHOR inven.«, unten Mitte: »Cosm. Dam. Asam delin.«, unten rechts: »Hieronÿmus Sperling sculps. Aug. Vind.«
27,1 x 17,6 cm (Bildgröße)
MÜNCHEN, Bayerische Staatsbibliothek

Das Titelkupfer zu dem von Ignaz Xaver von Wilhelm verfaßten Buch ›Vindiciae arboris genealogicae ...‹ wurde nach einer Delineation Cosmas Damian Asams von Hieronymus Sperling gestochen. Die Invention geht allerdings auf den Buchautor von Wilhelm zurück, den Geheimen Kabinettsekretär und engen Vertrauten von Max Emanuel, der auch bei dem Thesenblatt Asams [D 16] Urheber des Programms gewesen sein dürfte. Seine genealogischen Studien faßte von Wilhelm in dem Buch, zu dem Asam das Titelkupfer fertigte, mit großer Sorgfalt zusammen. Bereits für das handschriftliche Exemplar, 1729, hatte Asam das Titelblatt geschaffen. Der Kupfertitel der 1730 im Druck erschienenen Schrift entspricht in den Grundzügen einem verlorenen Fresko im Palais Preysing zu München. Noch in einem weiteren Werk von Wilhelms ist das gleiche Blatt als Illustration verwendet, in ›Annus politicus per duodecim discursus‹, München 1731.

LITERATUR: Seelig 1977, 323/324 – Hotz 1980, 6 – Biller 1984, 92/93, Anm. 7; 107, Anm. 56 und 57. B.H.

D 18*
Kurfürst Karl Albrecht in der Tracht des Großmeisters des Georgiritterordens zwischen 1729 und 1735

Kupferstich; bezeichnet unten links: »C. Asam del:«, unten rechts: »J. Mörl: Sc: Mon:«
57,7 x 33,0 cm (Bildgröße)
MÜNCHEN, Stadtmuseum, Inv. Nr. M I/881

Der Kupferstich, der Kurfürst Karl Albrecht in der Tracht des Großmeisters des Georgiritterordens zeigt, wurde von Asams Schwager Franz Joseph Mörl umgesetzt. Die Entstehungszeit ist durch die Neugründung des Ordens 1729 und den Tod Mörls 1735 festgelegt.

Der Kurfürst ist in imposanter Pose in einem ovalen Rahmen zu sehen, der in mehreren kleinen, von heraldischen Zeichen umgebenen Bildfeldern die Ordensdevise zitiert: »IN / FIDE / IVS / TI / TIA / ET / FOR / TITV / DINE«.

Der Rahmen ruht auf einem Sockel mit Inschrift und wird seitlich durch zwei Löwen abgestützt. Zwischen den Voluten hängt das Ordenskreuz der Georgiritter.

LITERATUR: Ausst. Kat. München 1979, 74, Nr. 19, Abb. 5 – Ausst. Kat. Ettlingen 1982, 108/109 mit Abb. – Biller 1984, 92, Anm. 7. B.H.

D 19
Wappenwandkalender des Kurfürstlichen Hohen Kollegiatstiftes Unserer Lieben Frau der Unbefleckten Empfängnis Mariä in München 1737

(Wahrscheinlich aufgestochene Radierung von zwei Platten, von denen das Kopfstück von Franz Joseph Mörl, das Fußstück von Franz Xaver Jungwierth nach einem Entwurf von Cosmas Damian Asam von 1735/36 ausgeführt worden sind. Bildgröße mutmaßlich zwischen 130 und 150 cm hoch und zwischen 50 und 60 cm breit.)

Von diesem – nach archivalisch gesicherter Entwurfsarbeit von Asam angefertigten – Frontispiz konnte trotz der in seiner Laufzeit von 1737 bis 1779 erreichten Auflagenzahl von rund 9000 Exemplaren bisher weder ein kompletter Abdruck noch ein Fragment aufgefunden werden. Gemäß dem Auftrag des Stiftes vom März 1736 sollte Franz Joseph Mörl »bis Michaeli 1737« den Stiftskalender »nach dem von Herrn Asam projectierten : obschon nit durchgehends completen Ris« stechen und die noch fehlenden Teile der Komposition ergänzen. Mörl starb jedoch bereits am 23. April 1737 und konnte bis dahin nur die Kopfplatte vollenden. Die untere Platte fertigte der Nachfolger der Offizin, Franz Xaver Jungwierth, der auch die Witwe Mörl, eine Schwägerin Asams, im September 1738 heiraten sollte. Im November 1737 wurden die Platten an das Stift geliefert und mit 800 Gulden zuzüglich 80 Gulden Recompens honoriert. Der Kalender ist somit erstmals auf das Jahr 1738 erschienen und hatte bis zur Einführung des Nachfolger-Typs von Demel-Weißenhahn 1780 (vgl. D 21) Gültigkeit. Die jährliche Auflage betrug anfangs durchschnittlich 240, später 170 Exemplare. Mangels überlieferter Drucke sind wir über das genaue Aussehen des Frontispizes nicht unterrichtet. Sicher aber wird sich die Grundanlage an dem üblichen Gestaltungskanon dieser offiziellen Kalendergraphiken orientiert haben und im Kopfteil den ›Himmel‹ mit der Madonna und den übrigen Stiftspatronen gezeigt haben, darunter das Feld für den Almanach, begleitet von den Wappen des Stiftes, des Propstes, der Dignitäten und der Kanoniker, im Fuß schließlich eine große Ansicht von München und zwei kleinere Veduten der 1495 nach München übertragenen Kollegiatstifte Schliersee und Ilmmünster. Entsprechend den besonderen Usancen des Kollegiatstiftes dürfte im Kopfteil die Madonna höchstwahrscheinlich die Gestalt jener Silberstatue gehabt haben, die Cosmas Damian Asam 1731 entworfen und Johann Georg Herkommer 1731/32 ausgeführt haben. Diese Figur erscheint dann auch im Folgetypus des Kalenders von Demel-Weißenhahn 1779 (vgl. D 21). Aber auch der Vorgängertyp von 1689/90 hatte bereits eine ähnliche, ältere Silberplastik wiedergegeben. (Über die Kalender des Münchner Kollegiatstiftes bereitet der Verfasser eine eigene Arbeit vor.)

ARCHIVALIEN: München, Bayerisches Hauptstaatsarchiv, KL München, Unsere liebe Frau, Nr. 33, folio 27 r-v (Kapitelsprotokoll vom 6. November 1737) – Ebenda, Nr. 240 (Auftrag an Mörl vom 3. März 1736 u. a.).

LITERATUR: Hotz 1980, 6 – Biller 1984, 91, Anm. 4. J.B.

D 20
Kurfürst Karl Albrecht als Georgiritter vor der Statue der Immakulata nach 1739

In Öl übermaltes Schabkunstblatt
130,6 x 86,1 cm (Bildgröße)
MÜNCHEN, Bayerisches Nationalmuseum, Inv. Nr. 72/172

Das Schabkunstblatt eines leider noch nicht identifizierten Stechers ist nach einem Entwurf von Cosmas Damian Asam angelegt worden. Im Schabkunstblatt verliert die Raumdarstellung jedoch an Tiefe gegenüber dem Entwurf, die elegante Pose Karl Albrechts wird zu einem gesetzten Habitus reduziert. Der Text auf dem sockelartigen Streifen, der unter der Übermalung sichtbar wird, läßt vermuten, daß die Graphik als Thesenblatt konzipiert wurde. Die Inschrift auf dem Schild der Fama, die in der überlieferten Zeichnung nicht zu entziffern war (vgl. Z 46) lautet: »VOLAT ALTA PER ORBEM« (Hoch eilt der Ruhm durch die Welt). Auf dem Sockel der Immakulata steht: »SUB TUUM PRAESIDIUM« (Unter Deinen Schutz; zu ergänzen: fliehen wir ...).

LITERATUR: Ausst. Kat. München 1979, 77/78, Nr. 25 – Biller 1984, 92, Anm. 7). B.H.

D 21*
Wappenwandkalender des Kurfürstlichen Hohen Kollegiatstiftes Unserer Lieben Frau der Unbefleckten Empfängnis Mariä in München 1779

(Abbildung)

Aufgestochene Radierung, Frontispiz von drei Platten, die unterste bezeichnet unten links: »Augustin Demel Pictor Aulicus invenit et delineavit.«, signiert unten rechts: »Georg Michael Weißenhahn Chalcogra: Aulicus Sculpsit Monachij 1779.«
159,2 x 61,8 cm (mittlere Bildgröße übers Ganze), bzw. 57,4 x 61,7 cm (Bildgröße des hier abgebildeten Kopfteils)
SCHLIERSEE, Heimatmuseum (Jahrgang 1785)

Dieses Blatt stellt in der Druckgraphik nach Asam einen Sonderfall dar, weil es nicht auf eine direkte Vorzeichnung zurückgeht, sondern eine Silberplastik wiedergibt, die ihrerseits auf einem Entwurf Cosmas Damian Asams von 1731 basiert. Es handelt sich um die Figur einer ›Maria Empfängnis‹, die von Propst, Dechant und einigen Kanonikern gestiftet, im Stiftsschatz verwahrt und nur an hohen Feiertagen auf dem Hochaltar der Frauenkirche exponiert worden war. Nach Asams Zeichnung, für die der Maler 100 Gulden erhielt, schuf dann der Augsburger Goldschmied Johann Georg Herkommer die 6 Schuh (etwa 1,70 m), samt Sockel aber 9 Schuh 2 Zoll (etwa 2,65 m) hohe Immakulata in Silbertreibarbeit über Holzkern, für die er nach der erhaltenen Endabrechnung in drei Raten, zuletzt am 21. Februar 1732, insgesamt 6702 fl 40 x 3 hl an Materialkosten und Arbeitshonorar erhielt. Die zu ihrer Zeit hochangesehene Plastik haben der Stiftsdechant Karl Anton von Vacchiery und der Stiftsbenefiziat Johann Paul Stimmelmayr beschrieben, letzterer überlieferte das Aussehen auch in einer ungelenken Skizze. Eine verhältnismäßig genaue und detailreiche Vorstellung von der 1800 im Zuge der staatlichen Silberkonfiskation in der Münze eingeschmolzenen Figur gibt der große Wappenkalender des Kollegiatstiftes in seinem Kopfteil. Das im dekorativen Beiwerk bereits frühklassizistische Frontispiz wurde 1779 vom Münchner

D 21, *Ausschnitt*

Hofkupferstecher Georg Michael Weißenhahn nach einer Delineation des Hofmalers Augustin Demel gearbeitet und ist von 1780 bis 1797 fast alljährlich erschienen. Von dem Kalender haben sich noch mindestens zwölf Exemplare aus verschiedenen Jahren der Erscheinungszeit erhalten. (Über diese und weitere Kalenderausgaben des Stiftes bereitet der Verfasser eine eigene Arbeit vor.)

ARCHIVALIEN: München, Archiv des Erzbistums München und Freising, Stiftsakt XXVIII 8 g, Produkt 15 (Nachweis Asams als Entwerfer und Rechnung des Goldschmieds) – Ebenda, Johann Paul Stimmelmayr, *Bemerkungen von den Kirchen der Stadt München,* Band IV, Manuskript, um 1805 (Beschreibung und Skizze der Figur) – München, Bayerisches Hauptstaatsarchiv, KL München, Unsere liebe Frau, Nr. 240 (Kalenderstich) – Ebenda, Nr. 246, Produkt 27 (Beschreibung der Frauenkirche von Karl Anton von Vacchiery mit ausführlicher Erwähnung der Statue in Heft 4, folio 9 v).

LITERATUR: Christl Karnehm, *Die Münchner Frauenkirche, Erstausstattung und barocke Umgestaltung* (Miscellanea Bavarica Monacensia, Band 113), München 1984, 233 f. mit Abb. und Quellen – Dieselbe, » Feste und Festdekorationen in der Münchner Frauenkirche«, in: *Jahrbuch des Vereins für christliche Kunst in München e. V.*, XV/1985, 77 mit 2 Abb. J.B.

Undatierte Blätter

D 22
Madonna mit Kind erscheint dem Heiligen Dominikus

Aufgestochene Radierung; bezeichnet unten links: »C.Asam. Pin:«, unten rechts: »Mörl Sc Mon«
13,2 x 9,7 cm (Bildgröße)
MÜNCHEN, Stadtmuseum, Inv. Nr. A 138/5

Die Radierung, die in einer einfachen Komposition die Madonna mit Kind vor dem Heiligen Dominikus zeigt, wurde von Franz Joseph Mörl gestochen und diente wohl als Andachtsbild.

LITERATUR: Biller 1984, 92, Anm. 7. B.H.

D 23
Maria das Kind stillend

Aufgestochene Radierung; bezeichnet unten links: »Cosmas Damian Asam pinxit.«, unten rechts: »F : Xavery Jungwierth. Del: et Sc: Monachy«, unten Mitte: »DABO TIBI VBERA MEA, Cant 7«
22,2 x 16,5 cm (Bildgröße)
MÜNCHEN, Staatliche Graphische Sammlung, Inv. Nr. 102 892
MÜNCHEN, Stadtmuseum, Inv. Nr. M S I/917

Die Radierung von Franz Xaver Jungwierth diente sicher ebenfalls als Andachtsbild (vgl. D 22).

LITERATUR: Biller 1984, 92, Anm. 7. B.H.

D 24
Madonna mit Kind

Aufgestochene Radierung; bezeichnet unten links: »C.D. Asam«
13,0 x 9,9 cm (Bildgröße)

Der Stecher dieses kleinen Andachtsbildes in ovalem Rahmen ist unbekannt. Das in Meyers Künstler-Lexikon erwähnte Blatt ist bislang nicht mehr aufgetaucht.

LITERATUR: Meyers Künstler-Lexikon, Leipzig 1870 ff., Band 2 – Biller 1984, 92, Anm. 7. B.H.

Katalog der in der Ausstellung gezeigten Werke aus dem Umkreis Cosmas Damian Asams

U 29 JOSEPH IGNAZ APPIANI (1706-1785), *Triumph des Heiligen Norbert über den Irrlehrer Tanchelin*

A FAMILIE

Georg Asam 1649-1711
Egid Quirin Asam 1692-1750

U 1
GEORG ASAM (1649-1711)
Grablegung um 1690
Öl auf Leinwand; 1,94 x 1,52 m
STRAUBING, Ursulinenkloster

Das oben rundbogig geschlossene Gemälde zeigt in nächtlichem Licht den leblosen Körper Christi, der von Josef von Arimathia und Nikodemus zu Grabe getragen wird. Klagend umringen Frauen, in deren Mitte Maria steht, den Leichnam. Der muskulöse Körper ist erschlafft. Schwere Töne, ein fahles Weiß und kupfriges Rot beherrschen die Szene.

Das Bild – das nachweislich aus dem Nachlaß von Cosmas Damian Asam stammt, der es dem Ursulinenkloster vermachte – ist wohl eine Kopie von Georg Asam nach Johann Carl Loth (1632-1698). Loths Malweise und seine Kompositionen haben Georg Asam während seines Aufenthalts im Kloster Tegernsee so nachhaltig beeindruckt, daß er außer Kopien nach Lothschen Gemälden, die er für seinen Auftraggeber schuf, auch Repliken für seinen eigenen Bedarf anfertigte. Die italienische Manier des Gemäldes fiel bereits Meidinger (›Historische Beschreibungen‹, 1787) auf. Zusammen mit dem übrigen künstlerischen Nachlaß des Vaters – den Zeichnungen, Stichen und anderem Vorlagenmaterial – ging das Bild dann wohl in den Besitz von Cosmas Damian über und wurde Teil von dessen Werkstattfundus, aus dem der Künstler immer wieder schöpfte.

LITERATUR: Tyroller 1978, 24, 30-32 – Wagner-Langenstein 1983, 31, 220, 221, Nr. 11 – Trottmann 1986, 21/22. B.H.

U 2
GEORG ASAM (1649-1711)
Schutzengel um 1691/92
Feder in Hell- und Dunkelgrau, grau laviert, auf ursprünglich hellem, jetzt bräunlich verfärbtem Papier;
14,5 x 0,99 cm
AUGSBURG, Städtische Kunstsammlungen, Inv. Nr. G 22 126

Die kleinformatige Zeichnung entstand in Zusammenhang mit dem Gemälde gleichen Themas in der ehemaligen Benediktiner-Klosterkirche Tegernsee. Das Schutzengelbild ist eine Kopie Asams nach einem Gemälde von Johann Carl Loth (1632-1698), das dieser aus Venedig 1691 für das Kloster geliefert hatte.

Gemäldekopie und Nachzeichnung, zu der noch eine frühere Fassung im Kunsthandel existiert, bezeugen die intensive Auseinandersetzung Georg Asams mit dem in Venedig ansässigen Johann Carl Loth.

Neben der Tegernseer Loth-Kopie, die eine Auftragsarbeit für das Kloster war, schuf Georg Asam auch für sein eigenes Werkstattmaterial eine Replik des berühmten Schutzengelbildes, die sich später im Besitz der Söhne befunden hat.

Die Nachzeichnung des Vaters sowie die Replik lieferten auch Cosmas Damian noch Anregungen. Sein Schutzengelbild in Osterhofen [G 23] zeigt deutlich den Einfluß von Loths Gemälde für Tegernsee.

LITERATUR: Feulner 1926, 80, Nr. 463 – Baumeister 1950, Nr. 20 – Wagner-Langenstein 1983, 236, Nr. 20. B.H.

U 3
GEORG ASAM (1649-1711)
Der Heilige Quirinus als Helfer von Kranken, Menschen und Tieren um 1698
Feder in Graubraun, graubraun laviert, weiß gehöht, auf blaugrüngrauem Papier;
17,2 x 27,8 cm
AUGSBURG, Städtische Kunstsammlungen, Inv. Nr. G 21 833

Entwurf für ein heute verschollenes Altarblatt in der Benediktiner-Klosterkirche Tegernsee.

Die Zeichnung galt bis vor kurzem als Blatt von Johann Andreas Wolff (1652-1716). Der Münchner Hofmaler war ein Generationsgenosse Asams.

LITERATUR: Wagner-Langenstein 1983, 237, Nr. 21. B.H.

U 4 (2 Abbildungen)
EGID QUIRIN ASAM (1692-1750)
Tabernakelengel um 1732/33
Holz; in Silber und Gold gefaßt;
Höhe 2,35 m
OSTERHOFEN-ALTENMARKT, ehemalige Prämonstratenserkloster-, dann Damenstifts-, heute Pfarrkirche Sankt Margaretha

Die Ausstattung der ehemaligen Prämonstratenser-Klosterkirche in Osterhofen-Altenmarkt zählt zu den bedeutendsten Gemeinschaftsarbeiten der Brüder Asam.

Stuck und Malereien waren laut Chronogramm 1731 beendet. An die Aufstellung der Altäre ging man in den darauffolgenden Jahren. Das Hochaltarbild [G 22] schuf Cosmas Damian 1732. Auf der Mensa vor dem Altarblatt steht das Tabernakel-Ensemble, flankiert von hohen, gedrehten Säulenpaaren. Der Tabernakel mit der Emmausdarstellung trägt das Altarkreuz, das von einem Strahlenkranz mit Engelsköpfen hinterfangen wird. Die zwei Anbetungsengel zu seiten des Tabernakels sind auf das darin aufbewahrte Sanctissimum bezogen. Links beugt sich mit in sich gekehrtem Ausdruck, in stiller Anmut, der Anbetungsengel vor. Rechts räuchert sein Pendant mit einem Weihrauchfaß den Tabernakel. Graziös hält der Engel das Gefäß in Händen.

Die in reichem Faltenwerk sich bauschende Gewandfülle steht in wirkungsvollem Kontrast zu den glatt und weich geformten Körpern, deren Silberfassung auch farblich von der Vergoldung der Gewänder abhebt. Beide Engel sind in Holz ausgeführt, einem Material, in dem Egid Quirin nur ausnahmsweise arbeitete.

LITERATUR: Brunner 1951, 83 ff. – Ausst. Kat. München 1958, Nr. 429 a, b – Lieb [4]1976, 59, Abb. 56, 57 – Rupprecht 1980, 190, 193 mit Abb. – Peter Volk, *Rokokoplastik in Altbayern, Bayerisch Schwaben und im Allgäu,* München 1981, 57, Abb. 14/15 (mit weiterer Literatur). B.H.

U 4

U 4

U 5
EGID QUIRIN ASAM (1692-1750)
Schaubild einer Rundkapelle zwischen 1725 und 1730
Feder in Schwarz, grau und braun laviert, wenig Deckweiß;
49,9 x 37,4 cm
MÜNCHEN, Staatliche Graphische Sammlung, Inv. Nr. 40 951

Der sorgfältig ausgearbeitete Entwurf vereint in einer längs gehälfteten Zeichnung links die Außenansicht einer Rundkapelle in perspektivischer Wiedergabe und rechts den Blick in das Innere der zweigeschossigen Anlage.

Dem Eingang gegenüber ist der Altar plaziert. Eine geschwungene Treppe führt auf einen Emporengang. Wie in Weltenburg öffnet sich die innere Kuppelschale in einen durchlichteten Tambourraum, der außen hochgeführt und von einer Flachkuppel gedeckt ist. Die Ovalfenster des Tambours sorgen für eine indirekte Durchlichtung der abschließenden Kuppelwölbung.

Durch einen Aktenfund konnte die Zeichnung zu dem von Egid Quirin seit 1725 projektierten Kirchenbau auf dem Grund seines Bruders in Thalkirchen vor München in Beziehung gesetzt werden. In jenem Jahr hatte sich Egid Quirin an den Fürstbischof von Freising mit der Bitte gewandt, in Thalkirchen eine Kapelle zu Ehren des Heiligen Geistes bauen zu dürfen. Das Gesuch wurde genehmigt, der Plan jedoch in weitaus bescheidenerem Rahmen 1730 von Cosmas Damian realisiert.

Das Bildprogramm, das im Entwurf festgehalten ist, bestätigt die Zuweisung des Blattes an dieses nicht verwirklichte Projekt: An zentraler Stelle war – wohl als Stuckrelief – die Pfingstdarstellung geplant, in der Kuppel ist der auferstandene Christus vor den Aposteln zu sehen; ein Thema das ebenfalls mit dem Heiligen Geist (Johannes 20,22) in Verbindung gebracht werden kann.

LITERATUR: Baumeister 1951, 208 – Ausst. Kat. München 1958, Nr. 244 – Rupprecht 1980, 140/141 mit Abb. – Ausst. Kat. München 1985, 128, Nr. 133, Farbtafel 6. B.H.

U 6
EGID QUIRIN ASAM (1692-1750)
Hochaltar der Wallfahrtskirche Maria Dorfen um 1739-1740
Feder in Grauschwarz, olivfarben, grau und braun laviert, stellenweise weiß gehöht; rechts auf der Architektur beschriftet: »der zogl [= Sockel] 3 sch[uh] 6 zol«, »das Bostament 5 sch[uh]«, »Die sauln sambt den Cabidal [= Kapitell] und tachs [= Gesims] 13 sch[uh] 3 zol«, »haubtgesimsdachung 5 sch[uh] 5 zol«
47,3 x 29,7 cm
MÜNCHEN, Staatliche Graphische Sammlung, Inv. Nr. 32093

Entwurf für den Hochaltar der Wallfahrtskirche Maria Dorfen. Die Zuschreibung der Zeichnung an Egid Quirin wurde in jüngster Zeit durch einen Quellenfund in Frage gestellt. Aus den Nachrichten geht hervor, daß »Herr Asam« 1728 »von dem Stukkador Altar ein Visier« geliefert hatte, dessen Ausführung jedoch wegen der hohen Kosten nicht realisiert wurde. 1741 heißt es dann in den Quellen, daß der Riß »von dem verstorbenen Herrn Asam« stamme, womit nur der 1739 gestorbene Cosmas Damian gemeint sein konnte.

Nach dem Tod seines Bruders erhielt Egid Quirin den Auftrag, den Entwurf zu modifizieren und ein Modell anzufertigen, auf dessen Grundlage der Altar bis 1749 fertiggestellt wurde. An der Ausführung waren außer Egid Quirin mehrere andere Künstler beteiligt.

Auch wenn aus den Quellen zweifelsfrei hervorgeht, daß Cosmas Damian bereits 1728 einen Entwurf für Dorfen gefertigt hatte, ist das vorliegende Blatt wohl kaum damit zu identifizieren. Gerade in jener Zeit – nach seinem Auftrag in Kladrau – gewinnt die Handschrift Cosmas Damians in seinen Entwürfen immer stärker expressive Ausdruckskraft. Energische Federzüge und großzügig über die Formen hinwegspielende Lavierungstöne kennzeichnen seine Entwürfe aus den Jahren 1725 bis 1728 (vgl. Z 26-Z 30, Z 32 und 33). Vielmehr erinnert der kleinteilige, sich an dekorativen Details festhaltende Zeichenstil an den Entwurf von Egid Quirin für eine Rundkapelle (Nr. 5). Die weichen, flutenden Formen sowie ein Zug zu verspielter Zartheit setzen das Blatt überdies in die Nähe des großformatigen Entwurfs von Egid Quirin für die Strahlenmonstranz in der Johann-Nepomuk-Kirche (Nr. 7), die etwa zeitgleich mit dem Altarentwurf entstanden sein dürfte.

Vermutlich liegt in dem vorliegenden Blatt der von Egid Quirin neu gefaßte Entwurf – nach der heute verschollenen Zeichnung Cosmas Damians – vor, den der Künstler nach dem Tod seines Bruders auf Wunsch des Auftraggebers schuf. Im Zentrum des Altaraufbaus ist das spätgotische Mariengnadenbild unter einem Baldachin plaziert. Vor den gedrehten Säulenpaaren, die die Marienfigur rahmen, stehen die Heiligen Dominikus und Katharina von Siena, Silvester und Rupert. Außen schließen die Personifikationen von ›Hoffnung‹ und ›Glaube‹ die Komposition ab, während oben Engel eine riesige Krone über den Baldachin breiten.

In dem Entwurf wiederholen sich Motive aus Egid Quirins früheren plastischen Werken, aus dem Hochaltar in Sankt Peter zu München, aus dem Osterhofener Hochaltar und dem Hochaltar in Sankt Anna am Lehel in München.

LITERATUR: Baumeister 1951, 208, 212, Abb. S. 209 – Benker 1954, 29-37, Abb. Seite 31 – Hermann Eigner und Erwin Schleich, *Maria Dorfen,* Wangen im Allgäu 1972, 5 ff. – Ausst. Kat. München 1985, 121/122, Nr. 127 mit Abb. B.H.

U 7
EGID QUIRIN ASAM (1692-1750)
Strahlenmonstranz der Johann-Nepomuk-Kirche in München um 1742
Rötel, Feder und Pinsel in Grau, gelb und orangefarben laviert, bezeichnet: »E:Q: Asam«; Rand beschädigt;
71,0 x 51,7 cm
BERLIN, Staatliche Museen Preußischer Kulturbesitz, Kunstbibliothek, Inv. Nr. Hdz 4839

Entwurf für eine Strahlenmonstranz der Johann-Nepomuk-Kirche in München.

1742 beauftragte Egid Quirin den Münchner Goldschmied Johann Christoph Steinbacher, für seine Hauskirche an der Sendlinger Straße eine Monstranz anzufertigen. Den Entwurf für die in Silber getriebene und vergoldete Monstranz (im Besitz der Priesterhausstiftung Sankt Johann Nepomuk, München) lieferte Egid Quirin selbst.

Die Zeichnung vereint Aufriß, Grundriß und Profilansicht auf einem Blatt, wobei die Hauptansicht in malerisch-plastischer Form in verschiedenen Lavierungstönen sorgfältig ausgearbeitet wurde, Grundriß und Seitenansicht jedoch nur schematisch vorgestellt sind und wichtige Angaben für die handwerkliche Umsetzung enthalten. Bei der Ausführung hielt sich Steinbacher sehr genau an den Entwurf Egid Quirins.

Die bewegte Gestalt der Gottesmutter auf der Weltkugel drückt den Drachen auf dem Sockel nieder. Über Marias Haupt scheint die Strahlenglorie zu schweben. Aus den wie Flammen züngelnden Strahlen beugt sich die Gestalt Gottvaters segnend herab. Im Zentrum der Glorie erscheint die Hostie mit dem Bild des Erlösers auf dem Opferlamm.

Ikonographisch und kompositionell greift Egid Quirin in seinem Entwurf auf die berühmte Diamanten-Monstranz der Loretokirche in Prag zurück, die er bei seinem Pragaufenthalt kennengelernt haben konnte.

LITERATUR: Baumeister 1951, 214-217, Nr. 3, Abb. 6 – Lankheit 1975, 40, Abb. 6 und Anm. 13 – Ausst. Kat. Berlin 1976, 48, Nr. 98, Abb. 51 (mit ausführlichen Literaturangaben) – Ausst. Kat. Ettlingen 1982, 60/61 mit Farbabb. – Ausst. Kat. München 1985, 68, 70, Nr. 60/61 mit Abb. B.H.

U 8
EGID QUIRIN ASAM (1692-1750)
Szenen aus dem Leben des Heiligen Ignatius von Loyola 1748/49
Kohle und Pinsel;
41,2 x 30,2 cm
WASHINGTON, National Gallery of Art, Inv. Nr. B-26, 772

Entwurf für das Kuppelfresko in der Mannheimer Jesuitenkirche. Die Fresken wurden während des Zweiten Weltkrieges zerstört. Bis zu seinem Tod, 1750, stellte Egid Quirin, dem man hier Stuckierung und Freskierung für 10500 Gulden übertragen hatte, die Malereien im Langhaus und in der Kuppel fertig.

Die vier Zwickelbilder, die im Entwurf mit zwei Vorschlägen zu ihrer Gestaltung bereits festgehalten sind, führte der kurpfälzische Hofmaler Philipp Hieronymus Brinkmann (1709 bis 1761) aus (vgl. Wagenmann 1919, 63/64).

Nach einer Beschreibung Gerichs (1908, 208, 214) von der noch unzerstörten Kirche stimmt der Entwurf mit den dargestellten Szenen in der Kuppel genau überein. Gezeigt werden in acht unterschiedlich großen Segmenten Szenen aus dem Leben des großen Gründers und Ordensheiligen der Jesuiten, Ignatius von Loyola. Das Aufteilungsschema der Komposition entlehnte Egid Quirin bei seinem Bruder, der in Ettlingen und Friedberg ganz ähnliche Lösungen vorgegeben hatte. Als Alternative zu den Erdteildarstellungen bietet Egid Quirin statt ›Europa‹ und ›Afrika‹, die in den Zwickelfresken zu sehen waren, neben dem kurpfälzischen Wappen die Evangelisten Johannes und Lukas an.

Wie in den späten Zeichnungen aus den dreißiger Jahren von Cosmas Damian, macht sich auch im Zeichenstil Egid Quirins in seinen letzten Jahren eine Wandlung bemerkbar: Statt mit der Feder modelliert der Künstler nun in weichen Zügen mit dem Pinsel seine Gestalten, die sich im Licht aufzulösen scheinen. Es bleibt jedoch die Neigung zu dekorativer Überfüllung im Ornamentalen.

LITERATUR: Rupprecht 1980, 234/235 mit Abb. B.H.

U 9
EGID QUIRIN ASAM (1692-1750)
Maria Carolina de verbo incarnato auf dem Totenbett 1748
Öl auf Leinwand, 78,0 x 110,5 cm
MÜNCHEN, Kloster der Servitinnen

Maria Carolina, mit bürgerlichem Namen Renata Schönauer (1713-1748), wurde in München im 18. Jahrhundert als Heilige verehrt. Die am 7. April 1748 mit erst fünfunddreißig Jahren verstorbene Nonne ist auf ihrem Sterbelager dargestellt.

Im Habit der Servitinnen liegt Maria Carolina vor der Hospital-Muttergottes aus dem Herzogspital, Münchens großer Sterbepatronin, aufgebahrt. Ein Kranz aus Rosen und Rosmarin umkränzt ihr Haupt. Sterbekreuz, Rosenkranz und erloschene Sterbekerze hält die Tote in Händen.
LITERATUR: Ausst. Kat. *Die letzte Reise. Sterben, Tod und Trauersitten in Oberbayern,* herausgegeben von Sigrid Metken, München 1984, 122, Nr. 140a mit Abb. B.H.

B MÜNCHNER UMKREIS

Johann Anton Gumpp 1654-1719
Melchior Steidl 1657-1727
Nicolaus Gottfried Stuber 1688-1749

U 10
JOHANN ANTON GUMPP (1654-1719)
Architekturprospekt
Feder in Braun, pastellgrau, -grün, -rosa und -braun laviert;
45,9-46,5 x 43,0-43,5 cm
INNSBRUCK, Universitätsbibliothek
Das Blatt ist aus konservatorischen Gründen nicht verleihbar; in der Ausstellung wird es durch ein Foto dokumentiert.

Entwurf für einen Architekturprospekt, dessen Ausführung unbekannt ist. Der Tiroler Johann Anton Gumpp war ein Generationsgenosse Georg Asams und hatte um 1700 für den Münchner Hof in den Schlössern Lustheim, Schleißheim und Nymphenburg gearbeitet. Als Schüler Egid Schors (1627-1701) war er mit der italienischen Großmalerei vertraut. Der vorliegende Entwurf mit seiner schweren illusionistischen Architektur ist ohne Kenntnis römischer Vorbilder, vor allem der Perspektivkunst Andrea Pozzos (1642-1709), nicht denkbar. Gumpp, der sich vor seiner Niederlassung in München in Italien aufgehalten hatte, vollzog als einer der ersten im süddeutschen Raum den Anschluß an die italienische Monumentalmalerei. Sowohl Georg Asam als auch sein Sohn Cosmas Damian werden sich mit den italienisch geprägten Deckenstücken Gumpps auseinandergesetzt haben.
LITERATUR: Krapf 1979, 22, Fig. 57. B.H.

U 11
MELCHIOR STEIDL (1657-1727)
Himmelfahrt Mariä um 1711
Feder in Braun, Vorskizzierung und Konstruktionslinien in Rötel, grau laviert, aufgezogen;
46,4 x 26,5 cm
STUTTGART, Staatsgalerie, Inv. Nr. 292

Gesamtentwurf für das 1711 entstandene Langhausfresko in der Kirche auf dem Schönenberg über Ellwangen. Maria steht auf der Weltkugel, umgeben von Engeln. Über ihr erscheint Gottvater in den Wolken. Mit der Lilie, dem Symbol der Reinheit, ist die Gottesmutter den ersten Menschen gegenübergestellt. Maria als ›Neue Eva‹ löst die Erbschuld ein.

Zu dem Fresko sind noch zwei weitere Gesamtentwürfe bekannt (in englischem Privatbesitz und im Kunsthistorischen Museum in Budapest). In einer Teilkomposition bereitete Steidl die Gruppe um Maria noch weiter aus (Basel, Kunstmuseum). In der stark plastischen Modellierung der Figuren, der bewegten Linienführung, der reichen Lavierung und energischen Schraffierung unterscheidet sich der Zeichenstil Steidls deutlich von dem seines Generationsgenossen Georg Asam.
LITERATUR: Mus. Kat. 1964, 34, Nr. 53 – Meinecke 1971, 185, Nr. 36, Abb. 338 – Ausst. Kat. *Barock in Ellwangen,* Ellwangen 1981, 74, Nr. 168. B.H.

U 12
NIKOLAUS GOTTFRIED STUBER (1688-1749)
Sieben Werke der leiblichen Barmherzigkeit um 1727
Pinsel in Grünbraun, auf graugrünem, ehemals blauem Papier;
42,0 x 54,0 cm
MÜNCHEN, Staatliche Graphische Sammlung, Inv. Nr. 347

Entwurf für ein Wandgemälde.

Lorenz Westenrieder erwähnt ein »vortreffliche[s] Frescogemälde am hiesigen hl. Geistspital, welches die sieben leibl. Werke der Barmherzigkeit vorstellt«, und mit dem der vorliegende Entwurf in Verbindung gebracht werden kann. Das Fresko selbst ist nicht erhalten. Vermutlich entstand es zusammen mit dem Deckenfresko in den Seitenschiffen der Heilig-Geist-Kirche zu München, die Stuber 1727 schuf, während Cosmas Damian Asam das Mittelschiff ausmalte [vgl. Z 31].

Die Zeichnung zeigt die Sieben Werke der Leiblichen Barmherzigkeit in sieben Figurengruppen, die zu einer einheitlichen Komposition zusammengefaßt sind. Die Gruppe mit der Tränkung eines Durstigen links im Vordergrund wiederholte Stuber kaum verändert in einem der Gewölbefresken im Seitenschiff der Heilig-Geist-Kirche (vgl. die Entwurfszeichnung zu dem heute zerstörten Fresko in der Staatlichen Graphischen Sammlung, Inv. Nr. 30510).

Der Münchner Hofmaler Nikolaus Gottfried Stuber stand in enger Beziehung zu Asam. Sein Vater Kaspar Gottfried Stuber hatte wie Georg Asam eine Tochter des Münchner Hofmalers Nikolaus Prugger geheiratet. 1712/13 hielt sich Stuber möglicherweise zusammen mit Cosmas Damian Asam und Franz Georg Hermann in Rom auf. 1723 erlangte der Künstler die Hoffreiheit. Außer in der Heilig-Geist-Kirche arbeitete Stuber auch bereits in Schleißheim neben Asam. In Konkurrenz zu seinem Vetter fertigte er ein Modell für den Chorraum der Münchner Peterskirche, das auch ausgeführt wurde.
LITERATUR: Westenrieder 1782, 381, 382 – Volk 1970, 140, Anm. 13, Abb. 101. B.H.

U 13

C SCHÜLER UND MITARBEITER

Christoph Thomas Scheffler 1699-1756
Felix Anton Scheffler 1701-1760
Otto Gebhard 1703-1773
Matthäus Günther 1705-1788

U 13 (Abbildung)
CHRISTOPH THOMAS SCHEFFLER (1699-1756)
Constantia und Sapientia um 1719/20
Rötel, graubraun laviert; am unteren Rand bezeichnet: »Constantia«; auf der Rückseite als ›Scheffler‹ bezeichnet;
18,9 x 30,3 cm
ELLWANGEN, Schloßmuseum, Inv. Nr. 1395/270

Entwurf für das Fresko im nördlichen Chorseitenschiff der Benediktiner-Klosterkirche Weingarten [F VII, 16], in der Cosmas Damian Asam seit 1718 arbeitete.

Das abwechselnd an Cosmas Damian Asam und Christoph Thomas Scheffler zugeschriebene Blatt zeigt die beiden Kardinaltugenden ›Constantia‹ mit der Säule und ›Sapientia‹ mit dem Buch. Im Fresko selbst erscheinen die beiden Figuren in Zusammenhang mit der Darstellung der Sieben Gaben des Heiligen Geistes. Die Personifikationen werden dort mit einigen Veränderungen ausgeführt.

Scheffler, der bis zum Herbst 1722 als Gehilfe bei Asam arbeitete, war an der Ausführung der Weingartner Fresken beteiligt. Die Zeichnung weist in ihrer genauen zeichnerischen Wiedergabe und der sorgfältigen Körpermodellierung weitaus mehr Parallelen zu dem Zeichenstil Schefflers in seiner Frühzeit auf, als zu der großzügig angelegten Einzelstudie [Z 10] und dem durch seine malerische Gesamtwirkung auffallenden Gesamtentwurf Asams für ein anderes Fresko in Weingarten [Z 9].
LITERATUR: Bushart 1953, 86, Nr. 47 (als Scheffler) – Ausst. Kat. Bregenz 1963, 32, Nr. 6 (als fragliche Zuschreibung) – Schoener 1966, 15/16, Nr. 11 (als Asam) – Ausst. Kat. Bruchsal 1981, Band 1, 66/67, Nr. A 4 (als Asam, Zuschreibung) – Ausst. Kat. Ettlingen 1982, 74/75 mit Abb. (als Asam). B.H.

U 14
CHRISTOPH THOMAS SCHEFFLER (1699-1756)
Himmelfahrt Mariä um 1726/27
Feder über Bleivorzeichnung, laviert, weiß gehöht, auf grauem Papier, quadriert (in Blei); 39,0 x 59,0 cm
FRANKFURT, Historisches Museum, Inv. Nr. 9220

U 16

U 17

Entwurf für das Chorfresko in der ehemaligen Jesuitenkirche in Ellwangen, die Scheffler in den Jahren 1726/27 gemeinsam mit Josef Firtmair vollständig ausmalte.

Zu der sorgfältig ausgearbeiteten Federzeichnung existiert im Ellwanger Schloßmuseum (Inv. Nr. 1395/332) ein vorausgehender Entwurf, der flüchtig in Blei skizziert ist.

Die fächerartige Ausarbeitung der auch bei Asam häufig dargestellten Himmelfahrtsszene berücksichtigt bereits die starke Wölbung im Chor der Kirche.

LITERATUR: Bushart 1964, 90-92, Abb. 4 – Ausst. Kat. Bruchsal 1981, Band 1, 109/110, Nr. A 73 mit Abb. B.H.

U 15
CHRISTOPH THOMAS SCHEFFLER
(1699-1756)
Die Anbetung der Hirten um 1733
Feder in Rotbraun und Braun, über Rötelskizze, teilaquarelliert, mit Gold und etwas Deckweiß gehöht; Figur rechts außen mit Kreide übergangen;
46,0 x 41,3 cm
NÜRNBERG, Germanisches Nationalmuseum, Inv. Nr. Hz 4052

Entwurf für das Chorfresko der Pfarr- und ehemaligen Benediktiner-Propsteikirche Unterliezheim (Landkreis Dillingen), das Scheffler 1733 ausführte.

Die Zeichnung zeigt die Anbetung der Hirten in hochovalem Rahmen. Ein Teil der ornamentierten Kuppelschale hält Scheffler ebenfalls in seinem Entwurf fest. Am oberen Kuppelrand, wo Gottvater von Engeln umgeben erscheint, quellen Wolken über den Rahmen.

Erst kurz vor dem Auftrag in Unterliezheim war Scheffler über Prag aus Schlesien nach Augsburg zurückgekehrt. Auf dieser Reise dürfte der Maler mit Sicherheit die Fresken seines ehemaligen Lehrmeisters in Kladrau und Břevnov gesehen haben. Die Einflüsse Asams sind in seinem Entwurf zumindest unverkennbar. Die Figur des Hirten im Vordergrund, der in kniefälliger Haltung das neugeborene Kind anbetet, ist beispielsweise in Seitenverkehrung mit einer Figur aus dem Hochwandfresko Asams im Chor der Kirche von Kladrau identisch [F xv, 14].

Zu der Zeichnung liegt im Ellwanger Schloßmuseum eine frühere Vorstudie vor (Inv. Nr. 1395/133).

LITERATUR: Mus. Kat. Nürnberg 1969, 254/255, Nr. 304 (mit weiterer Literatur) B.H.

U 16 (Abbildung)
CHRISTOPH THOMAS SCHEFFLER
(1699-1756)
Gottvater um 1737
Blei, Rötel; rotbraun und blaugrau laviert, weiß gehöht, in einen Kreis einbeschrieben (Blei); Rückseite: Zusammenhanglose Skizze in Blei
28,6 x 40,2 cm
ELLWANGEN, Schloßmuseum, Inv. Nr. 1395/60

Entwurf zum 1737 ausgeführten Chorfresko in Todtenweis bei Aichach.

Die Komposition mit Gottvater und einem Engel ist wie im Fresko in einen Kreis als Rahmen eingefügt, der im Entwurf bereits mit Blei dünn angedeutet ist.

Noch ein Jahrzehnt nach Schefflers Austritt aus der Asamwerkstatt erinnert die schwungvoll angelegte Skizze mit den wirkungsvoll eingesetzten unterschiedlichen Lavierungstönen an den Zeichenstil des einstigen Lehrmeisters.

LITERATUR: Braun 1939, 87, Nr. 2 – Bushart 1953, 86, Nr. 32 mit Abb. B.H.

U 17 (Abbildung)
CHRISTOPH THOMAS SCHEFFLER
(1699-1756)
Vermählung Mariä um 1740
Pinsel in Grau und Schwarz, über Vorzeichnung in Blei, in Weiß gehöht; auf blauem Papier; einzelne Papierstreifen unterlegt; fleckig; Maßstab am linken Rand in brauner Feder; Rückseite: Blattornamente; Schraffuren und Kreise in Blei; Strichproben in brauner Feder; Beschriftung (Adresse) in Feder und zweimal »D«;
34,5 x 32,7 cm
WÜRZBURG, Martin-von-Wagner-Museum, Graphische Abteilung, Inv. Nr. 1265

Entwurf für das 1740 unter zum Teil erheblichen Veränderungen ausgeführte Kuppelfresko in Witzighausen.

Die Vermählungsszene ist in einen weiten Kuppelraum eingeordnet. Aus dem seitlichen Säulengang blicken Männer und Frauen zu der Gruppe vor dem Hohenpriester. Engel gleiten auf Wolken herab, um der Vermählung beizuwohnen. Links zieht vom Gesims ein Wolkenband zur Kuppelöffnung empor, in der das Dreifaltigkeitssymbol erstrahlt.

Die Organisation der Bildarchitektur, die Führung der Wolkenformation und die Einordnung des Figürlichen in die Bildarchitektur lassen auch nach nahezu zwei Jahrzehnten selbständiger Tätigkeit die Schulung Schefflers an Asam erkennen.

LITERATUR: Ausst. Kat. *Deutsche Zeichnungen 1500-1800 aus dem Martin-von-Wagner-Museum der Universität Würzburg,* Würzburg 1982, 38/39, Nr. 27 mit Abb. Seite 68. B.H.

U 18
CHRISTOPH THOMAS SCHEFFLER
(1699-1756)
Anbetung des Apokalyptischen Lammes
um oder nach 1741
Ölgrisaille auf Papier auf Leinwand;
39,5 x 57,0 cm
AUGSBURG, Städtische Kunstsammlungen, Inv. Nr. 6462

Die Ölgrisaille, deren Bestimmung nicht eindeutig geklärt ist, dürfte wohl eine nachträglich angefertigte Vorlage zu einer geplanten Kupferstichreproduktion sein.

Das Bild zeigt die vierundzwanzig Ältesten in Verehrung des Lammes auf dem Buch mit den sieben Siegeln nach der Vision des Johannes (Apokalypse, Kapitel 4 und 5). In der Kartusche sind die Worte zu lesen: »OSTENDIT MIHI FLUVIUM AQUAE VITAE PROCEDENTEM DE SEDE DEI ET AGNI Apcal. 22« (Er zeigt mir einen Quell lebendigen Wassers, der ging aus vom Stuhl Gottes und des Lammes. Offenbarung 22, 1).

In der Komposition des häufig dargestellten Themas gibt Scheffler das 1741 von ihm gemalte Chorfresko in der Schönbornschen Schloßkirche Heusenstamm bei Offenbach am Main identisch wieder.

LITERATUR: Mus. Kat. Augsburg ^{2}1984, 213/214 (mit weiterer Literatur).

U 19
CHRISTOPH THOMAS SCHEFFLER
(1699-1756)
Der Heilige Bernhard von Clairvaux
wohl um 1740/50
Ölgrisaille auf Leinwand; 73,0 x 58,2 cm
AUGSBURG, Städtische Kunstsammlungen,
Inv. Nr. 6226

Die Ölgrisaille diente als Vorlage für ein nicht nachweisbares Thesenblatt.

Die Hauptszene geht auf eine Legende aus dem Leben des Heiligen Bernhard zurück, nach der der Heilige in Anwesenheit Kaiser Konrads II. 1146 im Dom zu Speyer von einer Madonnenstatue mit »Salve Bernarde« begrüßt worden sei und daraufhin Bernhard mit »Salve Regina« geantwortet haben soll.

Die Kartuschen enthalten verschiedene Bernhardsvisionen.

LITERATUR: Mus. Kat. Augsburg ^{2}1984, 214/215 (mit weiterer Literatur). B.H.

U 20 (Abbildung)
OTTO GEBHARD (1703-1773)
Sankt Emmerams Sarg wird geöffnet
um 1732/33
Öl auf Leinwand; 36,7 x 23,6 cm
REGENSBURG, Museen der Stadt Regensburg,
Inv. Nr. HV 1334 b

U 20

Freie Replik nach dem gleichnamigen Wandbild in der Benediktiner-Klosterkirche Sankt Emmeram in Regensburg (vgl. F XXI, 11), zu dem auch eine Vorzeichnung Asams [Z 48] vorliegt.

Der Sohn des Prüfeninger Klostermalers Johann Gebhard übernahm 1732/33 neben Asam selbständig die Ausmalung des Winterchors und eines Teils der Seitenschiffe, während zur selben Zeit sein Vater die übrigen Teile der Seitenschiffe und Cosmas Damian Asam das Hauptschiff ausmalt. In dieser Zeit gehörte Gebhard vermutlich zur Werkstatt Asams.

Vor dem geöffneten Sarg des Heiligen Emmeram steht Bischof Gaubald mit ausgebreiteten Armen und nach oben gerichtetem Blick. Seine Begleiter schauen in das Grab mit dem verstümmelten Leichnam des Heiligen.

Die Komposition übernahm Gebhard in seitenverkehrter Anordnung aus dem Fresko Asams, verändert allerdings die Haltung Bischof Gaubalds und seiner Begleiter. Die steil nach oben gehaltene Grabplatte und die Hintergrundarchitektur mit der Reiterfigur des Heiligen Georg gibt Gebhard wie in Asams Fresko wieder.

Im Vergleich mit der Vorzeichnung Asams [Z 48] ergeben sich noch zahlreiche weitere Unterschiede zu der Ölskizze Gebhards, so daß diese als Vorlage der Replik ausscheidet.

LITERATUR: bisher unveröffentlicht (Bestimmung durch Bruno Bushart). B.H.

U 21 (Abbildung)
OTTO GEBHARD (1703-1773)
Heilung des seligen Ramwold von Blindheit um 1732/33
Öl auf Leinwand; 36,7 x 23,6 cm
REGENSBURG, Museen der Stadt Regensburg,
Inv. Nr. HV 1334 a

Die Skizze gibt den blinden Abt Ramwold wieder. Der Legende nach soll der Abt in der

U 21

U 22

Kirche von Sankt Emmeram eingeschlafen sein. Im Traum erschien ihm der Heiland, um ihn mit einer brennenden Kerze von seiner Blindheit zu heilen.

Gebhard hält in seiner Skizze den Moment der Heilung fest, in dem Christus am Kreuz sich zu dem Schlafenden herabbeugt. Ein Engel links oben rafft vor der Szene einen Vorhang zur Seite.

Ohne daß eine direkte Vorlage Asams auszumachen wäre, nach der Gebhard die Skizze angefertigt haben könnte, weist das Bild doch Motive Asams auf. Auffällig ist überdies die Übereinstimmung des Engels am oberen Bildrand, mit der schwungvoll skizzierten Engelsgestalt in der Vorzeichnung Asams zu einem der Hochwandbilder in Sankt Emmeram (vgl. Z 48). Als Werkstattmitglied Asams hatte Gebhard offenbar Zugriff zu dessen Entwurfsmaterial.

LITERATUR: bisher unveröffentlicht (Bestimmung durch Bruno Bushart). B.H.

U 22 (Abbildung)
OTTO GEBHARD (1703-1773)
Verehrung des Heiligen Benedikt durch die vier Erdteile wohl nach 1740
Öl auf Leinwand; Rückseite: links unten auf der Originalleinwand schwer lesbar signiert: »Otto Gebhardt«; 77,0 x 48,0 cm
AUGSBURG, Städtische Kunstsammlungen
Inv. Nr. 6485

Entwurf für ein unbekanntes Deckenbild.

Im Zentrum der Komposition schwebt auf Wolken der Heilige Benedikt von Engeln umgeben. Sein Blick ist auf die Weltkugel über ihm gerichtet. Über der geschweiften Rahmung, die Gebhard in seiner Skizze festhält, sind die vier Erdteile angeordnet.

In der Typik erinnern die Gestalten an Figuren Asams, dem die Skizze früher auch zugeschrieben worden ist.
LITERATUR: Mus. Kat. Augsburg ²1984, 87, Abb. 69 (mit weiterer Literatur). B. H.

U 23
MATTHÄUS GÜNTHER (1705-1788)
Der Heilige Martin als Patron und Wundertäter 1733
Feder in Schwarz und Braun, grau laviert, weiß gehöht, Himmel in blauer Deckfarbe, geschweifte Umrahmung; ausgeschnitten. Unten Mitte später beschriftet »8398«; rechts und links Spuren von Knikkung, rechts stark beschädigt und restauriert; 27,0 x 42,3 cm
MÜNCHEN, Staatliche Graphische Sammlung, Inv. Nr. 12811

Entwurf für das vierte Langhausfresko in der Pfarrkirche Sankt Martin in Garmisch, das mit der Signatur »Mathae Gindter Invenit et Pinxit 1733« versehen ist.

In der Bildmitte steht der Heilige Martin umgeben von Kranken, Besessenen und Hilfesuchenden vor einer in Untersicht konzipierten Phantasiearchitektur. Über dem Kirchenpatron, der auf einem Treppenabsatz steht und von der mittleren Bogenarchitektur hinterfangen wird, öffnet sich ein Glorienhimmel mit Dreifaltigkeitssymbol, umgeben von Engeln. Entwurf und Ausführung stimmen im wesentlichen überein.

Günther, der erst 1728 die Werkstatt Asams verlassen hatte, greift in der Bildarchitektur auf Lösungen seines Lehrmeisters im Weingartener Heilig-Blut-Fresko [F VII, 2] zurück.
LITERATUR: Bärbel Hamacher, *Arbeitssituation und Werkprozeß in der Freskomalerei von Matthäus Günther (1705-1788)*, Magisterarbeit, München 1983, 53, Nr. 4, Abb. 6. B.H.

U 24
MATTHÄUS GÜNTHER (1705-1788)
Stifter und Heilige um 1735
Bleivorzeichnung, Pinsel, grau laviert, teils stockfleckig; 21,0 x 33,0 cm
STUTTGART, Staatsgalerie, Inv. Nr. C 22/46

Detailskizze für eine Figurengruppe des Kuppelmodells im Schloßmuseum zu Ellwangen.

Das Modell – eine halbkugelförmige Gipsschale mit bemalter Innenseite – ist Matthäus Günther zugeschrieben und um 1735 datiert. Eine Ausführung des Modells ist bislang nicht bekannt. Dargestellt sind die Himmelfahrt und Krönung Mariä durch die Heiligste Dreifaltigkeit. Am Rand, vor einer umlaufenden Scheinarchitektur, sind verschiedene, nicht näher zu bestimmende männliche und weibliche Heilige in Gruppen vorgestellt.

Die vorliegende Bleistiftskizze bereitet zusammen mit einem weiteren Blatt [U 25] zwei Hauptgruppen aus dieser Randzone vor. In der Mitte der Heiligen ist ein Prälat mit Bauplan und eine Äbtissin als Stifterfigur zu sehen.

Die weichen und fließenden Bleistiftzüge und die freie Lavierungstechnik erinnern an Zeichnungen Asams aus der Zeit um 1724-1728 (vgl. Z 26-33], als Günther in Asams Werkstatt arbeitete.
LITERATUR: Mus. Kat. Stuttgart 1964, 44, Nr. 96 (mit weiterer Literatur) – Bärbel Hamacher, *Arbeitssituation und Werkprozeß in der Freskomalerei von Matthäus Günther (1705-1788)*, Magisterarbeit, München 1983, 49, Nr. 47, Abb. 12. B. H.

U 25

U 25 (Abbildung)
MATTHÄUS GÜNTHER (1705-1788)
Heiligengruppe um 1735
Bleivorzeichnung, Pinsel, grau laviert; links unten beschädigt; rechts unten später beschriftet »VIII« und »D II 151«; 20,5 x 33,0 cm
WEILHEIM, Stadtmuseum, Inv. Nr. 115

Detailskizze für eine Figurengruppe des Kuppelmodells im Schloßmuseum Ellwangen (vgl. U 24).

In dem Entwurf bereitet Günther eine andere Gruppe aus der Randzone des Modells vor als in dem Stuttgarter Blatt. Die fünf Heiligen, die Günther in lebhaftem Hell-Dunkel-Kontrast schwungvoll skizziert, sind im Modell ohne größere Veränderungen wiedergegeben.
LITERATUR: Bärbel Hamacher, *Arbeitssituation und Werkprozeß in der Freskomalerei von Matthäus Günther (1705-1788)*, Magisterarbeit, München 1983, 49, Nr. 8, Abb. 14. B.H.

U 26
MATTHÄUS GÜNTHER (1705-1788)
Taufe des Heiligen Augustinus 1742
Feder in Braun, Bleivorzeichnung; grau, die Kuppelgewölbe gelblich laviert, weiß gehöht, in Blei dünn quadriert, aufgezogen; bezeichnet links unten »Matthe: Gündter Fecit, 1742«, Mitte oben die Zahl »6« (Inschrift »Te Deum Laudamus« oben Mitte); 33,2 x 25,4 cm
STUTTGART, Staatsgalerie, Inv. Nr. 627

Entwurf für das dritte Wandfresko in der ehemaligen Augustinerchorherrenkirche Rottenbuch bei Schongau.

Das signierte und datierte Blatt zeigt die Taufe des Heiligen Augustinus im Kreise seiner Freunde. Bei der Zeremonie (Ostern 387 in Mailand) soll zum ersten Mal der von Ambrosius eingefügte Lobgesang ›Te Deum laudamus‹ gesungen worden sein. In der Zeichnung weisen Putti auf einem entrollten Blatt auf die Anfangsworte des Kirchengesangs hin.

Das architektonische System mit den hintereinandergestaffelten Kuppeln variierte Günther möglicherweise frei nach dem Entwurf Asams für eines der Innsbrucker Langhausfresken in Sankt Jakob (vgl. Z 13).
LITERATUR: Mus. Kat. Stuttgart 1964, 38, Nr. 67, Abb. 31 (mit weiterer Literatur) – Bärbel Hamacher, *Arbeitssituation und Werkprozeß in der Freskomalerei von Matthäus Günther (1705-1788)*, Magisterarbeit, München 1983, Nr. 19, Abb. 36. B.H.

U 27 (Abbildung)
MATTHÄUS GÜNTHER (1705-1788)
Anbetung des Apokalyptischen Lammes 1744/45
Öl auf Leinwand, rechts unten alte Galerienummer »14«; 87,5 x 66,0 cm
AUGSBURG, Städtische Kunstsammlungen, Inv. Nr. 6169

U 27

U 28

Entwurf für das Chorfresko in der ehemaligen Benediktiner-Klosterkirche in Amorbach (Unterfranken), das Günther mit geringfügigen Änderungen 1745 ausführte.

Die Skizze gestaltet innerhalb einer mehrfach geschweiften Rahmung die Worte der Johannes-Offenbarung (Apokalypse, Kapitel 4 und 5). Im oberen Bildteil thront Gottvater auf Wolken. Vor ihm liegt das Lamm auf dem Buch mit den sieben Siegeln. Im Kreis darum erscheinen die vier apokalyptischen Wesen. Darunter stehen, liegen oder knien die vierundzwanzig Ältesten, die ihre Kronen abgelegt haben und ihre Rauchopfer darbringen. Am unteren Bildrand sitzt Johannes mit dem Adler. Der Engel ihm gegenüber weist auf die Vision des Evangelisten.

Im Gegensatz zu Asam ist von Matthäus Günther eine ganze Reihe von Ölskizzen bekannt, mit denen er seine Fresken und Altarbilder vorbereitete.

LITERATUR: Mus. Kat. Augsburg [2]1984, 98/99, Abb. 74 (mit weiterer Literatur) – Bärbel Hamacher, *Arbeitssituation und Werkprozeß in der Freskomalerei von Matthäus Günther (1705-1788)*, Magisterarbeit, München 1983, Nr. 23, Abb. 47. B.H.

U 28 (Abbildung)
MATTHÄUS GÜNTHER (1705-1788)
Letztes Abendmahl um 1745-50
Öl auf Leinwand, hinterklebt; 65,0 x 71,0 cm
NÜRNBERG, Germanisches Nationalmuseum, Inv. Nr. Gm 1184

Entwurf für ein unbekanntes Deckenbild, der aus stilistischen Gründen wohl um 1745/50 zu datieren ist.

In vierpaßförmiger Rahmung ist die Abendmahlszene wiedergegeben. Auf einem erhöhten Podest steht Christus in gebeugter Haltung und teilt an die sich ihm nähernden Apostel die Kommunion aus.

Deutlicher als in der Stuttgarter Zeichnung [U 26] greift Günther hier auf die Illusionsarchitektur Asams in Innsbruck zurück (vgl. Z 13).

LITERATUR: Mus. Kat. *Germanisches Nationalmuseum Nürnberg, Führer durch die Sammlungen*, München 1977, 134, mit Farbabb. – Bärbel Hamacher, *Arbeitssituation und Werkprozeß in der Freskomalerei von Matthäus Günther (1705 bis 1788)*, Magisterarbeit, München 1983, Nr. 25, Abb. 50 (mit weiterer Literatur). B.H

D NACHFOLGE

Joseph Ignaz Appiani 1706-1785

U 29 (Abbildung)
JOSEPH IGNAZ APPIANI (1706-1785)
Triumph des Heiligen Norbert über den Irrlehrer Tanchelin 1750
Öl auf Leinwand; unten rechts am Stein signiert: »I. Appiani 1750«; 95,5 x 122,0 cm
MÜNCHEN, Bayerisches Nationalmuseum, Inv. Nr. 63/33

Entwurf für das Mittelfresko im ehemaligen Refektorium der Prämonstratenserabtei Obermarchtal.

Über einem Stufenpodest steht der Heilige Norbert mit der Monstranz unter einem Baldachin. Staunend vefolgt das Volk vor ihm, wie der Häretiker Tanchelin zusammen mit Dämonen, geblendet von der Monstranz, in die Tiefe stürzt.

Möglicherweise war der in München geborene Joseph Ignaz Appiani einer der letzten Schüler Asams. Zwischen seiner Familie und Asam bestand nachweislich über die Arbeiten in Fürstenfeld eine Verbindung. Dort arbeitete Asam mit dem Bruder von Joseph Ignaz, dem Stukkator Jakob Appiani, zusammen. Da Joseph Appiani 1732 seinen ersten selbständigen Auftrag ausführte, dürfte er bis etwa 1731 bei Asam in der Ausbildung gewesen sein. In diese Zeit fallen unter anderem auch die Arbeiten Asams in Osterhofen (1730/31), wo dieser Szenen aus der Legende des Heiligen Norbert darzustellen hatte (vgl. F XIX). In seiner Skizze greift Appiani auf die Osterhofener Fresken Asams in einzelnen Motiven zurück, die er jedoch ganz eigenständig in seine Komposition integriert.

LITERATUR: Ausst. Kat. Bruchsal 1981, 65, Nr. A 2 mit Abb. (mit weiterer Literatur). B.H.

Vera et accurata forma Insignis Ecclesiæ Cathedralis B.V.M. Frisingensis, quam Reverendissimus ac Celsissimus S.R.I. Princeps et Episcopus Frisingensis IOANNES FRANCISCUS, ad annum suæ Diœcesis Millesimum, ut Sponsam jam in Sæculis præcedentem et ipse Sponsus et Iubilæus Sacerdos, ad solennem Sæculi Decani memoriam, sacrasque cum agno divino nuptias his pre, tiosis picturis auroque et Gybsata arte per Cos. Damian: et Ægid: Quir: Asam germanos Fratres elaboratis fingris, marmoribus alijsque ornamentis restauravit. 1724. Cui R.mo ac Celsissimo S.R.I Principi ac Episcopo in debitum Reverentiæ, Amoris, ac Gratitudinis Obeliscum pro Dei, Deiparæque Sanctorumque Patronorum Corbiniani, Sigismundi, „Gloria simulque R.mi Celsiss. Restauratori Memoria auro dignissima hanc æri incisam formam Donat, Dicat Dedicat.
Devotissimus Cliens
F. I. Mörl Calcographus.

FRANZ JOSEPH MÖRL nach COSMAS DAMIAN ASAM: *Das Innere des Freisinger Doms nach der barocken Umgestaltung durch die Brüder Asam. Kupferstich 1724* [D 13]

Anhang

Bibliographie

der abgekürzt zitierten Literatur

Werke und Aufsätze

Abele 1951:
Abele, Eugen, und Georg Lill, *Der Dom zu Freising,* Freising 1951

Altmann – Thürmer 1981:
Altmann, Lothar, und Rupert Thürmer OSB, *Benediktinerabtei Weltenburg a. d. Donau, gegründet um 600. Geschichte und Kunst* (Große Kunstführer, 86), München – Zürich 1981

Altmann 1982:
Altmann, Lothar, »Die Kulturkontinuität in der Asamkirche zu Weltenburg. Ein Vergleich zwischen der jetzigen Kirche und ihrer Vorgängerin«, in: *Ars Bavarica,* 25-26/1982, 65-72

Anstett 1975:
Anstett, Peter, »Asamsaal im Schloß zu Ettlingen instandgesetzt«, in: *Denkmalpflege in Baden-Württemberg,* N.F. 4/1975, Heft 2, 84

Aufleger – Trautmann 1894:
Aufleger, Otto, und Karl Trautmann, *Die kgl. Hofkirche zu Fürstenfeld. Die Klosterkirche zu Diessen,* München 1894

Bacher 1981:
Bachter, Falk, *Balthasar Augustin Albrecht 1687-1765. Ein bayrischer Hofmaler des Barock,* Mittenwald 1981

Bamberger 1914:
Bamberger, Ludwig, »Die Malerei in der ehemaligen Schloßkirche zu Ettlingen«, in: *Monatshefte der Kunstwissenschaften,* 7/1914, 258-262

Barth 1933:
Barth, Leo, *Die Jesuitenkirche in Mannheim,* Mannheim 1933

Batzl 1968:
Batzl, Herbert, *Sulzbach-Rosenberg. Kunst und Kunststätten,* München 1968

Batzl 1981:
Batzl, Heribert, *Michelfeld, Oberpfalz* (Kleine Kunstführer, 747), München – Zürich ²1981

Bauer 1961:
Bauer, Hermann, »Zum ikonologischen Stil der süddeutschen Rokokokirche«, in: *Münchner Jahrbuch der bildenden Kunst,* 12/1961, 218 ff.

Bauer 1965:
Bauer, Hermann, *Der Himmel im Rokoko,* Regensburg 1965

Bauer – Rupprecht 1976:
Bauer, Hermann, und Bernhard Rupprecht, *Corpus der barocken Deckenmalerei in Deutschland, 1, Die Landkreise Landsberg am Lech, Starnberg, Weilheim und Schongau,* München 1976

Bauer – Rupprecht 1981:
Bauer, Hermann, und Bernhard Rupprecht, *Corpus der barocken Deckenmalerei in Deutschland, 2, Die Landkreise Bad Tölz, Wolfratshausen, Garmisch-Partenkirchen und Miesbach,* München 1981

Bauer – Dischinger – Lehmbruch – Sauermost 1977:
Bauer, Richard, Gabriele Dischinger, Hans Lehmbruch und Heinz Jürgen Sauermost, *St. Johann Nepomuk im Licht der Quellen. Materialien und Erörterungen zur Asamkirche in München,* München 1977

Bauer 1978:
Bauer, Richard, »Das neue Westfenster in der Münchner Asamkirche«, in: *Zeitschrift für bayerische Landesgeschichte,* 41/1978, 293-297

Bauer 1980:
Bauer, Richard, »Zur Frage der ›Ursprünglichkeit‹ der beiden Choraltäre in der Münchner Asamkirche«, in: *Ars Bavarica,* 19-20/1980, 47-62

Baumeister 1950:
Baumeister, Engelbert, »Zeichnungen von Hans Georg Asam«, in: *Das Münster,* 3/1950, 156-161

Baumeister 1951:
Baumeister, Engelbert, »Die Zeichnungen des Egid Quirin Asam«, in: *Das Münster,* 4/1951, 207-218

Baumeister 1953:
Baumeister, Engelbert, »Zeichnungen des Cosmas Damian Asam«, in: *Das Münster,* 6/1953, 245-259

Baur-Heinhold 1952:
Baur-Heinhold, Margarete, *Süddeutsche Fassadenmalerei,* München 1952, 79-81

Bayerns Assunta 1973:
Bayerns Assunta. Marienkirche und Kloster in Rohr, herausgegeben von der Abtei zu Rohr in Niederbayern, Rohr 1973, 51-54

Beichele 1965:
Beichele, Wolfgang, »Die Gebrüder Asam«, in: *Heimatblätter für den Kreis Hilpoltstein,* 6/1965, Nr. 24 mit Abb.

Beichele 1966:
Beichele, Wolfgang, »Die Gebrüder Asam. Versuch einer Kurz-Monographie«, in: *Ingolstädter Heimatblätter,* 29/1966, Nr. 1, 2 mit Abb.

Bellini 1977:
Bellini, Paolo, *L'Opera incisa di Carlo Maratti,* Katalog der Ausstellung in Pavia, Rom 1977

Benker 1954:
Benker, Sigmund, »Egid Quirin Asams letztes Altarwerk. Um den verschollenen Hochaltar von Maria-Dorfen«, in: *Das Mühlrad,* 1954, Nr. 3, 9-12

Benker 1975:
Benker, Sigmund, *Freising, Dom und Domberg,* Königstein (Taunus) 1975

Berg 1968:
Berg, Viktoria, »Die Lustheimer Fresken«, in: *Anzeiger des Germanischen Nationalmuseums,* 1968, 86-102

Bertram 1963:
Bertram, Walther, »Die Innenrestaurierung der Benediktinerklosterkirche Weltenburg in den Jahren 1960-62«, in: *Deutsche Kunst und Denkmalpflege,* 21/1963, 31-49

Bickel 1956:
Bickel, Ilse, *Die Bedeutung der süddeutschen Zisterzienserbauten,* München 1956

Biller 1984:
Biller, Josef H., »Ein Thesenblatt der Brüder Asam und sein kulturgeschichtlicher Hintergrund«, in: *Jahrbuch des Vereins für christliche Kunst,* 14/1984, 91-113

Biller 1986:
Biller, Josef H., »Zur Familiengeschichte der Brüder Asam«, in: *Ars Bavarica,* 1986 (im Druck)

Bissinger 1977:
Bissinger, Albert Franz Xaver, »Die Asamkirche in München und der Asamsaal in Ettlingen«, in: *Badische Heimat* 57/1977, 257-261

Bissinger 1978:
Bissinger, Albert Franz Xaver, »Beobachtungen und Konsequenzen im Ettlinger Asamsaal und am Hochaltar in Ettlingenweier«, in: *Badische Heimat,* 58/1978, 459-462

Bissinger, Johann Nepomuk, 1978:
Bissinger, Albert Franz Xaver, »St. Johannes Nepomuk in Ettlingen, München und Meßkirch«, in: *Badische Heimat,* 58/1978, 449-457

Birchler 1924:
Birchler, Linus, *Einsiedeln und sein Architekt Caspar Mosbrugger,* Augsburg 1924

Blatner 1927:
Blatner, Josef, »Entwürfe E. Q. Asams zu einer geplanten Neuausstattung der Kirche zum Hl. Grab in Deggendorf«, in: *Münchner Jahrbuch der bildenden Kunst,* N.F. 4/1927, 86-89

Blažiček – Čeřovský – Poche 1944:
Blažiček, Oldrich J., Jan Čeřovský und Emanuel Poche, *Klášter v Břevnove,* Prag 1944

Blažiček 1967:
Blažiček, Oldrich J., *Barockkunst in Böhmen,* Prag 1967

Böhm 1973:
Böhm, Ludwig, *Das Mannheimer Schloß,* Mannheim ³1973

Böhm-Lemperle 1968:
Böhm-Lemperle, Cordula, *Franz Georg Hermann. Der Deckenmaler des Allgäus im 18. Jahrhundert,* (Dissertation) München 1968

Braun 1910:
Braun, Joseph, *Die Kirchenbauten der deutschen Jesuiten,* Teil II, Freiburg im Breisgau 1910

Braun 1939:
Braun, Wilhelm, *Christoph Thomas Scheffler. Ein Asamschüler. Beiträge zu seinem malerischen Werk* (Beiträge zur schwäbischen Kunstgeschichte, herausgegeben von Otto Schmitt, 1), Stuttgart 1939

Brugger 1962:
Brugger, Walter, *Heilig-Geist-Pfarrkirche* (Kleine Kunstführer, 264), München ²1962

Brunner 1951:
Brunner, Herbert, *Altar- und Raumkunst bei Egid Quirin Asam,* (Dissertation) München 1951

Buchenrieder 1980:
Buchenrieder, Fritz, »Bemerkungen zu restaurierten Kirchenräumen der Gebrüder Asam. Zum Problem der Originalität restaurierter Raumfassungen des 18. Jahrhunderts erläutert anhand der Klosterkirche Weltenburg, der Johann-Nepomuk-Kirche in München sowie der

Ursulinenkirche in Straubing«, in: *Ars Bavarica,* 19-20/1980, 105-118

Buchenrieder – Volk 1977:
Buchenrieder, Fritz, und Peter Volk, »Die Reliquienbüste der heiligen Anastasia in Benediktbeuern«, in: *Ars Bavarica,* 8/1977, 29-54

Bugmann 1973:
Bugmann, Kuno, *Einsiedeln,* (Kleine Kunstführer, 538), München – Zürich 1973

Bushart 1953:
Bushart, Bruno, »Meisterzeichnungen des Barock im Schloßmuseum Ellwangen«, in: *Das Münster,* 6/1953, 83 ff.

Bushart 1961:
Bushart, Bruno, »Melchior Steidls Entwürfe für die Fresken in der Schönenbergkirche zu Ellwangen«, in: *Eberhard Hanfstaengl zum 75. Geburtstag,* München 1961, 95-111

Bushart 1964:
Bushart, Bruno, »Die Malerei des Barock in Ellwangen«, in: *Schwäbische Heimat,* 15/1964, Heft 2, 87

Bushart 1982:
Bushart, Bruno, »Unbekannte Werke aus Cosmas Damian Asams früher Meisterzeit«, in: *Jahrbuch der Staatlichen Kunstsammlungen in Baden-Württemberg,* 19/1982, 27-44

Busse 1951:
Busse, Kurt H., *Die Illusionskunst des Spätbarock. Die Verwirklichung des Überwirklichen. Cosmas Damian und Egid Quirin Asam. Ihr Werk im Stilwandel des Zeitalters,* 2 Bände, Mainz o. J. (nach 1951)

Dambeck 1953:
Dambeck, Franz, »Die Restaurierung von St. Emmeram«, in: *Jahrbuch des bayerischen Landesamtes für Denkmalpflege,* München 1953, 27 ff.

Dischinger – Bauer 1980:
Dischinger, Gabriele, und Richard Bauer (Hg.), *München um 1800. Die Häuser und Gassen der Stadt. Gezeichnet und beschrieben von Johann Paul Stimmelmayr,* München 1980, 44

Dischinger 1981:
Dischinger, Gabriele, *Die Asamkirche in München* (Kleine Kunstführer, 1277), München – Zürich 1981

Dischinger 1982:
Dischinger, Gabriele, «Zu Leben und Werk der Künstlerfamilie Asam, Quellen aus den Jahren 1727-1738«, in: *Ars Bavarica,* 19-20/1980, 23-46; Ergänzung zu dem Beitrag in: *Ars Bavarica,* 25-26/1982, 136

Döry 1962:
Döry, Baron Ludwig, »Gemalte Raumdekorationen in Hessen von 1710-1740«, in: *Schriften des Historischen Museums Frankfurt,* 10/1962, 149 ff.

Dramm 1978:
Dramm, Joachim, *Cosmas Damian Asams Fresken in der Ursulinenklosterkirche Straubing,* (Magisterarbeit) München 1978

Drexler 1922:
Drexler, Eugen, *Führer durch die Denk- und Sehenswürdigkeiten der Stadt Weingarten i. Württ. Ein Heimatbuch,* Weingarten 1922, 23-25

Dubowy 1926:
Dubowy, Ernst, »Felix Anton Scheffler. Ein Beitrag zur Kunstgeschichte des 18. Jahrhunderts«, in: *Jahrbuch des Vereins für christliche Kunst,* 6/1926, 91-280

Duhr 1907:
Duhr, Bernhard SJ, *Geschichte der Jesuiten in den Ländern deutscher Zunge im 16. Jahrhundert,* Band I, Freiburg im Breisgau 1907 (mit Grundriß von Sankt Paul in Regensburg)

Duhr 1928:
Duhr, Bernhard SJ, *Geschichte der Jesuiten in den Ländern deutscher Zunge im 18. Jahrhundert,* Band V, 1, Freiburg im Breisgau 1928

Egg 1968:
Egg, Erich, »Die Schätze Tirols in den Fresken des Innsbrucker Landhaussaales von C. D. Asam«, in: *Südtirol in Wort und Bild,* 12/1968, Heft 4, 15-20

Elsen – Höck – Benker 1979:
Elsen, Alois, Michael Höck und Sigmund Benker, *Der Mariendom zu Freising* (Kleine Kunstführer, 200), München – Zürich [8]1979

Endres 1934:
Endres, Ottmar, *Untersuchungen zur Baukunst der Brüder Asam,* (Dissertation) München 1934

Erdmannsdorffer 1972:
Erdmannsdorffer, Karl, *Das Bürgerhaus in München* (Das deutsche Bürgerhaus, XVII), Tübingen 1972 (Fassadenmalereien der Kaufingerstraße)

Felder 1964:
Felder, Peter »Zur Ikonologie der Klosterkirche Einsiedeln«, in: *Corolla Heremitana* (Festschrift für Linus Birchler), Olten und Freiburg im Breisgau 1964, 333-345

Feulner 1923:
Feulner, Adolf, *Bayerisches Rokoko,* München 1923

Feulner 1926:
Feulner, Adolf, *Die Sammlung Hofrat Sigmund Röhrer im Besitz der Stadt Augsburg,* Augsburg 1926

Feulner 1929:
Feulner, Adolf, *Skulptur und Malerei des 18. Jahrhunderts in Deutschland* (Handbuch der Kunstwissenschaft), Wildpark – Potsdam 1929

Feulner 1932:
Feulner, Adolf, *Die Asamkirche in München,* München 1932

Fink 1983:
Fink, Wilhelm, *Kloster Metten* (Kleine Kunstführer, 97), München – Zürich [6]1983

Forster 1895:
Forster, J. M., *Das gottselige München, d. i. Beschreibung und Geschichte der kath. Kirchen Münchens,* München 1895

Füssli 1770:
Füssli, Johann Caspar, *Geschichte der besten Künstler der Schweiz,* Band III, Zürich 1770

Garzarolli-Thurnlackh 1928:
Garzarolli-Thurnlackh, Karl, *Die barocke Handzeichnung in Österreich,* Zürich – Wien – Leipzig 1928

Geiger 1953:
Geiger, Hans, *Perspektivprobleme süddeutscher Deckenmalerei des Spätbarock,* (Masch. Dissertation) Freiburg im Breisgau 1953

Gemminger 1877:
Gemminger, Ludwig, *Die Geschichte der Kirche zum Hl. Johann Nepomuk,* München 1877

Gentner 1854:
Gentner, Heinrich, *Geschichte des Benediktinerklosters Weihenstephan bei Freising,* München 1854

Gerhauser 1909
Gerhauser, Michael, *Die Hl. Geistkirche zu München, Kurze Gründungsgeschichte und Bericht über die Renovation im Jahre 1907 bis 1908,* München 1909

Gerich 1908:
Gerich, Alfred, »Die Kuppel- und Deckengemälde in der Jesuitenkirche zu Mannheim«, in: *Mannheimer Geschichtsblätter,* 9/1908, 208-214

Glaser – Brunhölzl – Benker 1983:
Glaser, Hubert, Franz Brunhölzl und Sigmund Benker, *Vita Corbiniani. Bischof Arbeo von Freising und die Lebensgeschichte des hl. Korbinian,* München – Zürich 1983

Gloton 1965:
Gloton, Marie-Christine, *Trompe-l'œil et décor plafonnant dans les églises romaines de l'âge Baroque,* Rom 1965

Götz 1980:
Götz, Ernst, »Konstruktive, architektonische und kunstgeschichtliche Bemerkungen zur Klostergeschichte Weltenburg, beobachtet während einer neuen Maßaufnahme«, in: *Ars Bavarica,* 19-20/1980, 93-104

Grän 1960:
Grän, Siegfried, *Die Klosterkirche St. Anna München* (Kleine Kunstführer, 42), München – Zürich 1960

Gritsch 1952:
Gritsch, Johanna, »Die Wiederherstellung der Asamfresken in der Pfarrkirche St. Jakob zu Innsbruck«, in: *Österreichische Zeitschrift für Kunst- und Denkmalpflege,* 6/1952, 118-127

Großmann 1959:
Großmann, Lore, »Herrgottsruh in Friedberg«, in: *Unbekanntes Bayern,* 4/1959, 188-199

Grundmann 1944:
Grundmann, Günther, *Das ehemalige Benediktinerkloster Wahlstatt* (Führer zu großen Baudenkmälern, 28), Berlin 1944

Guldan 1954:
Guldan, Ernst, *Die jochverschleifende Gewölbedekoration von Michelangelo bis Pozzo und in der bayerisch-österreichischen Sakralarchitektur,* (Dissertation) Göttingen 1954

Guldan 1957:
Guldan, Ernst, »Wolfgang Andreas Heindl (1693-1757). Beiträge zur Kenntnis seines Lebens und seiner Werke«, in: *Jahrbuch des Musealvereins Wels,* Wels 1957, 95-157

Guldan 1970:
Guldan, Ernst, *Wolfgang Andreas Heindl,* Wien und München 1970

Guldan 1971:
Guldan, Ernst, »Die Barockfresken der Stiftskirche Metten a. d. Donau«, in: *Jahrbuch der Bayerischen Denkmalpflege,* 27/1968-69, 1971, 127-156

Gundersheimer 1930:
Gundersheimer, Hermann, *Matthäus Günther. Die Freskomalerei im süddeutschen Kirchenbau des 18. Jahrhunderts,* Augsburg 1930

Haas 1949:
Haas, Cornelia Magdalena de, *Die Asamkirche in Ingolstadt,* Ingolstadt 1949

Hager 1965:
Hager, Luisa, *Schleißheim. Neues Schloß und Garten* (Amtlicher Führer), München 1965

Halm 1886:
Halm, Philipp Maria, *Die Künstlerfamilie der Asam. Ein Beitrag zur Kunstgeschichte Süddeutschlands im 17. und 18. Jahrhundert,* (Dissertation) München 1896

Hamacher 1986:
Hamacher, Bärbel, *Medien der Werkvorbereitung in der süddeutschen Freskomalerei des 18. Jahrhunderts,* (ungedruckte Dissertation) München 1986

Hammer 1912:
Hammer, Heinrich, *Die Entwicklung der barocken Deckenmalerei in Tirol,* Straßburg 1912

Hammer 1952:
Hammer, Heinrich, *Kunstgeschichte der Stadt Innsbruck,* Innsbruck 1952

Hanfstaengl 1939:
Hanfstaengl, Erika, *Cosmas Damian Asam,* (Dissertation) München 1939

Hanfstaengl 1947:
Hanfstaengl, Erika, »Ein Entwurf Asams zu den Fresken in der St. Jakobskirche in Innsbruck«, in: *Veröffentlichungen des Museums Ferdinandeum in Innsbruck,* 20-25/1940-45, Innsbruck 1947, 215-219

Hanfstaengl 1955:
Hanfstaengl, Erika, *Die Brüder Cosmas Damian und Egid Quirin Asam,* München – Berlin 1955

Harries 1983:
Harries, Karsten, *The Bavarian Rococo Church between Faith and Aestheticism,* New Haven and London 1983

Hartig 1926:
Hartig, Michael, »Archivalien zur bayerischen Kunstgeschichte. Vertrag des Fürstbischofs Johann Franz mit den Brüdern Asam über die Erneuerung der Freisinger Domkirche«, in: *Jahrbuch des Vereins für christliche Kunst,* 6/1926, 282-286

Hartig 1928:
Hartig, Michael, *Freising,* Augsburg 1928

Hartig 1935:
Hartig, Michael, *Die Klosterkirche St. Anna, München* (Kleine Kunstführer, 42), München um 1935 [wohl 1934]

Hartig 1936:
Hartig, Michael, *Die oberbayerischen Stifte,* München 1936

Hartig 1937:
Hartig, Michael, *Spitalkirche Hl. Geist,* München (Kleine Kunstführer, 264), München 1937

Hartig 1939:
Hartig, Michael, *Die niederbayerischen Stifte,* München 1939

Hartig 1971:
Hartig, Michael, *Dreifaltigkeitskirche München* (Kleine Kunstführer, 27), München – Zürich [3]1971

Hartig – Schnell 1970:
Hartig, Michael, und Hugo Schnell, *Aldersbach* (Kleine Kunstführer, 698), München – Zürich [5]1970

Hartig – Schnell 1984:
Hartig, Michael, und Hugo Schnell, *Kloster Weltenburg* (Kleine Kunstführer, 360), München und Zürich [24]1984

Hauer 1978:
Hauer, Willibald, *Aldersbach* (Kleine Kunstführer, 698), München – Zürich [7]1978

Hauptmann 1977:
Hauptmann, Hans, »Zur Restaurierung der Kirche ›Maria de Victoria‹ in Ingolstadt«, in: *Sammelblatt des Historischen Vereins Ingolstadt,* 86/1977, 60-62

Heinz 1950:
Heinz, Günther, *Die Salzburger Malerei des 17. Jahrhunderts und die Werke Johann Michael Rottmayers,* (Dissertation) Wien 1950

Heinzelmann 1972:
Heinzelmann, Josef, »Die Familie Asam in Fürstenfeldbruck«, in: *Genealogie,* 21/1972, 284 bis 285

Hemmerle 1951:
Hemmerle, Josef, *Die Benediktinerklöster in Bayern* (Bayerische Heimatforschung, Heft 4), München 1951

Hemmerle 1952:
Hemmerle, Josef, *Die Künstler der Augustiner-Eremiten in Bayern* (Bayerische Heimatforschung, Heft 12), München 1958

Henggeler 1946:
Henggeler, P. Rudolf, »Die Einsiedler Engelweihe«, in: *Zeitschrift für Schweizerische Kirchengeschichte,* 40/1946, 1-30

Henggeler 1961:
Henggeler, P. Rudolf, »Quellen zur Kultur- und Kunstgeschichte. Aus dem Einsiedler Stiftsarchiv. Die künstlerische Ausschmückung von Stiftsbau und Stiftskirche auf Grund der Rechnungsbücher der Äbte Maurus, Thomas und Nikolaus, 1698-1773«, in: *Zeitschrift für Schweizer Archäologie und Kunstgeschichte,* 1961, 90-92

Henggeler 1964:
Henggeler, P. Rudolf, *Die Abteikirche Einsiedeln* (Kleine Kunstführer, 538), München – Zürich [10]1964

Herain 1915:
Herain, Karel Vladimír, *České malířství od doby rudolfínské do smrti Reinerovy,* Prag 1915

Hermann 1977:
Hermann, Manfred, *Meßkirch/Baden* (Kleine Kunstführer, 122; 1. Auflage 1935), München und Zürich [4]1977

Herzogenberg 1980:
Herzogenberg, Johanna von, »Reliefs in der Asamkirche in München und ihre Vorbilder«, in: *Ars Bavarica,* 19-20/1980, 62-76

Heuwieser 1954:
Heuwieser, Max, »Osterhofen-Damenstift«, in: *Alte Klöster in Passau und Umgebung,* herausgegeben von Josef Oswald, Passau 1954, 97-111

Heuwieser 1969:
Heuwieser, Max, *Klosterkirche Damenstift Osterhofen* (Kleine Kunstführer, 291), München und Zürich [5]1969

Hirsching 1792:
Hirsching, Friedrich Karl Gottlob, *Historisch geographisches topographisches Stifts- und Klosterlexikon,* Leipzig 1792

Hitchcock 1965:
Hitchcock, Henry-Russel, »The Brothers Asam and the Beginnings of Bavarian Rococo Church Architecture«, in: *Journal of Society of Architectural Historians,* 24/1965, 186-228 (I); 25/1966, 3-49 (II)

Hitchcock 1968:
Hitchcock, Henry-Russel, *Rococo Architecture in Southern Germany,* London 1968

Hötzl 1879:
Hötzl, Petrus, *Geschichte der Klosterpfarrkirche St. Anna in München,* München 1879

Hoffmann 1925-26:
Hoffmann, Richard, »Neues von der Asamkirche an der Sendlinger Straße zu München«, in: *Die christliche Kunst,* 22/1925-26, 33-43

Hoffmann 1931:
Hoffmann, Richard, *Kloster Weltenburg und seine Asamkirche,* München 1931

Hofmann 1973:
Hofmann, Siegfried, »Verherrlichung der göttlichen Liebe. Versuch einer Alternative zur gängigen Interpretation des Deckenfreskos in der Kirche Maria de Victoria«, in: *Ingolstädter Heimatblätter,* 36/1973, 1-4, 6-8, 11-15

Hofmann 1977:
Hofmann, Siegfried, »Zur Ikonographie des Deckenfreskos von Maria de Victoria. Bild gewordene Theologie der Inkarnation«, in: *Sammelblatt des Historischen Vereins Ingolstadt,* 86/1977, 65-83

Hofmann 1981:
Hofmann, Siegfried, *Ingolstadt, Maria de Victoria* (Kleine Kunstführer, 582), München – Zürich [6]1981

Hojer 1967:
Hojer, Gerhard, *Die frühe Figuralplastik Egid Quirin Asams,* (Dissertation) München 1951

Hojer 1971:
Hojer, Gerhard, »Cosmas Damian Asams gemalte Dekoration der Bibliothek von St. Emmeram in Regensburg«, in: Max Piendl (Hg.), *Die Bibliothek zu St. Emmeram in Regensburg,* Kallmünz 1971, 75-94

Hojer [6]1980:
Hojer, Gerhard, *Schleißheim. Neues Schloß und Garten* (Amtlicher Führer), München [6]1980

Hojer 1980:
Hojer, Gerhard, »Der Fund barocker Aquarelle in der Accademia di San Luca«, in: *Weltkunst,* 50/1980, 114-118; fortgesetzt unter dem Titel: »Ein Fund barocker Handzeichnungen«, in: *ebenda,* 214-218

Hotz 1980:
Hotz, Joachim, »Die Künstlerfamilie Asam – Versuch einer Werkliste«, in: *Ars Bavarica,* 19 und 20/1980, 1-11

Hubala 1964:
Hubala, Erich, »Die monumentale Deckenmalerei in Prag und Böhmen 1690-1740«, in: Karl M. Swoboda (Hg.), *Barock in Böhmen,* München 1964, 208 ff.

Hubala 1981:
Hubala, Erich, *Johann Michael Rottmayr* (Große Meister, Epochen und Themen der österreichischen Kunst; Barock), Wien – München 1981

Hubensteiner 1954:
Hubensteiner, Benno, *Die geistliche Stadt. Welt und Leben des Johann Franz Eckher von Kapfing und Liechteneck, Fürstbischofs von Freising,* München 1954

Huber 1943:
Huber, Erna, »Die Asam und ihr Schaffen jenseits der Grenzen«, in: *Deutschtum im Ausland,* 26/1943, Heft 7/8, 130-134

Huhn 1893:
Huhn, Adalbert, *Geschichte des Spitals der Kirche und der Pfarrei zum hl. Geist in München,* München 1893

Hye 1974:
Hye, Franz-Heinz, *Stadtpfarrkirche und Dom zu St. Jakob in Innsbruck,* Innsbruck 1974

Irlinger 1931:
Irlinger, Angarus, »Rott am Inn, die Heimat der Asam«, in: *Die Heimat am Inn, Sammelblätter zur Heimatgeschichte und Volkskunde,* 3/1931, 5-6

Irschl 1964:
Irschl, Simon, *Die Asamkirche in München,* München o. J. (etwa 1964)

Kasper 1963:
Kasper, Alfons, *Kunstwanderungen im Herzen Oberschwabens,* Schussenried 1963, 80 ff.

Kast 1928:
Kast, Augustin, »Zur Geschichte der Ettlinger Schloßkapelle«, in: *Badische Heimat,* Jahresheft, Karlsruhe 1928, 219-231

Kaute 1966:
Kaute, Lore, *Cosmas Damian Asams Fresko im Kongregationssaal von Ingolstadt,* (Magisterarbeit) München 1966

KDM Bruchsal 1913:
Die Kunstdenkmäler des Amtsbezirks Bruchsal, bearbeitet von Hans Rott, Tübingen 1913, 125-135

KDM Ettlingen 1936:
Kunstdenkmale des Amtsbezirks Ettlingen, herausgegeben von Emil Lacroix, Karlsruhe 1936, 51 ff.

KDM Mannheim 1982:
Die Kunstdenkmäler des Stadtkreises Mannheim, bearbeitet von Hans Huth, München 1982

KDM Mfr. 1966:
Die Kunstdenkmäler von Bayern, Regierungsbezirk Mittelfranken, Landkreis Lauf an der Pegnitz, bearbeitet von Werner Meyer und Wilhelm Schwammer, München 1966

KDM Ndb. 1921:
Die Kunstdenkmäler von Bayern, Regierungsbezirk Niederbayern, VI, Stadt Straubing, bearbeitet von Felix Mader, München 1921

KDM Ndb. 1922:
Die Kunstdenkmäler von Bayern, Regierungsbezirk Niederbayern VII, Bezirksamt Kelheim, herausgegeben von Felix Mader, München 1922, 375 ff.

KDM Ndb. 1925:
Die Kunstdenkmäler von Bayern, Regierungsbezirk Niederbayern XII, Bezirksamt Straubing, bearbeitet von Karl Gröber, München 1925, 37 ff.

KDM Ndb. 1926:
Die Kunstdenkmäler von Bayern, Regierungsbezirk Niederbayern XIV, Bezirksamt Vilshofen, herausgegeben von Felix Mader und Josef Maria Ritz, München 1926, 71 ff.

KDM Ndb. XVI, 1927:
Die Kunstdenkmäler von Bayern, Regierungsbezirk Niederbayern, XVI, Stadt Landshut, bearbeitet von Felix Mader, München 1927

KDM Ndb. XVII, 1927:
Die Kunstdenkmäler von Bayern, Regierungsbezirk Niederbayern, XVII, Stadt und Bezirksamt Deggendorf, bearbeitet von Karl Gröber, München 1927

KDM Obb. 1895:
Die Kunstdenkmale des Königreichs Bayern, Regierungsbezirk Oberbayern 1, herausgegeben von G. von Bezold und Berthold Riehl, München 1895, 454 ff.

KDM Obb. 1902:
Die Kunstdenkmale des Königreichs Bayern, Regierungsbezirk Oberbayern 2, herausgegeben von G. von Bezold, Berthold Riehl und Georg Hager, München 1902, 1007 ff.

KDM Obb. 1908:
Die Kunstdenkmäler des Königreichs Bayern, Heft 15, München 1908, 51 ff.

KDM Opf. 1905:
Die Kunstdenkmäler des Königreichs Bayern, Regierungsbezirk Oberpfalz I, Bezirksamt Roding, bearbeitet von Georg Hager, München 1905

KDM Opf. 1906:
Die Kunstdenkmäler des Königreichs Bayern, Regierungsbezirk Oberpfalz, IV, Bezirksamt Parsberg, bearbeitet von Friedrich Hermann Hofmann, München 1906

KDM Opf. 1908:
Die Kunstdenkmäler des Königreichs Bayern, Regierungsbezirk Oberpfalz, XV, Bezirksamt Amberg, herausgegeben von Felix Mader, München 1908

KDM Opf. 1909:
Die Kunstdenkmäler des Königreichs Bayern, Regierungsbezirk Oberpfalz, XI, Bezirksamt Eschenbach, bearbeitet von Georg Hager, München 1909

KDM Opf. XVI, 1909:
Die Kunstdenkmäler des Königreichs Bayern, Regierungsbezirk Oberpfalz, XVI, Stadt Amberg, bearbeitet von Felix Mader, München 1909

KDM Opf. XIX 1910:
Die Kunstdenkmäler des Königreichs Bayern, Regierungsbezirk Oberpfalz, XIX, Bezirksamt Sulzbach, bearbeitet von Georg Hager und Georg Lill, München 1910

KDM Opf. XXI 1910:
Die Kunstdenkmäler des Königreichs Bayern, Regierungsbezirk Oberpfalz, XXI, Bezirksamt Regensburg, bearbeitet von Felix Mader, München 1910, 10-24

KDM Opf. 1933:
Die Kunstdenkmäler von Bayern, Regierungsbezirk Oberpfalz, XXII, Stadt Regensburg 1, München 1933, 223 ff.

KDM Schwyz 1927:
Kunstdenkmäler des Kantons Schwyz, Band 1, herausgegeben von Linus Birchler, Basel 1927, 42 bis 45 und 56-66

KDM Wangen 1954:
Kunstdenkmäler des ehemaligen Kreises Wangen, Stuttgart 1954, 206 ff.

Kemp 1981:
Kemp, Cornelia, *Angewandte Emblematik in süddeutschen Barockkirchen* (Kunstwissenschaftliche Studien, 53), München – Berlin 1981

Kerber 1971:
Kerber, Bernhard, *Andrea Pozzo,* Berlin – New York 1971

Kerber 1972:
Kerber, Bernhard, »Ein Kirchenprojekt des Andrea Pozzo als Vorbild für Weltenburg?«, in: *Architektura,* 2/1972, 34-47

Kirnberger 1968:
Kirnberger, Luise Ulrike, »Die Ursulinen zu Straubing und die Brüder Asam«, in: Karl Bosl (Hg.), *Straubing, das alte und neue Gesicht einer Stadt im altbayerischen Kernland,* Festschrift aus Anlaß des 750. Gründungsjubiläums im Auftrag der Stadtverwaltung, Straubing 1968, 185-204

Kleynot 1947:
Kleynot, B. von, »Das Selbstbildnis Cosmas Damian Asams in Osterhofen«, in: *Der Zwiebelturm,* 2/1947, 325-327

Kleynot 1947-48:
Kleynot, B. von, »Neuer Fund an Asambriefen. Ein Beitrag zur Baugeschichte der Ursulinenkirche zu Straubing«, in: *Das Münster,* 1/1947-48, 47-48

Kleynot 1949:
Kleynot, B. von, »Ein Kirchenbau im Barock. Die Ursulinenkirche in Straubing«, in: *Der Zwiebelturm,* 4/1949, 232-236

Klingenberg-Helfertová 1980:
Klingenberg-Helfertová, Jitka, »Die Freskendekoration der St.-Nikolaus-Kirche in der Altstadt Prags«, in: *Ars Bavarica,* 19-20/1980, 77-90

Knoepfli 1964:
Knoepfli, Albert, »Betrachtungen zu Einsiedler Künstlerbildnissen«, in: *Corolla Heremitana,* Olten – Freiburg im Breisgau 1964, 359-388

Knorre 1972:
Knorre, Eckhard von, *Die Weltenburger Klosterkirche im Werk der Brüder Asam* (Weltenburger Akademie. Arbeitsblätter der Historischen Arbeitsgemeinschaft, herausgegeben von Gerhard H. Sitzmann, Heft 2), Weltenburg an der Donau 1972

Knorre 1974:
Knorre, Eckhard von, »Die Choranlage der Weltenburger Klosterkirche als Spätwerk der Brüder Asam«, in: *Architektura,* 4/1974, 147-164

Koch 1948:
Koch, Georg Friedrich, »Zur Entwicklung der Rocailledekoration in den Kirchenbauten Oberbayerns«, (Dissertation) Göttingen 1948

Koislmeier – Schnell 1969:
Koislmeier, Franz, und Hugo Schnell, *Ingolstadt, Maria de Victoria* (Kleine Kunstführer, 582), München – Zürich [4]1969

Kracher 1979:
Kracher, Rudolf, *Die St. Jakobskirche in Straubing* (Kleine Kunstführer, 870), München – Zürich [3]1979

Krapf 1979:
Krapf, Michael, *Die Baumeister Gumpp,* Wien und München 1979

Kraft 1981:
Kraft, Klaus, »Die Fresken des Cosmas Damian Asam«, in: *Die Klosterkirche Fürstenfeld. Ein Juwel des bayerischen Barock,* herausgegeben von Lorenz Lampl, München 1981, 55-64

Krausen 1953:
Krausen, Edgar, *Die Klöster des Zisterzienserordens in Bayern,* München-Pasing 1953, 97-99

Kuhn 1883:
Kuhn, Albert, *Der jetzige Stiftsbau Maria-Einsiedeln,* Einsiedeln 1883, [2]1913, 94-111

Kunstdenkmäler *siehe* KDM

Lacroix 1962:
Lacroix, Emil, »Die Jesuitenkirche zu Mannheim – Baugeschichte und Wiederaufbau«, in: *Deutsche Kunst und Denkmalpflege,* 20/1962, 53-64

Lamb 1936-37:
Lamb, Carl, »Die ursprünglichen Lichtverhältnisse in der Asam-Kirche in München«, in: *Die christliche Kunst,* 33/1936-37, 311-319

Lamb 1937:
Lamb, Carl, *Zur Entwicklung der malerischen Architektur in Südbayern in der ersten Hälfte des achtzehnten Jahrhunderts,* (Dissertation München 1935) Würzburg 1937

Lampl 1985:
Lampl, Sixtus, *Die Klosterkirche Fürstenfeld,* München [2]1985

Lang 1928:
Lang, Gotthard, *Kloster Weltenburg. Auszug aus der Klostergeschichte,* Regensburg o. J. (um 1928)

Lankheit 1975:
Lankheit, Klaus, »Egid Quirin Asams Entwurf zum Kuppelgemälde der Mannheimer Jesuitenkirche«, in: *Pantheon,* 32/1975, 34-40

Lehmbruch 1973:
Lehmbruch, Hans, »Asamkirche«, in: *Münchens Kirchen,* herausgegeben von Norbert Lieb und Heinz Jürgen Sauermost, München 1973, 157 bis 170

Lehmbruch – Volk 1977:
Lehmbruch, Hans, und Peter Volk, »Zur Innenrestaurierung der Münchener Asamkirche: Der obere Choraltar«, in: *Kunstchronik,* 30/1977, 117 bis 120

Leitschuh 1957:
Leitschuh, Max, »Philipp Emanuel (P. Engelbert) Asam«, in: *Der Zwiebelturm,* Heft 11, 12/1957, 270 (Nachtrag auf der 2. Umschlagseite, Heft 12/1957)

Leitschuh 1964:
Leitschuh, Max, »Zur Geschichte von Rott am Inn und der Künstlerfamilie Asam«, in: *Jahrbuch für altbayerische Kirchengeschichte,* München 1964, 86-93

Lieb 1941:
Lieb, Norbert, *Münchner Barockbaumeister* (For-

schungen zur deutschen Kunstgeschichte, 35), München 1941, 111-114

Lieb 1971:
Lieb, Norbert, *München. Die Geschichte seiner Kunst,* München 1971

Lieb 1983:
Lieb, Norbert, *St. Johann Nepomuk. Die Asamkirche in München* (Große Kunstführer, 100), München – Zürich 1983

Lieb [4]1976 ([5]1984):
Lieb, Norbert, *Barockkirchen zwischen Donau und Alpen,* München [4]1976, 5. völlig neu bearbeitete Auflage 1984

Lieb – Sauermost 1973:
Lieb, Norbert, und Heinz Jürgen Sauermost (Hg.), *Münchens Kirchen,* München 1973

Liebold 1981:
Liebold, Christine, *Das Rokoko in ursprünglich mittelalterlichen Kirchen des bayerischen Gebietes – ein von maurinischem Denken geprägter Stil* (Miscellanea Bavarica Monacensia, 98), München 1981

Liedke 1980:
Liedke, Volker, »Marginalien zur Künstlerfamilie Asam«, in: *Ars Bavarica,* 19-20/1980, 13-22

Liedke, Altarblatt, 1980:
Liedke, Volker, »Ein Altarblatt von Cosmas Damian Asam in der Abteikapelle des Zisterzienserinnenklosters Seligenthal in Landshut«, in: *Ars Bavarica,* 19-20/1980, 91-92

Lindemann 1984:
Lindemann, Bernd Wolfgang, »Cosmas Damian Asams Fresken in der ehemaligen Zisterzienserkirche zu Aldersbach. Fragen nach den Quellen des ikonologischen Programms«, in: *Münchner Jahrbuch der bildenden Kunst,* 3. Folge, 35/1984, 129-156

Lindemann 1964:
Lindemann, Hans (Hg.), *700 Jahre Fürstenfeld* (Große Kunstführer, 39), München – Zürich 1964

Lipowsky 1810:
Lipowsky, Felix Joseph, *Baierisches Künstler-Lexikon,* München 1810, Band I, 10-13

Loers 1973:
Loers, Veit, »Klosterkirche St. Anna im Lehel«, in: Norbert Lieb und Heinz Jürgen Sauermost (Hg.), *Münchens Kirchen,* München 1973, 145 ff.

Lohmayer 1913:
Lohmayer, Karl, »Eine Ehrung des Freskomalers Cosmas Damian Asam durch den Kurfürsten Karl Philipp von der Pfalz«, in: *Mannheimer Geschichtsblätter,* 14/1913, 191-192

Lorch 1943:
Lorch, Carl von, *Die Brüder Asam. Sechzig Bilder,* Königsberg (1943)

Lutterotti 1936:
Lutterotti, Otto von, »Eine Rötelskizze Asams im Ferdinandeum«, in: *Tiroler Heimatblätter,* 14/1936, 147

Lutz 1977:
Lutz, P. Dominikus, *Die Klosterkirche St. Anna in München. Dokumentation einer Rekonstruktion – Restauration – Renovation,* München 1977

Markmiller 1982:
Markmiller, Fritz, *Barockmaler in Niederbayern. Die Meister der Städte, Märkte und Hofmarken,* Regensburg 1982

Maß – Benker 1976:
Maß, Josef, und Sigmund Benker, *Freising in alten Ansichten. Vom späten Mittelalter bis zum Ende des Hochstifts* (Sammelblatt des Historischen Vereins Freising, 28), Freising 1976

Meichelbeck 1724:
Meichelbeck, Carl, *Kurtze Freysingische Chronica Oder Historia in welcher die Geschichten der Freysingischen Bischöffen / und andere miteinlauffende Denckwürdigkeiten des Hochstüffts ... aus denen besten Urkunden kürtzlicher erzehlet werden ...,* Freising 1724, 352-358

Meichelbeck 1729:
Meichelbeck, Carl, *Historia Frisingensis II, 1. und 2. Teil,* Augsburg 1729

Meichelbeck 1854:
Meichelbeck, Carl Georg, *Meichelbeck's Geschichte der Stadt Freising und ihrer Bischöfe,* Freising 1854

Meidinger 1787:
Meidinger, Franz Sebastian, *Historische Beschreibung der kurfürstlichen Haupt- und Regierungs-Städte in Niederbayern, Landshut und Straubing,* Landshut 1787

Meidinger 1790:
Meidinger, Franz Sebastian, *Historische Beschreibung verschiedener Städte und Märkte der kurfürstlich Pfalzbaierischen Rentämter München, Burghausen, Landshut und Straubing: samt einer Mahlerey Sammlung hoher Reichs- und anderer Prälaturen, Galerien etc.,* Landshut 1790

Meinecke 1972:
Meinecke, Viktoria, *Die Fresken des Melchior Steidl,* (Dissertation) München 1972

Menzel 1953:
Menzel, Beda Franz, *Die Abteikirche in Rohr. Ein Werk des Egid Quirin Asam,* München 1953

Menzel 1964:
Menzel, Beda Franz, »Ein Blick in die barocke Welt der Äbte Othmar Zinke und Benno Löbl Břevnov-Braunau 1700-1751«, in: *Stifter-Jahrbuch,* 8/1964, 84-124

Menzel 1973:
Menzel, Beda Franz, »Cosmas Damian Asam in Böhmen und Schlesien«, in: *Bayerns Assunta. Marienkirche und Kloster in Rohr,* herausgegeben von der Abtei der Benediktiner zu Rohr in Niederbayern, Rohr 1973, 74-89

Menzel 1978:
Menzel, Beda Franz, »Abt Othmar Daniel Zinke (1700-1738), ein Prälat des böhmischen Barocks«, in: *Studien und Mitteilungen zur Geschichte des Benediktiner-Ordens,* 89/1978

Menzel 1986:
Menzel, Beda Franz, »Abt Othmar Daniel Zinke und die Ikonographie seiner Kirchen«, in: *ebenda,* 97/1986

Mindera 1967:
Mindera, Karl, »Die Erneuerung des Domes 1724 nach dem Tagebuch von P. K. Meichelbeck«, in: Joseph A. Fischer (Hg.), *Der Freisinger Dom. Beiträge zu seiner Geschichte. Festschrift zum 1200jährigen Jubiläum der Translation des hl. Korbinian,* Freising 1967, 197-219

Mindera 1973:
Mindera, Karl, *Benediktbeuern* (Große Kunstführer, 23), München – Zürich [3]1973

Mitterwieser 1935-36:
Mitterwieser, Alois, »Herkunft, Aufstieg und Niedergang der Künstlerfamilie Asam«, in: *Bayerische Heimat,* Unterhaltungsblatt zur Münchner Zeitung, 16/1935, Nr. 25 (vom 18. März 1935 und Sonderdruck München 1936)

Mois 1954:
Mois, Jakob, »Die Beteiligung der Gebrüder Asam am Hochaltar der St. Peterskirche in München«, in: *Das Münster,* 7/1954, 175-181

Mois 1958:
Mois, Jakob, »Das ›Asamische-Maria-Einsiedl-Thal‹. Ein Kapitel Künstlerfrömmigkeit der Barockzeit«, in: *Der Zwiebelturm,* 13/1958, 189-194, 218-223

Münch 1931:
Münch, Gotthard, »Abt Othmar Zinke von Braunau, der Erbauer von Kloster Wahlstatt«, in: *Schlesische Geschichtsblätter,* 1931, 76 ff.

Münch 1937:
Münch, Gotthard, »Hugo Schnells ›Baierischer Barock‹ von Schlesien gesehen«, in: *Archiv für schlesische Kirchengeschichte,* herausgegeben von Kurt Engelbert, Band 2, Breslau 1937, 123-140

Münch 1956:
Münch, Gotthard, »Wahlstatt, Schlesiens barokkes Ehrenmal«, in: *Archiv für Schlesiens Kirchengeschichte,* 14/1956, 174-190

Mutter 1986:
Mutter, Gustav, »Die Künstlerfamilie Asam«, in: *Ars Bavarica,* 1986 (im Druck)

Mutter 1986:
Mutter, Gustav, »Anmerkungen zu den Dokumenten«, *ebenda*

Naab 1973:
Naab, Friedrich, »Damenstiftskirche St. Anna«, in: Norbert Lieb und Heinz Jürgen Sauermost (Hg.), *Münchens Kirchen,* München 1973, 151-156

Naab – Sauermost 1973:
Naab, Friedrich, und Heinz Jürgen Sauermost, »Einsiedeln«, in: Werner Oechslin, *Die Vorarlberger Barockbaumeister,* Ausst. Kat. Einsiedeln 1973, 186-218

Neumann 1970:
Neumann, Jaromír, *Das böhmische Barock,* Prag 1970

Niebelschütz 1948:
Niebelschütz, Ernst von, *Klosterkirche Weingarten* (Große Baudenkmäler, Heft 110), Berlin 1948, 12-18

Noack 1911-12:
Noack, Friedrich, »Die Gebrüder Asam in Rom«, in: *Kunstchronik,* 23/1911-12, 9

Onken 1972:
Onken, Thomas, *Der Konstanzer Barockmaler Jacob Carl Stauder 1694-1756. Ein Beitrag zur Geschichte der süddeutschen Barockmalerei* (Bodensee-Bibliothek, Band 17), Sigmaringen 1972

Pechová 1962:
Pechová, Olga, »Kopravě maleb C. D. Asama na Bilé Hoře«, in: *Památková péče,* XXII/1962, 77-80

Penzlin 1983:
Penzlin, Rita Eleonore, *Stil- und Motivquellen in Werken des Cosmas Damian Asam. Studien zum Dekorationssystem und dessen Vorbildern im Werk Cosmas Damian Asams,* (Dissertation) Bonn 1983

Piendl 1961:
Piendl, Max, »Fontes monasterii S. Emmerami Ratisbonensis. Bau- und Kunstgeschichtliche Quellen«, in: *Thurn- und Taxis-Studien,* 1/1961, 152 ff.

Piendl 1968:
Piendl, Max, *Die neuentdeckten Fresken von Cosmas Damian Asam in der Hofbibliothek des Fürsten Thurn und Taxis,* Privatdruck München 1968

Piendl 1971:
Piendl, Max, »Baugeschichte der Bibliotheken zu St. Emmeram in Regensburg«, in: Max Piendl (Hg.), *Die Bibliotheken zu St. Emmeram in Regensburg,* Kallmünz 1971, 43-74

Piendl 1979:
Piendl, Max, *St. Emmeram, Regensburg* (Kleine Kunstführer, 573), München – Zürich [6]1979

Pinder 1929:
Pinder, Wilhelm, *Deutscher Barock. Die großen Baumeister des 18. Jahrhunderts,* Königstein im Taunus – Leipzig 1929 (1. Auflage 1911)

Podlaha 1913:
Podlaha, Antonín, *Posvátná místa království českého,* I-VII, Prag 1913

Podlaha 1915:
Podlaha, Antonín, »Z účtu kostela na Bílé hoře«, in: *Památky archeologické a místopisné,* XXVIII/1915, 96

Popp 1906:
Popp, Joseph, *Geschichte der Dreifaltigkeitskirche. Nach den Urkunden dargestellt und kunsthistorisch gewürdigt,* München o. J. (1906)

Popp 1907:
Popp, Joseph, *Das Innere der Dreifaltigkeitskirche zu München,* München 1907

Preiss 1962:
Preiss, Pavel, »Výstava české baro kního umění v zá padhím Německu«, in: *Umění,* 10/1962, 401 bis 410

Preiss 1968:
Preiss, Pavel, »Wenzel Lorenz Reiner, Maler des böhmischen Hochbarock«, in: *Wiener Jahrbuch für Kunstgeschichte,* XXI/1968, 7-31

Preiss 1977:
Preiss, Pavel, »Malerei«, in: *Kunst des Barock in Böhmen,* Ausst. Kat. Essen 1977

Preiss 1979:
Preiss, Pavel, *Barockzeichnungen. Meisterwerke des böhmischen Barock,* Prag 1979

Primisser 1813:
Primisser, Gottfried, *Denkwürdigkeiten von Innsbruck und seinen Umgebungen,* Zweites Stück, Innsbruck 1813

Raichle – Schneider 1953:
Raichle, August, und Paul Schneider, *Weingarten, das Wunder des schwäbischen Barock,* München und Ulm 1953

Rank 1955:
Rank, Josef: »Die Marien-Kapelle in Einsiedeln bei Thalkirchen«, in: *Bürgerblatt* / Bürgerverein zur Wahrung bayerischer Kulturgüter e. V., Juni 1955, Nr. 12 (ohne Paginierung, 3 Seiten)

Raschauer 1951:
Raschauer, Helga, *Der Stilwandel der österreichischen Malerei in der Mitte des 18. Jahrhunderts und die süddeutsche Komponente der Kunst Maulbertsch' in diesem Zusammenhang,* (Dissertation) Wien 1951

Reger 1972:
Reger, Anton, »Die St. Johann Nepomuk-Kirche zu Waldeck – eine Asam-Kirche?«, in: *Die Oberpfalz,* 64/1972, 284-285

Rehder 1932:
Rehder, Gerhard, *Wiederaufbau und Entwicklung der markgräflichen baden-badischen Stadt Ettlingen nach der französischen Zerstörung vom 14. August 1689. Eine Studie über das Bauwesen der Stadt,* (Dissertation) Karlsruhe 1932

Riedl 1973:
Riedl, Dorith, »Spitalkirche Heilig Geist«, in: Norbert Lieb und Heinz Jürgen Sauermost: *Münchens Kirchen,* München 1973, 69 ff.

Riedl 1976:
Riedl, Dorith, »Zur Datierung und Planungsgeschichte des Hochaltars der Benediktinerabteikirche Weltenburg«, in: *Das Münster,* 29/1976, 335-338

Riedl 1977:
Riedl, Dorith, *Zu zwei Asam-Kirchen – München, St. Johann Nepomuk / Straubing, Ursulinenklosterkirche* (Beiträge zur Kunstgeschichte Bayerns, 1), München 1977

Riedl 1961:
Riedl, Regina, *Pfarrkirche Gotteszell. Ehemalige Zisterzienser-Abtei-Kirche. Landkreis Viechtach, Bayer. Wald* (Kleine Kunstführer, 738), München – Zürich 1961

Riess 1975:
Riess, Otmar, *Die Abtei Weltenburg zwischen Dreißigjährigem Krieg und Säkularisation* (1626-1803) (Beiträge zur Geschichte des Bistums Regensburg, 9), Regensburg 1975

Roegele 1975:
Roegele, Otto B., *Bruchsal wie es war,* Karlsruhe 1955 (²1975)

Röttger 1960:
Röttger, Hermann, *St. Emmeram, Regensburg* (Kleine Kunstführer, 573), München – Zürich ²1960

Rott 1914:
Rott, Hans, »Bruchsal – Quellen zur Kunstgeschichte des Schlosses und der bischöflichen Residenzstadt«, in: *Zeitschrift für Geschichte der Architektur,* Beiheft 11, 1914, 40 ff.

Rupprecht 1959:
Rupprecht, Bernhard, *Die bayerische Rokokokirche* (Münchener historische Studien, Abteilung bayerische Geschichte, herausgegeben von Max Spindler), Kallmünz/Oberpfalz 1959

Rupprecht 1974:
Rupprecht, Bernhard, »Akzente im Bau- und Kunstwesen Ingolstadts von der Ankunft der Jesuiten bis zum hohen 18. Jahrhundert«, in: Theodor Müller und Wilhelm Reissmüller (Hg.), *Ingolstadt. Die Herzogstadt. Die Universitätsstadt. Die Festung,* Band 2, Ingolstadt 1974, 217-298

Rupprecht 1980:
Rupprecht, Bernhard, *Die Brüder Asam. Sinn und Sinnlichkeit im bayerischen Barock,* Regensburg 1980 (²1984)

Sauer 1921:
Sauer, Josef, »Die Johann-Nepomuk-Kapelle der Stadtkirche zu Messkirch. Mit einem Exkurs über die Nepomukkapelle in Ettlingen«, in: *Zeitschrift für die Geschichte des Oberrheins,* (N.F. 36) 75/1921, 4-51

Sachsen 1928:
Sachsen, Johann Georg Herzog zu, »Ikonographische Studien an den Fresken von Kosmas Damian Asam«, in: *Kunstwissenschaftliches Jahrbuch der Görresgesellschaft,* 1/1928, 47-61

Salerno 1974:
Salerno, Luigi, »La collezione dei disegni: Composizioni, paesaggi, figure«, in: *L'Accademia Nazionale di San Luca,* Roma 1974, 352

Sauermost 1969:
Sauermost, Heinz Jürgen, »Weltenburg – Ein bayerisches Donaukloster«, in: *Das Münster,* 22/1969, 257-268

Sauermost 1972:
Sauermost, Heinz Jürgen, »Die Stifts- und Wallfahrtskirche von Einsiedeln als architektonische Schöpfung der Brüder Kosmas Damian und Ägid Quirin Asam«, in: *Zwischen Donau und Alpen. Festschrift für Norbert Lieb zum 65. Geburtstag,* München 1972, 213-231

Sauermost 1986
Sauermost, Heinz Jürgen, *Die Asams als Architekten,* München – Zürich 1986

Sauter 1857:
Sauter, Franz, *Kloster Weingarten, seine Geschichte und Denkwürdigkeiten. Nach meist unbekannten handschriftlichen Quellen zusammengestellt,* Ravensburg 1857

Sedláčková 1944:
Sedláčkova, Ema, *Kostel svatého Mikuláše na starém Městě pražském,* Poklady národního umění, sv. 58, Prag 1944

Schadelbauer 1950:
Schadelbauer, Karl, »Der Vertrag der Stadt Innsbruck mit den Künstlerbrüdern Asam«, in: *Amtsblatt der Landeshauptstadt Innsbruck,* (7) 13/1950, 4 ff.

Schadelbauer 1954:
Schadelbauer, Karl, »Akten zur Baugeschichte der St.-Jakobs-Pfarrkirche (1717-1727)«, in: *Beiträge zur Innsbrucker Kirchengeschichte zum 70. Geburtstag von Propst Dr. J. Weingartner* (Veröffentlichungen aus dem Stadtarchiv Innsbruck, 8), Innsbruck 1954, 49-64

Schindler, Straubing, 1968:
Schindler, Herbert, »Die Ursulinenkirche in Straubing. Das letzte Werk der Brüder Asam«, in: Karl Bosl (Hg.), *Straubing, das alte und neue Gesicht einer Stadt im altbayerischen Kernland,* Festschrift aus Anlaß des 750. Gründungsjubiläums im Auftrag der Stadtverwaltung, Straubing 1968, 205-220

Schindler 1968:
Schindler, Herbert, »Stift Aldersbach und seine Asamkirche«, in: *Bayerns goldenes Zeitalter,* München 1968, 124 ff.

Schinhammer 1931:
Schinhammer, Clement, »Vom Kunstschaffen der Familie Asam in der Oberpfalz«, in: *Die Oberpfalz* 25/1931, 181-184, 201-205

Schirer 1979:
Schirer, Annette, *Die Reliefstruktur Egid Quirin Asams,* (Magisterarbeit) Erlangen-Nürnberg 1979

Schleich 1977:
Schleich, Erwin, *Die Asamkirche in München. Ein Beitrag zur Restaurierung im September 1977,* Stuttgart 1977

Schlichtner 1940:
Schlichtner, Vinzenz, *Ensdorf, das ehemalige Benediktinerstift,* München 1940

Schmid 1980:
Schmid, Elmar D., *Schloß Schleißheim – Die barocke Residenz mit Altem Schloß und Schloß Lustheim,* München 1980

Schmid o. J.:
Schmid, Hans, Clemens Böhne, Pankraz Fried, Edgar Krausen, Lorenz Lampl und Hugo Schnell, *700 Jahre Fürstenfeld* (Große Kunstführer, 39), München – Zürich o. J. [1963]

Schnell 1936:
Schnell, Hugo, *Der baierische Barock,* München 1936

Schnell 1954:
Schnell, Hugo, *Amberg, Maria Hilf* (Kleine Kunstführer, 36), München 1954

Schnell 1959:
Schnell, Hugo, *Weingarten, Die Basilika* (Große Kunstführer, 5), München ²1959

Schnell 1960:
Schnell, Hugo, *Wallfahrtskirche Maria Hilf Amberg* (Kleine Kunstführer, 36), München – Zürich ⁴1960

Schnell 1962:
Schnell, Hugo, *Amberg* (Große Kunstführer, 16), München ²1962

Schnell 1970:
Schnell, Hugo, *Die Abtei- und Pfarrkirche Wein-*

garten (Kleine Kunstführer, 528), München – Zürich [15]1970

Schnell 1982:
Schnell, Hugo, *Weingarten,* München – Zürich 1982

Schnell 1983:
Schnell, Hugo, *Fürstenfeldbruck* (Kleine Kunstführer, 6), München – Zürich [8]1983

Schöne 1961:
Schöne, Wolfgang, »Über die Bedeutung der Schrägsicht für die Deckenmalerei des Barock«, in: *Festschrift Kurt Badt,* Berlin 1961, 144 ff.

Schoener 1966:
Schoener, Susanne, *Handzeichnungen von Cosmas Damian Asam,* (Magisterarbeit) München 1966

Schühly 1957:
Schühly, Günther, »Mannheim und die Jesuiten«, in: *Badische Heimat,* 37/1957, 109-120

Seelig 1977:
Seelig, Lorenz, »Die von Ignaz Franz Xaver von Wilhelm, dem Geh. Kabinettssekretär Max Emanuels, verfaßten Emblemschriften (Resumé)«, in: *Kunstchronik,* 30/1977, 323-324

Sighart 1852:
Sighart, Otto, *Die Domkirche zu Freising,* Landshut 1852

Sitzmann 1957:
Sitzmann, Karl, »Künstler und Kunsthandwerker in Ostfranken«, in: *Die Plassenburg,* 12, Kulmbach 1957, 19

Spahr 1974:
Spahr, Gebhard, *Die Basilika Weingarten* (Bodensee-Bibliothek, 19), Sigmaringen 1974

Spahr 1977:
Spahr, Gebhard, *Oberschwäbische Barockstraße, I: Ulm bis Tettnang,* Biberach an der Riß 1977, *II: Wangen bis Wiblingen,* Biberach an der Riß 1978

Stadlthanner 1980:
Stadlthanner, Helmut, *Damenstiftskirche Osterhofen-Altenmarkt* (Kleine Kunstführer, 291), München – Zürich [9]1980

Stadlthanner 1983:
Stadlthanner, Helmut, *Basilika Osterhofen-Altenmarkt,* herausgegeben anläßlich der Erhebung der Pfarr- und Klosterkirche zur Päpstlichen Basilika am 15.5.1983 (Große Kunstführer, 106), München – Zürich 1983

Stemmermann 1964:
Stemmermann, Paul Hans, *Die Ettlinger Schloßkapelle und die Fresken von C. D. Asam* (Beiträge zur Geschichte der Stadt Ettlingen, 3), Karlsruhe 1964, 5-63

Stierhof 1970:
Stierhof, Horst, »Zur ursprünglichen Gestalt des Choraltares der Johannes-von-Nepomuk-Kirche in München«, in: *Das Münster,* 23/1970, 379 bis 381

Straubinger Krippe 1937:
»Straubinger Krippe aus Künstlerhänden«, in: *Bayerische Ostmark* 1937, Nr. 299 (Ausgabe Straubing vom 24.12.1937)

Taubert 1971:
Taubert, Johannes, »Zwei Ausmalungen im Saal der Hofbibliothek des Fürsten Thurn und Taxis«, in: Max Piendl (Hg.), *Die Bibliotheken zu St. Emmeram in Regensburg,* Kallmünz 1971, 95 bis 101

Thieme – Becker 1908:
Thieme, Ulrich, und Felix Becker, *Allgemeines Lexikon der bildenden Künstler von der Antike bis zur Gegenwart,* 2, Leipzig 1908, 171-172

Tintelnot 1951:
Tintelnot, Hans, *Die barocke Freskomalerei in Deutschland. Ihre Entwicklung und europäische Wirkung,* München 1951, 56-74

Tintelnot 1954:
Tintelnot, Hans, »Barocke Freskomalerei in Schlesien«, in: *Wiener Jahrbuch für Kunstgeschichte,* 16/1954, 173-198

Topographie 1911:
Topographie der historischen und Kunstdenkmale im Königreich Böhmen, XXX, Der politische Bezirk Mies, Prag 1911

Trautmann 1923:
Trautmann, Karl, *Kulturbilder aus Alt-München,* Erste Reihe, München 1923

Trottmann 1980:
Trottmann, Helene, »Die Zeichnungen Cosmas Damian Asams für den Concorso Clementino der Accademia di San Luca von 1713«, in: *Pantheon,* 38/1980, 158-164

Trottmann 1984:
Trottmann, Helene, »Die zerstörte Korbinianskapelle in Weihenstephan und ihr Bilderschmuck von C. D. Asam«, in: *Jahrbuch des Vereins für christliche Kunst,* 14/1984, 81-90

Trottmann 1986:
Trottmann, Helene, *Cosmas Damian Asam (1686-1739). Tradition und Invention im malerischen Werk,* Nürnberg 1986

Tyroller 1978:
Tyroller, Karl, *Neue Nachrichten über die Beziehung der Gebrüder Asam zu Kloster und Kirche der Ursulinen,* Straubing [2]1978

Utz 1965:
Utz, Hans J., »Sechs Asam-Briefe im Ursulinenkloster Straubing«, in: *Jahresbericht des Historischen Vereins für Straubing und Umgebung,* 68/1965, 69-77

Utz 1979:
Utz, Hans J., *Die Veitkirche in Straubing* (Kleine Kunstführer, 1198), München – Zürich 1979

Vaisse 1977:
Vaisse, Pierre, »Zur Kunstgeschichte der Klosterkirche Weltenburg«, in: *Kunstchronik,* 30, Jahrgang 1977, 107 ff.

Vignau-Wilberg 1972:
Vignau-Wilberg, Peter, Rezension des Buches von Bernhard Kerber über Andrea Pozzo, in: *Kunstchronik,* 25/1972, 73-80

Vogel 1979:
Vogel, Hubert, »Zur Geschichte der Johann-Nepomuk-Kirche in München«, in: *Beiträge zur altbayerischen Kirchengeschichte,* 32/1979, 153-157

Volk 1970:
Volk, Peter, »Bemerkungen zu einigen Zeichnungen von Nicolaus Gottfried Stuber«, in: *Wallraf-Richartz-Jahrbuch,* 32/1970, 135-150

Wagenmann 1919:
Wagenmann, Eugen, *Die Bauten der Jesuiten in Mannheim und ihre innere Ausstattung,* (Dissertation) Karlsruhe 1919

Wagner-Langenstein 1983:
Wagner-Langenstein, Eva, *Georg Asam 1649-1711. Ein Beitrag zur Entwicklung der barocken Deckenmalerei in Bayern* (Miscellanea Bavarica Monacensia, 120), München 1983

Wahr 1938:
Wahr, E., *Die Kirche von Kißlegg* (Kleine Kunstführer, 336/337), München 1938

Walter 1922:
Walter, Friedrich, *Das Mannheimer Schloß,* Karlsruhe 1922

Weber 1984:
Weber, Georg, *St. Ursula, Straubing* (Kleine Kunstführer, 890), München – Zürich [2]1984

Weichslgartner – Molodovsky 1975:
Weichslgartner, Alois J., und Nicolai Molodovsky, *Die Familie Asam,* Freilassing 1975 ([5]1984)

Weingartner 1924:
Weingartner, Josef, *Die Pfarrei und die Pfarrkirche von St. Jakob,* Festschrift zum 200jährigen Weihejubiläum, Innsbruck 1924

Weingartner 1956:
Weingartner, Josef, *Die St. Jakobskirche in Innsbruck,* München 1956 ([4]1959)

Weingartner 1970:
Weingartner, Josef, *Der Dom zu St. Jakob in Innsbruck* (Kleine Kunstführer, 287), München – Zürich 1970

Westenrieder 1782:
Westenrieder, Lorenz, *Beschreibung der Haupt- und Residenzstadt München* (im gegenwärtigen Zustand), München 1782

Wetterer 1922:
Wetterer, Anton, *Das Bruchsaler Schloß,* Karlsruhe 1922

Wienert 1971:
Wienert, Marlis, *Die Klosterkirche von Weltenburg. Versuch einer Interpretation und Einordnung,* (Dissertation, Ludwig-Maximilians-Universität), München 1971

Wingler 1957:
Wingler, Hans, »Das Mannheimer Schloß«, in: *Badische Heimat,* 37/1957, 196-200

Wirth 1921:
Wirth, Zdeněk, *Klášter a poutni kostel na Bilé hoře,* Prag 1921 (Sonderdruck aus der 2. Ausgabe der Publikation von Josef Teige, Hanuš Kuffher, Antonín Hajin, Miloslav Hysek und Zdeněk Wirth, *Na Bilé hoře,* Prag 1921)

Woeckel 1952:
Woeckel, Gerhard P., »Die Ikonographie der Fassadenmalerei am Münchner Asamhaus«, in: *Schönere Heimat,* 41/1952, 38-42

Woeckel 1955:
Woeckel, Gerhard P., Besprechung zum Asam-Buch von Erika Hanfstaengl, 1955, in: *Das Münster,* 8/1955, 195

Wörtmann 1909:
Wörtmann, P. Caspar, *Der Mariahilfberg bei Amberg. Nach gedruckten und ungedruckten Quellen,* München 1909

Wrabec 1971:
Wrabec, Jan, »Kościoł Pobenedykyński W Legnickim polu uwagi o Architektureze I Programie ideowym«, in: *Biuletyn Historii Sztuki,* 33/1971, 345-368

Wrabec 1974:
Wrabec, Jan, *Legnickie Pole (Wahlstatt),* Wrocław u. a. 1974

Zeschick 1982:
Zeschick, Johannes, *Benediktinerabtei Rohr* (Kleine Kunstführer, 1015), München – Zürich [3]1982

Zitzelsberger 1968:
Zitzelsberger, Hans, *Ensdorf* (Kleine Kunstführer, 721), München – Zürich [2]1968

Ausstellungskataloge

(Ausst. Kat.)

Bregenz 1963:
Barock am Bodensee, Malerei, Bregenz 1963

Bremen 1971:
Bildkunst im Zeitalter Johann Sebastian Bachs, Bremen 1971

Bruchsal 1981:
Barock in Baden-Württemberg. Vom Ende des 30jährigen Krieges bis zur Französischen Revolution, 2 Bände, Bruchsal 1981

Darmstadt 1965:
Visionen des Barock, Entwürfe der Sammlung Rossacher, Darmstadt 1965

Ettlingen 1982:
Asam in Schloß Ettlingen 1732-1982, Ettlingen 1982

Frankfurt 1977:
Altarkunst des Barock, bearbeitet von Anton Merk, Frankfurt am Main 1977

Hamburg 1966:
Deutsche Zeichnungen vom 15. bis zum 19. Jahrhundert, Hamburg 1966

Köln – Nürnberg – München 1961:
Barockmaler in Böhmen, Köln – Nürnberg – München 1961

London 1956:
Rococo Art from Bavaria, London 1956

London 1969/70:
German Drawings, Courtauld Institute Galleries, London 1969/70

London 1975:
German Baroque drawings, Heim Gallery, London 1975

Minneapolis 1961:
The Eighteenth Century. One hundred Drawings by one hundred artists, Minneapolis 1961

München 1958:
Europäisches Rokoko, München 1958

München 1969:
Hofbibliothek des Fürsten Thurn und Taxis, Ausstellung anläßlich des 200jährigen Jubiläums und der Eröffnung des wiederhergestellten Saales von Cosmas Damian Asam, München 1969

München 1972:
Bayern, Kunst und Kultur, München 1972

München 1976:
Kurfürst Max Emanuel. Bayern und Europa um 1700, 2 Bände, München 1976

München 1979:
Der Königlich-Bayerische Hausritterorden vom Heiligen Georg 1729-1979, München 1979

München 1985:
Bayerische Rokokoplastik. Vom Entwurf zur Ausführung, München 1985

München – Berlin – Hamburg 1956:
Deutsche Zeichnungen 1400-1900, München – Berlin – Hamburg 1956

München – Wien – Passau 1971:
Johannes von Nepomuk, München – Wien – Passau 1971

Nürnberg 1955:
Kunst und Kultur in Böhmen, Mähren und Schlesien, Ausstellung des Germanischen National-Museums zu Nürnberg, Nürnberg 1955

Nürnberg 1984:
German Drawings from a private collection, Ausstellungskatalog British Museum, bearbeitet von John Rowlands, London; National Gallery of Art, Washington; Germanisches Nationalmuseum, Nürnberg 1984

Ottawa 1976:
European drawings from Canadian Collections, Ottawa 1976

Salzburg 1954:
Johann Michael Rottmayer, Salzburg 1954

Salzburg 1979:
250 Jahre hl. Johannes von Nepomuk, Salzburg 1979

Sankt Florian 1986:
Welt des Barock, 2 Bände, Sankt Florian 1986

Sarasota 1972:
Central Europe 1600-1800, John & Mable Ringling Museum of Art, Sarasota/Florida 1972

Stuttgart 1984:
Meisterwerke aus der Graphischen Sammlung. Zeichnungen des 15.-18. Jahrhunderts, Stuttgart 1984

Washington – Paris – Berlin 1985:
Watteau, Washington – Paris – Berlin 1985

Wien 1956:
Franz Anton Maulbertsch und die Kunst des österreichischen Barock im Jahrhundert Mozarts, Wien 1956

Wien 1986:
Zeichenkunst aus sechs Jahrhunderten (in Peking im Oktober 1985 veranstaltete Ausstellung, von 19. März bis 4. Mai 1986 in Wien gezeigt), Wien 1986, 112, Nr. 44

Museumskataloge

(Mus. Kat.)

Augsburg 1984:
Deutsche Barockgalerie. Katalog der Gemälde, Band II, zweite vermehrte und überarbeitete Auflage, Augsburg 1984

Berlin 1921:
Zeichnungen alter Meister im Kupferstichkabinett, Band 1/2, *Die Deutschen Meister,* bearbeitet von Elfried Bock, Berlin 1921

Düsseldorf 1930:
Beschreibender Katalog der Handzeichnungen in der Kunstakademie Düsseldorf, bearbeitet von Illa Budde, Düsseldorf 1930

Düsseldorf 1962:
Kunstmuseum Düsseldorf. Eine Auswahl, Düsseldorf 1962

Innsbruck 1939:
Ferdinandeum, Katalog der Neuerwerbungen 1938/39, Innsbruck 1939

München 1958:
Hundert Meisterzeichnungen aus der Staatlichen Graphischen Sammlung München, München 1958

München 1973:
Katalog der deutschen Zeichnungen, Alte Meister, bearbeitet von Edmund Schilling, 2 Bände, München 1973

Nürnberg 1969:
Kataloge des Germanischen Nationalmuseums Nürnberg. Die deutschen Handzeichnungen des 18. Jahrhunderts, bearbeitet von Monika Heffels, Nürnberg 1969

Salzburg 1983:
Visionen des Barock. Entwürfe des 17. und 18. Jahrhunderts. Salzburger Barockmuseum, Sammlung Rossacher, Gesamtkatalog bearbeitet von Kurt Rossacher (Schriften des Salzburger Barockmuseums, 8), Salzburg 1983

Stuttgart 1964:
Der barocke Himmel. Handzeichnungen deutscher und ausländischer Künstler in Deutschland, Stuttgart 1964

Wien 1933:
Albertina-Katalog, Band 4/5, bearbeitet von Hans Tietze, Erika Tietze-Conrat, Otto Benesch und Karl Garzarolli-Thurnlackh, Wien 1933

Geographische Übersicht

ALDERSBACH: ehemalige *Zisterzienser-Klosterkirche,* Deckenfresken [F VII] und Altarblätter der beiden östlichen Seitenaltäre [G 9 und 10]; Stuck von Egid Quirin; 1720-1721.

ALTEGLOFSHEIM: *Schloß,* Fresken im Festsaal (Ovalsaal) und Endymion-Zimmer [F XVIII]; Stuck von Egid Quirin; 1730.

AMBERG: *Wallfahrtskirche Maria Hilf,* Deckenfresken [F III], 1716-1718.

BRUCHSAL: ehemalige *Schloßkirche,* Deckenfresken [V 10], 1728-1729 (1944 zerstört).

EINSIEDELN: *Benediktiner-Klosterkirche,* Fresken [F XIV] 1724-1727; Stuck 1724-1726, Kanzel 1726 von Egid Quirin, von ihm auch Pläne für Umgestaltung und Dekoration des Chores 1746-1751.

ENSDORF: ehemalige *Benediktiner-Klosterkirche,* Kuppelfresko 1714, Langhausfresken 1716 [F I].

ETTLINGEN: ehemalige *Schloßkapelle,* Fresken 1732 [F XX].

FRAUENZELL: ehemalige *Benediktiner-Klosterkirche,* Rat für den Neubau durch die Brüder Asam 1736, wohl nach anderen Plänen vollendet.

FREISING: *Dom,* Umgestaltung 1723-1724, Fresken im Inneren [F XIII] und am Äußeren (zerstört); Stuck und Figuren 1725 von Egid Quirin; Ausstattung der Johanneskapelle [F XIII, 56] durch beide Brüder 1735-1738. – *Diözesanmuseum,* Selbstporträt, um 1725 [G 15] und ›Rosenkranzspende‹ [G 28], um 1735 (Leihgabe der Bayerischen Staatsgemäldesammlungen). – *Weihenstephan: Kapelle* über dem Korbiniansbrunnen, Ausstattung von beiden Brüdern [V 6], um 1720 (1810 abgebrochen).

FREYSTADT: *Wallfahrtskirche Maria Hilf,* Ausmalung von Georg Asam 1708-1711 unter Mitwirkung seiner Söhne Egid Quirin und Cosmas Damian (4 Zwickelfelder in der Kuppel im 19. Jahrhundert abgeschlagen, heute übertüncht).

FRIEDBERG: *Wallfahrtskirche Unseres Herren Ruhe,* Chorfresko 1738 [F XXIX].

FÜRSTENFELD: ehemalige *Zisterzienser-Klosterkirche,* Deckenfresken im Chor 1722-1723, im Langhaus 1731-1732 [F XII]. (Ein Bruder C. D. Asams war als Pater Engelbert Mönch in Fürstenfeld.)

GOTTESZELL: ehemalige *Zisterzienser-Klosterkirche.,* ab 1729 von beiden Brüdern umgestaltet (nach Brand 1830 Reste übertüncht, 1889 Reste des Stucks abgeschlagen, Apsisfresko [V 8] 1940 freigelegt, 1973 restauriert).

GÜNCHING: *Pfarrkirche,* Deckenfresken (1901 übertüncht, V 5) und Hochaltarblatt 1716 [G 4].

HAINERT: *Filialkirche Sankt Joseph,* Altarbild im Vorraum, um 1735 [G 35].

INGOLSTADT: *Kongregationssaalkirche Maria de Victoria,* Deckenfresko 1734 [F XXIV]; Stuck Egid Quirin zugeschrieben.

INNSBRUCK: *Dom und Pfarrkirche St. Jakob,* Deckenfresken 1722-1723 [F XI]; Stuck von Egid Quirin; (1944 größtenteils zerstört, 1946-1950 rekonstruiert). – *Landhaus,* Sitzungssaal, Decken- und Wandfresken 1734 [F XXIII].

KISSLEGG: *Friedhofskapelle,* Fresken 1719 [F VI].

KLADRAU (Kladruby): ehemalige *Benediktiner-Klosterkirche,* Kuppel- und Hochwandfresken [F XV] Querschiff- und Seitenaltäre [G 16-19] im Chor (zugeschrieben); Mitarbeit Egid Quirins; 1725 bis 1727.

LANDSHUT: *Zisterzienserinnen-Kloster Seligenthal,* Klosterkapelle, Altarbild um 1730 [G 21].

MANNHEIM: ehemalige *Schloßkirche,* Deckenfresken [V 9] 1728 (1945 zerstört, 1955 teilweise rekonstruiert). – Ehemaliges *Schloß,* Rittersaal 1729 [V 11], Treppenhaus [V 12] 1730 (1945 zerstört, 1956 rekonstruiert).

MESSKIRCH: *Stadtkirche,* Nepomukkapelle, 1733 Baubesichtigung, Fresken [F XXVI] und Hochaltarbild [G 36] 1735-1737; Stuck und Altaraufbau von Egid Quirin.

METTEN: *Benediktiner-Klosterkirche,* Bilder des Hochaltars 1715 [G 3] und südlichen Seitenaltars (zugeschrieben), um 1726 [G 20].

MICHELFELD: ehemalige *Benediktiner-Klosterkirche,* Deckenfresken im Psallierchor 1716, im Chor und Langhaus 1717-1718 [F IV], Hochaltarblatt 1720 und 1721 [G 8]; Hochaltar und Stuckfiguren von Egid Quirin.

MÜNCHEN: *Asamschlößl* in Thalkirchen, Fassadenmalerei um 1730 (1944 schwer beschädigt, 1981 und 1982 rekonstruiert, V 14); 1725 Plan Egid Quirins, auf dem Grundstück des Bruders eine Heilig-Geist-Kapelle zu bauen. Einfachere *Kapelle Maria Einsiedel* nach Entwurf von Cosmas Damian 1730 geweiht (Anfang des 19. Jahrhunderts abgebrochen). – *Claudius-Cleer-Haus* in der Kaufinger Straße, Fassadenfresko 1715 [V 1], (1817 zerstört). – *Damenstiftskirche Sankt Anna,* Fresken 1735 [V 15], Stuck und Altäre von Egid Quirin (1944 zerstört, ab 1952 rekonstruiert). – *Dreifaltigkeitskirche,* Fresken 1714-1715 [F II]. – *Heilig-Geist-Kirche,* Deckenfresken im Mittelschiff 1726-1727 [V 7]; Stuck von Egid Quirin (1944 zerstört, ab 1970 rekonstruiert). – *Sankt Anna am Lehel,* Fresken 1729-1730 [V 13]; Stuck 1729, Seitenaltäre 1735 [G 32 und 33], Hochaltar 1739 von Egid Quirin (Stuck, Fresken und Gemälde [teilweise] 1944 zerstört; 1967-1976 rekonstruiert; 2 Seitenaltäre erhalten). – *Sankt Johann Nepomuk (Asamkirche),* Privatkirche Egid Quirins; Wand- und Deckenfresken 1735-1739 [F XXVIII] von Cosmas Damian; Altäre und Figuren von Egid Quirin (1944 beschädigt, 1975-1983 restauriert und teilweise rekonstruiert).

OSTERHOFEN: ehemalige *Prämonstratenser-Klosterkirche,* später Damenstiftskirche, Fresken [F XIX], Hoch- und Seitenaltarbilder [G 22-25] 1731-1732; Stuck, Altäre und Plastiken von Egid Quirin.

PRAG: ehemalige *Benediktiner-Klosterkirche Sankt Niklas in der Altstadt,* Deckenfresken [F XXV] 1735 bis 1736 (1865 übertüncht, Anfang des 20. Jahrhunderts und 1971-1977 restauriert). – *Břevnov,* ehemaliges *Benediktinerkloster,* Festsaal, Deckenfresko [F XVI]; Stuck von Egid Quirin; 1726-1728. – *Wallfahrtskirche Maria vom Siege auf dem Weißen Berg* (Bílá Hora) , Deckenfresko der Mittelkuppel 1727-1728 [F XVII].

REGENSBURG: *Augustinerkirche* [V 4], von beiden Brüdern um 1715/1716 umgestaltet (1838 abgebrochen). – Ehemalige *Benediktiner-Klosterkirche Sankt Emmeram,* Fresken 1732-1733 [F XXI]; Stuck und Figuren sowie Änderung des Hochaltar-Aufbaus von Egid Quirin; *Bibliothek* der ehemaligen Fürstabtei Sankt Emmeram, Deckenfresken 1737 [F XXVII]. – *Jesuitenkirche,* Deckenfresken [V 2] 1715 (1809 zerstört). – *Kapuziner-Klosterkirche,* Fresken [V 3] 1715-1716 (1809 zerstört).

RINCHNACH: ehemalige *Propsteikirche,* Altarbilder der südlichen und nördlichen Mittelnische, um 1730-1735 [G 26 und 27].

ROHR: *Benediktiner-Klosterkirche,* Altarbild des zweiten südlichen Seitenaltares [G 11], um 1720 (aus der abgebrochenen Korbinianskapelle in Weihenstephan), und des nördlichen Querhausaltares, um 1725 [G 14].

SCHLEISSHEIM (bei München): *Neues Schloß,* Fresken in der Laternenkuppel des Treppenhauses und in der Maximilianskapelle, 1720-1721, sowie in der südlichen Antecamera, um 1723/1724 [F IX].

STRAUBING: ehemalige *Franziskanerkirche (Schutzengelkirche),* Altarbild und Auszugsbild in der zweiten südlichen Seitenkapelle 1713 [G 1 und 1 a]. – *Pfarrkirche Sankt Jakob,* Andreaskapelle, Altar- und Auszugsbild um 1717 [G 5 und 5 a]; Supraporte über dem nördlichen Seiteneingang, um 1739 [G 39]; Zellerkapelle, Altarbild, um 1739 [G 37]; Altaraufbau von Egid Quirin. – *Klosterkirche Sankt Ursula,* Deckenfresken [F XXX] und Altarbilder 1738-1739 [G 38]; Altarbild im Refektorium, um 1735 [G 34]; Entwurf, Stuck und Altarbauten von Egid Quirin 1736-1738. – *Sankt Veit,* Altar- und Auszugsbilder der südlichen und nördlichen Seitenaltäre, um 1718 [G 6 und 7]. – *Simon-Höller-Haus,* Kapelle, Altarbild 1713 [G 2].

TITTMONING: *Stiftskirche Sankt Laurentius,* Altarbilder an der südlichen und nördlichen Chorwand [G 12 und 13], um 1720 (aus der abgebrochenen Korbinianskapelle in Weihenstephan).

WAHLSTATT (Legnickie Pole): ehemalige *Benediktiner-Klosterkirche,* Deckenfresken 1733 [F XXII].

WALDERBACH: ehemaliges *Zisterzienserkloster,* Dekkenfresko im Westtrakt, 1718 [F V].

WEINGARTEN: *Benediktiner-Klosterkirche,* Deckenfresken 1718-1720 [F VI].

WELTENBURG: *Benediktiner-Klosterkirche* 1716-1718, Architektur (Grundsteinlegung 1716), Fresken und Gemälde von Cosmas Damian Asam [F X und G 29-31], Stuck, Altarbauten und Plastiken von Egid Quirin; 1721 und 1734-1736.

D D R
P O L E N
Wahlstatt
(Legnickie Pole)
Elbe
Main
Würzburg
Hainert
Manětín
PRAG
Kladrau (Kladruby)
Michelfeld
Mannheim
Sulzbach
NÜRNBERG
Amberg
Moldau
Č S S R
Günching
Ensdorf
Bruchsal
Rhein
Freystadt
Walderbach
Ettlingen
Frauenzell
Regensburg
Weltenburg
Oberalteich
Gotteszell
Rinchnach
STUTTGART
Alteglofsheim
Straubing
Metten
Ingolstadt
Rohr
Osterhofen
Isar
Lech
Aldersbach
Landshut
Freising
Augsburg
Friedberg
Donau
Weihenstephan
Schleißheim
Fürstenfeldbruck
MÜNCHEN
Meßkirch
Thalkirchen
Tittmoning
Rott am Inn
Weingarten
Kißlegg
SALZBURG
Tegernsee
Bodensee
Benediktbeuern
Ö S T E R R E I C H
Inn
ZÜRICH
Orte mit Werken Cosmos Damian Asams
Staatsgrenze
heutige Grenze Bayerns
Grenze des Kurfürstentums Bayern
S C H W E I Z
Einsiedeln
INNSBRUCK
0
50
100 km

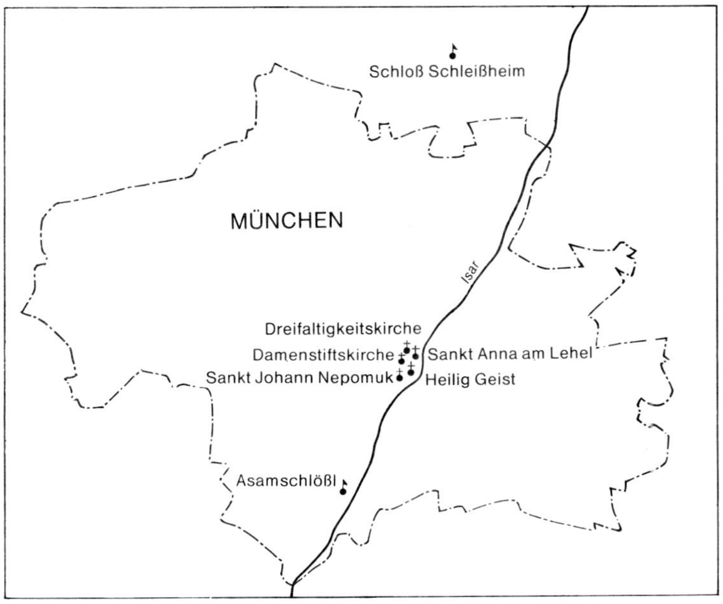
Schloß Schleißheim
MÜNCHEN
Isar
Dreifaltigkeitskirche
Damenstiftskirche
Sankt Anna am Lehel
Sankt Johann Nepomuk
Heilig Geist
Asamschlößl

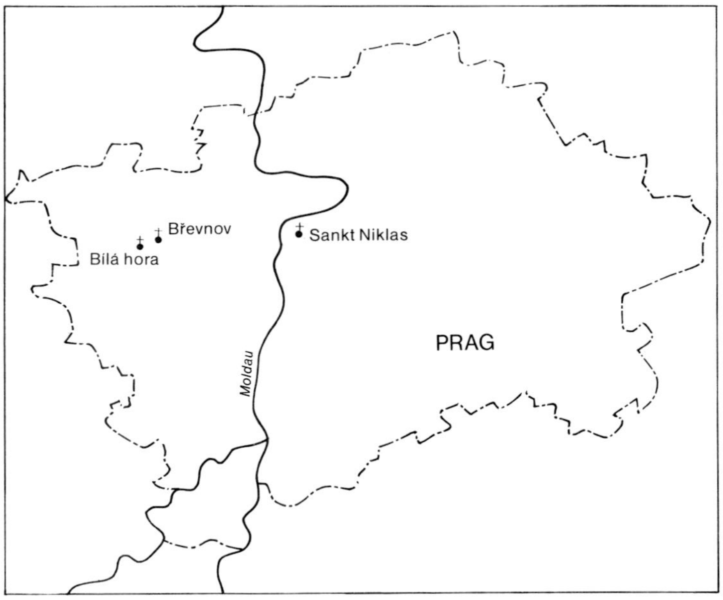
Břevnov
Bílá hora
Sankt Niklas
PRAG
Moldau

Personen- und Ortsregister

Zahlen mit * verweisen auf Seiten mit Abbildungen.
Zahlen mit ** verweisen auf Tafel-Nummern im Tafelteil (Seiten 113-196).
Kursive Zahlen verweisen auf längere Ausführungen.

In dieses Register sind nur solche Personen und Orte bzw. Objekte aufgenommen, über die im Text wesentliche Aussagen gemacht werden. Bloße Erwähnungen und Aufzählungen blieben unberücksichtigt.

Thematisches Register zum Werkverzeichnis und zum Katalog der ausgestellten Werke aus dem Umkreis

Die Buchstaben und Zahlen verweisen auf die entsprechenden Nummern des Werkverzeichnisses bzw. Kataloges

In dieses Register sind nur solche Namen, Begriffe und Vorgänge aufgenommen, die in den Titeln der einzelnen Nummern erscheinen. Nicht aufgeschlüsselt ist jedoch der vollständige Bildinhalt der Fresken und Darstellungen.

Bildnachweis

Augsburg:
Archiv Prof. Bruno Bushart Seiten 53 (Abb. 1), 317 (Z 30)
Städtische Kunstsammlungen Seiten 55 (Abb. 5), 57, 90, 313, 318 (Z 33), 321 (Z 44), 326, 337 (U 22), 339 (U 27)
Berlin:
Staatliche Museen Preußischer Kulturbesitz, Kupferstichkabinett Seite 322
Bremen:
Kunsthalle Seite 323 (Z 57)
Dachau:
Wolf-Christian von der Mülbe Tafel 8; Seiten 203 (rechts), 271, 333 (2 Abb.)
Florenz:
Dr. Helene Trottmann Seiten 85 (Abb. 2, 3), 266 (F XXV, 6-8, 10)
Frankfurt:
Städelsches Kunstinstitut Seiten 317 (Z 31), 318 (Z 36)
Freising:
Diözesanmuseum der Erzdiözese München und Freising Tafel 102; Seiten 10, 89 (Abb. 9)
Innsbruck:
Landesmuseum Ferdinandeum Seiten 60, 323 (Z 54)
Karlsruhe:
Landesdenkmalamt Baden-Württemberg, Außenstelle Karlsruhe Seiten 284, 285, 286, 287, 288, 289
Mannheim:
Reiss-Museum Seiten 281, 282 (2 Abb.), 283, 290/291, 292, 293, 294
München:
Artothek Tafel 34
Bayerische Staatsgemäldesammlungen Seite 91
Bayerische Verwaltung der staatlichen Schlösser, Gärten und Seen Seite 33
Bayerisches Hauptstaatsarchiv Seiten 65, 93 (Abb. 1-3)
Bayerisches Landesamt für Denkmalpflege Seiten 272 (unten), 279, 280, 299 (V 15, 2-3)
Bayerisches Nationalmuseum Seite 332
Corpus der barocken Deckenmalerei in Deutschland Tafeln 2, 4-7, 10-22, 24, 27-33, 35-42, 45-48, 51-60, 65-82, 90-97; Seiten 18, 22, 25, 59, 88 (Abb. 7, 8), 95 (Abb. 4), 201, 203 (links), 205 (F III, 3-4), 207, 208 (F IV, 17-19), 213 (F VII, 1-7), 214, 216 (F VIII, 9-13), 218, 222 (F X, 6-7), 223, 224, 225, 229 (F XII, 3-4), 233, 235, 239, 250, 251, 253, 256, 262, 263, 264, 270, 272 (oben), 274, 275, 303, 311, 359
Erzbischöfliches Ordinariat München – Kunstreferat, Foto Wolf-Christian von der Mülbe Seiten 197, 308
Ernst Götz Seite 63 (Abb. 1-2)
Dr. Bärbel Hamacher Seiten 53 (Abb. 2), 58, 324 (Z 63-64), 325, 335, 336, 338
Hirmer-Verlag Bildarchiv Seiten 211, 217, 221, 227, 249
Dr. Volker Liedke Seiten 89 (Abb. 10), 96 (Abb. 6, 7)
Foto Lürmann Seiten 44, 45 (Abb. 2, 3), 48, 301 (G 2, G 4), 304, 306
Münchner Stadtmuseum Seiten 327, 328
Werner Neumeister Tafeln 1, 3, 23, 25, 26, 49, 50, 83, 84, 85, 86, 87, 88, 100, 101; Seiten 205 (F III, 1 a-b), 208 (F IV, 2-3), 212, 246, 257, 259
Pfarrarchiv Sankt Anna am Lehel Seiten 295 (2 Abb.), 296, 298 (2 Abb.)
Privatbesitz Seiten 277, 331, 349
Staatliche Graphische Sammlung Seiten 54, 312, 314 (Z 16-17), 315 (Z 18, 22), 316 (Z 27), 318 (Z 35), 319 (Z 37, 39), 321 (Z 45)
Dr. Johannes Steiner Seite 309
Dr. Peter Steiner Seite 67
New York:
Metropolitan Museum of Art Seite 86 (Abb. 5)
Nürnberg:
Germanisches Nationalmuseum Seite 339 (U 28)
Obertraubling:
Walter Ziegler Seiten 39, 41
Passau:
Gregor Peda Tafel 99, Seite 66 (Abb. 4)
Prag:
Vladimír Uher Seiten 78, 79
Regensburg:
Museen der Stadt Regensburg Seite 337 (U 20-21)
Klemens Unger Tafeln 9, 43, 44, 61, 62, 63, 64, 89, 98; Seiten 47, 70 (Abb. 1, 2), 71, 243 (F XV, 3, 5, 6, 10), 244, 245
Rom:
Alinari Seiten 21, 23 (Abb. 8), 46
Anderson Seiten 20, 31
Soprintendenza per i beni ambientali e architettonici del Lazio Seite 86 (Abb. 4)
Salzburg:
Oskar Anrather Seite 38
Schopfheim;
Martin R. Hamacher Seite 305
Stift Göttweig:
Kunstsammlungen und Graphisches Kabinett Seite 329 (2 Abb.)
Stuttgart:
Staatsgalerie, Graphische Sammlungen Seiten 55 (Abb. 4), 320
Washington:
National Gallery of Art Seite 87
Wien:
Albertina Seite 316 (Z 29)
Österreichisches Bundesdenkmalamt Seite 34
Wrocław:
Stefan Arczyński Seite 260
Würzburg:
Martin-von-Wagner-Museum Seite 336 (U 17)

Hier nicht nachgewiesene Abbildungen stammen aus Privatbesitz.

Plan der Ausstellung

Erdgeschoß

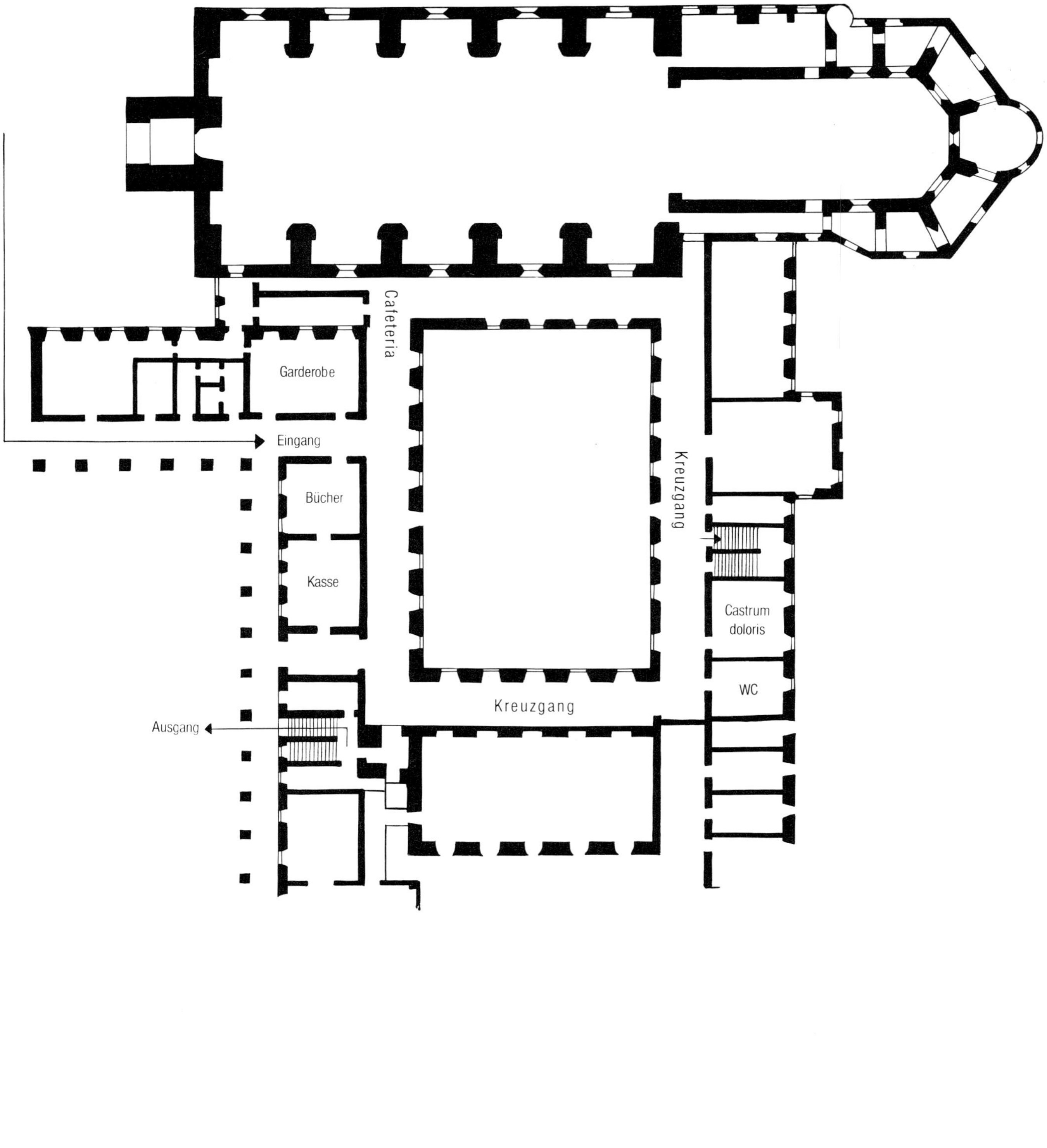

1. Obergeschoß

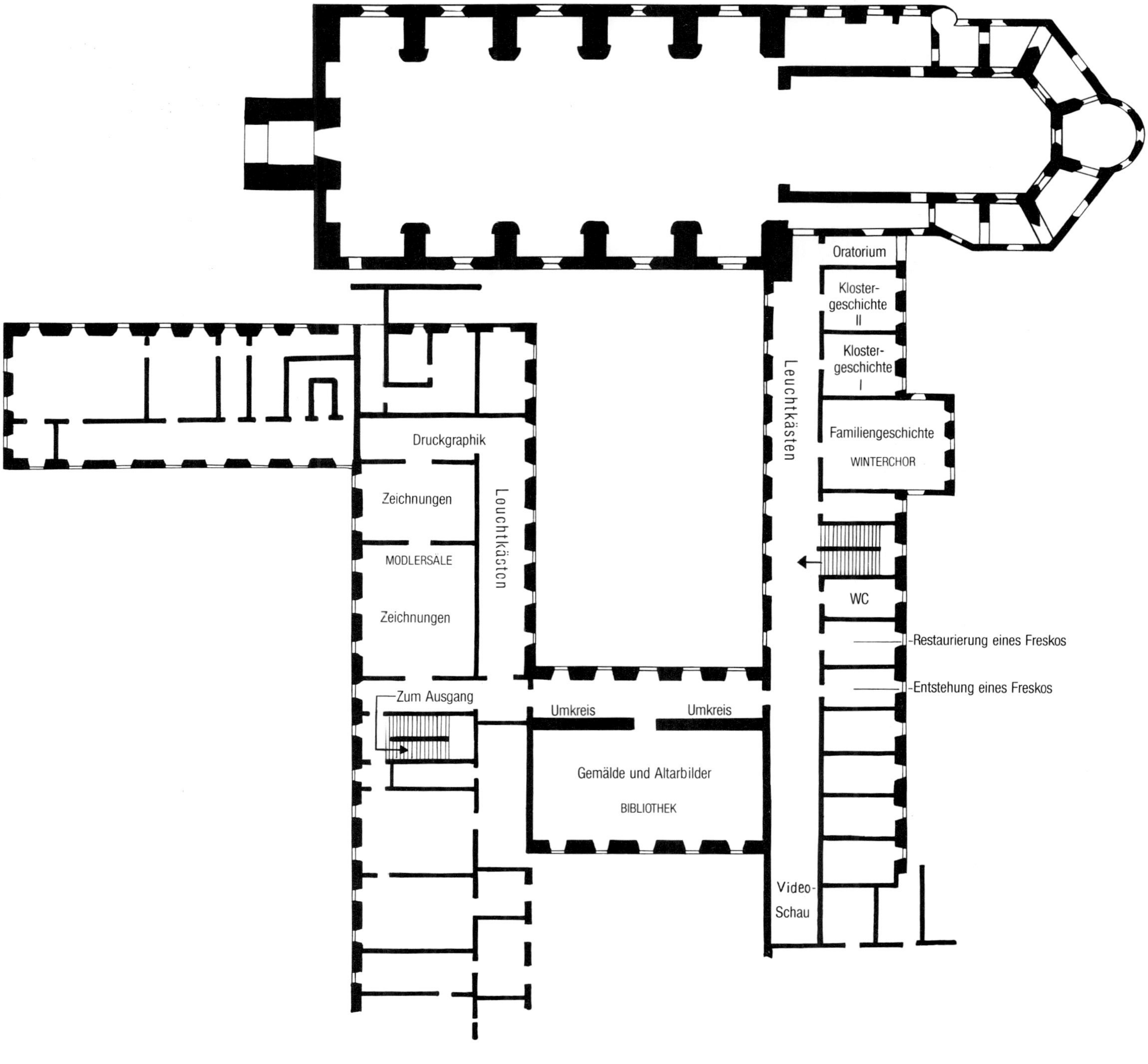
Oratorium
Kloster-
geschichte
II
Kloster-
geschichte
I
Leuchtkästen
Familiengeschichte
WINTERCHOR
Druckgraphik
Zeichnungen
MODLERSÄLE
Zeichnungen
Louchtkästen
WC
-Restaurierung eines Freskos
-Entstehung eines Freskos
Zum Ausgang
Umkreis
Umkreis
Gemälde und Altarbilder
BIBLIOTHEK
Video-
Schau

Personifikation der Architektur
Pendentif-Medaillon
in Sankt Jakob zu Innsbruck, 1722-1723
[F XI, 1 b]